게임을 만들면서 배우는

What's up java

Publishing

```
국립중앙도서관 출판예정도서목록(CIP)

게임을 만들면서 배우는 what's up Java / 지은이: 임동혁.
-- 서울 : 북스홀릭 퍼블리싱, 2018
  654p. ; 19×26cm

  ISBN 979-11-6289-003-5 93000 : ₩35000

  자바[Java]
  웹 프로그래밍[Web programming]

  005.133-KDC6
  005.133-DDC23                    CIP2018016100
```

게임을 만들면서 배우는 What's up java

초판 1쇄 발행일_ 2018년 6월 20일

지 은 이_ 임동혁
펴 낸 이_ 조완용, 고영진
표지디자인_ 블루기획

주소_ 서울시 금천구 시흥1동 992-12 영광빌딩 203호
문의전화_ 02-896-7846 / 02-3142-3600 **팩스_** 02-896-7852
홈페이지_ http://www.booksholic.co.kr

발행처_ 북스홀릭 퍼블리싱   **출판등록번호_** 제2012-000063호

ⓒ 임동혁 2018(저작권자와 맺은 특약에 따라 검인을 생략합니다.)
ISBN_ 979-11-6289-003-5 [93000]

이 책은 저작권법에 따라 보호받는 저작물이므로 무단전제와 무단복제를 금지하며,
이 책 내용의 전부 또는 일부를 이용하려면 반드시 저작권자와 북스홀릭 퍼블리싱의 서면동의를 받아야 합니다.

※ 잘못된 책은 구입처에서 바꾸어 드립니다.
※ 책 가격은 뒷면에 있습니다.

머리말

간단한 몇 개의 명령어만을 배우고, 배운 명령어를 활용하여 작은 게임을 만드는 과정을 반복해가며 하나의 언어를 정복하는 책이 있었으면 좋겠다는 단순한 생각에서 게임을 만들며 배우는 자바 프로그래밍 서적을 집필하고 선보인지도 벌써 여러 해가 지났습니다. 당시에는 처음으로 선보이는 형식이라 온·오프라인 서점에서 전시 위치를 문의할 정도였으나, 다행히 많은 분들의 사랑을 받아 좋은 결과를 얻었습니다. 하지만 안타깝게도 출판사의 사정으로 절판되었고, 그 후에도 수많은 문의전화와 출판요청 메일을 받았습니다만 재출판이 쉽지 않았습니다. 다행히 이번에 북스홀릭의 조완용대표님의 도움으로 전면 개정·증보된 새 책을 다시 출판하게 되었습니다.

저는 국내에 자바가 처음 소개될 때 자바를 접할 기회를 얻었고, 비교적 초창기에 SCJP(썬 인증 공인 자바 프로그래머)가 되었습니다. 그 덕분에 한국HP 교육센터와 삼성, LG, 제일모직, 만도, 수협, 포철, 한라, 도시철도공사, 농심, SK 등 많은 기업에서 엔지니어들을 대상으로 자바를 강의할 수 있었습니다. 최근에는 대학에서 학생들에게 자바를 가리키고 있는데, 기업의 엔지니어들을 교육할 때와는 다른 점들을 많이 느끼고 있습니다. 기업의 엔지니어들은 비록 자바 언어를 처음 접한다고 할지라도 다른 프로그래밍 언어와 컴퓨터 전반에 대한 지식이 풍부한데 비해, 대학의 학생들은 자바가 그들이 배우는 첫 번째 컴퓨터 언어이거나 관련된 지식이 매우 부족한 경우가 대부분입니다. 이러한 학생들을 교육하는데 있어서, 기존의 자바 관련 서적들은 부족한 점이 많이 있습니다. 우선, 국내외를 불문하고 자바 관련 서적은 대부분 문법 순으로 비슷한 예제를 나열하는 대동소이한 구성으로 되어 있습니다. 프로그래밍에 대한 경험이 풍부한 엔지니어들에게는 이러한 방식이 도움이 되겠지만, 처음으로 컴퓨터 언어를 접하는 학생들에게는 너무 난해하고 반복적이라서 스스로 정한 목표에 대한 의욕을 상실하고 마는 것이 보통입니다.

이 책은 자바는 물론이고, 컴퓨터 언어를 전혀 모르는 사람에게 간단한 자바 명령어 몇 개와 기능을 가르치고, 배운 내용만을 적용하여 그 수준에 맞는 게임을 만들도록 되어 있습니다. 이 책에서는 모두 13개의 게임을 만드는데, 처음에는 간단한 운세, 구구단, 숫자 야구 게임 따위로부터 시작하여 나중에는 슬롯머신, 테트리스, 채팅, 네모네모로직과 같은 비교적 수준이 있는 게임을 제작하도록 구성하였습니다. 무엇보다도 어려웠던 점은 매 섹션에서 배우는 내용만으로 제작할 수 있는 게임을 엄선하고 만드는 일이었습니다. 적절한 양의 자바 문법을 배우고 배운 내용만을 사용하여 게임을 만들도록 하는 것은 학습자의 입장에서는 학습의 욕을 고무시키고 성취감을 높이는 일이겠지만, 책을 집필하는 필자의 입장에서는 고통스럽기까지 했습니다. 차라리 자바에 익숙한 자바 프로그래머를 위한 게임기법을 다루는 것이 더 쉽지 않을까 하는 후회도 많이 했습니다. 어렵게 써진 책이고, 오랜 강의 경험에서 얻은 지식을 적용하려고 노력한 만큼, 아무쪼록 이 책을 보는 분들에게 도움이 되길 바랍니다.

끝으로 이 책의 출판을 진행해주신 조완용대표님과 북스홀릭퍼블리싱 관계자 분들께 감사드립니다. 아울러 부족한 저를 항상 사랑해주시는 할머님과 부모님, 그리고 나의 소중한 보물, 임이우와 나를 행복하게 해주는 아내, 김정아에게도 고마운 마음을 전하고 싶습니다.

2018년 2월 부천대학교 연구실에서

PREVIEW

01 소개와 설치

자바 프로그래밍을 공부하기 전에 우선 자바에 대해서 알아봅니다. 자바의 개요와 특징, 자바 개발도구의 설치, 그리고 사용하는 방법과 유의점에 대해서 살펴봅니다.

02 오늘의 운세 게임

오늘의 날짜와 금전운을 출력하는 간단한 프로그램을 만듭니다. 이 프로그램을 통해서 자바의 데이터형을 이해하고, 자바에서 제공하는 Date, Random 클래스를 사용해봄으로써 일반적인 자바 클래스 사용법을 배웁니다.

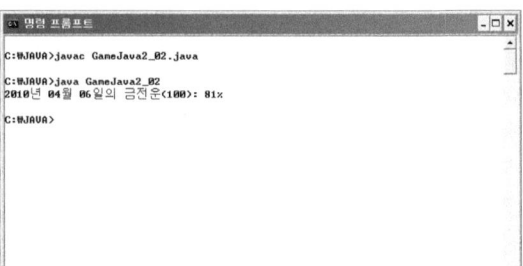

03 가위, 바위, 보 게임

컴퓨터와 가위, 바위, 보를 하는 간단한 게임을 만듭니다. 이 프로그램을 통해서 키보드에서 String형의 데이터를 입력받고 비교하는 방법과 if, switch 등의 중요한 제어문을 배웁니다.

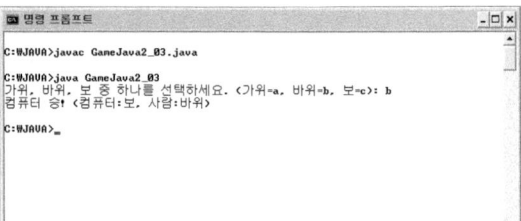

04 구구단 게임

컴퓨터가 주어진 숫자와 임의의 값으로 구구단 문제를 만들고 플레이어(사람)가 답을 맞히는 구구단 게임을 만듭니다. 이 프로그램을 통해서 자바의 연산자들과 데이터형을 자유자재로 변환하는 법을 배웁니다. 또한 프로그램을 실행하면서 주는 인수(아규먼트)를 프로그램 내에서 어떻게 사용할 수 있는지도 배웁니다.

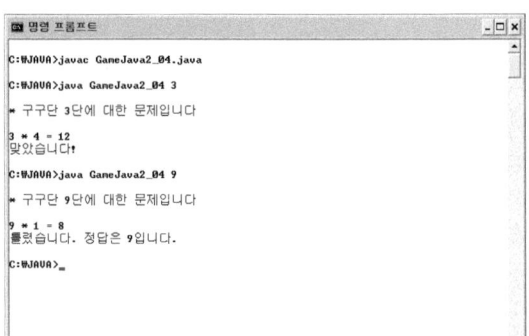

05 숫자 야구 게임

컴퓨터가 숨겨둔 3개의 숫자를 맞추는 숫자 야구 게임은 고도의 추리력을 요구하는 재미있는 게임입니다. 이 프로그램을 통해서 우리는 자바의 배열과 반복문을 익힐 수 있고, 메서드를 만드는 법도 배울 수 있습니다. 자바의 배열은 다른 컴퓨터 언어의 배열과는 많이 다르고, 메서드에 인수를 주고받는 법도 독특하기 때문에 분명히 알아둘 필요가 있습니다.

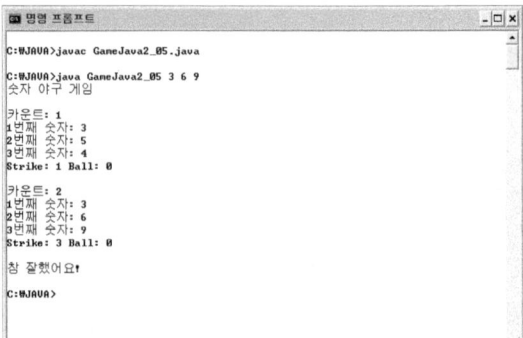

06 행맨1 게임

영단어 실력을 효과적으로 올릴 수 있는 행맨 게임은 영어 공부를 해본 사람이라면 한 번쯤 해봤을 재미있는 게임입니다. 행맨 게임을 컴퓨터 게임으로 제작하는 과정에서 우리는 자바의 클래스와 객체에 대해 정확히 이해하고 객체지향 프로그래밍과 자바의 가비지 컬렉션에 대해 배우게 됩니다. 또 앞에서 배운 String 클래스와 더불어 많이 사용되는 StringBuffer 클래스에 대해서도 배웁니다. 여기서 배우는 객체지향에 대한 개념들은 다음 장에서 배우는 상속으로 이어지기 때문에 정확하게 알아야만 합니다.

07 행맨2 게임

현실세계에서 부모님의 재산이나 채무관계을 자식이 물려받을 수 있는 것처럼 자바에서도 부모 클래스의 메서드나 멤버변수를 자식 클래스가 물려받을 수 있는데, 이를 상속이라고 합니다. 상속을 사용하면 매 번 프로그램을 새로 작성하지 않고도 기존의 클래스에 있는 기능을 모두 사용할 수 있어서, 프로그램의 재사용성이 비약적으로 높아집니다. 이 장에서는 6장에서 제작한 Hangman 클래스를 상속받아 개선시킨 Hangman2 클래스를 제작합니다. 이를 통해 자바의 상속을 이해하고 접근제어 등 상속과 관련된 여러 기능들도 함께 배웁니다.

08 애플릿 숫자 야구 게임

이 장에서 만드는 게임은 5장에서 만든 숫자 야구 게임의 애플릿 버전입니다. 이미 만든 숫자 야구 게임을 애플릿으로 재제작하는 과정에서, 애플릿에 대한 개념을 정립하고 클래스와 더불어 객체지향 프로그램의 중요한 개념인 인터페이스에 대해서도 배웁니다. 또한, 자바의 윈도우즈 프로그래밍 툴이라고 할 수 있는 AWT의 각 컴포넌트와 컴포넌트들을 컨테이너에 배치하는 레이아웃에 대해서도 배웁니다.

09 생명 게임

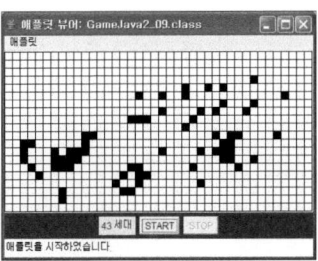

한 생명이 주변의 생명들과 상호작용하면서 생성과 소멸을 반복하는 생명 게임은 카오스 이론과 비교될 정도로 심오하고 복잡한 이론을 단순한 방법으로 보여주는 매력 있는 게임입니다. 생명 게임을 애플릿으로 구현하면서 애플릿 프로그래밍의 기초를 단단히 쌓고, 스레드와 이벤트 등 자바의 중요한 기능을 자세히 배웁니다.

10 슬롯머신 게임

다양한 이미지를 출력하는 슬롯머신을 만들면서, 이미지를 다루는 방법을 배웁니다. 화면에 이미지를 출력하는 방법과 효과적으로 이미지를 로딩하는 법을 배웁니다. 특히, 가져온 이미지들을 이용해서 애니메이션하는 방법에 대해 배우면서, 가상 메모리 사용법과 깜빡임을 제거하는 방법에 대해서도 배웁니다. 게임에서 주로 사용하는 애니메이션 테크닉인 스프라이트와 이미지 프로세싱과 같은 유용한 기법들도 함께 배웁니다.

11 테트리스 게임

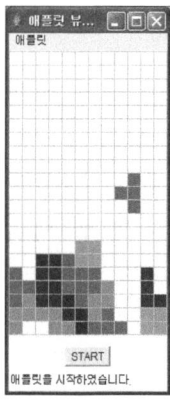

설명이 필요 없는 유명한 아케이드 게임인 테트리스를 만듭니다. 여기서 우리가 만드는 테트리스 게임은 게임으로서 완벽한 테트리스 게임은 아닙니다. 다음 블록을 미리 보는 기능이나 최고점수를 보여주는 기능 등은 모두 생략하였습니다. 그러나 테트리스 게임의 중요한 루틴은 모두 구현되었기 때문에 필요한 기능을 쉽게 덧붙일 수 있고, 조금만 노력하면 2인용으로 확장하거나 재미있는 아이템을 추가할 수 있습니다. 테트리스 게임을 만들면서 추상클래스와 내부클래스에 대해 배우고, 키보드 이벤트 다루는 법을 배우면서 어댑터에 대해서도 배웁니다. 또 사운드를 사용하는 법과 예외처리에 대해서도 배웁니다.

12 채팅 서버와 채팅 클라이언트

자바의 네트워크 기능을 이해하기 위해 이번 장에서는 채팅 서버와 채팅 클라이언트를 만듭니다. 어느 정도 게임을 만들 줄 알게 되면 온라인 게임을 만들고 싶어지는데, 이번 장에서 배우는 채팅 서버와 채팅 클라이언트를 잘 이해하면 쉽게 자신의 게임을 온라인 게임으로 확장할 수 있습니다. 우리는 채팅 서버와 채팅 클라이언트를 만들면서 파일을 읽고 쓸 수 있는 입출력 스트림과 URL, 소켓, 서버 소켓 등의 네트워크 프로그래밍에 대해 배웁니다. 또, 강력한 자바 라이브러리인 Vector 클래스와 StringTokenizer 클래스에 대해서도 배웁니다.

13 네모네모로직 게임

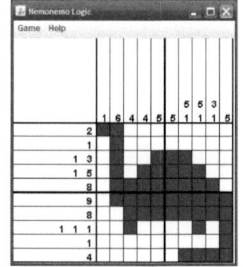

가로, 세로의 숫자들 간의 상관관계를 보고 숨겨진 그림을 찾는 네모네모로직 게임을 만들면서 실제 애플리케이션 게임 제작 방법에 대해 배웁니다. 8장에서 배운 AWT와 대조되는 스윙(Swing)에 대해서 배우고, 게임을 기획하고 설계하여 실제 프로그램을 코딩하는 과정을 스텝 바이 스텝으로 따라해 보기 때문에, 실질적인 자바 프로그래밍 능력 향상에 도움이 될 것입니다. 이번 장을 잘 이해하고 응용하면 다른 종류의 게임이나 프로그램을 작성하는 실력도 늘어날 것입니다.

CONTENTS

Chapter01 소개와 설치 11
    1.1 자바 소개 12
    1.2 자바개발도구(JDK) 설치 20
    1.3 자바 프로그램 컴파일과 실행 29
    1.4 이클립스(Eclipse) 설치와 환경설정 33
    1.5 이클립스에서의 자바 프로그램 작성과 실행 38
    1.6 자바를 배울 때 자주하는 실수들 44

Chapter02 오늘의 운세 게임 53
    2.1 실행문과 설명문 54
    2.2 기본 데이터형의 이해 55
    2.3 변수와 상수 64
    2.4 Date 클래스 68
    2.5 SimpleDateForm 클래스와 Calendar 클래스 70
    2.6 난수를 구하는 Random 클래스 74
    2.7 오늘의 운세 게임 만들기 76

Chapter03 가위, 바위, 보 게임 77
    3.1 String 클래스 78
    3.2 레퍼런스 데이터형의 이해 80
    3.3 키보드에서 입력받기 84
    3.4 if문 88
    3.5 switch문 91
    3.6 가위, 바위, 보 게임 만들기 93

Chapter04 구구단 게임 95
    4.1 연산자 96
    4.2 형변환의 이해 110
    4.3 main( ) 메서드와 인수 119
    4.4 구구단 게임 만들기 122

Chapter 05 숫자 야구 게임 125

- 5.1 메서드 호출 127
- 5.2 메서드 오버로딩 135
- 5.3 while문 139
- 5.4 do-while문 141
- 5.5 for문 143
- 5.6 break와 continue 144
- 5.7 배열 147
- 5.8 숫자 야구 게임 만들기 154

Chapter 06 행맨1 게임 159

- 6.1 객체지향의 이해 161
- 6.2 클래스 164
- 6.3 생성자 165
- 6.4 가비지 컬렉션 168
- 6.5 패키지 169
- 6.6 static 174
- 6.7 StringBuffer 클래스 176
- 6.8 행맨1 게임 만들기 179

Chapter 07 행맨2 게임 187

- 7.1 상속 189
- 7.2 접근제어 194
- 7.3 메서드 오버라이딩 200
- 7.4 this와 super 204
- 7.5 상속 시의 생성자 관계 208
- 7.6 final 213
- 7.7 행맨2 게임 만들기 214

Chapter 08 애플릿 숫자 야구 게임 223

8.1 애플리케이션과 애플릿 225
8.2 애플릿의 이해 232
8.3 인터페이스 238
8.4 AWT 컴포넌트 242
8.5 레이아웃 275
8.6 애플릿 숫자 야구 게임 291

Chapter 09 생명 게임 299

9.1 애플릿 라이프 사이클의 이해 302
9.2 자바 그래픽스 307
9.3 스레드의 이해 341
9.4 Thread 클래스 343
9.5 Runnable 인터페이스 346
9.6 이벤트의 이해 349
9.7 마우스 이벤트 다루기 357
9.8 생명 게임 만들기 360

Chapter 10 슬롯머신 게임 371

10.1 이미지 다루기 373
10.2 MediaTracker 클래스 377
10.3 애니메이션 381
10.4 update( ) 메서드 386
10.5 더블 버퍼링의 이해 391
10.6 스프라이트 397
10.7 이미지 프로세싱 406
10.8 슬롯머신 게임 만들기 418

Chapter 11 테트리스 게임 429

- 11.1 추상클래스 431
- 11.2 내부클래스 436
- 11.3 어댑터 439
- 11.4 키 이벤트 다루기 443
- 11.5 사운드 447
- 11.6 예외처리의 이해 450
- 11.7 테트리스 게임 만들기 460

Chapter 12 채팅 서버와 채팅 클라이언트 485

- 12.1 스트림의 이해 487
- 12.2 입력 스트림 490
- 12.3 출력 스트림 495
- 12.4 네트워크의 이해 503
- 12.5 URL 클래스 504
- 12.6 소켓 507
- 12.7 Vector 클래스 511
- 12.8 StringTokenizer 클래스 513
- 12.9 채팅 프로그램 만들기 516

Chapter 13 네모네모로직 게임 531

- 13.1 스윙의 이해 533
- 13.2 스윙 컴포넌트 541
- 13.3 스윙 레이아웃 585
- 13.4 스윙 메뉴 만들기 599
- 13.5 애플릿 마이그레이션 610
- 13.6 네모네모로직 게임 만들기 616

INDEX 651

What's up java

01

소개와 설치

1.1 • 자바 소개
1.2 • 자바개발도구(JDK) 설치
1.3 • 자바 프로그램 컴파일과 실행
1.4 • 이클립스(Eclipse) 설치와 환경설경
1.5 • 이클립스에서의 자바 프로그램 작성과 실행
1.6 • 자바를 배울 때 자주하는 실수들

소개와 설치

1.1 자바 소개

1 자바

자바는 '썬 마이크로시스템즈(Sun Microsystems)'라는 회사에서 개발한 컴퓨터 프로그래밍 언어입니다. 지구상에 컴퓨터 언어가 몇 종류가 될 지는 정확히 알 수 없습니다만, 대략 3000여 종의 컴퓨터 언어가 있다고 합니다. 3000여 종의 컴퓨터 언어 중 우리가 이름이라도 들어볼 수 있는 언어는 아무리 많아도 20여 종이 고작입니다. 이런 상황에서 새로운 언어가 단기간에 많은 사람들의 관심을 받는다는 것은 사실 상 어려운 일입니다. 그럼에도 불구하고, 자바는 컴퓨터 역사를 통 털어서 가장 단기간에 가장 많은 주목을 받았으며 가장 빠른 속도로 성장한 언어입니다. 우리가 잘 아는 C언어의 경우는 1970년대 초에 태어나서 대중화되기까지 20여 년의 시간이 필요했습니다만, 자바의 경우는 1995년에 정식으로 발표되자마자 넷스케이프 내비게이터에 탑재가 되고, 곧바로 인터넷을 대표하는 언어가 되었습니다. 자바가 어떻게 해서 태어났는지, 왜 자바라고 이름을 붙였는지, 그토록 빠르게 중요 언어로 자리 잡게 된 이유가 무엇인지를 아는 것도 자바를 공부하는 사람에게는 꼭 필요한 일이라고 생각됩니다.

자바가 처음 제안된 1991년은 지금처럼 인터넷이 생활, 문화 전반에 영향을 미치는 시대는 아니었기 때문에, 자바는 처음부터 오늘날과 같이 인터넷을 기반으로 하는 컴퓨터 언어로 고안된 것은 아닙니다. 당시 썬 마이크로시스템즈에서는 텔레비전, VCR, 냉장고와 같은 가전제품이나 여러 전자제품을 네트워크로 연결시키는 연구를 하고 있었습니다. 썬 마이크로시스템즈는 "네트워크가 컴퓨터"라는 슬로건을 가지고 있는 회사였기 때문에, 반드시 컴퓨터가 아니더라도 모든 전자제품들이 네트워크로 연결되어 상호작용 하는 것에 대한 연구를 진행하고 있었던 것입니다. 이 연구를 썬 마이크로시스템즈에서는 '그린 프로젝트'라고 불렀고, 이 그린 프로젝트를 수행하고 있던 썬 마이크로시스템즈의 엔지니어 그룹 중의 한 사람이 바로 자바를 만든 제임스 고슬링이었습니다.

제임스 고슬링은 서로 다른 가전제품들이 비슷하게 작동하는 소프트웨어를 만들어야 했는데, 이를 위해선 하드웨어를 다루면서도 이식하기 좋은 프로그래밍 언어가 절실히 필요했습니다. 처음에는 C언어에 객체지향 개념이 추가된 C++언어를 사용했습니다만, C++언어의 포인터라는 개념이 너무나 많은 문제를 일으켰고, 또 C++언어가 미성숙한 객체지향 언어였기 때문에 비객체지향적인 특성이 너무 많이 나타나서 작업이 제대로 진행되지 못했습니다. 결국 제임스 고슬링은 완전히 새로운 언어를 만들기로 결심했고, C++언어와 문법은 비슷하면서 스몰토크처럼 완벽하게 객체지향 개념을 지원하는 오크(Oak)라는 언어를 만들었습니다. 제임스 고슬링이 이 언어를 오크라고 부른 이유는 당시의 썬 마이크로시스템즈의 건물 앞에 큰 오크나무(떡갈나무의 일종)가 있었기 때문에, 개인적으로 이 나무를 바라보는 것을 매우 좋아해서라고 합니다. 한동안 이 언어는 오크라고 불리었습니다만, 1995년에 열린 썬월드 '95에서 썬 마이크로시스템즈가 이 언어를 발표하려고 준비하다보니, 이미 오크리스프(OAKlisp)이라는 이름의 프로그래밍 언어가 있어서 상표등록이 어렵다는 것을 알게 되었습니다. 그래서 제임스 고슬링은 오크를 자바라는 이름으로 바꾸었습니다.

▲ 그림 1-1
자바의 마스코트인 듀크

자바라는 이름을 붙인 이유에 대해서는 많은 얘기들이 있습니다. 그 중 하나는 자바가 인도네시아산 커피의 이름이기 때문에 제임스 고슬링이 평소 이 커피를 좋아했기 때문이 아닐까하는 것이고, 또 다른 얘기론 이름 변경에 관한 회의를 한 곳이 커피숍이었고 당시에 팀원들이 마신 커피가 자바였다는 얘기도 있습니다. 전혀 다른 얘기로는, 자바가 커피의 명칭이 아니고 자바를 개발한 사람들 중 제임스 고슬링(James Gosling)의 J, 아더 반 홉(Arther Van Hoff)의 A와 V, 앤디 베크톨쉐임(Andy Bechtolsheim)의 A를 조합해서 만든 약자라는 것입니다. 어느 얘기가 진실이든 간에 분명한 사실은 자바의 원래 이름이 오크였고, 현재는 자바라는 점입니다. 썬 마이크로시스템즈에서는 오크를 상징하는 마스코트로 듀크를 만들었고, 자바를 상징하는 마스코트로는 맛있게 끓고 있는 커피컵을 만들었는데, 현재는 듀크와 커피컵을 모두 자바의 마스코트와 로고로 사용하고 있습니다.

▲ 그림 1-2
자바의 로고인 커피컵

자바는 C언어 또는 C++언어와 명령어도 비슷하고 문법도 거의 동일합니다. 그러나 언어적인 특징은 상당히 다른데, 우선 맨 처음 만든 자바는 니콜라스 워스가 만든 UCSD 파스칼을 이용해서 자바 가상머신에 적합한 중간 코드를 생성하는 언어를 만들었기 때문에, 데이터형에 엄격한 점 등 파스칼과 흡사한 면이 많이 있습니다. 또한 제임스 고슬링은 C++언어가 제대로 객체지향 개념을 지원하지 못하는 것에 불만이 있었기 때문에, 자바는 스몰토크처럼 완벽한 객체지향 언어가 되었습니다. C++언어가 객체지향 개념을 제대로 지원하지 못하는 이유는 C언어와의 호환성 때문인데, 자바는 비록 문법은 C언어와 비슷합니다만 기능은 많이 다르기 때문에 전혀 호환되지 않습니다. 특히 C언어의 말썽 많은 포인터나 C++언어의 복잡한 연산자 오버로딩이나 다중상속 등은 제거되었고, 대신 가비지 컬렉션 등의 편리한 기능이 추가되었습니다. 다시 말해서 자바는 기존 언어의 어렵고 복잡하면서도 문제를 일으키는 기능은 없애버렸고, 객체지향을 지원하기 위한 기능은 더욱 편리하게 만들어 지원하고 있습니다.

이렇게 잘 만들어진 언어였지만, 처음부터 자바가 호평을 받은 것은 아니었습니다. 제임스 고슬링이 이끄는 그린 프로젝트팀은 자바를 탑재한 스타 세븐(*7)이라는 제품을 1992년에 출시했습니다만, 어떠한 가전 회사도 관심을 보이지 않아서 실패로 끝나고 말았습니다. 그런데, 이 무렵 일리노이 대학의 마크 안드레센(Marc Andreessen)이 모자익(Mosaic)이라는 웹 브라우저를 만들어서 월드와이드 웹(WWW)이라는 새로운 물결이 일어났습니다. 마크 안드레센은 1994년에 넷스케이프를 설립하고, 1995년에 넷스케이프가 만든 웹 브라우저인 넷스케이프 내비게이터에 자바를 채택하였습니다. 넷스케이프 내비게이터는 이후에 마이크로소프트에서 나온 인터넷 익스플로러와의 경쟁에서 참패를 당하여 많이 위축됩니다만, 당시에는 전 세계 웹 브라우저 시장에서 독점적인 위치를 차지하고 있었습니다. 따라서 넷스케이프 내비게이터를 통해 어디든 갈 수 있고, 인터넷에 연결된 어떠한 기종에서도 잘 작동되는 자바의 저력과 힘은 곧 20세기 말의 월드와이드 웹을 완전히 새로운 환경으로 변화시켰습니다.

자바의 성공을 예감한 썬 마이크로시스템즈는 1995년에 열린 썬월드 '95에서 자바 개발도구인 JDK 1.0을 발표하였고, 곧이어 JDK 1.0의 버그를 고친 JDK 1.0.2를 1996년에 발표했습니다. 이 과정에서 썬 마이크로시스템즈는 큰돈을 벌 수 있음에도 불구하고, 자바를 개발하는데 필요한 모든 소프트웨어를 무료로 제공하고 심지어는 그 소스까지도 공개했습니다. 지금까지도 자바 개발도구인 JDK는 썬 마이크로시스템즈의 홈페이지에서 무료로 다운로드 받을 수 있습니다. 썬 마이크로시스템즈의 이러한 행동은 많은 프로그래머들의 찬사를 받았고, 곧 자바를 세계에서 가장 많이 사용하는 언어로 만들었습니다. 썬 마이크로시스템즈는 여기에 만족하지 않고, 1997년에는 JDK 1.1을 발표하고 1998년에는 JDK 1.2를 발표하였습니다. JDK 1.2부터는 다양한 라이브러리가 포함되었고 기존의 1.0이나 1.1과는 라이브러리 사용방식 등이 달라졌기 때문에, 특별히 자바2라고도 부릅니다.(자바2를 JDK 2.0으로 잘못 아는 경우가 많은데, 주의하도록 합시다.)

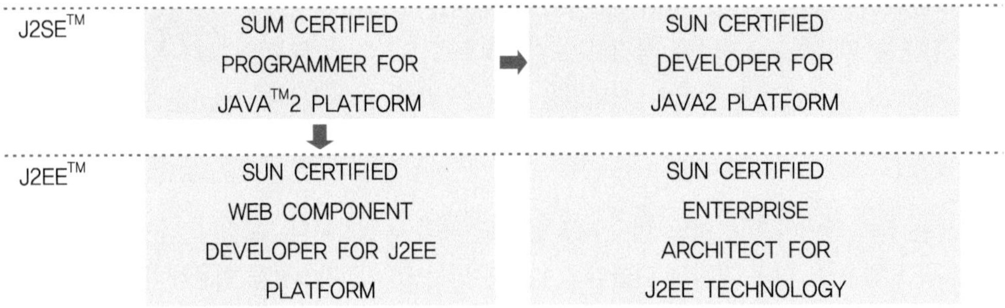

J2SE™	SUM CERTIFIED PROGRAMMER FOR JAVA™2 PLATFORM	→	SUN CERTIFIED DEVELOPER FOR JAVA2 PLATFORM
J2EE™	SUN CERTIFIED WEB COMPONENT DEVELOPER FOR J2EE PLATFORM		SUN CERTIFIED ENTERPRISE ARCHITECT FOR J2EE TECHNOLOGY

▲ 그림 1-3 다양한 자바 플랫폼

썬 마이크로시스템즈는 자바2 이후로 라이브러리 사용방식 등에서 일관성을 유지하고 있지만, 대신 자바가 실행될 다양한 하드웨어와 운영체제에 따라 다양한 자바 플랫폼을 선보이고 있습니다. 예를 들어, 가장 기본이 되는 J2SE(Java 2 Standard Edition)을 중심으로 임베디드 시스템을 위한 J2ME(Java 2 Micro Edition), 기업의 엔터프라이즈 서버 환경을 위한 J2EE(Java 2 Enterprise Edition) 등으로 용도별로 구분되어 제공되고 있습니다.

2 C언어와 자바

C++언어가 C언어의 확장판이고, 자바가 C++언어와 문법적으로 비슷하기 때문에, 간혹 C언어부터 C++언어, 자바의 순으로 차례대로 배워야 한다고 착각하는 사람들이 많은데, 전혀 그렇지 않습니다. 그 이유는 자바가 비록 C언어나 C++언어의 명령어와 같은 철자의 명령어들을 가지고 있지만, 개념 상으로 전혀 다른 언어이고, C언어의 포인터나 C++언어의 연산자 오버로딩, 다중상속, 메모리 관리 등의 복잡하고 자주 말썽을 일으키는 기능을 제거하여 더 쉽고 편리하게 프로그래밍할 수 있도록 만들어진 언어이기 때문입니다. 아무 언어도 모르는 상태에서 바로 자바를 배우는 편이 더 쉽지, 자바를 배우려

고 C언어나 C++언어를 먼저 배우는 것은 마치 자동변속기(오토매틱) 차량을 운전하기 위해 수동변속기(기어) 차로 공부하는 것과 같습니다. 그러나 반대로 이미 C언어나 C++언어를 알고 있는 사람이 자바를 배운다면 자바가 C언어나 C++언어에 비해 얼마나 획기적으로 편리한 언어인지를 실감하며 빠르고 쉽게 배울 수 있습니다. 다음의 [표 1-1]은 기존의 C언어나 C++언어와 자바 간단히 비교한 것입니다.

구분	C언어	C++언어	자바
#typedef	O	O	X
#define	O	O	X
포인터	O	O	X
goto 명령	O	O	X
struct형	O	O	X
union형	O	O	X
데이터형 변환	묵시적	명시적	랩퍼 클래스
배열	포인터	포인터	객체
문자열	배열	배열	String형
메모리 관리	수동	수동	자동
객체지향	비객체지향	비객체지향+객체지향	객체지향
연산자 오버로딩	X	O	X
메서드 오버로딩	X	O	O
다중 상속	X	O	X

▲ 표 1-1 C언어, C++언어와 자바의 비교

3 자바가 어려운 이유

그런데, 분명히 자바가 C언어나 C++언어보다 간결하고 쉬운 구조로 되어있는데도 불구하고 배우기 어렵다고 말하는 사람들이 있습니다. 또 자바가 인터넷과 미래 사회의 주도적인 기술임에도 불구하고 자바 프로그래머들은 계속 부족하기만 합니다. 자바가 배우기 어렵다고 생각하는 이유가 뭔지를 제 나름대로 한 번 집어봤습니다.

❶ 방대한 내용

C언어를 배우는 사람들이 가장 먼저 보는 책인 'The C Programming Language'는 C언어의 바이블이지만 찾아보기(색인)까지 합쳐도 겨우 270페이지의 얇은 책입니다. C++언어의 바이블이라 불리우는 'The C++ Programming Language'라는 책의 경우는 'The C Programming Language'의 내용을 거의 포함하고 객체지향에 대한 소개를 하고 있음에도 불구하고 470페이지 밖에 되지 않습니다.(이 책에 C++ 매뉴얼이 포함된 경우는 690페이지 정도 됩니다.) 그런 점에서 자바 관련 서적들은 700페이지가 넘는 서적이 대부분이고 어떤 책들은 1000페이지를 넘고 있습니다.

더 간결하고 쉬워졌다고 하면서 배울 내용은 왜 늘어난 걸까요? 기존의 C언어나 C++언어는 컴퓨터의 구조나 운영체제가 비교적 단순한 시대에 태어났기 때문에, 학습서들이 단순히 언어의 구조나 기본 명령어를 설명하는데 비해, 자바는 기본 문법은 물론이고, 윈도우즈, 네트워크, 분산처리, 스레드, 예외처리, 멀티미디어 등 다양한 분야를 다루기 때문입니다. 실제로 앞에서 언급한 'The C Programming Language'는 단순히 문법만 설명하고 있기 때문에 270여 페이지입니다만, 최근에 마이크로소프트 윈도우즈 프로그래밍을 위한 C언어 책들은 1000페이지가 넘고 그것도 한 권으로는 불가능해서 10여권을 한 세트로 출판하기도 합니다. 그런 점에서 자바는 오히려 양이 적은 편입니다만, 학습자가 언어의 구조와 문법만 배우고 C언어를 마스터했다고 느끼던 예전에 비해, 자바의 경우는 교재를 다 배우지 못하고 포기하는 경우가 많은 것도 사실입니다.

❷ 객체지향 개념

객체지향이라는 개념은 빠르고 쉽게 프로그램을 개발하고 유지 보수하면서도 기존의 코드를 재사용할 수 있는 매우 뛰어난 개념입니다. 앞으로 우리는 객체지향 개념을 이용해서 얼마나 쉽게 프로그래밍할 수 있는지를 배울 것입니다. 그런데, 이 객체지향 개념이 기존의 비객체지향 언어를 다루던 프로그래머에게는 익숙해지기까지 많은 시간이 걸리는 것 또한 사실입니다. C언어나 파스칼, 코볼, 포트란과 같은 기존의 컴퓨터 프로그래밍 언어들은 프로그래머가 해야 할 일을 순서대로 처리하기만 하면 되었지만, 객체지향에서는 객체 간의 상관관계를 먼저 설계해야 하기 때문에 쉽지 않습니다.

이는 마치 새장이나 개집을 짓기 위해서 복잡한 건축설계를 해야 하는 것처럼 때로는 무의미해 보이고 답답해 보일 수도 있습니다. 그러나 거대한 빌딩이나 아름다운 저택을 설계도 없이 대충 벽돌을 쌓아 짓는 것이 설계도면을 보고 짓는 것보다 어려운 것처럼, 현대의 거대한 프로그램 사이즈와 복잡한 프로그래밍 환경에서는 객체지향 개념이 반드시 필요합니다. 한 가지 재미있는 점은 컴퓨터 언어를 전혀 모르는 사람에게 프로그래밍을 가르칠 때는 C언어와 같은 절차적 언어를 사용한 구조적 프로그래밍 기법보다 자바와 같은 객체지향 언어를 사용한 객체지향 프로그래밍 기법을 더 빨리 배운다는 연구 결과도 있습니다. 따라서 기존 언어에 익숙한 프로그래머들도 조바심을 버리고 객체지향 프로그래밍에 익숙해지는 것이 중요합니다.

❸ 다양한 관련 기술

앞서 말했듯이 자바는 방대한 내용을 다루고 있기 때문에, 언어적인 설명만으로는 도저히 이해할 수 없는 점이 존재합니다. 예를 들어, 자바로 채팅 프로그램을 작성하는 경우에는 클라이언트-서버 구조, 소켓, 스레드, TCP/IP 등 네트워크와 관련된 많은 지식들이 필요합니다. 그런데, 처음 컴퓨터 언어를 접하는 사람은 대개 운영체제나 네트워크, 하드웨어 등에 대한 기술적인 지식이 부족하기 때문에, 개념을 못 잡고 헤매다가 '자바는 배우기 어렵다'고 판단하는 경우가 많이 있습니다.

그런데, 만약 C언어와 같은 다른 언어로 채팅 프로그램을 만들어 본 경험이 있는 프로그래머가 자바로 채팅 프로그램을 만들어 보면, 대부분의 까다롭고 복잡한 부분을 자바가 자동으로 해주기 때문에 프로그래머는 단지 소켓 클래스를 선언하기만 하면 원하는 일이 이루어진다는 점에 놀라게 됩니다. 윈도우즈 프로그램도 마찬가지입니다. C언어로 윈도우즈 운영체제 위에 작은 윈도우 하나를 열려고만 해도 수백 줄의 코딩이 필요하지만, 자바에서는 단지 애플릿을 상속받기만 하면 기본적인 모든 기능을 포함한 윈도우를 열 수 있습니다. 따라서 자바를 배우면서 이해되지 않고 어렵게 느껴지는 부분이 있다면, 해당 분야의 전문적인 지식이 부족한 것이지 자바가 어려운 것은 아니라는 점을 알아야 합니다. 오히려 자바는 복잡하고 어려운 부분을 쉽게 쓸 수 있도록 도움을 주기 때문에, 훌륭한 자바 프로그래머가 되고 싶은 사람은 자바는 물론이고 운영체제나 하드웨어, 네트워크, 인터넷 등에 대해 좀 더 깊이 공부할 필요가 있습니다.

❹ 마이크로소프트와의 관계

80년대 중반에 MS-DOS와 베이직으로 시작한 작은 회사였던 마이크로소프트는 오늘날 워드프로세서, 사무자동화, 운영체제, 데이터베이스, 게임 등 컴퓨터 관련 업계 전반에 가장 영향력이 있는 기업이 되었습니다. 이제는 마이크로소프트의 제품을 사용하지 않고 컴퓨터를 쓴다는 것은 상상할 수도 없을 정도입니다. 그러다보니 프로그래머들도 마이크로소프트에서 판매하는 컴퓨터 언어 개발툴을 사용할 수밖에 없습니다. 사실 베이직 같은 언어는 초보자를 위한 교육용 언어임에도 불구하고 마이크로소프트의 강력한 후원 덕에, 지금은 중요 컴퓨터 언어의 하나로 비주얼 베이직이 꼽힐 정도입니다. 과거에는 터보 파스칼, 터보 C, 볼랜드 C++ 등이 주요한 컴퓨터 언어 개발툴이었지만, 현재는 마이크로소프트의 비주얼 베이직, 비주얼 C++ 등이 시장에서 가장 많이 사용되는 컴퓨터 언어 개발툴들입니다.

마이크로소프트가 매우 뛰어난 기업인 것은 사실이지만, 그 경영 방식이 대단히 호전적이고 배타적이라서 여러 문제를 일으키고 있는 것도 사실입니다. 이러한 점은 개발 도구인 JDK를 무료로 제공하고 소스마저 공개하고 있는 썬 마이크로시스템즈의 자바와는 정반대의 스타일입니다. 마이크로소프트도 여러 차례 자바 시장에 도전하여 비주얼 J++와 같은 제품을 생산하기도 하고, 심지어는 C++언어를 변형시켜 자바와 비슷하게 만든 C# 언어라는 제품을 내놓기도 했습니다만 자바 개발툴 시장에 소극적인 상태입니다. 자바가 컴퓨터 기종이나 운영체제와 상관없이 작동되는 언어이지만, 전 세계 컴퓨터 시장의 대부분을 마이크로소프트의 윈도우즈와 관련 소프트웨어들이 차지하고 있는 실정에서, 마이크로소프트 제품들과 스타일이 다른 자바를 배운다는 것도 어려운 점 중의 하나입니다.

❺ 교재와 학습 방법

비단 자바뿐만 아니라 모든 컴퓨터 언어를 배울 때, 교재와 학습 방법은 매우 중요합니다. 사람마다 자기에게 맞는 외국어 교재와 학습법이 있듯이, 컴퓨터 언어인 자바를 배울 때도 자기에게 맞는 교재와 학습법이 있기 마련입니다. 그런데 안타깝게도 시중에 나와 있는 거의 모든 자바 관련 서적들은 문법 위주의 천편일률적인 구성으로 되어 있습니다. 거의 모든 자바 교재들이 자바의 각 명령어나 기능을 배우는 순서가 대동소이하고, 심지어는 사용된 예제마저 비슷한 것이 현실입니다. 이와 같은 문법 위주의 서적을 통달하고 실무에서 프로그램 개발을 반복하여 자바 전문가로 성장하는 것도 좋은 방법입니다만, 한편으로는 명령어 나열식 전개와 이유 없이 나타나는 문법들을 소화하지 못하는 사람들도 틀림없이 있고, 이 사람들에게 자바가 배우기 어려운 언어인 것도 사실입니다.

이러한 이유로 문법 위주의 천편일률적인 기존의 자바 교재와 학습 방법으로는 한계가 있다고 생각했기 때문에, 전혀 다른 방식으로 접근하는 것을 생각해봤습니다. 우선 문법 위주로 순서대로 배우는 방식은 교재를 모두 마스터한 후 실무에서 경험을 쌓아감으로써 도움이 되는 방식임에는 분명하지만, 자바의 방대한 내용과 다양한 관련 기술들을 고려할 때 초보자가 문법 위주의 자바 교재를 완전히 마스터하고 나열된 명령어들을 조합하여 프로그래밍하는 것은 결코 쉬운 일이 아닙니다.(이 점은 마치 영문법 책 한 권을 통독하면 영작을 할 수 있다고 믿는 것과 비슷합니다.) 그래서 이 책에서는 각 단원별로 독립적으로 완벽히 작동하는 게임을 만들고 사용된 명령어와 기능을 배웁니다. 각 게임은 학습자의 수준을 고려해서 앞에서 배운 명령어나 기능과 해당 단원에서 배울 명령어 또는 기능만으로 만듭니다. 이렇게 만들다보니 자바의 풍부한 기능을 자유자재로 쓸 수가 없어서 간혹 유치한 수준의 게임이 만들어지기도 합니다만, 무의미하게 순서대로 명령어나 기능을 배우는 방식에 비해, 배운 명령어와 기능을 사용해서 독립적으로 움직이는 게임을 만들 수 있기 때문에 학습자의 호기심을 자극하고 성취욕을 극대화시킬 수 있다고 생각합니다. 개인적으로는 좀 더 다양한 형태의 자바 관련 서적들이 등장하여 학습자들이 원하는 스타일의 교재와 학습 방법으로 공부할 수 있길 희망합니다.

4 자바의 특징

자바는 기존의 언어들과는 매우 다른 독특한 언어입니다. 자바를 배우기 전에 자바가 어떤 식으로 작동되는지 분명히 알고 있어야 합니다. 우선 기존의 C 언어가 어떤 식으로 컴파일되고 실행되는 지를 살펴 보겠습니다. 아래의 그림에서처럼 프로그래머가 에디터로 hello.c 프로그램을 작성합니다. 프로그래머가 텍스트 에디터로 만든 프로그램을 소스 또는 원시 프로그램이라고 하는데, 프로그램 소스는 사람이 알아볼 수 있는 명령어들의 조합이지 컴퓨터가 알아 볼 수는 없기 때문에 컴파일러로 컴파일해야 합니다. 컴파일러가 소스를 읽어서 기계어로 번역한 결과물을 목적 프로그램 또는 이진 파일이라고 합니다. 이때 컴파일러가 생성하는 이진 파일의 기계어는 당연히 컴파일러가 작동하고 있는 컴퓨터의 기계어입니다. 예를 들어, 파워 PC 프로세서에 맥 OS가 설치된 매킨토시에서 컴파일하여 나온 이진 파일은 파워 PC 프로세서와 맥OS에서 실행 가능한 기계어로 된 이진 파일인 것입니다. 이 이진 파일을 펜티엄 4 프로세서에 윈도우즈 2000 운영체제가 설치된 컴퓨터로 가져가서 실행시킨다면 당연히 실행되지 않을 것입니다.

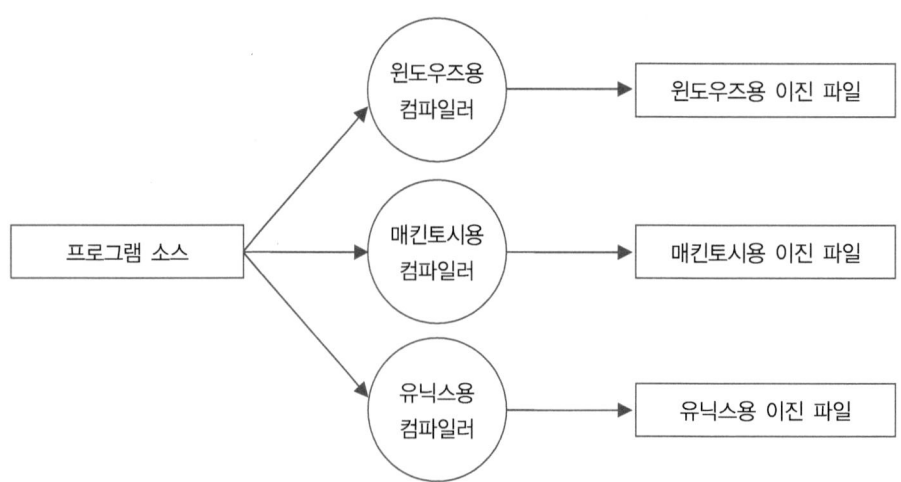

▲ 그림 1-4 C언어 프로그램의 컴파일과 실행

그런데, 자바는 C언어와는 달리 이진 파일을 만들지 않고, 아래의 그림 [1-5]처럼 바이트코드를 만듭니다. 바이트코드라는 것도 일종의 이진 파일입니다만, 기존의 존재하는 컴퓨터의 기계어가 아니고 자바 가상머신이라는 존재하지 않는 가상의 기계에서 사용하는 기계어로 된 이진 파일입니다. 이 바이트코드는 어떠한 컴퓨터에서도 실행불가능하기 때문에, 실행할 때는 자바 인터프리터가 한 줄씩 해당하는 기계의 기계어로 번역하여 실행시켜줍니다. 따라서 각각의 컴퓨터가 자바 인터프리터만 설치되어 있다면, 바이트코드를 수정없이 실행할 수 있는 것입니다. 잘 이해가 가지 않는 사람은 독일인과 한국인이 만났다고 생각해봅시다. 독일인은 한국어를 모르고 한국인은 독일어를 모르기 때문에 서로 의사소통을 할 수가 없었습니다. 그래서 독일인은 독일어를 영어로 번역하여 얘기를 하고 한국인은 영어는 알아들을 수 있었기 때문에, 한국어로 번역하여 이해 할 수 있었습니다. 이때 영어가 바로 바이트코드인 셈입니다.

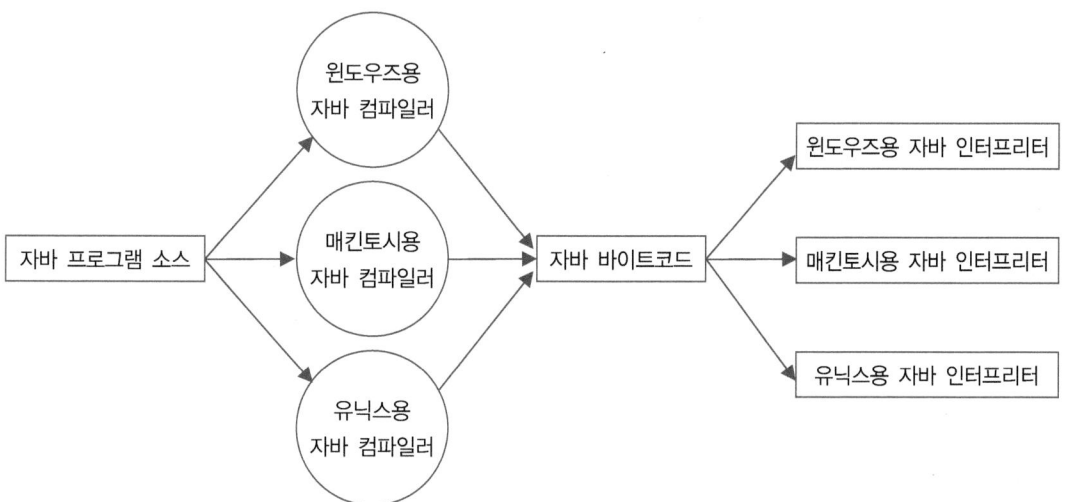

▲ 그림 1-5 자바 프로그램의 컴파일과 실행

바이트코드의 뛰어난 점은 자바 가상머신의 구조가 간결하고 단순하기 때문에, 바이트코드도 매우 간결하고 단순해서 인터프리터가 빠르게 번역할 수 있다는 것입니다. 현재 자바 인터프리터는 지구상의 거의 모든 컴퓨터용으로 제공되고 있습니다. 우리 주위에서 가장 흔하게 볼 수 있는 자바 인터프리터 중 하나는 인터넷 익스플로러나 크롬과 같은 웹 브라우저입니다. 따라서 바이트코드로 컴파일된 자바 클래스들은 각 컴퓨터용 웹 브라우저(자바 인터프리터)를 통하면, 어떠한 컴퓨터에서든 실행할 수 있는 것입니다. 이렇게 어떠한 컴퓨터에서도 잘 작동되는 자바의 특징을 '플랫폼 독립성'이라고 하며, 이 점이 자바가 다른 언어들과 가장 두드러지게 다른 점입니다. 자바에는 이 외에도 다음과 같은 특징들이 더 있습니다.

❶ 객체지향 언어이다.
C언어를 확장한 C++언어와는 달리, 자바는 처음부터 객체지향 프로그래밍 언어로 설계되었기 때문에, 객체지향개념을 완벽하게 지원합니다. 객체지향 기법을 이용하면, 프로그램의 가독성이 높아지고, 신뢰성과 재사용성도 높아지기 때문에, 현대 컴퓨터 프로그래밍 기법의 주류를 이루고 있습니다. 자바를 사용하면 완벽한 객체지향 프로그램을 만들 수 있습니다.

❷ 배우기가 쉽다.

자바는 C언어와 C++언어보다 훨씬 늦게 태어난 만큼, 선행 언어의 문제점이 되고 있는 복잡하고 사용하기 어려운 기능들을 과감하게 제거하여, 그 만큼 배우기가 쉽습니다. 예를 들어 C언어의 포인터는 프로그래머들 사이에서 심각한 골칫덩이였는데, 자바에서는 포인터를 제거하고, 대신 안정적이고 쉬운 방법으로 포인터가 하는 모든 일을 할 수 있도록 지원합니다.

❸ 강력하다.

자바에서는 소스 프로그램을 컴파일할 때, 치밀하게 에러를 잡아내기 때문에 난해한 논리 에러에 빠지는 것을 미리 예방해줍니다. 또, GUI와 스레드, 예외처리, 네트워크, 분산처리 관련 클래스들을 풍부하게 제공하여 매우 복잡하고 어려운 프로그램도 쉽게 작성할 수 있도록 도와줍니다. 메모리의 관리나 객체 처리도 자바가 자동으로 해결해주어서, 프로그램 실행 중에 발생할지도 모르는 복잡한 문제들을 미리 막아줍니다. 또 웹 브라우저에서 작동하는 애플릿의 경우는 보안상으로도 안전합니다.

❹ 속도가 느리다.

자바의 유일한 단점이 바로 이 점입니다. 컴파일되어 생성된 바이트코드를 인터프리터로 실행시켜야하기 때문에, 아무래도 이진 파일로 작성되어 바로 실행하는 C언어 애플리케이션에 비해 속도가 느릴 수밖에 없습니다. 또 객체지향 개념을 잘 지원하고 있지만, 그 과정에서 부득이하게 속도가 느려질 수밖에 없는 기능이 있습니다. 그러나 컴퓨터가 발달하고 새로운 기법들이 개발되면, 다소 느리더라도 생산성이 높은 편이 더 좋은 언어라는 생각이 지배적입니다. 최근에는 자바의 속도를 높이기 위해서 바이트코드를 미리 기계어로 컴파일해서 한 번에 실행하는 JIT 컴파일이나 자바 파일을 이진 파일인 exe 파일로 만들어주는 Java2Exe 유틸리티 등도 많이 눈에 띄고 있습니다.

1.2 자바개발도구(JDK) 설치

1 JDK를 다운로드 받기

이 책에 수록된 모든 프로그램은 썬 마이크로시스템즈가 제공하는 자바 플랫폼 중 가장 기본적인 자바 플랫폼인 Java SE로 컴파일되고 실행하였습니다. 이미 설명했듯이 현재 썬 마이크로시스템즈는 Java SE(Java Standard Edition), Java ME(Java Micro Edition), Java EE(Java Enterprise Edition) 등으로 용도별로 구분하여 제공하고 있습니다. http://java.sun.com/에서 최신의 Java SE 버전을 다운로드 받을 수 있습니다. Java SE의 다음 버전이 나왔을 때 쉽게 다운로드 받을 수 있도록 직접 다운로드 받아 보겠습니다.

① 자바의 공식 사이트인 http://java.sun.com/에 접속합니다. Software Downloads 코너에서 Java SE를 클릭합니다.

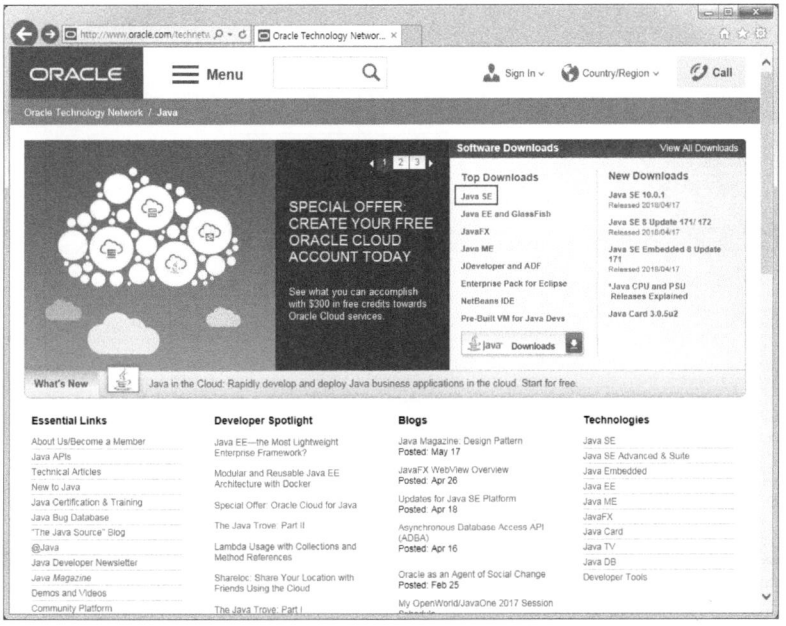

② Java SE DOWNLOAD 아이콘을 누릅니다. 이 책에서 사용하는 JDK 버전은 Java SE Development Kit 10.0.1 입니다만, 자바 공식 사이트에는 최신 버전의 자바 SDK가 계속 올라오기 때문에, 사용 가능한 최신 버전을 다운로드 받아서 설치하면 됩니다.

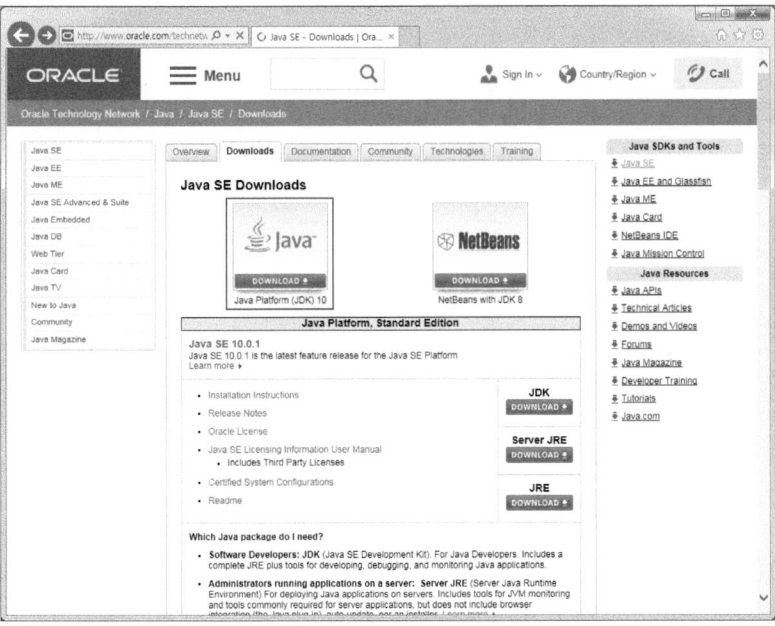

③ Java SE Development Kit 10 Downloads에서 Java SE 10.0.1의 'Accept License Agreement'를 먼저 체크하고, jdk-10.0.1-windows-x64_bin.exe를 다운로드 받으면 됩니다. jdk-10.0.1-windows-x64_bin.exe는 64비트 윈도우즈 운영체제에서 사용할 수 있는 자바 JDK입니다. 만일 리눅스, 맥OS, 솔라리스 등의 다른 운영체제를 사용하고 있다면, 해당 운영체제용 JDK 설치 파일을 다운로드 받으면 됩니다.

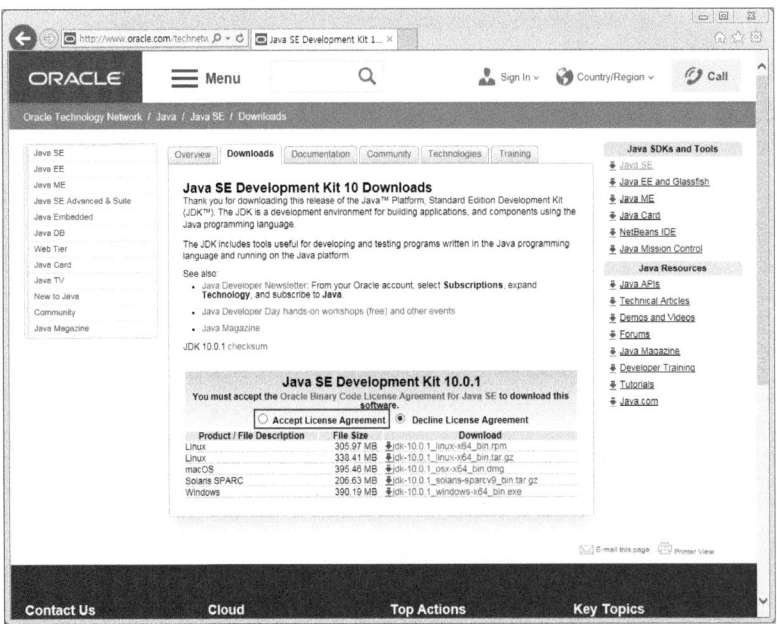

④ Java SE Downloads에서 Java SE 10.0.1의 JDK를 선택하여 다운로드합니다.

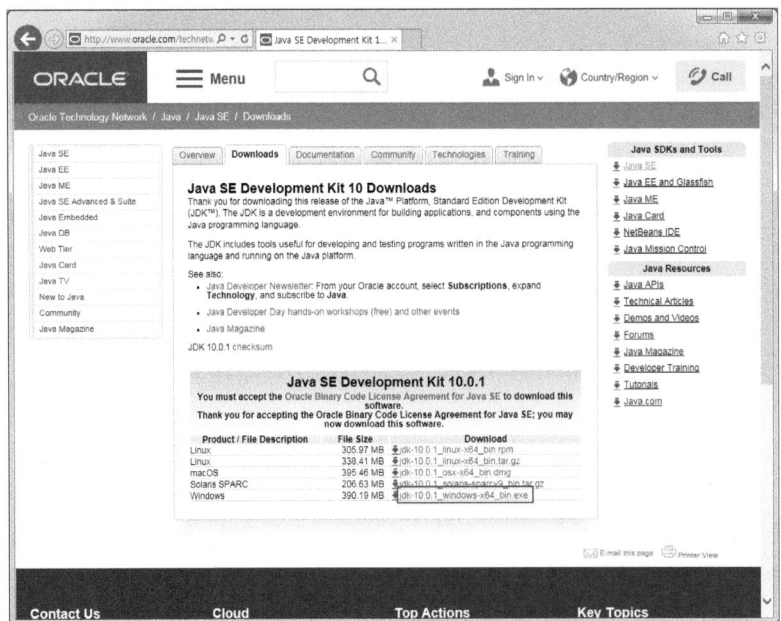

⑤ 다운로드 받은 jdk-10.0.1-windows-x64_bin.exe 파일을 더블클릭해서 설치합니다. 특별히 JDK 설치 위치를 바꿀 필요가 없다면, [Close] 버튼이 나타날 때까지 [Next] 버튼을 눌러 JDK 구성요소를 전부 설치하면 됩니다.

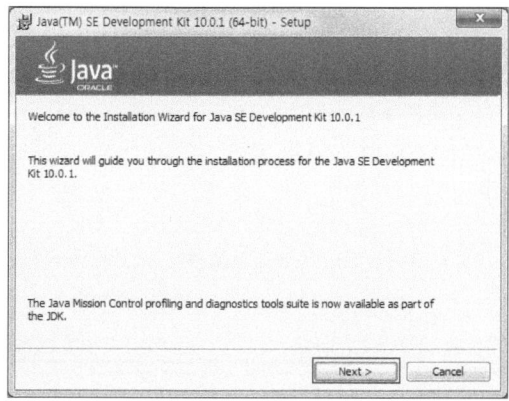

2 윈도우즈에서의 PATH 설정

JDK의 설치가 모두 끝났으면 PATH를 설정해야 합니다. PATH를 설정하는 이유는 자바가 어떤 처리를 하도록 하기 위한 것이 아니고, 운영체제에게 자바 컴파일러 등이 설치된 위치를 알려주기 위해서 입니다. PATH를 설정하지 않으면, 자바로 작성된 프로그램을 컴파일하기 위해서 javac를 실행시켰을 때, 운영체제가 javac.exe를 찾지 못합니다. 윈도우즈에서는 다음처럼 시스템 등록정보의 환경 변수에 적어 주면 됩니다.

① 바탕화면의 내 PC 아이콘 위에서 마우스의 오른쪽 버튼을 누릅니다. [속성] 메뉴를 선택하면 시스템 등록 정보 창이 열립니다.

② 고급 시스템 설정을 선택한 후, [환경 변수] 버튼을 누릅니다.

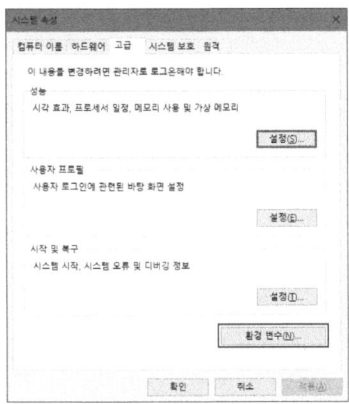

③ 환경 변수 창의 사용자 변수에 Path가 있는지 찾아보고 없으면 [새로 만들기] 버튼을 누릅니다. Path가 이미 존재할 때는 Path를 선택하고 [편집] 버튼을 누릅니다.

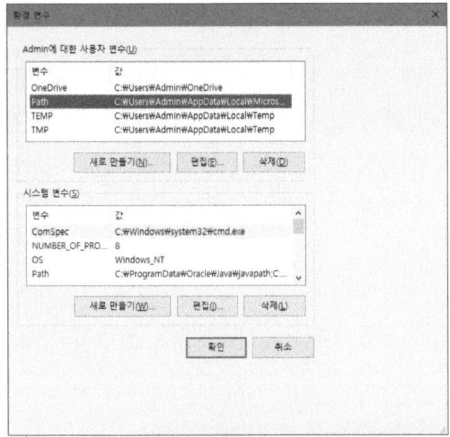

④ 새로 만들기를 누르고, "JDK가 설치된 위치\bin;"을 적습니다. 예를 들어, C:\Program Files\Java\jdk-10.0.1\에 JDK를 설치했다면, C:\Program Files\Java\jdk-10.0.1\bin;을 변수 값에 적어 넣습니다. [확인] 버튼을 눌러서 시스템 등록 정보 창을 닫습니다.

⑤ 명령 프롬프트 창을 열고 javac를 실행합니다.(윈도우 10의 경우는 시작 메뉴에 명령 프롬프트가 없을 수 있습니다. C:₩Windows₩System32₩cmd.exe 파일을 마우스로 더블 클릭하여 실행시키면 됩니다. 바탕화면에 바로가기를 만들어두면 편리합니다.) 에러 메시지가 나오면, 시스템 등록 정보 창을 다시 열어 경로가 맞는지 확인해봅시다. javac를 실행시켰을 때, javac의 옵션들이 출력되면, 올바르게 설정된 것입니다.

3 JDK 사용법

JDK가 설치된 디렉터리를 열어보면 [그림 1-6]처럼 다양한 실행 파일들이 존재합니다. 이 중 중요한 디렉터리로는 bin, lib, jre가 있습니다. bin 디렉터리는 JDK의 중요한 실행 파일들이 들어있기 때문에, PATH에 추가해준 디렉터리입니다. 자바 컴파일러와 자바 인터프리터, 애플릿뷰어 등도 모두 여기에 들어 있습니다. lib 디렉터리에 있는 tools.jar는 JDK 유틸리티 도구들을 위한 클래스의 모음입니다. jre 디렉터리 밑에도 lib 디렉터리가 있는데, jre₩lib 디렉터리에 있는 rt.jar에는 자바의 기본 클래스들이 들어 있습니다.

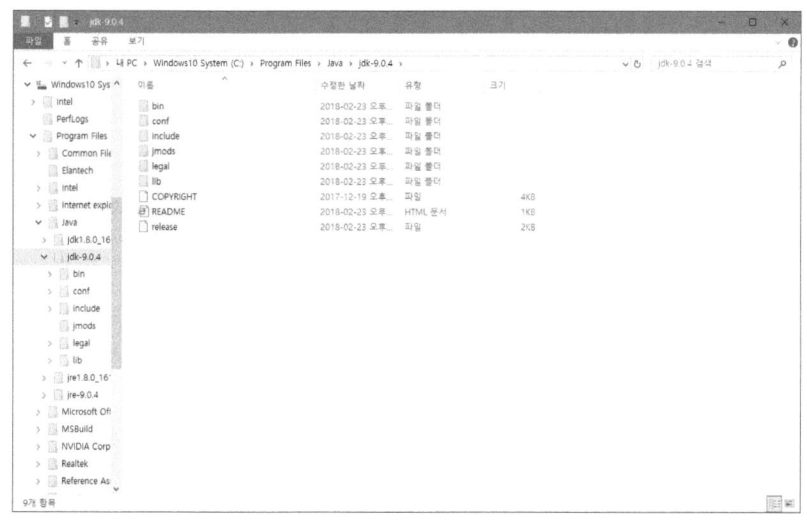

▲ 그림 1-6 설치된 JDK 디렉터리

❶ 자바 컴파일러(javac.exe)

.java로 끝나는 자바 소스 파일을 읽어서 컴파일 합니다. 무사히 컴파일이 완료되면 .class로 끝나는 클래스 파일을 생성합니다.

```
javac [ 옵션 ] [ 소스파일 ]
```

▼ 옵션

옵션	설명
-classpath 〈클래스패스〉	지정된 패스에 있는 클래스들을 사용
-d 〈디렉터리〉	클래스 파일의 위치를 지정
-deprecation	구 버전용 명령어가 사용된 곳을 찾음
-g	디버깅 정보를 생성
-g:none	디버깅 정보를 생성하지 않음
-nowarn	경고 메시지를 출력 안함
-O	코드를 최적화시킴
-sourcepath 〈소스파일위치〉	소스 파일의 위치를 지정
-target 〈버전〉	지정된 버전의 자바 가상머신용 클래스 파일을 생성

❷ 자바 인터프리터(java.exe)

자바 컴파일러가 생성한 클래스 파일을 실행시킵니다. 클래스 파일 이름을 쓸 때는 .class는 생략합니다.

```
java [ 옵션 ] 클래스파일이름 [ 인수, ... ]
java [ 옵션 ] -jar JAR파일이름 [ 인수, ... ]
```

▼ 옵션

옵션	설명
-classpath 〈클래스 패스〉	지정된 패스에 있는 클래스들을 사용

❸ 애플릿뷰어(appletviewer.exe)

애플릿을 실행해주는 미니 웹 브라우저입니다.

```
appletviewer [ 옵션 ] HTML파일이름
```

▼ 옵션

옵션	설명
-J 〈버전〉	자바 인터프리터용 옵션을 사용

❹ 헤더 파일 생성기(javah.exe)

C언어를 위한 헤더 파일을 생성합니다.

```
javah [ 옵션 ] 클래스이름
```

▼ 옵션

-o 〈출력파일〉	결과물이 저장될 파일을 지정
-d 〈디렉터리〉	헤더 파일이 생성될 디렉터리를 지정

❺ 압축 파일 생성기(jar.exe)

JAR 파일을 만들거나 풀 수 있습니다. 자바로 프로그래밍을 하다보면 여러 개의 클래스 파일이 생성되는데, 사용된 모든 클래스 파일을 하나의 JAR 파일로 묶어서 프로그램 사용자에게 공급할 수 있습니다. JAR 파일은 일종의 ZIP 파일이라고 생각하면 됩니다.

```
jar [ 옵션 ] [ manifest-file ] 압축결과파일이름 압축할파일 [ 압축할파일 ]
```

▼ 옵션

c	새로운 압축 파일 생성
t	압축 파일의 내용을 화면에 출력
x 〈파일〉	파일의 압축을 해제
m	manifest 파일을 포함
u	기존의 JAR 파일의 내용을 업데이트

❻ 역어셈블러(javap.exe)

클래스 파일을 역 어셈블합니다.

```
javap [ 옵션 ] 클래스이름
```

▼ 옵션

-l	지역변수 테이블을 출력
-public	public 메서드만 출력
-protected	protected, public 메서드만 출력
-package	package, protected, public 메서드만 출력
-private	모든 메서드 출력

4 도스 명령어

도스는 마이크로소프트가 만든 원시적인 운영체제로 디스크를 다룰 수 있다는 의미에서 DOS(Disk Operating System)라는 이름이 붙었다고 합니다. 윈도우즈와 같이 아이콘을 사용하는 운영체제를

GUI(Graphic User Interface)라고 하는 것처럼 도스와 같이 명령어를 타이핑해서 사용하는 운영체제를 CUI(Character User Interface)라고 합니다. CUI 운영체제도 GUI 운영체제와는 다른 여러 장점이 있기 때문에 여전히 많이 사용되고 있습니다.(특히 리눅스나 유닉스 환경에서는 CUI 환경인 셸을 반드시 사용해야 합니다.) 현재 보편적으로 사용되고 있는 윈도우즈 환경에서도 도스가 MS-DOS 또는 명령 프롬프트라는 이름으로 제공되고 있습니다.(윈도우 10의 경우는 C:\Windows\System32\cmd.exe를 실행시키면 됩니다.) 이 책은 도스를 다루는 책은 아니지만, 우리가 만든 자바 프로그램은 도스 상태에서 컴파일 해야 하기 때문에, 도스에 익숙하지 않은 사람을 위해 특히 많이 사용되는 도스 명령어들을 간단히 정리했습니다.

❶ 디렉터리 목록: dir

현재 디렉터리에 들어 있는 파일이나 서브 디렉터리의 목록을 보고 싶을 때는 dir 명령을 사용하면 됩니다. dir 명령을 내리면, 파일이 생성된 날짜, 시간, 크기, 이름 등을 보여줍니다. 만약 이름만 보고 싶을 때는 /w 옵션을 사용해서 dir /w라고 하면 됩니다.

❷ 디렉터리 변경: cd

도스에서는 디렉터리를 변경하려고 할 때 cd 명령을 사용합니다. 예를 들어, D: 드라이브의 Java 디렉터리로 옮기고자 할 때는 cd D:\Java라고 하면 됩니다. 서브 디렉터리로 옮길 때는 해당하는 서브 디렉터리의 이름을 cd 뒤에 쓰면 되고, 부모 디렉터리로 가고 싶으면 점을 두 개 찍어서 cd ..라고 하면 됩니다. cd 명령은 대부분의 CUI 운영체제에서 지원하고 있는데, 도스에서는 cd 명령 뒤에 아무 것도 쓰지 않으면 현재 디렉터리의 이름을 알려줍니다.

❸ 파일 복사: copy

하나의 파일을 똑같은 파일로 복사하고 싶을 때는 copy 명령을 사용합니다. A.java라는 파일을 복사해서 B.java라는 파일을 만들고 싶다면, copy A.java B.java라고 하면 됩니다. 파일 이름에 디렉터리 이름을 붙이면 서로 다른 디렉터리에 있는 파일을 복사할 수도 있습니다. 예를 들어, C: 드라이브의 NAKONG 디렉터리에 있는 Hello.java 파일을 D: 드라이브의 tong 디렉터리에 복사하고 싶으면, copy C:\NAKONG\Hello.java D:\tong\Hello.java라고 하거나 동일한 파일 이름을 생략해서 copy C:\NAKONG\Hello.java D:\tong이라고만 해도 됩니다.

❹ 파일 삭제: del, erase

더 이상 필요없어진 파일을 삭제하고 싶을 때는 del 명령을 사용합니다. MyClass.java 파일을 삭제하고 싶다면 del MyClass.java라고 하면 됩니다. del 명령 대신 erase 명령을 사용해도 동일합니다.

❺ 파일 이름 변경: rename, ren

파일의 이름을 바꾸고 싶다면, 앞에서 배운 copy 명령으로 복사한 후 del 명령으로 삭제하면 됩니다. 예를 들어 Eunmi.java 파일을 Doldol.java로 바꾸고 싶다면, 먼저 copy Eunmi.java Doldol.java로 복사한 후, del Eunmi.java로 Eunmi.java 파일을 삭제하면 됩니다. 그러나 이렇게 두 번에 걸쳐 작업을 하는 것은 번거롭기 때문에 한 번에 이름을 바꾸는 rename 명령이 있습니다. rename Eunmi.java Doldol.java라고 하면 한 번에 Eunmi.java 파일의 이름을 Doldol.java로 바꿉니다. rename 명령은 간단하게 ren만 써도 동일하게 작동됩니다.

❻ 파일 내용 보기: type

텍스트 파일의 내용은 type 명령으로 간단히 내용을 볼 수 있습니다. 에디터로 작업한 내용이 잘 반영되었는지 보고 싶은 경우에는 type 명령을 쓰면 됩니다. Tong.java 파일의 내용을 보고 싶다면 type Tong.java라고 하면 됩니다.

❼ 메타 문자(와일드카드): *, ?

대부분의 도스 명령은 단독으로 쓰이는 경우는 별로 없고 항상 파일 이름이나 디렉터리 이름과 함께 사용됩니다. 그런데 어떤 때는 특정한 이름을 지칭하지 않고 대충의 이름을 지정하고 싶을 때가 있습니다. 예를 들어 A로 시작되는 모든 파일을 보고 싶거나, .java로 끝나는 파일만 보고 싶을 때가 있습니다. 이런 경우에 사용할 수 있도록 준비된 문자가 메타 문자입니다. 도스에서는 *과 ?를 메타 문자로 사용하고 있습니다. *는 0개 이상의 다수의 모든 문자를 의미하고, ?는 1개의 모든 문자를 의미합니다. 예를 들어 dir A*라고 하면 A로 시작되는 모든 파일(A, AJ, Atel.txt, AAAA.zip, ABC.class 등)이 되고, dir A?라고 하면 A로 시작되고 1문자가 따라붙는 파일(AA, AJ, Ax, Az 등)만 해당됩니다. 메타 문자는 도스의 모든 명령에서 사용될 수 있습니다. 예를 들어 Game으로 시작되고 .java로 끝나는 모든 파일을 지우고 싶다면, del Game*.java라고 하면 됩니다.

1.3 자바 프로그램 컴파일과 실행

일반적으로 C언어로 작성된 프로그램을 C 애플리케이션이라고 하고, 파스칼 언어로 만든 프로그램을 파스칼 애플리케이션이라고 합니다. 마찬가지로 자바 언어로 작성한 프로그램을 자바 애플리케이션이라고 할 수 있습니다. 그런데 자바에서는 애플리케이션이 단순히 자바로 작성된 프로그램이라는 의미 외에 자바 애플릿과 구분되는 다른 의미도 가지고 있습니다.

1 처음 만들어 본 자바 애플리케이션

자바 애플리케이션은 자바 컴파일러(javac.exe)로 컴파일되고 자바 인터프리터(java.exe)로 실행되는 자바 언어 응용 프로그램을 일컫는 말입니다. 자바는 플랫폼 독립적이기 때문에 컴파일하면 바이트코드로 작성된 클래스 파일이 생성되고, 실행할 때는 자바 인터프리터를 사용합니다. 이러한 자바만의 특징을 제외하고 애플리케이션의 의미는 다른 컴퓨터 언어의 애플리케이션과 같은 의미입니다. 다음의 [그림 1-7]은 자바 애플리케이션의 특징적인 실행과정을 보인 것입니다. 자바 애플리케이션을 실행시킬 때, 클래스 내의 첫 시작점은 main( ) 메서드이기 때문에, 실행시키고자하는 애플리케이션은 반드시 main( ) 메서드를 포함하고 있어야 합니다.

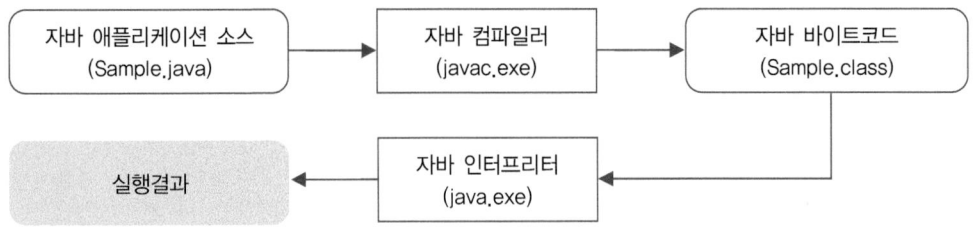

▲ 그림 1-7 자바 애플리케이션의 실행 과정

다음 예제는 화면에 "Hello, World!"라는 한 줄을 출력하는 간단한 자바 애플리케이션입니다. 에디터에서 입력한 후, "HelloWorld.java"라는 이름으로 저장합시다. 주의할 점은 파일명이 반드시 .java로 끝나야 하고 대소문자를 잘 구분해서 입력해야 한다는 점입니다.

HelloWorld.java

예제

```
1 : public class HelloWorld
2 : {
3 :     public static void main(String[] args)
4 :     {
5 :         System.out.println("Hello, World!");
6 :     }
7 : }
```

입력이 끝났다면, 명령 프롬프트를 열어서(유닉스의 경우라면 셸 윈도우) 다음처럼 입력하여 컴파일을 합니다.(윈도우 10의 경우는 C:₩Windows₩System32₩cmd.exe를 실행시키면 됩니다.)

```
javac HelloWorld.java    → 확장자 .java 입력!
```

에러 메시지가 출력되면 위 소스와 비교해서 고치고, 아무런 메시지도 없다면 다음처럼 자바 인터프리터로 실행시킬 수 있습니다.

```
java HelloWorld          → 확장자는 반드시 생략!
```

다음은 실행결과입니다.

> **결과**

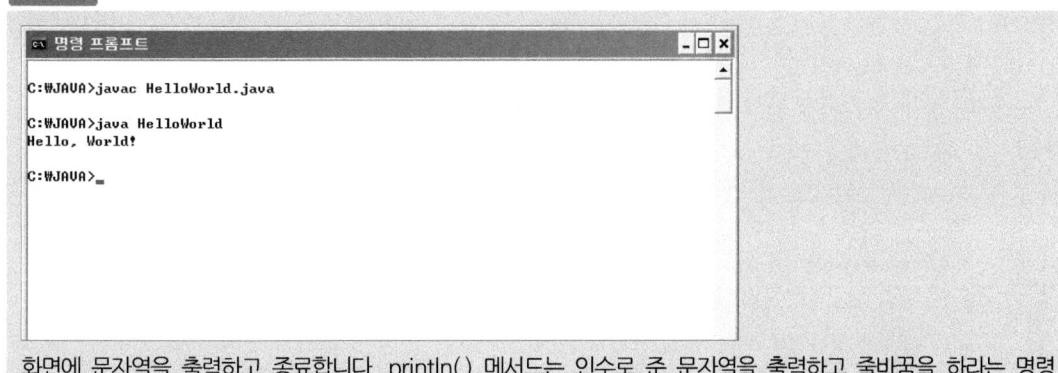

화면에 문자열을 출력하고 종료합니다. println( ) 메서드는 인수로 준 문자열을 출력하고 줄바꿈을 하라는 명령입니다.

2 처음 만들어 본 자바 애플릿

애플릿은 자바 컴파일러(javac.exe)로 컴파일되고, 웹 브라우저 상에서 작동되는 프로그램입니다. 웹 브라우저(인터넷 익스플로러, 크롬 등)는 HTML 파일만 인식할 수 있기 때문에, 자바 애플릿을 실행하기 위해선 〈APPLET〉 태그가 정의된 HTML 파일을 만들어 웹 브라우저에서 불러야 합니다. 사실 자바가 오늘날과 같이 영향력 있는 범세계적인 언어가 된 이유는 애플릿이라는 개념 때문입니다. 자바 애플릿이 나오기 전에는 웹 브라우저로 인터넷을 통해 HTML 문서를 보는 것이 전부였지만, 애플릿을 웹 브라우저에서 실행할 수 있게 되면서, 게임이나 금융서비스, 워드프로세서, 데이터베이스 검색 등 로컬 컴퓨터에서 가능한 모든 일을 할 수 있게 되었습니다. 다음의 [그림 1-8]은 자바 애플릿의 실행과정을 보인 것입니다. 여기서 애플릿뷰어는 자바 애플릿을 실행시킬 때마다 웹 브라우저를 실행시켜야 하는 부담을 덜어주기 위해서 JDK에서 제공하는 애플릿 전용 웹 브라우저입니다.

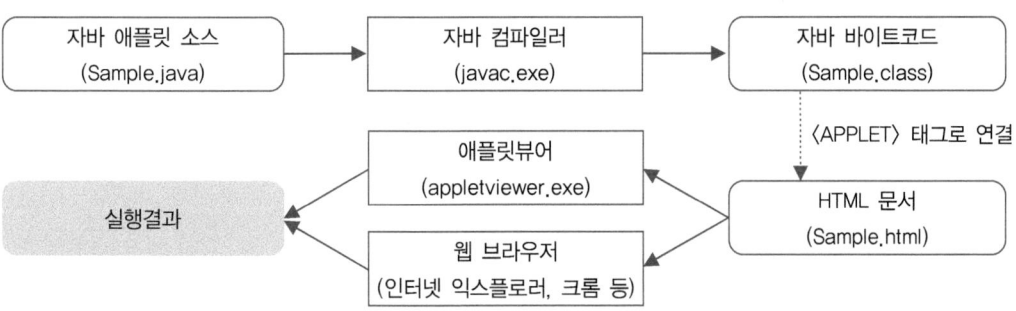

▲ 그림 1-8 자바 애플릿의 실행과정

다음 예제는 화면의 가로 50, 세로 100 위치에 "Hello, Applet!"이라는 한 줄을 출력하는 간단한 자바 애플릿입니다. 에디터에서 입력한 후, HelloApplet.java라는 이름으로 저장합시다. 역시 주의할 점은 애플리케이션에서와 마찬가지로 파일명이 반드시 .java로 끝나야 하고 대소문자를 잘 구분해서 입력해야 한다는 점입니다.

HelloApplet.java

```
 1 : import java.awt.*;
 2 : import java.applet.*;
 3 :
 4 : public class HelloApplet extends Applet
 5 : {
 6 :   public void paint(Graphics g)
 7 :   {
 8 :     g.drawString("Hello, Applet!", 50, 100);
 9 :   }
10 : }
```

입력이 끝났다면, 명령 프롬프트를 열어서(유닉스의 경우라면 셸 윈도우) 다음처럼 입력하여 컴파일을 합니다.(윈도우 10의 경우는 C:₩Windows₩System32₩cmd.exe를 실행시키면 됩니다.)

```
javac HelloApplet.java        → 확장자 .java 입력
```

에러 메시지가 출력되면 위 소스와 비교해서 고치고, 아무런 메시지도 없다면 HTML 파일을 만들어야 합니다. 애플릿은 애플리케이션과 달리 자바 인터프리터로 실행시킬 수 없고 HTML 파일을 만든 후, 웹 브라우저에서 불러와야 합니다. 다음 예제는 컴파일된 HelloApplet 클래스를 사용하는 HTML 파일입니다.

HelloApplet.html

```
1 : <HTML>
2 :   <HEAD>
3 :     <TITLE>HelloApplet</TITLE>
4 :   </HEAD>
5 :   <BODY>
6 :     <APPLET CODE=HelloApplet.class WIDTH=400 HEIGHT=400>
7 :     </APPLET>
8 :   </BODY>
9 : </HTML>
```

완성된 HTML 파일을 웹 브라우저(인터넷 익스플로러, 크롬 등)에서 불러오면 애플릿이 실행됩니다. 만일 적당한 웹 브라우저가 없다면 다음처럼 JDK에 포함된 애플릿뷰어(appletviewer.exe)를 사용하면 됩니다.

```
appletviewer HelloApplet.html   → 확장자 .html 입력
```

어떠한 종류의 웹 브라우저라도 애플릿뷰어에 비하면 비교할 수 없을 만큼 크기가 크기 때문에, 프로그램을 작성할 때마다 실행시키려면 속도가 느려 부담이 됩니다. 따라서 웹 브라우저보다는 애플릿뷰어를 사용하는 것을 권합니다. 이 책에서는 모든 자바 애플릿을 애플릿뷰어로 실행시키겠습니다. 다음은 애플릿뷰어의 실행결과입니다.

결과

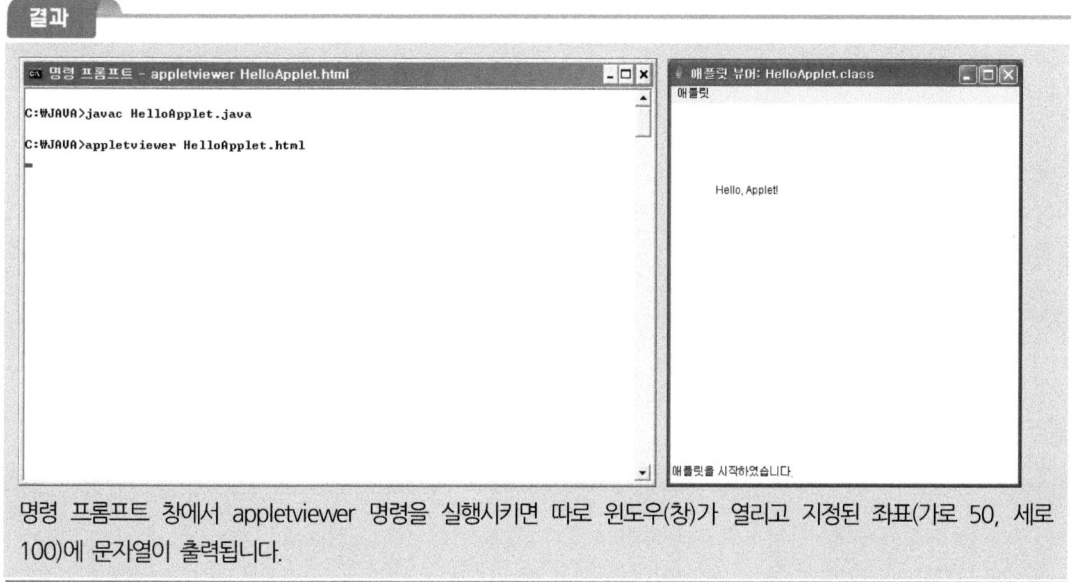

명령 프롬프트 창에서 appletviewer 명령을 실행시키면 따로 윈도우(창)가 열리고 지정된 좌표(가로 50, 세로 100)에 문자열이 출력됩니다.

Q Applet 클래스가 들어있는 프로그램을 javac로 컴파일하면 다음과 같은 메시지가 나오는 경우가 있습니다.

```
Note: HelloApplet.java uses or overrides a deprecated API.
Note: Recompile with -Xlint:deprecation for details.
```

이 메시지의 의미는 무엇인가요? 왜 이런 메시지가 나오나요?

A Applet에 관한 보안정책이 바뀌어졌기 때문입니다. 이 점에 대해서는 **13.5 애플릿 마이그레이션**에서 자세히 설명하고, 애플릿을 애플리케이션으로 바꾸는 마이그레이션에 대해서도 배우도록 하겠습니다.

1.4 이클립스(Eclipse) 설치와 환경설정

자바는 특별히 에디터나 입력 프로그램에 대한 제한이 없기 때문에, 이 책에 나오는 모든 자바 프로그램 소스는 메모장(시작 버튼 → 프로그램 → 보조프로그램 → 메모장)을 사용해서 입력할 수 있습니다. 메모장은 윈도우즈의 기본 문서 편집기이기 때문에 따로 설치하거나 복잡한 사용법을 배울 필요가 없어서 편리합니다.

그러나 불편한 점도 있습니다. 우선 메모장은 디폴트로 .txt를 확장자로 사용합니다. 이 때문에 의도하지 않게 파일 이름이 틀려서 컴파일이 안되거나 에러가 나타나는 경우가 생길 수 있습니다. 예를 들어

Hello.java라고 파일 이름을 정했는데, 실제로는 Hello.java.txt라고 저장되는 경우입니다. 이런 경우에는 따로 파일 이름을 변경하는 절차를 거쳐야 합니다. 또 다른 문제점으로는 파일의 사이즈가 어느 이상 커지면 편집할 수 없게 된다든지 줄 번호를 알기 어려워서 에러가 난 줄을 찾기 어렵다든지 하는 것들이 있습니다. 이 때문에 대부분의 자바 프로그래머들은 자신들에게 익숙한 에디터를 사용해서 프로그램을 작성해왔습니다.

그러나 최근에는 강력한 자바 개발 플랫폼인 이클립스(Eclipse)가 발표되어 별도의 에디터를 사용할 필요가 없어졌습니다. 이클립스는 IBM과 OTI에서 IBM VisualAge 시리즈 개발에 참여했던 인력을 중심으로 1999년에 시작한 자바 기반 프로젝트의 이름이자 그 결과물입니다. 2004년부터 볼랜드, 레드햇, HP, 오라클 등 유명한 회사들이 컨소시엄을 구성하여 비영리 재단이 되었으며, 현재는 오픈소스로 전환되어 누구나 무료로 사용할 수 있습니다. 이클립스 자체가 자바 기반 프로젝트이기 때문에, 자바 프로그램 개발에 최적화되어 있습니다. 따라서 현재는 대부분의 자바 프로그래머들이 이클립스를 사용하여 자바 소프트웨어를 개발합니다.

1 이클립스(Eclipse) 설치하기

이클립스는 자바 개발도구인 JDK와 마찬가지로 이클립스 홈페이지에서 무료로 제공하고 있습니다. http://www.eclipse.org 사이트를 방문하면 최신 버전의 이클립스를 다운로드할 수 있습니다.(현재 이클립스는 윈도우즈, 리눅스, 맥OS 버전이 제공되고 있습니다. 여기서는 윈도우즈 버전을 중심으로 설명하지만, 다른 버전에서도 거의 비슷합니다.)

① 최신 버전의 이클립스를 다운로드 받기 위하여 이클립스 홈페이지(http://www.eclipse.org/)에 접속합니다.

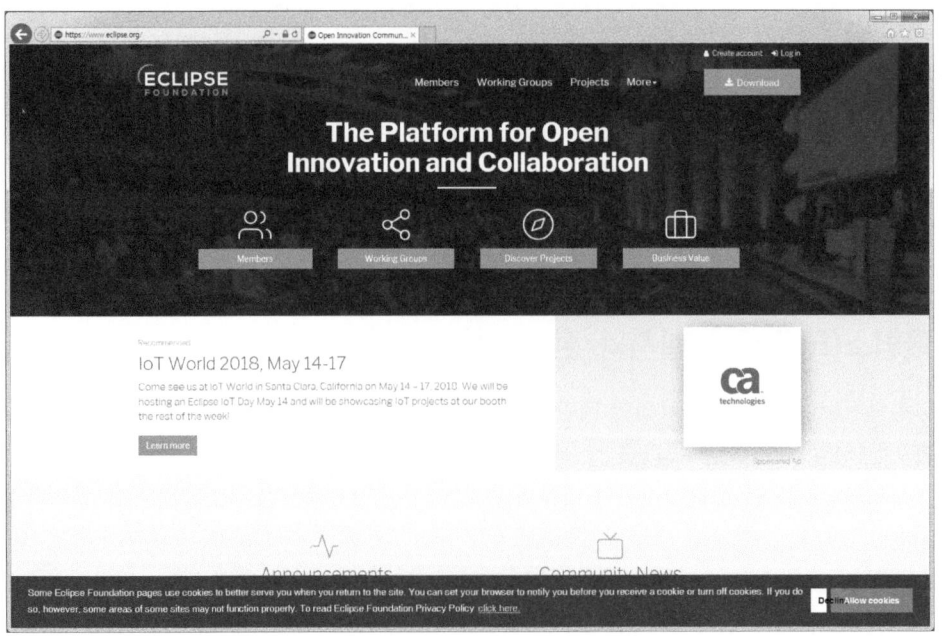

② 상단의 Download를 눌러 다운로드 페이지로 이동합니다.(또는 주소창에 http://www.eclipse.org/downloads/를 입력하여 다운로드 페이지로 바로 이동할 수도 있습니다.)

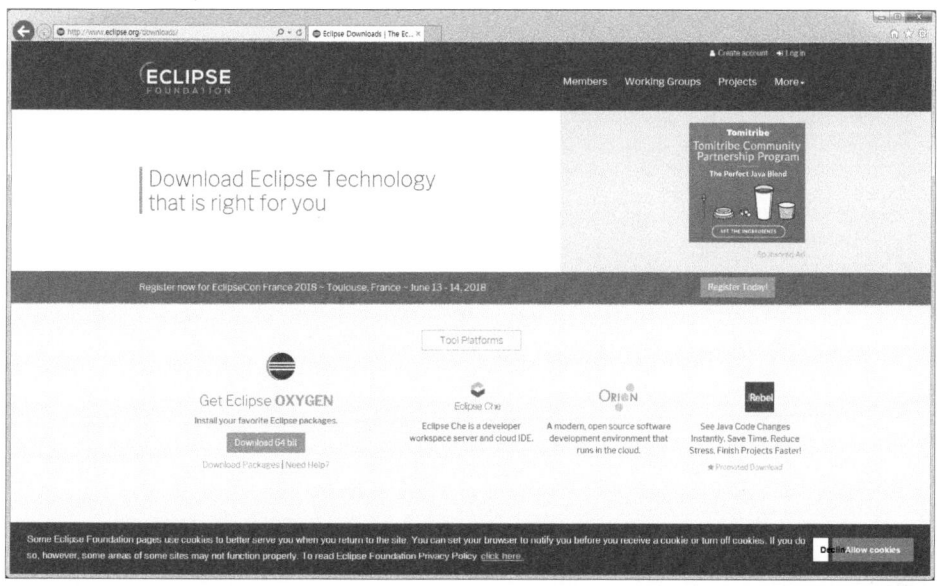

③ Get Eclipse OXYGEN 밑의 Download 버튼을 눌러 eclipse-inst-win64.exe 파일을 다운받아 실행 시킵니다. 이클립스의 버전은 유로파, 가니메데, 갈릴레오, 헬리오스, 인디고, 주노, 케플러, 루나, 마르스, 네온, 옥시젠 등의 위성 이름으로 릴리즈 되었습니다. 이 책이 쓰여 지는 시점의 최신 버전은 옥시젠(Oxygen)입니다.

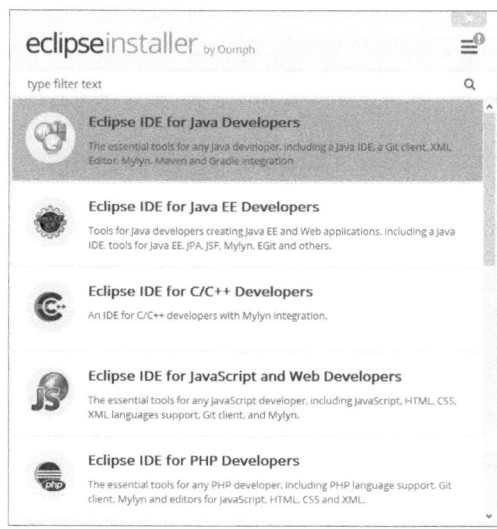

④ [INSTALL] 버튼을 누르면 이클립스가 설치됩니다.

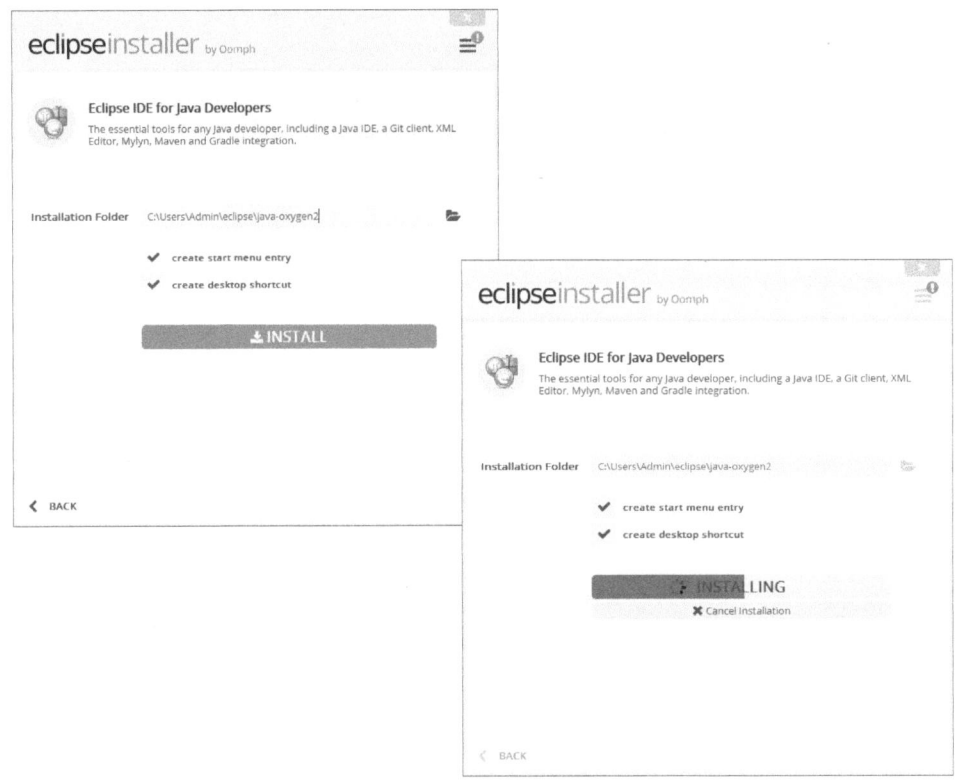

2 이클립스 환경 설정하기

① 바탕화면과 시작메뉴에 생성된 이클립스 아이콘을 마우스로 클릭하여 실행시킵니다. 최초 실행 시에는 워크스페이스를 물어봅니다. 워크스페이스란 쉽게 말해서 작성한 프로그램을 저장하는 작업 폴더입니다. 이 책에서는 C:\Java 폴더에 프로그램을 저장하고 실행하도록 하겠습니다.

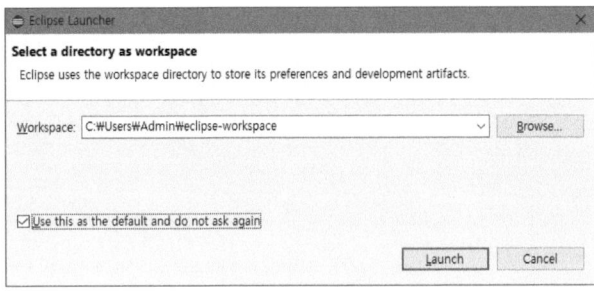

② 이클립스가 실행되면, Welcome 창이 자동으로 열립니다. 여기서 개요(Overview), 자습서(Tutorials), 새로운 기능(What's New) 등을 읽을 수 있습니다. 자습서를 실행시키면 이클립스 초보자가 쉽게 이클립스를 배울 수 있습니다. Create a new Java project를 마우스로 선택하여 워크벤치로 이동합니다.

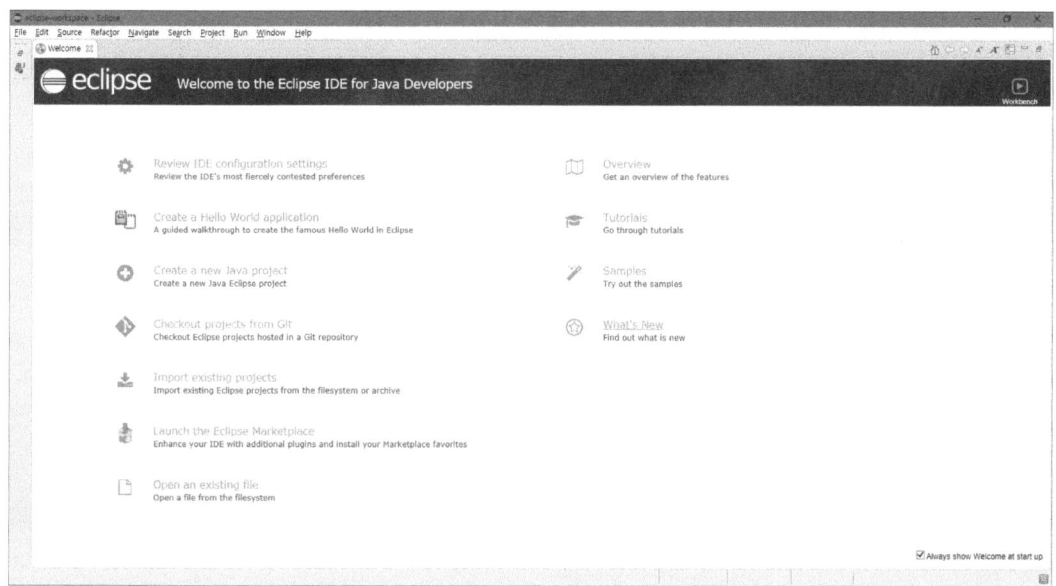

③ 상하단에는 메뉴, 툴바, 상태란 등의 표준적인 요소들이 있고, 각 변에는 탐색기, 속성창, 콘솔창, 도움말 등 개발에 필요한 각종 뷰(View)들이 나타납니다. 중앙에는 소스를 편집할 수 있는 에디터(편집기)가 나타나는데, 프로젝트가 열려있지 않은 경우에는 비어 있습니다. 비주얼 스튜디오, 델파이, 비주얼 에이지 등의 통합개발환경과 유사하므로, 기존의 통합개발환경을 사용해본 사용자는 바로 사용할 수 있습니다.

1.5 이클립스에서의 자바 프로그램 작성과 실행

앞에서 우리는 메모장 등의 에디터를 사용하여 자바 프로그램을 작성하고 자바 컴파일러(javac.exe)로 컴파일하여 실행해보았습니다. 여기서는 같은 자바 프로그램을 이클립스를 사용하여 컴파일하고 실행하는 방법을 살펴보겠습니다.

1 이클립스에서 자바 애플리케이션 실행하기

① 먼저 [File]-[New]-[Project...] 메뉴를 선택하여 마법사를 실행시킵니다.

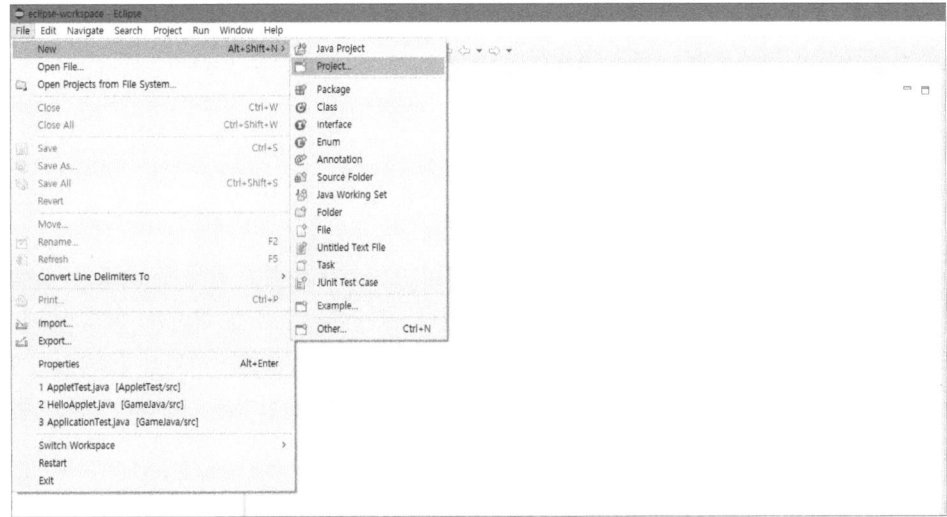

② 마법사의 선택 대화상자에서 Java 밑의 'Java Project'를 선택하고 [Next] 버튼을 누르면 새 프로젝트를 만드는 대화상자가 나타납니다.

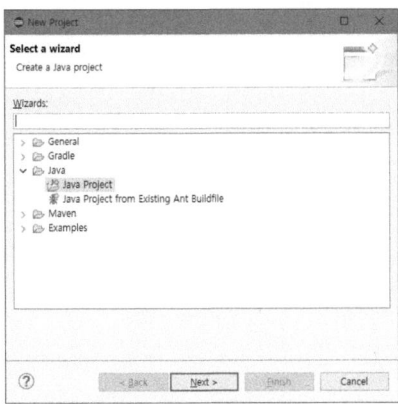

③ Project name에 "HelloWorld"라고 입력하고, [Finish] 버튼을 눌러 빈 프로젝트를 생성합니다. 사용 중인 이클립스의 버전에 따라 자바 프로젝트를 Java 퍼스펙티브를 연결하겠냐고 물어볼 수 있는데, [Yes] 버튼을 눌러 이동합니다. 퍼스펙티브(Perspective)란 화면에 나타나는 여러 창과 뷰의 모음을 미리 정해놓은 것으로 사용자가 직접 만들 수도 있지만, 일반적으로 자바 프로그래머들이 사용하는 모음으로 정해둔 것이 Java 퍼스펙티브입니다. 특별히 바꿀 필요가 없다면 [Yes]를 클릭하여 기존의 Java 퍼스펙티브를 그냥 사용하면 됩니다.

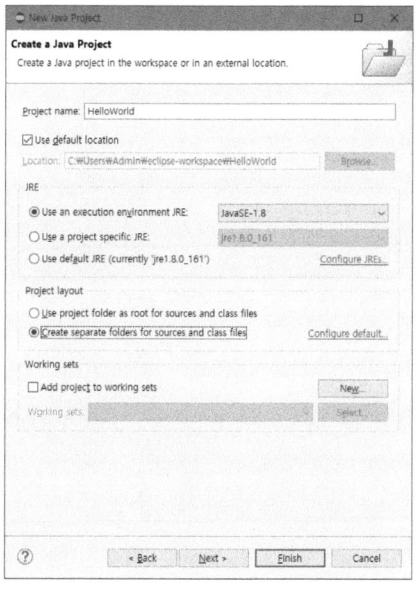

④ [File]-[New]-[Class] 메뉴를 선택하고 Name란에 "HelloWorld"를 입력합니다. 자바 애플리케이션의 경우는 main( ) 메서드를 생성해야 하므로 public static void main(String[ ] args)를 체크한 후, [Finish] 버튼을 누르면 클래스가 생성됩니다.

⑤ 중앙의 에디터에 HelloWorld.java의 기본 뼈대가 되는 소스 코드가 나타나는데, 이 코드를 원하는 대로 고쳐서 프로그램을 완성시킵니다. HelloWorld.java 소스를 입력해 봅시다.

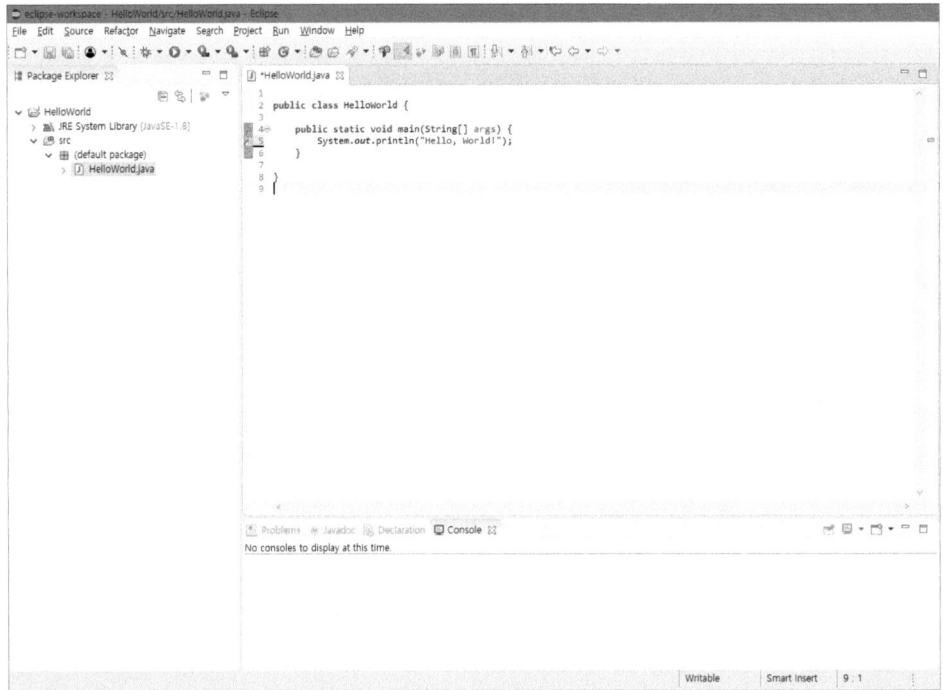

HelloWorld.java

예제

```
1 : public class HelloWorld
2 : {
3 :    public static void main(String[ ] args)
4 :    {
5 :       System.out.println("Hello, World!");
6 :    }
7 : }
```

⑥ [File]-[Save] 메뉴를 선택하면 작성한 프로그램이 저장되면서 자동으로 컴파일됩니다. 이클립스의 디폴트 옵션이 '저장 시 컴파일'이기 때문에 저장만 하면 컴파일됩니다. 소스에 오타가 있는 경우에는, 아래쪽에 Problems 창에 에러가 발생한 곳과 에러 원인이 출력됩니다. 이 경우에는 수정 후 다시 저장하면 됩니다. 에러가 없는 경우에는 Problems 창에 '0 items'가 나타납니다. [Run]-[Run] 메뉴를 선택하면 실행결과를 볼 수 있습니다. Problems 창이 있던 위치에 Console 창이 열리고 결과가 나타납니다.

2 이클립스에서 자바 애플릿 실행하기

① 먼저 [File]-[New]-[Project...] 메뉴를 선택하여 마법사를 실행시킵니다.

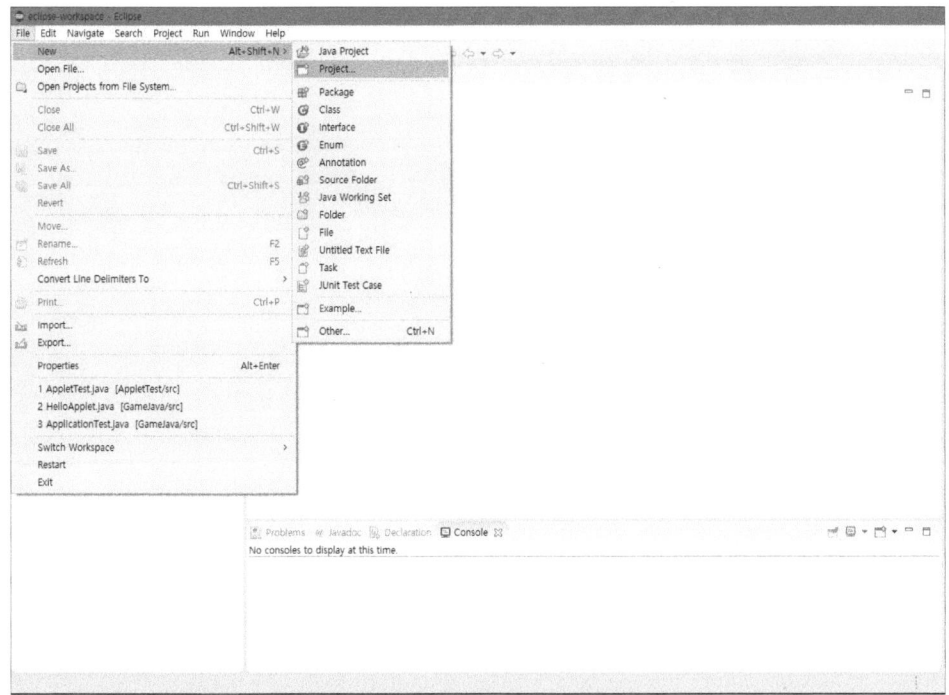

② 마법사의 선택 대화상자에서 Java 밑의 Java Project를 선택하고 [Next] 버튼을 누르면 새 프로젝트를 만드는 대화상자가 나타납니다.

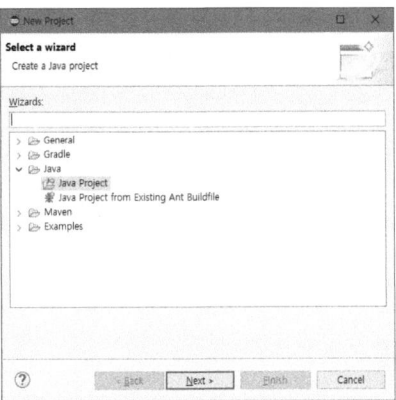

③ Project name에 "HelloApplet"라고 입력하고, [Finish] 버튼을 눌러 빈 프로젝트를 생성합니다. 사용 중인 이클립스의 버전에 따라 자바 프로젝트를 Java 퍼스펙티브를 연결하겠냐고 물어볼 수 있는데, [Yes] 버튼을 눌러 이동합니다. 퍼스펙티브(Perspective)란 화면에 나타나는 여러 창과 뷰의 모음을 미리 정해놓은 것으로 사용자가 직접 만들 수도 있지만, 일반적으로 자바 프로그래머들이 사용하는 모음으로 정해둔 것이 Java 퍼스펙티브입니다. 특별히 바꿀 필요가 없다면 [Yes]를 클릭하여 기존의 Java 퍼스펙티브를 그냥 사용하면 됩니다.

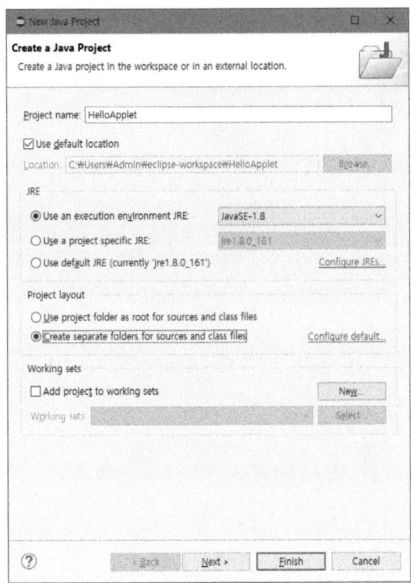

④ [File]-[New]-[Class] 메뉴를 선택하고 Name란에 "HelloApplet"을 입력하고, Superclass 항목에 java.applet.Applet을 지정합니다. 메서드 스터프 선택(Which method stubs would you like to create?)에서 main( )은 제외한 후, [Finish] 버튼을 누르면 클래스가 생성됩니다.

⑤ 중앙의 에디터에 HelloApplet.java의 기본 뼈대가 되는 소스 코드가 나타나는데, 이 코드를 원하는 대로 고쳐서 프로그램을 완성시킵니다. HelloApplet.java 소스를 입력해 봅시다.

예제
HelloApplet.java

```
 1 : import java.awt.*;
 2 : import java.applet.*;
 3 :
 4 : public class HelloApplet extends Applet
 5 : {
 6 :    public void paint(Graphics g)
 7 :    {
 8 :       g.drawString("Hello, Applet!", 50, 100);
 9 :    }
10 : }
```

⑥ [File]-[Save] 메뉴를 선택하면 작성한 프로그램이 저장되면서 자동으로 컴파일 됩니다. 이클립스의 디폴트 옵션이 '저장 시 컴파일'이기 때문에 저장만 하면 컴파일됩니다. 소스에 오타가 있는 경우에는, 아래쪽에 Problems 창에 에러가 발생한 곳과 에러 원인이 출력됩니다. 이 경우에는 수정 후 다시 저장하면 됩니다. 에러가 없는 경우에는 Problems 창에 '0 items'가 나타납니다. [Run]-[Run] 메뉴를 선택하면 실행결과를 볼 수 있습니다. 원칙적으로 HTML 파일을 작성하는 것이 맞지만, 간단한 실행은 HTML 파일이 필요없이 실행이 가능합니다.

Q Applet 클래스가 들어있는 프로그램을 이클립스에서 실행하면 다음과 같은 메시지가 나오는 경우가 있습니다.

> 경고: 애플릿API 및 AppletViewer가 사용되지 않습니다.

이 메시지의 의미는 무엇인가요? 왜 이런 메시지가 나오나요?

A Applet에 관한 보안정책이 바뀌어졌기 때문입니다. 이 점에 대해서는 **13.5 애플릿 마이그레이션**에서 자세히 설명하고, 애플릿을 애플리케이션으로 바꾸는 마이그레이션에 대해서도 배우도록 하겠습니다.

1.6 자바를 배울 때 자주하는 실수들

오랜 동안 기업과 학교에서 자바를 가르쳐보니, 많은 학생들이 똑같은 실수를 저질러서 에러가 나는 경우를 많이 봤습니다. 어떤 실수는 단순히 문법에 어긋난 것이어서 컴파일러가 출력하는 에러 메시지만 보면 쉽게 고칠 수 있지만, 어떤 실수는 심각한 논리적인 에러를 발생시켜서 전체 프로그램이 비정상적으로 작동하거나 작동이 불가능해지는 경우도 발생할 수 있습니다. 이러한 실수를 막는 가장 좋은 방법은 여러 차례, 많이 프로그래밍을 해봐서 에러 메시지에 익숙해지거나 무의식적으로 옳은 코딩을 하도록 습관화하는 것이지만, 그래도 미리 알고 있으면 실수를 방지할 수 있을 것 같아서 다음처럼 정리해 봤습니다.

❶ 대소문자를 구별합니다.

초창기의 컴퓨터들은 하드웨어적으로 대문자만을 제공했습니다. 그래서 초기의 컴퓨터 언어들은 통상적으로 대문자만을 사용해서 프로그래밍하곤 했습니다. 그러다가 컴퓨터 하드웨어의 발전으로 소문자를 사용하는 것이 가능해졌고, 이전에 대문자로만 프로그래밍하던 컴퓨터 언어에서는 대소문자의 구분 없이 사용하도록 대부분 허용하였습니다. 예를 들어, PRINT나 print는 같은 명령으로 취급되었습니다. 또, 이렇게 대소문자 구별이 없는 컴퓨터에서는 대소문자를 섞어서 사용해도 되기 때문에, Print나 pRInt도 같은 의미였습니다.

그런데, 하드웨어적으로 대소문자를 모두 지원하기 시작한 후에 나온 C언어나 C++언어, 자바 등에서는 Print와 pRInt가 같은 뜻으로 사용하는 것은 프로그램을 더 보기 어렵게 만들고, 프로그래머가 이미 정해져있는 명령어와 같은 철자의 변수나 메서드를 만들 수 없는 불편이 있어서, 대소문자를 구별하게 되었습니다. 따라서 print와 PRINT는 다른 의미이고, Print나 pRInt도 역시 다른 의미입니다. 그래서 자바로 프로그래밍 할 때는 반드시 대소문자를 동일하게 해줘야 합니다. 이는 자바가 제공하는 명령어는 물론이고, 프로그래머가 정한 변수나 메서드의 이름, 심지어는 파일명까지 대소문자를 동일하게 해줘야 한다는 뜻입니다.

반드시 지킬 필요는 없지만, 일반적으로 자바 프로그래머들이 사용하는 대소문자 규칙이 있습니다. 대개의 경우 클래스의 이름은 영어 명사형으로 만들고 대문자로 시작합니다. 예를 들어 Stack, Applet, Random, Date 등이 그렇습니다. 만일 두 개 이상의 단어를 사용할 때는, 두 단어를 구분하기 위해서 대문자를 섞어 씁니다. 예를 들어, GameJava, SuperClass, SimpleDataFormat 등이 그렇습니다. 메서드는 보통 영어 동사형을 사용하고 소문자로 시작합니다. 두 개 이상의 단어를 사용할 때는 역시 대문자로 구분합니다. 예를 들어, paint( ), getInformation( ), readChar( ) 등이 그렇습니다. 변수는 영어 명사형을 사용하고 메서드와 마찬가지로 소문자를 사용하고 두 개 이상의 단어를 쓸 때는 대문자로 구분합니다. name, salary, socialNumber 등이 그렇습니다.

❷ 세미콜론(;)을 빠뜨리지 맙시다.

C언어나 C++언어를 이미 사용해본 경험이 있는 사람은 거의 하지 않는 실수이지만, 자바를 첫 번째 컴퓨터 언어로 접하는 초보자들이 가장 많이 하는 실수가 명령어의 끝을 나타내는 세미콜론(;)을 잊은 경우입니다. 사실 자바에서 세미콜론(;)은 매우 고마운 기호입니다. 만일 명령어의 끝을 의미하는 세미콜론(;)이 없다면, 모든 명령어는 한 줄에 하나씩 입력되어야 하고, 두 줄 이상인 명령어나 한 줄에 여러 명령어를 사용하는 것은 불가능할 것입니다. 실제로 포트란이라는 초창기 언어는 각 명령어를 한 줄에 하나씩 입력했고, 줄을 맞춰야 했으며, 두 줄 이상인 명령어의 경우는 특정한 칸에 연결 기호를 표기해야 했습니다.

자바에서는 명령어가 끝나면 세미콜론(;)을 붙이기 때문에, 자유자재로 프로그래밍하는 것이 가능해졌습니다. 그런데, 만약 세미콜론(;)을 빠뜨리면, 자바는 명령어가 아직 안 끝났다고 생각하고 다음 명령어까지 연결해서 컴파일하려고 하기 때문에 에러가 나는 것입니다. 예를 들어 다음과 같은 두 개의 출력 명령이 있을 때, 세미콜론(;)을 빠뜨렸다면 컴파일러는 다음과 같은 에러를 출력합니다. 주의할 점은 아래의 예제에서는 다행히 자바 컴파일러가 에러의 위치를 정확히 찾았지만, 세미콜론(;)을 빠뜨린 경우에 종종 다음 명령어의 앞부분에서 에러가 난다는 점입니다. 에러 난 줄을 살펴봐도 문제가 없을 때는 앞 명령어의 끝에 정확히 세미콜론(;)을 했는지 확인하도록 합시다.

NoSemicolon.java

예제

```
1 : public class NoSemicolon
2 : {
3 :     public static void main(String[] args)
4 :     {
5 :         System.out.println("1st Line")
6 :         System.out.println("2nd Line");
7 :     }
8 : }
```

결과

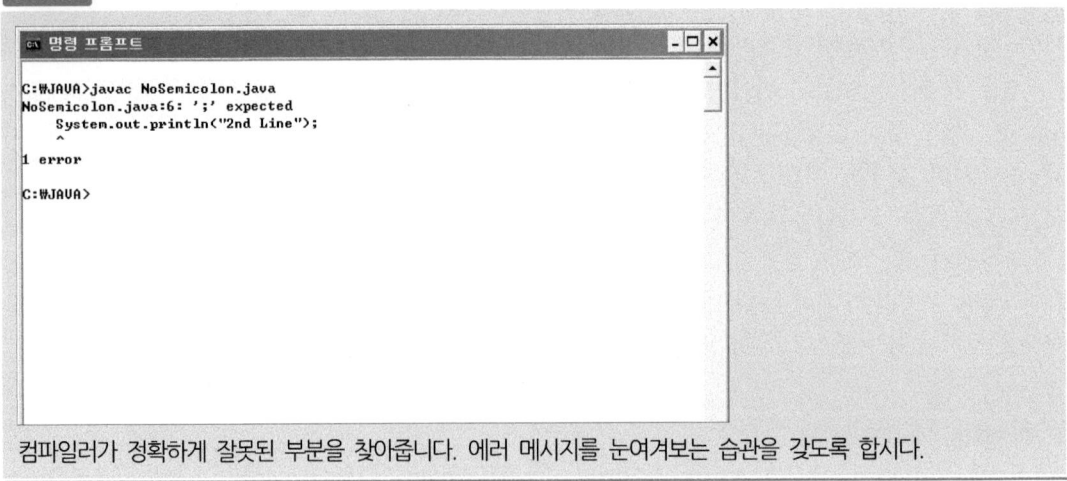

컴파일러가 정확하게 잘못된 부분을 찾아줍니다. 에러 메시지를 눈여겨보는 습관을 갖도록 합시다.

❸ 컴파일할 때는 java를 붙이고, 실행할 때는 class를 붙이지 않습니다.

파일 이름은 보통 점(.)을 찍어 파일명과 확장자로 구분합니다. 특히 윈도우즈에서는 확장자가 특정 프로그램과 해당 파일을 연결하는 역할을 하기 때문에 함부로 정할 수 없는 경우가 많습니다. 일반적으로 C언어는 c를 확장자로 사용하고, C++언어는 cpp를 확장자로 사용합니다. 자바의 경우에는 java를 확장자로 쓰기 때문에, 반드시 .java로 파일 이름이 끝나야 합니다. 초보자들은 종종 윈도우즈의 메모장으로 자바 프로그램을 작성하는 경우가 많은데, 윈도우즈의 메모장 프로그램은 파일을 저장할 때, txt라는 확장자를 자동으로 붙이는 경우가 많습니다. 따라서 확장자가 java인지 확인하고 txt라면 java로 바꿔야 합니다. 다음의 [표 1-2]는 컴퓨터 언어에서 일반적으로 사용하는 확장자입니다.

언어	확장자	예(파일명이 hello인 경우)
포트란	for 또는 ftn	hello.ftn
코볼	cob 또는 cbl	hello.cbl
프롤로그	pro	hello.pro
베이직	bas	hello.bas
파스칼	pas	hello.pas
C	c	hello.c
C++	cpp 또는 C	hello.cpp
자바	java	hello.java

▲ 표 1-2 컴퓨터 언어의 확장자

따라서 자바 소스 프로그램을 컴파일할 때도 java가 붙은 상태에서 컴파일을 시켜야 합니다. 예를 들어, Clock이라는 클래스가 정의된 Clock.java 파일을 컴파일할 때는

```
javac Clock.java
```

라고 입력해서 컴파일합니다. 에러없이 컴파일이 잘되면 자바 컴파일러는 class가 붙은 클래스 파일을 만듭니다. 프로그래머는 이 클래스 파일을 자바 인터프리터를 사용해서 실행시킬 수 있습니다. 예를 들어, Clock.java를 컴파일해서 만든 Clock.class 파일을 실행하고 싶다면

```
java Clock
```

이라고 입력합니다. 여기서 주의할 점은 실행할 때는 class를 붙이지 않는다는 점입니다. 실수로 .class를 붙이면 자바 인터프리터는 다음의 [그림 1-9]처럼 클래스를 찾을 수 없다는 에러를 출력하고 실행시키지 못합니다.

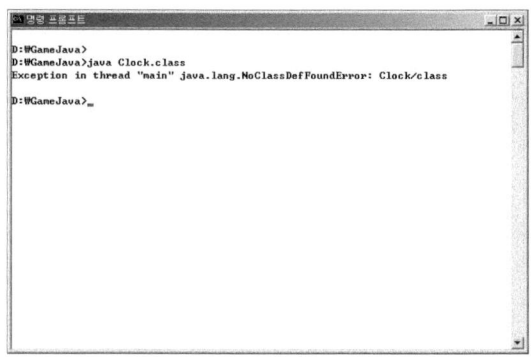

▲ 그림 1-9 실수로 class를 붙인 경우

❹ public 클래스는 같은 파일 이름으로 저장해야 합니다.

일반적으로 자바에서는 하나의 클래스를 하나의 파일에 저장합니다. 예를 들어, Hangman이라는 클래스는 Hangman.java라는 파일에 저장하는 식입니다. 하나의 클래스를 하나의 파일에 저장하면 프로그램을 수정하거나 개발하는 과정에서 특정 클래스가 든 파일을 찾기 위해 여러 파일을 뒤질 필요가 없기

때문에 편리합니다. 그래서 될 수 있으면 각각의 클래스들은 각각 다른 파일에 저장하길 권합니다. 그러나 간혹 C언어나 C++언어에서 프로그래밍하던 습관이나 여러 가지 다른 이유로 여러 클래스를 하나의 파일에 저장하는 프로그래머들이 간혹 있습니다. 자바에서는 프로그래머가 여러 개의 클래스를 하나의 파일에 저장하더라도 잘 작동됩니다. 다만 컴파일을 하고 나면 여러 개의 클래스 파일(.class)로 나누어 줄뿐입니다.

그런데, 주의 할 점이 있습니다. 클래스 중에서 public class로 정의된 파일은 반드시 같은 이름의 파일에 저장해야 합니다. 특히 애플릿으로 작성된 클래스는 항상 public으로 선언해야 하기 때문에, 당연히 클래스 이름과 같은 이름의 파일에 저장해야 합니다. 또, 한 파일에 public으로 선언된 클래스는 1개만 저장될 수 있습니다. 이런 규칙을 알고 있는 것이 귀찮다면, 항상 하나의 클래스는 같은 이름의 독립된 하나의 파일로 저장하는 습관을 갖는 것이 좋습니다. public과 같은 접근제어자에 대해서는 **7.2 접근제어**에서 자세히 설명합니다.

❺ **PATH가 설정되어 있어야 합니다.**

1.2 자바개발도구(JDK) 설치에서 배운 것처럼 JDK를 설치하고 나서는 PATH를 설정해야 합니다. 자바는 컴파일할 때, 같은 디렉터리에 있는 클래스들은 자동으로 연결해주지만, 사용된 명령어들은 어디에 있는지 찾지 못할 수 있습니다. 그래서 자바가 설치된 디렉터리의 bin 디렉터리를 PATH로 연결해줘야 합니다.(PATH를 설정하는 방법은 23페이지의 **윈도우즈에서의 PATH 설정**을 참고하세요.)

❻ **애플리케이션은 main( )이 있는 클래스만 실행됩니다.**

자바에는 애플리케이션과 애플릿이 있다고 이미 배웠습니다. 애플릿의 경우는 HTML 파일에서 애플릿을 지정하면 되지만, 애플리케이션은 실행하는 클래스의 main( )에서부터 시작됩니다. 따라서 main( ) 메서드가 없는 클래스는 자바 인터프리터로 실행시킬 수 없습니다. 또 각 main( ) 메서드는 다음과 같은 형식으로 정의되어야 합니다. main( ) 메서드에 대한 내용은 **4.3 main( ) 메서드와 인수**에서 자세히 설명합니다.

```
public static void main(String[] args)    → main( ) 메서드 헤더
{
    // 명령어들                              → main( ) 메서드 바디
}
```

❼ **생성자 이름은 클래스 이름과 같고, public으로 선언되며 반환형이 없습니다.**

자바에서는 모든 클래스가 생성자를 가지고 있습니다. 만일 프로그래머가 생성자를 만들어주지 않으면 Object 클래스로부터 상속받은 기본 생성자가 사용됩니다. 생성자를 만들었는데도 불구하고 잘 작동되지 않는다면, 생성자의 선언이 잘못된 것입니다. 모든 생성자는 클래스의 이름과 같고, public으로 선언되며 반환형이 없어야 합니다. 예를 들어, Stack 클래스의 생성자는 다음처럼 선언되어야 합니다. 생성자에 대한 내용은 **6.3 생성자**에서 자세히 설명합니다.

```
public class Stack
{
    public Stack()         → 생성자 헤더 : 클래스 이름과 같고 public이며 반환형이 없음
    {
        // 명령어들        → 생성자 바디
    }
}
```

❽ **애플릿은 HTML 파일을 만들어 애플릿뷰어나 웹 브라우저에서 불러야 합니다.**

애플릿은 자바 인터프리터로 바로 실행시킬 수 없고, 웹 브라우저(인터넷 익스플로러, 크롬 등)에서 불러와야만 합니다. JDK에는 매 번 덩치 큰 웹 브라우저를 실행시키는 부담을 덜어주기 위해 애플릿뷰어(appletviewer.exe)라는 애플릿 전용 웹 브라우저가 있는데, 웹 브라우저 대신 애플릿뷰어를 사용해도 됩니다. 그러나 실행시키기 전에 반드시 다음과 같은 〈APPLET〉 태그가 있는 HTML 파일을 만들어서 애플릿뷰어나 웹 브라우저에서 불러 들여야 합니다.

```
<APPLET CODE=클래스파일이름 WIDTH=가로크기 HEIGHT=세로크기>
</APPLET>
```

이때 클래스 파일 이름은 대소문자나 철자가 틀리지 않도록 주의해야 합니다. 또, 〈APPLET〉 태그 내의 WIDTH=가로크기와 HEIGHT=세로크기 사이에 콤마(,)를 찍는 경우가 많은데 그러지 않도록 주의해야 합니다. 다음은 SampleApplet.class를 불러들이는 HTML 파일의 예입니다. 아래 예에서 모든 태그를 대문자로 표현했는데, HTML 문서는 대소문자 구분을 하지 않기 때문에, 클래스 파일 이름(SampleApplet.class)을 제외하고는 소문자로 써도 상관없습니다. 그러나 대문자로 태그를 표현하는 것이 나중에 소스를 알아보기 쉽게 하는 이점이 있어서 대부분 대문자로 태그를 표현합니다.

예제   **SampleApplet.html**

```
1 : <HTML>
2 :    <HEAD>
3 :       <TITLE>SampleApplet</TITLE>
4 :    </HEAD>
5 :    <BODY>
6 :       <APPLET CODE=SampleApplet.class WIDTH=400 HEIGHT=200>
7 :       </APPLET>
8 :    </BODY>
9 : </HTML>
```

위의 SampleApplet.html 파일을 appletviewer에서 실행시키고 싶을 때는 다음처럼 하면 됩니다.

```
appletviewer SampleApplet.html
```

❾ 메서드의 매개변수는 멤버변수보다 우선합니다.

클래스의 멤버변수와 메서드의 매개변수가 이름이 같은 경우에는 메서드의 매개변수가 우선하기 때문에 실수하지 않도록 주의해야 합니다. 예를 들어, Dog 클래스의 생성자에게 이름을 주고, 주어진 이름을 Dog 클래스의 멤버변수인 name에 저장하고 싶더라도, 다음처럼 하면 멤버변수인 name에 저장되지 않고 매개변수인 name에 다시 저장되어 원하는 결과가 되지 않습니다.

Dog.java

예제

```
1 : public class Dog
2 : {
3 :    String name;
4 :
5 :    public Dog(String name)
6 :    {
7 :       name= name;
8 :    }
9 : }
```

StoreName.java

예제

```
1 : public class StoreName
2 : {
3 :    public static void main(String[ ] args)
4 :    {
5 :       Dog myDog= new Dog("Snoopy");
6 :
7 :       System.out.println("My Dog's Name: "+ myDog.name);
8 :    }
9 : }
```

결과

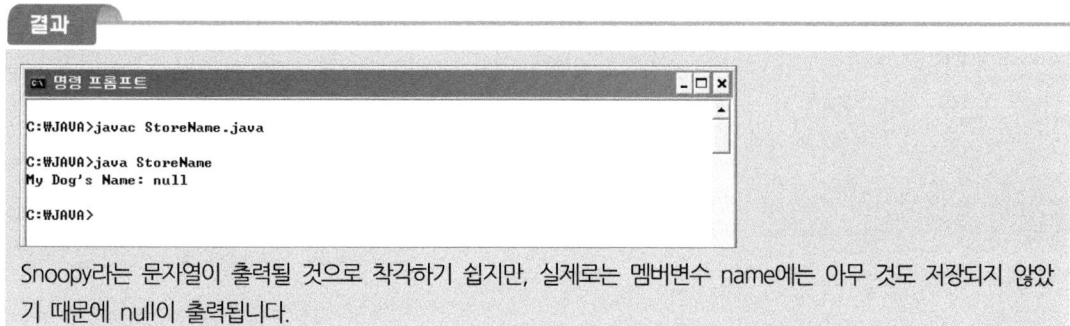

Snoopy라는 문자열이 출력될 것으로 착각하기 쉽지만, 실제로는 멤버변수 name에는 아무 것도 저장되지 않았기 때문에 null이 출력됩니다.

따라서 될 수 있으면, 매개변수와 멤버변수가 같은 이름이 되지 않도록 주의하고, 같은 이름으로 하고 싶을 때는 다음처럼 this를 사용하면 됩니다. 다음 예제는 위의 Dog.java가 멤버변수에 인수로 받은 name을 저장하도록 수정한 것입니다. this에 대해서는 **7.4 this와 super**에서 자세히 설명합니다.

멤버변수에 저장되도록 수정 : `Dog.java`

예제

```
1 : public class Dog
2 : {
3 :    String name;
4 :
5 :    public Dog(String name)
6 :    {
7 :       this.name= name;
8 :    }
9 : }
```

❿ 배열과 객체는 각각 따로 만들어야 합니다.

자바에서 객체에 대한 배열을 선언해서 생성하면 객체가 생성되는 것이 아니고 배열만 생성됩니다. 예를 들어, 다음처럼 10개의 Button을 만들면 Button 클래스의 객체가 10개 만들어지는 것이 아니고 배열만 10개 만들어집니다.(비어있는 배열이 만들어집니다.)

```
Button[ ] myButtons= new Button[10];
```

따라서 사용하기 전에 반드시 다음처럼 Button 클래스의 객체를 생성해줘야 합니다.

```
Button[0]= new Button("시작");
```

MEMO

What's up java

02

오늘의 운세 게임

2.1 • 실행문과 설명문
2.2 • 기본 데이터형의 이해
2.3 • 변수와 상수
2.4 • Date 클래스
2.5 • SimpleDateForm 클래스와 Calendar 클래스
2.6 • 난수를 구하는 Random 클래스
2.7 • 오늘의 운세 게임 만들기

오늘의 운세 게임

Preview

우리가 처음으로 만들 게임은 게임이라고 말하기에는 너무나도 단순한 프로그램입니다. 실행을 시키면 단순히 오늘 날짜와 난수로 구한 금전운을 출력할 뿐입니다. 그러나 이 프로그램을 만들면서 자바 프로그래밍을 하는데 가장 기본이 되는 데이터형(자료형)을 배우고, 앞으로 복잡한 게임을 만들 때도 반드시 필요한, 날짜를 구하는 방법과 난수를 발생시키는 방법을 배우기 때문에 분명하게 이해하고 넘어가야 합니다.

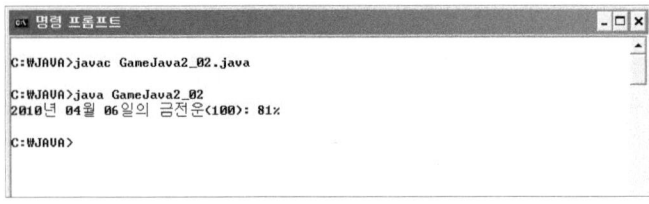

2.1 실행문과 설명문

자바의 모든 명령어에는 의미가 있는 실행문과 의미가 없는 설명문 또는 주석이라는 것이 있습니다. 여기에서 '의미'는 컴퓨터의 입장에서 본 것으로, 해당 명령어를 해석하고 처리해야 하는지의 여부를 말하는 것입니다. 실행문의 경우는 컴파일을 할 때 기계어(자바의 경우는 바이트코드)로 번역되어 실행되지만, 설명문의 경우는 무시되어집니다. 다음은 자바의 설명문들이고 이 외의 모든 명령은 실행문입니다.

```
// 설명
/* 설명 */
/*** 설명 */
```

▲ 자바의 설명문

설명문을 사용하는 이유는 프로그램을 읽기 쉽게 하는데 있습니다. 프로그램이 완성된 후에 유지보수의 목적으로 프로그램의 코드를 볼 때 이해하기 쉽도록 설명을 첨가한 것입니다. 위에서 볼 수 있듯이 자바에서는 슬래시 2개(//)로 시작된 문장은 그 줄의 끝까지를 설명으로 보고 컴파일할 때는 무시하게 됩니다. 설명 부분에는 어떠한 내용을 써도 상관없습니다.

```
System.out.println("Name: "+ employee.name);   // 사원의 이름을 출력
```

//를 쓰고 설명을 적는 것이 자바에서 가장 많이 사용하는 방법이지만, 이 방식은 2줄 이상은 쓰기 불편하기 때문에, 보통 2줄이 넘는 설명은 /*과 */로 감싸서 표시합니다. 컴파일러가 컴파일을 하다가 /*를 만나면 다음 */까지 건너뛰게 됩니다.

```
/*
  게임으로 배우는 임동혁의 JAVA2 예제
  만든 이: 임동혁 (tong@bc.ac.kr)
  만든 날: 2010년 5월 15일
*/
```

자바에서는 /**과 */로 감싼 경우도 설명문으로 처리하는데, 이 경우는 사람을 위한 설명문이 아니고 자바의 유틸리티 중 하나인 javadoc으로 HTML 문서를 만들 때 포함해야 할 내용을 의미합니다. /**과 */로 감싼 설명문은 클래스, 변수, public 메서드를 설명할 때만 사용할 수 있고 그 외의 곳에서는 사용할 수 없습니다.

```
/** 2인용 테트리스 게임을 위한 클래스 */
public class TwoTetris
{
/** 떨어지는 블록의 종류 */
  public int blockType;
  ...
```

이 책에서는 주로 //를 사용하여 각 예제 프로그램의 설명을 달았습니다. 예제 프로그램을 입력할 때, //로 시작되거나 /*과 */로 감싼 부분은 입력하지 않아도 동일하게 실행됩니다.

2.2 기본 데이터형의 이해

우리가 쓰는 컴퓨터는 기본적으로 숫자를 계산하는 기계입니다. 컴퓨터라는 이름도 계산한다는 컴퓨트(compute)와 사람이나 기계를 의미하는 -er이 붙어서 생긴 말입니다. 따라서 컴퓨터에서 숫자를 처리하는 것은 아주 기초적인 일입니다. 하지만, 안타깝게도 0, 20, 10000과 같은 숫자를 컴퓨터에 저장하는 것을 이해하려면 복잡한 컴퓨터의 구조와 전자공학에서 쓰는 어려운 용어를 알아야하기 때문에, 우리는 단순히 컴퓨터 안에 방이 있어서 각 방마다 숫자를 넣어둔다고 생각합시다. 좀 더 정확히 이야기하자면, 컴퓨터 내부의 메모리가 바로 이 방들의 모임입니다.

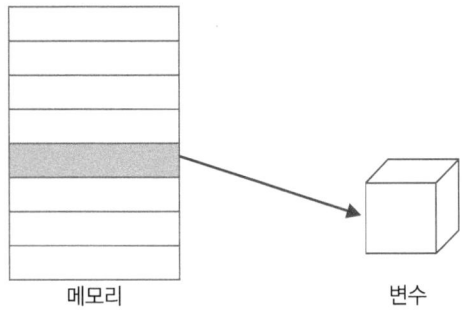

▲ 그림 2-1 메모리와 변수

메모리의 방들은 모두 같은 크기입니다. 큰 방, 작은 방이 섞여있으면 제작하기도 어렵고 사용하기도 어렵기 때문에, 메모리를 공장에서 만들 때, 각 방이 8개의 2진수 숫자를 저장하도록 미리 정해버립니다. 2진수 숫자 하나를 비트(bit)라고 하고, 8개의 2진수 숫자, 즉 8비트를 바이트(byte)라고 합니다. 따라서 500개의 방이 있는 컴퓨터는 메모리 용량이 500바이트인 셈입니다. 우리가 컴퓨터를 구입할 때, 128MB(메가바이트)라든가 1GB(기가바이트)라든가 하는 것은 바로 이 메모리의 방의 개수를 의미하는 것입니다.

각 방이 1바이트 크기라는 것은 2진수 8개를 저장할 수 있다고 이미 얘기했습니다만, 2진수가 잘 이해가 안가는 사람을 위해서 10진수로 계산해보겠습니다. 2진수는 0과 1만 사용하여 수를 표시하는 방법입니다. 2진수의 0과 1은 10진수로도 0, 1입니다만, 2진수 10은 10진수로 2인 셈이 됩니다. 2진수 8개는 00000000부터 11111111까지 저장할 수 있다는 뜻입니다. 00000000은 10진수로도 0입니다만, 11111111은 10진수로는 바꾸면 255입니다. 따라서 메모리의 각 방은 10진수로 0 ~ 255까지 저장할 수 있는 크기입니다.

2진수	10진수
00000000	0
00000001	1
00000010	2
00000011	3
...	...
11111110	254
11111111	255

▲ 2진수와 10진수

자바에서는 필요한 만큼 방을 쓸 수 있도록 하는 명령어를 제공하는데, 이것이 바로 데이터형(자료형)입니다. 자바에서는 다음의 [표 2-1]에서와 같은 8개의 기본 데이터형이 있습니다. 방 하나가 필요한 경우에는 byte, 4개가 필요한 경우에는 int라고 선언하면 됩니다. 표에서 '저장할 수 있는 값의 범위'를 보고 적절한 것을 골라 쓰면 됩니다. 이렇게 정한 방을 변수라고 합니다. 이때 저장할 값보다 더 큰 수를 저장할 수 있는 데이터형은 괜찮지만, 더 작은 크기의 데이터형에 값을 저장해선 안됩니다.

```
byte myByte;
int myInt;
```

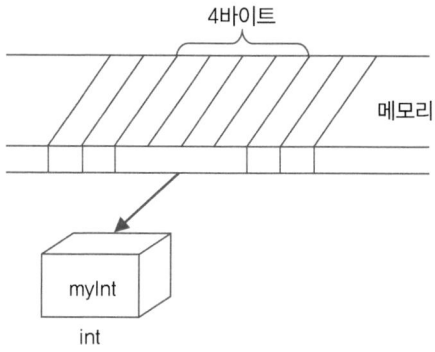

▲ 그림 2-2 변수의 선언

데이터형	명령어	비트	저장할 수 있는 값의 범위
논리형	boolean	1	true ~ false
문자형	char	16	유니코드, 0 ~ 65535
수치형(바이트)	byte	8	-128 ~ 127
수치형(16비트 정수)	short	16	-32,768 ~ 32,767
수치형(정수)	int	32	-2,147,483,648 ~ 2,147,483,647
수치형(64비트 정수)	long	64	-9223372036854775808 ~ 9223372036854775807
수치형(실수형)	float	32	±3.40282347E+38 ~ ±1.40239846E-45 IEEE754-1985 표준
수치형(64비트 실수형)	double	64	±1.79769313486231570E+308 ~ ±4.94065645841246544E-324 IEEE754-1985 표준

▲ 표 2-1 자바의 기본 데이터형

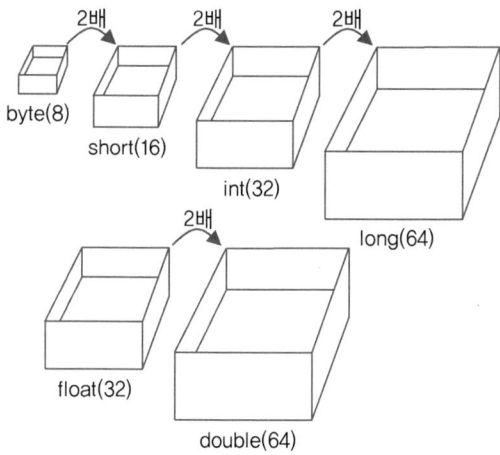

▲ 그림 2-3 데이터형에 따라 확보되는 메모리의 크기

각 데이터형은 크기뿐만 아니라 저장하는 값의 형태에 따라 구별할 수도 있습니다. 예를 들어 문자는 char에 저장해야 하고, true, false와 같은 참, 거짓은 boolean에 저장해야 합니다. 숫자를 저장하는 경우엔 소수점의 유무에 따라 정수의 경우는 byte, short, int, long에 저장해야 하고, 실수의 경우는 float, double에 저장해야 합니다. 예외적으로 정수를 double에 저장하는 경우가 있는데, 그 때는 자동으로 소수점이 붙습니다(12 → 12.0). 다음은 데이터형에 따라 숫자를 저장하고 출력하는 예제입니다.

DataTypeTest.java

예제

```
 1 : public class DataTypeTest
 2 : {
 3 :    public static void main(String[ ] args)
 4 :    {
 5 :       int     i;      // 변수 선언
 6 :       float   f;
 7 :       double  d;
 8 :       char    c;
 9 :       boolean b;
10 :
11 :       i= 120;
12 :       f= 12.23f;      // f는 12.23이 float형이라는 점을 명시
13 :       d= 12.23;       // 실수 뒤에 아무 표시도 안하면 double로 취급
14 :       c= 'a';
15 :       b= true;
16 :
17 :       System.out.println("Data Practice Program");
18 :       System.out.println("--------------------");
19 :       System.out.println("int    : "+i);    // 저장된 값 출력
20 :       System.out.println("float  : "+f);
21 :       System.out.println("double : "+d);
22 :       System.out.println("char   : "+c);
23 :       System.out.println("boolean: "+b);
24 :    }
25 : }
```

결과

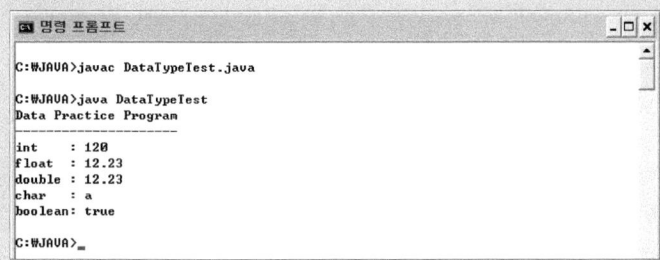

기본 데이터형으로 선언된 변수에 값을 저장하고 저장된 값을 출력했습니다. 선언된 변수의 데이터형과 저장되는 값의 데이터형은 같아야 합니다. 만일 11행에서 int형 변수인 i에 120.3과 같은 double형(실수)을 저장하거나 15행에서 boolean형 변수인 b에 20과 같은 int형(정수)을 저장하면 컴파일할 때 에러가 발생합니다.

■ 이클립스에서 애플리케이션 프로그램 실행 방법

이클립스에서 프로그램을 작성하고 실행시키는 경우에는 다음처럼 프로그램을 입력, 실행할 수 있습니다.

① 먼저 [File]-[New]-[Project...] 메뉴를 선택하여 마법사를 실행시킵니다.

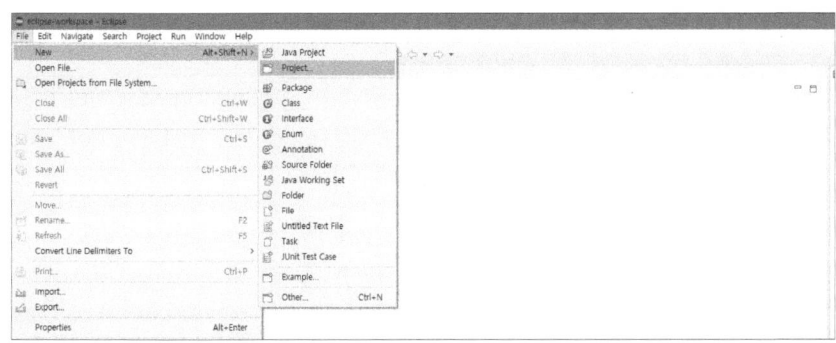

② 마법사의 선택 대화상자에서 Java 밑의 Java Project를 선택하고 [Next] 버튼을 누르면 새 프로젝트를 만드는 대화상자가 나타납니다.

③ Project name에 "DataTypeTest"라고 입력하고, [Finish] 버튼을 눌러 빈 프로젝트를 생성합니다. 사용 중인 이클립스의 버전에 따라 자바 프로젝트를 Java 퍼스펙티브를 연결하겠냐고 물어볼 수 있는데, [Yes] 버튼을 눌러 이동합니다. 퍼스펙티브(Perspective)란 화면에 나타나는 여러 창과 뷰의 모음을 미리 정해놓은 것으로 사용자가 직접 만들 수도 있지만, 일반적으로 자바 프로그래머들이 사용하는 모음으로 정해둔 것이 Java 퍼스펙티브입니다. 특별히 바꿀 필요가 없다면 [Yes]를 클릭하여 기존의 Java 퍼스펙티브를 그냥 사용하면 됩니다.

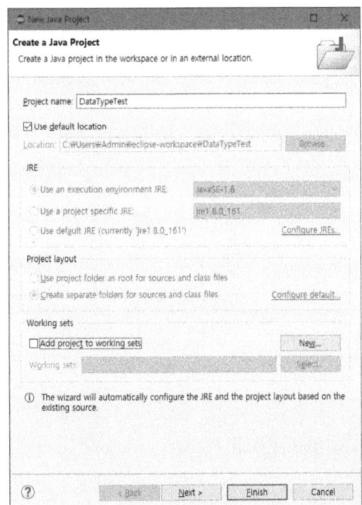

④ [File]-[New]-[Class] 메뉴를 선택하고 Name란에 "DataTypeTest"를 입력합니다. 자바 애플리케이션의 경우는 main( ) 메서드를 생성해야 하므로 public static void main(String[ ] args)를 체크한 후, [Finish] 버튼을 누르면 클래스가 생성됩니다.

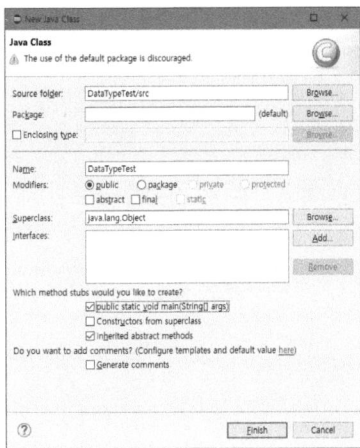

⑤ 중앙의 에디터에 DataTypeTest.java의 기본 뼈대가 되는 소스 코드가 나타나는데, 이 코드를 원하는 대로 고쳐서 프로그램을 완성시킵니다. DataTypeTest.java 소스를 입력해 봅시다.

DataTypeTest.java

예제

```
 1 : public class DataTypeTest
 2 : {
 3 :    public static void main(String[ ] args)
 4 :    {
 5 :        int     i;      // 변수 선언
 6 :        float   f;
 7 :        double  d;
 8 :        char    c;
 9 :        boolean b;
10 :
11 :        i= 120;
12 :        f= 12.23f;   // f는 12.23이 float형이라는 점을 명시
13 :        d= 12.23;    // 실수 뒤에 아무 표시도 안하면 double로 취급
14 :        c= 'a';
15 :        b= true;
16 :
17 :        System.out.println("Data Practice Program");
18 :        System.out.println("--------------------");
19 :        System.out.println("int    : "+i);     // 저장된 값 출력
20 :        System.out.println("float  : "+f);
21 :        System.out.println("double : "+d);
22 :        System.out.println("char   : "+c);
23 :        System.out.println("boolean: "+b);
24 :    }
25 : }
```

⑥ [File]-[Save] 메뉴를 선택하면 작성한 프로그램이 저장되면서 자동으로 컴파일됩니다. 이클립스의 디폴트 옵션이 '저장 시 컴파일'이기 때문에 저장만 하면 컴파일됩니다. 소스에 오타가 있는 경우에는, 아래쪽에 Problems 창에 에러가 발생한 곳과 에러 원인이 출력됩니다. 이 경우에는 수정 후 다시 저장하면 됩니다. 에러가 없는 경우에는 Problems 창에 '0 items'가 나타납니다. [Run]-[Run] 메뉴를 선택하면 실행결과를 볼 수 있습니다. Problems 창이 있던 위치에 Console 창이 열리고 결과가 나타납니다.

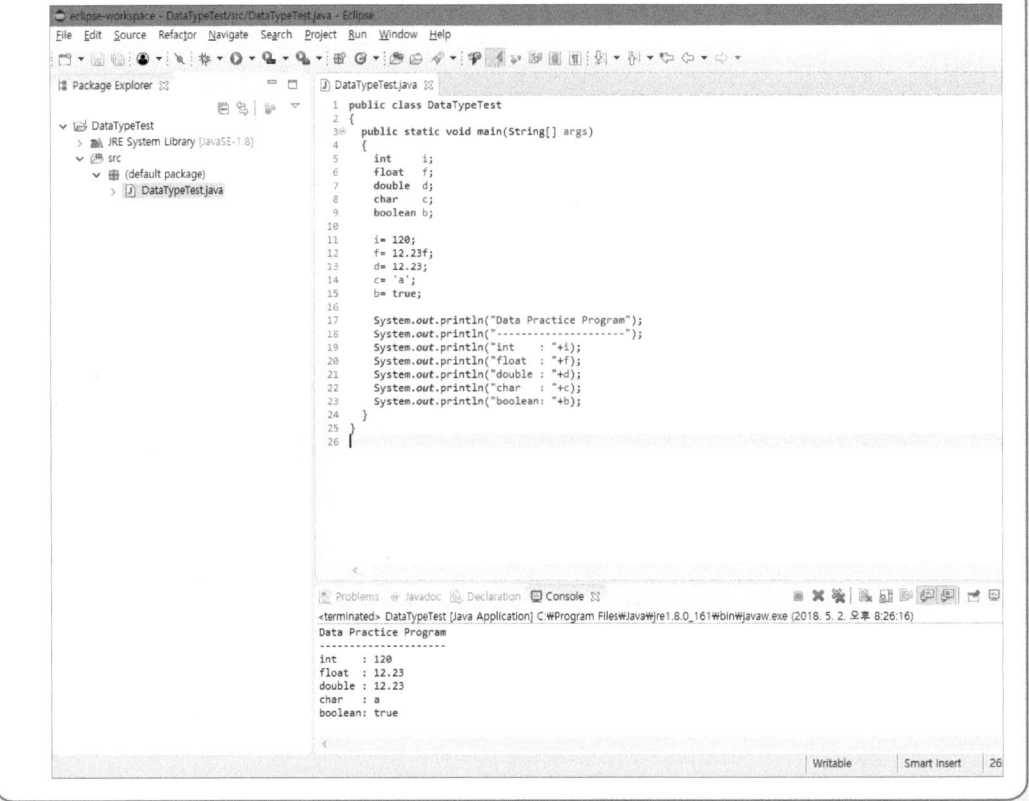

Q 자바에서 데이터형을 처음 선언하면 초기값은 어떻게 설정되나요?

A C 언어나 C++ 언어에서는 디폴트 값이 없기 때문에 프로그래머가 무심코 값을 배정하지 않은 변수를 사용하면 가비지 값이 출력됩니다. 자바에서는 이를 예방하기 위해서 사용되는 모든 데이터형이 사용자가 별도로 초기값을 주지 않아도 변수를 정의함과 동시에 자동으로 설정됩니다. 다음의 표는 자바의 각 데이터형의 디폴트 값입니다.([표 2-2]에서 레퍼런스형은 클래스를 생성한 객체로, 3.2 레퍼런스 데이터형의 이해에서 자세히 배웁니다.)

데이터형	디폴트 값
boolean	false
char	null character(₩u0000)
byte	(byte)0
short	(short)0
int	0
long	0L
float	0.0f
double	0.0d
레퍼런스형(객체)	null

▲ 표 2-2 데이터형의 디폴트 값

Q 저장할 숫자의 크기를 정확히 모를 때는 어떻게 하나요?

A 컴퓨터가 처음 등장하던 초창기에는 메모리의 가격이 상당히 비쌌습니다. 그래서 당시의 프로그래머들은 저장할 숫자의 크기에 가장 가까운 데이터형을 선택하려고 고심을 했습니다. 그러나 최근에 와서는 메모리의 가격이 놀라울 만큼 낮아졌습니다. 요즘과 같은 때에 메모리를 적게 쓰려고 노력하는 것은 어떤 면에서는 시간 낭비일 수도 있습니다. 지나치게 메모리를 많이 차지하는 프로그램이 아닌 한, 정수는 int형으로, 실수는 double형으로 선언하여 사용하면 무난합니다. 오히려 메모리를 아끼려다가 프로그램에 치명적인 버그를 만들 가능성도 있기 때문에 조심하는 것이 좋습니다.

Q 예제 프로그램의 12.23f에서 f를 붙인 이유는 뭔가요?

A 자바에서는 아무런 표시가 없는 실수상수를 double형으로 취급합니다. 따라서 float형의 변수에 12.23을 저장하려고 하면, 더 큰 double형을 더 작은 float형 변수에 저장하는 셈이 되므로 에러가 납니다. 그러나 f 또는 F를 숫자 뒤에 붙여 쓰면, 숫자가 float형임을 명시적으로 표시한 것이 되어 에러가 나지 않습니다.

Q "Hello, Java Game!"과 같은 문자열을 저장하려면 어떻게 해야 하나요?

A C 언어나 C++ 언어에는 문자열을 저장하는 데이터형이 없기 때문에, char 형의 배열에 문자열을 저장하였습니다만, 자바에서는 String 클래스가 미리 준비되어 있습니다.

```
String str= "Hello, Java Game!";
```

위와 같이 하면, str 변수에 "Hello, Java Game!" 문자열을 저장할 수 있습니다. String 클래스는 3.1 String 클래스에서 자세히 배우게 됩니다.

2.3 변수와 상수

1 변수

메모리에 값을 저장할 방을 정하는 법을 앞에서 배웠습니다. 이렇게 정한 메모리 내의 장소를 변수라고 합니다. 변수에 값을 저장한 후 사용하려면, 그 값이 메모리의 어디에 있는지를 알고 있어야 합니다. 이 위치가 주소인데, 컴퓨터에서 주소는 숫자이기 때문에 값을 저장하고 사용할 때마다 주소를 사용하여 접근하려면 헷갈릴 수밖에 없습니다. 이 때문에 자바에서는 편리하게 변수에 이름을 붙일 수 있습니다.

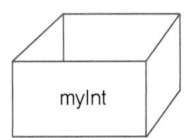

▲ 그림 2-4 변수의 이름

또한 변수는 다음과 같이 선언과 동시에 값을 저장할 수도 있습니다. 이렇게 하면 int myInt; myInt = 200;이라는 일련의 명령을 실행시키는 것과 동일하게 됩니다.

```
int       myInt  =  200;
 ↑          ↑        ↑
데이터형   변수이름    값
```

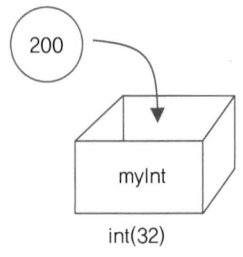

▲ 그림 2-5 변수에 값을 대입하는 경우

그런데, 만약 변수 이름을 abc+def 식으로 정했다고 생각해봅시다. 이 변수는 abc+def라는 하나의 변수인지, 아니면 abc라는 변수와 def라는 변수의 값을 더하라(+)는 것인지 애매하게 됩니다. 그래서 자바에서 변수 이름을 정할 때는 반드시 문자(대문자 A~Z, 소문자 a ~ z)로 시작하고 그 다음부터는 숫자(0 ~ 9)와 문자만을 혼합해서 쓸 수 있다는 규칙을 정해두었습니다. 문자와 숫자 외에 사용할 수 있는 특수문자로는 _(언더스코어)와 $(달러)가 있습니다. 또, 자바에서 정해둔 명령어(예약어)나 공백문자는 사용할 수 없습니다. 다음은 잘못된 변수 이름의 예입니다.

```
int 8score;        ← 숫자로 시작되어서는 안됩니다.
int real&bc;       ← _과 $ 외의 특수문자는 사용할 수 없습니다.
int for;           ← for는 자바의 예약어입니다. 예약어는 변수 이름으로 사용할 수 없습니다.
```

변수 이름을 정할 때 주의할 점이 있습니다. 자바는 C 언어나 C++ 언어에서처럼 대소문자를 구별합니다. 따라서 data, Data, dAta, daTa, datA, DATA,.. 등은 모두 다른 변수가 됩니다. 만약 자바의 예약어와 부득이하게 같은 이름을 써야할 때는 대소문자를 섞어 쓰는 것도 한 가지 방법입니다. 예를 들어 for는 예약어라 변수 이름이 될 수 없지만, For는 상관없습니다.

C 언어와 같은 언어에서는 실행문이 나오기 전에 필요한 모든 변수를 선언해야 하지만, 자바에서는 아무 곳에서나 선언할 수 있습니다. 물론 그 변수를 사용하기 전에는 반드시 선언해야 합니다.

2 상수

abc라는 int형의 변수가 있을 때, abc=30;이라는 명령은 abc 변수에 10진수 30을 저장하라는 의미입니다. 이때 30을 상수라고 합니다. 변수에 값을 넣을 때 사용하는 상수는 논리상수, 문자상수, 숫자상수(정수상수, 실수상수) 등이 있습니다. 상수를 나타내는 법을 정확히 모르면 원하는 값을 저장할 수 없는 경우가 생길 수 있습니다. 예를 들어 abc 변수에 10진수 30을 저장하는 것은 abc=30;과 같이 = 뒤에 30이라고 쓰면 되지만, 8진수 30을 저장하려면 어떻게 해야 할까요? (이럴 때는 abc=030;이라고 하면 됩니다.) 다음은 다양한 상수의 표현 방법들입니다.

❶ 논리상수

boolean형으로 선언된 변수에는 true와 false만이 할당될 수 있습니다. 그 외의 다른 값(0 또는 1, 2 등)은 저장할 수 없습니다.

```
boolean myBoolean= false;
```

❷ 문자상수

문자상수는 작은 따옴표(')로 표시합니다. 예를 들어 char형의 변수 myChar에 A라는 문자를 저장하고 싶다면,

```
char myChar= 'A';
```

처럼 하면 됩니다. 그런데, 키보드로 입력할 수 없는 문자를 저장하려면 어떻게 해야 할까요? 자바에서는 그런 경우를 대비해서 문자의 유니코드 값을 직접 입력할 수 있는 방법을 제공하고 있습니다. 다음처럼 ₩u 뒤에 코드 값을 쓰면 됩니다.

```
char myChar='\u0041';   // 유니코드 표기
```

유니코드는 전 세계 모든 나라의 문자에 값을 지정한 표입니다. 예를 들어 위의 유니코드 ₩u0041은 A입니다. 따라서 myChar='₩u0041'과 myChar='A'는 같은 의미인 셈입니다. 일반 문자뿐만 아니라 특수문자들도 모두 코드 값을 가지고 있습니다. 예를 들어, Back Space 는 ₩u0008이고, Space Bar 는 ₩u000a입니다.

유니코드 값을 사용하면 어떠한 문자라도 사용할 수 있습니다만, 자주 쓰는 제어문자들은 쓰기 편하게 따로 정해두었습니다. 다음의 [표 2-3]은 자주 사용되는 제어문자와 유니코드 값을 정리한 것입니다.

제어문자	의미	유니코드
₩n	새 줄(New line)	₩u000a
₩r	새 줄의 처음(Carriage Return)	₩u000d
₩t	탭(Tab)	₩u0009
₩b	백스페이스(Backspace)	₩u0008
₩f	페이지의 처음 위치(Form feed)	₩u000c
₩'	단일 인용부호(Single Quote)	₩u0027
₩"	이중 인용부호(Double Quote)	₩u0022
₩₩	백슬래시(Backslash)	₩u005c

▲ 표 2-3 제어코드 문자표

Q 자바 프로그램 소스를 보다보면, 백슬래시(\)가 종종 나오는데 키보드에는 보이지 않습니다. 백슬래시(\)를 입력하려면 어떻게 해야 할까요?

A C 언어와 C++ 언어, 자바에서는 각종 제어코드를 표현하기 위해 백슬래시(\)를 많이 사용합니다. 그런데, 한글 키보드에는 백슬래시(\) 키는 존재하지 않고, 대신 원화 표시(₩) 키가 있습니다. 이는 우리나라에서 키보드를 만들 때, 자주 쓰이지 않는 백슬래시(\)를 원화 표시(₩)로 바꿨기 때문입니다. 일본의 경우도 백슬래시(\) 대신 엔화 표시(¥)로 바꾸어 사용하고 있습니다. 모양은 달라도 백슬래시(\)와 원화 표시(₩)는 동일하게 취급되기 때문에, 이 책이나 다른 자바 프로그램 소스에 나오는 모든 백슬래시(\) 위치에 원화 표시(₩)를 사용해도 상관없습니다.

❸ 정수상수

정수상수는 소수점이 없는 정수를 의미합니다. 따라서 일반적인 숫자를 사용하듯이 사용하면 됩니다. 정수상수에서 중요한 점은 진법입니다. 특히 게임에서는 비트 연산 등을 많이 하기 때문에 16진법과 8진법을 반드시 알고 있어야 합니다. 16진법은 0x 뒤에 0 ~ 9까지의 수와 A ~ F까지의 문자를 사용해

서 표현하고, 8진수는 0 뒤에 0 ~ 7까지의 수로 표현합니다. 예를 들어 15라는 숫자를 10진수, 16진수, 8진수로 나타내는 방법은 다음과 같습니다.

```
15        ← 10진수 15
0x15      ← 16진수 15(10진수로 21), 0x를 붙이면 16진수를 의미
015       ← 8진수 15(10진수로 13), 0을 붙이면 8진수를 의미
```

정수상수 중 특별히 long형임을 표현하고 싶으면, 값 뒤에 l이나 L 문자를 붙여주면 됩니다.

```
long myLong= 1234L;
```

❹ 실수상수

실수상수는 다음처럼 4가지 표현 방법이 있습니다.

```
-1.23              ← 일반적인 표현(double 취급)
-1.23e+3           ← 지수승을 이용한 표현
1.23F 또는 1.23f   ← float형임을 표현
1.23D 또는 1.23d   ← double형임을 표현
```

다음은 다양한 변수와 상수를 사용하는 예제입니다.

VariableTest.java

```java
 1 : public class VariableTest
 2 : {
 3 :   public static void main(String[] args)
 4 :   {
 5 :     char myChar='\u0041';   // 유니코드로 표현한 문자
 6 :     System.out.println("myChar = "+ myChar);
 7 :
 8 :     int myInt= 0x15;        // 변수는 사용하기 전에 선언
 9 :     System.out.println("myInt = "+ myInt);
10 :
11 :     float myFloat= 15.1F;
12 :     System.out.println("myFloat = "+ myFloat);
13 :
14 :     System.out.println("Single Quote(\')\tBackslash(\\)");  // 제어문자 출력
15 :   }
16 : }
```

결과

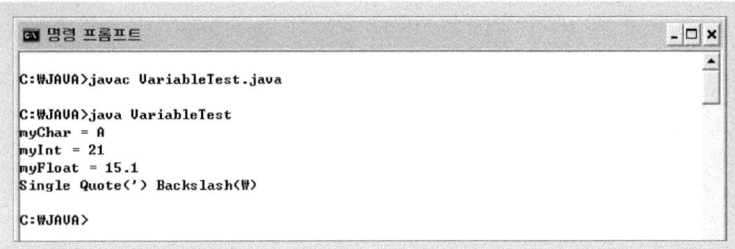

5행에서 char형 변수인 myChar에 유니코드 값으로 문자를 저장했지만, 출력 시에는 해당하는 문자가 출력됩니다. 8행과 11행에서처럼 변수는 사용하기 전이면 어느 곳에서든 선언할 수 있습니다.

Q 자바에서도 메모리 공간마다 주소가 정해진다고 했는데, C 언어나 C++ 언어의 포인터처럼 이 주소를 이용해서 값을 고치거나 사용할 수 있나요?

A C 언어나 C++ 언어의 포인터는 메모리를 직접 가리킬 수 있어서 노련한 프로그래머들은 프로그램의 실행속도를 높이거나 데이터형을 변환하는 등 여러 가지 일을 할 수 있습니다. 그러나 포인터는 프로그램을 난해하게 만들거나 심각한 버그의 원인이 되기 때문에 자바에서는 지원하지 않고 있습니다. 대신 비슷한 일을 할 수 있는 레퍼런스 데이터형을 제공합니다만, 레퍼런스 데이터형도 메모리를 직접 접근하는 것은 금지되어 있습니다. 이 점이 자바가 C 언어나 C++ 언어 비해 안전하다고 하는 이유입니다.

Q 자바의 예약어는 변수 이름으로 사용할 수 없다고 했는데, 어떤 것들이 명령어인가요?

A 다음은 자바에서 미리 정해둔 명령어들(예약어)이기 때문에, 변수 이름이나 메서드 이름으로 사용할 수 없습니다.

abstract	boolean	break	byte	case
catch	char	class	continue	default
do	double	else	extends	false
final	finally	float	for	if
implements	import	instanceof	int	interface
long	native	new	null	package
private	protected	public	return	short
static	super	switch	synchronize	this
throw	throws	transient	true	try
void	volatile	while		

▲ 표 2-4 자바의 예약어

2.4 Date 클래스

게임에서 오늘의 날짜와 현재시간을 알아야하는 경우는 빈번하게 발생합니다. 예를 들어 게임의 점수를 기록할 때, 게임을 한 날도 함께 기록할 수 있습니다. 게임에 따라서는 플레이한 시간에 따라 점수를 계산해야 하는 경우도 있습니다. 특히 퍼즐게임 등은 제한시간 내에 풀어야한다는 규칙이 있는 경우가 많이 있습니다. 따라서 여기서 배우는 오늘의 날짜와 현재시간을 알아내는 방법은 꼭 알아두어야 합니다.

자바에서는 날짜와 시간을 알아내기 위해 Date라는 클래스를 미리 만들어서 제공하고 있습니다. 우리는 아직 클래스에 대해서는 배우지 않았지만, 현재 시점에서는 전체 프로그램을 이루는 작은 프로그램 정도로만 이해해도 괜찮을 것 같습니다. 엄격히 말하면 우리가 지금까지 만든 모든 프로그램도 클래스입니다만 - 모두 public class라고 시작했죠? - 자세한 것은 **7.2 접근제어**에서 배울 예정입니다.

byte myByte;라고 선언하면 우리도 모르는 사이에 자바가 메모리에 1바이트 크기의 공간을 잡아서 myByte라고 이름표를 붙여줍니다. 그래야만 myByte=5;와 같은 명령을 내렸을 때, 5를 메모리에 저장할 수 있습니다. 마찬가지로 클래스도 메모리에 공간을 할당해줘야 값을 저장할 수 있는데, 이렇게 클래스에 메모리 공간을 할당하는 작업을 '생성한다'고 합니다.

클래스가 앞에서 배운 기본 데이터형들과 다른 점은 자동으로 공간이 잡히지 않기 때문에 사용 전에 우리가 직접 공간을 잡아줘야만 한다는 점입니다. 따라서 클래스를 사용하기 위해선, 사용 전에 반드시 생성해야 합니다. 클래스를 생성하는 방법은 다음과 같습니다.

우리가 사용할 Date 클래스도 우리가 만들지는 않았지만, 미리 만들어둔 클래스이기 때문에 사용법은 똑같습니다.

```
Date today= new Date();
```

Date 클래스는 편리하게도 그냥 생성하기만 하면 오늘 날짜와 현재시간을 알아내서 우리가 정한 변수(여기서는 today)에 저장하기 때문에, 바로 사용해도 됩니다. 주의할 점은 Date 클래스는 java.util이라는 패키지 안에 들어 있기 때문에 프로그램 맨 처음 부분에서 import 선언을 해줘야만 한다는 점입니다. 패키지라는 것은 클래스들의 모임입니다. 자바가 기본적으로 제공하는 클래스는 상당히 많기 때문에 용도에 따라서 몇 개의 패키지로 분류되어 있습니다. 그 중 하나가 java.util 패키지이고, java.util 패키지 내에 있는 Date 클래스를 쓰겠다는 import 선언은 다음처럼 하면 됩니다.

```
import java.util.Date;
```

import 명령은 항상 프로그램의 가장 앞에 나와야만 합니다. import 명령 앞에 올 수 있는 명령은 import 명령뿐이기 때문에, 프로그램을 작성할 때는 먼저 필요한 패키지를 모두 import하고 시작해야 합니다. 이 점은 변수를 아무 곳에서나 선언할 수 있는 것과는 다른 점입니다. 다음은 오늘 날짜와 현재 시간을 출력하는 예제 프로그램입니다.

DateTest.java

예제

```
 1 : import java.util.Date;      // import 선언
 2 :
 3 : public class DateTest
 4 : {
 5 :     public static void main(String[ ] args)
 6 :     {
 7 :         Date today= new Date();      // Date 클래스의 객체인 today를 생성
 8 :
 9 :         System.out.println(today);   // 생성한 Date 클래스의 객체를 바로 출력
10 :     }
11 : }
```

결과

```
C:\WJAVA>javac DateTest.java

C:\WJAVA>java DateTest
Tue Apr 06 09:17:35 KST 2010

C:\WJAVA>
```

9행에서와 같이 Date 클래스를 생성한 객체인 today를 바로 출력하면 미리 정해진 형식대로 오늘 날짜와 현재 시간을 화면에 출력합니다.

2.5 SimpleDateForm 클래스와 Calendar 클래스

1 SimpleDateForm 클래스

앞의 DateTest 예제 프로그램에서도 알 수 있지만, Date를 생성할 때 얻는 날짜와 현재시간은 사용하기에 너무 불편합니다. 예를 들어 위 프로그램에서 나온 결과를 "2007년 04월 15일" 식으로 나타내려면 today가 돌려주는 문자열을 하나하나 세어서 년도, 월, 일 등을 얻는 프로그램을 따로 만들어야만 합니다. 요일, 시, 분, 초도 마찬가지입니다. 자바 구버전(1.0)에서는 Date 클래스 내에 getYear( ) 메서드 등이 들어 있었습니다만, 현재 버전에서는 사용이 금지(deprecated)되었습니다.

그래서 자바 최신 버전에서는 원하는 대로 날짜와 시간의 출력을 조정할 수 있는 SimpleDateFormat이라는 클래스를 따로 제공합니다. SimpleDateFormat 클래스를 생성할 때, 우리가 원하는 출력형식을 미리 정해주고, 생성된 변수에 Date가 돌려준 값을 넣으면 우리가 원하는 모양으로 출력됩니다. 예를

들어 '2007년 04월 15일 03시 58분 09초' 형식으로 출력하고 싶다면 다음 예제 프로그램처럼 하면 됩니다. 주의할 점은 Date 클래스에서와 마찬가지로 SimpleDateFormat 클래스도 패키지 import를 선언해 줘야 한다는 점입니다. SimpleDateFormat 클래스는 java.text 패키지에 들어 있습니다.

예제　　　　　　　　　　　　　　　　　　　　　　　　　　　　`SimpleDateFormatTest.java`

```
 1 : import java.util.Date;
 2 : import java.text.SimpleDateFormat;    // import 선언
 3 :
 4 : public class SimpleDateFormatTest
 5 : {
 6 :    public static void main(String[ ] args)
 7 :    {
 8 :    Date today= new Date( );
 9 :
10 :    SimpleDateFormat dateForm= new SimpleDateFormat("yyyy년 MM월 dd일 hh시 mm분 ss초");
       // 출력형식을 지정
11 :
12 :    System.out.println(dateForm.format(today));
       // 미리 지정한 출력형식에 맞춰서 화면에 출력
13 :    }
14 : }
```

결과

```
C:\JAVA>javac SimpleDateFormatTest.java

C:\JAVA>java SimpleDateFormatTest
2007년 06월 06일 04시 52분 15초

C:\JAVA>
```

10행에서 SimpleDateFormat 클래스를 생성할 때 준 yyyy는 년도, MM은 월, hh는 시, mm은 분, ss는 초로 바뀌어서 출력됩니다.

앞의 예제 프로그램에서 알 수 있듯이 SimpleDateFormat 클래스를 생성할 때 준 yyyy는 년도, MM은 월, dd는 일, hh는 시, mm은 분, ss는 초로 바뀌었습니다. 이렇게 SimpleDateFormat 클래스에서 년도, 월, 일... 등으로 대체되는 대표적인 심벌은 다음의 [표 2-5]와 같습니다.

심벌	의미	예
y	년도(year)	1996
M	월(month in year)	07
d	일(day in month)	10

h	시(hour in am/pm (1~12))	12
H	시(hour in day (0~23))	0
m	분(minute in hour)	30
s	초(second in minute)	55
S	1000분의 1초(millisecond)	978
E	요일(day in week)	Tuesday
a	오전/오후(am/pm marker)	PM

▲ 표 2-5 SimpleDateFormat 클래스의 심벌

2 Calendar 클래스

미리 정해진 형식에 따라 날짜나 시간을 출력하는데는 SimpleDateFormat 클래스가 확실히 편리합니다. 그러나 변화되는 시간이나 날짜를 알고 싶은 경우에 SimpleDateFormat 클래스는 좀 문제가 있습니다. 시간은 계속 변하기 때문에 참조할 때마다 시스템으로부터 시간을 얻어야만 하기 때문입니다. 이럴 때는 Calendar 클래스를 사용하면 간편하게 알아낼 수 있습니다. Calendar 클래스는 시스템에서 시간 정보를 얻어야 하기 때문에 getInstance()라는 메서드를 이용해서 특이하게 생성합니다.

```
Calendar now= Calendar.getInstance();
```

Calendar가 일단 생성되면 현재 년, 월, 일, 요일, 시, 분, 초 등의 정보를 변수를 통해 얻을 수 있기 때문에, get() 메서드에 다음의 [표 2-6]의 값을 전달하면 해당하는 정보를 얻을 수 있습니다. 클래스에 든 메서드를 사용하는 방법은 다음처럼 클래스 객체 뒤에 점을 찍고 메서드 이름과 인수를 적으면 됩니다.

```
         점(dot)    인수
            ↓       ↓
    myClass.myMethod(x);
       ↑        ↑
    클래스이름  메서드이름
```

YEAR	년도(year)	1996
MONTH	월(month in year)	07
DATE	일(day in month)	10
HOUR	시(hour in am/pm (1~12))	12
HOUROFDAY	시(hour in day (0~23))	0
MINUTE	분(minute in hour)	30
SECOND	초(second in minute)	55
MILLISECOND	1000분의 1초(millisecond)	978

DAYOFWEEK	요일(day in week)	Tuesday
AMPM	오전/오후(am/pm marker)	PM

▲ 표 2-6 Calendar 클래스의 상수

다음은 Calendar 클래스를 사용해서 현재시간을 출력하는 예제 프로그램입니다.

CalendarTest.java

예제

```
 1 : import java.util.Calendar;
 2 :
 3 : public class CalendarTest
 4 : {
 5 :   public static void main(String[ ] args)
 6 :   {
 7 :     Calendar now= Calendar.getInstance( );  // 반드시 getInstance( ) 메서드로 생성
 8 :
 9 :     int hour= now.get(Calendar.HOUR);       // get( ) 메서드로 시간 정보 얻기 선언
10 :     int min = now.get(Calendar.MINUTE);
11 :
12 :     System.out.println("현재시간은 "+ hour +"시 "+ min +"분 입니다.");
13 :   }
14 : }
```

결과

Calendar 클래스를 사용하면 클래스 생성 시점과 상관없이 현재의 날짜, 시간 정보를 얻을 수 있습니다. 따라서 결과에 나타난 시간은 7행 또는 9행, 10행의 명령이 실행된 시간이 아니고, 12행의 명령이 실행되는 현재 시간입니다.

Q Date 클래스에 들어있는 getYear, getMonth, getDate,... 등을 사용하면 다음과 같은 메시지가 나오는 경우가 있습니다.

```
Note: Program.java uses or overrides a deprecated API.
Note: Recompile with -deprecation for details.
```

이 메시지의 의미는 무엇인가요? 예전에 자바로 프로그램을 만들 때는 getYear( ) 메서드 등을 사용해도 아무 이상이 없었는데, 왜 이런 문제가 생긴 건가요?

> **A** 자바의 첫 버전인 1.0과 그 다음 버전인 1.1 버전 사이에는 큰 변화가 있었습니다. 애플릿 이벤트 모델도 바뀌었고 비영어권인 나라들을 위한 언어 처리 부분과 돈, 단위, 달력, 시간 등을 처리하는 국제화 모듈도 크게 바뀌었습니다. 그러다 보니 자바 1.0의 몇몇 명령어들이나 클래스들은 변경이 불가피해졌습니다. 그러나 자바 1.0의 명령어나 클래스를 함부로 바꿔버리면, 자바 1.0으로 제작되어 인터넷에서 작동되고 있는 수많은 자바 애플릿들을 더 이상 사용할 수 없게 되는 문제가 생길 수 있습니다. 그래서 구버전(1.0)의 명령어들은 그대로 두고 새로운 이름으로 명령어들을 만들어 추가했고, 자바 1.1 이후의 버전으로 프로그램을 작성하는 프로그래머들에게 더 이상 그 명령어는 쓰지 말라는 경고가 출력되도록 한 것입니다. 자바 1.0의 명령으로 프로그램을 작성해도 컴파일 시에 경고만 나오고 실행은 잘됩니다. 그러나 자바 1.1 이후에 추가된 명령어들은 섞어서 사용할 수 없고, 자바 1.1 이후의 명령어나 자바빈, JINI 등을 사용하려면 자바 1.0의 금지된(deprecated) 명령들은 하나도 써서는 안됩니다. 질문에서 언급한 Date의 getYear( ) 메서드 등은 국제화 문제로 더 이상 사용하지 못하도록 금지되었기 때문에 위와 같은 메시지가 나온 것입니다.

2.6 난수를 구하는 Random 클래스

게임을 만드는데 난수는 반드시 필요합니다. 비행기를 맞추는 슈팅게임에서 날아다니는 비행기가 일정하게 움직이면 정말 재미없겠죠? 몇 가지 종류의 비행 패턴이 있더라도, 매번 다른 순서로 움직이는 것이 필요합니다. 또, 카드 게임에서 나오는 카드의 순서가 똑같으면, 한두 번만 하면 순서를 외우지 않을까요? 이런 일을 방지하기 위해서 많이 쓰는 방법 중의 하나는 현재시간을 이용하는 것입니다. 예를 들어 현재시간이 4시 47분 25초라면 각 숫자를 더하거나 빼서 어떤 숫자를 만들고 그 숫자를 이용해서 게임을 진행하는 것입니다.

그러나 현재시간을 이용하는 방법은 전통적으로 많이 사용된 방법입니다만, 공교롭게도 현재시간에서 구한 값이 같아지거나 특정한 숫자가 더 많이 나오는 경우가 생기는 등 문제가 있었습니다. 무엇보다도 따로 프로그램을 만들어서 쓴다는 것도 불편한 점 중 하나였습니다. 그래서 자바에서는 난수를 만드는데 쓰는 Random 클래스를 미리 준비하여 제공하고 있습니다. Random 클래스를 사용하면 따로 복잡한 프로그램을 만들거나 고민할 것 없이 간단히 난수를 만들 수 있습니다.

우선 Random 클래스가 들어있는 패키지가 java.util이기 때문에, Date나 Calendar 클래스에서 했던 것처럼 java.util 패키지 내의 Random 클래스를 import 하겠다고 선언하면 됩니다.

```
import java.util.Random;
```

Random 클래스에는 nextInt( )라는 메서드가 들어 있습니다. Random 클래스를 생성한 후, 이 nextInt( ) 메서드를 부르면 -2147483648 ~ 2147483647 사이의 숫자 중 하나를 돌려줍니다. 이 값을 적절히 고쳐 쓰면 됩니다. 예를 들어 -9 ~ 9 사이의 값을 만들고 싶으면, %(나머지(mod) 연산자)를 이용해서

```
Random r= new Random();
int randomNum= r.nextInt() % 10;
```

라고 하면 됩니다. 만약 0 ~ 99와 같이 양의 값(+)으로만 제한하고 싶으면, 다음의 예제 프로그램에서처럼 Math 클래스의 abs() 메서드를 쓰면 됩니다. abs() 메서드는 주어진 값을 양수로 바꿔 돌려주는 절댓값 함수입니다.

RandomTest.java

예제

```
 1 : import java.util.Random;
 2 :
 3 : public class RandomTest
 4 : {
 5 :    public static void main(String[ ] args)
 6 :    {
 7 :       Random r= new Random();        // Random 클래스의 객체 생성
 8 :
 9 :       System.out.println("0 ~ 99 범위의 난수: "+ Math.abs(r.nextInt() % 100));
              // 난수 값을 100으로 나눈 나머지를 양수로 바꿈
10 :    }
11 : }
```

결과

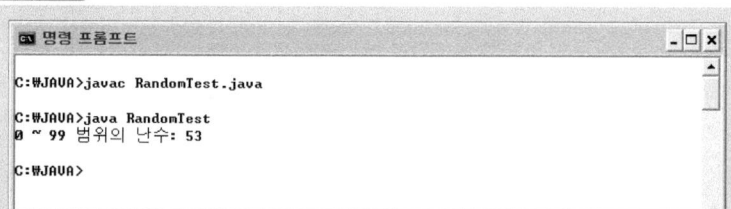

Random 클래스의 객체 r이 돌려주는 값은 -2147483648 ~ 2147483647 사이의 숫자 중 하나입니다. 이 수를 100으로 나눈 나머지는 -99 ~ 99 사이의 숫자 중 하나가 됩니다. abs() 메서드로 양수로 바꾸면, 결과는 0 ~ 99 사이의 숫자 중 하나입니다. 만일 결과로 1 ~ 100 사이의 값을 얻고 싶다면, 이 식의 결과에 +1을 더하면 됩니다.(Math. abs(r.nextInt() % 100))+1)

Q 난수를 만들 때 사용한 나머지 연산자(%)란 무엇인가요?

A 나머지(mod) 연산자는 이름 그대로 나누고 남은 나머지를 돌려주는 연산자입니다. 예를 들어 10/3의 결과는 3입니다만, 10%3의 결과는 1입니다. RandomTest 예제 프로그램에서처럼 100으로 % 연산을 하게 되면, 100으로 나눈 후 남는 나머지를 돌려주기 때문에, 결국 0 ~ 99 사이의 값이 되게 됩니다.

2.7 오늘의 운세 게임 만들기

앞에서 우리는 자바의 기본 데이터형과 변수와 상수를 사용하는 방법에 대해서 배웠습니다. 또, 날짜와 시간을 구하고 난수를 만드는 방법에 대해서도 배웠습니다. 배운 것들을 종합해서 오늘의 날짜와 오늘의 금전운을 퍼센트(%)로 알려주는 게임을 만들면 다음과 같습니다. 이번 게임은 너무나 단순합니다만, 배운 내용들은 앞으로 만들 모든 게임에서 기초가 되는 중요한 것들이기 때문에 이해가 안 되는 부분이 없도록 해주기 바랍니다.

GameJava2_02.java

예제

```java
1 : import java.util.Date;
2 : import java.util.Random;
3 : import java.text.SimpleDateFormat;
4 :
5 : public class GameJava2_02
6 : {
7 :    public static void main(String[] args)
8 :    {
9 :       Date today= new Date();          // Date 클래스의 객체 생성
10 :      SimpleDateFormat dateForm = new SimpleDateFormat("yyyy년 MM월 dd일의 ");
          // 오늘 날짜를 어떻게 출력할 것인지를 나타내는 출력형식
11 :      System.out.print(dateForm.format(today));
          // print()는 문자열을 출력하고 줄을 바꾸지 않는 명령
12 :
13 :      Random r= new Random();
14 :      int randomNum= Math.abs(r.nextInt() % 100)+1;
          // 100으로 나눈 나머지의 양수에 1을 더한 값
15 :      System.out.println("금전운(100) : "+ randomNum +"%");
          // println()은 문자열을 출력하고 줄을 바꾸는 명령
16 :    }
17 : }
```

결과

9행에서 Date 클래스를 생성하여 오늘 날짜를 구한 후에 10행에서 출력형식을 만들었습니다. 11행에서는 출력형식에 따라 날짜를 출력하고, 14행에서 난수로 퍼센트(%)를 구한 후 15행에서 출력하였습니다.

What's up java

03

가위, 바위, 보 게임

3.1 • String 클래스
3.2 • 레퍼런스 데이터형의 이해
3.3 • 키보드에서 입력받기
3.4 • if문
3.5 • switch문
3.6 • 가위, 바위, 보 게임 만들기

Chapter 03 가위, 바위, 보 게임

Preview

우리가 이번에 만들 게임은 컴퓨터와 가위, 바위, 보를 하는 게임입니다. 2.6 난수를 구하는 Random 클래스에서 배운 난수를 만드는 방법을 이용해서 컴퓨터가 먼저 가위, 바위, 보 중 하나를 미리 정하고, 플레이어(사람)가 선택한 가위, 바위, 보 중 하나와 비교하여 승부(사람 승, 컴퓨터 승, 무승부)를 알려주는 프로그램입니다. 이 프로그램을 통해서 우리는 자바의 중요한 클래스 중 하나인 String 클래스와 레퍼런스 데이터형, 키보드에서 글자를 입력받는 방법, if문 등의 제어문 사용법을 익힐 수 있습니다.

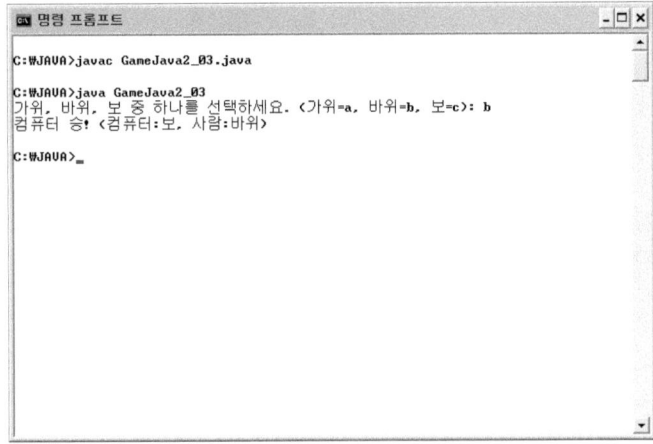

3.1 String 클래스

자바와 흡사한 C 언어나 C++ 언어에는 문자를 다루는 char형은 있지만, 문자열을 다루는 데이터형은 없습니다. 그 때문에 char형의 데이터형을 배열로 잡아 일일이 처리해야 하기 때문에 까다롭기도 하지만, 실수로 잘못된 작업을 하는 경우가 종종 있었습니다. 그래서 자바에서는 String 클래스를 미리 만들어 제공하고 있습니다.

```
String str1 = new String("Hello");      → 일반적인 클래스 생성법
String str2 = "Hello";                   → String 클래스의 경우는 = 연산자로 생성이 가능
```

String 클래스는 자바가 미리 만들어 둔 클래스이기는 하지만, 연산자를 쓸 수 있기 때문에 char형, int형 등의 기본 데이터형처럼 편리하게 사용할 수 있습니다. 위의 str1은 우리가 앞에서 Date 클래스나 Random 클래스를 생성했을 때처럼 생성한 것입니다. 원칙적으로 자바의 모든 클래스는 str1처럼 생성해야 합니다. 그러나 String 클래스의 경우에는 할당 연산자인 =을 사용해서 str2처럼 해도 똑같이 클래스가 생성됩니다. 또한, + 연산자를 사용하면 다음처럼 두 String 클래스의 내용을 합칠 수도 있습니다.

```
String str3 = str1 + str2;
```

String 클래스 내에는 자바에서 미리 만들어 둔 다양한 메서드들이 있습니다. 이 메서드들을 이용하면 C언어나 C++언어에서 문자열을 처리하기 위해 복잡한 프로그램을 작성해야 했던 일을 피할 수 있습니다. 예를 들어 저장된 문자열의 글자 수를 알고 싶으면 다음처럼 하면 됩니다. [표 3-1]은 String 클래스 내의 대표적인 메서드들을 정리한 것입니다.

```
stringNum  =  str.length( );
    ↑              ↑
 int형 변수      String형 변수
```

메서드	설명
int length( )	문자열의 길이를 반환
boolean equals(String str)	저장된 문자열과 str 문자열이 같은지 비교
boolean equalsIgnoreCase(String str)	대소문자 구분없이, 저장된 문자열과 str 문자열이 같은지 비교
String substring(int begin)	begin 위치부터 마지막까지의 문자열을 반환
String concat(String str)	저장된 문자열과 str 문자열을 결합
String replace(char old, char new)	문자열내의 old 문자를 new 문자로 변경
String toLowerCase( )	문자열을 소문자로 변경
String toUpperCase( )	문자열을 대문자로 변경
char charAt(int index)	index 위치의 문자를 반환
int indexOf(int ch)	저장된 첫 번째 ch 문자의 위치를 반환
int lastIndexOf(int ch)	저장된 마지막 ch 문자의 위치를 반환
String trim( )	문자열 끝의 공백 문자를 제거

▲ 표 3-1 String 클래스의 대표적인 메서드들

다음은 String 클래스를 사용하여 쉽게 문자열을 처리한 예제입니다. 주의할 점은 15행의 charAt( )에서 문자의 위치를 나타내는 index가 실제로는 0부터 시작한다는 점입니다.

StringTest.java

```java
1 : public class StringTest
2 : {
3 :     public static void main(String[ ] args)
4 :     {
5 :         String str1= "Hello ";
6 :         String str2= "World!";
7 :         String str3= str1 + str2;        // "Hello World!" 저장
8 :
9 :         System.out.println("str1: "+str1);
10:         System.out.println("str2: "+str2);
11:         System.out.println("str3: "+str3);
12:         System.out.println("str1의 크기는 "+ str1.length( ) +"입니다.");
13:         System.out.println("str2를 소문자로 바꾸면 "+ str2.toLowerCase( ) +"입니다.");
14:         System.out.println("str3의 l을 L로 바꾸면 "+ str3.replace('l', 'L') +"입니다.");
15:         System.out.println("str2의 3번째 문자는 "+ str2.charAt(2) +"입니다.");
            // charAt( ) 메서드의 문자 위치는 0부터 시작
16:     }
17: }
```

결과

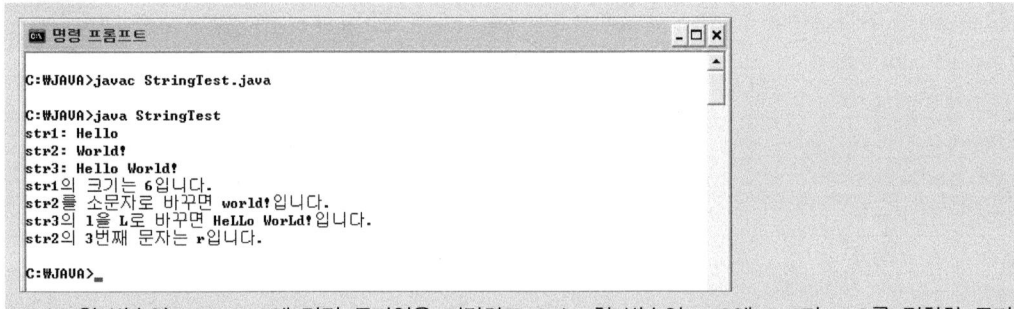

String형 변수인 str1, str2에 각각 문자열을 저장하고 String형 변수인 str3에 str1과 str2를 결합한 문자열을 저장한 후, 다양하게 출력하였습니다. String 클래스의 메서드를 사용하여 저장된 문자열을 다양하게 변경할 수 있습니다.

3.2 레퍼런스 데이터형의 이해

String 클래스는 문자열을 기본 데이터형인 char형, int형처럼 사용할 수 있도록 해주는 고마운 클래스입니다. 그러나 근본적으로 String 클래스는 기본 데이터형이 아닙니다. String 클래스가 너무 사용하기 편리하기 때문에 노련한 자바 프로그래머도 간혹 이 점을 잊어버려 큰 실수를 저지르곤 합니다. 여

기서는 String 클래스를 예로 들어 자바가 클래스를 어떻게 다루는 지를 자세히 설명합니다. 따라서 String 클래스뿐만 아니라 일반적인 자바의 클래스가 어떻게 처리되는지 잘 이해해 두도록 합시다.

앞에서 우리는 기본 데이터형을 쓰는 이유를 '필요한 만큼 메모리를 사용하기 위해서'라고 배웠습니다. 예를 들어 32비트 크기(-2,147,483,648 ~ 2,147,483,647)의 정수형 숫자를 저장하고 싶으면, int형으로 선언하면 됩니다. int형으로 데이터를 선언하면 자바는 메모리의 임의의 위치에 다음처럼 장소를 마련합니다.(아래 [그림 3-1]에서는 자바가 100번지로부터 4바이트(32비트)를 할당한 것으로 가정했습니다만, 실제로는 자바가 몇 번지로부터 4바이트를 할당할지는 알 수 없습니다. 데이터를 저장할 장소의 시작 위치는 운영체제와 실행 환경 등의 영향을 받기 때문입니다.)

100	101	102	103	← 번지
00	00	00	05	← 값

▲ 그림 3-1 int형 변수에 5가 저장된 모습

그런데, String 클래스의 경우는 전혀 다릅니다. 아래 [그림 3-2]는 메모리의 100번지 위치에 "Hello"라는 문자열을 저장한 String 클래스 변수입니다. int형과는 달리 100번지에는 문자열 "Hello" 대신에 메모리 주소 1000이 저장된 것을 알 수 있습니다. 이 1000은 문자열 "Hello"가 저장된 시작 위치입니다. 이와 같이 데이터 값이 아닌 메모리의 다른 위치를 저장하는 것을 레퍼런스형이라고 합니다. 자바에서는 기본 데이터형으로 우리가 앞에서 배운 것들 이외의 다른 변수들은 모두 레퍼런스형으로 처리합니다. 대표적인 것이 String, Date, Random 클래스와 같은 클래스이고, 앞으로 배울 배열도 레퍼런스형으로 처리합니다.

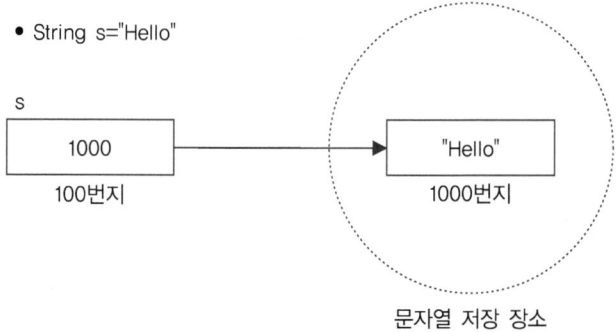

▲ 그림 3-2 자바에서의 문자열 처리

레퍼런스형을 잘 모르고 있는 프로그래머는 String 클래스를 마치 int형처럼 사용하기 때문에 문제가 생깁니다. 예를 들어 아래 [그림 3-3]과 같은 2개의 String 클래스 변수 str1과 str2는 같은 문자열 "Hello"가 저장되는 것 같지만, 실제로는 1000과 2000의 다른 값을 가지고 있기 때문에, str1과 str2를 비교(str1==str2)하면 false입니다. 만약 str1과 str2가 저장하고 있는 문자열을 비교하고 싶을 때는 str1==str2라고 하지 말고, equals 메서드를 사용해서 str1.equals(str2)라고 해야 합니다. 이 경우 str1.equals(str2)의 결과는 true입니다.

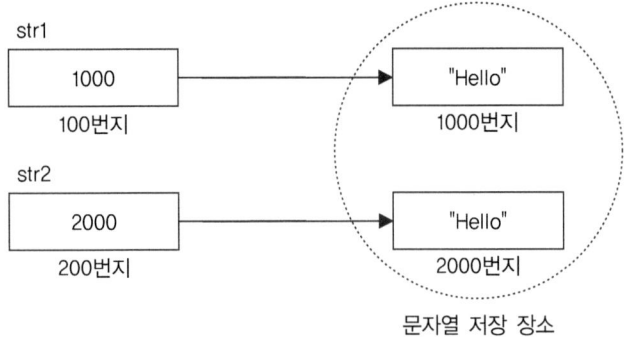

▲ 그림 3-3 같은 문자열 값을 저장하고 있지만, 서로 다른 String 클래스 변수

String 클래스의 연산의 경우에도 int형 등의 기본 데이터형의 연산과는 다릅니다. 예를 들어 아래 [그림 3-4]와 같이 "Hello"라는 문자열을 저장한 String 클래스 변수 s에 " World"를 합쳐서(+) "Hello World"라는 문자열을 만든다면, 그림의 (a)처럼 되는 것으로 착각하기 쉽지만, 실제로는 그림의 (b)에서처럼, 1000번지의 "Hello"를 2000번지로 복사한 후 " World"를 더해 "Hello World"라는 새로운 문자열을 만들고, 레퍼런스형 변수의 값을 새로운 주소인 2000으로 바꾸는 것입니다. 이때 1000번지에 있는 기존의 "Hello"는 어떻게 될까요? 자바는 일정 시간마다 가비지 컬렉팅이라는 작업을 사용자가 눈치채지 못하게 실행합니다. 가비지 컬렉팅은 레퍼런스형 변수가 없는 가비지(쓰레기)를 모아서(컬렉션) 제거하는 작업입니다. 따라서 1000번지의 "Hello"는 가비지 컬렉팅 때 자동으로 제거됩니다.

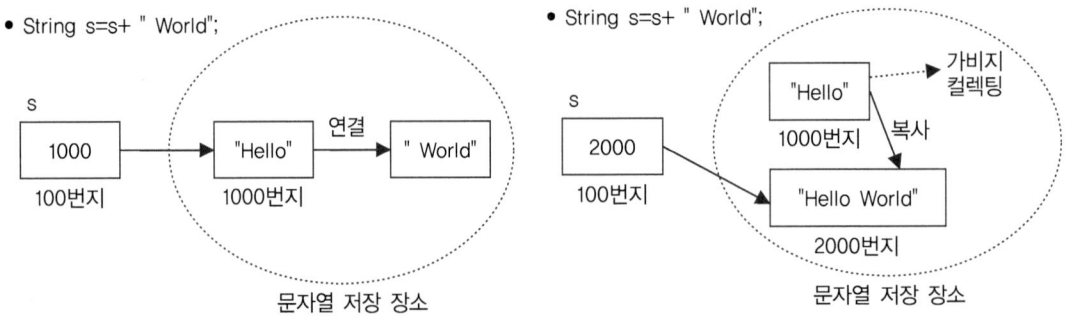

▲ 그림 3-4 String 클래스의 연산

EqualTest.java

예제

```
1 : public class EqualTest
2 : {
3 :     public static void main(String[ ] args)
4 :     {
5 :         String str1= "Hello";
6 :         String str2= new String("Hello");
```

```
 7 :        String str3= str1;
 8 :        String str4= str2;
 9 :
10 :        System.out.println("== 관계");
11 :        System.out.println("str1 == str1 : "+(str1==str1));
            // 같은 변수이니 당연히 같음
12 :        System.out.println("str1 == str2 : "+(str1==str2));
            // 가리키는 문자열의 내용은 같지만 저장하고 있는 메모리 주소는 다름
13 :        System.out.println("str1 == str3 : "+(str1==str3));
            // str3는 str1을 복사한 변수
14 :        System.out.println("str1 == str4 : "+(str1==str4));
            // str4는 str2를 복사한 변수
15 :        System.out.println();
16 :
17 :        System.out.println("Equal 관계");
18 :        System.out.println("str1 equls str1 : "+(str1.equals(str1)));
            // 같은 변수이니 당연히 같음
19 :        System.out.println("str1 equls str2 : "+(str1.equals(str2)));
            // 저장한 메모리 주소는 다르지만 가리키는 문자열의 내용은 같음
20 :        System.out.println("str1 equls str3 : "+(str1.equals(str3)));
            // str3는 str1을 복사한 변수
21 :        System.out.println("str1 equls str4 : "+(str1.equals(str4)));
            // str4는 str2를 복사한 변수
22 :    }
23 : }
```

결과

```
C:\JAVA>javac EqualTest.java

C:\JAVA>java EqualTest
== 관계
str1 == str1 : true
str1 == str2 : false
str1 == str3 : true
str1 == str4 : false

Equal 관계
str1 equls str1 : true
str1 equls str2 : true
str1 equls str3 : true
str1 equls str4 : true

C:\JAVA>
```

이 예제는 보기보다 착각하기 쉽습니다. str1과 str2는 모두 "Hello"라는 문자열을 가지고 있지만 서로 다른 변수입니다. 다음에 나오는 [그림 3-5]를 보고 이해하도록 합시다.

위의 EqualTest.java 예제는 자바의 == 연산자와 String 클래스의 equals( ) 메서드의 차이점을 잘 보여주고 있습니다. 예제에서 String형 객체인 str1이 100번지에 저장된다면, str1이 레퍼런스 데이터형이기 때문에 "Hello"라는 문자열은 100번지가 아닌 메모리 내의 문자열 저장 장소에 따로 저장되고, 저장된 위치가 100번지에 저장될 뿐입니다. 예를 들어, "Hello"라는 문자열이 1000번지에 저장된다면 100번지에는 1000번지 주소 값이 저장되는 것입니다. 2번째 String형 객체인 str2의 경우도 마찬가지입니다. str2가 200번지에 저장된다고 가정하고 "Hello"라는 문자열이 2000번지에 저장된다면, 200번지에는 "Hello"가 아닌 2000번지 주소 값이 저장됩니다. 따라서 str3에는 str1의 값을 저장하고 str4에 str2의 값을 저장하면, str3에는 1000번지 주소 값, str4에는 2000번지 주소 값이 저장됩니다. == 연산자는 각 변수에 저장된 값을 비교하기 때문에, 당연히 str1과 str3은 같고 str1과 str2는 다른 것입니다. 반면 equals( ) 메서드는 주소 값을 따라가서 문자열 저장 장소에 있는 문자열을 비교하기 때문에, "Hello"라는 문자열을 가리키고 있는 str1과 str2가 같다고 판단합니다. 다음의 [그림 3-5]는 위의 예제에서 각 변수가 저장하고 있는 값과 문자열 저장 장소와의 관계를 보여준 것입니다.

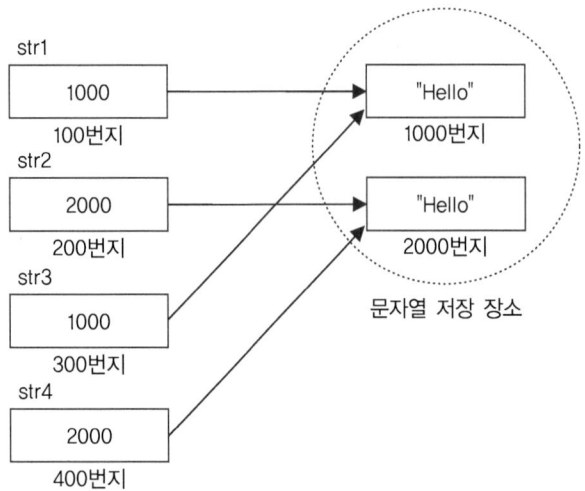

▲ 그림 3-5 EqualTest.java 예제에서의 문자열 관계

3.3 키보드에서 입력받기

자바에서는 모든 입출력에서 스트림이라는 개념을 사용합니다. 사실 스트림이라는 것은 C 언어에서 온 것입니다. C 언어에서는 파일을 문자가 가득 든 '저수지'로 봤습니다. 그래서 이 저수지에 파이프(스트림)를 꽂아 문자를 프로그램으로 끌어들인다고 생각한 것이죠. 자바는 이러한 개념을 한 층 더 발전시켜서 파일 입출력뿐만 아니고 키보드 입력이나 모니터 출력까지 확대하여 일관성 있게 다루고 있습니다. 여기서는 키보드 입력의 경우에 대해서만 설명하겠습니다. 파일 입출력과 스트림에 대한 자세한 사항은 **12장. 파일입출력**에서 다루겠습니다.

자바에서는 키보드도 하나의 파일처럼 다루기 때문에, 키보드에 파이프를 꽂아 문자열을 끌어 올 수 있습니다. 이 파이프가 스트림입니다.(정확하게는 노드 스트림입니다. 12장의 스트림 부분에서 자세히 배우겠습니다.) 그런데 키보드나 모니터는 특수한 파일이기 때문에 스트림을 만드는 것이 용이하지가 않아서 미리 자바에서 만들어 두었습니다. 우리가 이미 사용해 본 System.out은 모니터에 대한 스트림입니다. 키보드에 대해 자바가 미리 준비해둔 스트림은 System.in입니다.

우리는 앞에서 System.out을 사용해서 Hello라는 문자열을 모니터에 출력하고 싶을 때, 다음처럼 했습니다.

```
System.out.println("Hello");
```

비슷하게, System.in을 사용해서 문자를 읽어 ch라는 char형 변수에 저장하려면 다음처럼 하면 됩니다.(사실은 에러 메시지가 납니다. 이유는 87페이지의 Q&A 코너를 읽어 보세요.)

```
char ch;
ch= System.in.read();
   ↑
char형 변수
```

그런데, 이렇게 해서는 한 개의 문자만 읽을 수 있습니다. 문자열을 읽기 위해 다음처럼 해봐도 되지 않습니다.

```
String str;
str= System.in.read();
   ↑
String형 변수
```

왜냐하면 System.in은 문자 하나만을 돌려주기 때문입니다. System.in에서 문자열을 받기 위해선 버퍼를 사용해야 합니다. 버퍼는 말하자면 물탱크와 같은 것입니다. 저수지의 물을 파이프를 통해서 가져왔어도 물탱크나 양동이가 없으면 모을 수 없는 것처럼, 버퍼에 스트림으로부터 받은 문자들을 모으는 것입니다. 스트림은 쉽게 버퍼에 연결될 수 있지만, 우리는 버퍼와 스트림 사이에 아래 그림에서처럼 리더라는 것을 넣을 것입니다.

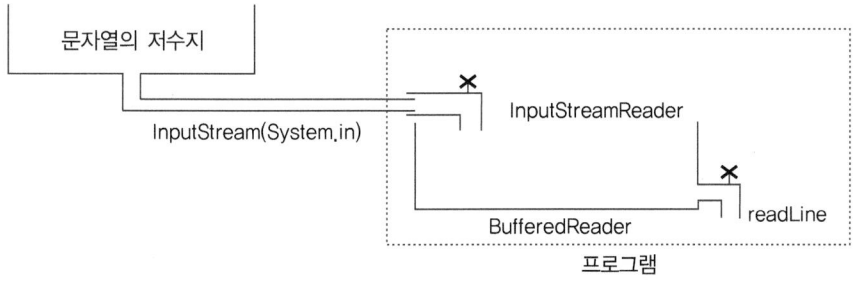

▲ 그림 3-6 스트림 개념도

리더가 하는 일은 스트림이 돌려주는 문자에 대한 언어처리입니다. 스트림은 무조건 키보드에서 입력된 내용을 돌려주기 때문에, 우리나라처럼 영어가 아닌 언어를 사용하는 나라에서는 문제를 일으킬 소지가 있습니다. 실제로 자바의 첫 버전이었던 자바 1.0에서는 한글이 깨져져서 이상한 문자로 보이는 일이 자주 일어났습니다. 그래서 전 세계의 언어체계에 맞춰 문자를 처리해주는 역할을 하는 리더가 추가되었습니다. 자바 최신 버전에서는 영어만 사용하는 프로그램에서도 리더를 사용하길 권고 있습니다. 사용자가 입력한 문자나 사용하는 운영체제가 영어가 아닐 수 있기 때문입니다.

스트림과 구분해서, 스트림에 연결해서 사용하는 리더나 버퍼와 같은 것들을 필터라고 합니다. 필터를 사용하는 방법은 아주 간단합니다. 필터를 하나 생성할 때, 파라메터로 스트림 변수를 넣어주면 됩니다. 예를 들어 리더인 InputStreamReader에 스트림인 System.in을 연결하고 싶으면 다음처럼 하면 됩니다.

이렇게 만든 리더를 버퍼에 연결하려면 역시 같은 방법으로 다음처럼 하면 됩니다.

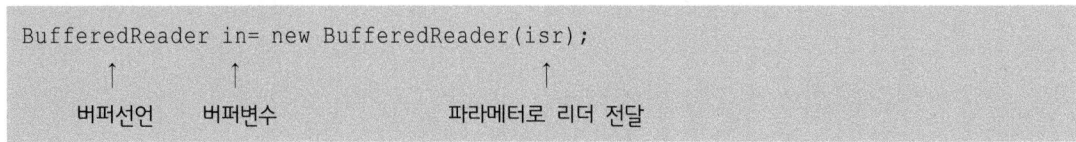

위 명령을 그림으로 그려보면 다음의 [그림 3-7]과 같습니다. 마치 파이프를 연결하는 것처럼 보입니다. 사용할 때는 스트림인 System.in이나 리더인 isr은 잊어버리고, 버퍼인 in만을 사용하면 됩니다.

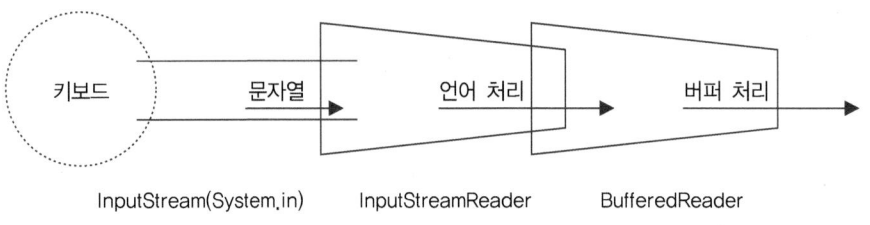

▲ 그림 3-7 스트림과 필터

다음 예제는 키보드로부터 String형의 문자열을 입력받아서 그대로 출력하는 프로그램입니다. 영어 외의 다른 언어도 잘 입출력되는 것을 알 수 있습니다. 키보드 입력의 기본형이기 때문에 잘 알고 있어야 합니다.

KeyboardTest.java

예제

```
 1 : import java.io.*;
 2 :
 3 : public class KeyboardTest
 4 : {
 5 :   public static void main(String[] args) throws IOException
 6 :   {
 7 :     InputStreamReader isr= new InputStreamReader(System.in);
         // InputStream 객체에 리더를 연결
 8 :     BufferedReader in= new BufferedReader(isr);   // 리더에 다시 버퍼를 연결
 9 :
10 :     String str;
11 :     System.out.println("글씨를 입력하면 따라합니다.");
12 :     str= in.readLine();   // 키보드로부터 한 줄을 입력받음
13 :     System.out.println(str);
14 :   }
15 : }
```

결과

7행에서 InputStream 클래스의 객체인 System.in에 리더를 연결한 후, 8행에서 다시 버퍼를 연결하였기 때문에 12행에서 readLine() 메서드로 한 줄씩 읽는 것이 가능합니다.

Q 키보드로부터 1문자를 읽는 다음과 같은 프로그램을 작성했습니다.

```
...
char ch;
ch= System.in.read();
...
```

그런데 컴파일할 때, 다음과 같은 에러가 났습니다.

```
found   : int
required: char
   ch= System.in.read();
        ^
1 error
```

이런 에러가 왜 나는 걸까요? 또 정상적으로 실행되도록 하려면 어떻게 해야 할까요?

A 자바의 InputStream 클래스의 read 메서드는 스트림으로부터 1바이트의 문자를 읽는 메서드입니다. 그런데 이 read 메서드는 char형이 아닌 int형을 돌려주도록 되어 있습니다. char형이 아닌 int형을 돌려주는 이유는, 스트림의 끝일 때 -1을 돌려주기 위해서입니다. 따라서 int형을 char형 변수인 ch에 저장하기 위해서는 캐스트를 이용해서 다음처럼 char형으로 바꿔줘야 합니다. 캐스트에 대해서는 **4.2 형변환의 이해**에서 자세히 다룹니다.

```
...
char ch;
ch= (char) System.in.read();
...
```

Q 스트림으로부터 입력을 받는 프로그램마다, main 메서드 옆에 "throws IOException"이 붙어 있습니다. 이 "throw IOException"은 왜 붙이는 건가요?

A 프로그램을 작성하다보면 에러를 만나는 경우가 많이 있습니다. 에러에는 크게 두 가지로 나눌 수 있는데, 하나는 자바 문법에 어긋나는 명령어를 사용했을 때 자바 컴파일러가 알려주는 문법 에러입니다. 다른 하나는 컴파일은 무사히 되지만 프로그램 실행 중에 발생하는 실행 에러입니다. 초보자 시절에는 문법 에러를 많이 만나지만, 점차 고급 프로그래머가 될수록 실행 에러를 만나는 빈도가 늘어납니다. 실행 에러는 문법 에러에 비해서 원인을 알기가 어렵고 고치기가 힘든 것이 특징입니다. 자바는 실행 에러의 발생을 줄이기 위해, 프로그램 실행 중 사용자가 예측하지 못한 값을 입력했을 때 처리해 주는 예외처리를 지정할 수 있도록 지원하고 있습니다. 우리가 앞에서 작성한 프로그램들은 스트림 입력 중에 예측 못한 값을 만나면 그 처리를 자바에게 양보한다는 뜻으로 "throw IOException"을 main 메서드 옆에 붙인 것입니다. **11.6 예외처리의 이해**에서 예외처리에 대해 자세히 배우고, 자바에게 양보하지 않고 직접 처리하고 싶으면 어떻게 하는지를 배울 것입니다.

3.4 if문

프롤로그나 리스프와 같은 특수한 언어가 아닌 이상, 우리가 알고 있는 대부분의 컴퓨터 언어들은 왼쪽에서 오른쪽으로, 위에서 아래로 프로그램을 실행합니다. 우리가 이 책에서 지금까지 만든 모든 프로그램들도 이 원칙을 지켜서 순서대로 실행되었습니다. 그런데 어떤 때는 이 순서를 바꾸고 싶을 때가 있습니다. 예를 들어 입력된 값이 홀수이면 ⓐ 작업을 하고, 짝수이면 ⓑ 작업을 하고 싶을 때처럼 말입니다.

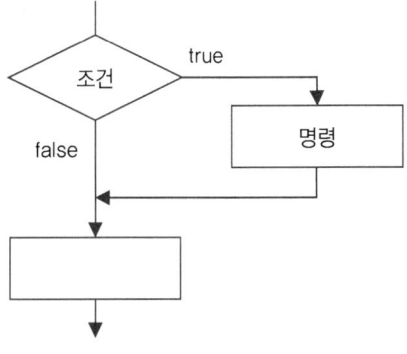

▲ 그림 3-8 분기문

이렇게 조건에 따라 처리할 명령을 달리하고 싶을 때 사용하는 것이 분기문입니다. 자바에서는 if문과 switch문의 두 가지 분기문을 준비해두고 있습니다. if문은 true나 false로 결정지을 수 있는 단순한 조건에서 많이 사용되고, switch문은 다양한 값을 가지는 조건에 많이 사용됩니다. 따라서 if문의 조건에는 boolean형 변수가 사용되고, switch문의 조건에는 int형의 변수를 사용합니다.

if문은 다음과 같은 형식을 가집니다. if문과 else문 사이의 명령어들은 조건이 true일 때 실행되는 명령들이고, else문 다음의 명령어들은 조건이 false일 때 실행되는 명령들입니다. 만약 false일 때 실행시키고 싶은 명령이 없을 때는 else 이하 부분은 생략할 수 있습니다.

```
if(조건){
    명령어;      → 조건이 true일 때 실행될 명령
}else{
    명령어;      → 조건이 false일 때 실행될 명령
}
```

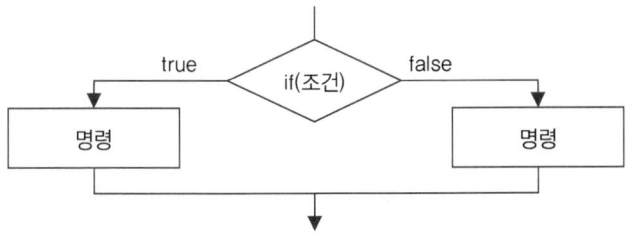

▲ 그림 3-9 if문

주의할 점은 if문의 조건부분에는 반드시 true나 false가 들어가야 한다는 점입니다. 바꿔 말하면 boolean형 변수 또는 boolean형 값을 돌려주는 연산이 들어가야만 합니다. 만약 int형이나 char형 등을 사용하면 에러가 납니다. 다음은 boolean형 변수인 condition의 값을 출력하는 프로그램입니다. condition이 true이면 참, false이면 거짓을 출력합니다. 이 예제에서는 if문 앞에서 condition에 true 값을 저장하기 때문에, 참이라고 나옵니다.

IfTest.java

예제

```
 1 : public class IfTest
 2 : {
 3 :   public static void main(String[] args)
 4 :   {
 5 :     boolean condition= true;
 6 :
 7 :     if(condition){
 8 :       System.out.println("조건은 참!");
              // 조건(condition 변수)이 참이면 실행되는 부분
 9 :     }else{
10 :       System.out.println("조건은 거짓!");
              // 조건(condition 변수)이 거짓이면 실행되는 부분
11 :     }
12 :   }
13 : }
```

결과

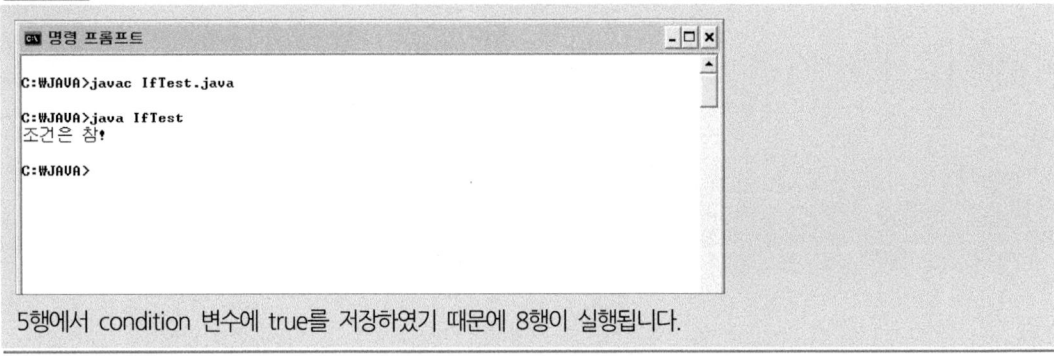

5행에서 condition 변수에 true를 저장하였기 때문에 8행이 실행됩니다.

Q if문에서 중괄호({ 와 })를 생략할 수 있나요? 만일 IfTest 예제에서 if문의 중괄호를 생략하면 어떻게 되나요?

A 자바에서는 처리하고 싶은 여러 개의 명령어들을 중괄호({ 와 })로 묶어서 하나의 명령어처럼 다루는데, 이것을 블록이라고 합니다. 원칙적으로 if문을 포함한 자바의 제어문들(if, switch, while, do-while, for 등)은 1개의 명령어만 처리할 수 있기 때문에 하나 이상의 명령어를 처리하고 싶을 때는 반드시 블록으로 만들어야 합니다. 예를 들어, 다음처럼 if문을 만들면, ①만 조건(condition 변수)에 따라 출력되거나(true일 때) 출력되지 않고(false일 때), ②는 if문과 상관없이 항상 실행됩니다.

```
if(condition)
    System.out.println("①");    // if문의 영향을 받는 명령
    System.out.println("②");    // if문과는 상관없는 명령
```

②가 if문의 영향을 받는 것처럼 보이는 이유는 단지 ②를 출력하는 명령(System.out.println("②");)을 ①을 출력하는 명령(System.out.println("①");)처럼 들여쓰기를 하여 줄을 맞췄기 때문입니다. 줄 맞추기는 프로그램의 가독성을 높이기 때문에 (사람에게는) 매우 중요하지만, 자바 컴파일러는 전혀 고려하지 않기 때문에, ②는 if문의 영향을 받지 않는 것입니다. 이 프로그램에서 ①과 ②가 모두 if문의 조건에 따라 출력되도록 하려면 다음처럼 고치면 됩니다.

```
if(condition){
    System.out.println("①");
    System.out.println("②");
}
```

IfTest 예제에서는 if문과 else문의 영향을 받는 명령어가 각각 1개뿐이기 때문에 중괄호를 생략해도 결과는 같습니다. 그러나 if문 또는 else문의 영향을 받는 명령어가 2개 이상이 될 때는 반드시 중괄호({ 와 })를 사용하여야 합니다. 이 점은 자바의 다른 제어문인 switch, for, while, do-while 등에도 마찬가지입니다.

3.5 switch문

if문은 편리하지만 true와 false의 2가지 조건 밖에 없기 때문에 다양한 조건에 따라 일을 처리하고 싶을 때는 불편합니다. switch문은 표현식의 결과로 나온 값에 따라 일을 처리할 때 편리합니다. switch문은 다음과 같은 형식을 갖는데, 표현식의 결과에 해당하는 case 다음의 명령어가 실행되고, 해당되는 case가 없으면 default 다음의 명령어가 실행됩니다.

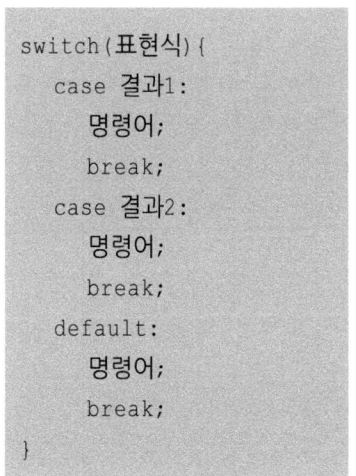
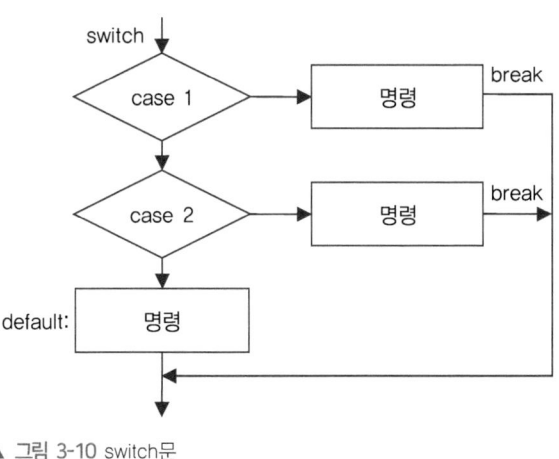

▲ 그림 3-10 switch문

switch문에서 주의할 점은 case 뒤에 실행할 명령어들을 쓰고 break를 이용하여 switch문을 끝내야 한다는 점입니다. break를 생략하면 다음 case 뒤의 명령들까지 이어서 실행됩니다. 여러 개의 조건에 따르는 명령어를 만들고 싶을 때는 일부러 break를 생략할 수도 있습니다. 다음의 예제에서 num 값이 2일 때는 case 2: 뒤에 break가 없기 때문에 case 3: 다음에서 break를 만날 때까지 실행하게 됩니다.

SwitchTest.java

예제

```
 1 : public class SwitchTest
 2 : {
 3 :    public static void main(String[ ] args)
 4 :    {
 5 :       int num= 2;
 6 :
 7 :       switch(num){
 8 :          case 1:
 9 :             System.out.println("결과는 1입니다.");
10 :             break;
11 :          case 2:      // break가 없어서 다음 명령까지 연이어 실행됨
12 :          case 3:
13 :             System.out.println("결과는 2 또는 3입니다.");
14 :             break;
15 :          default:     // 해당되는 case가 없을 때 실행되는 부분
16 :             System.out.println("결과는 1, 2, 3이 아닙니다.");
17 :             break;
18 :       }
19 :    }
20 : }
```

결과

5행에서 num 변수에 2를 저장했기 때문에 11행의 case 2: 부터 14행에서 break를 만날 때까지 모두 실행됩니다. 이 예제에서는 num 변수에 3을 저장해도 같은 결과가 됩니다.

Q switch문을 사용하면 표현식의 결과 값에 따라 다양한 처리를 할 수 있어서 편리하지만, if문을 여러 개 사용하면 비슷한 결과를 얻을 수 있을 것 같습니다. switch문을 if문으로 나타낼 수 있나요?

A 모든 switch문은 여러 개의 if문으로 바꿀 수 있습니다. 특히 여러 개의 조건을 처리하는 if문을 다중 if문이라고 합니다. 예를 들어 위 예제의 switch문은 다음과 같은 다중 if문으로 바꿀 수 있습니다(그러나 모든 if문을 switch문으로 바꿀 수 있는 것은 아닙니다).

```
...
if(num==1){
  System.out.println("결과는 1입니다.");
}else if((num==2)||(num==3)){
  System.out.println("결과는 2 또는 3입니다.");
}else{
  System.out.println("결과는 1, 2, 3이 아닙니다.");
}
...
```

3.6 가위, 바위, 보 게임 만들기

이제 지금까지 배운 것들을 종합해서 가위, 바위, 보 게임을 만들어봅시다. 우선 컴퓨터가 가위, 바위, 보 중 하나를 골라야 하는데, 이 부분은 **2.6 난수를 구하는 Random 클래스**에서 배운 대로 Random 클래스를 이용해서 0 ~ 2 중 하나를 구해서 해결합니다. 0은 가위, 1은 바위, 2는 보라고 생각합시다. 게임을 하는 플레이어에게 가위, 바위, 보 중 하나를 고르라는 메시지를 내보내고, 앞에서 배운 대로 키보드로부터 문자를 읽어 플레이어의 선택을 알아냅니다. 이때 플레이어가 a를 입력하면 가위, b를 입력하면 바위, c를 입력하면 보라고 정합시다. 컴퓨터가 정한 0 ~ 2 중 하나와 플레이어가 정한 a ~ c 중 하나의 상관관계를 if문으로 구해서 승부의 결과를 출력합니다. 다음은 전체 게임의 소스입니다.

GameJava2_03.java

예제

```
 1 : import java.util.*;
 2 : import java.io.*;
 3 :
 4 : public class GameJava2_03
 5 : {
 6 :   public static void main(String[] args) throws IOException
 7 :   {
 8 :     // 0 ~ 2 사이의 난수를 구한다.
 9 :     Random r= new Random();
10 :     int computer= Math.abs(r.nextInt() % 3);   // 난수를 구해서 3으로 나눈 나머지
```

```
11 :
12 :     BufferedReader in= new BufferedReader(new InputStreamReader(System.in));
13 :
14 :     String user;
15 :     System.out.print("가위, 바위, 보 중 하나를 선택하세요.(가위=a, 바위=b, 보=c): ");
16 :     user= in.readLine();         // 키보드로부터 한 줄을 입력받음
17 :
18 :     if(user.equals("a")){        // 가위를 선택한 경우
19 :         if(computer==0) System.out.println("무승부 (컴퓨터:가위, 사람:가위)");
20 :         if(computer==1) System.out.println("컴퓨터 승! (컴퓨터:바위, 사람:가위)");
21 :         if(computer==2) System.out.println("사람 승! (컴퓨터:보, 사람:가위)");
22 :     }else if(user.equals("b")){   // 바위를 선택한 경우
23 :         if(computer==0) System.out.println("사람 승! (컴퓨터:가위, 사람:바위)");
24 :         if(computer==1) System.out.println("무승부 (컴퓨터:바위, 사람:바위)");
25 :         if(computer==2) System.out.println("컴퓨터 승! (컴퓨터:보, 사람:바위)");
26 :     }else if(user.equals("c")){   // 보를 선택한 경우
27 :         if(computer==0) System.out.println("컴퓨터 승! (컴퓨터:가위, 사람:보)");
28 :         if(computer==1) System.out.println("사람 승! (컴퓨터:바위, 사람:보)");
29 :         if(computer==2) System.out.println("무승부 (컴퓨터:보, 사람:보)");
30 :     }
31 :   }
32 : }
```

결과

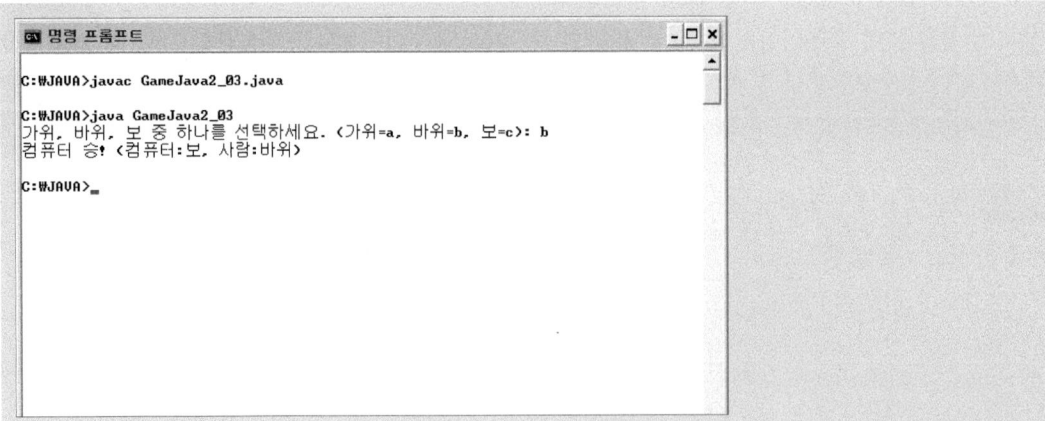

10행에서 컴퓨터가 먼저 0~3 사이의 난수를 발생시켜서 computer 변수에 저장합니다. 16행에서 플레이어로부터 입력받은 값에 따라 승부를 결정하여 출력합니다.

What's up java

구구단 게임

4.1 • 연산자
4.2 • 형변환의 이해
4.3 • main( ) 메서드와 인수
4.4 • 구구단 게임 만들기

구구단 게임

Preview

우리가 이번에 만들 게임은 컴퓨터가 구구단 문제를 내고 플레이어(사람)가 답을 맞히는 게임입니다. 앞에서 만든 게임과의 차이는, 컴퓨터가 구구단 문제를 만들 때 사용하는 두 수중 하나를 프로그램을 실행할 때 인수(아규먼트)로 줄 수 있다는 점입니다. 컴퓨터는 주어진 인수와 난수로 만든 수를 곱해서 문제를 만들고, 플레이어가 키보드로 답을 입력하면 정답인지 오답인지를 출력합니다. 만일 플레이어가 오답을 입력하면 정답을 알려줍니다. 이 프로그램을 통해서 우리는 자바의 연산자들과 인수를 받는 법을 배우고, 데이터형을 자유자재로 변환할 수 있는 방법을 배우게 됩니다. 자바는 C 언어나 C++ 언어와는 달리 데이터형 검사를 엄격하기 때문에 이번에 배우는 데이터형 변환 방법은 매우 중요합니다.

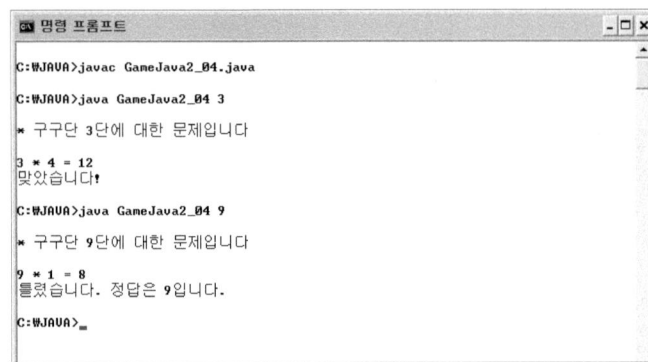

4.1 연산자

덧셈, 뺄셈 등의 연산을 할 때 사용하는 +, - 기호를 연산자라고 합니다. 자바에서는 수치 연산을 위한 연산자는 물론이고 비교, 조건, 증가/감소, 대입 등의 다양한 기능을 하는 연산자들을 준비하고 있습니다. 연산자를 이용하면 명령어를 외우는 불편없이 쉽게 원하는 결과를 얻을 수 있기 때문에 편리합니다. 그러나 아래 예에서도 볼 수 있듯이 각 연산자는 우선순위가 있기 때문에 주의해야 합니다.

```
X=12-3*4+2;
```

위 식에서 답은 2입니다. 이유는 3*4를 먼저 계산한 후, 12-12+2를 하기 때문입니다. 만일 12-3을 먼저 계산했다면 답은 38이 되겠지만, *은 +, -보다 우선순위가 높기 때문에 먼저 계산한 것입니다. 자바의 모든 연산자는 우선순위와 연관성을 가지고 있습니다. 여러 연산자가 섞여있는 경우, 우선순위가 높은 것부터 차례대로 계산합니다. 만일 같은 우선순위의 연산자가 사용된 경우에는 연관성에서 정한 순서대로 계산합니다. 위의 예에서 우선순위가 높은 3*4가 먼저 계산되어 12-12+2가 된 후에는 -와 +의 우선순위가 같기 때문에 -와 +의 연관성에 따라 왼쪽부터 오른쪽으로 계산합니다. 자바 연산자의 우선순위와 연관성은 아래 [표 4-1]에 나와 있습니다.

우선순위와 연관성 외에 자바의 연산자에서 반드시 알아야할 또 다른 점은 각 연산자의 연산대상이 될 수 있는 데이터형이 미리 정해져있다는 점입니다. 예를 들어 비트 연산자는 정수형만을 사용할 수 있습니다. 실수형이나 논리형의 값을 비트 연산자로 계산하려고 하면 에러가 발생합니다. 자바의 경우는 C 언어나 C++ 언어와는 달리 데이터형에 대한 제한이 엄격합니다. 따라서 각 연산자는 미리 정해둔 데이터형으로만 계산할 수 있습니다. 만일 다른 데이터형인 변수를 계산하고 싶을 때는 **4.2 형변환의 이해**에서 배우는 데이터형 변환 방법을 이용해서 명시적으로 변환시켜야 합니다. 각 연산자에 정해져있는 데이터형도 아래 [표 4-1]에 나와 있습니다.

우선순위	연관성	연산자	연산대상
1	오른쪽 → 왼쪽	++	정수형, 실수형
		--	정수형, 실수형
		양수(+), 음수(-)	정수형, 실수형
		~	정수형
		!	논리형
		(캐스트)	모든 데이터형
2	왼쪽 → 오른쪽	*, /, %	정수형, 실수형
3	왼쪽 → 오른쪽	+, -	정수형, 실수형
		+	String
4	왼쪽 → 오른쪽	<<, >>, >>>	정수형
5	왼쪽 → 오른쪽	<, <=, >, >=	정수형, 실수형
		instanceof	모든 데이터형
6	왼쪽 → 오른쪽	==, !=	모든 데이터형
7	왼쪽 → 오른쪽	&	정수형, 논리형
8	왼쪽 → 오른쪽	^	정수형, 논리형
9	왼쪽 → 오른쪽	|	정수형, 논리형
10	왼쪽 → 오른쪽	&&	논리형
11	왼쪽 → 오른쪽	||	논리형
12	오른쪽 → 왼쪽	?:	논리형과 모든 데이터형
13	오른쪽 → 왼쪽	=	모든 데이터형
		*=, /=, %=	
		+=, -=	
		<<=, >>=, >>>=	
		&=, ^=, |=	

▲ 표 4-1 자바의 연산자

1 산술(arithmetic) 연산자

수치 연산을 위해 자바에서 준비해둔 산술 연산자로는 더하기(+), 빼기(-), 곱하기(*), 나누기(/), 그리고 나머지(%) 연산자가 있습니다. 나누기 연산자는 주어진 항이 둘 다 정수형일 때는 정수 나누기를 하고, 둘 중 하나라도 실수형일 때는 실수 나누기가 됩니다. 예를 들어 20 / 2는 10이 되지만, 20.0 / 2 나 20 / 2.0은 10.0이 됩니다. 산술 연산자 중 특이한 연산자는 나머지 연산자(%)입니다. 나머지 연산자는 정수형 인수를 나누고 남은 값을 돌려줍니다. 예를 들어 10 % 3의 결과는 1이 됩니다.

연산자	의미
a + b	덧셈
a - b	뺄셈
a * b	곱셈
a / b	나눗셈
a % b	나머지

▲ 표 4-2 산술 연산자

다음은 산술 연산자로 주어진 값의 각 자리의 값을 출력하는 예제입니다. 예를 들어 451이라는 값은 1의 자리는 1, 10의 자리는 5, 100의 자리는 4라고 출력하는 것입니다.

ArithmeticTest.java

```
 1 : public class ArithmeticTest
 2 : {
 3 :    public static void main(String[ ] args)
 4 :    {
 5 :       int num= 256;
 6 :
 7 :       System.out.println("주어진 수 : "+ num);
 8 :       System.out.println("  1의 자리: "+ num % 10);    // 나머지 출력
 9 :       num= num / 10;           // num 값 변경
10 :       System.out.println(" 10의 자리: "+ num % 10);
11 :       num= num / 10;
12 :       System.out.println("100의 자리: "+ num % 10);
13 :    }
14 : }
```

> 결과

5행에서 num의 초기값으로 256을 저장했기 때문에, 8행에서 10으로 나눈 나머지는 6이 됩니다. 9행에서는 num에 10으로 나눈 값을 다시 저장하기 때문에 num은 25가 됩니다. 나머지 연산과 나눗셈 연산을 반복하면 1의 자리에 있는 값을 계속 출력할 수 있습니다.

2 증가(increment) 연산자와 감소(decrement) 연산자

증가 연산자는 변수의 앞이나 뒤에 붙어서 변수의 값을 하나 증가시킵니다. 감소 연산자는 반대로 변수의 앞이나 뒤에 붙어서 변수의 값을 하나 감소시킵니다.

연산자	의미
++	값을 1 증가
--	값을 1 감소

▲ 표 4-3 증가/감소 연산자

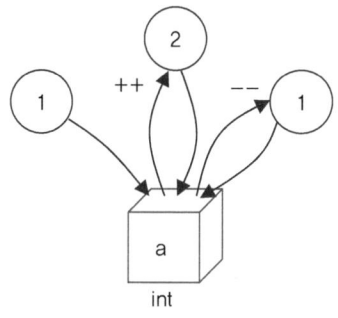

▲ 그림 4-1 증가/감소 연산자

증가/감소 연산자에서 주의할 점은 이 연산자가 붙는 위치에 따라 증가/감소하는 시점이 다르다는 점입니다. 증가/감소 연산자가 변수의 앞에 붙을 때는 변수의 값이 사용되기 전에 변수의 값이 1 증가/감소합니다. 그러나 변수의 뒤에 붙을 때는 변수의 값이 사용된 후에 1 증가/감소합니다. 예를 들어

```
int a = 10;
int b = 10;
int x = a++;   // a는 11, x는 10
int y = ++b;   // b는 11, y는 11
```

라는 식이 실행된 후의 a와 b의 값은 모두 11이지만, x 값은 10이고 y는 11입니다. x가 10인 이유는 a가 먼저 x에 저장된 후에 1 증가되었기 때문이고, y가 11인 이유는 b가 먼저 1 증가되고 y에 저장되었기 때문입니다. 복잡한 식에서 증가/감소 연산자를 사용하면 자칫 엉뚱한 결과가 나타나기 때문에, 될 수 있으면 간단한 식에서만 사용하거나 변수의 앞이나 뒤로 통일시키는 것이 좋습니다.

IncDecTest.java

예제

```
 1 : public class IncDecTest
 2 : {
 3 :     public static void main(String[] args)
 4 :     {
 5 :         int x, y, z;
 6 :
 7 :         x= 10; y= 5; z= 0;
 8 :         z= x++ - y-- + 1;      // ++나 --가 변수 뒤에 붙은 경우
 9 :         System.out.println("x = "+ x +", y = "+ y +", z = "+ z);
10 :
11 :         x= 10; y= 5; z= 0;
12 :         z= ++x - --y + 1;      // ++나 --가 변수 앞에 붙은 경우
13 :         System.out.println("x = "+ x +", y = "+ y +", z = "+ z);
14 :     }
15 : }
```

결과

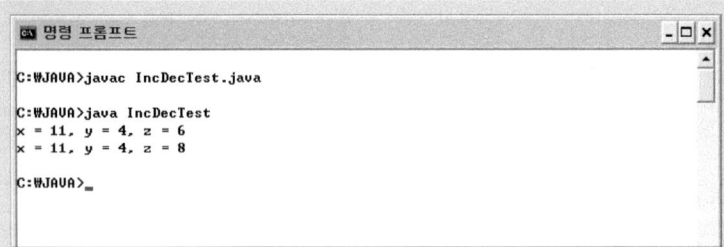

8행의 경우는 ++와 --가 변수 뒤에 붙은 경우이기 때문에, z=x-y+1;이 먼저 실행되고 x++; y--;가 실행됩니다. 12행의 경우는 ++와 --가 변수 앞에 붙은 경우이기 때문에 x++; y--;가 먼저 실행되고 z=x-y+1;가 나중에 실행됩니다.

3 비트(bitwise) 연산자

컴퓨터에서 다루는 정보는 전기적으로 On인 상태와 Off인 상태로 나타낼 수 있습니다. On을 1, Off를 0으로 표현한다면, 0과 1로 이루어진 2진수 한 자리 값이 컴퓨터가 다루는 정보의 최소 단위이고, 이를 비트(bit)라고 합니다. 다음의 [그림 4-2]는 10진수 170이 메모리 1바이트에 어떻게 저장되는지를 보인 것입니다.

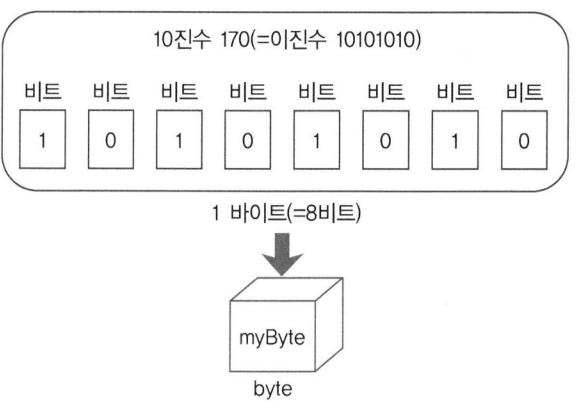

▲ 그림 4-2 1바이트에 저장된 10진수 170

프로그래밍을 하다보면 비트 단위의 작업을 해야 할 경우가 있습니다. 비트 연산자는 1과 0으로 표현되는 각 비트 값을 AND, OR, XOR 연산하는데 사용하는 연산자입니다. 다음의 [표 4-4]는 비트 a와 b를 AND, OR, XOR 연산한 결과입니다. 다음의 [표 4-4]에서 알 수 있듯이, a & b는 a와 b가 모두 1일 때만 1이고, a | b는 a와 b가 모두 0일 때만 0입니다. a ^ b는 a와 b가 같을 때는 0, 다를 때는 1입니다.

a	b	a & b (AND)	a | b (OR)	a ^ b (XOR)
0	0	0	0	0
0	1	0	1	1
1	0	0	1	1
1	1	1	1	0

▲ 표 4-4 비트 연산의 결과

비트 값을 왼쪽이나 오른쪽으로 이동하는 것을 쉬프트(shift)라고 합니다. 자바에서는 비트를 왼쪽이나 오른쪽으로 이동하는 쉬프트 연산자들을 준비하고 있습니다. << 연산자는 정해진 숫자만큼 왼쪽으로 쉬프트하고, >> 연산자는 정해진 숫자만큼 오른쪽으로 쉬프트합니다. 예를 들어, a가 1일 때 왼쪽으로 2, 오른쪽으로 1 만큼 쉬프트하면 다음과 같이 됩니다.

```
int a= 1;         // 0000 0000 0000 0001
int b= a << 2;    // 0000 0000 0000 0100
int c= b >> 1;    // 0000 0000 0000 0010
```

자바의 쉬프트 연산 중 특이한 점은 >>> 연산자입니다. >>> 연산자는 기본적으로 >> 연산자와 같습니다만, 음수의 경우에는 다른 결과를 돌려주는 연산자입니다. >> 연산자가 오른쪽으로 비트 값을 쉬프트할 때, 부호(sign) 비트를 왼쪽에 채워 넣는 반면, >>> 연산자는 0을 채웁니다. 따라서 -2를 >> 연산자로 1 만큼 쉬프트하면 -1이 되지만, >>> 연산자로 1 만큼 쉬프트하면 양수의 엉뚱한 값(2147483647)이 되어 버립니다.

연산자	의미
a & b	논리곱(AND)
a | b	논리합(OR)
a ^ b	XOR
~a	보수
a >> b	a의 비트를 b만큼 오른쪽으로 이동(shift), 왼쪽은 a의 부호(sign) 비트로 채움
a << b	a의 비트를 b만큼 왼쪽으로 이동(shift), 오른쪽은 0으로 채움
a >>> b	a의 비트를 b만큼 오른쪽으로 이동(shift), 왼쪽은 0으로 채움

▲ 표 4-5 비트 연산자

BitwiseTest.java

```
 1 : public class BitwiseTest
 2 : {
 3 :   public static void main(String[] args)
 4 :   {
 5 :     int x, y;
 6 :
 7 :     x= 8;    // 0000 0000 0000 0000 0000 0000 0000 1000
 8 :     y= ~x;   // 1111 1111 1111 1111 1111 1111 1111 0111 -> y는 x의 보수
 9 :     System.out.println("x = "+ x +", y = "+ y +" (~x)");
10 :
11 :     System.out.println(x +" AND "+ y +" = "+(x & y));
         // 0000 0000 0000 0000 0000 0000 0000 0000
12 :     System.out.println(x +" OR "+ y +" = "+(x | y));
         // 1111 1111 1111 1111 1111 1111 1111 1111
13 :     System.out.println(x +" XOR "+ y +" = "+(x ^ y));
         // 1111 1111 1111 1111 1111 1111 1111 1111
14 :
15 :     x= x << 2;   // 0000 0000 0000 0000 0000 0000 0010 0000
16 :     y= y << 2;   // 1111 1111 1111 1111 1111 1111 1101 1100
17 :     System.out.println("x = "+ x +" (x<<2), y = "+ y +" (y<<2)");
18 :
19 :     x= x >> 2;   // 0000 0000 0000 0000 0000 0000 0000 1000
```

```
20 :        y= y >> 2;      // 1111 1111 1111 1111 1111 1111 1111 0111
21 :        System.out.println("x = "+ x +" (x>>2), y = "+ y +" (y>>2)");
22 :
23 :        x= y >> 2;      // 1111 1111 1111 1111 1111 1111 1111 1101
24 :        y= y >>> 2;     // 0011 1111 1111 1111 1111 1111 1101 1101
25 :        System.out.println("x = "+ x +" (y>>2), y = "+ y +" (y>>>2)");
26 :    }
27 : }
```

결과

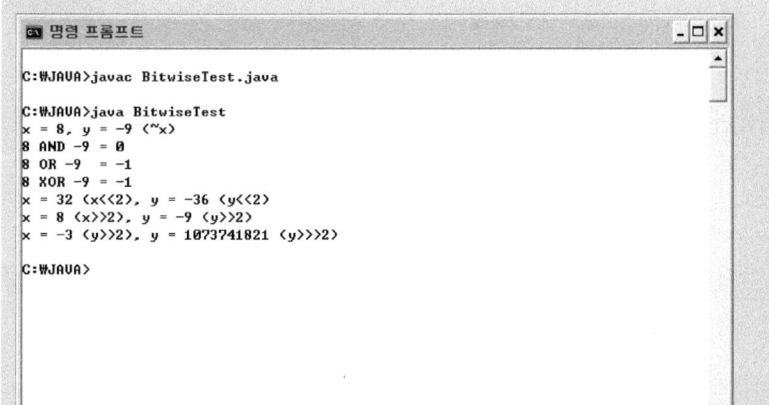

이 예제 프로그램은 비트 연산을 다루기 때문에 모두 2진수로 이해해야 합니다. 7행에서 x에 8을 저장했는데, 8은 2진수로 0000 0000 0000 0000 0000 0000 0000 1000이 됩니다. 8행에서 보수 연산자(~)를 사용하면 0은 1이 되고 1은 0이 되기 때문에 y는 1111 1111 1111 1111 1111 1111 1111 0111이 되고 10진수로는 -9가 됩니다.

Q 아래처럼 8을 보수 연산자(~)를 이용해서 보수로 바꾸면 -8이 되어야 할 텐데, -8이 아니고 -9가 되었습니다. 이유를 설명해주세요.

```
...
x= 8;
y= ~x;
...
```

A 보수 연산자(~)는 비트 반전된 값을 구하는 단항 연산자입니다. 정확히는 '1의 보수(unary bitwise complement) 연산자'라고 부를 수 있습니다. 그런데 컴퓨터에서 음수(-)를 표현할 때는 2의 보수(binary bitwise complement)를 사용하고 있습니다. 2의 보수라는 것은 모든 비트를 반전시켜 '1의 보수'를 만든 후 1을 더한 것입니다(1의 보수 + 1). 따라서 2진수 00001000 (10진수 8)의 1의 보수인 11110111을 2의 보수법으로 10진수로 바꾸면, -9가 됩니다.

```
00001000 → 8
    ↓ 보수 연산
11110111 → 8의 보수 연산 결과

11110111 → 8의 보수 연산 결과
00001000
      +1
00001001 → 9(8의 보수 연산 결과의 '2의 보수')
```

따라서, 어떤 x 변수의 보수 연산한 결과는 (-x) - 1이 되는 셈입니다.

4 대입(assignment) 연산자

자바에서 기본적인 대입 연산자는 =입니다. 대입 연산자(=)는 다른 연산자와는 달리 주어진 인수를 처리해서 값을 돌려주지 않고, = 연산자 오른쪽에 있는 변수나 상수의 값을 왼쪽의 변수에 저장합니다. C 언어나 C++ 언어에 익숙한 프로그래머가 아니라면, 자바의 대입 연산자가 연산자라는 것이 좀 이상할지도 모르겠습니다. 하지만 자바에서는 =을 연산자로 취급하고 있습니다.

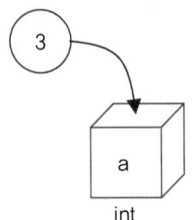

▲ 그림 4-3 변수 a에 3을 저장

대입 연산자는 앞에서 배운 산술 연산자와 조합해서 왼쪽 인수가 반복되는 의미로 사용되기도 합니다. 예를 들어 a += b는 a = a + b와 같은 의미입니다. 또한 앞에서 배운 비트 연산자와도 결합할 수 있습니다. 예를 들어 a &= b는 a = a & b와 같은 의미입니다.

연산자	의미	연산자	의미
a = b	a에 b를 대입	a &= b	a = a & b
a += b	a = a + b	a |= b	a = a | b
a -= b	a = a - b	a ^= b	a = a ^ b
a *= b	a = a * b	a <<= b	a = a << b
a /= b	a = a / b	a >>= b	a = a >> b
a %= b	a = a % b	a >>>= b	a = a >>> b

▲ 표 4-6 대입 연산자

예제
AssignmentTest.java

```
1 : public class AssignmentTest
2 : {
3 :    public static void main(String[ ] args)
4 :    {
5 :       int x, y, z;
6 :
7 :       x = y = z = 1;
8 :       z += x + y;          // z = z + x + y;와 동일
9 :       System.out.println("x = "+ x +", y = "+ y +", z = "+ z);
10 :
11 :      x += y -= z = 5;     // z = 5; y = y - z; x = x + y;와 동일
12 :      System.out.println("x = "+ x +", y = "+ y +", z = "+ z);
13 :   }
14 : }
```

결과

```
C:\JAVA>javac AssignmentTest.java

C:\JAVA>java AssignmentTest
x = 1, y = 1, z = 3
x = -3, y = -4, z = 5

C:\JAVA>
```

대입 연산자는 연관성이 오른쪽 → 왼쪽입니다. 따라서 11행은 z = 5; y = y - z; x = x + y;의 순서로 실행됩니다.

5 논리(logical) 연산자

논리 연산자는 앞에서 배운 비트 연산자의 &, |, ~와 흡사합니다. 차이점은 연산 대상이 논리형이라는 점입니다. [표 4-7]은 두 논리형 데이터 a와 b에 대한 &&, ||, ! 연산의 결과입니다.

a	b	a && b (AND)	a || b (OR)	!a
false	false	false	false	true
false	true	false	true	true
true	false	false	true	false
true	true	true	true	false

▲ 표 4-7 논리 연산의 결과

연산자	의미	연산자	의미	연산자	의미
a && b	AND	a || b	OR	!a	NOT

▲ 표 4-8 논리 연산자

LogicalTest.java

예제

```
1 : public class LogicalTest
2 : {
3 :    public static void main(String[ ] args)
4 :    {
5 :       boolean x, y, z, b;
6 :
7 :       x = false;
8 :       y= z = true;
9 :       b = x || y && z;    // b = x || ( y && z );와 동일
10:       System.out.println("x = "+ x +", y = "+ y +", z = "+ z +", b = "+ b);
11:    }
12: }
```

결과

같은 논리 연산자라도 &&가 || 보다 우선순위가 높기 때문에 9행은 b = x || (y && z);와 동일합니다.

Q 자바는 최단 평가(Short Circuit Evaluation)를 한다고 합니다. 최단 평가라는 것은 어떤 것입니까?

A 자바는 &&(AND)에서는 조건이 false(거짓)이거나 ||(OR)에서 조건이 true인 경우에는 그 이후에 나오는 조건은 평가하지 않는데, 이를 최단 평가(Short Circuit Evaluation)라고 합니다. 예를 들어

(x>5)&&(y<2)&&(z==3)

에서 x>5가 false라면 나머지 조건이 어떻든 항상 false가 됩니다. 또, 다음 예에서

(x>5)||(y<2)||(z==3)

x>5가 true라면 나머지 조건이 어떻든 항상 true가 될 수밖에 없습니다.

다음 예제는 if문에서 최단 평가를 하는 경우입니다. 자바가 최단 평가를 하는 것을 모르면 큰 실수를 할 수 있습니다. 다음 예제의 8행에서 ++a하면 3이기 때문에 ++a > 3이 false가 되어 ++b는 아예 수행이 되지 않습니다. 따라서 a의 값은 3으로 증가되지만, b의 값은 변화가 없습니다.

ShortCircuitTest.java

예제

```
 1 : public class ShortCircuitTest
 2 : {
 3 :    public static void main(String[ ] args)
 4 :    {
 5 :       int a= 2;
 6 :       int b= 4;
 7 :
 8 :       if((++a>3)&&(++b>8)){
 9 :          System.out.println("if문이 수행되었습니다.");
10 :       }
11 :
12 :       System.out.println("a : "+ a +", b : "+ b);
13 :    }
14 : }
```

결과

```
C:\JAVA>javac ShortCircuitTest.java

C:\JAVA>java ShortCircuitTest
a : 3, b : 4

C:\JAVA>
```

8행에서 ++a하면 3이기 때문에 ++a > 3이 false가 되어 ++b는 아예 수행이 되지 않습니다. 따라서 a의 값은 3으로 증가되지만, b의 값은 변화가 없습니다.

6 관계(relational) 연산자

관계 연산자는 두 값의 크기를 비교하여 결과에 따라 true(참) 또는 false(거짓)을 돌려주는 연산자입니다. 관계 연산자는 쉽게 이해 할 수 있습니다만, 같음을 나타내는 == 연산자와 다름을 나타내는 != 연산자는 주의해야 합니다. 앞에서 배운 대로, 자바에서는 =를 오른쪽에 있는 변수나 상수의 값을 왼쪽 변수에 저장하는 대입 연산자로 사용하고 있기 때문에, 두 값이 같은지를 묻는 연산자로는 ==을 쓰고 있습니다. C 언어나 C++ 언어에서는 ==를 사용할 곳에서 실수로 =를 사용하면 엉뚱한 결과가 나오곤 했습니다. 다행히 자바는 연산자의 연산대상이 될 수 있는 데이터형에 대한 검사가 철저하기 때문에, 컴파일 과정에서 에러로 잡아줍니다. 하지만 =와 ==의 차이를 정확하게 알고 있는 것이 좋습니다. 다름을 나타낼 때는 논리 연산자에서 !(NOT) 연산자를 ==과 합쳐서 !=로 표시합니다.

흡사 명령어처럼 생긴 instanceof 연산자는 클래스와 객체의 관계를 알고 싶을 때 사용합니다. 우리는 **2.4 Date 클래스**에서 Date 클래스로 today라는 변수를 생성했습니다. 이때 만일,

```
if(today instanceof Date){
  System.out.printlin("true");
}else{
  System.out.printlin("false");
}
```

라고 쓰면 값은 true가 됩니다. instanceof는 객체가 어떤 클래스로 만든 객체(인스턴스)인지 알고 싶을 때 매우 유용한 연산자입니다.

연산자	의미
a > b	a가 b보다 크면 true
a >= b	a가 b보다 크거나 같으면 true
a < b	a가 b보다 작으면 true
a <= b	a가 b보다 작거나 같으면 true
a == b	a와 b가 같으면 true
a != b	a와 b가 같지 않으면 true
a instanceof b	a 객체가 b 클래스로 생성한 객체(인스턴스)이면 true

▲ 표 4-9 관계 연산자

예제 **RelationTest.java**

```
 1 : public class RelationTest
 2 : {
 3 :   public static void main(String[ ] args)
 4 :   {
 5 :     int x, y, z;
 6 :     boolean b;
 7 :
 8 :     x = y = z = 1;
 9 :     b = ((x-- > 0 ) || ( ++y != 0 ) && ( --z == 0));   // 실행 순서에 주의!
10 :     System.out.println("x = "+ x +", y = "+ y +", z = "+ z +", b = "+ b);
11 :   }
12 : }
```

> **결과**
>
> ```
> C:\JAVA>javac RelationTest.java
>
> C:\JAVA>java RelationTest
> x = 0, y = 1, z = 1, b = true
>
> C:\JAVA>_
> ```
>
> 9행에서 (x-- > 0)는 true이고, (++y != 0)는 true이며, (--z == 0)는 true가 됩니다. 따라서 b의 값은 true || (true && true); 되어 true입니다.

7 조건(conditional) 연산자

조건 연산자는 항을 3개 사용한다고 해서 삼항 연산자라고도 하는데, 조건문을 대신해서 사용할 수 있습니다. 다음처럼 조건 연산자는 대부분 대입 연산자와 함께 사용합니다.

```
변수 = 조건 ? 값1 : 값2
```

이때 조건이 참이면 값1이 변수에 대입되고 거짓이면 값2가 변수에 대입됩니다.

연산자	의미
(a > b) ? a : b	(a > b)라는 조건이 true(참)이면 a를, false(거짓)이면 b를 수행

▲ 표 4-10 조건 연산자

조건 연산자는 모두 분기문으로 바꿀 수 있습니다.

```
positive = (x > 0) ? true : false;
```

위의 조건 연산자는 다음처럼 분기문으로 바꿀 수 있습니다.

```
if(x>0){
   positive = true;
}else{
   positive =false
}
```

ConditionTest.java

```
1 : public class ConditionTest
2 : {
3 :   public static void main(String[ ] args)
4 :   {
5 :     int hour, min, sec;
6 :
7 :     hour= 13;
8 :     min = 30;
9 :     sec = 25;
10 :
11 :     String ampm;
12 :     ampm= (hour >= 12) ? "PM" : "AM";            // 오전/오후 결정
13 :     hour= (hour >= 12) ? (hour - 12) : hour;     // 24시간 표기를 12시간 표기로 변경
14 :
15 :     System.out.print(ampm +" "+ hour +":"+min +":"+ sec);
16 :   }
17 : }
```

결과

12행을 if문으로 바꾸면 if(hour >= 12){ ampm= "PM"; }else{ ampm= "AM"; }이 되고, 13행을 if문으로 바꾸면 if(hour >= 12){ hour= hour - 12; }else{ hour = hour; }가 됩니다.

4.2 형변환의 이해

우리는 2.2 기본 데이터형의 이해에서 자바의 데이터형에 대해서 배웠습니다. 자바가 C 언어와 구별되는 차이점 중 하나는 데이터형에 대한 검사가 철저하다는 점입니다. 따라서 명령어를 사용할 때는 미리 정해진 데이터형을 사용해야 하고, 다른 데이터형을 사용하고 싶을 때는 명시적으로 형변환을 해줘야 합니다. 노련한 C 언어 프로그래머들이 자바를 배울 때 가장 많이 어려워하는 점이 바로 이 형변환입니

다. 자바에 대해 잘 모르는 프로그래머들 중에는 '자바는 형변환을 반드시 해야 하기 때문에 불편하다'는 잘못된 인식을 가지는 경우가 많은데, 이는 형변환 방법을 제대로 공부하지 않았기 때문입니다. 프로그래머가 명시적으로 형변환을 하도록 한 점은 자바의 단점이 아니고 장점입니다. 수십만 라인이나 되는 C 언어 프로그램 중 어디선가 멋대로 형변환이 일어나 전체 프로그램의 결과가 엉뚱한 값이 되는 일은 흔한 일입니다. 예를 들어 월급 계산을 하는 프로그램에서 double형인 금액을 int형에 저장하는 과정에서 소수점 이하가 잘리거나 크기 문제로 값이 변경되면 심각한 결과가 나타날 수 있습니다. 그래서 자바에서는 프로그래머가 의도적으로 형변환을 하지 않는 이상, 자동으로 형변환이 일어나는 것을 금지시킨 것입니다.

프로그래머가 의도적으로 형변환을 하는 방법은 크게 두 가지가 있습니다. 기본 데이터형 간에 변환하고 싶을 때는 캐스팅이라는 방법을 쓰고, 기본 데이터형과 클래스로 만든 객체간에 변환하고 싶을 때는 랩퍼(wrapper) 클래스를 사용합니다.

1 캐스팅

기본적으로 자바에서는 서로 다른 데이터형 간에 값을 저장할 때는 명시적으로 형변환을 해줘야 합니다. 그러나 기본 데이터형 간에 작은 데이터형에서 큰 데이터형에 저장할 때는 데이터의 손실이 일어날 가능성이 없기 때문에 저장이 가능합니다. 예를 들어, 다음과 같은 경우는 가능합니다. 이렇게 작은 데이터형을 큰 데이터형으로 바꾸는 것을 프로모션(promotion)이라고 합니다.

```
long myLong= 100;           // int형(32비트)인 100을 long형(64비트)에 저장
double myDouble= 100;       // int형(32비트)인 100을 double형(64비트)에 저장
double myDouble= 12.34F;    // float형(32비트)인 12.34를 double형(64비트)에 저장
```

그러나 반대로 큰 데이터형에서 작은 데이터형에 저장할 때는 데이터의 손실이 일어날 가능성이 있기 때문에 반드시 형변환을 해줘야 합니다. 다음은 불가능한 경우입니다.

```
int myInt= 150L;            // long형(64비트)인 150을 int형(32비트)에 저장 못함
int myInt= 12.34;           // double형(64비트)인 12.34를 int형(32비트)에 저장 못함
float myFloat= 12.34;       // double형(64비트)인 12.34를 float형(32비트)에 저장 못함
```

기본 데이터형 간에 형변환을 하는 방법은 의외로 간단합니다. 바꾸고 싶은 데이터형을 괄호로 감싸서 나타내면 됩니다. 예를 들어 123.45라는 값을 float형으로 바꾸고 싶을 때는

```
float myFloat= (float) 123.45;
```

라고 하면 됩니다. 이때 사용하는 괄호를 캐스트(cast) 연산자라고 하고, 이런 식으로 형변환을 하는 것을 캐스팅이라고 합니다. 다음은 캐스팅의 예입니다.

```
int myInt= (int) 150L;
int myInt= (int) 12.34;
float myFloat= (float) 12.34;
```

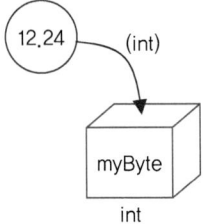

▲ 그림 4-4 캐스트 연산자를 사용한 형변환(캐스팅)

앞의 3.3 키보드에서 입력받기에서 키보드로부터 1 문자를 읽는 프로그램을 만들었을 때 다음처럼 해서 에러가 났습니다.

```
...
char ch;
ch= System.in.read();
...
```

그 이유는 System.in.read() 메서드가 int형의 값을 돌려주기 때문에, int형 데이터를 char형인 ch에 저장할 수 없었기 때문입니다. 다음처럼 캐스팅을 하면 해결됩니다.

```
...
char ch;
ch= (char) System.in.read();
...
```

CastTest.java

```
1 : public class CastTest
2 : {
3 :   public static void main(String[ ] args)
4 :   {
5 :     int myInt;
6 :     float myFloat= (float) 3.0;    // double형을 float형으로 변환
7 :     double myDouble;
8 :
```

```
 9 :        myInt= (int) myFloat;        // float형을 int형으로 변환
10 :        myDouble= myInt;
11 :        System.out.print("myInt = "+ myInt +", myFloat = "+ myFloat + ", myDouble = "
                             + myDouble);
12 :    }
13 : }
```

결과

```
C:\JAVA>javac CastTest.java

C:\JAVA>java CastTest
myInt = 3, myFloat = 3.0, myDouble = 3.0
C:\JAVA>
```

자바에서 실수는 double로 취급되기 때문에 6행에서 캐스팅을 하지 않으면 에러가 발생합니다. float형 상수는 3.0F처럼 f나 F를 붙여서 표현합니다.

2 랩퍼(wrapper) 클래스

자바에서는 기본 데이터형 외에 클래스를 생성해서 만드는 객체가 있습니다. 기본 데이터형 간의 형변환은 캐스팅을 사용하면 됩니다만, 기본 데이터형과 객체간에 데이터를 주고받을 때는 캐스팅을 사용할 수 없습니다. 이런 경우를 위해 미리 자바에서 준비해둔 것이 아래와 같은 랩퍼(wrapper) 클래스입니다 (아래 [그림 4-5]에서 String 클래스는 엄밀히 말해 랩퍼 클래스가 아니지만, 랩퍼 클래스와 함께 쓰이는 일이 많기 때문에 함께 표시했습니다).

기본 데이터형	랩퍼 클래스
boolean	Boolean
byte	Byte
char	Character
short	Short
int	Integer
long	Long
float	Float
double	Double

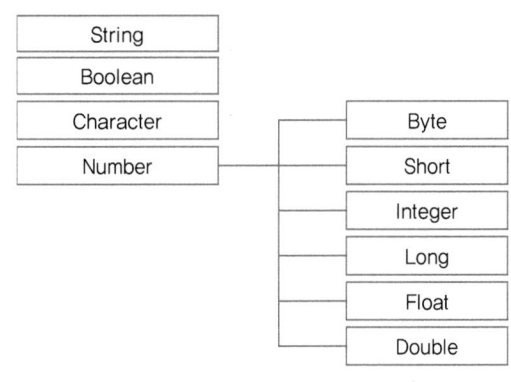

▲ 표 4-11 기본 데이터형과 관련된 랩퍼 클래스   ▲ 그림 4-5 랩퍼 클래스의 상속 관계

영단어 랩퍼(wrapper)는 감싼다는 의미로, 랩퍼 클래스는 기본 데이터형을 감싸서 다른 데이터형으로 바꿀 수 있도록 해줍니다. 예를 들어 int형 값을 다른 데이터형을 바꾸고 싶다면, int형과 관련된 Integer 클래스를 사용해서 다음처럼 하면 됩니다.

```
int myInt= 10;                          // 사용할 int형 데이터
Integer wrapInt= new Integer(myInt);    // int형 데이터 10으로 만든 Integer형 객체

byte myByte = wrapInt.byteValue();      // Integer형 객체 → byte형
short myShort = wrapInt.shortValue();   // Integer형 객체 → short형
int myInt = wrapInt.intValue();         // Integer형 객체 → int형
long myLong = wrapInt.longValue();      // Integer형 객체 → long형
float myFloat = wrapInt.floatValue();   // Integer형 객체 → float형
double myDouble = wrapInt.doubleValue();// Integer형 객체 → double형
String myString = wrapInt.toString();   // Integer형 객체 → String형
```

랩퍼 클래스에 있는 메서드들 중 중요한 메서드들은 다음의 [표 4-12]와 같습니다. 이 중 toString( )과 valueOf( )는 랩퍼 클래스와 String형 간의 변환을 위해 자주 쓰는 메서드로 자주 사용되기 때문에 꼭 알아두어야 합니다. 예를 들어 float형 데이터를 String형으로 저장하거나 String형을 int형으로 저장하려면 다음처럼 하면 됩니다.

```
// float형 → String형
float myFloat= 12.34F;
Float wrapFloat= new Float(myFloat);  // float형 → Float형 객체
String myString= wrapFloat.toString(); // Float형 객체 → String형 객체


// String형 → int형
String myString= "4225";
Integer wrapInteger= Integer.valueOf(myString);  // String형 객체 → Integer형 객체
int myInt= wrapInteger.intValue();    // Integer형 객체 → int형
```

메서드	의미
toString( )	랩퍼 클래스가 가진 값을 String형으로 변환
valueOf(String s)	String형 값을 해당 랩퍼 클래스의 객체로 변환
byteValue( )	랩퍼 클래스가 가진 값을 byte형으로 변환
shortValue( )	랩퍼 클래스가 가진 값을 short형으로 변환
intValue( )	랩퍼 클래스가 가진 값을 int형으로 변환
longValue( )	랩퍼 클래스가 가진 값을 long형으로 변환
floatValue( )	랩퍼 클래스가 가진 값을 float형으로 변환
doubleValue( )	랩퍼 클래스가 가진 값을 double형으로 변환

▲ 표 4-12 랩퍼 클래스의 주요 메서드

WrapperTest.java

```
 1 : public class WrapperTest
 2 : {
 3 :     public static void main(String[ ] args)
 4 :     {
 5 :         int myInt= 5316;
 6 :         System.out.println("myInt = "+ myInt);
 7 :
 8 :         String myString= new Integer(myInt).toString( );
 9 :         // int형 -> Integer형 객체 -> String형 객체
                System.out.println("myString = "+ myString);
10 :
11 :         myString= myString.replace('6', '4');   // 5316 -> 5314
12 :
13 :         float myFloat= Float.valueOf(myString).floatValue( );
                // String형 객체 -> Float형 객체 -> float형
14 :         System.out.println("myFloat = "+ myFloat);
15 :     }
16 : }
```

결과

```
C:\JAVA>javac WrapperTest.java

C:\JAVA>java WrapperTest
myInt = 5316
myString = 5316
myFloat = 5314.0

C:\JAVA>_
```

8행에서 int형인 myInt 변수의 값을 Integer형 객체로 바꾼 후 toString( ) 메서드를 사용하여 String형 객체로 바꾸었습니다. 13행에서는 String형 객체인 myString 변수의 값을 Float형 객체로 바꾼 후 floatValue( ) 메서드를 사용하여 float형으로 바꾸었습니다. 이때 Float형과 float형은 다르다는 점에 주의합시다. 마찬가지로 Integer형과 int형도 다르고, Double형과 double형도 다릅니다. 착각하기 쉬우니 주의하세요.

Q 아래와 같이 같은 값을 갖는 두 개의 랩퍼 클래스 객체를 비교했더니 '다르다(!=)'는 결과가 나왔습니다. 같은 값을 저장했는데, 왜 이런 결과가 나오는 건가요? 또 같은 값일 때는 '같다(==)'는 결과가, 다른 값일 때는 '다르다(!=)'는 결과가 나오도록 하려면 어떻게 해야 하나요?

예제

Compare1.java

```
 1 : public class Compare1
 2 : {
 3 :   public static void main(String[ ] args)
 4 :   {
 5 :     Integer x= new Integer(100);
 6 :     Integer y= new Integer(100);
 7 :
 8 :     if(x==y){   // x와 y의 값을 비교
 9 :       System.out.println(x +" == "+ y);
10 :     }else{
11 :       System.out.println(x +" != "+ y);
12 :     }
13 :   }
14 : }
```

결과

```
C:\JAVA>javac Compare1.java

C:\JAVA>java Compare1
100 != 100

C:\JAVA>
```

x와 y에 모두 Integer(100)을 저장했는데도 다르다는 결과가 나옵니다.

A 랩퍼 클래스 객체는 기본 데이터형과 달리 레퍼런스 데이터형입니다. 따라서 **3.2 레퍼런스 데이터형의 이해**에서 배운 대로 == 연산자가 아닌 equals 메서드를 사용해서 비교해야 합니다. == 연산자로 비교하면 레퍼런스 데이터형 변수의 주소 값을 비교하기 때문에 완전히 동일한 객체가 아닌 이상, '다르다(!=)'는 결과를 돌려줍니다. 앞에서 배운 String 클래스와 랩퍼 클래스를 포함해서 자바의 모든 클래스의 레퍼런스 데이터형의 저장된 값을 비교할 때는 == 연산자를 사용해서는 안되고, 반드시 equals 메서드를 사용해야 합니다. 다음의 예제는 앞의 예제를 equals 메서드를 사용해서 올바르게 고친 것입니다.

Compare2.java

예제

```
 1 : public class Compare2
 2 : {
 3 :   public static void main(String[ ] args)
 4 :   {
```

```
 5 :        Integer x= new Integer(100);
 6 :        Integer y= new Integer(100);
 7 :
 8 :        if(x.equals(y)){    // ==가 아닌 equals( ) 메서드로 비교
 9 :           System.out.println(x +" == "+ y);
10 :        }else{
11 :           System.out.println(x +" != "+ y);
12 :        }
13 :    }
14 : }
```

결과

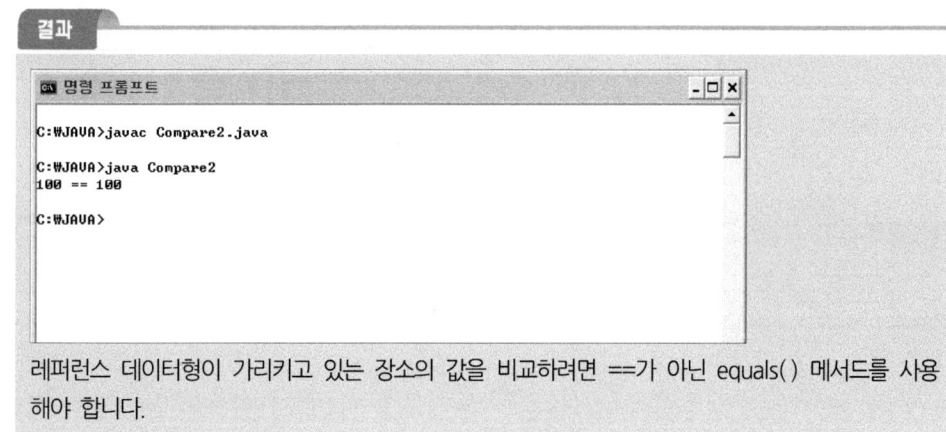

레퍼런스 데이터형이 가리키고 있는 장소의 값을 비교하려면 ==가 아닌 equals( ) 메서드를 사용해야 합니다.

Q 같은 숫자라도 진법에 따라 전혀 다른 의미가 될 수 있습니다. 예를 들어 11이라는 수를 2진수로 보면 3이지만, 8진수로 보면 9가되고, 10진수로 보면 11, 16진수로 보면 17이 됩니다. 앞에서 배운 valueOf( ) 메서드를 쓰면 String형 객체를 랩퍼 클래스로 바꿀 수는 있지만, 항상 10진수로 처리됩니다. 원하는 진법에 따라 String형 객체를 2진수나 8진수 등으로 보고 처리할 수 있는 방법은 없나요?

A 자바에서는 파일이나 키보드 등에서 입력되는 스트림 데이터를 모두 String형으로 보기 때문에, String형 객체와 기본 데이터형 간의 변환법을 아는 것은 매우 중요합니다. String형 객체를 기본 데이터형으로 바꿀 때는 주로 랩퍼 클래스의 valueOf( ) 메서드를 사용하고, 반대로 기본 데이터형을 String형 객체로 바꿀 때는 랩퍼 클래스의 toString( ) 메서드를 사용합니다.
그런데, valueOf( ) 메서드는 항상 10진수로 보고 데이터를 변환하기 때문에, 8진수나 2진수 등의 다른 진법에서는 사용할 수 없습니다. 그래서 진법에 따라 값을 변환하는 parse-로 시작하는 메서드가 있습니다. parse- 계열 메서드는 각 랩퍼 클래스마다 준비되어 있는데, 예를 들어 Byte 클래스의 경우는 parseByte( ), Integer 클래스의 경우는 parseInt( ), Float 클래스의 경우는 parseFloat( ) 등입니다.

아래 [표 4-13]은 각 랩퍼 클래스에 준비된 parse- 계열 메서드들을 정리한 것이고, RadixTest.java 예제는 parseInt( ) 메서드를 사용해서 주어진 11을 2진수, 8진수, 10진수, 16진수로 보고 변환한 것입니다. 이때 주의할 점은 변환과정에서 예기치 못한 에러가 발생할 수 있기 때문에 try-catch로 감싸야 한다는 점입니다. 예를 들어 13을 2진수로 보고 바꾸라고 하면 2진법체계에 3이라는 숫자가 없기 때문에 변환이 불가능합니다. try-catch 구문은 **11.6 예외처리의 이해**에서 자세히 배웁니다. 반대로 기본 데이터형으로 저장된 값을 2진수, 8진수, 10진수, 16진수로 보고 String형 객체로 바꾸고 싶을 때는 각각 Integer 클래스의 toBinaryString( ), toOctalString( ), toString( ), toHexString( ) 메서드를 사용하면 됩니다.

랩퍼 클래스	parse- 계열 메서드	의미
Byte	parseByte(String s, int r)	String형 객체 s의 값을 r진법으로 보고 byte형으로 변환
Short	parseShort(String s, int r)	s의 값을 r진법으로 보고 short형으로 변환
Integer	parseInt(String s, int r)	s의 값을 r진법으로 보고 int형으로 변환
Long	parseLong(String s, int r)	s의 값을 r진법으로 보고 long형으로 변환

▲ 표 4-13 랩퍼 클래스의 parse- 계열 메서드

RadixTest.java

```
 1 : public class RadixTest
 2 : {
 3 :   public static void main(String[ ] args)
 4 :   {
 5 :      String num= "11";
 6 :
 7 :      try{
 8 :
 9 :         int bin= Integer.parseInt(num, 2);    // 2진수 11
10 :         int oct= Integer.parseInt(num, 8);    // 8진수 11
11 :         int dec= Integer.parseInt(num, 10);   // 10진수 11
12 :         int hex= Integer.parseInt(num, 16);   // 16진수 11
13 :
14 :         System.out.println("* 주어진 값    : "+ num);
15 :         System.out.println(" 2진수로 봤을때: "+ bin);
16 :         System.out.println(" 8진수로 봤을때: "+ oct);
17 :         System.out.println("10진수로 봤을때: "+ dec);
18 :         System.out.println("16진수로 봤을때: "+ hex);
19 :
20 :      }catch(NumberFormatException e){
21 :         System.out.println("ERROR: "+ e);
```

```
22 :     }
23 :   }
24 : }
```

결과

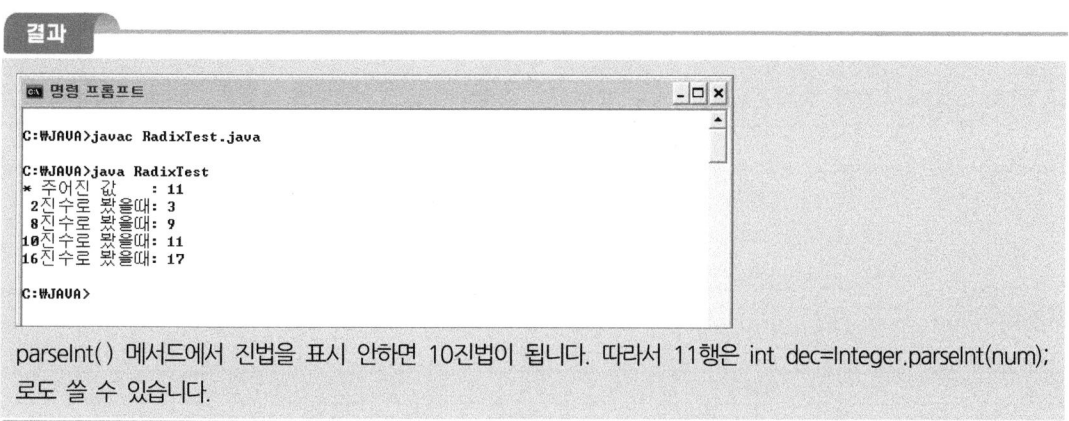

parseInt( ) 메서드에서 진법을 표시 안하면 10진법이 됩니다. 따라서 11행은 int dec=Integer.parseInt(num); 로도 쓸 수 있습니다.

4.3 main( ) 메서드와 인수

자바가 C 언어 등과 가장 큰 차이점은 클래스를 기반으로 하는 객체지향 프로그래밍 언어라는 점입니다. 물론 C++언어도 객체지향 언어라고는 하지만, C++ 언어는 C 언어의 연장선에 있기 때문에 비객체지향적인 요소를 많이 가지고 있습니다. 이에 비해 자바는 철저하게 객체지향 원칙을 지키고 있습니다.

객체지향 프로그래밍 언어는 객체, 즉 클래스를 기반으로 하는 언어입니다. 따라서 자바는 모든 명령어가 클래스 내부에 존재해야 합니다. C 언어의 함수에 해당하는 것이 자바에서는 메서드인데, 자바에서는 메서드가 절대로 독립적으로 존재할 수 없습니다. 반드시 클래스 내부에서 선언되고 사용되어야 합니다. 또한 모든 클래스는 사용되기 전에 생성해야 합니다. 우리가 앞에서 Random이나 Date 등의 클래스를 사용했을 때도, 사용하기 전에 new 명령으로 객체를 생성했었습니다.

그런데, 여기에는 모순이 있습니다. 모든 메서드가 클래스 안에서 선언되고, 클래스가 사용되기 전에 생성되어야 한다면, 모든 명령어는 메서드 내에서 실행해야 하는데 대체 최초에 클래스를 생성하는 명령어는 어떻게 실행시킬 수 있는 걸까요? 이것을 자바 프로그래머들은 일명 '닭-달걀 문제'라고 부릅니다. 과연 어느 것이 먼저인지 알 수 없다는 뜻입니다.

이러한 '닭이 먼저냐, 달걀이 먼저냐'하는 문제를 해결하기 위한 메서드가 main( ) 메서드입니다. main( ) 메서드는 자바 프로그램을 실행시키는 자바 가상머신(Java Virtual Machine, JVM)이 호출하는 최초의 메서드입니다. 예를 들어 우리가

```
java Hello
```

라고 명령을 내리면, 자바 가상머신은 Hello라는 클래스 내의 main( ) 메서드를 찾아 실행시키고, 만일

main() 메서드가 없다면 실행시킬 수 없다는 에러 메시지를 출력하는 것입니다. 자바에서는 몇 개의 클래스를 사용하든, 어떤 메서드를 사용하든 처음 시작은 main() 메서드입니다. 따라서 다른 메서드는 우리 마음대로 선언할 수 있지만, 이 main() 메서드는 자바 가상머신이 찾을 수 있도록 다음처럼 선언해야 합니다.

```
public static void main(String[] args)
{
  ...
}
```

여기서 public은 이 클래스 외부에서 호출할 수 있다는 뜻이고, static은 클래스를 생성하기 전에 쓸 수 있다는 뜻입니다. void는 main() 메서드가 호출된 후에 돌려주는 값이 없다는 뜻이고, String[] args는 String 클래스의 배열로 된 인수(아규먼트)를 받는다는 의미입니다. public, static 등의 객체지향 관련 명령어들은 6장에서 자세히 배우고, void, 배열 등은 5장에서 자세히 배웁니다.

위 main()의 선언에서 인수를 받는다는 의미로 String[] arg라고 선언했습니다. **5.7 배열**에서 배열을 학습할 때 자세히 배우겠지만, String[] args는 String args[]와 같은 의미입니다. 다른 메서드는 메서드를 호출할 때 전달하는 인수를 받습니다만, main()의 경우는 처음 프로그램을 실행할 때 주는 인수가 전달됩니다. 예를 들어

```
java Hello AB CD EFG
```

라고 명령을 내리면, 자바 가상머신은 Hello라는 클래스의 main() 메서드를 실행시키면서, 1번째 인수로 AB, 2번째 인수로 CD, 3번째 인수로 EFG를 전달합니다. 이 인수는 모두 String형입니다.

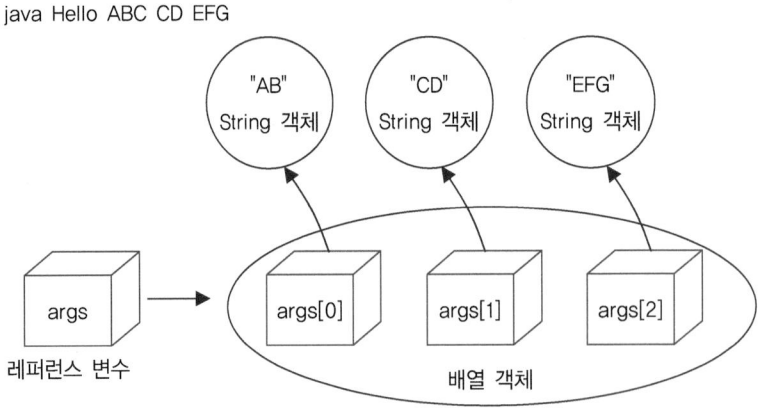

▲ 그림 4-6 main() 메서드가 받는 인수

만일

```
java Hello 120 34
```

라고 명령을 내려도, 1번째 인수는 120, 2번째 인수는 34인 것은 마찬가집니다만, 120은 수치형 데이터가 아니고 String형입니다. 따라서 숫자로 사용하고 싶다면, 이 장의 **4.2 형변환의 이해**에서 배운 대로 수치형으로 데이터형을 변환시켜야 합니다. 다음은 main() 메서드가 받은 인수를 순서대로 출력하는 예제입니다. 주의할 점은 비록 1번째, 2번째, 3번째,.. 등으로 표현하지만, 자바에서는 0부터 시작하기 때문에 1번째 인수는 args[1]이 아니고, args[0]이라는 점입니다. 따라서 1번째, 2번째, 3번째 인수는 각각 args[0], args[1], args[2]에 대응합니다.

ArgumentTest.java

```
1 : public class ArgumentTest
2 : {
3 :    public static void main(String[] args)
4 :    {
5 :       for(int i=0; i<args.length; i++){   // 첨자는 0부터 시작
6 :          System.out.println(i+": "+ args[i]);
7 :       }
8 :    }
9 : }
```

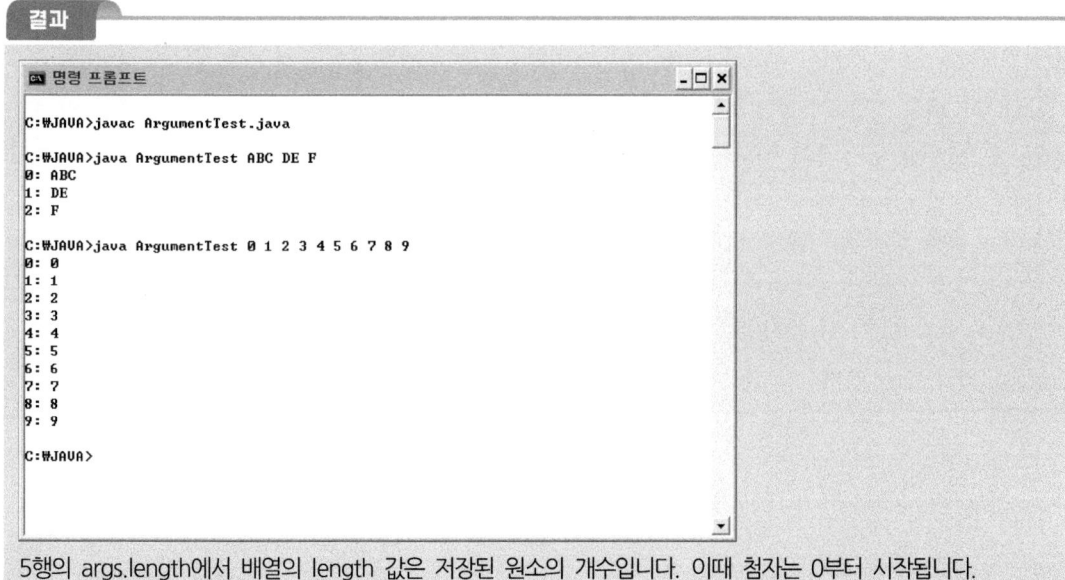

5행의 args.length에서 배열의 length 값은 저장된 원소의 개수입니다. 이때 첨자는 0부터 시작됩니다.

■ 이클립스에서 인수값 입력하는 방법

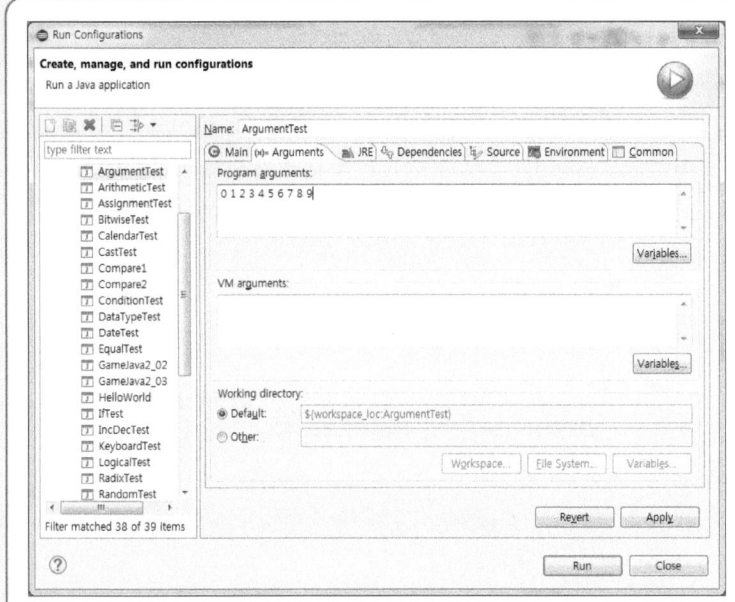

[Run]-[Run Configurations]를 선택하여 대화상자를 엽니다. Arguments 탭을 선택한 후, Program arguments에 main() 메서드에 전달할 인수값을 입력합니다. [Run] 버튼을 눌러 실행하면 인수값이 전달됩니다.

4.4 구구단 게임 만들기

구구단 게임은 인수로 값을 주면, 이 값과 난수로 만든 값을 곱해 문제를 만들고 플레이어(사람)가 입력한 값과 비교해서 정답여부를 알려주는 게임입니다. 먼저 프로그램을 실행시킬 때 주는 인수를 얻는데, 이 인수는 String 형이므로 랩퍼 클래스를 사용해서 int형으로 바꿔 저장합니다. 이때 만약 인수로 준 값이 없으면 난수로 1부터 9까지의 값 중 하나를 만듭니다. 이렇게 구한 x 값과 난수로 만든 y 값을 곱해서 num 값을 만들고, 플레이어(사람)가 입력한 값과 비교하는데, 플레이어가 입력한 값도 String형이기 때문에 역시 랩퍼 클래스를 이용해서 int형으로 바꾼 후 비교합니다. num 값과 플레이어가 입력한 값이 같으면 정답임을 출력하고 다르면 정답을 알려줍니다.

GameJava2_04.java

예제

```
1 : import java.util.*;
2 : import java.io.*;
3 :
4 : public class GameJava2_04
5 : {
6 :    public static void main(String[ ] args) throws IOException
```

```
 7 :    {
 8 :        int x, y;
 9 :        Random r= new Random();
10 :
11 :        if(args.length==1){    // 인수가 있으면 인수로 준 값으로 문제 출제
12 :            x= Integer.valueOf(args[0]).intValue();
                // 인수는 String형이므로 랩퍼 클래스를 사용하여 int형으로 형변환
13 :        }else{
14 :            x= Math.abs(r.nextInt() % 9) + 1;
15 :        }
16 :
17 :        y= Math.abs(r.nextInt() % 9) + 1;
18 :
19 :        int num= x*y;
20 :
21 :        System.out.println();
22 :        System.out.println("* 구구단 "+ x + "단에 대한 문제입니다");
23 :        System.out.println();
24 :
25 :
26 :        System.out.print(x +" * "+ y +" = ");
27 :
28 :        BufferedReader in= new BufferedReader(new InputStreamReader(System.in));
29 :        String user;
30 :        user= in.readLine();   // 키보드로부터 입력
31 :
32 :        int inputNum= new Integer(user).intValue();
                // 키보드에서 입력받은 값은 String형이므로 랩퍼클래스를 사용하여 int형으로 변환
33 :
34 :        if(num==inputNum){
35 :            System.out.println("맞았습니다!");
36 :        }else{
37 :            System.out.println("틀렸습니다. 정답은 "+ num +"입니다.");
38 :        }
39 :    }
40 : }
```

결과

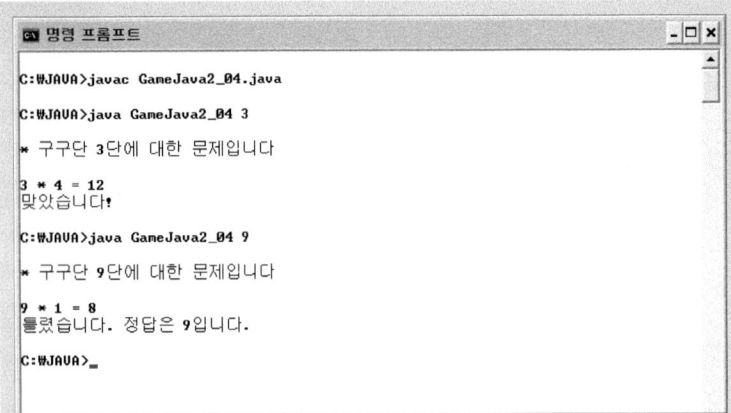

인수로 받은 값이나 키보드로 부터 받은 값은 모두 String형입니다. 따라서 사용하기 전에는 반드시 원하는 형으로 바꿔줘야 합니다. 이 예제에서는 int형으로 바꿔야하기 때문에 랩퍼 클래스인 Integer 클래스를 사용했습니다.

What's up java

숫자 야구 게임

5.1 • 메서드 호출
5.2 • 메서드 오버로딩
5.3 • while문
5.4 • do-while문
5.5 • for문
5.6 • break와 continue
5.7 • 배열
5.8 • 숫자 야구 게임 만들기

숫자 야구 게임

Preview

숫자 야구 게임은 두 사람이 각각 3개의 숫자를 숨겨놓고 먼저 상대방의 숫자를 맞히는 편이 이기는 숫자 야구 놀이를 컴퓨터와 할 수 있도록 옮긴 것입니다. 물론 컴퓨터는 숫자를 맞히지 않고 숨겨두기만 하고, 플레이어(사람)가 제한된 횟수 내에 컴퓨터가 숨긴 숫자 3개를 모두 맞히면 적절한 칭찬을 해주도록 구현했습니다.

숫자 야구 게임은 몇 가지 규칙이 있습니다. 우선 컴퓨터가 숨기는 숫자 3개는 1부터 9까지의 수로 0은 포함되지 않는다는 점입니다. 또 다른 규칙은 3개의 숫자가 모두 다르다는 점입니다. 플레이어는 3개의 숫자를 맞혀야 하는 것뿐만 아니라 그 위치까지 정확히 맞혀야 합니다. 예를 들어 컴퓨터가 1, 2, 3의 3개의 숫자를 숨겨두었다면, 플레이어는 2, 3, 1 또는 3, 2, 1이라고 해서는 안 되고 반드시 1, 2, 3이라고 해야 합니다.

플레이어가 정답을 추측할 수 있도록 컴퓨터는 매 번 볼카운트를 알려줍니다. 이 볼카운트가 정답을 맞힐 수 있는 중요한 힌트가 됩니다. 볼카운트의 규칙은 플레이어가 입력한 숫자와 컴퓨터가 숨겨놓은 숫자가 같고 위치만 다르면 Ball이고, 위치도 같으면 Strike으로 간주하는 것입니다. 예를 들어, 컴퓨터가 숨겨 놓은 숫자가 1, 2, 3이고 플레이어가 입력한 숫자가 2, 1, 3이면, 1과 2는 위치가 다르기 때문에 Ball이고 3은 위치까지 같기 때문에 Strike이어서, 볼카운트는 1 Strike, 2 Ball이 됩니다.

컴퓨터가 숨긴 숫자	플레이어가 입력한 숫자	볼카운트
1, 2, 3	2, 5, 3	1 Strike, 1 Ball
4, 2, 1	4, 2, 7	2 Strike, 0 Ball
4, 5, 9	1, 3, 8	0 Strike, 0 Ball
2, 5, 8	5, 8, 2	0 Strike, 3 Ball
3, 6, 7	6, 7, 4	0 Strike, 2 Ball
3, 7, 2	3, 7, 2	3 Strike, 0 Ball → Game Over

▲ 표 5-1 볼카운트의 예

이 프로그램에서 컴퓨터가 숨겨두는 3개의 숫자와 플레이어가 입력하는 3개의 숫자는 배열에 저장되고, 규칙에 어긋나지 않는 숫자를 만들기 위해서 반복문을 사용합니다. 또 앞에서 배운 프로그램과는 달리 메서드를 정의하고 호출하기 때문에, 이 프로그램을 잘 이해하면 자바의 배열과 반복문, 메서드의 사용법을 익힐 수 있습니다.

```
C:\JAVA>javac GameJava2_05.java

C:\JAVA>java GameJava2_05 3 6 9
숫자 야구 게임
카운트: 1
1번째 숫자: 3
2번째 숫자: 5
3번째 숫자: 4
Strike: 1 Ball: 0

카운트: 2
1번째 숫자: 3
2번째 숫자: 6
3번째 숫자: 9
Strike: 3 Ball: 0

참 잘했어요!

C:\JAVA>
```

5.1 메서드 호출

프로그램을 개발하는 방법 중의 하나는 커다란 문제를 간단히 해결할 수 있는 작은 부분으로 쪼개어 각 부분을 구현함으로서 전체 문제를 해결하는 프로그램을 만드는 것입니다. 이러한 작은 부분을 모듈(module) 또는 서브루틴(subroutine)이라고 부르는데, 모듈식으로 프로그램을 만들면, 개발하기에 용이할 뿐만 아니라 만든 프로그램을 이해하기 쉬워지고, 반복적으로 나오는 부분을 하나의 모듈로 만들어서 계속 부를 수 있기 때문에 전체 프로그램의 크기가 줄어드는 이점이 있습니다.

C 언어나 C++ 언어에서는 이러한 모듈을 함수(function)라고 부르고, 파스칼 언어에서는 프로시듀어(procedure)라고 하지만, 자바에서는 메서드(method)라고 부릅니다. 자바의 메서드는 반환하는 값의 데이터형(반환형), 메서드 이름, 인수인 매개 변수의 리스트를 정의하는 헤더(header)와 처리할 일을 정의하는 바디(body)로 구성됩니다.

```
반환형 메서드이름 ( [매개변수, 매개변수, ... ] )      → 메서드 헤더
{
    // 명령어들                                   → 메서드 바디
}
```

예를 들어 int형인 두 수 x와 y를 매개 변수로 받아서 두 수의 합을 int형으로 돌려주는 메서드 add는 다음처럼 정의할 수 있습니다.

```
반환형    메서드이름   매개변수      매개변수
  ↓         ↓          ↓           ↓
int      add    ( int x,    int y )   ← 메서드 헤더
{
   return ( x + y );                  ← 메서드 바디
}
```

이 메서드 add를 호출하는 명령어는 다음과 같습니다.

```
  z   =   add   ( 10  ,  20 );
  ↑       ↑      ↑      ↑
반환값  메서드이름  인수   인수
```

위 명령어에서 10과 20은 변수가 아닌 상수지만, add의 매개 변수 x와 y의 위치에 전달되어 각각 x와 y가 됩니다. 따라서 add가 돌려주는 값은 30이 되고 z에 저장되게 됩니다. 이때 z는 add의 반환형인 int형이거나 int형 값이 저장될 수 있는 데이터형이어야 합니다. 만일 z가 int형이 저장될 수 없는 데이터형인 경우는 **4.2 형변환의 이해**에서 배운 대로 형변환을 해야 합니다.

메서드를 호출하면 괄호 안에 주어진 매개 변수의 리스트가 해당 메서드에게 인수로서 전달되고, 메서드 바디의 실행 결과는 메서드를 호출한 자리에 치환됩니다. 만일 인수가 필요 없는 메서드라면 매개 변수 리스트를 생략할 수 있습니다. 그러나 반환형은 반드시 명시해야 하는데, 만일 돌려줄 반환형이 없는 경우에도 생략해서는 안되고 void라고 표시해야 합니다. C 언어에서는 반환형이 int형일 때는 종종 반환형 선언을 생략하기도 하고, 바디에서 return을 빠뜨려도 됩니다만, 자바에서는 프로그래머의 실수를 방지하기 위해서 반드시 표시하도록 정해져 있습니다. 다음은 인수도 없고 반환 값도 없는 메서드의 예입니다.

```
void printHello()
{
   System.out.println("Hello!");
}
```

자바에서 인수로 매개 변수를 전달하는 방식은 크게 두 가지가 있는데, 기본 데이터형은 모두 Call by Value로 처리되고, 클래스의 객체는 Call by Reference로 처리됩니다. 두 방식의 차이점을 분명히 알아야 프로그램을 만들 수 있기 때문에 잘 알아두어야 합니다.

1 Call by Value

자바에서 인수로 기본 데이터형을 사용하면 모두 Call by Value가 됩니다. Call by Value는 주어진 값을 복사하여 처리하는 방식입니다. 즉, 메서드 내에서 인수로 전달되는 데이터형과 동일한 종류의 데이터형 변수를 만들어 값을 복사한 후, 메서드 내의 변수만을 가지고 수행하는 방식입니다. 따라서 메서드 내의 처리 결과는 메서드 밖의 변수에는 영향을 미치지 않습니다. 다음은 Call by Value로 두 변수의 값을 바꾸려고 한 예제입니다.

CallByValueTest.java

예제

```
 1 : public class CallByValueTest
 2 : {
 3 :    public static void swap(int x, int y)
 4 :    {
 5 :       int temp= x;   // x 값을 보관
 6 :       x= y;
 7 :       y= temp;
 8 :    }
 9 :
10 :    public static void main(String[ ] args)
11 :    {
12 :       int a= 10;
13 :       int b= 20;
14 :
15 :       System.out.println("swap() 메서드 호출 전: "+ a +", "+ b);
16 :       swap(a, b);    // x에는 a, y에는 b를 전달
17 :       System.out.println("swap() 메서드 호출 후: "+ a +", "+ b);
18 :    }
19 : }
```

결과

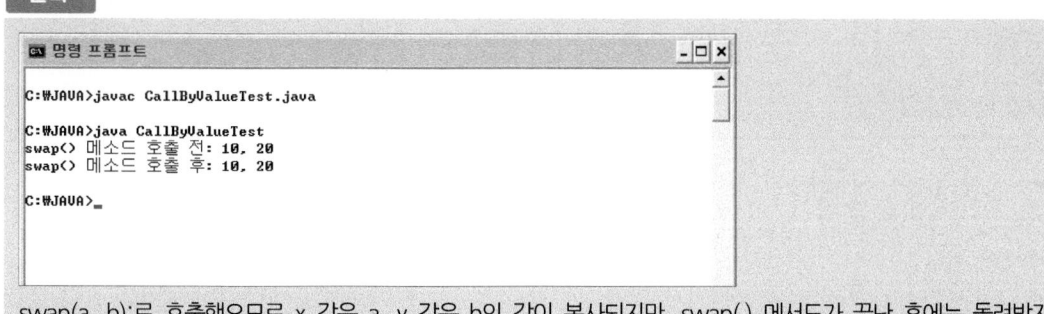

swap(a, b);로 호출했으므로 x 값은 a, y 값은 b의 값이 복사되지만, swap() 메서드가 끝난 후에는 돌려받지 못합니다.

위의 예제에서 main( ) 메서드의 a와 b는 swap 메서드 내의 x와 y에 각각 값이 복사되고, swap( ) 메서드에서는 x와 y만 다루어지기 때문에, swap( ) 내에서 x와 y의 값을 서로 바꾸지만 main( ) 메서드의 a와 b에는 아무런 영향을 미치지 않게 되는 것입니다. 만일 위 예제에서 a와 b의 값이 바뀌도록 하고 싶다면, 이어서 배울 Call by Reference를 쓰거나 다음처럼 a와 b를 전역변수로 선언하여 사용하면 됩니다.

CallByValueTest2.java

예제

```
1 : public class CallByValueTest2
2 : {
3 :     static int a;      // 전역변수로 선언된 a와 b
4 :     static int b;
5 :
6 :     public static void swap()
7 :     {
8 :         int temp= a;   // a 값을 보관
9 :         a= b;          // 전역변수에 바로 저장
10:         b= temp;
11:     }
12:
13:     public static void main(String[ ] args)
14:     {
15:         a= 10;
16:         b= 20;
17:
18:         System.out.println("swap() 메서드 호출 전: "+ a +", "+ b);
19:         swap();        // 인수 없이 호출
20:         System.out.println("swap() 메서드 호출 후: "+ a +", "+ b);
21:     }
22: }
```

결과

```
C:\JAVA>javac CallByValueTest2.java

C:\JAVA>java CallByValueTest2
swap() 메소드 호출 전: 10, 20
swap() 메소드 호출 후: 20, 10

C:\JAVA>
```

swap();으로 호출했으므로 값의 전달은 일어나지 않고, swap() 메서드에서도 인수를 받지 않습니다. 하지만 swap() 메서드에서 전역변수에 바로 값을 저장하기 때문에, 전역변수 a, b를 사용하는 모든 메서드에 영향을 미치게 됩니다.

2 Call by Reference

Call by Value가 주어진 매개 변수의 값을 복사해서 처리하는데 비해, Call by Reference는 매개 변수의 원래 주소에 값을 저장하는 방식입니다. 따라서 Call by Reference로 인수를 전달하면, 메서드의 실행에 따라 인수로 전달한 변수의 값이 영향을 받게 됩니다. 자바에서는 클래스 객체를 인수로 전달한 경우에만 Call by Reference로 처리합니다. 다음은 Call by Reference로 두 변수의 값을 바꾼 예제입니다.

CallByReferenceTest.java

```java
 1 : public class CallByReferenceTest
 2 : {
 3 :    public static void swap(Number z)
 4 :    {
 5 :       int temp= z.x;
 6 :       z.x= z.y;
 7 :       z.y= temp;
 8 :    }
 9 :
10 :    public static void main(String[ ] args)
11 :    {
12 :       Number n= new Number();   // Number 클래스로 n 생성
13 :       n.x= 10;
14 :       n.y= 20;
15 :
16 :       System.out.println("swap() 메서드 호출 전: "+ n.x +", "+ n.y);
17 :       swap(n);   // Number형 객체 n을 전달
18 :       System.out.println("swap() 메서드 호출 후: "+ n.x +", "+ n.y);
19 :    }
20 : }
21 :
22 : class Number
23 : {
24 :    public int x;
25 :    public int y;
26 : }
```

결과

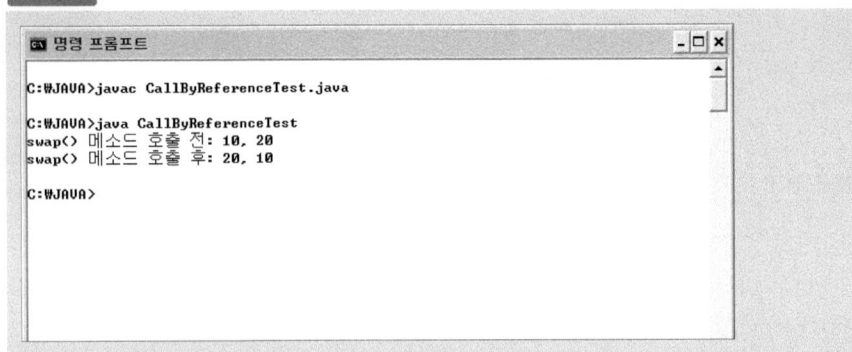

Number 클래스의 객체를 생성하여 값을 전달하게 되면 객체가 저장한 값이 주소 값이기 때문에, swap() 메서드에서 객체에 저장한 결과가 main() 메서드로 돌려지게 됩니다.

위의 예제에서는 main() 메서드에서 Number 클래스의 객체인 n을 만들어 인수로 전달하기 때문에, swap() 메서드 내에서 Number 클래스 내의 x와 y 값을 바꾼 결과가 main() 메서드에 영향을 미치게 됩니다. 이렇게 다른 메서드에서 현재의 메서드 내의 변수 값을 바꾸는 현상을 사이드 이펙트(side effect)라고 합니다. 사이드 이펙트는 메서드 간의 값 전달을 쉽게 하기 때문에 편리하지만, 실수로 프로그래머가 모르는 사이에 값이 바뀌면 심각한 문제를 일으킬 수 있기 때문에 위험하다고 알려져 있습니다. 그래서 자바는 모든 기본 데이터형은 Call by Value로 값을 주고받아 사이드 이펙트가 일어나지 않도록 했고, Call by Reference가 필요한 경우는 명시적으로 클래스 객체를 주고받도록 정해둔 것입니다.

Q 메서드를 호출할 때, 자기 자신을 호출하는 것도 가능한가요? 예를 들어 methodA() 메서드 내에서 methodA();로 methodA() 메서드 자신을 부르면, 에러가 발생합니까?

A 메서드 내에서 자기 자신을 호출하는 것도 가능합니다. 이와 같은 호출을 재귀적 메서드 호출(recursive method call) 또는 되부름 호출이라고 합니다. 재귀적 메서드 호출은 메서드가 다른 인수 값을 전달 받으면서 반복 실행하는 것으로 반복문(while, do-whiel, for)의 변형된 표현입니다. 재귀적 메서드 호출을 이용하면 수학 함수를 보다 수학적인 의미에 가깝게 구현할 수 있습니다.

예를 들어, 수학 함수 중 하나인 팩토리얼은 다음과 같은 의미가 있습니다.

① 0!은 1
② n!은 n * (n-1)!

따라서 5!은 5 * 4! 이 되어, 결국 5 * 4 * 3 * 2 * 1입니다. 이를 재귀적 메서드 호출로 프로그래밍 한다면 다음처럼 할 수 있습니다. 다음의 예에 기술된 설명문을 보면, 예와 같이 프로그래밍하는 것이 while이나 for를 이용하여 반복시키는 것에 비해, 수학적인 의미에 훨씬 가깝다는 것을 알 수 있습니다.

```
int factorial(int n)
{
   if(n==0){
      return 1;   // 0!은 1
   }else{
      return n * factorial(n-1);   // n!은 n * (n-1)!
   }
}
```

그러나 반복문에 비해 재귀적 메서드 호출은 메모리 요구가 크고, 수행시간이 오래 걸리는 단점이 있습니다. 예를 들어, 100개의 int형 배열을 포함한 메서드가 자기 자신을 100번 부른다면, 배열에만 필요한 메모리는 자그마치 40000 바이트(int형 4바이트 *100개 * 100번)나 됩니다.(만약 while이나 for 명령어 등의 반복문을 사용한다면, 배열에만 필요한 메모리는 400 바이트(int형 4바이트 * 100개)만 필요합니다.) 게다가 메서드 호출 때마다 스택 등을 이용하여 현재 메서드의 변수들을 보관시키는데 많은 시간이 걸리기 때문에 반복문에 비해 훨씬 많은 시간이 필요하게 됩니다.

특히, 재귀적 메서드 호출에서 끝나는 지점을 잘못 판단하면, 쉽게 무한 루프에 빠질 수 있다는 점도 심각한 문제점입니다. 예를 들어, 다음 예는 두 수, x와 y를 인수로 주면 x의 y 승을 구하는 메서드인데, y가 아닌 x 값과 0을 비교했기 때문에 무한 루프에 빠지게 됩니다.

```
int power(int x, int y)
{
   if(x<=0){
      return 1;
   }else{
      return x * power(x, y-1);   // x를 y번 곱함
   }
}
```

다음은 위의 예를 바르게 고친 예제입니다. 두 수, x와 y를 인수로 주면 x의 y 승을 구하는 power( ) 메서드를 재귀적 메서드 호출로 구현한 후, 2의 1승부터 2의 5승까지를 구하도록 했습니다.(사실, 여기에서 만든 power( ) 메서드와 동일한 역할을 하는 pow( ) 메서드가 자바에는 이미 있습니다. 여기에서는 재귀적 메서드 호출의 예를 들기 위해 만들어 본 것입니다.)

예제   **RecursiveCall.java**

```
1 : public class RecursiveCall
2 : {
3 :    public static int power(int x, int y)
```

```
 4 :    {
 5 :        if(y<=0){
 6 :            return 1;
 7 :        }else{
 8 :            return x * power(x, y-1);   // x를 y번 곱함
 9 :        }
10 :    }
11 :
12 :    public static void main(String[] args)
13 :    {
14 :        System.out.println("power(2,1) : "+ power(2,1));
15 :        System.out.println("power(2,2) : "+ power(2,2));
16 :        System.out.println("power(2,3) : "+ power(2,3));
17 :        System.out.println("power(2,4) : "+ power(2,4));
18 :        System.out.println("power(2,5) : "+ power(2,5));
19 :    }
20 : }
```

결과

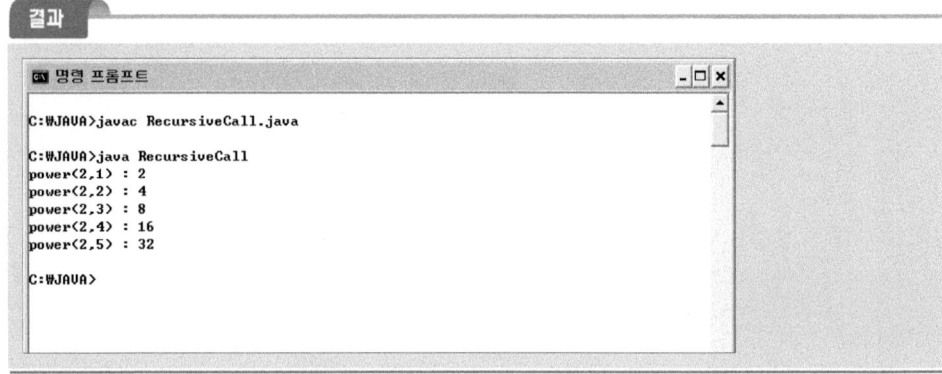

만일, 위의 예제 RecursiveCall.java를 반복문을 이용해서 만들면 어떻게 될까요? 다음은 Recursive Call.java를 while 명령을 사용해서 다시 작성한 예제입니다. RecursiveCall.java과 비교하여 어떻게 다른지 알아보도록 합시다.

LoopCall.java

예제

```
1 : public class LoopCall
2 : {
3 :    public static int power(int x, int y)
4 :    {
5 :        int sum= 1;
```

```
 6 :
 7 :      while(y>0)
 8 :      {
 9 :         sum= sum * x;   // x를 y번 곱함
10 :
11 :         y--;
12 :      }
13 :      return sum;
14 :   }
15 :
16 :   public static void main(String[ ] args)
17 :   {
18 :      System.out.println("power(2,1) : "+ power(2,1));
19 :      System.out.println("power(2,2) : "+ power(2,2));
20 :      System.out.println("power(2,3) : "+ power(2,3));
21 :      System.out.println("power(2,4) : "+ power(2,4));
22 :      System.out.println("power(2,5) : "+ power(2,5));
23 :   }
24 : }
```

결과

```
C:\JAVA>javac LoopCall.java

C:\JAVA>java LoopCall
power(2,1) : 2
power(2,2) : 4
power(2,3) : 8
power(2,4) : 16
power(2,5) : 32

C:\JAVA>
```

5.2 메서드 오버로딩

프로그래밍을 할 때 각각의 메서드를 모두 다른 이름으로 만드는 것은 당연하지만, 때때로 같은 이름의 메서드를 여러 개 정의하고 싶을 때가 있을 수 있습니다. C 언어에서는 모든 함수가 다른 이름이어야 하지만, 자바에서는 인수의 개수나 종류가 다르다면 같은 이름의 메서드를 얼마든지 정의할 수 있습니다. 이렇게 같은 이름의 메서드를 여러 개 정의할 수 있도록 해주는 것을 메서드 오버로딩(method overloading)이라고 합니다.

메서드 오버로딩이 필요한 경우가 어떤 때일지 생각해봅시다. 예를 들어 int형의 두 수를 인수로 받아 합을 돌려주는 다음과 같은 add( ) 메서드를 만들었습니다.

```
int add(int x, int y)
{
   return x+y;
}
```

그런데 나중에 int형이 아니고 double형의 두 수를 인수로 받아 돌려주는 메서드가 필요하게 되었다고 한다면, 메서드 오버로딩이 불가능한 경우에는 이미 add( ) 메서드가 있기 때문에 다음처럼 d_add( ) 메서드를 만들어야 합니다.

```
double d_add(double x, double y)
{
   return x+y;
}
```

비슷한 일을 하는 메서드인데도 같은 이름을 쓸 수 없다면 매번 다른 이름으로 정의해야 하고, 프로그래머는 다음과 같은 여러 개의 이름을 기억해야 합니다.

```
add(int x, int y)          → int형인 두 수를 더하는 add
d_add(double x, double y)  → double형인 두 수를 더하는 add
f_add(float x, float y)    → float형인 두 수를 더하는 add
l_add(long x, long y)      → long형인 두 수를 더하는 add
...
```

그러나 자바의 경우는 메서드 오버로딩을 지원하기 때문에 모두 같은 이름으로 정의하는 것이 가능합니다. 예를 들어, 위의 여러 add( ) 메서드들도 다음처럼 같은 이름으로 정의할 수 있습니다.

```
add(int x, int y)          → int형인 두 수를 더하는 add
add(double x, double y)    → double형인 두 수를 더하는 add
add(float x, float y)      → float형인 두 수를 더하는 add
add(long x, long y)        → long형인 두 수를 더하는 add
...
```

이렇게 하면, add( ) 메서드를 호출하는 쪽에서는 여러 메서드 이름을 외울 필요 없이 add(10, 3), add(2.5, 4.2), add(3F, 1.2F), add(100L, 2000L),... 등으로 부를 수 있습니다. 그런데, 메서드의 이름이 같은데 자바는 어떻게 적절한 메서드를 호출할 수 있는 걸까요? 자바는 메서드의 이름뿐만 아니라 인수를 함께 보고 판단하는 것입니다. 같은 이름의 메서드가 2개 이상 있다면, 주어진 인수가 몇 개인지, 종류가 무엇인지로 판단하게 됩니다.

예를 들어 add(4, 5)는 2개의 int형 인수가 든 add( ) 메서드이기 때문에, 자바는 add(int x, int y)를 호출해줍니다. 따라서 같은 이름의 메서드를 정의하는 것은 괜찮지만, 인수까지 동일한 메서드를 정의해서는 안됩니다. 다음의 두 add( )는 함께 정의될 수 없습니다.

```
int add(int x, int y)
{
  return x+y;
}

int add(int a, int b)   → 변수 이름은 다르지만, 인수의 데이터형과 개수는 같다.
{
  return a+b;
}
```

OverloadTest.java

```
 1 : public class OverloadTest
 2 : {
 3 :   public static int max(int x, int y)    // int형 인수 2개를 받는 max( ) 메서드
 4 :   {
 5 :     if(x>y){
 6 :       return x;
 7 :     }else{
 8 :       return y;
 9 :     }
10 :   }
11 :
12 :   public static double max(double x, double y)
        // double형 인수 2개를 받는 max( ) 메서드
13 :   {
14 :     if(x>y){
15 :       return x;
16 :     }else{
17 :       return y;
18 :     }
19 :   }
20 :
```

```
21 :    public static void main(String[ ] args)
22 :    {
23 :       int a= 10;
24 :       int b= 20;
25 :       System.out.println(max(a,b));   // int형 인수 2개를 받는 max( ) 메서드 호출
26 :
27 :       double c= 10.5;
28 :       double d= 20.5;
29 :       System.out.println(max(c,d));   // double형 인수 2개를 받는 max( ) 메서드 호출
30 :    }
31 : }
```

결과

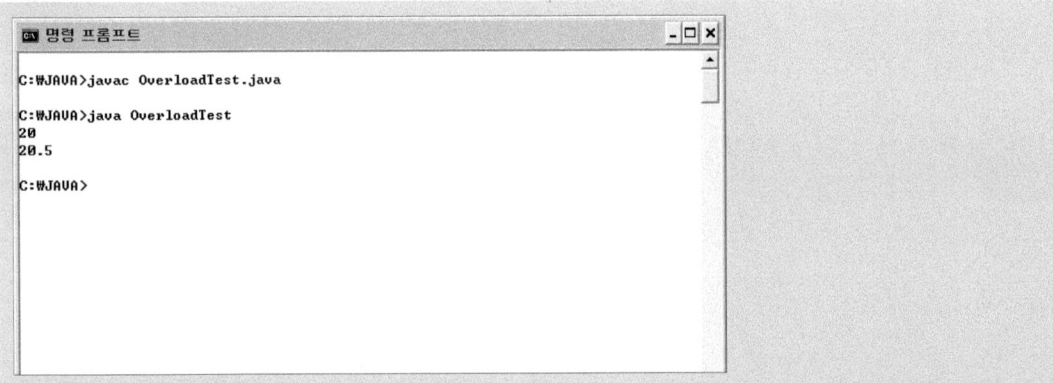

메서드의 이름이 같을 경우에는 전달하는 인수의 데이터형과 수로 메서드를 결정합니다. 만약 애매하게 인수를 주게 되면 메서드를 찾지 못하는 경우도 발생합니다.

Q C++ 언어에서는 함수 오버로딩 외에 연산자 오버로딩도 제공하고 있는데, 자바에서는 연산자 오버로딩은 제공하지 않습니까?

A C++ 언어에서는 함수 오버로딩(자바의 메서드 오버로딩에 해당)과 더불어 연산자 오버로딩도 제공하고 있는데, 자바에서는 문자열 연산의 =과 +를 제외하고는 연산자 오버로딩을 제공하지 않고 있습니다. 그 이유는 연산자 오버로딩이 필요성은 적고 문제점이 많은 기능이기 때문입니다. 연산자 오버로딩은 언어에서 사용하는 연산자(+, -, *, /, &, =, << 등)에 새로운 기능을 부여하는 것인데, 잘못 사용하면 심각한 문제를 일으킬 소지가 있습니다. 예를 들어 + 연산자에 뺄셈 기능을 부여하거나, * 연산자에 나눗셈 기능을 부여한다면, 프로그램의 해석이 어려워져서 객체지향의 목표인 3R이 심각하게 훼손됩니다(3R에 대해서는 **6.1 객체지향의 이해**에서 자세히 배웁니다). 자바에서 연산자 오버로딩이 미리 되어있는 유일한 경우는 String 클래스의 = 연산자와 + 연산자뿐입니다. 이 덕분에 String형 변수에 문자열을 할당할 때는 = 연산자를 사용할 수 있고, 두 개의 String 형 객체(문자열)을 합칠 때는 + 연산자를 사용할 수 있습니다. 그 외의 경우는 없습니다.

5.3 while문

반복문은 같은 작업을 반복적으로 처리할 때 편리한 명령어입니다. 자바의 반복문으로는 while, do-while, for의 3가지가 있습니다. 이 3가지 명령어의 사용법은 C 언어나 C++ 언어와 동일하기 때문에, 이미 C 언어 또는 C++ 언어를 잘 알고 있는 사람은 생략해도 되는 부분입니다. 단, 주의할 점은 C 언어나 C++ 언어와는 달리, 자바에서는 반복문의 조건을 표시할 때 반드시 논리형 값(boolean형)을 돌려주도록 해야 한다는 점입니다. C 언어나 C++ 언어는 반복문의 조건으로 수치형 값을 사용합니다만, 자바에서는 철저하게 논리형 데이터를 사용하도록 제한하고 있습니다.

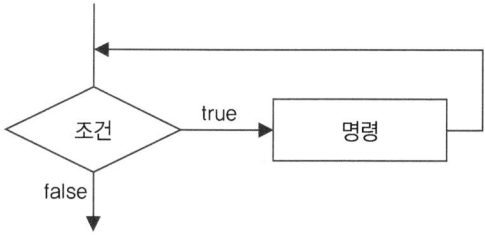

▲ 그림 5-1 반복문 순서도

while문은 조건이 true인 동안 포함하고 있는 명령어를 반복하고, false이면 while문 다음 명령으로 빠져나오는 명령입니다. 조건을 먼저 검사하기 때문에, 조건이 false이면 한 번도 실행하지 않습니다. 다음은 while문의 기본적인 형식입니다.

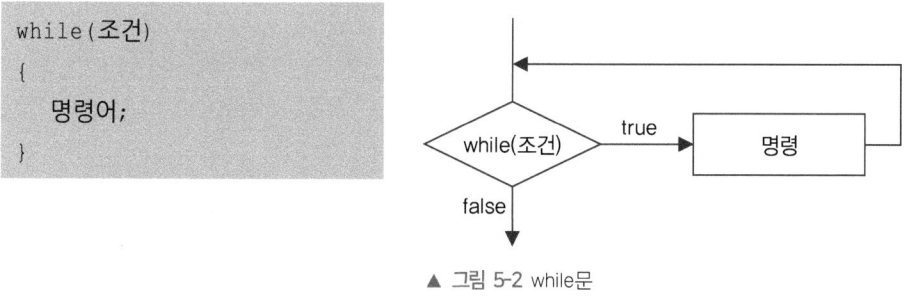

▲ 그림 5-2 while문

while문에서 주의할 점은 while문 내부에서 조건에 영향을 미치는 명령을 잊게 되면 무한루프에 빠질 수 있다는 점입니다. 예를 들어 다음과 같이 1부터 100까지의 합을 구하려고 한 경우에 i 값을 변환시키는 명령인 i++;를 설명문으로 처리하면, 이 while문 내의 어디에도 i 값을 변환시키는 명령이 없기 때문에, 조건은 항상 참(true)이 되어 무한히 반복하게 됩니다.

```
int sum= 0;
int i= 1;
while(i<=100)
{
   sum += i;
```

```
    // i++;
}
```

위 경우는 실수로 i++;를 빠뜨린 경우지만, 많은 자바 프로그래머들은 일부러 무한루프를 만들고 싶은 경우에 다음처럼 true 값을 조건으로 주기도 합니다.

```
while(true)
{
    System.out.println("무한루프");
}
```

다음은 while문을 이용해서 화면에 별(*)된 삼각형을 출력하는 예제입니다.

WhileTest.java

예제

```
 1 : public class WhileTest
 2 : {
 3 :     public static void main(String[] args)
 4 :     {
 5 :         int i, j;
 6 :
 7 :         i=10;
 8 :         while(i>0)      // i 값이 0보다 크면 반복
 9 :         {
10 :             j=0;
11 :             while(j<i)  // j 값이 i 값보다 작으면 반복
12 :             {
13 :                 System.out.print("*");
14 :                 j++;    // j 값을 증가
15 :             }
16 :             System.out.println();
17 :             i--;        // i 값을 감소
18 :         }
19 :     }
20 : }
```

> 결과

```
C:\JAVA>javac WhileTest.java

C:\JAVA>java WhileTest
**********
*********
********
*******
******
*****
****
***
**
*

C:\JAVA>_
```

i 값은 10부터 0까지 1씩 감소하고 j 값은 0부터 i 값까지 변화하기 때문에, 11행의 while문은 10, 9, 8, 7, 6, 5, 4, 3, 2, 1 순으로 반복하게 됩니다.

5.4 do-while문

do-while문은 while문과 매우 유사합니다만, 조건을 나중에 검사한다는 점이 다릅니다. 이 때문에 while문은 조건이 false인 경우에는 한 번도 실행하지 않지만, do-while문은 어떠한 경우에도 한 번은 실행하게 됩니다. 얼핏 생각하면 while문에 비해 do-while문은 쓰임새가 적을 듯이 보이지만, 의외로 do-while문은 많이 사용됩니다. 다음은 do-while문의 기본적인 형식입니다. 주의할 점은 마지막의 while(조건) 다음에 세미콜론(;)을 붙여야 한다는 점입니다.

```
do
{
   명령어;
}while(조건);
```

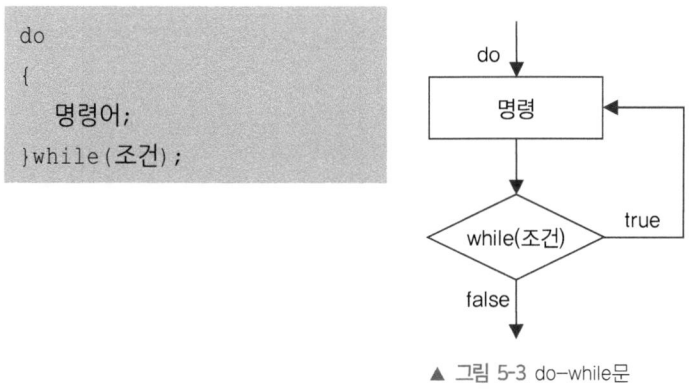

▲ 그림 5-3 do-while문

다음은 조건이 false인데도 do-while문이 한 번은 실행하게 되는 경우입니다.

```
boolean loop=false;
do{
   System.out.println(loop);
}while(loop);
```

다음은 do-while문을 이용해서 앞에서 만든 WhileTest.java 예제와 동일한 결과가 나오도록 만든 예제입니다.

DoWhileTest.java

```
 1 : public class DoWhileTest
 2 : {
 3 :    public static void main(String[ ] args)
 4 :    {
 5 :       int i, j;
 6 :
 7 :       i=10;
 8 :       do{
 9 :          j=0;
10 :          do{
11 :             System.out.print("*");
12 :             j++;              // j 값을 증가
13 :          }while(j<i);         // j 값이 i값보다 작으면 반복
14 :          System.out.println();
15 :          i--;                 // i 값을 감소
16 :       }while(i>0);            // i 값이 0보다 크면 반복
17 :    }
18 : }
```

i 값은 10부터 0까지 1씩 감소하고 j 값은 0부터 i 값까지 변화하기 때문에, 10행의 do-while문은 10, 9, 8, 7, 6, 5, 4, 3, 2, 1 순으로 반복하게 됩니다.

5.5 for문

for문은 정해진 횟수만큼 반복하고 싶을 때 매우 유용한 명령입니다. while문이나 do-while문에서는 반복횟수를 저장하기 위한 변수를 따로 선언하고, 내부에서 변수의 값을 증가시키거나 감소시키는 작업을 따로 해야 하는데, for문은 조건 내에서 한꺼번에 모든 일을 할 수 있기 때문에, 가장 빈번하게 사용되는 반복문입니다. 다음은 for문의 기본적인 형식입니다.

```
for(초기화; 조건; 증감)
{
   명령어;
}
```

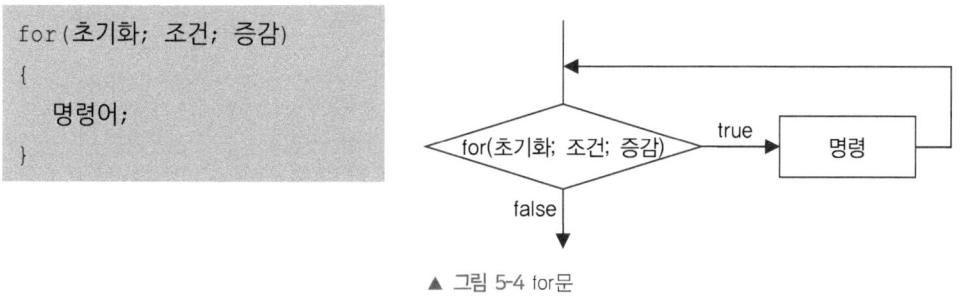

▲ 그림 5-4 for문

예를 들어 다음과 같은 for문은 화면에 Hello라는 글자를 10번 출력하게 됩니다.

```
for(int i=1; i<=10; i++)
{
   System.out.println("Hello");
}
```

만일 while문으로 위 for문으로 만든 프로그램과 똑같이 하고 싶다면 다음처럼 해야 합니다.

```
int i=1; // 변수선언
while(i<=10)
{
  System.out.println("Hello");
  i++;  // 변수의 증가
}
```

다음은 for문을 이용해서 앞에서 만든 WhileTest.java, DoWhileTest.java 예제와 동일한 결과가 나오도록 만든 예제입니다.

ForTest.java

```
1 : public class ForTest
2 : {
3 :    public static void main(String[] args)
4 :    {
```

```
 5 :       for(int i=10; i>0; i--)           // i 값은 10부터 0까지 1씩 감소
 6 :       {
 7 :         for(int j=0; j<i; j++)          // j 값은 0부터 i 값까지 1씩 증가
 8 :         {
 9 :           System.out.print("*");
10 :         }
11 :         System.out.println();
12 :       }
13 :   }
14 : }
```

결과

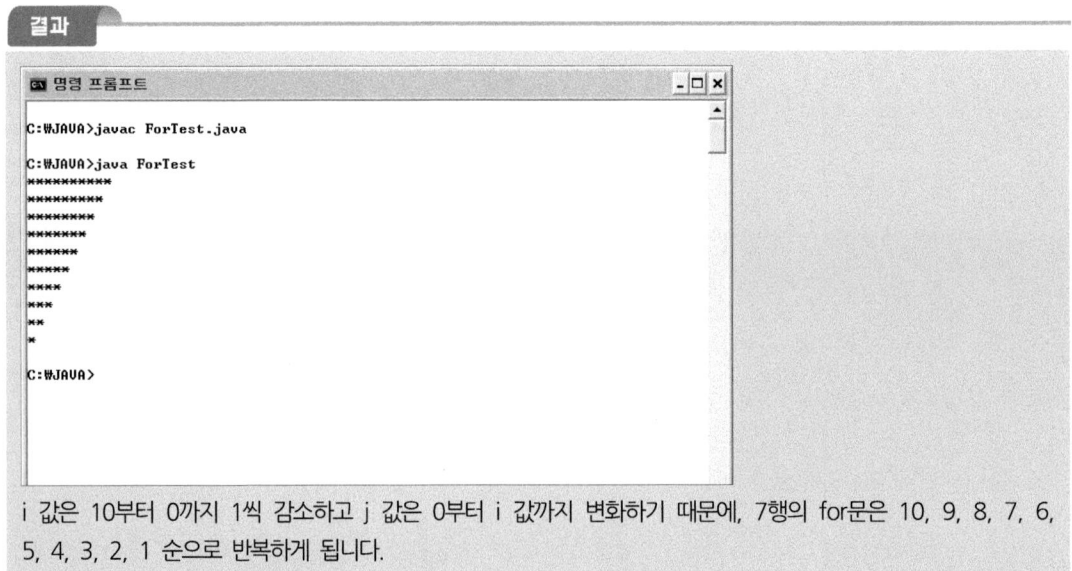

i 값은 10부터 0까지 1씩 감소하고 j 값은 0부터 i 값까지 변화하기 때문에, 7행의 for문은 10, 9, 8, 7, 6, 5, 4, 3, 2, 1 순으로 반복하게 됩니다.

5.6 break와 continue

자바에는 C 언어나 C++ 언어에 있는 goto문이 없습니다. 프로그램 실행 중에 원하는 어느 곳이라도 갈 수 있는 goto 명령이 자바에 없는 이유는 goto가 편리한 반면, 프로그램을 난해하게 만들어 디버깅이나 유지보수를 어렵게 하기 때문입니다. 따라서 반복문 실행 중에 반복문을 벗어난 지역으로 가고 싶은 경우에는 break 명령과 continue 명령을 써야합니다.

1 break문

break문은 매우 편리한 명령입니다. 다음과 같이 무한루프 상태인 while문에서도 i의 값이 5인 경우에는 while문을 벗어나게 됩니다.

```
int i= 0;
while(true)
{
   i++;
   if(i==5) break;
}
```

반복문은 때때로 여러 개의 반복문을 중첩해서 사용하기도 하는데, 만일 중첩된 반복문에서 특정 반복문의 밖으로 나가고 싶을 때는 이름표를 사용하면 됩니다. 이름표를 붙이지 않으면, break문을 감싸고 있는 가장 가까운 반복문의 바깥으로 나갑니다. 다음에서 만일 ①의 break 명령이 실행된다면 label이라는 이름표가 붙은 for문 밖으로 나가지만, ②의 break가 실행된다면 가장 가까운 while문의 밖으로 나가게 됩니다.

```
label: for(int i=0; i<100; i++)
{
   int j=0;
   while(j<=100)
   {
      if(j<i) break label;   → ①
      if(j>i) break;         → ②
   }
}
```

다음은 break문을 이용해서 앞에서 만든 WhileTest.java, DoWhileTest.java, ForTest.java 예제와 동일한 결과가 나오도록 만든 예제입니다.

BreakTest.java

예제

```
 1 : public class BreakTest
 2 : {
 3 :    public static void main(String[ ] args)
 4 :    {
 5 :       int i, j;
 6 :
 7 :       i=10;
 8 :       OUT_WHILE: while(true)        // 항상 true이므로 무한루프
 9 :       {
10 :          j=0;
11 :          while(true)                // 항상 true이므로 무한루프
12 :          {
```

```
13 :            System.out.print("*");
14 :            j++;
15 :            if(j>=i) break;         // j 값이 i 값보다 크거나 같으면 탈출
16 :         }
17 :         System.out.println();
18 :         i--;
19 :         if(i<=0) break OUT_WHILE;   // i 값이 0보다 작거나 같으면 탈출
20 :      }
21 :   }
22 : }
```

결과

이 예제에서 사용된 while문은 모두 무한루프입니다. 그러나 i 값은 10부터 1씩 감소하다가 0보다 작거나 같으면 break문으로 while문을 벗어나고, j 값은 0부터 1씩 증가하다가 i 값보다 크거나 같으면 break문으로 while문을 벗어나기 때문에, 11행의 while문은 10, 9, 8, 7, 6, 5, 4, 3, 2, 1 순으로 반복하게 됩니다.

2 continue문

continue문은 반복문 내의 다른 명령어들은 실행하지 않고 반복문의 조건 부분으로 바로 가는 명령입니다. 예를 들어 다음에서 x>5 이면 while문의 조건으로 바로 이동됩니다.

```
int x=0;
while(x<10)
{
   System.out.println(x);
   if(x>5) continue;
   x++;
}
```

다음은 while문으로 i 값을 1부터 10까지 변화시키지만, i 값이 짝수인 경우에는 출력하지 않고 while문

의 조건으로 이동시켜 홀수만 출력되도록 한 예제입니다.

ContinueTest.java

```java
 1 : public class ContinueTest
 2 : {
 3 :    public static void main(String[ ] args)
 4 :    {
 5 :       int i= 0;
 6 :
 7 :       while(i<10)
 8 :       {
 9 :          i++;
10 :          if(i%2==0) continue;        // 짝수인 경우에는 이동
11 :          System.out.println(i);
12 :       }
13 :    }
14 : }
```

결과

```
C:\JAVA>javac ContinueTest.java

C:\JAVA>java ContinueTest
1
3
5
7
9
C:\JAVA>
```

i 값이 0부터 10까지 변화하지만, i를 2로 나눈 나머지가 0인 경우에는 11행의 출력문을 건너뛰게 됩니다.

5.7 배열

배열은 같은 종류의 데이터를 하나의 이름으로 사용할 수 있도록 한 것입니다. 같은 이름을 사용하면 반복문을 사용해서 같은 작업을 쉽게 할 수도 있고, 수식 등을 이용해서 복잡한 작업을 간결하게 표현할 수도 있기 때문에, 배열은 매우 자주 사용되는 자료구조입니다. 그런데 자바의 배열은 C 언어나 C++ 언어와는 큰 차이가 있습니다. C 언어나 C++ 언어에서 배열은 기본 데이터형으로 처리되지만, 자바에서는 일종의 클래스입니다. 따라서 선언만 하고 바로 사용해서는 안되고, 사용 전에 반드시 생성해야 합니다.

▼ 자바에서의 배열 사용 순서

배열 선언 → 배열 생성 → 배열 사용

아래와 같이 자바에서 배열을 선언하는 방법은 2가지가 있습니다. ①은 데이터형 뒤에 대괄호([ ])를 붙여서 배열임을 표시한 것이고 ②는 변수의 이름 뒤에 대괄호([ ])를 붙여서 표시한 것입니다. 어느 쪽을 사용하든 상관은 없습니다. 보기 좋은 쪽으로 사용하면 됩니다. 일반적으로 자바 외의 다른 언어들은 주로 ②처럼 표시합니다. 그러나 ②처럼 쓰면, 마치 기본 데이터형 변수의 배열처럼 보입니다. 실제로 자바의 배열은 기본 데이터형이 아닌 클래스이기 때문에, 이러한 착각을 방지하기 위해선 ①처럼 하는 것이 더 의미가 분명한 방법입니다. 본서에서는 ①의 방법으로 표기하도록 하겠습니다.

▼ 배열의 선언 방법

```
① 데이터형[ ] 변수;        (예) int[ ] array;
② 데이터형 변수[ ];        (예) int array[ ];
```

이미 앞에서 말한바와 같이, 배열을 선언했더라도 생성해주지 않으면 사용할 수 없습니다. 자바에서 생성의 의미는 메모리를 할당해주는 것입니다. 이미 앞에서 배운 것처럼 클래스를 생성할 때는 new 명령을 사용합니다. 다음은 배열을 생성하는 방법과 int형 배열을 선언하고 생성하는 예입니다.

```
배열이름 = new 데이터형[배열의 크기];

int[ ] arr;
arr = new int[10];

또는

int[ ] arr = new int[10];
```

위와 같이 하면, int형 변수 10개가 다음의 [그림 5-5]처럼 메모리에 할당됩니다.

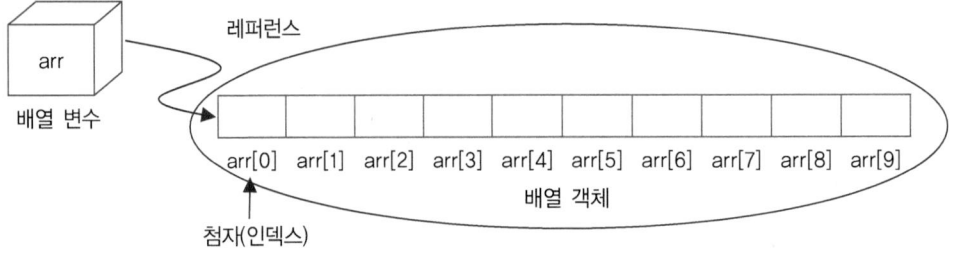

▲ 그림 5-5 배열의 구조

주의할 점은 선언할 때 arr = int[10];으로 10이라고 선언했지만, 배열의 첨자(인덱스)는 0부터 주어지기 때문에, arr[0]에서 arr[9]까지 10개의 int형 변수가 만들어진다는 점입니다. 간혹 실수로 위에서처럼 선언하고 arr[10]을 사용하려는 경우가 있는데, arr[9]가 가장 큰 첨자가 됩니다. 이렇게 선언되고 생성된 배열은 다음처럼 사용될 수 있습니다.

```
for(int i=0; i<10; i++)
{
   arr[i] = i*10;
   System.out.println("arr["+ i + "]="+arr[i]);
}
```

자바의 배열은 클래스이기 때문에 편리하게 사용할 수 있는 몇 가지 멤버변수를 가지고 있습니다. 그중 가장 많이 쓰이는 멤버변수는 length입니다. length는 배열의 크기를 가지고 있는 변수입니다. 따라서 위의 for문은 다음처럼 고칠 수 있습니다.

```
for(int i=0; i<arr.length; i++)
{
   arr[i] = i*10;
   System.out.println("arr["+ i + "]="+arr[i]);
}
```

기본 데이터형을 선언하면서 값을 함께 할당해줄 수 있었던 것처럼, 배열도 선언하면서 바로 값을 줄 수 있습니다. 이 경우에는 생성하는 과정을 생략해도 자동으로 자바가 배열을 생성해줍니다. 다음은 10개의 int형 값을 가지는 배열을 선언과 동시에 값을 할당한 예입니다.

```
int a = 10; // 선언과 동시에 값을 저장한 기본 데이터형
int[ ] arr = { 20, 15, 3, 10, 3, 5, 4, 4, 9, 105 }; // 선언과 동시에 값을 저장한 배열
```

위와 같이 중괄호를 이용해서 배열을 선언하면, 자바는 다음처럼 arr이라는 배열을 선언한 후 메모리를 할당하고 값을 저장합니다.

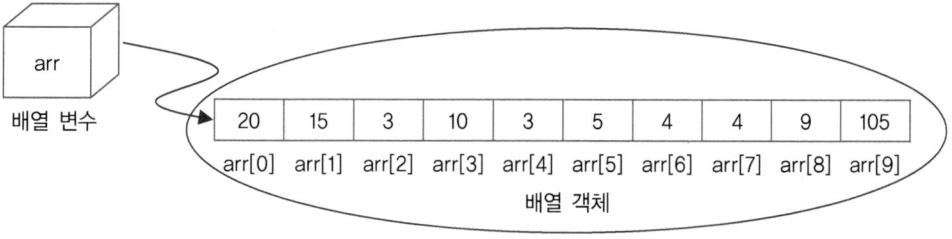

▲ 그림 5-6 배열의 초기화

배열은 1차원뿐만 아니라 얼마든지 2차원, 3차원,.. 등으로도 선언되어 사용될 수 있습니다. 예를 들어 int형의 2차원 배열은 다음처럼 선언되어질 수 있습니다.

```
int[ ][ ] arr;
arr = new int[3][3];
```

또는

```
int[ ][ ] arr= new int[3][3];
```

위와 같이 2차원 배열을 선언하고 생성하면 다음과 같은 2차원 배열이 만들어집니다.

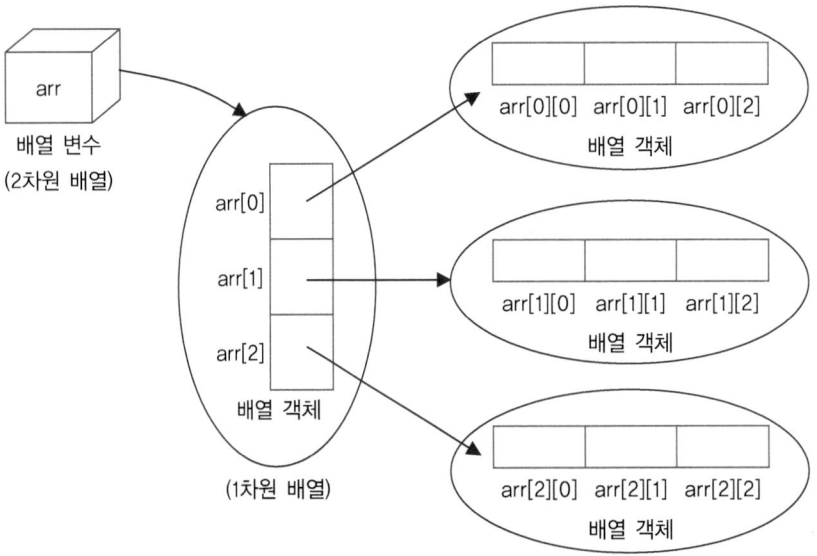

▲ 그림 5-7 다차원 배열의 구조

2차원 배열이라고 특별히 다른 구조인 것은 아닙니다. [그림 5-7]에서도 볼 수 있듯이 2차원 배열인 arr은 1차원 배열인 arr[0], arr[1], arr[2]가 합쳐진 것에 불과합니다. 3차원 배열의 경우도 1차원 배열 여러 개가 합쳐진 2차원 배열이 여러 개 합쳐진 것입니다. 따라서 위의 그림에서 arr[0][1]은 1차원 배열인 arr[0]의 2번째 요소라고 생각하면 됩니다. 다음은 위 arr의 각 원소에 값을 저장하는 예입니다.

```
for(int row=0; row<3; row++)
{
    for(int column=0; column<3; column++)
    {
        arr[row][column] = row * 10 + column;
    }
}
```

다음은 int형 배열인 array1의 내용을 array2로 복사하는 예제입니다.

ArrayTest.java

예제

```
1 : public class ArrayTest
2 : {
```

```
 3 :    public static void main(String[] args)
 4 :    {
 5 :        int[] array1= { 1, 3, 5, 7, 9 };
 6 :        int[] array2;
 7 :
 8 :        // array1을 array2에 복사
 9 :        array2= new int[array1.length];
10 :        for(int i=0; i<array1.length; i++)
11 :        {
12 :            array2[i]= array1[i];
13 :        }
14 :
15 :        // array1 출력
16 :        for(int i=0; i<array1.length; i++)
17 :        {
18 :            System.out.println("array1["+i+"] = "+array1[i]);
19 :        }
20 :        System.out.println();
21 :
22 :        // array2 출력
23 :        for(int i=0; i<array2.length; i++)
24 :        {
25 :            System.out.println("array2["+i+"] = "+array2[i]);
26 :        }
27 :    }
28 : }
```

결과

array1 배열의 내용을 for문을 이용하여 array2 배열에 복사하는 단순한 예제입니다. 특별히 주의할 점은 없지만, 5행에서 배열을 초기화한 방법과 배열의 length 값은 배열의 크기라는 점을 잊지 마세요.

Q 1차원 배열에서 배열을 생성하는 것과 동시에 초기값을 저장하는 법을 배웠는데, 다차원 배열의 경우에도 가능한가요?

A 1차원 배열에서 배열을 생성하는 것과 동시에 초기값을 저장하도록 하고 싶으면, 다음처럼 중괄호({, })로 감싼 데이터를 대입했습니다.

```
int[ ] arr = { 10, 5, 6, 1, 3 };
```

이와 마찬가지로, 다차원 배열에서도 중괄호({, })를 중첩해서 표현하면 됩니다. 예를 들어 3행 3열의 다차원 배열에 초기값으로 1, 2, 3, …, 9를 저장하고 싶다면 다음처럼 하면 됩니다.

```
int[ ][ ] arr = {{ 1, 2, 3 }, { 4, 5, 6 }, { 7, 8, 9 }};
```

자바의 다차원 배열에서 재미있는 점은 가로, 세로 원소의 수를 자유롭게 결정할 수 있다는 점입니다. 예를 들어, 1행은 3열, 1행은 2열, 3행은 1열은 삼각형 모양의 다차원 배열을 선언하고 싶다면 다음처럼 하면 됩니다.(자바에서 배열의 첨자는 0부터 시작하기 때문에 실제 1행의 첨자는 0입니다.)

```
int[ ][ ] arr = {
  { 1, 2, 3},    // 1행의 원소는 3개
  { 4, 5 },      // 2행의 원소는 2개
  { 6 }          // 3행의 원소는 1개
};
```

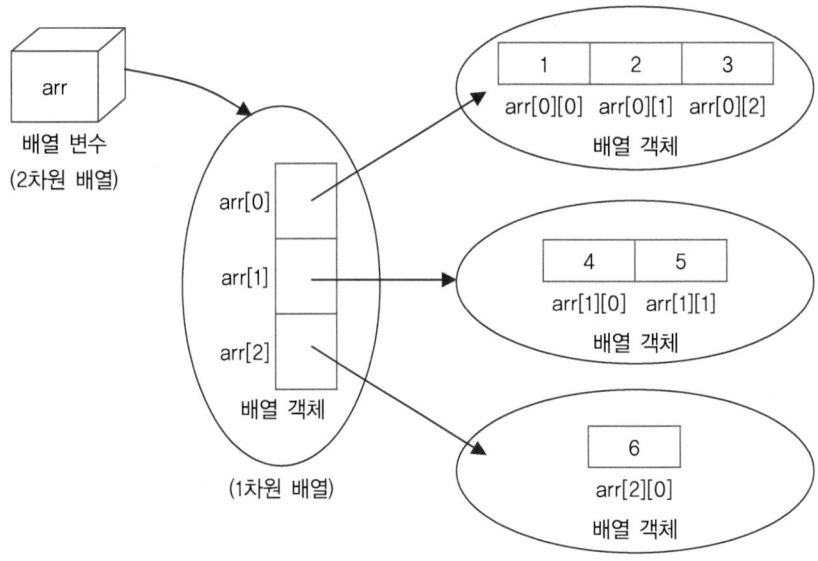

▲ 그림 5-8 각 행마다 원소의 수가 다른 배열

다음 예제는 각 행마다 원소의 수가 다른 배열에서 배열에 저장된 원소의 값을 출력하는 예제입니다.

MyArray.java

```
1 : public class MyArray
2 : {
3 :    public static void main(String[] args)
4 :    {
5 :       int[][] arr = {
6 :          { 10, 20, 30, 40 },
7 :          { 50, 60 },
8 :          { 70, 80, 90 },
9 :       };
10 :
11 :      System.out.println("배열의 행수: "+ arr.length);
12 :
13 :      for(int i=0; i<arr.length; i++)
14 :      {
15 :         System.out.println((i+1)+"행의 열수 : "+ arr[i].length);
16 :
17 :         for(int j=0; j<arr[i].length; j++)
18 :         {
19 :            System.out.println("arr["+ i +"]["+ j +"] = "+ arr[i][j]);
20 :         }
21 :      }
22 :   }
23 : }
```

결과

```
C:\JAVA>javac MyArray.java

C:\JAVA>java MyArray
배열의 행수: 3
1행의 열수 : 4
arr[0][0] = 10
arr[0][1] = 20
arr[0][2] = 30
arr[0][3] = 40
2행의 열수 : 2
arr[1][0] = 50
arr[1][1] = 60
3행의 열수 : 3
arr[2][0] = 70
arr[2][1] = 80
arr[2][2] = 90

C:\JAVA>
```

5.8 숫자 야구 게임 만들기

숫자 야구 게임은 main() 메서드와 두 개의 playGame() 메서드로 구성되어있습니다. playGame() 메서드는 3개의 int형 변수를 인수로 받는 것과 인수가 없는 두 종류로, 프로그램을 실행시킬 때 3개의 숫자를 인수로 주면 3개의 int형 변수를 인수로 받는 playGame() 메서드가 호출되고, 인수 없이 프로그램이 실행되면 인수 없는 playGame() 메서드가 호출됩니다. 3개의 인수를 받는 playGame() 메서드는 주어진 값을 컴퓨터가 숨겨둔 숫자 3개로 간주하고 게임을 실행하고, 인수 없는 playGame() 메서드는 난수를 발생해서 3개의 숫자를 정한 후, 3개의 인수를 받는 playGame() 메서드에 3개의 숫자를 전달합니다. 프로그램 실행 시의 인수를 받는 방법과 받은 String형을 인수를 int형으로 형변환하는 방법은 **4.2 형변환의 이해**에서 이미 배웠습니다.

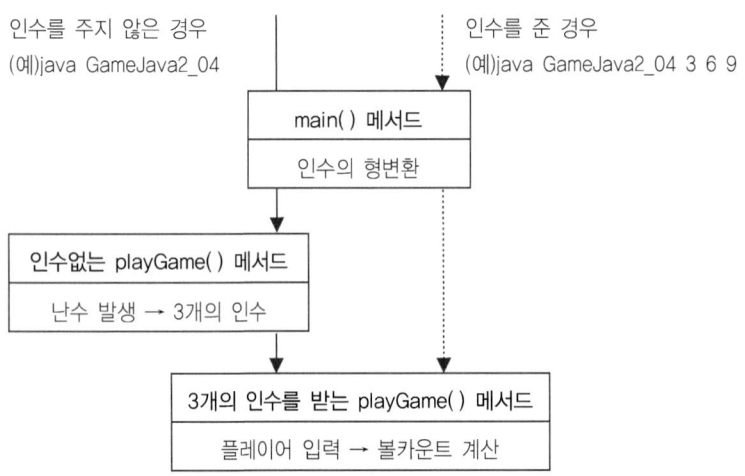

▲ 그림 5-9 숫자 야구 게임의 메서드 오버로딩

인수가 없는 playGame() 메서드에서 난수로 숫자 3개를 만들 때는 do-while문을 사용하여 3개의 숫자가 모두 다르도록 조정합니다. 먼저 **2.6 난수를 구하는 Random 클래스**에서 배운대로 1부터 9 사이의 숫자 하나를 난수로 만들어서 x에 할당합니다. 같은 방법으로 y 값을 구한 후 이미 구한 x와 y의 값을 비교하여 같은 경우에는 다시 y 값을 구하는 일을 반복합니다. 결국 x와 y 값이 달라질 때까지 난수를 구하는 일을 반복하는 셈이 됩니다. 세 번째 숫자인 x의 경우도 마찬가지입니다. 다만, z의 경우는 이미 구한 숫자가 x와 y 두 개이기 때문에 x와도 비교하고 y와도 비교해야 합니다. 이처럼 어떤 일을 일단 한 번 한 후에 조건을 비교해서 반복 여부를 결정할 때는 do-while문이 편리합니다.

```
int x, y, z;
Random r= new Random();
x= Math.abs(r.nextInt() % 9) + 1;

do{
    y= Math.abs(r.nextInt() % 9) + 1;
}while(y==x);
```

```
do{
   z= Math.abs(r.nextInt() % 9) + 1;
}while((z==x)||(z==y));
```

3개의 인수를 받는 playGame() 메서드에서는 주어진 인수를 com 배열에 저장하고, 사용자가 입력한 3개의 수를 입력받아 usr 배열에 저장합니다. 이때 플레이어(사람)가 입력한 값이 0 또는 9보다 큰 숫자나 같은 숫자가 없도록 앞의 난수 발생 때와 비슷한 방법으로 do-while문을 사용해서 반복하도록 합니다.

```
do{
   // 키보드로부터 3개의 숫자를 입력받아 각각 usr[0], usr[1], usr[2]에 저장합니다.

}while((usr[0]==0)||(usr[1]==0)||(usr[2]==0)||   ← 입력받은 수가 0인 경우
       (usr[0]>9)||(usr[1]>9)||(usr[2]>9)||       ← 입력받은 수가 9보다 큰 경우
       (usr[0]==usr[1])||(usr[1]==usr[2])||(usr[0]==usr[2]));  ← 입력받은 수가 같은 경우
```

무사히 3개의 값을 모두 입력받으면, com 배열의 수와 usr 배열의 수를 비교해서 위치와 값이 같으면 strike 값을 증가시키고 값은 같지만 위치가 다르면 ball 값을 증가시키는 방법으로 볼카운트를 구합니다. strike 값이 3개면 게임이 종료되고, 그렇지 않은 경우엔 볼카운트를 보여줘서 플레이어가 다시 한 번 숨겨진 숫자를 추측할 수 있도록 합니다. 총 11회의 기회를 주고 그 안에 답을 못 맞히면 적절한 메시지를 출력하고 프로그램을 끝냅니다.

예제 GameJava2_05.java

```
 1 : import java.util.*;
 2 : import java.io.*;
 3 :
 4 : public class GameJava2_05
 5 : {
 6 :    public static int playGame() throws IOException
 7 :    {
 8 :       int x, y, z;
 9 :       Random r= new Random();
10 :       x= Math.abs(r.nextInt() % 9) + 1;
11 :
12 :       do{
13 :          y= Math.abs(r.nextInt() % 9) + 1;
14 :       }while(y==x);  // x 값과 y 값이 같지 않도록(다를 때까지) 반복
15 :
```

```
16 :        do{
17 :           z= Math.abs(r.nextInt() % 9) + 1;
18 :        }while((z==x)||(z==y));        // x, y, z 값이 같지 않도록(다를 때까지) 반복
19 :
20 :        System.out.println(x +", "+ y +", "+ z); /**/
21 :
22 :        return playGame(x, y, z);
23 :     }
24 :
25 :     public static int playGame(int x, int y, int z) throws IOException
26 :     {
27 :        int count;                      // 문제를 푼 횟수
28 :        int strike, ball;
29 :
30 :        int[] usr = new int[3];         // 사용자가 입력한 숫자 3개
31 :        int[] com = { x, y, z };        // 컴퓨터가 숨긴 숫자 3개
32 :
33 :        System.out.println("숫자 야구 게임");
34 :
35 :        count= 0;
36 :
37 :        do{
38 :
39 :           count++;
40 :
41 :           do{
42 :              System.out.println("\n카운트: "+count);
43 :
44 :              BufferedReader in= new BufferedReader(new InputStreamReader(System.in));
45 :              String user;
46 :
47 :              System.out.print("1번째 숫자: ");
48 :              user= in.readLine();                   // 키보드로 부터 1번째 수 입력
49 :              usr[0]= new Integer(user).intValue();  // 입력받은 문자를 int형 숫자로 변환
50 :
51 :              System.out.print("2번째 숫자: ");
52 :              user= in.readLine();                   // 키보드로 부터 2번째 수 입력
53 :              usr[1]= new Integer(user).intValue();  // 입력받은 문자를 int형 숫자로 변환
54 :
55 :              System.out.print("3번째 숫자: ");
56 :              user= in.readLine();                   // 키보드로 부터 3번째 수 입력
```

```
57 :             usr[2]= new Integer(user).intValue();  // 입력받은 문자를 int형 숫자로 변환
58 :
59 :             if((usr[0]==0)||(usr[1]==0)||(usr[2]==0)){
60 :                System.out.println("0은 입력하지 마세요. 다시 입력해주세요.");
61 :             }else if((usr[0]>9)||(usr[1]>9)||(usr[2]>9)){
62 :                System.out.println("1부터 9까지의 숫자 중 하나를 입력해주세요.
                                        다시 입력해주세요.");
63 :             }else if((usr[0]==usr[1])||(usr[1]==usr[2])||(usr[0]==usr[2])){
64 :                System.out.println("모두 다른 숫자를 입력해주세요. 다시 입력해주세요.");
65 :             }
66 :          }while((usr[0]==0)||(usr[1]==0)||(usr[2]==0)||
67 :                 (usr[0]>9)||(usr[1]>9)||(usr[2]>9)||
68 :                 (usr[0]==usr[1])||(usr[1]==usr[2])||(usr[0]==usr[2]));
                   // 입력받은 답에 이상이 없을 때(1 ~ 9, 모두 다른 숫자)까지 반복
69 :
70 :          strike = ball = 0;                  // 볼카운트 초기화
71 :
72 :          if(usr[0]==com[0]) strike++;        // strike 계산
73 :          if(usr[1]==com[1]) strike++;
74 :          if(usr[2]==com[2]) strike++;
75 :
76 :          if(usr[0]==com[1]) ball++;          // ball 계산
77 :          if(usr[0]==com[2]) ball++;
78 :          if(usr[1]==com[0]) ball++;
79 :          if(usr[1]==com[2]) ball++;
80 :          if(usr[2]==com[0]) ball++;
81 :          if(usr[2]==com[1]) ball++;
82 :
83 :          System.out.println("Strike: "+ strike +" Ball: "+ ball);  // 볼카운트 출력
84 :
85 :       }while((strike<3)&&(count<11)); // 답을 맞혔거나 10번 이상 시도해서 못 맞출 때까지 반복
86 :
87 :       return count;    // 문제를 맞히려고 시도한 횟수를 반환
88 :    }
89 :
90 :    public static void main(String[] args) throws IOException
91 :    {
92 :       int result;
93 :
94 :       if(args.length==3){   // 인수가 있는 경우
95 :          int x= Integer.valueOf(args[0]).intValue();
```

```
                         // 인수는 String형이므로 int형으로 형변환
96 :            int y= Integer.valueOf(args[1]).intValue();
97 :            int z= Integer.valueOf(args[2]).intValue();
98 :
99 :            result= playGame(x, y, z);    // 인수를 playGame() 메서드에 전달
100 :        }else{                            // 인수가 없는 경우
101 :            result= playGame();           // 인수없는 playGame() 메서드 호출
102 :        }
103 :
104 :        System.out.println();
105 :        if(result<=2){                    // 문제를 푼 횟수에 따라 칭찬 메시지 출력
106 :            System.out.println("참 잘했어요!");
107 :        }else if(result<=5){
108 :            System.out.println("잘했어요!");
109 :        }else if(result<=9){
110 :            System.out.println("보통이네요!");
111 :        }else{
112 :            System.out.println("분발하세요!");
113 :        }
114 :    }
115 : }
```

결과

```
C:\JAVA>javac GameJava2_05.java

C:\JAVA>java GameJava2_05 3 6 9
숫자 야구 게임

카운트: 1
1번째 숫자: 3
2번째 숫자: 5
3번째 숫자: 4
Strike: 1 Ball: 0

카운트: 2
1번째 숫자: 3
2번째 숫자: 6
3번째 숫자: 9
Strike: 3 Ball: 0

참 잘했어요!

C:\JAVA>
```

java GameJava2_05 3 6 9로 실행했기 때문에, 숨겨진 3개의 숫자는 3, 6, 9입니다. 처음에 입력한 답은 3, 5, 4였기 때문에 3만 맞혀서 1 strike였고, 2번째 입력한 답은 3, 6, 9라서 잘했다는 메시지가 출력되고 종료되었습니다. 이 경우는 답을 알고 입력한 경우이고 답을 모르도록 java GameJava2_05로 실행해서는 2회에 맞히는 것은 매우 드문 경우입니다. 이 예제를 인수없이 java GameJava2_05처럼 실행하면 컴퓨터 난수로 3개의 숫자를 만들어서 숨깁니다. 따라서 실제 게임을 할 때는 인수없이 실행시키면 됩니다.

What's up java

행맨1 게임

6.1 • 객체지향의 이해
6.2 • 클래스
6.3 • 생성자
6.4 • 가비지 컬렉션
6.5 • 패키지
6.6 • static
6.7 • StringBuffer 클래스
6.8 • 행맨1 게임 만들기

행맨1 게임

Preview

행맨 게임은 영어를 공부할 때 단어를 익히기 위해서 많이 하는 게임입니다. 문제를 내는 출제자는 단어를 하나 생각하고 몇 글자의 영문자로 이루어진 단어인지 알려줍니다. 문제를 푸는 학습자는 주어진 단어의 글자 수를 바탕으로 숨겨진 단어를 추측하여 맞히게 됩니다. 단번에 문제를 맞힐 수 없기 때문에 보통은 예상되는 단어를 구성하는 영문자를 하나씩 말하고, 문제 출제자는 해당 영문자가 단어 내에 있으면 위치를 표시해줍니다.

예를 들어 숨겨진 단어가 internet이라면 문제 출제자는

```
--------
```

을 칠판이나 종이에 표시해서 총 8글자임을 알려줍니다. 문제를 푸는 학습자는 8자로 이루어진 단어들 중 하나를 추측하고 t를 제시합니다. 출제자는

```
--t----t
```

로 t가 든 위치를 표시해줍니다. 다시 학습자는 e를 제시하고 출제자는

```
--te--et
```

로 e의 위치를 표시해줍니다. 이런 식으로 해서 학습자는 단어를 맞히는 게임입니다.

그런데, 이 게임이 '행맨 게임'이라고 이름이 붙은 이유는 학습자가 틀린 영문자를 말할 때마다 교수대에 목 졸라 죽는 사람을 그리기 때문입니다. 예를 들어 한 번 틀리면 교수대에 매달린 사람의 얼굴을 의미하는 원을 그리고, 또 틀리면 왼팔, 몸통, 오른팔, 왼쪽 다리,... 순으로 그려서 교수대에 달린 사람이 다 그려지면 게임이 끝나고 출제자는 학습자에게 단어를 알려주게 됩니다. 행맨(hangman)은 교수형(사형) 집행인을 의미하는 영어 단어입니다.

우리가 이번에 만드는 행맨 게임은 앞에서 설명한 오리지널 행맨 게임을 그대로 컴퓨터에 옮긴 것입니다. 문제 출제자 대신 컴퓨터가 문제를 출제하고 플레이어가 숨겨진 영단어를 맞히게 됩니다. 오리지널 행맨 게임과 동일하게 플레이어가 숨겨진 단어 내에 존재하는 영문자를 입력하면 해당 위치에 영문자를 표기해주고, 틀린 영문자(숨겨진 단어 내에 존재하지 않는 영문자)를 입력하면 교수형을 당하는 사람을 그립니다. 머리, 왼팔, 몸통, 오른팔, 왼쪽 다리, 오른쪽 다리 순으로 그리기 때문에, 6번 틀린 영문자를

입력하면 게임은 끝나게 됩니다.

자바는 객체지향 프로그래밍 언어이기 때문에 앞에서 만든 모든 프로그램들도 객체지향 프로그램이었습니다만, 이 프로그램을 통해서 우리는 객체지향에 대해서 진지하게 생각하고 이해하는 기회를 갖게 됩니다. 또, 자바의 생성자와 가비지 컬렉션에 대해 배우고, 패키지, 스태틱 등 이유도 모르고 사용했던 명령어들과 String 클래스와 더불어 많이 사용되는 StringBuffer 클래스에 대해서도 배우게 됩니다. 특히 이 장에서 배우는 클래스와 객체에 대한 개념은 다음 장에서 배우는 상속과 이어지기 때문에 잘 알아야 합니다.

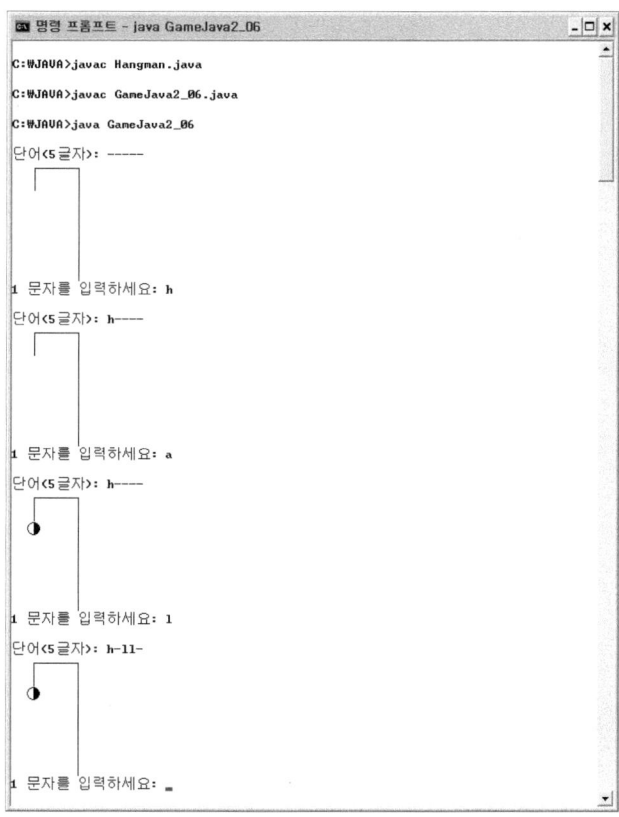

6.1 객체지향의 이해

객체지향 프로그래밍(Object-Oriented Programming; OOP)은 비교적 최근에 자주 언급되고 있는 개념이지만, 실제로는 상당히 오래 전에 나타난 개념입니다. 하지만 컴퓨터 초창기에서는 별로 관심을 못 받다가 최근에는 C++, 자바, 오브젝트 파스칼 등 프로그래머들이 사용하고 있는 대부분의 프로그래밍 언어들이 객체지향 프로그래밍 언어가 되었습니다. 비단, 컴퓨터 언어뿐만 아니라, 델파이, 파워빌더, 비주얼 스튜디오 등의 프로그래밍 툴들도 모두 객체지향 프로그래밍 개념을 기반으로 하고 있습니다. 객체지향이라는 개념이 비교적 오래 전에 나타났는데도 왜 최근에 와서야 이렇게 인기를 얻고 있는 걸까요? 이

점을 이해하지 못하고는 객체지향 프로그래밍 언어인 자바를 알기 어렵습니다.

우리가 사용하고 있는 컴퓨터는 미국, 영국 등 자본주의 국가를 중심으로 발달해왔습니다. 따라서 컴퓨터를 구입하는 사람, 제작하는 사람, 사용하는 사람 모두 경제적인 비용에 대해 심각하게 고려해야 했습니다. 1945년에 미국 국방성에서 존 폰 노이만 박사가 프로그램 내장 방식을 제안한 이후로 모든 컴퓨터는 프로그램을 메모리에 저장한 후 실행하는 구조가 되었는데, 문제는 메모리의 가격이 상당히 고가였다는 점입니다. 그래서 초창기의 프로그래머들은 프로그램을 어떻게 작성하든 크기가 작게 만들려고 노력해야 했습니다. 그러다 보니 '좋은 프로그램 = 크기가 작은 프로그램'이라는 이상한 등식이 성립하게 되었고, 많은 프로그래머들은 암호와 같이 알아보기 힘들어도 크기만 작으면 좋은 프로그램이라고 생각하게 되었고 그런 방식으로 프로그래밍하는 프로그래머가 훌륭한 프로그래머라는 착각을 하게 되었습니다.

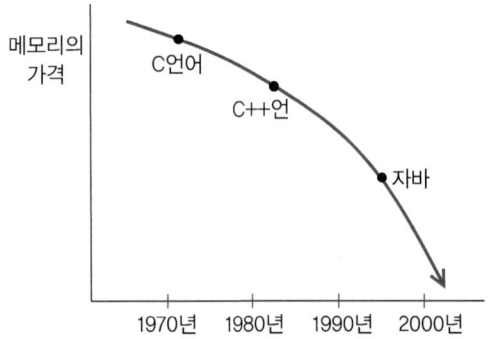

▲ 그림 6-1 메모리 가격과 프로그래밍 기법의 변화

그러나 그 후에 메모리 가격이 급속히 하락하면서, 크기보다는 빠른 속도로 작동하는 프로그램에 대한 요구가 늘어나게 되었습니다. 초창기에는 워낙 작은 메모리를 사용했기 때문에 프로그램이 아무리 빨리 작동되더라도 크기가 크면 실행 자체가 불가능해서 속도에 대한 요구보다는 크기가 작은 프로그램이 좋은 프로그램이라고 생각했지만, 어느 정도의 메모리를 사용하는 것이 가능해지면서 다소 프로그램의 크기가 커지더라도 속도가 더 빠른 쪽을 선택하게 된 것입니다. 이때의 프로그래머들은 '좋은 프로그램 = 작고 빠른 프로그램'이라고 생각했습니다.

하지만 최근에 와서는 메모리의 가격이 전체 컴퓨터 시스템에 비해 거의 의미가 없어지는 시대가 되었습니다. 이제는 메모리가 작아서 실행할 수 없는 프로그램도 찾아보기 힘들게 되었고, 컴퓨터의 속도도 비약적으로 빨라져서 프로그래밍 방식에 따른 속도차도 예전만큼 중요하지 않게 되었습니다. 게다가 프로그래밍하는 방식도 과거에는 한, 두 사람의 뛰어난 프로그래머가 프로그램을 완성했지만, 이제는 적게는 수십 명, 많게는 수백 명의 프로그래머들이 하나의 프로그램을 개발하게 되었고, 프로그램의 크기도 과거에는 몇 천, 몇 만 라인이었던 것이 이제는 몇 백만 라인 이상으로 커졌습니다.

더 이상 '좋은 프로그램 = 작고 빠른 프로그램'이라는 등식은 성립하지 않게 되었습니다. 거대한 크기의 프로그램을 개발해야 하는 현재와 같은 시대에서는 프로그램의 속도나 크기보다는 유지보수를 할 때 얼마나 쉽게 알아볼 수 있는지(Readability)가 중요하게 되었고, 여러 사람이 함께 작업을 하다 보니 각각의 프로그래머가 만든 부분의 신뢰성(Reliability)이 중요하게 되었습니다. 또 프로그램의 모든 코드를 매번 새로 작성하는 것도 불가능하게 되어 이제는 과거의 코드를 얼마나 재사용(Reusability)할 수 있는지도 중요하게 되었습니다.

▼ 객체지향기법의 3R

① **가독성**(Readability)
② **재사용성**(Reusability)
③ **신뢰성**(Reliability)

자바와 같은 객체지향 프로그래밍 언어에서는 객체라는 개념을 사용해서 이러한 3R(Readability, Reusability, Reliability)을 해결하고 있습니다. 자바에서는 프로그램을 작성할 때, 클래스(class)라고 불리는 단위로 작성하는데, 각 클래스는 멤버변수와 메서드를 통해서 독립적으로 작동될 수 있습니다. 예를 들어, 책을 의미하는 Book 클래스는 제목, 페이지 수, 가격과 같은 멤버변수와 읽기, 사기, 쓰기 등과 같은 메서드로 구성될 수 있습니다.

▲ 그림 6-2 Book 클래스

이미 앞에서 배운 대로, 클래스를 메모리에 올리는 작업을 '생성'이라고 하는데, 이렇게 생성된 클래스를 객체(object) 또는 인스턴스(instance)라고 하고, 각 객체들은 유기적으로 상호 작용하면서 주어진 문제를 해결하는 것입니다. 따라서 하나의 클래스에서 하나의 객체만 생성할 수 있는 것은 아니고, 얼마든지 많은 객체를 생성할 수 있으며, 각각의 객체는 서로 다른 값을 포함할 수 있습니다. 이 때문에 클래스를 '객체의 청사진'이라고 부르는 사람도 있습니다.

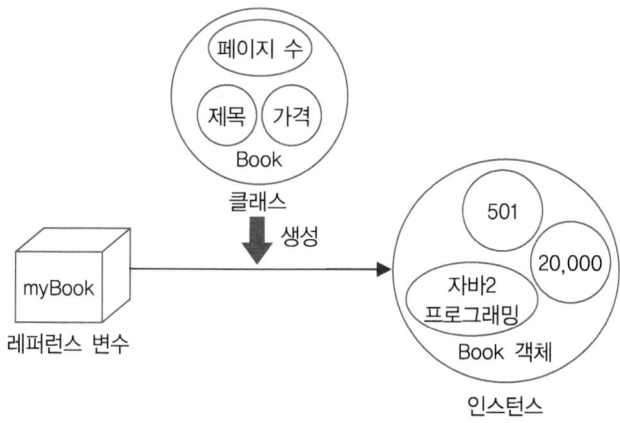

▲ 그림 6-3 Book 클래스의 객체 생성

수많은 프로그래머가 함께 작업을 하더라도 각 프로그래머들은 자신이 작성하는 클래스만을 책임지고 다른 프로그래머가 만든 클래스의 내부 구조나 구현방식 등은 알 필요가 없기 때문에 프로그램 개발이 간략해지고 효율적이 되는 것입니다. 이렇게 다른 프로그래머가 만든 클래스의 내부 구조나 구현방식 등을 알 필요가 없는 것을 특별히 캡슐화(encapsulation)라고 합니다.

6.2 클래스

자바의 클래스는 다음과 같이 클래스 이름과 상속 여부를 표기하는 헤더(header) 부분과 멤버변수, 메서드, 생성자로 구성되는 바디(body)로 구성됩니다.

```
class 클래스이름 [ extends 부모클래스이름 ]    → 클래스 헤더
{
  // 멤버변수                                  → 클래스 바디
  // 메서드
  // 생성자
}
```

반드시 그래야만 한다는 법칙은 없지만, 일반적으로 자바 프로그래머들은 클래스 이름을 메서드나 변수의 이름과 구분하기 위해서 대문자로 시작하도록 하는 것이 보통입니다. 예를 들어 앞에서 우리가 이미 사용해본 Date 클래스, Random 클래스 등은 모두 대문자로 시작하여 클래스 이름임을 분명히 했습니다. 다음은 x, y 좌표를 갖는 간단한 Point 클래스를 정의하고 사용한 예제입니다.

PointTest.java

```java
 1 : public class PointTest
 2 : {
 3 :   public static void main(String[] args)
 4 :   {
 5 :     Point p= new Point();   // Point 클래스의 객체 생성
 6 :     p.x= 10;                // Point 클래스의 멤버변수 x에 저장
 7 :     p.y= 20;                // Point 클래스의 멤버변수 y에 저장
 8 :     p.printXY();            // Point 클래스의 printXY() 메서드 실행
 9 :   }
10 : }
11 :
12 : class Point      // Point 클래스 정의
13 : {
14 :   int x;         // 멤버변수
15 :   int y;
```

```
16 :
17 :     public void printXY()   // 메서드
18 :     {
19 :        System.out.println("x="+ x +", y="+ y);
20 :     }
21 : }
```

결과

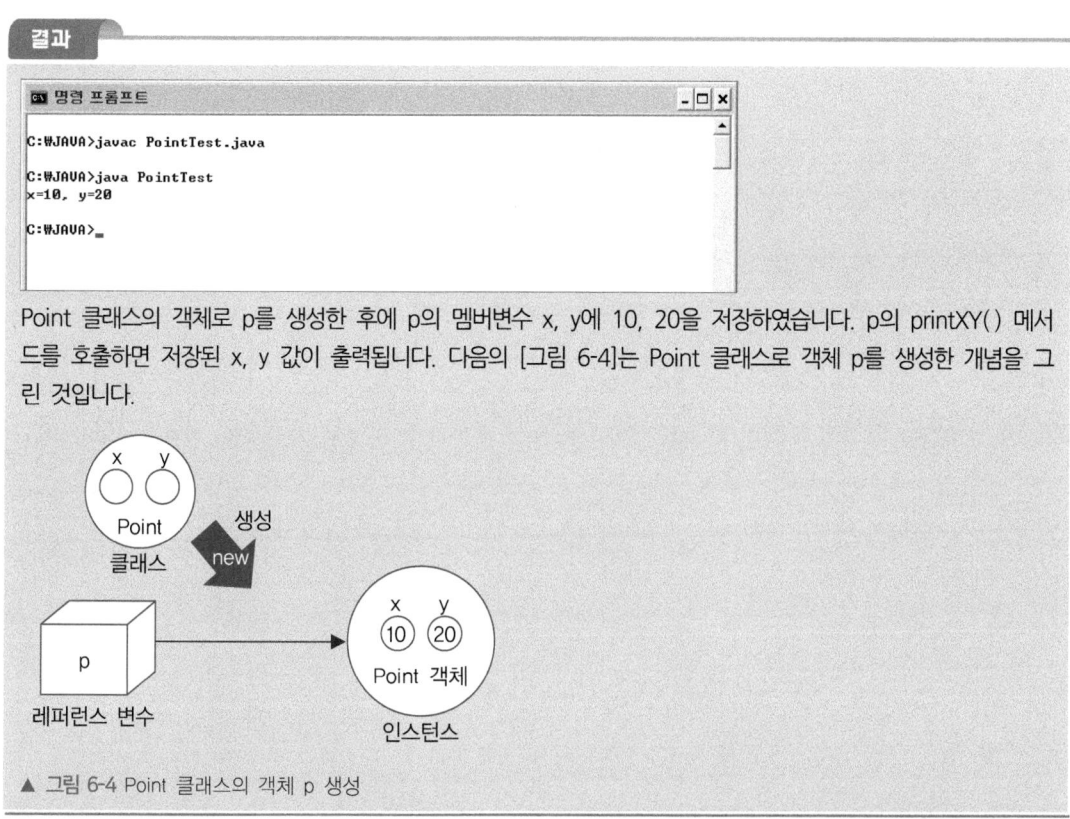

▲ 그림 6-4 Point 클래스의 객체 p 생성

6.3 생성자

클래스는 사용하기 전에 반드시 생성해야 한다고 이미 배웠습니다. 클래스를 생성하기 위해서는 new 명령을 사용합니다. 다음처럼 하면, Stack에 해당하는 클래스가 하나 만들어지고, 변수 s에 할당됩니다. 따라서 변수 s는 레퍼런스 변수가 되고, 이 이후론 s를 통해서만 Stack의 내부에 접근할 수 있습니다. 예를 들어, Stack 클래스 내부에 pop( )이라는 메서드가 있다면 s.pop( )처럼 레퍼런스 변수(s) 뒤에 점(.)을 찍어 표시해야 합니다.

```
클래스이름    변수      클래스이름    인수
   ↓         ↓          ↓         ↓
  Stack     s  =  new   Stack(    5    );
```

클래스를 생성할 때 주어지는 값은 클래스의 생성자에게 인수로써 전달됩니다. 위의 예에서는 Stack 클래스의 생성자에게 5라는 int형 값을 전달합니다. 클래스 생성이 끝나면 클래스 생성자는 주어진 인수를 받아서 자동으로 실행됩니다. 만일 매개 변수가 없다면, 생성자가 실행되지 않는 것이 아니라 인수 없는 생성자가 실행됩니다. 즉, 어떤 경우라도 클래스가 생성된 후에는 자동으로 생성자가 실행됩니다. 따라서 생성자는 주로 클래스의 멤버변수들을 사용하기 전에 초기화시키기 위한 용도로 많이 사용됩니다.

클래스의 생성자는 다음과 같이 헤더(header)와 바디(body)로 구성됩니다. 이때 생성자의 이름은 클래스의 이름과 같아야 하고 public 접근제어를 사용해야 합니다. 접근제어에 대해서는 **7.2 접근제어**에서 자세히 배웁니다.

```
public 클래스이름( [매개변수, 매개변수, ... ] )      → 생성자 헤더
{
    // 명령어들                                    → 생성자 바디
}
```

예를 들어 MyClass라는 클래스의 생성자는 다음처럼 선언될 수 있습니다. 이 생성자는 MyClass를 생성할 때 자동으로 실행되고 멤버변수인 a에 생성할 때 전달하는 인수를 초기치로 저장합니다.

```
class MyClass
{
    int a;

    public MyClass(int x)
    {
        a= x;
    }
}
```

생성자를 정의할 때 주의해야 할 점은 public으로 선언한다는 점과 반환형이 없다는 점입니다. 생성자는 클래스 외부에서 자바 가상머신이 자동으로 호출하기 때문에 public으로 선언하지 않으면 외부에서의 호출이 불가능하게 됩니다. 따라서 반드시 public으로 선언해야 합니다. 생성자에게 인수를 전달 할 때는 다음처럼 하면 되지만, 생성자가 돌려주는 반환 값은 돌려받을 방법이 없습니다. 다음에서 mc가 받는 값은 생성자가 반환하는 값이 아니고 MyClass의 레퍼런스 값이기 때문입니다. 프로그래머가 착각하지 않도록 자바에서는 아예 생성자의 반환형을 선언할 수조차 없도록 했습니다. 실수로 일반 메서드처럼 반환형을 선언하면 컴파일 과정에서 에러가 납니다.

```
MyClass mc= new MyClass(5); // 생성자에 5 전달
```

다음은 주어진 시간을 화면에 출력하는 Clock 클래스와 생성자의 예제입니다.

ConstructorTest.java

```java
 1 : public class ConstructorTest
 2 : {
 3 :    public static void main(String[ ] args)
 4 :    {
 5 :       Clock c= new Clock(10, 55, 16);   // 10시 55분 16초를 인수로 전달
 6 :       c.printTime( );   // Clock 클래스의 printTime( ) 메서드 호출
 7 :    }
 8 : }
 9 :
10 : class Clock
11 : {
12 :    int hour;
13 :    int min;
14 :    int sec;
15 :
16 :    public Clock(int h, int m, int s)   // 생성될 때 h, m, s를 인수로 받음
17 :    {
18 :       hour= h;
19 :       min= m;
20 :       sec= s;
21 :    }
22 :
23 :    public void printTime( )   // CLock 클래스의 멤버변수 hour, min, sec을 출력
24 :    {
25 :       System.out.println(hour +":"+ min +":"+ sec);
26 :    }
27 : }
```

결과

```
C:₩JAVA>javac ConstructorTest.java

C:₩JAVA>java ConstructorTest
10:55:16

C:₩JAVA>
```

이 예제는 생성자를 정의하고 사용하는 법을 보였습니다. Clock 클래스의 객체가 생성될 때 전달한 인수는 생성자에게 전달되고, printTime( ) 메서드는 생성자가 저장한 hour, min, sec 변수의 값을 출력합니다.

> **Q** 이번에 우리는 생성자에 대해서 배웠지만, 지금까지 만든 클래스들은 생성자를 만들지 않았습니다. 클래스를 정의하면서 생성자를 만들지 않는 경우에는 어떻게 처리되나요?
>
> **A** 자바에서는 new 명령으로 객체를 생성할 때는 반드시 생성자를 먼저 실행시킵니다. 다시 말해서 생성자라는 것은 객체가 생성될 때 최초로 실행되는 메서드인 것입니다. 만약 프로그래머가 클래스를 정의하면서 생성자를 정의하지 않는다면, 자바 가상머신은 기본 생성자를 제공합니다. 기본 생성자는 클래스와 이름이 같고 인수는 받지 않는 메서드로 아무 일도 하지 않습니다.

6.4 가비지 컬렉션

수십년간 C 언어나 C++ 언어로 프로그래밍을 해온 노련한 전문가가 작성한 프로그램인데도 실행 중에 갑자기 컴퓨터가 정지하거나 메모리가 부족하다는 메시지를 출력하고 종료되는 경우가 있습니다. 또는 한, 두 번은 잘 실행되지만 여러 번 실행하고 나면 시스템이 이상해져서 컴퓨터를 리부팅해야 하는 프로그램도 있습니다. 심지어는 고가로 판매되고 있는 소프트웨어 중에서도 실행 중에 이러한 문제가 나타나서 패치나 업데이트 등을 발표하기도 합니다. 여러 가지 이유가 있을 수 있겠지만, 이러한 문제가 나타나는 가장 큰 원인 중의 하나는 시스템 리소스를 사용하고 반환하지 않았기 때문입니다.

C 언어나 C++ 언어와 같은 자바 외의 다른 언어에서는 사용한 시스템 리소스는 반드시 프로그래머가 반환해줘야 하는데, 프로그래머의 실수나 여러 가지 문제로 시스템 리소스를 미처 반환하지 못해서 운영체제가 더 이상 작업을 수행할 수 없게 되었기 때문입니다. 컴퓨터 언어가 나온 후 지금까지 이 점은 프로그래머들을 가장 괴롭히는 문제였습니다. 그런 점에서 본다면 자바는 획기적인 언어입니다. 프로그래머는 사용한 시스템 리소스의 반환에 대해서 아무런 책임도 없고 신경 쓸 필요조차 없게 되었기 때문입니다. 만일 C 언어나 C++ 언어를 먼저 배운 사람이 아니라면, 지금부터 설명하는 가비지 컬렉션은 알 필요도 없습니다. 자바가 다 알아서 해결해주기 때문입니다.

자바는 프로그램을 실행시킬 때, 백그라운드로 가비지 컬렉터(Garbage Collector)라는 프로그램을 하나 더 실행시킵니다. 가비지 컬렉터는 프로그램이 사용하는 메모리 영역을 조사해서 더 이상 사용되지 않는 객체들은 자동으로 삭제해줍니다. 객체의 사용여부를 판단하는 방법은 해당 객체를 참조하는 레퍼런스 변수가 있는지를 확인합니다. 해제할 클래스 객체를 가리키는 레퍼런스 변수가 하나도 없으면, 더 이상 그 객체를 사용할 수 있는 방법이 없기 때문에, 가비지 컬렉터는 해당 객체가 필요 없다고 판단하고 메모리에서 삭제해버립니다. 만일 클래스 객체를 가리키는 레퍼런스 변수가 하나라도 있다면 가비지 컬렉터는 해당 객체를 제거하지 않습니다.

가비지 컬렉터는 백그라운드로 작동되기 때문에, 프로그래머는 가비지 컬렉터가 언제 실행될 지 알 수 없고 실제로 알 필요도 거의 없습니다. 다만 자바가 (1) 시스템 리소스가 없어서 프로그램 실행이 어려울 때나 (2) 프로그램이 컴퓨터 시스템에 미치는 부하가 적어서 백그라운드로 가비지 컬렉터를 실행시킬 여유가 있을 때에 가비지 컬렉터를 실행한다고 생각하면 됩니다. 이렇게 가비지 컬렉터가 필요 없는 객체를 수집하여 삭제하는 작업을 가비지 컬렉션이라고 합니다. 참고로 가비지(garbage)는 '쓰레기'라는 의미이고 컬렉션(collection)은 '수집'이라는 의미입니다.

> **Q** 자바에서 가비지 컬렉션을 자동으로 해주는 것은 확실히 편리한 기능이지만, 그럼에도 불구하고 프로그래머가 명시적으로 가비지 컬렉션을 할 수 있는 방법은 없나요?
>
> **A** 가비지 컬렉션을 하는 가비지 컬렉터는 프로그램과 동시에 작동되다가 (1) 시스템 리소스가 없어서 프로그램 실행이 어려울 때나 (2) 프로그램이 컴퓨터 시스템에 미치는 부하가 적어서 백그라운드로 가비지 컬렉션을 할 여유가 있을 때에 가비지 컬렉션을 합니다. 따라서, 극히 드문 경우지만 컴퓨터 시스템에 부하가 계속 많은 경우에는 더 이상 사용해야 할 리소스(예를 들어 메모리)가 없을 때까지 아무 일도 안하고 기다릴 지도 모릅니다. 이런 경우가 예상된다면 프로그래머가 강제로 다음처럼 System 클래스의 gc( ) 메서드를 실행하면 됩니다.
>
> ```
> System.gc();
> ```
>
> gc( ) 메서드를 호출하면, 자바 가상머신이 가능한 한 가장 빠른 시간에 가비지 컬렉션을 합니다.(자바 가상머신이 가비지 컬렉션을 계속 미루며 기다리는 경우는 매우 드문 경우이기 때문에, 특별한 이유가 없는 한 gc( ) 메서드를 호출할 필요는 없습니다.)

6.5 패키지

매 번 만들어 쓰기에 번거롭고 자주 사용되는 클래스들은 자바 언어에서 패키지라는 형태로 제공됩니다. 패키지는 다른 프로그래밍 언어에서 '라이브러리'라고 말하는 것과 비슷한데, 자바 언어에서 기본적으로 제공되는 패키지뿐만 아니고 우리가 만든 클래스들을 모아 패키지로 만들 수도 있습니다. 패키지를 사용할 때는 C 언어에서 #include 라는 명령으로 라이브러리를 사용을 선언하는 것처럼, import 명령으로 사용할 패키지를 먼저 선언합니다. 우리는 앞에서 이미 import java.util.Random; 등과 같이 import 명령을 사용해서 패키지를 사용한 경험이 있습니다. 하나의 클래스를 사용하겠다고 선언할 수도 있지만, 어떤 패키지 전체를 사용한다고 선언할 수도 있습니다. 이때는 다음처럼 *를 사용합니다.

```
import java.util.Date;    → java.util 패키지 내의 Date 클래스를 사용한다는 뜻
import java.util.*;       → java.util 패키지 내의 모든 클래스를 사용한다는 뜻
```

import 명령에서 사용하는 패키지 이름은 디렉터리 경로와 비슷합니다. 예를 들어 java.util.Random은 다음의 [그림 6-5]처럼 java 디렉터리의 서브 디렉터리인 util 디렉터리에 저장되어 있는 Random이라는 파일과 같은 의미입니다. 즉 java\util\Random 인 셈이죠. 다만 백슬래시(\) 대신 점(.)을 사용한 것입니다. 윈도우즈에서는 백슬래시(\)이고, 리눅스와 같은 유닉스 계열에서는 슬래시(/)이기 때문에 점(.)으로 통일한 것 같습니다.

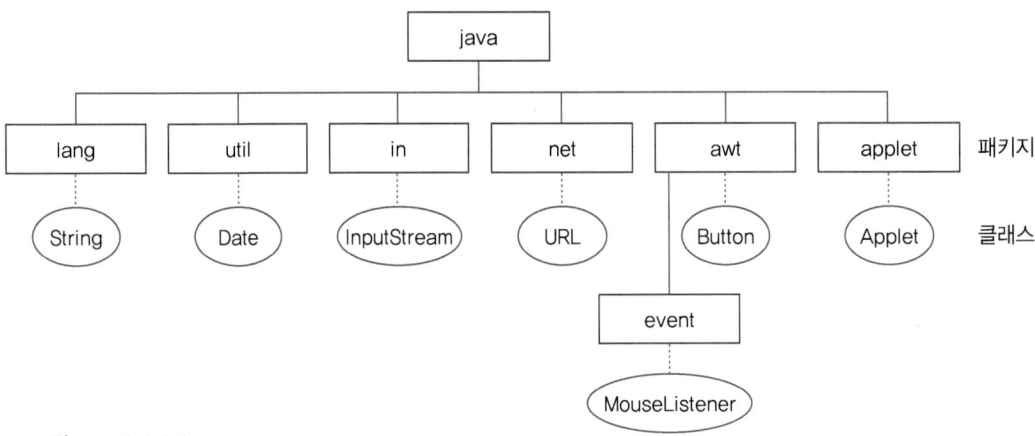

▲ 그림 6-5 패키지의 구조

모든 import 명령은 프로그램의 가장 먼저 나와야 합니다. import 명령 앞에 올 수 있는 명령은 import 명령뿐입니다. 따라서 필요한 패키지를 선언하는 import 명령들이 제일 먼저 나오고 클래스가 정의되어야 합니다. 만일 import 선언을 하지 않고 클래스 내에서 특정 패키지의 클래스를 사용하고 싶으면, 다음처럼 경로를 모두 써주면 됩니다. 하지만 import 선언을 하지 않고 경로도 표시하지 않으면 자바가 해당 클래스를 찾을 수 없기 때문에 에러가 납니다.

```
java.util.Date today= new java.util.Date();
```

그런데 앞에서 우리는 String 클래스를 import 선언도 하지 않고 경로 표시도 하지 않고 사용했었습니다. String 클래스의 정확한 경로는 java.lang.String 입니다만, 경로를 표시하지 않아도 아무런 에러가 나지 않고 잘 사용할 수 있었습니다. 그 이유는 자바가 자주 사용되는 클래스를 묶어 놓은 java.lang 패키지를 자동으로 import 했기 때문입니다. 자바 언어에서 제공되는 표준 패키지들 중에 java.lang 패키지는 항상 import 되기 때문에 따로 선언할 필요는 없습니다. 그러나 java.lang 패키지 외의 다른 패키지의 클래스를 사용할 때는 반드시 import 선언을 하거나 경로 표시를 해야 합니다.

Q 자바가 제공하는 패키지가 아닌 자신만의 패키지를 만들려면 어떻게 해야 하나요?

A 일반적으로 패키지 이름은 디렉터리 이름입니다. 따라서 MyPackage라는 이름의 패키지 안에 클래스들을 넣고 싶다면, 먼저 MyPackage라는 디렉터리를 만들고 클래스 파일들을 옮깁니다. 이때 패키지에 들어가는 모든 클래스의 첫 줄에는

가 선언되어 있어야 합니다. 만일 패키지에 서브디렉터리가 있다면 디렉터리를 구분하는 백슬래시(\) 대신 점(.)으로 구분해서 사용하면 됩니다.(유닉스 계열에서는 슬래시(/)로 디렉터리를 구

분하지만, 마찬가지로 점(.)으로 바꾸면 됩니다.) 예를 들어 MyPackage 디렉터리 밑의 util 서브 디렉터리에 클래스들이 들어있다면 다음처럼 하면 됩니다.

```
package    MyPackage.util;
   ↑             ↑
패키지선언      패키지이름
```

완성된 패키지를 사용하는 측에서는 import 명령을 사용하면 됩니다. 예를 들어, MyPackage 밑의 util 서브디렉터리의 MyClass를 사용한다면 다음처럼 하면 됩니다.

```
import MyPackage.util.MyClass;
```

물론 *를 사용해서 패키지 내의 모든 클래스를 나타내도 됩니다.

```
import MyPackage.util.*;
```

Q 자바가 제공하는 패키지가 아닌 자신만의 패키지를 만든 경우에, 이를 사용하려면 어떻게 해야 하나요?

A 다음 예제는 MyClass라는 클래스를 만들어 MyPackage라는 이름의 패키지에 저장한 후, Package Test 클래스에서 사용하는 예제입니다. 이 예제에서처럼 하면, 자신이 만든 클래스들을 한데 모아 패키지를 만든 후, 다음 번에 프로그램을 작성할 때 손쉽게 임포트(import)해서 사용할 수 있습니다.

먼저, 패키지를 저장할 MyPackage 디렉터리를 만듭니다. 이 예제에서 현재 디렉터리는 C:\JAVA 입니다. 디렉터리를 만들 때는 MS-DOS의 md 명령어를 사용합니다.

```
C:\JAVA>md MyPackage
```

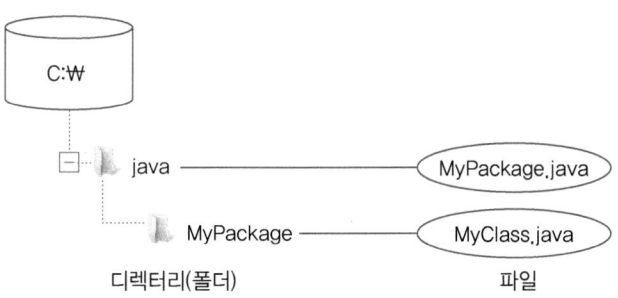

▲ 그림 6-6 MyPackage가 있는 디렉터리 구조

에디터에서 MyClass.java를 입력한 후, C:\JAVA\MyPackage 디렉터리에 저장합니다. 만일 현재 디렉터리가 C:\JAVA\MyPackage라면 평소처럼 javac MyClass.java로 컴파일하고, 현재 디렉터리가 C:\JAVA라면 다음처럼 컴파일합니다.

```
C:\JAVA>javac MyPackage\MyClass.java
```

이제, 에디터에서 PackageTest.java를 입력하고 다음처럼 컴파일합니다.

```
C:\JAVA>javac PackageTest.java
```

다음처럼 PackageTest 클래스를 실행시킵니다. MyPackage 패키지 안에 든 MyClass 클래스를 생성하여 MyClass 클래스 내의 myMethod( ) 메서드를 잘 실행시켰음을 알 수 있습니다.

```
C:\JAVA>java PackageTest
```

MyClass.java

예제

```java
1 : package MyPackage;   // 패키지 선언
2 :
3 : public class MyClass
4 : {
5 :   public void myMethod()
6 :   {
7 :     System.out.println("게임으로 배우는 자바2 프로그래밍");
8 :   }
9 : }
```

PackageTest.java

예제

```java
1 : import MyPackage.*;   // 패키지 사용을 선언
2 :
3 : public class PackageTest
4 : {
5 :   public static void main(String[] args)
6 :   {
7 :     MyClass mc= new MyClass();   // MyPackage 내에 있는 MyClass를 사용
8 :
9 :     mc.myMethod();
10 :   }
11 : }
```

결과

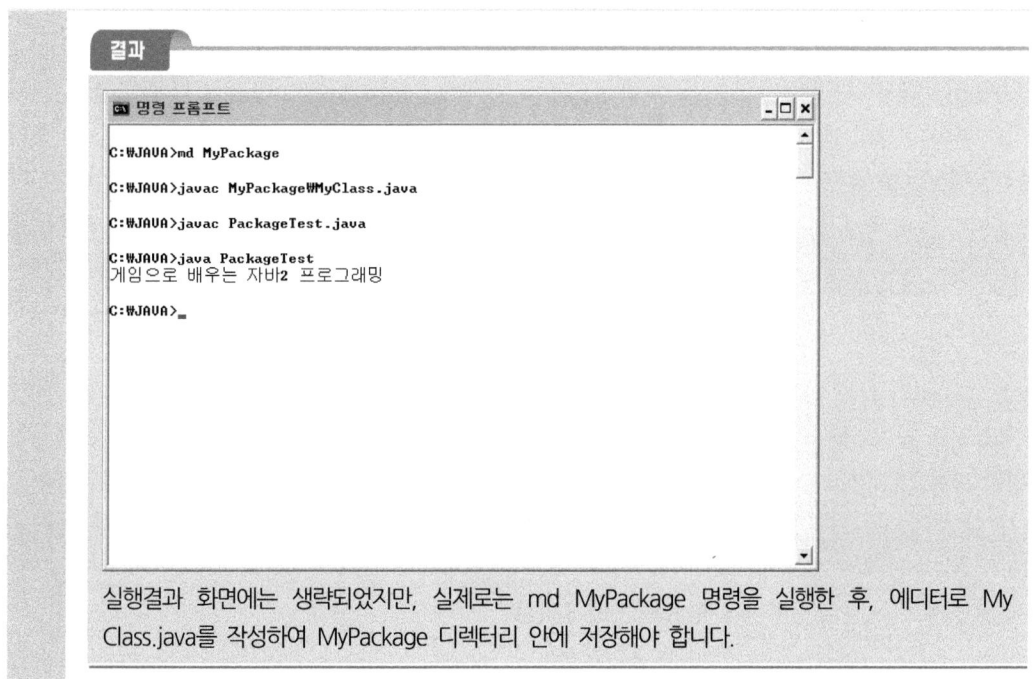

실행결과 화면에는 생략되었지만, 실제로는 md MyPackage 명령을 실행한 후, 에디터로 MyClass.java를 작성하여 MyPackage 디렉터리 안에 저장해야 합니다.

■ 이클립스에서 패키지 추가하는 방법

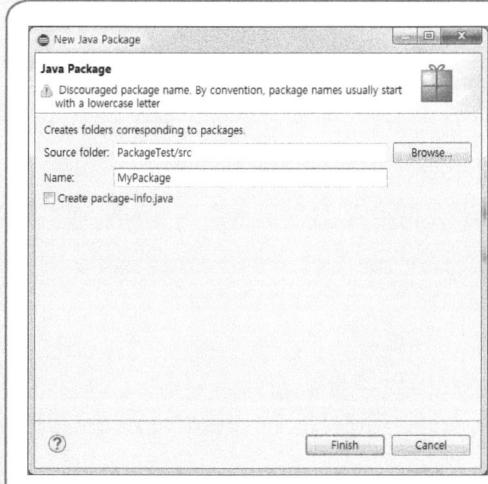

[File]-[New]-[Package] 메뉴를 선택하고 Name란에 패키지 이름을 입력합니다. 예를 들어 MyPackage를 입력하고 [Finish] 버튼을 누르면, 프로젝트에 MyPackage 패키지가 만들어집니다. MyPackage 패키지를 선택하고 [File]-[New]-[Class] 메뉴를 선택하여 클래스를 만들면 MyPackage 패키지에 클래스가 추가됩니다.

6.6 static

4.3 main( ) 메서드와 인수에서 main( ) 메서드에 대해 배울 때, main( )의 반환형 앞에는 반드시 static 선언을 해야 한다고 배웠습니다. 여기에서 그 이유를 자세히 알아봅시다. 먼저, static은 멤버변수와 메서드 앞에서만 선언되는데, 형식은 다음과 같습니다.

```
static 데이터형 변수이름;
static 반환형 메서드이름( [매개변수, ... ] );
```

static으로 선언된 멤버변수나 메서드는 객체와 상관없이 호출할 수 있다는 의미입니다. 따라서 객체를 생성할 필요 없이 클래스 이름만으로도 사용할 수 있습니다.(물론 객체를 생성해서 사용하는 것도 가능합니다.) 예를 들어 java.lang 패키지의 Math 클래스는 대부분의 메서드를 static으로 선언했기 때문에, 간단한 계산을 위해 매 번 Math 클래스를 생성할 필요 없이 바로 사용할 수 있습니다. 다음은 변수 x의 절댓값을 구하는 예인데, Math 클래스의 절댓값을 구해주는 abs( ) 메서드가 static으로 선언되어 있기 때문에 다음처럼 간편하게 사용할 수 있습니다.

```
int abs_x= Math.abs(x);
```

물론 다음처럼 Math 클래스를 생성해서 사용하는 것도 가능합니다.

```
Math m= Math( );
int abs_x= m.abs(x);
```

static으로 선언된 멤버변수나 메서드들은 생성되기 전에 메모리에 올라오는 것이기 때문에, static 메서드 내에서 static이 아닌 멤버변수를 사용하거나 하면 곤란한 일이 발생할 수 있습니다. 이를 막기 위해서 자바에서는 static으로 선언된 멤버변수나 메서드들은 다음과 같은 규칙을 지키도록 되어 있습니다.

1. static 메서드는 오직 static 멤버변수만 사용할 수 있습니다.
2. static 메서드는 오직 같은 클래스 내의 static 메서드만 호출할 수 있습니다.
3. static 메서드는 this를 사용할 수 없습니다. (this에 대해서는 7.4 this와 super에서 배웁니다.)
4. static 메서드와 일반 메서드(static이 아닌)는 오버라이딩 될 수 없습니다.

static이 객체의 생성여부와 상관없다는 의미는 결국 특정한 인스턴스에 속하지 않는다는 뜻이기 때문에, 같은 클래스에서 생성된 객체들이 값을 공유하고 싶을 때도 사용할 수 있습니다. C 언어에서는 전역변수가 있어서 프로그램 전체에서 접근하는 변수를 만들 수 있지만, 자바는 전역변수가 없기 때문에 다음처럼 static 변수를 이용해서 객체의 생성여부를 출력하는 프로그램을 만들 수 있습니다.

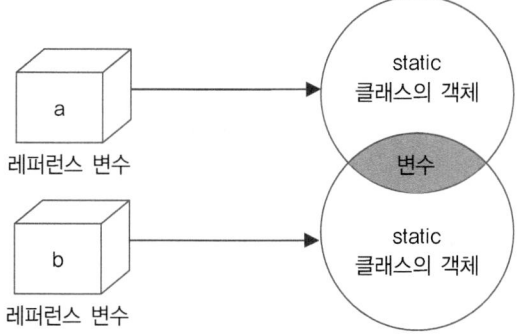

▲ 그림 6-7 static으로 선언된 값은 같은 클래스의 객체들끼리 공유

다음 예제에서 object_num 멤버변수는 static이기 때문에 MyClass의 객체를 생성해도 새로 만들어지지 않고 하나만 유지되어 현재 생성된 객체의 개수를 저장하고 있게 됩니다.

StaticTest.java

```
 1 : public class StaticTest
 2 : {
 3 :   public static void main(String[] args)
 4 :   {
 5 :     MyClass[] mc= new MyClass[10];  // 10개의 MyClass형 객체를 갖는 배열을 선언
 6 :
 7 :     for(int i=0;i<10;i++){
 8 :       mc[i]= new MyClass();  // MyClass 클래스의 객체를 생성
 9 :       System.out.println("MyClass Instance의 수: "+ mc[0].getObjectNum() +"개");
              // MyClass 클래스의 getObjectNum() 메서드를 호출하여 object_num 변수의 값을 출력
10 :     }
11 :   }
12 : }
13 :
14 : class MyClass
15 : {
16 :   static int object_num= 0;  // static으로 선언
17 :
18 :   public MyClass()
19 :   {
20 :     object_num++;  // 객체가 생성될 때마다 object_num 값을 1씩 증가
21 :   }
22 :
23 :   public static int getObjectNum()
24 :   {
```

```
25 :        return object_num;  // 멤버변수 object_num의 값을 반환
26 :    }
27 : }
```

결과

```
C:\JAVA>javac StaticTest.java

C:\JAVA>java StaticTest
MyClass Instance의 수: 1개
MyClass Instance의 수: 2개
MyClass Instance의 수: 3개
MyClass Instance의 수: 4개
MyClass Instance의 수: 5개
MyClass Instance의 수: 6개
MyClass Instance의 수: 7개
MyClass Instance의 수: 8개
MyClass Instance의 수: 9개
MyClass Instance의 수: 10개

C:\JAVA>
```

MyClass 클래스의 멤버변수인 object_num는 static으로 선언되었기 때문에, 객체의 생성과는 상관없이 항상 존재하는 변수가 됩니다. 따라서 7행에서 MyClass형 객체를 생성할 때마다 생성자에서 값을 1씩 증가시켜서 객체의 개수를 기억하게 됩니다.

6.7 StringBuffer 클래스

우리는 3장에서 String 클래스에 대해 자세히 배웠습니다. String 클래스는 매우 편리한 문자열 클래스입니다만, 일단 한 번 문자열이 저장되면 문자열 내의 문자를 바꾸거나 문자열의 길이를 바꾸는 것이 불가능합니다. (이 점은 3장에서 "Hello"라는 문자열과 " World"라는 문자열을 합치는 경우에, 기존의 String 변수 값이 바뀌는 것이 아니고 새로운 문자열을 만들어 레퍼런스 변수의 값(주소)를 바꾸는 것이라고 자세히 설명했습니다.) 동적으로 문자열의 내용이나 길이를 바꾸고 싶을 때 사용할 수 있는 클래스가 StringBuffer 클래스입니다.

StringBuffer 클래스는 현재의 문자열 뒤에 문자를 추가하거나, 문자열 중간에 다른 문자열을 삽입할 수도 있고, 특정 위치의 문자를 바꿀 수도 있기 때문에 매우 편리합니다. 게다가 동적으로 문자열 길이를 바꾸거나 위치를 조정할 수도 있습니다. [표 6-1]은 StringBuffer 클래스 내의 대표적인 메서드들을 정리한 것입니다.

메서드	설명
StringBuffer append(String str)	저장된 문자열 뒤에 str 추가
char charAt(int index)	index 위치의 문자를 반환
StringBuffer insert(int off, String str)	off 위치에 str 삽입
int length( )	크기를 반환
StringBuffer reverse( )	저장된 문자열을 반대로 변경
void setCharAt(int index, char ch)	index 위치의 문자를 ch로 변경
void setLength(int index)	크기를 설정
String toString( )	저장된 문자열을 String형으로 변경

▲ 표 6-1 StringBuffer 클래스의 대표적인 메서드들

다음은 StringBuffer 클래스를 이용하여 문자열을 추가하거나 삽입하는 예제입니다. 다음 예제에서 알 수 있듯이 append( ) 메서드와 insert( ) 메서드는 String형 값 외의 기본 데이터형(boolean, char, int, long, float, double,.. 등) 값을 주는 것도 가능합니다.

StringBufferTest.java

```java
 1 : public class StringBufferTest
 2 : {
 3 :     public static void main(String[ ] args)
 4 :     {
 5 :         StringBuffer sb= new StringBuffer( );  // StringBuffer형 변수 생성
 6 :         sb.append('R');           // char형
 7 :         sb.append("ealty ");      // String형
 8 :         sb.append(2007);          // int형
 9 :         sb.append(' ');
10 :         sb.append(7.5);           // double형
11 :         System.out.println(sb);
12 :         sb.insert(6, ", B");      // String형
13 :         sb.insert(9, 'C');        // char형
14 :         System.out.println(sb);
15 :     }
16 : }
```

결과

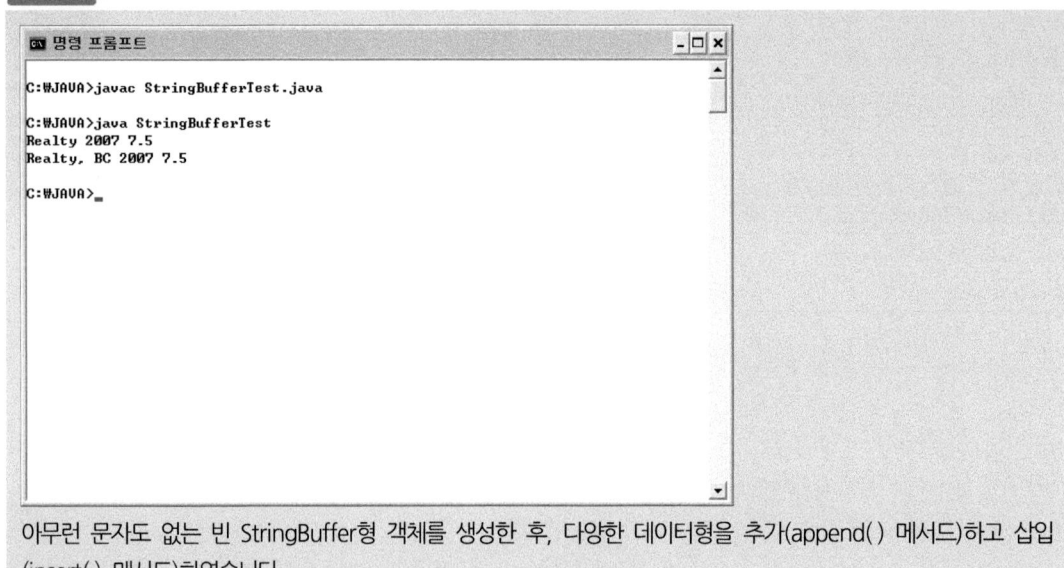

아무런 문자도 없는 빈 StringBuffer형 객체를 생성한 후, 다양한 데이터형을 추가(append( ) 메서드)하고 삽입(insert( ) 메서드)하였습니다.

다음 예제는 StringBuffer 클래스를 사용하여 입력받은 문자열을 거꾸로 뒤집어서 출력하는 예제입니다.

ReverseString.java

예제

```
 1 : import java.io.*;
 2 :
 3 : public class ReverseString
 4 : {
 5 :   public static void main(String[ ] args) throws IOException
 6 :   {
 7 :     System.out.println("거꾸로 뒤집을 문자열을 입력해주세요.");
 8 :
 9 :     BufferedReader in= new BufferedReader(new InputStreamReader(System.in));
10 :     String str= in.readLine();   // 키보드로부터 한 줄 입력
11 :
12 :     StringBuffer sb= new StringBuffer(str);
13 :     System.out.println(sb.reverse());   // 거꾸로 뒤집은 문자열을 출력
14 :   }
15 : }
```

결과

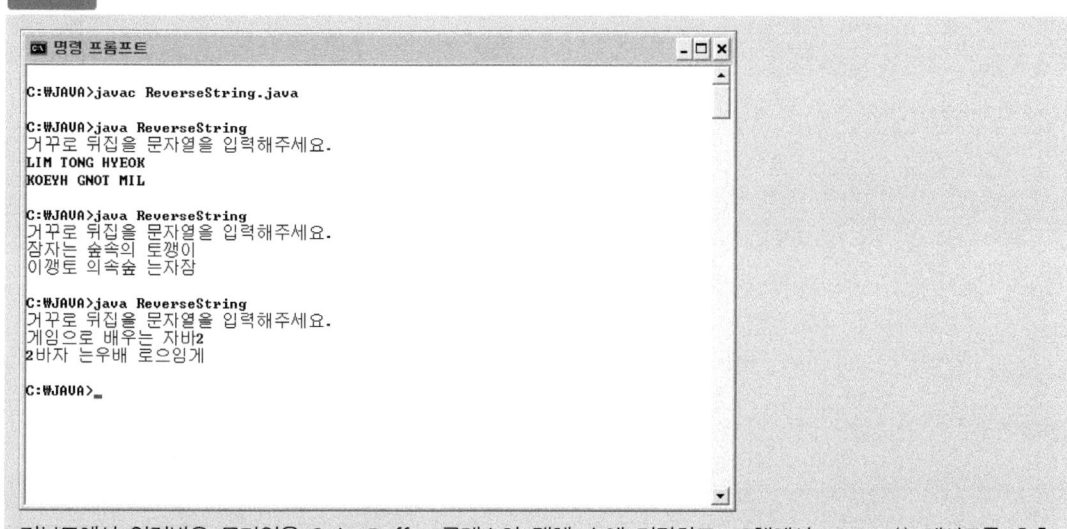

키보드에서 입력받은 문자열을 StringBuffer 클래스의 객체 sb에 저장하고 13행에서 reverse( ) 메서드를 호출하여 간단히 문자열을 뒤집었습니다.

6.8 행맨1 게임 만들기

행맨 게임은 앞에서 만든 다른 게임들과는 달리, Hangman 클래스와 GameJava2_06 클래스 두 개로 이루어져 있습니다. 먼저 GameJava2_06 클래스의 main( ) 메서드에서는 Hangman 클래스를 생성하고 Hangman 클래스 내의 playGame( ) 메서드를 호출합니다. playGame( ) 메서드는 게임을 실행하고 플레이어가 몇 번만에 답을 맞혔는지를 돌려주는데, 이 결과에 따라 칭찬이나 격려의 메시지를 출력합니다.

```
Hangman hangman= new Hangman( );

int result= hangman.playGame( );

System.out.println( );
if(result<=2){
   System.out.println("참 잘했어요!");
}else if(result<=3){
   System.out.println("잘했어요!");
}else if(result<=4){
   System.out.println("보통이네요!");
}else{
   System.out.println("분발하세요!");
}
```

게임과 관련된 모든 메서드들과 멤버변수들은 Hangman 클래스에 들어있습니다. String형 멤버변수인 hiddenString은 컴퓨터가 출제할 문제입니다. 여기서는 단순히 "hello"라는 문자열을 저장해두었는데, 앞에서 배운 배열과 난수 발생을 이용하여 다양한 문제를 출제하도록 쉽게 고칠 수 있습니다. 7장에서는 이 Hangman 클래스를 상속받아 다양한 문제를 출제하는 Hangman2 클래스를 만듭니다. 또 다른 멤버변수인 outputString과 inputString은 StringBuffer형 변수입니다. outputString은 플레이어에게 보여줄 힌트이며 inputString은 플레이어가 같은 문자를 반복해서 입력하는 것을 방지하기 위해 플레이어의 입력 문자를 저장해둔 변수입니다.

playGame() 메서드가 Hangman 클래스의 생성자에서 호출되면, 먼저 outputString 변수에 hiddenString에 저장된 문자열의 개수만큼 '-' 문자를 추가하여 화면에 출력합니다. 플레이어는 '-' 문자의 개수를 보고 숨겨진 단어의 글자 수를 알게 됩니다.

```
for(int i=0; i<hiddenString.length(); i++)
{
   outputString.append('-');
}
```

readChar() 메서드는 키보드로부터 문자를 입력받아 돌려주는 메서드입니다. readChar() 메서드가 돌려주는 값을 바로 checkChar() 메서드에 인수로 줍니다.

```
checkChar(readChar());
```

checkChar() 메서드에서는 인수로 받은 문자가 inputString 내에 있는지를 검사한 후, 있으면 이미 입력한 문자라고 출력하고 플레이어로부터 다시 문자를 입력받습니다. 만일 인수로 받은 문자가 inputString에 존재하지 않는 문자인 경우에는 처음으로 입력된 문자이기 때문에, 입력받은 문자를 inputString에 추가합니다.

```
boolean already= false;
for(int i=0;i<inputString.length();i++){
   if(inputString.charAt(i)==guess){   // guess는 인수로 주어진 문자
      System.out.println("\n이미 입력한 문자입니다! 다시 입력해주세요,");
      already= true;
   }
}
inputString.append(guess);
```

인수로 받은 문자가 처음으로 입력된 문자임이 확인된 후에는 hiddenString 문자와 비교합니다. 인수로 받은 문자가 hiddenString 내에 있으면 outputString의 해당 위치에 인수로 받은 문자를 표기하는

메서드입니다. 만일 hiddenString 내에 인수로 받은 문자가 하나도 없으면 실패를 의미하는 failed 변수 값을 1 증가 시킵니다.

```java
if(!already){
  boolean success= false;
  for(int i=0;i<hiddenString.length();i++){
    if(hiddenString.charAt(i)==guess){  // guess는 인수로 주어진 문자
      outputString.setCharAt(i, guess);
      remainder--;  // remainder는 남은 문자수
      success= true;
    }
  }
  if(!success) failed++;  // failed는 실패한 횟수
}
```

checkChar()이 끝나면 outputString을 화면에 출력하고, drawMan() 메서드를 불러서 사형수를 그립니다. 플레이어가 정답을 맞히거나 사형수가 완전히 사형을 당하는 경우(6회 이상 틀린 경우)에는 게임을 종료하고 생성자로 돌아가게 됩니다. 생성자가 끝나면 main() 메서드로 돌아가게 되고, main() 메서드는 칭찬이나 격려의 메시지를 출력하게 됩니다.

Hangman.java

```java
 1 : import java.io.*;
 2 :
 3 : public class Hangman
 4 : {
 5 :   String hiddenString;          // 숨겨진 문자열(문제)
 6 :   StringBuffer outputString;    // 플레이어의 입력에 따른 결과로 보여줄 문자열
 7 :   StringBuffer inputString;     // 플레이어가 입력한 문자들의 모임
 8 :   int remainder;                // 맞힐 문자열(못 맞히고 남아있는 문자의 수)
 9 :   int failed;                   // 실패한 횟수
10 :
11 :   public Hangman() throws IOException
12 :   {
13 :     hiddenString= "hello";  // 문제는 'hello'
14 :   }
15 :
16 :   public int playGame() throws IOException
17 :   {
```

```
18 :        outputString= new StringBuffer();
19 :
20 :        for(int i=0;i<hiddenString.length();i++){
            // hiddenString의 문자수만큼 '-' 출력
21 :            outputString.append('-');
22 :        }
23 :
24 :        inputString= new StringBuffer();
25 :
26 :        remainder= hiddenString.length();   // hiddenString의 문자수가 맞힐 문제의 문자수
27 :        failed=0;
28 :
29 :        System.out.println("\n단어("+ hiddenString.length() +"글자"+"): "+
                            outputString);
30 :        drawMan();   // 교수대 그리기
31 :
32 :        do{
33 :            checkChar(readChar());   // 한 문자를 입력받아서 정답인지 확인
34 :            System.out.println("\n단어("+ hiddenString.length() +"글자"+"): "+
                            outputString);
35 :            drawMan();   // 입력 문자에 따른 교수대 출력
36 :        }while((remainder>0)&&(failed<6));
            // 문제를 완전히 맞히거나 6번 이상 틀릴 때까지 반복
37 :
38 :        return failed;
39 :    }
40 :
41 :    public void checkChar(char guess)
42 :    {
43 :        boolean already= false;
44 :        for(int i=0;i<inputString.length();i++){
45 :            if(inputString.charAt(i)==guess){   // 이미 입력했던 문자인지 조사
46 :                System.out.println("\n이미 입력한 문자입니다! 다시 입력해주세요,");
47 :                already= true;
48 :            }
49 :        }
50 :
51 :        if(!already){
52 :
53 :            inputString.append(guess);   // 입력한 문자들의 모임에 추가
```

```
54 :
55 :         boolean success= false;
56 :         for(int i=0;i<hiddenString.length();i++){
57 :            if(hiddenString.charAt(i)==guess){   // 문제에 해당 문자가 있는지 조사
58 :               outputString.setCharAt(i, guess);  // 문제에 문자가 있으면 -를 문자로 변경
59 :               remainder--;             // 맞힐 문자수 1 감소
60 :               success= true;           // 입력한 문자가 문제에 있었음을 표시
61 :            }
62 :         }
63 :         if(!success) failed++;       // 입력한 문자가 문제에 없으면 실패 횟수를 1 증가
64 :      }
65 :   }
66 :
67 :   public void drawMan()
68 :   {
69 :      System.out.println("    ┌──┐ ");
70 :      System.out.println("    │  │");
71 :
72 :      switch(failed){        // 실패 횟수에 따라 교수대에 사람을 그림
73 :         case 0:
74 :            System.out.println("        |");
75 :            System.out.println("        |");
76 :            System.out.println("        |");
77 :            System.out.println("        |");
78 :            System.out.println("        |");
79 :            System.out.println("        |");
80 :            break;
81 :         case 1:
82 :            System.out.println("    ◐   |");  // 1번 실패한 경우 머리 그림
83 :            System.out.println("        |");
84 :            System.out.println("        |");
85 :            System.out.println("        |");
86 :            System.out.println("        |");
87 :            System.out.println("        |");
88 :            break;
89 :         case 2:
90 :            System.out.println("    ◐   |");
91 :            System.out.println("    ┼   |");  // 2번 실패한 경우 왼팔 그림
92 :            System.out.println("        |");
93 :            System.out.println("        |");
```

```
 94 :            System.out.println("        |");
 95 :            System.out.println("        |");
 96 :            break;
 97 :        case 3:
 98 :            System.out.println("   ◐    |");
 99 :            System.out.println("   ┬    |");
100 :            System.out.println("   |    |");   // 3번 실패한 경우 몸통 그림
101 :            System.out.println("        |");
102 :            System.out.println("        |");
103 :            System.out.println("        |");
104 :            break;
105 :        case 4:
106 :            System.out.println("   ◐    |");
107 :            System.out.println("  ┌┤    |");   // 4번 실패한 경우 오른팔 그림
108 :            System.out.println("   |    |");
109 :            System.out.println("        |");
110 :            System.out.println("        |");
111 :            System.out.println("        |");
112 :            break;
113 :        case 5:
114 :            System.out.println("   ◐    |");
115 :            System.out.println("  ┌┬    |");
116 :            System.out.println("   |    |");
117 :            System.out.println("   ┴    |");   // 5번 실패한 경우 왼쪽 다리 그림
118 :            System.out.println("  |     |");
119 :            System.out.println("        |");
120 :            break;
121 :        case 6:
122 :            System.out.println("   ◐    |");
123 :            System.out.println("  ┌┬    |");
124 :            System.out.println("   |    |");
125 :            System.out.println("   ┴    |");   // 6번 실패한 경우 오른쪽 다리 그림
126 :            System.out.println("  |  |  |");
127 :            System.out.println("        |");
128 :            break;
129 :        }
130 :    }
131 :
132 :    public char readChar() throws IOException
133 :    {
```

```
134 :      BufferedReader in= new BufferedReader(new InputStreamReader(System.in));
135 :      String user;
136 :
137 :      System.out.print("1 문자를 입력하세요: ");
138 :      user= in.readLine();      // 키보드로부터 한 줄을 입력
139 :      return user.charAt(0);    // 입력받은 문자열 중 첫 번째 문자를 반환
140 :    }
141 : }
```

GameJava2_06.java

예제

```
 1 : import java.io.*;
 2 :
 3 : public class GameJava2_06
 4 : {
 5 :    public static void main(String[ ] args) throws IOException
 6 :    {
 7 :       Hangman hangman= new Hangman();
 8 :
 9 :       int result= hangman.playGame();   // 게임을 실행
10 :
11 :       System.out.println();
12 :       if(result<=2){  // 실패 횟수에 따라 메시지 출력
13 :          System.out.println("참 잘했어요!");
14 :       }else if(result<=3){
15 :          System.out.println("잘했어요!");
16 :       }else if(result<=4){
17 :          System.out.println("보통이네요!");
18 :       }else{
19 :          System.out.println("분발하세요!");
20 :       }
21 :    }
22 : }
```

결과

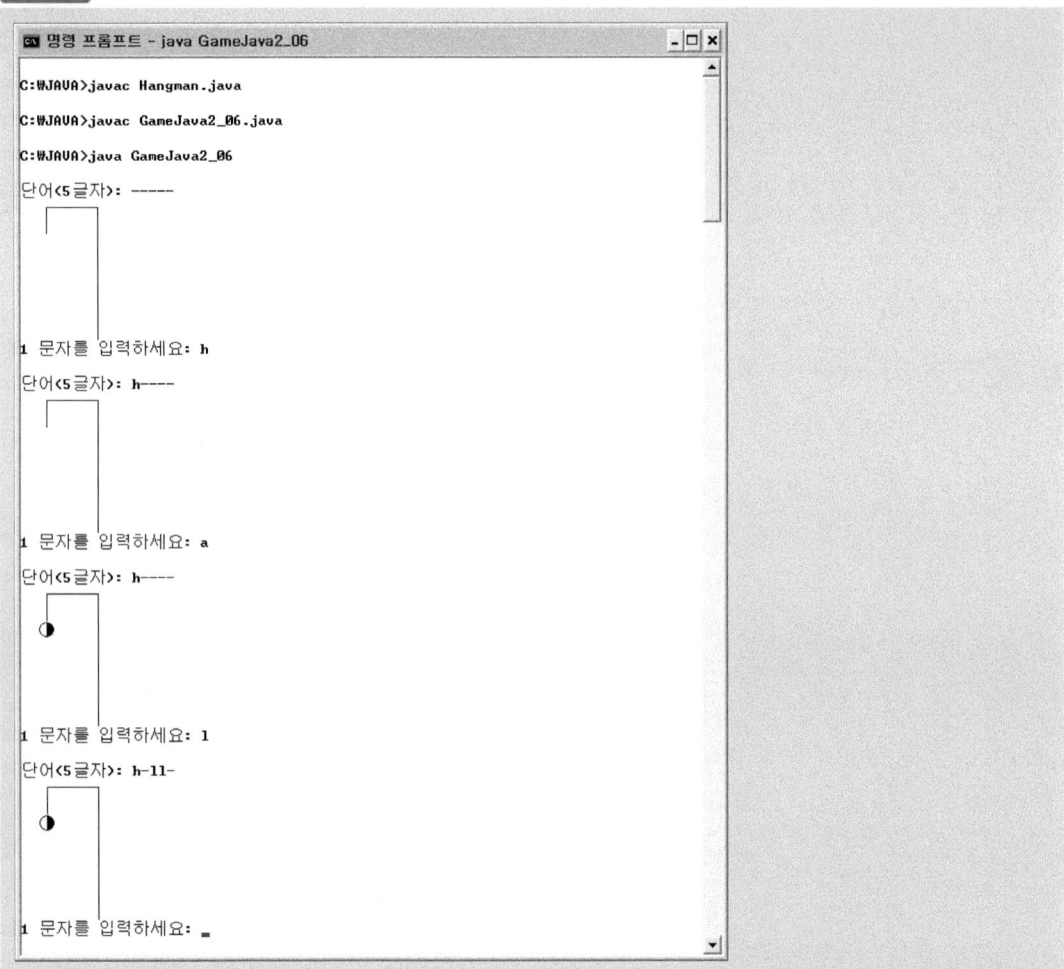

이 예제에서 숨겨진 문자열은 hello입니다. 플레이어가 처음 입력한 문자는 h이기 때문에 h----가 출력되었습니다. 그 다음에 입력된 a는 없는 문자이기 때문에 교수대에 사람의 머리가 그려지게 됩니다. 게임을 계속해서 문자열을 모두 맞히거나 6회 이상 틀리면 게임이 종료됩니다.

07

행맨2 게임

7.1 • 상속
7.2 • 접근제어
7.3 • 메서드 오버라이딩
7.4 • this와 super
7.5 • 상속 시의 생성자 관계
7.6 • final
7.7 • 행맨2 게임 만들기

행맨2 게임

Preview

6장에서 우리는 숨겨진 영어 단어를 맞히는 행맨 게임을 만들었습니다. 이 행맨 게임은 영단어를 숨겨 두고 글자 수 만큼 '-'를 출력한 후, 플레이어가 '-' 대신 들어갈 영문자를 입력하는 영어 학습용 게임이 었습니다. 6장에서 우리는 클래스에 대한 기본 개념을 설명하기 위해 간단한 행맨 게임을 만들었기 때문에 숨겨진 단어는 미리 지정한 "hello" 하나였습니다. 이는 클래스와 생성자 등을 이해하기에 좋은 심플한 예였습니다만 실제 게임으로서는 실용성이 없는 프로그램이었습니다.(편의상 6장에서 만든 첫 번째 행맨 게임을 행맨1 게임, 이번에 만드는 두 번째 행맨 게임을 행맨2 게임이라고 표기하겠습니다.)

```
C:\JAVA>javac Hangman.java

C:\JAVA>javac Hangman2.java

C:\JAVA>javac GameJava2_07.java

C:\JAVA>java GameJava2_07
의미: 진료소
단어(6글자): ------




1 문자를 입력하세요(힌트를 원하면 ? 입력): i
단어(6글자): --i-i-




1 문자를 입력하세요(힌트를 원하면 ? 입력): h
단어(6글자): --i-i-




1 문자를 입력하세요(힌트를 원하면 ? 입력): ?
힌트: c
1 문자를 입력하세요(힌트를 원하면 ? 입력):
```

이번에 우리가 만들 행맨2 게임은 미리 지정한 다수의 의학용 영단어들 중 하나를 무작위로 선택해서 문제를 내고 맞히도록 하는 좀더 그럴듯한 행맨 게임입니다. 따라서 매번 다른 단어를 숨겨두고 게임을 시작합니다. 또 이번 행맨2 게임에서는 먼저 숨겨둔 단어의 뜻을 알려주기 때문에, 플레이어는 무작정 영문자를 찍기보다는 해당하는 뜻을 가진 영단어의 자리수를 생각해서 추측할 수 있도록 했습니다. 여기서는 편의상 미리 배열에 11개의 의학용 영단어들을 저장해둡니다만, 12장에서 배우는 파일 입출력을 이용하면, 다양한 영단어들을 데이터 파일로 만들어두고 사용하도록 확장할 수도 있습니다. 예를 들어, 중학 영단어, 고교 영단어, 대학 영단어 등으로 레벨별로 구분하여 저장한 영단어 파일 중 선택할 수 있도록 하면 실용성이 더욱 높아집니다. 이번 행맨2 게임에서 추가된 또 하나의 기능은 플레이어가 게임을 푸는 동안 도저히 단어를 알 수 없을 때, 물음표(?)를 입력해서 아직 맞히지 못한 숨겨진 영문자 중 하나를 볼 수 있는 힌트 기능입니다.

중요한 점은 행맨2 게임이 앞에서 만든 행맨1 게임을 참고로 새로 제작된 것이 아니고, 행맨1 게임을 그대로 상속받아 필요한 메서드와 멤버변수만을 추가했다는 점입니다. 상속을 이용하면 기존 클래스의 내용을 수정 없이 사용하면서 필요한 부분만을 추가하거나 수정할 수 있기 때문에, 기존의 C 언어 등에서 사용하는 라이브러리 방식의 프로그래밍보다 훨씬 효과적입니다. 행맨2 게임을 만들면서 우리는 자바의 상속을 이해할 수 있고 상속과 관련된 여러 기능들을 배우게 됩니다. 특히 그동안 이유를 모르고 사용해 온 public 등의 접근제어에 대해 자세히 배우고, 상속 시에 발생할 수 있는 생성자 간의 관계와 this, super, final 등의 명령어에 대해서도 배웁니다.

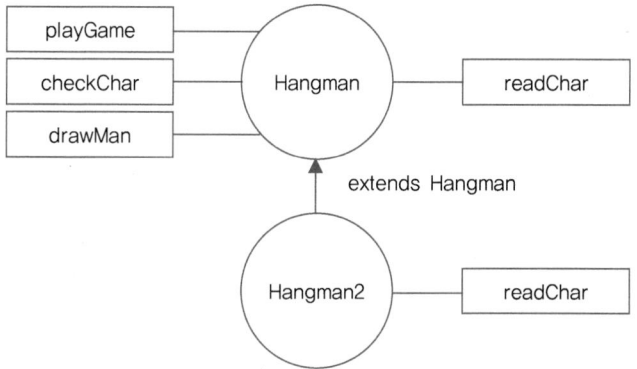

▲ 그림 7-1 행맨1 게임과 행맨2 게임 간의 상속관계

7.1 상속

거대한 프로그램을 주기적으로 업데이트하거나 제작해야 하는 현재와 같은 프로그래밍 환경에서는 가독성, 재사용성, 신뢰성 등의 3R(Readability, Reusability, Reliability)이 중요하게 되었고, 이 점이 객체지향기법이 나타나게 된 이유라는 점은 이미 앞에서 자세히 배웠습니다. 6장에서 배운 클래스는 객체지향을 이루는 기본 단위로, 각각의 클래스는 상속을 통해 확장될 수 있기 때문에, 상속은 객체지향에서 3R 중 하나인 재사용(Reusability)을 보장하는 중요한 기능입니다.

자바에서는 이미 만든 클래스를 수정할 필요 없이 그대로 상속받아서 확장할 수 있습니다. 이때 상속을 받는 자식 클래스를 서브클래스라고 하고, 상속을 해주는 부모 클래스를 슈퍼클래스라고 합니다. 슈퍼클래스와 서브클래스는 자바에서 사용하는 용어로 C++ 언어나 스몰토크 같은 다른 객체지향 언어에서는 베이스 클래스 등의 다른 용어를 사용합니다. 서브클래스는 슈퍼클래스의 멤버변수와 메서드를 사용할 수 있을 뿐만 아니라, 필요하다면 수정하거나 추가할 수도 있기 때문에, 기껏해야 명령어나 함수를 불러 쓸 수밖에 없는 라이브러리 방식의 프로그래밍(C 언어, 파스칼, 베이직 등)에 비해 훨씬 효과적입니다.

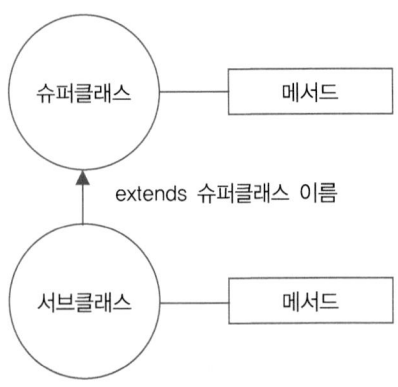

▲ 그림 7-2 슈퍼클래스와 서브클래스

서브클래스는 다음과 같이 클래스 이름과 상속받을 슈퍼클래스를 표기하는 헤더(header) 부분과 멤버변수, 메서드, 생성자로 구성되는 바디(body)로 구성됩니다.

```
class 서브클래스이름 extends 슈퍼클래스이름      → 서브클래스 헤더
{
    // 멤버변수                                  → 서브클래스 바디
    // 메서드
    // 생성자
}
```

서브클래스는 슈퍼클래스를 확장한 클래스이기 때문에, 서브클래스에 없는 메서드나 멤버변수도 슈퍼클래스에 존재하면 사용할 수 있습니다. 따라서 서브클래스를 new 명령어를 사용하여 생성한 객체에는 서브클래스의 멤버변수와 메서드 뿐만 아니라, 슈퍼클래스의 모든 멤버변수와 메서드를 포함하고 있게 됩니다. 예를 들어 아래 [그림 7-3]의 Bongo 클래스는 슈퍼클래스인 Truck과 Truck의 모든 슈퍼클래스들의 멤버변수와 메서드를 포함하게 됩니다. 즉, Vehicle, LandVehicle, Truck, Bongo의 모든 멤버변수와 메서드가 Bongo 클래스의 객체에 포함됩니다.

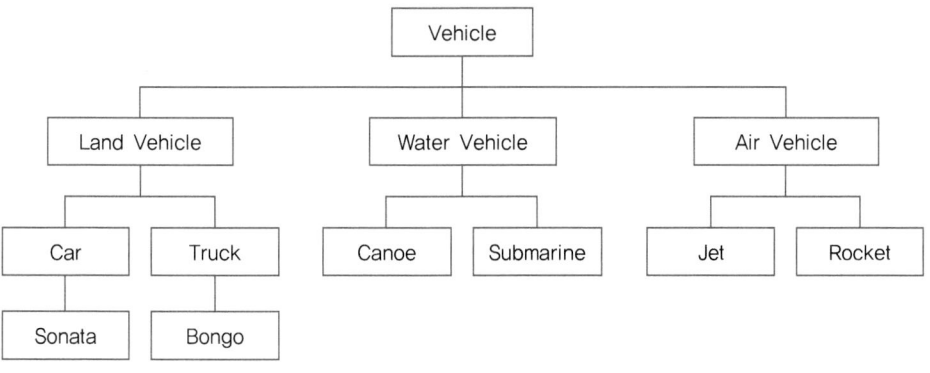
▲ 그림 7-3 상속의 예

만일 위 [그림 7-3]과 같은 클래스들이 있을 때, 프로그래머가 Car 클래스의 서브클래스인 Sonata 클래스를 만들고 싶다면, 이미 Vehicle, LandVehicle, Car 클래스가 잘 정의되어 있기 때문에, 프로그래머는 3개의 슈퍼클래스에 없는 기능이나 슈퍼클래스와 다른 기능만을 넣어서 다음처럼 Sonata 클래스를 만들면 됩니다.

```
class Sonata extends Car
{
  int airbag;            → 추가되는 멤버변수

  public void abs()      → 추가되거나 수정되는 메서드
  {
    // ...
  }
}
```

이와 같이 기존의 클래스를 상속받아 사용하게 되면 이미 만든 클래스와 중복되는 코드들을 또다시 작성할 필요가 없어져서 재사용성이 높아지고, 이미 만들어서 사용되는 클래스들은 테스트되고 검증되었기 때문에 신뢰성이 높아져서 현재 만드는 클래스의 제작과 테스트에만 전념할 수 있게 됩니다.

상속받은 서브클래스로 객체를 만들면, 당연히 슈퍼클래스의 내용이 자동으로 포함됩니다. 예를 들어, A 클래스를 상속받는 B 클래스가 있을 때

```
A myA= new A();   // 슈퍼클래스의 객체
B myB= new B();   // 서브클래스의 객체
```

라고 하면, 슈퍼클래스의 객체인 myA에는 A 클래스의 변수와 메서드만 포함되지만, 서브클래스의 객체인 myB에는 B 클래스는 물론이고 A 클래스의 변수와 메서드도 포함됩니다. 복잡한 상속관계에서도 클래스의 객체를 생성하면, 해당 클래스의 모든 부모(슈퍼클래스)가 객체에 포함된다는 것을 잊지 않도록 합시다.

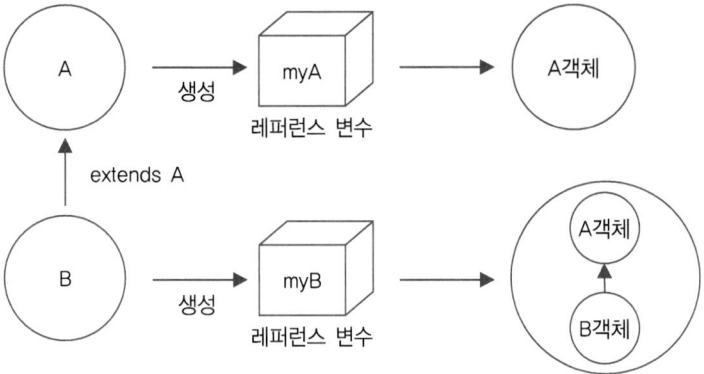

▲ 그림 7-4 서브클래스의 객체

다음은 자바의 상속을 이용하여 만든 Employee 클래스와 Manager 클래스입니다. Manager 클래스의 getInformation() 메서드를 호출하면, Manager 클래스에 정의되어있지 않은 name과 salary도 출력되는 것을 알 수 있습니다.

Employee.java

```
 1 : public class Employee
 2 : {
 3 :    String name;
 4 :    int salary;
 5 :
 6 :    public Employee(String n, int s)   // 생성자가 이름과 월급을 인수로 받음
 7 :    {
 8 :       name= n;   // 이름과 월급을 저장
 9 :       salary= s;
10 :    }
11 :
12 :    public void getInformation()
13 :    {
14 :       System.out.println("이름: "+ name +", 연봉: "+ salary);
15 :    }
16 : }
```

Manager.java

```
 1 : public class Manager extends Employee   // Employee 클래스를 상속
 2 : {
 3 :    String department;
 4 :
```

```
 5 :    public Manager(String n, int s, String d)   // 생성자
 6 :    {
 7 :       super(n,s);      // Employee 클래스의 생성자에게 이름과 월급 전달
 8 :       department= d;   // 부서 저장
 9 :    }
10 :
11 :    public void getInformation()
12 :    {
13 :       System.out.println("이름: "+ name +", 부서: "+ department +", 연봉: "+ salary);
              // Employee 클래스에 있는 name과 salary 변수를 사용
14 :    }
15 : }
```

InheritanceTest.java

```
1 : public class InheritanceTest
2 : {
3 :    public static void main(String[ ] args)
4 :    {
5 :       Manager mng= new Manager("김정아", 80000000, "기획실");
              // Manager 클래스의 객체를 생성하고, 이름, 월급, 부서를 인수로 전달
6 :
7 :       mng.getInformation();   // Manager 클래스의 getInformation() 메서드를 호출
8 :    }
9 : }
```

결과

```
C:\JAVA>javac Employee.java

C:\JAVA>javac Manager.java

C:\JAVA>javac InheritanceTest.java

C:\JAVA>java InheritanceTest
이름: 김정아, 부서: 기획실, 연봉: 80000000

C:\JAVA>_
```

Manager 클래스는 Employee 클래스를 상속받았기 때문에, Employee 클래스의 멤버변수인 name과 salary를 Manager 클래스의 getInformation( ) 메서드에서 사용할 수 있습니다.

Q 앞에서 만든 Manager 클래스의 생성자에서 사용한 super(n,s)는 무슨 뜻인가요?

A super( ) 메서드는 슈퍼클래스의 생성자에게 인수를 전달하는 명령어입니다. 따라서 Manager 클래스의 생성자가 받은 3개의 인수 중 이름과 연봉을 의미하는 n과 s를 슈퍼클래스인 Employee 클래스의 생성자에게 넘긴 것입니다. 자바에서 슈퍼클래스의 생성자를 호출할 때는 super( ) 메서드를 사용하고, 자신의 생성자를 호출할 때는 this( ) 메서드를 사용합니다. super( ) 메서드와 this( ) 메서드에 대해서는 **7.4 this와 super**에서 자세히 배웁니다.

Q C++ 언어에서는 여러 개의 부모 클래스(슈퍼클래스)로부터 상속받을 수 있는데, 자바에서도 가능한가요?

A 자바에서는 오직 하나의 슈퍼클래스에서만 상속받을 수 있습니다. 다시 말해서 다중상속이 금지되어 있습니다. 자바에서 다중상속을 금지시킨 이유는 다중상속이 여러 개의 부모 클래스들로부터 교차상속 받기 때문에 프로그래머가 전혀 의도하지 않은 결과가 발생할 수 있기 때문입니다. 완성된 프로그램 소스를 볼 때도 클래스의 멤버변수나 메서드가 어느 부모로부터 상속되었는지 이해하기가 어렵고, 또 같은 이름의 클래스가 여러 부모에 섞여 있는 경우에는 오버라이딩 되는 메서드를 알기 힘듭니다. 이러한 문제점들은 객체지향 언어의 목적인 가독성이나 신뢰성, 재사용성을 크게 훼손하는 것들입니다. 따라서 자바는 부모를 하나만 가질 수 있도록 제한하고, 필요한 경우에는 인터페이스를 사용하도록 했습니다.(인터페이스는 **8.3 인터페이스**에서 자세히 배웁니다.) 연산자 오버로딩이나 포인터 연산, 다중상속 등을 금지시킨 것은, 무턱대고 다양한 기능을 제공하는 C++언어에 비해, 자바가 계획적으로 잘 설계되었음을 알 수 있는 부분입니다.

7.2 접근제어

자바에서는 객체를 만들기 위한 기본 요소로 클래스를 사용합니다. 클래스를 사용하면 여러 프로그래머가 공동 작업을 하더라도 각 프로그래머가 자신이 만든 클래스만을 책임지고 다른 프로그래머가 만든 클래스의 내부 구조나 구현방식 등을 알 필요가 없기 때문에, 전체 프로그램의 개발이 효율적으로 됩니다. 이렇게 각 클래스를 사용 목적에 따라 구분하기만 하면 내부적으로 어떻게 처리되는지 알 필요가 없는 것을 특별히 캡슐화(encapsulation)라고 한다는 것은 앞에서 이미 배웠습니다.

```
class Animal
{
    int leg; // 다리의 개수를 나타내는 변수

    public void walk(int direction)
    {
        // ...
    }
}
```

그런데, 아무리 클래스를 잘 설계해서 만들더라도 클래스를 사용하는 방법이 잘못되면 엉뚱한 결과가 나타나서, 결과적으로 캡슐화에 실패하는 경우가 발생할 수 있습니다. 예를 들어, 프로그래머가 모든 동물관련 클래스의 슈퍼클래스로 위와 같은 Animal 클래스를 정의했는데, 이 Animal 클래스를 사용하는 측에서 다리의 수를 나타내는 leg 멤버변수에 다음처럼 -1을 저장하면 곤란한 일이 일어날 수 있습니다. Animal 클래스를 정의한 프로그래머는 다리의 수가 마이너스(-)인 동물은 상상할 수 없기 때문에 전체 클래스의 작동이 엉망이 될 수 있기 때문입니다.

```
Animal lion= new Animal();
lion.leg= -1;    // 다리의 수를 -1로 설정
```

이처럼 클래스 내의 특정한 멤버변수나 메서드를 외부에서 접근하는 것을 막기 위해서 사용하는 명령어가 접근제어자입니다. 자바에서는 public, private, protected의 3가지 접근제어 방식이 있고, 우리가 앞에서 만든 프로그램이나 위의 Animal 클래스의 leg 멤버변수처럼 아무런 표시를 하지 않았을 때 자동으로 지정되는 friendly 접근제어가 있습니다.

1 public

public은 가장 일반적인 접근제어자입니다. public으로 선언된 멤버변수, 메서드는 어떠한 자바 프로그램에서든지 제한 없이 사용될 수 있습니다. 즉 어떤 클래스에서 public이라고 선언된 모든 멤버변수나 메서드는 다른 클래스에서 얼마든지 상속받거나 접근할 수 있습니다.(물론 해당 클래스 내부의 메서드에서는 당연히 사용할 수 있습니다.) 다음의 A 클래스의 멤버변수 a와 method_A() 메서드는 모든 클래스에서 사용할 수 있는 경우입니다.

```
class A
{
   public int a;

   public void method_A()
   {
      a= 100;
   }
}
```

우리는 6장에서 생성자를 배우면서, 생성자는 반드시 public으로 선언되어야 한다고 했는데, public으로 선언해야만 클래스 외부에서 제한 없이 호출할 수 있기 때문입니다. 생성자의 경우는 클래스를 생성할 때, 자동으로 호출되는 메서드이기 때문에, 주로 다른 클래스나 자바 가상머신이 호출합니다. 따라서 생성자를 public으로 선언하지 않으면 생성자의 호출이 불가능한 경우가 발생합니다.

2 private

private는 가장 폐쇄적인 접근제어자입니다. private으로 선언된 멤버변수, 메서드는 해당 클래스 내부의 메서드에서만 사용할 수 있습니다. 즉, 다른 클래스에서는 접근 자체가 불가능합니다.(여기서 말하는 다른 클래스에는 해당 클래스를 상속받은 서브클래스도 포함됩니다.) 따라서 private는 다른 클래스로부터 보호하고 싶은 멤버변수나 메서드의 앞에 선언됩니다. 자바 프로그래머들이 멤버변수나 메서드 앞에 private 붙이는 주된 이유는 이후에 변경할 가능성이 있기 때문입니다. private 멤버변수나 메서드는 나중에 내용을 바꿔도 다른 클래스들에게는 아무 영향이 없기 때문에 편리합니다. 다음의 B 클래스에서 멤버변수 a는 다른 클래스에서 사용할 수 있지만, 멤버변수 b와 method_B( )는 B 클래스 내부에서 정의된 method_B( ) 메서드에서만 사용할 수 있습니다.

```
class B
{
   private int b;

   private void method_B( )
   {
      b= 200;
   }
}
```

3 protected

protected는 상속을 위해 준비된 접근제어자입니다. protected로 선언된 멤버변수, 메서드는 해당 클래스를 상속받은 서브클래스에겐 public처럼 작동되고, 서브클래스가 아닌 클래스들에겐 private처럼 작동됩니다. 즉, 서브클래스와 해당 클래스 내부의 메서드에서만 사용할 수 있습니다. protected는 보통 private으로 선언하고 싶지만, private으로 선언하면 확장하는데 어려움이 있는 경우에 사용됩니다. 다음의 C 클래스에서 멤버변수 c와 method_C( ) 메서드는 C 클래스와 C 클래스를 상속받은 서브클래스에서만 사용할 수 있습니다.

```
class C
{
   protected int c;

   protected void method_C( )
   {
      c= 300;
   }
}
```

[표 7-1]은 자바의 3가지 접근제어자인 public, private, protected로 선언된 멤버변수, 메서드들을 접근할 수 있는 범위를 나타낸 것입니다.

접근제어자	클래스 내부(멤버 메서드)	서브클래스	클래스 외부(서브클래스 제외)
public	O	O	O
private	O	×	×
protected	O	O	×

▲ 표 7-1 접근제어의 범위

4 friendly

friendly 접근제어는 앞에서 배운 public, private, protected 중 어느 것도 사용하지 않은 경우로, 따로 friendly라고 선언하는 것은 아닙니다. friendly는 아무 것도 선언하지 않은 경우이기 때문에 디폴트(default)라고도 부릅니다. 자바에서는 아무런 접근제어자를 표시하지 않은 경우에는 같은 패키지 내에서만 public처럼 작동됩니다. friendly 접근제어에 대해서 모르면, 아무런 접근제어자를 표시하지 않을 때, public이 기본인 것으로 착각할 수도 있습니다. 잘 사용하던 클래스를 다른 패키지로 옮긴 후 작동되지 않는 경우가 있다면, 해당 클래스의 접근제어자가 생략되어 friendly 접근제어로 되어있기 때문입니다.

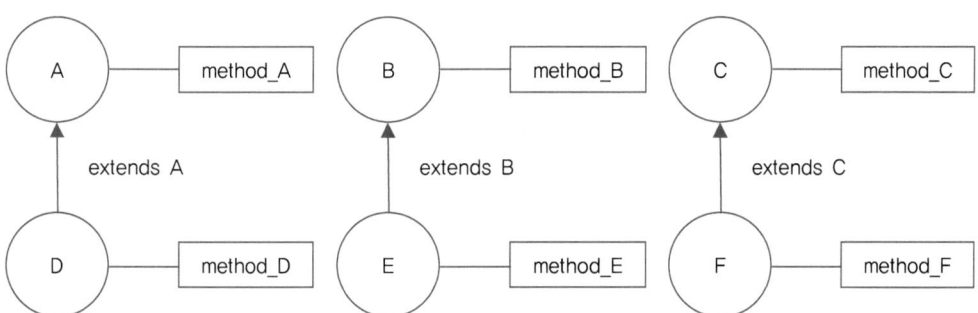

▲ 그림 7-5 접근제어자를 사용한 A, B, C, D, E, F 클래스들 간의 상속관계

다음은 [그림 7-5]와 같이 상속관계가 있는 A, B, C, D, E, F 클래스의 멤버변수와 메서드를 사용한 예제입니다.

예제   A.java

```
1 : public class A
2 : {
3 :    public int a;
4 :
5 :    public void method_A()
6 :    {
```

```
7 :        a= 100;    // 클래스 내부에서는 항상 접근 가능
8 :    }
9 : }
```

B.java

예제
```
1 : public class B
2 : {
3 :    private int b;
4 :
5 :    private void method_B()
6 :    {
7 :        b= 200;    // 클래스 내부에서는 항상 접근 가능
8 :    }
9 : }
```

C.java

예제
```
1 : public class C
2 : {
3 :    protected int c;
4 :
5 :    protected void method_C()
6 :    {
7 :        c= 300;    // 클래스 내부에서는 항상 접근 가능
8 :    }
9 : }
```

D.java

예제
```
1 : public class D extends A
2 : {
3 :    public void method_D()
4 :    {
5 :        method_A();    // 서브클래스에서 접근 가능
6 :    }
7 : }
```

예제 E.java

```
1 : public class E extends B
2 : {
3 :   public void method_E()
4 :   {
5 :     method_B();  // private는 서브클래스에서 접근 불가능
6 :   }
7 : }
```

예제 F.java

```
1 : public class F extends C
2 : {
3 :   public void method_F()
4 :   {
5 :     method_C();  // 서브클래스에서 접근 가능
6 :   }
7 : }
```

예제 AccessTest.java

```
1 : public class AccessTest
2 : {
3 :   public static void main(String[] args)
4 :   {
5 :     D d= new D();
6 :     E e= new E();
7 :     F f= new F();
8 :
9 :     d.a= 500;          // 외부 클래스에서 접근 가능
10:     // e.b= 500;       // private는 외부 클래스에서 접근 불가능
11:     // f.c= 500;       // protected는 외부 클래스에서 접근 불가능
12:
13:     d.method_A();      // 외부 클래스에서 접근 가능
14:     // e.method_B();   // private는 외부 클래스에서 접근 불가능
15:     // f.method_C();   // protected는 외부 클래스에서 접근 불가능
16:
17:     d.method_D();      // 외부 클래스에서 접근 가능
```

```
18 :        e.method_E();    // 외부 클래스에서 접근 가능
19 :        f.method_F();    // 외부 클래스에서 접근 가능
20 :
21 :        System.out.println("a = "+ d.a);      // 외부 클래스에서 접근 가능
22 :        // System.out.println("b = "+ e.b);   // private는 외부 클래스에서 접근 불가능
23 :        // System.out.println("c = "+ f.c);   // protected는 외부 클래스에서 접근 불가능
24 :    }
25 : }
```

결과

```
C:\JAVA>javac A.java
C:\JAVA>javac B.java
C:\JAVA>javac C.java
C:\JAVA>javac D.java
C:\JAVA>javac F.java
C:\JAVA>javac AccessTest.java
C:\JAVA>java AccessTest
a = 100
C:\JAVA>
```

AccessTest.java에서 '//'로 막아서 설명문으로 바꾼 명령어들의 '//'를 없애면 접근제어와 관련된 에러가 발생합니다. '//'를 지우고 컴파일하여 어떤 에러 메시지가 나오는지 확인해봅시다.

7.3 메서드 오버라이딩

자바에서는 인수의 개수나 종류가 다르기만 하면 얼마든지 같은 이름으로 메서드를 만드는 것이 가능하고, 이를 메서드 오버로딩이라고 한다는 것은 **5.2 메서드 오버로딩**에서 이미 배웠습니다. 예를 들어 다음과 같은 Dog 클래스가 있다면 2개의 bite( ) 메서드는 이름은 같지만 인수가 다르기 때문에 메서드 오버로딩에 해당되어 호출할 때 주는 인수에 따라 실행이 결정됩니다. 이렇게 실행시간에 주어지는 값에 따라 변화하는 것을 다형성(polymorphism)이라고 하는데, 다형성은 객체지향기법을 이루는 중요한 3요소(클래스, 상속, 다형성) 중의 하나입니다.

```
class Dog
{
    int age;
    void bite( )
    {
        // ...
    }
```

```
   void bite(String name)
   {
      // ...
   }
   void bark()
   {
      // ...
   }
}
```

메서드 오버로딩과 흡사하지만 다른 개념인 메서드 오버라이딩도 클래스의 상속에서 일어나는 다형성의 한 종류입니다. [그림 7-6]처럼 Dog 클래스를 상속받는 서브클래스 Snoopy가 아래와 같을 때, Snoopy 클래스의 bark() 메서드는 슈퍼클래스인 Dog의 bark() 메서드와 이름이 같을 뿐만 아니라 매개변수마저도 동일합니다. 이런 경우를 메서드 오버라이딩 또는 메서드 치환, 메서드 재정의라고 합니다. 메서드 오버라이딩은 이름은 같지만, 서브클래스에서는 다른 일을 해줘야하는 메서드를 만들어야 할 때 유용합니다.

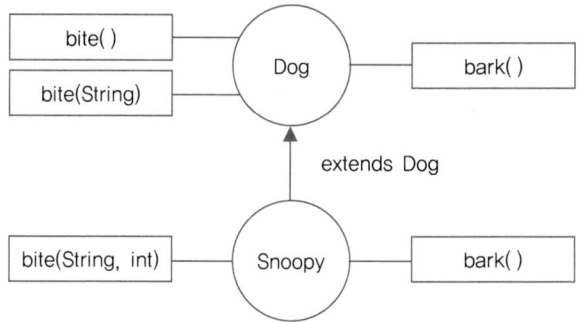

▲ 그림 7-6 Dog 클래스와 Snoopy 클래스간의 상속관계

```
class Snoopy extends Dog
{
   void bark()
   {
      // ...
   }
   void bite(String name, int age)
   {
      // ...
   }
}
```

메서드 오버라이딩이 다형성인 이유는 클래스로 객체를 생성할 때 호출될 메서드가 결정되기 때문입니다. 예를 들어, 다음처럼 Dog 클래스로 myDog1을 생성하면, myDog1.bark( )는 Dog 클래스의 bark( ) 메서드가 호출됩니다. 그러나 Snoopy로 myDog2를 생성한 경우에는 Snoopy 클래스의 bark( ) 메서드가 호출됩니다.

```
Dog myDog1= new Dog( ); // Dog 클래스로 myDog1 생성
myDog1.bark( ); → Dog 클래스의 bark( ) 메서드 호출

Snoopy myDog2= new Snoopy( );   // Snoopy 클래스로 myDog1 생성
myDog2.bark( ); → Snoopy 클래스의 bark( ) 메서드 호출
```

메서드 오버로딩과 메서드 오버라이딩은 이름도 비슷하고 내용도 흡사하기 때문에 헷갈리기 쉽습니다. 하지만, 메서드 오버로딩이 매개변수가 다른 경우이고, 메서드 오버라이딩이 매개변수마저 똑같다는 사실을 잊지 않으면 확실히 구분할 수 있습니다.(같은 클래스 내에서는 메서드 오버로딩이고 상속관계일 때는 메서드 오버라이딩이라고 구분하는 것은 나쁜 방법입니다.) 위 Dog 클래스와 Snoopy 클래스에서, Dog 클래스 내의 2개의 bark( ) 메서드는 매개변수가 다르기 때문에 메서드 오버로드이고, Snoopy 클래스의 bark( ) 메서드와 Dog 클래스의 bark( ) 메서드는 매개변수마저 같기 때문에 메서드 오버라이딩입니다. 마찬가지로 Snoopy 클래스의 bite( ) 메서드와 Dog 클래스의 bite( ) 메서드는 매개변수가 다르기 때문에 상속관계라도 메서드 오버로딩입니다.

다음은 두 클래스가 상속관계일 때, 메서드 오버로딩과 메서드 오버라이딩이 일어나는 예제입니다.

Dog.java

예제

```
 1 : public class Dog
 2 : {
 3 :    String dog_name;   // 이름
 4 :    int dog_age;       // 나이
 5 :
 6 :    public Dog(String name, int age)   // 생성자
 7 :    {
 8 :       dog_name= name;
 9 :       dog_age= age;
10 :    }
11 :
12 :    public void bite( )   // 매개변수가 없는 bite( ) 메서드
13 :    {
14 :       System.out.println(dog_name +"가 아무도 물지 않았습니다.");
15 :    }
16 :
```

```
17 :    public void bite(String name)   // 매개변수가 1개인 bite() 메서드
18 :    {
19 :        System.out.println(dog_name +"가 "+ name +"을 물었습니다.");
20 :    }
21 :
22 :    public void bark()   // 매개변수가 없는 bark() 메서드
23 :    {
24 :        System.out.println("멍멍");
25 :    }
26 : }
```

Snoopy.java

예제

```
1 : public class Snoopy extends Dog  // Dog 클래스를 상속
2 : {
3 :    public Snoopy()
4 :    {
5 :        super("스누피", 3);   // Dog 클래스의 생성자에게 이름과 나이를 전달
6 :    }
7 :
8 :    public void bite(String name, int age)   // 매개변수가 2개인 bite() 메서드
9 :    {
10 :       System.out.println(dog_name +"가 문 "+ name +"는 "+ age +"살입니다.
                              (메서드 오버로딩)");
11 :    }
12 :
13 :    public void bark()
        // Dog 클래스의 bark() 메서드와 오버라이딩되는 매개변수가 없는 bark() 메서드
14 :    {
15 :        System.out.println("안녕하세요, "+ dog_name +"입니다. (메서드 오버라이딩)");
16 :    }
17 : }
```

OverridingTest.java

예제

```
1 : public class OverridingTest
2 : {
3 :    public static void main(String[] args)
4 :    {
5 :        Dog yourDog= new Dog("벤지", 4);   // Dog형 객체 생성
```

```
 6 :
 7 :        yourDog.bark();
 8 :        yourDog.bite("우체부");
 9 :
10 :
11 :        Snoopy myDog= new Snoopy();   // Snoopy형 객체 생성
12 :
13 :        myDog.bark();                 // 메서드 오버라이딩
14 :        myDog.bite("낸시", 9);        // 메서드 오버로딩
15 :    }
16 : }
```

결과

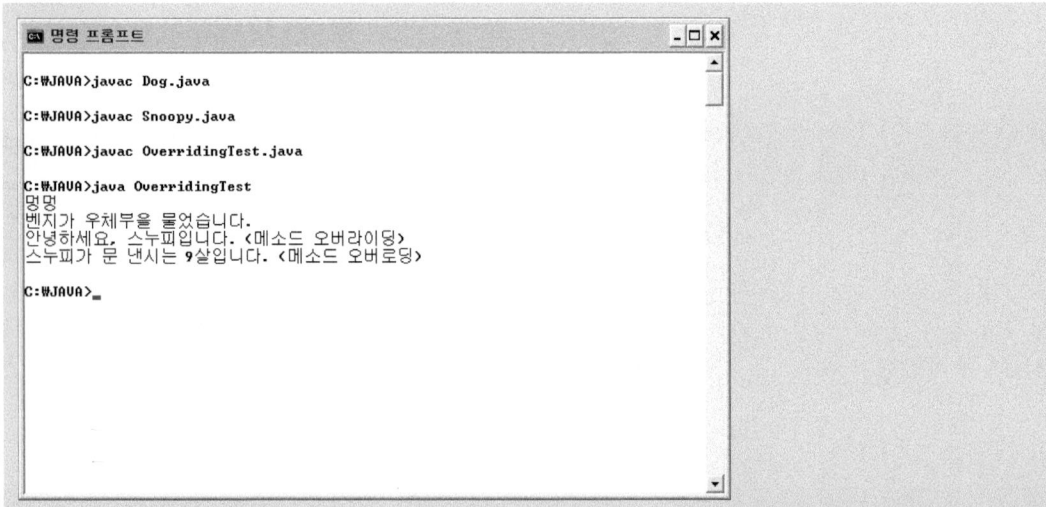

서브클래스인 Snoopy의 bite() 메서드는 슈퍼클래스인 Dog의 bite() 메서드들과 다른 매개변수를 갖기 때문에 오버로딩이 되고, Snoopy 클래스의 bark() 메서드는 Dog 클래스의 bark()와 이름뿐만 아니라 매개변수까지 같기 때문에(매개변수가 없다는 면에서) 오버라이딩이 됩니다.

7.4 this와 super

메서드 오버라이딩은 서브클래스에서 슈퍼클래스와 같은 메서드를 정의할 수 있도록 해주기 때문에 매우 편리하고 효과적인 기능이지만, 이 때문에 서브클래스에서 슈퍼클래스의 메서드를 호출하고 싶어도 호출이 불가능한 경우가 생깁니다. 예를 들어 아래의 Tool 클래스의 서브클래스인 Brush 클래스의 paint() 메서드에서 use_it() 메서드를 호출하면, 당연히 메서드 오버라이딩에 의해서 Brush 클래스의 use_it() 메서드가 호출됩니다.

```java
class Tool
{
  void use_it()
  {
    // ...
  }
}

class Brush extends Tool
{
  void use_it()
  {
    // ...
  }
  void paint()
  {
    use_it();  // 메서드 오버라이딩에 의해 Brush 클래스의 use_it() 메서드가 호출
  }
}
```

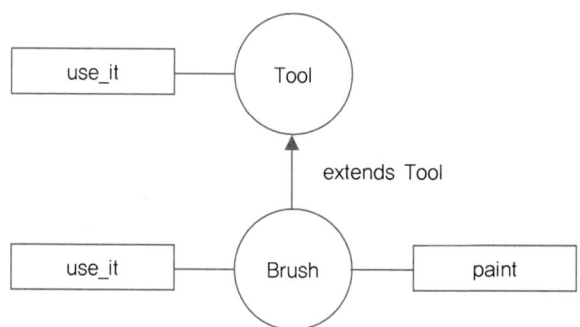

▲ 그림 7-7 Tool 클래스와 Brush 클래스간의 상속관계

이렇게 메서드 오버라이딩 등에 의해 원하는 메서드나 멤버변수에 접근할 수 없을 때를 대비해서 자바에서는 super와 this라는 명령어를 제공합니다. super와 this 명령은 엄밀히 말하면 레퍼런스 변수로, 슈퍼클래스의 메서드나 멤버변수를 나타내고 싶을 때는 super를 사용하고, 자신의 메서드나 멤버변수를 나타내고 싶을 때는 this를 사용하면 됩니다.(super나 this를 표시하지 않는 경우는 this가 생략된 셈입니다.) super와 this는 객체가 생성될 때 자동으로 생성되기 때문에, 프로그래머는 정의할 필요 없이 다음처럼 사용하기만 하면 됩니다.

```
super.슈퍼클래스메서드이름(인수)
super.슈퍼클래스멤버변수이름

this.메서드이름(인수)
this.멤버변수이름
```

따라서 위의 Brush 클래스의 paint( ) 메서드에서 슈퍼클래스인 Tool 클래스의 use_it( ) 메서드를 호출하고 싶다면, 다음처럼 하면 됩니다.

```
void paint( )
{
    super.use_it( );    → 슈퍼클래스인 Tool 클래스의 use_it( ) 메서드 호출
}
```

다음은 super와 this를 사용해서 자유자재로 메서드 오버라이딩된 슈퍼클래스와 서브클래스의 print( ) 메서드를 호출하는 예제입니다.

SuperClass.java

```
 1 : public class SuperClass
 2 : {
 3 :     public void print()
 4 :     {
 5 :         System.out.println("슈퍼클래스");
 6 :     }
 7 : }
```

SubClass.java

```
 1 : public class SubClass extends SuperClass    // SuperClass 클래스를 상속
 2 : {
 3 :     public void print()
 4 :     {
 5 :         System.out.println("서브클래스");
 6 :     }
 7 :
 8 :     public void callSuperThis()
 9 :     {
10 :         super.print();  // SuperClass 클래스의 print( ) 메서드
```

```
11 :        this.print();    // SubClass 클래스의 print() 메서드
12 :    }
13 : }
```

SuperThisTest.java

예제

```
 1 : public class SuperThisTest
 2 : {
 3 :    public static void main(String[ ] args)
 4 :    {
 5 :        SuperClass superclass= new SuperClass();   // SuperClass형 객체 생성
 6 :
 7 :        System.out.print("SuperClass의 print() 메서드: ");
 8 :        superclass.print();
 9 :
10 :        SubClass subclass= new SubClass();   // SubClass형 객체 생성
11 :
12 :        System.out.print("SubClass의 print() 메서드: ");
13 :        subclass.print();
14 :
15 :        System.out.println("SubClass에서 super, this로 호출: ");
16 :        subclass.callSuperThis();
17 :    }
18 : }
```

결과

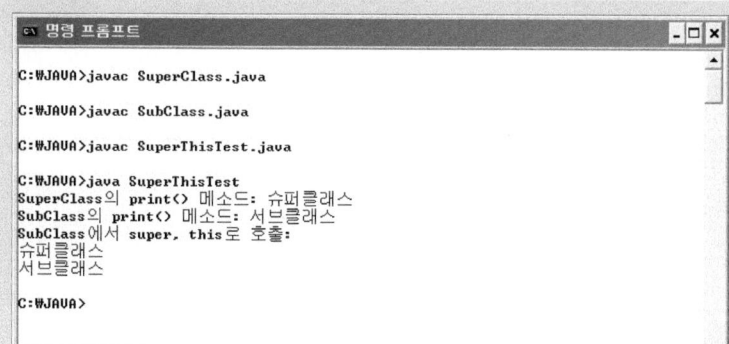

SuperThisTest.java 의 8행에서 호출한 print() 메서드는 SuperClass 클래스의 print() 메서드이고, 13행에서 print() 메서드는 SubClass 클래스의 print() 메서드입니다. 16행의 callSuperThis() 메서드는 SubClass 클래스의 메서드이지만, callSuperThis() 메서드내에서 super 명령으로 SuperClass 클래스의 print() 메서드를 호출했습니다.

7.5 상속 시의 생성자 관계

자바에서 모든 클래스는 사용하기 전에 new 명령으로 생성해야 하는데, 이렇게 클래스를 생성할 때 자동으로 실행되는 메서드인 생성자를 정의하고 사용하는 방법은 6장에서 이미 배웠습니다. 그런데 클래스들이 서로 상속관계에 있을 때는 생성자가 실행되는 순서에 따라 전혀 다른 결과가 될 수 있습니다. 예를 들어 아래 [그림 7-8]에서처럼 상속관계를 맺고 있는 2개의 클래스가 있을 때, 슈퍼클래스인 Asia의 생성자와 서브클래스인 Korea의 생성자가 서로 다른 값을 같은 멤버변수에 저장한다면 실행되는 순서에 따라 다른 값이 멤버변수에 저장될 것입니다. 따라서 이 순서를 정확히 알아야 상속을 이용하여 프로그래밍 할 수 있습니다.

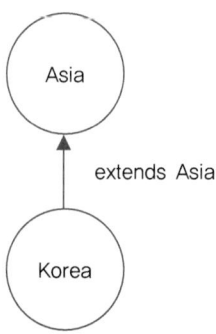

▲ 그림 7-8 Asia와 Korea의 상속관계

상속 시의 생성자 관계에서 반드시 알아야할 중요한 점은 (1) 생성자는 상속되지 않는다는 점과 (2) 서브클래스의 생성자가 호출될 때 자동적으로 슈퍼클래스의 생성자가 먼저 호출된다는 점입니다. 따라서 위 [그림 7-8]에서 서브클래스인 Korea 클래스를 생성하여 Korea 클래스의 생성자가 호출되면, Korea 클래스의 생성자가 실행되기 전에 자동적으로 슈퍼클래스인 Asia 클래스의 생성자가 먼저 호출되어 실행된 후 Korea 클래스의 생성자가 실행됩니다. 만일 Korea 클래스를 상속받은 Seoul 클래스가 있어서 Seoul 클래스를 생성한다면, 각 클래스의 생성자가 실행되는 순서는 Asia → Korea → Seoul 순입니다.

서브클래스의 생성자를 실행하기 전에 슈퍼클래스의 생성자를 먼저 실행하는 이유는 서브클래스에서 직접 초기화할 수 없는 경우가 있기 때문입니다. 예를 들어 다음과 같이 Asia 클래스와 Korea 클래스가 정의되었다면, Asia 클래스의 size 변수는 Korea 클래스의 생성자에서는 값을 저장할 수 없습니다.

```
class Asia
{
    private int asiaSize;
    public Asia()
    {
        asiaSize= 43976000;
    }
    public Asia(int newSize)
```

```
    {
       asiaSize= newSize;
    }
}

class Korea extends Asia
{
    private int koreaSize;
    public Korea()
    {
       koreaSize= 99373;
    }
}
```

new 명령으로 클래스를 생성할 때는 클래스 이름 뒤에 매개 변수 값을 주어 생성자에 인수를 전달합니다. 예를 들어 위 Asia 클래스의 생성자에 5000이라는 값을 전달하려면 다음처럼 하면 됩니다.

```
Asia myAsia= new Asia(5000);
```

그런데, 만일 슈퍼클래스의 생성자에 인수를 전달하려면 어떻게 해야 할까요? 다음의 Korea 클래스처럼 super( ) 메서드를 사용하면 됩니다. 이때 주의할 점은 super( ) 메서드는 반드시 서브클래스의 생성자에서 첫 번째 명령으로 나와야 한다는 점입니다.

```
class Korea extends Asia
{
    private int koreaSize;
    public Korea()
    {
       super(5000);   // 슈퍼클래스의 생성자에 5000을 인수로 전달
       koreaSize= 99373;
    }
}
```

super( ) 메서드와 비슷하게 this( ) 메서드를 사용하면, 같은 클래스 내에서 다른 생성자를 호출할 수도 있습니다. 예를 들어, new 명령으로 Korea 클래스를 생성할 때, 아무런 값도 주지 않을 땐 99373이라는 값을 인수로 생성자에 전달하고 싶다면 다음처럼 Korea 클래스를 정의하면 됩니다. this( ) 메서드도 super( ) 메서드처럼 반드시 생성자의 첫 번째 명령으로 나와야 합니다.

```
class Korea extends Asia
{
  private int koreaSize;
  public Korea()
  {
    this(99373);   // Korea(int newSize) 생성자에 99373을 인수로 전달
  }
  public Korea(int newSize)
  {
    koreaSize= newSize;
  }
}
```

다음은 Animal → Human → Boy 순으로 상속받는 클래스 계층에서 super() 메서드와 this() 메서드를 사용하여 Animal 클래스의 멤버변수인 name과 age를 초기화하는 예제입니다.

Animal.java

```
 1 : public class Animal
 2 : {
 3 :   String name;
 4 :   int age;
 5 :
 6 :   public Animal()
 7 :   {
 8 :     this("동물", 0);
 9 :   }
10 :
11 :   public Animal(String name, int age)
12 :   {
13 :     this.name= name;
14 :     this.age= age;
15 :   }
16 :
17 :   public void print()
18 :   {
19 :     System.out.println("이름: "+ name);
20 :     System.out.println("나이: "+ age +"세");
21 :   }
22 : }
```

Human.java

```
 1 : public class Human extends Animal    // Animal 클래스를 상속
 2 : {
 3 :   public Human()
 4 :   {
 5 :     this("인간", 0);
 6 :   }
 7 :
 8 :   public Human(String name, int age)
 9 :   {
10 :     super(name, age);   // Animal 클래스의 생성자에게 이름과 나이를 전달
11 :   }
12 :
13 : }
```

Boy.java

```
 1 : public class Boy extends Human   // Human 클래스를 상속
 2 : {
 3 :   public Boy()
 4 :   {
 5 :     this("소년", 0);   // 8행의 Human 클래스의 생성자에게 이름과 나이를 전달
 6 :   }
 7 :
 8 :   public Boy(String name, int age)
 9 :   {
10 :     super(name, age);
11 :   }
12 :
13 : }
```

ConstructorTest.java

```
 1 : public class ConstructorTest
 2 : {
 3 :   public static void main(String[] args)
 4 :   {
 5 :     Animal aAnimal= new Animal();
```

```
 6 :        aAnimal.print();
 7 :
 8 :        Human aHuman= new Human();
 9 :        aHuman.print();
10 :
11 :        Boy aBoy= new Boy();
12 :        aBoy.print();
13 :
14 :        System.out.println();
15 :
16 :        Animal tiger= new Animal("거북이",8);
17 :        tiger.print();
18 :
19 :        Human mary= new Human("김정아", 20);
20 :        mary.print();
21 :
22 :        Boy smin= new Boy("백승민", 14);
23 :        smin.print();
24 :    }
25 : }
```

결과

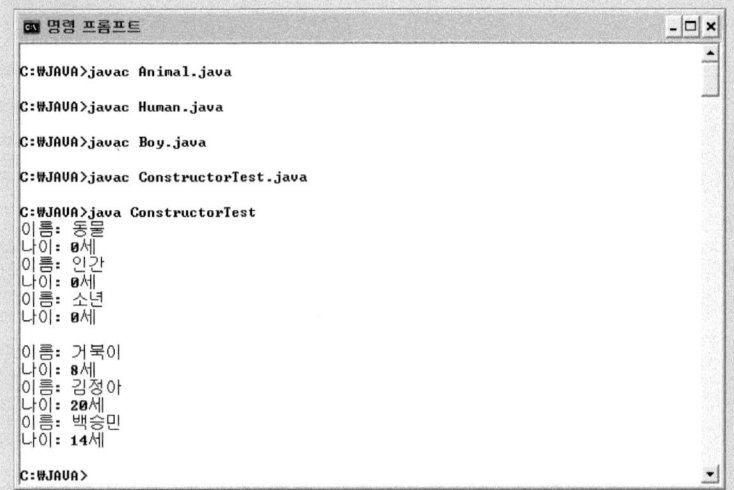

서브클래스가 생성되기 전에 슈퍼클래스가 먼저 생성되고, super() 메서드를 이용하면 슈퍼클래스에게 인수를 전달할 수 있습니다. 같은 클래스의 생성자에게 인수를 전달할 때는 this() 메서드를 사용합니다.

> **Q** super, this와 super( ), this( ) 메서드는 비슷한 것 같으면서도 뭔가 다른 것 같습니다. 차이점을 알려주세요.
>
> **A** 우선 super와 this는 변수로 각각 슈퍼클래스의 객체와 자신의 객체를 의미합니다. super 객체는 서브클래스 쪽에서 부모인 슈퍼클래스의 멤버변수나 메서드에 명시적으로 접근하기 위한 것입니다. 반대로 this 객체는 자신의 멤버변수나 메서드를 지역변수나 부모의 메서드 등과 명시적으로 구분하기 위한 객체입니다. 이에 비해 super( ) 메서드와 this( ) 메서드는 각각 슈퍼클래스의 생성자나 자신의 생성자를 호출하기 위한 메서드입니다. super( ) 메서드와 this( ) 메서드를 통해서 슈퍼클래스의 생성자나 자신의 생성자에게 인수를 전달 할 수 있습니다. super( ) 메서드와 this( ) 메서드는 아무 곳에서나 사용할 수 없고, 반드시 생성자 내에서 첫 번째 명령으로만 사용될 수 있습니다.

7.6 final

앞에서 배운 public, private, protected나 static처럼 클래스나 메서드, 변수 등을 선언할 때 이름 앞에 붙이는 명령어를 특별히 수정자(modifier)라고 합니다. 자바에서는 다양한 수정자를 통해 객체지향 기법을 완벽하게 지원하고 있습니다. 자바의 여러 수정자들 중 특히 주의를 해야 할 수정자가 바로 final 수정자입니다. final은 클래스, 메서드, 변수에 사용될 수 있는데, 모두 의미가 조금씩 다르기 때문입니다.

1 final이 클래스에 사용될 경우

final이 앞에 선언된 클래스는 더 이상 상속할 수 없습니다. 현재 작성하는 클래스를 다른 클래스에서 상속받을 수 없게 하려면, 다음처럼 class 명령 앞에 final을 선언하면 됩니다. (final로 선언된 클래스를 상속할 수 없다는 의미는 해당 클래스가 슈퍼클래스가 될 수 없다는 의미이지, 서브클래스가 될 수 없다는 의미는 아닙니다. 다시 말해 다른 클래스의 상속을 받는 것은 얼마든지 가능합니다. 헷갈리지 않도록 주의합시다.)

```
final class 클래스이름 [ extends 슈퍼클래스이름 ]     → 클래스 헤더
{
   // 멤버변수                                    → 클래스 바디
   // 메서드
   // 생성자
}
```

2 final이 메서드에 사용될 경우

final이 앞에 선언된 메서드는 메서드 오버라이딩을 할 수 없습니다. final이 클래스 앞에 선언되어 있

지 않다면, 다른 클래스에서 얼마든지 상속받을 수 있습니다만, final이 함께 선언된 메서드만은 오버라이딩(재정의)할 수 없습니다. 해당 클래스를 상속받더라도 같은 기능을 하는 메서드를 만들고 싶을 때 사용하면 편리합니다.

```
final 반환형 메서드이름 ( [ 매개변수, 매개변수, ... ] )   → 메서드 헤더
{
    // 명령어들                                    → 메서드 바디
}
```

3 final이 변수에 사용될 경우

final이 앞에 선언된 변수는 한 번 값이 저장되면 변경이 불가능합니다. 즉, 상수로 선언된다는 의미입니다. C 언어나 C++ 언어의 const로 선언된 변수와 동일합니다. 파이 값이나 컬러 값과 같이 프로그램 실행 중에 변경될 가능성이 없는 값들은 다음처럼 final로 선언하는 것이 좋습니다.

```
final int    PI  =  3.14;
      ↑      ↑     ↑
    데이터형  변수   상수
```

7.7 행맨2 게임 만들기

행맨2 게임은 다음의 [그림 7-9]처럼 6장에서 만든 Hangman 클래스를 수정없이 상속받아 간단히 새로운 기능을 추가하여 Hangman2을 만든 것입니다. 따라서 전체 프로그램은 Hangman, Hangman2, GameJava2_07의 3개의 클래스로 구성되어 있습니다.

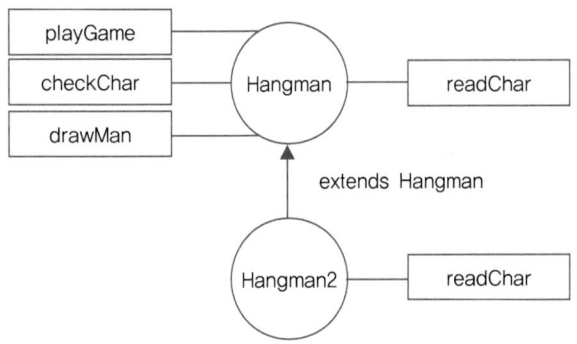

▲ 그림 7-9 Hangman 클래스와 Hangman2 클래스간의 상속관계

GameJava2_07 클래스의 main( ) 메서드는 6장의 GameJava2_06 클래스의 main( ) 메서드와 기본적으로 동일합니다. 다른 점은 Hangman 클래스를 생성하는 대신 Hangman2 클래스를 생성했다는 점뿐입니다.

```
Hangman2 hangman= new Hangman2();
```

Hangman 클래스의 생성자에서는 단순히 "hello"라는 영단어 하나를 hiddenString에 저장했는데, Hangman2 클래스의 생성자에서는 다수의 의학용 영단어들을 저장한 String 배열 words에서 임의의 단어를 하나 선택하여 hiddenString에 저장합니다. 또한 해당 단어의 뜻을 String 배열 meaning에서 찾아 화면에 출력합니다. 플레이어는 이 의미를 보고 숨겨진 단어를 추측하게 됩니다. Hangman2 클래스의 생성자에서는 미리 저장된 영단어들을 사용했습니다만, 이 부분을 12장에서 배우는 파일 입출력을 이용하면, 다양한 영단어들을 데이터 파일로 만들어두고, 플레이어가 선택할 수 있도록 하면 학습용 게임으로서의 실용성이 높아집니다.

```
Random r= new Random();  // 임의의 영단어를 선택하기 위해 난수 사용
int randomNum= Math.abs(r.nextInt() % words.length);
hiddenString= words[randomNum];
System.out.println("\n의미: "+ meaning[randomNum]);
```

Hangman2 클래스를 생성한 main() 메서드는 Hangman2 클래스 내의 playGame() 메서드를 호출하고, 결과에 따라 칭찬이나 격려 메시지를 출력합니다. 이때 Hangman2 클래스는 playGame() 메서드가 없기 때문에, 자동으로 슈퍼클래스인 Hangman 클래스의 playGame() 메서드가 실행됩니다. Hangman 클래스의 playGame() 메서드에서는 hiddenString 변수에 저장된 영단어를 보고 글자 수만큼 outputString 변수에 '-' 문자를 저장하고, readChar() 메서드를 불러 키보드로부터 영문자 1개를 입력받습니다. 이때 readChar() 메서드는 Hangman2 클래스에 메서드 오버라이딩 되어 있기 때문에 Hangman2 클래스의 readChar()이 실행됩니다. 이처럼 자바에서는 해당 클래스(서브클래스)에 선언된 메서드나 멤버변수는 해당 클래스의 메서드나 멤버변수가 사용되고, 없는 경우에는 자동으로 슈퍼클래스의 메서드나 멤버변수가 사용됩니다.

Hangman2 클래스의 readChar() 메서드에서 키보드로부터 한 문자를 입력받는 것은 Hangman 클래스의 readChar() 메서드와 동일합니다만, 읽어온 문자가 '?'일 경우에는 outputString으로부터 아직 플레이어가 맞히지 못한 문자를 찾아 힌트를 보여줍니다. 그 외의 부분은 6장의 행맨1 게임과 동일합니다.

```
do{
   System.out.print("1 문자를 입력하세요(힌트를 원하면 ? 입력): ");
   user= in.readLine();

   if(user.charAt(0)=='?'){
      boolean givehint= false;
      int i=0;
      while(!givehint){
```

```
            if(outputString.charAt(i)=='-'){
               System.out.println();
               System.out.println("힌트: "+ hiddenString.charAt(i));
               System.out.println();
               failed++;
               givehint= true;
            }
            i++;
         }
      }
}while(user.charAt(0)=='?');
```

Hangman.java

예제

```
 1 : import java.io.*;
 2 :
 3 : public class Hangman
 4 : {
 5 :    String hiddenString;        // 숨겨진 문자열(문제)
 6 :    StringBuffer outputString;  // 플레이어의 입력에 따른 결과로 보여줄 문자열
 7 :    StringBuffer inputString;   // 플레이어가 입력한 문자들의 모임
 8 :    int remainder;              // 맞힐 문자열(못 맞히고 남아있는 문자의 수)
 9 :    int failed;                 // 실패한 횟수
10 :
11 :    public Hangman() throws IOException
12 :    {
13 :       hiddenString= "hello";  // 문제는 'hello'
14 :    }
15 :
16 :    public int playGame() throws IOException
17 :    {
18 :       outputString= new StringBuffer();
19 :
20 :       for(int i=0;i<hiddenString.length();i++){  // hiddenString의 문자수만큼 '-' 출력
21 :          outputString.append('-');
22 :       }
23 :
24 :       inputString= new StringBuffer();
25 :
```

```
26 :        remainder= hiddenString.length();  // hiddenString의 문자수가 맞출 문제의 문자수
27 :        failed=0;
28 :
29 :        System.out.println("\n단어("+ hiddenString.length() +"글자"+"): "
                                + outputString);
30 :        drawMan();  // 교수대 그리기
31 :
32 :        do{
33 :           checkChar(readChar());  // 한 문자를 입력받아서 정답인지 확인
34 :           System.out.println("\n단어("+ hiddenString.length() +"글자"+"): "
                                   + outputString);
35 :           drawMan();  // 입력 문자에 따른 교수대 출력
36 :        }while((remainder>0)&&(failed<6));
              // 문제를 완전히 맞히거나 6번 이상 틀릴 때까지 반복
37 :
38 :        return failed;
39 :     }
40 :
41 :     public void checkChar(char guess)
42 :     {
43 :        boolean already= false;
44 :        for(int i=0;i<inputString.length();i++){
45 :           if(inputString.charAt(i)==guess){  // 이미 입력했던 문자인지 조사
46 :              System.out.println("\n이미 입력한 문자입니다! 다시 입력해주세요,");
47 :              already= true;
48 :           }
49 :        }
50 :
51 :        if(!already){
52 :
53 :           inputString.append(guess);  // 입력한 문자들의 모임에 추가
54 :
55 :           boolean success= false;
56 :           for(int i=0;i<hiddenString.length();i++){
57 :              if(hiddenString.charAt(i)==guess){    // 문제에 해당 문자가 있는지 조사
58 :                 outputString.setCharAt(i, guess);  // 문제에 문자가 있으면 -를 문자로 변경
59 :                 remainder--;     // 맞출 문자수 1 감소
60 :                 success= true;  // 입력한 문자가 문제에 있었음을 표시
61 :              }
62 :           }
```

```
63 :            if(!success) failed++;  // 입력한 문자가 문제에 없으면 실패 횟수를 1 증가
64 :        }
65 :    }
66 :
67 :    public void drawMan()
68 :    {
69 :        System.out.println("    ┌──  ");
70 :        System.out.println("    |    |");
71 :
72 :        switch(failed){  // 실패 횟수에 따라 교수대에 사람을 그림
73 :            case 0:
74 :                System.out.println("         |");
75 :                System.out.println("         |");
76 :                System.out.println("         |");
77 :                System.out.println("         |");
78 :                System.out.println("         |");
79 :                System.out.println("         |");
80 :                break;
81 :            case 1:
82 :                System.out.println("    ◐    |");  // 1번 실패한 경우 머리 그림
83 :                System.out.println("         |");
84 :                System.out.println("         |");
85 :                System.out.println("         |");
86 :                System.out.println("         |");
87 :                System.out.println("         |");
88 :                break;
89 :            case 2:
90 :                System.out.println("    ◐    |");
91 :                System.out.println("   ┬─    |");  // 2번 실패한 경우 왼팔 그림
92 :                System.out.println("         |");
93 :                System.out.println("         |");
94 :                System.out.println("         |");
95 :                System.out.println("         |");
96 :                break;
97 :            case 3:
98 :                System.out.println("    ◐    |");
99 :                System.out.println("   ┬─    |");
100:                System.out.println("    |    |");  // 3번 실패한 경우 몸통 그림
101:                System.out.println("         |");
102:                System.out.println("         |");
```

```
103 :            System.out.println("        |");
104 :            break;
105 :        case 4:
106 :            System.out.println("   ◐    |");
107 :            System.out.println("  ┌┼    |");   // 4번 실패한 경우 오른팔 그림
108 :            System.out.println("   |    |");
109 :            System.out.println("        |");
110 :            System.out.println("        |");
111 :            System.out.println("        |");
112 :            break;
113 :        case 5:
114 :            System.out.println("   ◐    |");
115 :            System.out.println("  ┌┼    |");
116 :            System.out.println("   |    |");
117 :            System.out.println("  ┌┴    |");   // 5번 실패한 경우 왼쪽 다리 그림
118 :            System.out.println(" |      |");
119 :            System.out.println("        |");
120 :            break;
121 :        case 6:
122 :            System.out.println("   ◐    |");
123 :            System.out.println("  ┌┼    |");
124 :            System.out.println("   |    |");
125 :            System.out.println("  ┌┴    |");   // 6번 실패한 경우 오른쪽 다리 그림
126 :            System.out.println(" |   |  |");
127 :            System.out.println("        |");
128 :            break;
129 :        }
130 :    }
131 :
132 :    public char readChar() throws IOException
133 :    {
134 :        BufferedReader in= new BufferedReader(new InputStreamReader(System.in));
135 :        String user;
136 :
137 :        System.out.print("1 문자를 입력하세요: ");
138 :        user= in.readLine();      // 키보드로부터 한 줄을 입력
139 :        return user.charAt(0);    // 입력받은 문자열 중 첫 번째 문자를 반환
140 :    }
141 : }
```

Hangman2.java

```java
 1 : import java.util.*;
 2 : import java.io.*;
 3 :
 4 : public class Hangman2 extends Hangman    // Hangman 클래스를 상속
 5 : {
 6 :    String[] words  = {"influenza",       // 문제의 단어가 저장된 배열
 7 :                       "fever",
 8 :                       "cancer",
 9 :                       "poison",
10 :                       "victim",
11 :                       "physician",
12 :                       "clinic",
13 :                       "symptom",
14 :                       "medicine",
15 :                       "drug",
16 :                       "hygiene"};
17 :    String[] meaning= {"독감",             // 문제의 뜻이 저장된 배열
18 :                       "열",
19 :                       "암",
20 :                       "독",
21 :                       "환자",
22 :                       "내과의사",
23 :                       "진료소",
24 :                       "징후",
25 :                       "의학",
26 :                       "약",
27 :                       "위생학"};
28 :
29 :    public Hangman2() throws IOException
30 :    {
31 :       Random r= new Random();
32 :       int randomNum= Math.abs(r.nextInt() % words.length);   // 난수 발생
33 :
34 :       hiddenString= words[randomNum];   // 문제가 저장된 배열 중 하나를 선택
35 :
36 :       System.out.println("\n의미: "+ meaning[randomNum]);
37 :    }
38 :
```

```
39 :    public char readChar() throws IOException
40 :    {
41 :       BufferedReader in= new BufferedReader(new InputStreamReader(System.in));
42 :       String user;
43 :
44 :       do{
45 :          System.out.print("1 문자를 입력하세요(힌트를 원하면 ? 입력): ");
46 :          user= in.readLine();         // 키보드로부터 입력
47 :
48 :          if(user.charAt(0)=='?'){    // 입력문자가 ?인 경우
49 :             boolean givehint= false;
50 :             int i=0;
51 :             while(!givehint){
52 :                if(outputString.charAt(i)=='-'){  // 못 맞힌 문자를 힌트로 출력
53 :                   System.out.println();
54 :                   System.out.println("힌트: "+ hiddenString.charAt(i));
55 :                   System.out.println();
56 :                   failed++;
57 :                   givehint= true;
58 :                }
59 :                i++;
60 :             }
61 :          }
62 :       }while(user.charAt(0)=='?');
63 :
64 :       return user.charAt(0);
65 :    }
66 : }
```

GameJava2_07.java

예제

```
1 : import java.io.*;
2 :
3 : public class GameJava2_07
4 : {
5 :    public static void main(String[] args) throws IOException
6 :    {
7 :       Hangman2 hangman= new Hangman2();   // Hangman2 클래스의 객체를 생성
8 :
9 :       int result= hangman.playGame();    // 게임을 실행
```

```
10 :
11 :        System.out.println();
12 :        if(result<=2){    // 실패 횟수에 따라 메시지 출력
13 :            System.out.println("참 잘했어요!");
14 :        }else if(result<=3){
15 :            System.out.println("잘했어요!");
16 :        }else if(result<=4){
17 :            System.out.println("보통이네요!");
18 :        }else{
19 :            System.out.println("분발하세요!");
20 :        }
21 :    }
22 : }
```

결과

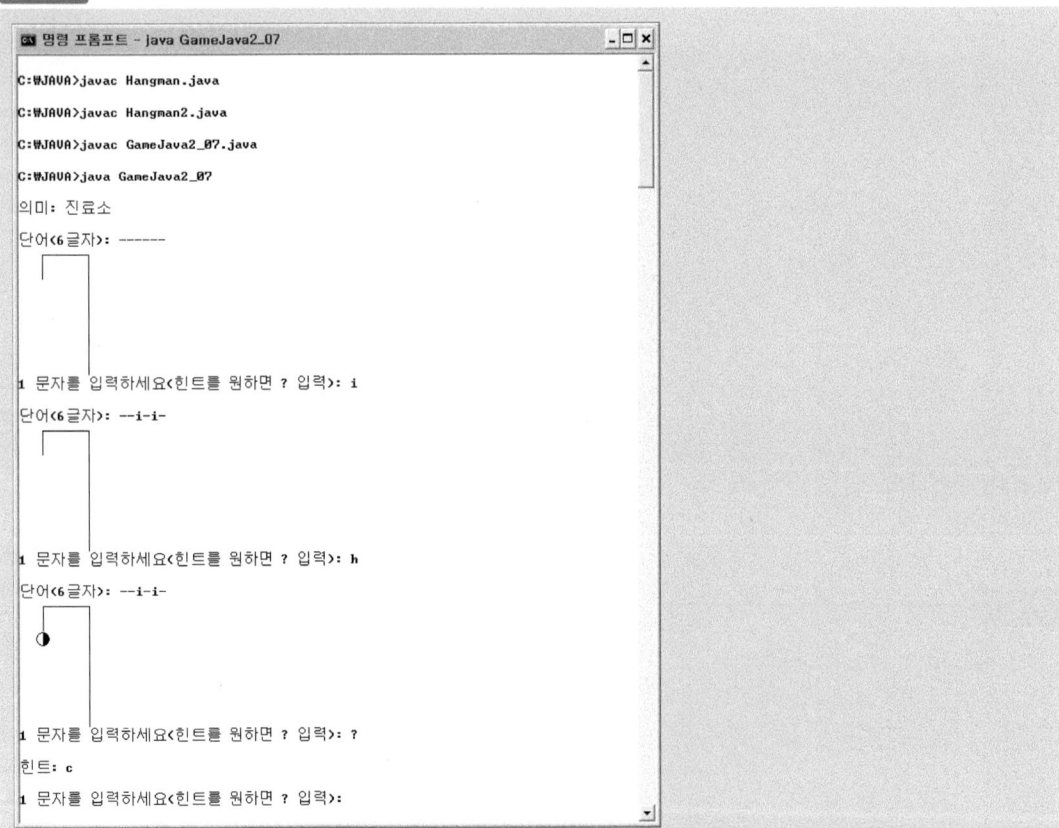

상속을 이용해서 Hangman 클래스를 확장한 Hangman2 클래스를 만들었습니다. Hangman 클래스와는 달리 단일 문제가 아니고 여러 문제들을 배열에 저장해 두었다가 난수로 그 중 한 문제를 출제합니다. 게임이 시작되면 문제의 단어 뜻을 보여줘서 플레이어가 단어를 추측할 수 있도록 돕습니다. ?를 입력하면 힌트로 못 맞춘 단어를 하나 보여줍니다.

What's up java

애플릿 숫자 야구 게임

8.1 • 애플리케이션과 애플릿
8.2 • 애플릿의 이해
8.3 • 인터페이스
8.4 • AWT 컴포넌트
8.5 • 레이아웃
8.6 • 애플릿 숫자 야구 게임

애플릿 숫자 야구 게임

Preview

우리는 이미 5장에서 숫자 야구 게임을 자바로 만들어 보았습니다. 5장에서 만든 숫자 야구 게임은 콘솔(윈도우즈의 경우는 MS-DOS)에서 실행되는 자바 애플리케이션이었습니다. 자바 인터프리터는 GameJava2_05 클래스의 main() 메서드를 실행시켰고, main() 메서드는 명령어를 실행해서 게임을 진행한 후 결과에 따른 메시지를 출력하고 종료하였습니다. 즉, 모든 명령어들은 순서대로(스텝 바이 스텝) 실행되었고 모든 명령어를 실행한 후 종료하였습니다. 이렇게 실행되는 프로그램을 자바에서는 애플리케이션이라고 합니다.

그러나, 지금부터 우리가 만드는 자바 프로그램은 모두 애플릿입니다. 자바로 만든 프로그램은 크게 애플리케이션과 애플릿으로 나뉠 수 있는데, 이 장에서는 구체적으로 애플리케이션과 애플릿의 차이점을 배우기 위해, 5장에서 만든 숫자 야구 게임 애플리케이션의 애플릿 버전을 만들어서 그 차이점을 비교해 봅니다. 이 장에서 만드는 숫자 야구 게임 애플릿은 5장의 숫자 야구 게임 애플리케이션과의 차이를 분명히 알 수 있도록 하기 위해서 변수의 이름과 사용한 명령어, 알고리즘 등을 최대한 동일하게 만들었습니다.

게임의 규칙은 앞에서 만든 숫자 야구 게임 애플리케이션과 동일합니다. 컴퓨터는 3개의 숫자를 숨기고, 플레이어는 숨겨진 숫자를 추측하여 입력합니다. 컴퓨터가 숨긴 숫자와 플레이어가 입력한 숫자가 같은 값이고 위치만 다를 땐 Ball, 위치도 같을 때는 Strike인 것도 같습니다. 다른 점은 5장에서 만든 애플리케이션은 키보드에서 숫자를 입력했지만, 이번에 만드는 애플릿에서는 마우스로 버튼을 누르면 됩니다. 볼카운트나 메시지도 콘솔 윈도우가 아닌 텍스트 에어리어라는 깔끔한 AWT 컴포넌트에 나타납니다.

숫자 야구 게임을 애플릿으로 만들면서, 우리는 자바 애플릿에 대해 명확히 배우고 AWT에 대해서도 익히게 됩니다. AWT는 자바의 윈도우즈 프로그래밍 툴에 해당하는 것으로 버튼이나 메뉴와 같은 윈도우즈 화면에 나오는 여러 구성 요소를 손쉽게 만들거나 다룰 수 있도록 해주는 일종의 라이브러리입니다. 애플릿 숫자 야구 게임에 버튼, 텍스트 에어리어, 레이블 등을 사용함으로써, 자바 AWT에 들어있는 수많은 컴포넌트들과 각 컴포넌트를 붙일 수 있는 컨테이너, 그리고 화면 레이아웃과 이벤트에 따른 컴포넌트의 동작을 정의하는 법을 자세히 배웁니다. 또 6장에서 배운 클래스와 더불어 객체지향기법의 중요한 개념인 인터페이스에 대해서도 이 장에서 배우게 됩니다.

8.1 애플리케이션과 애플릿

일반적으로 C 언어로 작성된 프로그램을 C 애플리케이션이라고 하고, 파스칼 언어로 만든 프로그램을 파스칼 애플리케이션이라고 합니다. 마찬가지로 자바 언어로 작성한 프로그램을 자바 애플리케이션이라고 할 수 있습니다. 그런데 자바에서는 애플리케이션이 단순히 자바로 작성된 프로그램이라는 의미 외에 자바 애플릿과 구분되는 다른 의미도 가지고 있습니다. 자바에서 애플리케이션과 애플릿의 의미는 다음과 같습니다.

1 애플리케이션

자바 애플리케이션은 자바 컴파일러(javac.exe)로 컴파일되고 자바 인터프리터(java.exe)로 실행되는 자바 언어 응용 프로그램을 일컫는 말입니다. 자바는 플랫폼 독립적이기 때문에 컴파일하면 바이트코드로 작성된 클래스 파일이 생성되고, 실행할 때는 자바 인터프리터를 사용합니다. 이러한 자바만의 특징을 제외하고 애플리케이션의 의미는 다른 컴퓨터 언어의 애플리케이션과 같은 의미입니다. 다음의 [그림 8-1]은 자바 애플리케이션의 특징적인 실행과정을 보인 것입니다. 자바 애플리케이션을 실행시킬 때, 클래스 내의 첫 시작점은 main( ) 메서드이기 때문에, 실행시키고자하는 애플리케이션은 반드시 main( ) 메서드를 포함하고 있어야 합니다.

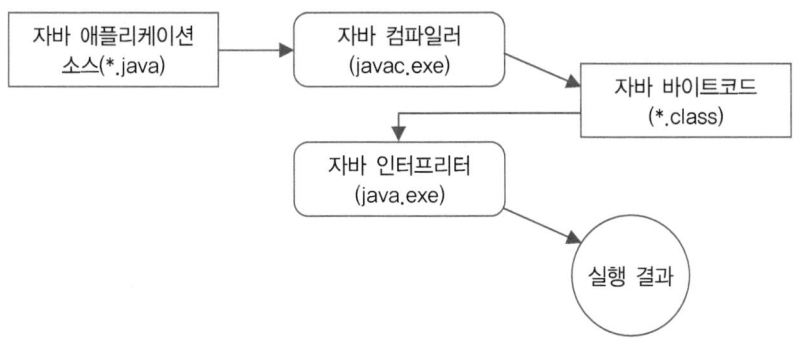

▲ 그림 8-1 자바 애플리케이션의 실행과정

다음 예제는 화면에 "처음 만들어 본 자바 애플리케이션"이라는 한 줄을 출력하는 간단한 자바 애플리케이션입니다. 에디터에서 입력한 후, ApplicationTest.java 라는 이름으로 저장합시다. 주의할 점은 파일명이 반드시 .java로 끝나야 하고 대소문자를 잘 구분해서 입력해야 한다는 점입니다.(여기서 만드는 ApplicationTest.java 예제는 1장에서 만들어 본 HelloWorld.java 예제와 거의 동일한 것입니다. 애플리케이션과 애플릿의 차이를 이해하기 위해서 다시 한 번 만들어 보았습니다.)

ApplicationTest.java

```
1 : public class ApplicationTest
2 : {
3 :     public static void main(String[ ] args)
4 :     {
5 :         System.out.println("처음 만들어 본 자바 애플리케이션");
6 :     }
7 : }
```

입력이 끝났다면, MS-DOS 창을 열어서(유닉스의 경우라면 셸 윈도우) 다음처럼 입력하여 컴파일을 합니다.

`javac ApplicationTest.java` → 확장자 .java 입력

에러 메시지가 출력되면 위 소스와 비교해서 고치고, 아무런 메시지도 없다면 다음처럼 자바 인터프리터로 실행시킬 수 있습니다.

`java ApplicationTest` → 확장자는 반드시 생략

다음은 실행결과입니다.

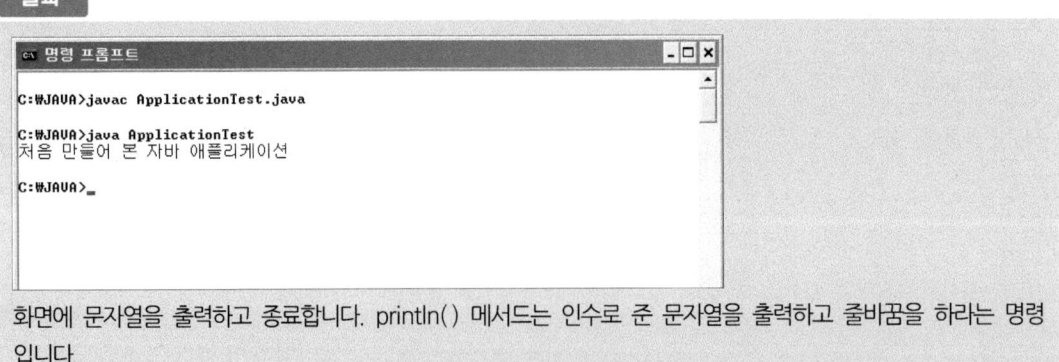

화면에 문자열을 출력하고 종료합니다. println( ) 메서드는 인수로 준 문자열을 출력하고 줄바꿈을 하라는 명령입니다.

2 애플릿

애플릿의 사전적인 의미는 작은 애플리케이션이라는 뜻이지만, 자바에서는 애플리케이션과 애플릿을 분명히 구분하고 있습니다. 애플릿은 자바 컴파일러(javac.exe)로 컴파일되고, 웹 브라우저 상에서 작동되는 프로그램입니다. 인터넷 익스플로러 등의 웹 브라우저는 HTML 파일만 인식할 수 있기 때문에, 자바 애플릿을 실행하기 위해선 〈APPLET〉 태그가 정의된 HTML 파일을 만들어 웹 브라우저에서 불러야 합니다. 사실 자바가 오늘날과 같이 영향력 있는 범세계적인 언어가 된 이유는 애플릿이라는 개념 때문입니다. 자바 애플릿이 나오기 전에는 웹 브라우저로 인터넷을 통해 HTML 문서를 보는 것이 전부였지만, 애플릿을 웹 브라우저에서 실행할 수 있게 되면서, 게임이나 금융서비스, 워드프로세서, 데이터베이스 검색 등 로컬 컴퓨터에서 가능한 모든 일을 할 수 있게 되었습니다. 다음의 [그림 8-2]는 자바 애플릿의 실행과정을 보인 것입니다. 여기서 애플릿뷰어는 자바 애플릿을 실행시킬 때마다 웹 브라우저를 실행시켜야 하는 부담을 덜어주기 위해서 JDK에서 제공하는 애플릿 전용 웹 브라우저입니다.

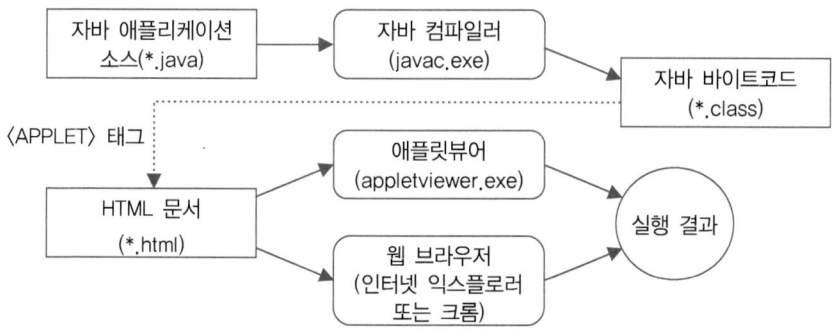

▲ 그림 8-2 자바 애플릿의 실행과정

다음 예제는 화면의 가로 50, 세로 100 위치에 "처음 만들어 본 자바 애플릿"이라는 한 줄을 출력하는 간단한 자바 애플릿입니다. 에디터에서 입력한 후, AppletTest.java 라는 이름으로 저장합시다. 역시 주의할 점은 애플리케이션에서와 마찬가지로 파일명이 반드시 .java로 끝나야 하고 대소문자를 잘 구분해서 입력해야 한다는 점입니다.

예제 `AppletTest.java`

```
 1 : import java.awt.*;
 2 : import java.applet.*;
 3 :
 4 : public class AppletTest extends Applet
 5 : {
 6 :     public void paint(Graphics g)
 7 :     {
 8 :         g.drawString("처음 만들어 본 자바 애플릿", 50, 100);
 9 :     }
10 : }
```

입력이 끝났다면, MS-DOS 창을 열어서(유닉스의 경우라면 셸 윈도우) 다음처럼 입력하여 컴파일을 합니다.

```
javac AppletTest.java  → 확장자 .java 입력
```

에러 메시지가 출력되면 위 소스와 비교해서 고치고, 아무런 메시지도 없다면 HTML 파일을 만들어야 합니다. 애플릿은 애플리케이션과 달리 자바 인터프리터로 실행시킬 수 없고 HTML 파일을 만든 후, 웹 브라우저에서 불러와야 합니다. 다음 예제는 컴파일된 AppletTest 클래스를 사용하는 HTML 파일입니다.

예제 **AppletTest.html**

```
1 : <HTML>
2 :   <HEAD>
3 :     <TITLE>AppletTest</TITLE>
4 :   </HEAD>
5 :   <BODY>
6 :     <APPLET CODE=AppletTest.class WIDTH=300 HEIGHT=200>
7 :     </APPLET>
8 :   </BODY>
9 : </HTML>
```

완성된 HTML 파일을 인터넷 익스플로러 등의 웹 브라우저에서 불러오면 애플릿이 실행됩니다. 만일 적당한 웹 브라우저가 없다면 다음처럼 JDK에 포함된 애플릿뷰어(appletviewer.exe)를 사용하면 됩니다.

```
appletviewer AppletTest.html  → 확장자 .html 입력
```

어떠한 종류의 웹 브라우저라도 애플릿뷰어에 비하면 비교할 수 없을 만큼 크기가 크기 때문에, 프로그램을 작성할 때마다 실행시키려면 속도가 느려 부담이 됩니다. 따라서 웹 브라우저보다는 애플릿뷰어를 사용하는 것을 권합니다. 이 책에서는 모든 자바 애플릿을 애플릿뷰어로 실행시키겠습니다. 다음은 애플릿뷰어의 실행결과입니다.

결과

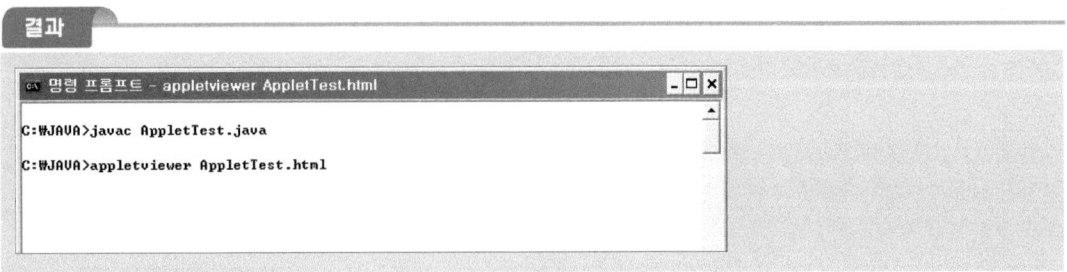

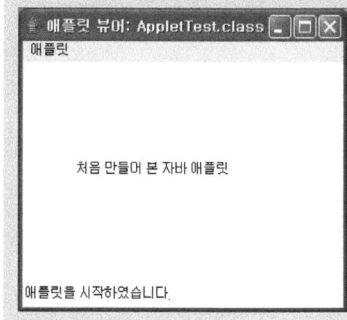 따로 윈도우(창)가 열리고 지정한 좌표에 문자열이 출력됩니다.

■ 이클립스에서 애플릿 프로그램 실행 방법

① 먼저 [File]-[New]-[Project...] 메뉴를 선택하여 마법사를 실행시킵니다.

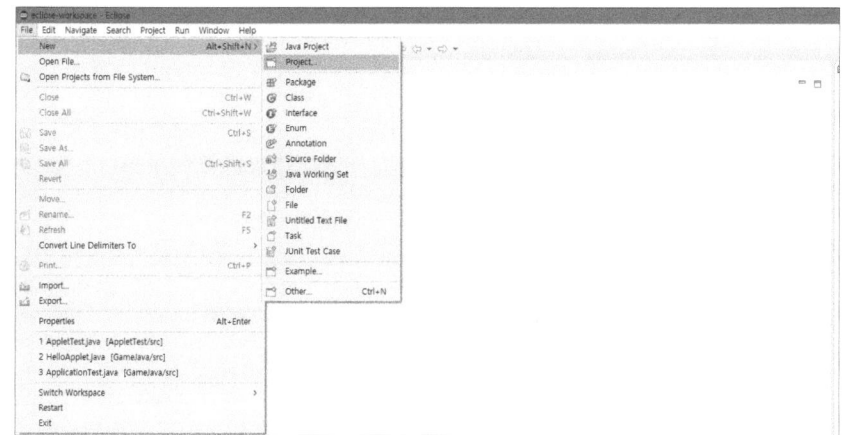

② 마법사의 선택 대화상자에서 Java 밑의 Java Project를 선택하고 [Next] 버튼을 누르면 새 프로젝트를 만드는 대화상자가 나타납니다.

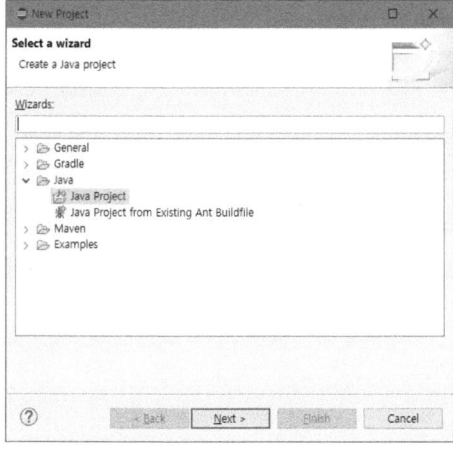

③ Project name에 "AppletTest"라고 입력하고, [Finish] 버튼을 눌러 빈 프로젝트를 생성합니다. 사용 중인 이클립스의 버전에 따라 자바 프로젝트를 Java 퍼스펙티브를 연결하겠냐고 물어볼 수 있는데, [Yes] 버튼을 눌러 이동합니다. 퍼스펙티브(Perspective)란 화면에 나타나는 여러 창과 뷰의 모음을 미리 정해놓은 것으로 사용자가 직접 만들 수도 있지만, 일반적으로 자바 프로그래머들이 사용하는 모음으로 정해둔 것이 Java 퍼스펙티브입니다. 특별히 바꿀 필요가 없다면 [Yes]를 클릭하여 기존의 Java 퍼스펙티브를 그냥 사용하면 됩니다.

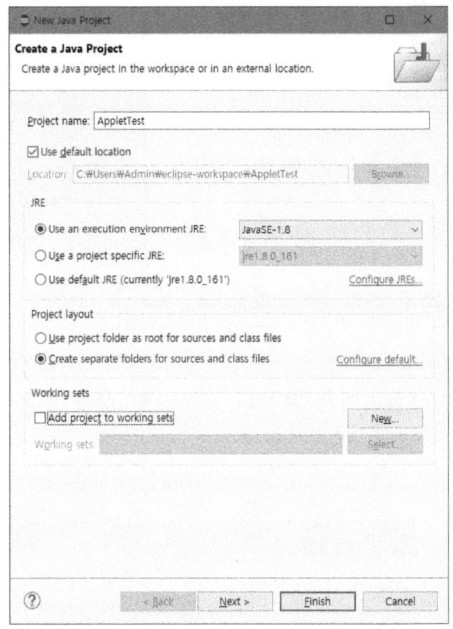

④ [File]-[New]-[Class] 메뉴를 선택하고 Name란에 "AppletTest"를 입력하고, Superclass 항목에 java.applet.Applet을 지정합니다. 메서드 스터프 선택(Which method stubs would you like to create?)에서 main( )은 제외한 후, [Finish] 버튼을 누르면 클래스가 생성됩니다.

⑤ 중앙의 에디터에 AppletTest.java의 기본 뼈대가 되는 소스 코드가 나타나는데, 이 코드를 원하는 대로 고쳐서 프로그램을 완성시킵니다. 다음의 AppletTest.java 소스를 입력해 봅시다.

예제   `AppletTest.java`

```
 1 : import java.awt.*;
 2 : import java.applet.*;
 3 :
 4 : public class AppletTest extends Applet
 5 : {
 6 :     public void paint(Graphics g)
 7 :     {
 8 :         g.drawString("처음 만들어 본 자바 애플릿", 50, 100);
 9 :     }
10 : }
```

⑥ [File]-[Save] 메뉴를 선택하면 작성한 프로그램이 저장되면서 자동으로 컴파일됩니다. 이클립스의 디폴트 옵션이 '저장시 컴파일'이기 때문에 저장만 하면 컴파일됩니다. 소스에 오타가 있는 경우에는, 아래쪽에 Problems 창에 에러가 발생한 곳과 에러 원인이 출력됩니다. 이 경우에는 수정 후 다시 저장하면 됩니다. 에러가 없는 경우에는 Problems 창에 '0 items'가 나타납니다. [Run]-[Run] 메뉴를 선택하면 실행결과를 볼 수 있습니다. 원칙적으로 HTML 파일을 작성하는 것이 맞지만, 간단한 실행은 HTML 파일이 필요 없이 실행이 가능합니다.

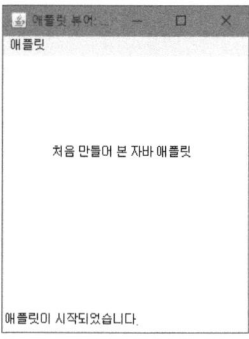

Q Applet 클래스가 들어있는 프로그램을 컴파일하거나 실행하면 다음과 같은 메시지가 나오는 경우가 있습니다.

```
Note: AppletTest.java uses or overrides a deprecated API.
Note: Recompile with -Xlint:deprecation for details.
```

또는

```
경고: 애플릿API 및 AppletViewer가 사용되지 않습니다.
```

이 메시지의 의미는 무엇인가요? 왜 이런 메시지가 나오나요?

| A | Applet에 관한 보안정책이 바뀌어졌기 때문입니다. 이 점에 대해서는 13.5 애플릿 마이그레이션에서 자세히 설명하고, 애플릿을 애플리케이션으로 바꾸는 마이그레이션에 대해서도 배우도록 하겠습니다.

8.2 애플릿의 이해

자바의 획기적인 점은 인터넷 익스플로러나 크롬과 같은 웹 브라우저에서 프로그램을 실행할 수 있다는 점입니다. 자바를 사용하면 인터넷 상에서 컴퓨터가 할 수 있는 모든 일이 가능하게 됩니다. 자바가 나오기 전에는 웹 브라우저에서 할 수 있는 일은 고작 HTML 문서를 보는 것이었습니다. 물론 웹 브라우저를 실행시키기만 하면 전 세계 곳곳의 문서를 자유자재로 볼 수 있다는 점만으로도 당시로는 놀라운 일이었습니다만, 문서를 읽는 것만으로는 해결할 수 없는 한계를 사람들은 곧 느끼기 시작했습니다. 예를 들어, 안방에서 PC로 유명 백화점의 홈페이지에 접속하여 물건이 소개된 카탈로그를 읽을 수는 있지만 물건을 구입하는 일은 불가능했던 것입니다.

그래서 나타난 것이 CGI입니다. 엄격히 말하자면 CGI는 자바와는 상관없지만, 자바 애플릿의 원리나 구동 방식을 정확히 이해하기 위해선 CGI를 알고 비교하는 것이 좋기 때문에 간단히 설명하겠습니다. (자바를 공부하려면 자바 자체를 알아야하는 것보다 관련 기술에 대한 지식이 필요한 경우가 더 많습니다.) 다음의 [그림 8-3]은 CGI가 프로그램을 실행하는 과정을 보인 것입니다. CGI는 앞에서 언급한 HTML 문서의 한계를 극복하기 위해 제안된 방법입니다. CGI는 Common Gateway Interface의 약자로, 서버에 설치된 외부 프로그램과 웹서버를 연결시켜주는 일종의 '표준 방법'입니다.

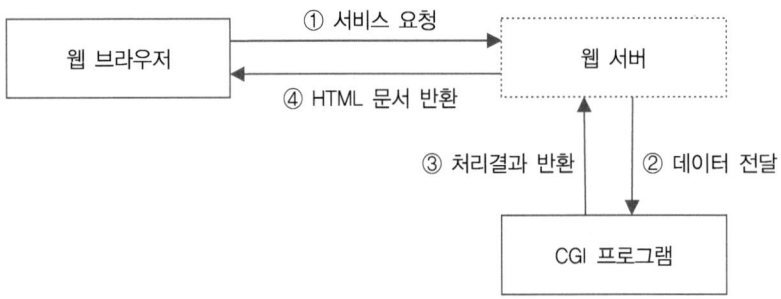

▲ 그림 8-3 CGI를 통해 프로그램에 데이터가 전달되는 과정

예를 들어 웹 브라우저로 백화점 홈페이지에 접속한 후, 원하는 물건을 선택하고 전송 버튼을 누르면, 사용자가 선택한 물건 목록(데이터)이 위 [그림 8-3]에서처럼 웹서버로 전달됩니다. 웹서버는 서버에 설치된 금액계산 프로그램(CGI 프로그램)을 실행시키고 해당 데이터를 전달합니다. 금액계산 프로그램은 사용자의 물건 목록을 보고 금액을 계산한 후, 적절한 계산서(HTML 문서)를 만들어 웹서버에 전달합니다. 웹서버는 금액계산 프로그램이 돌려주는 HTML 문서를 사용자의 웹 브라우저에 전송합니다. 비로소 사용자는 자신이 선택한 물건들의 총액이 얼마인지 알 수 있습니다.

모든 컴퓨터 언어로 CGI 프로그램을 만들 수 있기 때문에, 프로그래머 입장에서는 자신이 익숙한 언어,

즉 파스칼, 포트란, 베이직, C/C++ 등을 써서 CGI 프로그램을 만든 후 웹서버와 연결만 해두면 전 세계 어디에서나 HTML 문서를 통해서 CGI 프로그램을 실행시킬 수 있는 좋은 점이 있습니다. 그러나 이 방법은 문제도 있습니다. 위 [그림 8-3]에서 가장 시간이 걸리는 부분은 어디일까요? 특별히 매우 시간이 오래 걸리는 CGI 프로그램이 아닌 이상 웹 브라우저와 웹서버간의 데이터를 주고받는 부분이 가장 오래 걸릴 것입니다. 예를 들어, 사용자의 PC는 한국에 있고 서버는 브라질에 있다면, 웹 브라우저가 웹서버와 한 번 데이터를 주고받으려면 지구를 반 바퀴나 돌아야 합니다.

따라서 CGI를 사용하게 되면, 사용자가 뭔가를 선택할 때마다 네트워크 트래픽이 발생되고, 웹서버로부터 응답이 오길 기다려야 합니다. 앞에서 든 백화점의 예에서도 사용자가 물건을 선택하고 전송 버튼을 누르면 웹 브라우저 → 웹서버 → CGI 프로그램 → 웹서버 → 웹 브라우저 순으로 데이터가 전송되고, 사용자가 돌려 받은 계산서를 보고 구입할 물건의 목록을 변경하면 다시 웹 브라우저 → 웹서버 → CGI 프로그램 → 웹서버 → 웹 브라우저 순으로 데이터의 전송이 일어납니다. 매 번 이런 트래픽이 일어나기 때문에 사용자와 상호작용을 해야 하는 경우나 화면을 계속 갱신해야 하는 경우에 CGI는 적합하지 않습니다.

CGI와 자바는 구동 방식이 전혀 다릅니다. 다음의 [그림 8-4]는 자바 애플릿이 실행되는 과정을 보인 것입니다. 특정 컴퓨터에서만 작동되는 컴퓨터 언어를 기반으로 하는 CGI와는 달리 자바는 어떠한 컴퓨터에서도 잘 작동될 수 있습니다. 이러한 특징을 이용해서, 자바 애플릿은 사용자가 웹 브라우저로 웹사이트에 접속할 때, 자동으로 다운로드됩니다. 즉, CGI 프로그램이 서버에서 실행되는 것과는 달리, 자바 애플릿은 사용자의 PC로 다운로드된 후 실행됩니다. 따라서 사용자의 입력이 있을 때마다 서버에 가서 프로그램을 실행시킬 필요 없이 현재 PC에서 실행 중인 애플릿이 즉시 처리할 수 있습니다.

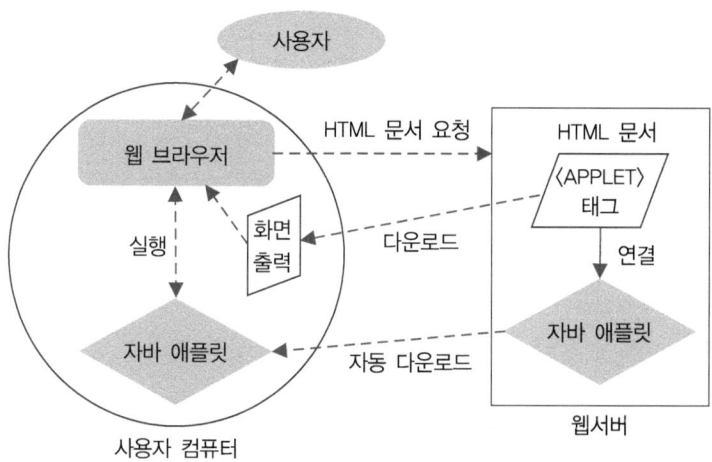

▲ 그림 8-4 자바 애플릿이 구동되는 방식

애플릿은 7장에서 배운 상속을 이용하면 쉽게 만들 수 있습니다. 제공되고 있는 Applet 클래스를 상속받아 필요한 메서드를 추가하거나 기존의 메서드들을 오버라이딩하면 됩니다. 이때 Applet 클래스는 자바가 자동으로 import하는 java.lang 패키지에 있지 않기 때문에, 먼저 java.applet 클래스를 import해야 합니다. 다음은 Applet 클래스를 상속받아 만드는 자바 애플릿의 기본 형식입니다.

```
import java.applet.Applet;        → 패키지 import

class 애플릿이름 extends Applet    → 애플릿 헤더
{
    // 멤버변수 선언               → 애플릿 바디
    // 메서드 구현
}
```

HTML 문서에 애플릿을 포함시키는 방법도 CGI에 비해서 훨씬 간편합니다. 단순히 문서 안의 애플릿이 포함될 위치에 〈APPLET〉 태그를 포함시키기만 합니다. HTML 문법에서 문서의 연결이나 표 등을 나타내기 위해 〈A〉나 〈TABLE〉 태그를 이용하는 것처럼 〈APPLET〉 태그를 이용하면 됩니다. 웹 브라우저는 문서 안에 〈APPLET〉 태그가 있으면, CODE로 지정한 애플릿을 자동으로 다운로드한 후 바로 실행시킵니다. 이때 웹 브라우저는 자바 인터프리터를 내장하고 있기 때문에, 별도의 자바 인터프리터를 설치할 필요는 없습니다. 다음은 HTML 문서에서 사용되는 〈APPLET〉 태그의 형식입니다.

```
<APPLET CODE="애플릿클래스이름"
        [ CODEBASE="애플릿클래스위치" ]
        [ ARCHIVE="JAR파일이름" ]
        [ NAME="애플릿이름" ]
        [ ALIGN="정렬방식" ]
        [ HSPACE="수평공간크기" ]
        [ VSPACE="수직공간크기" ]
            WIDTH=가로크기 HEIGHT=세로크기>
  [ <PARAM NAME="매개변수이름" VALUE="인수"> ]
</APPLET>
```

❶ CODE
실행할 애플릿 클래스 파일의 이름을 지정합니다.

❷ CODEBASE
애플릿 클래스 파일이 위치한 디렉터리나 웹사이트 주소(URL)를 지정합니다. CODEBASE가 생략되면, 현재 HTML 문서와 같은 위치에서 애플릿 클래스 파일을 찾습니다.

```
<APPLET CODE="Sample.class" CODEBASE="http://www.digitaljapan.net/applet"
            WIDTH=300 HEIGHT=200>
</APPLET>
```

❸ ARCHIVE

자바 프로그램을 작성하다보면 여러 개의 클래스 파일이 생성되는 경우가 많습니다. 관련된 여러 개의 클래스 파일을 JDK의 jar.exe를 이용해서 하나의 JAR 파일로 압축할 수 있는데, ARCHIVE 속성을 이용하면 다음처럼 JAR 파일을 지정할 수 있습니다.

```
<APPLET CODE="Sample.class" ARCHIVE="Sample.jar" WIDTH=300 HEIGHT=200>
</APPLET>
```

만일 여러 개의 JAR 파일들을 사용할 때는 다음처럼 하면 됩니다.

```
<APPLET CODE="Sample.class" ARCHIVE="Sample1.jar+Sample2.jar+Sample3.jar"
        WIDTH=300 HEIGHT=200>
</APPLET>
```

❹ NAME

애플릿간에 통신을 할 수 있는데, 이때 사용하는 애플릿 이름을 정하는데 사용합니다.

❺ ALIGN

애플릿이 웹 페이지의 다른 부분과 관련해서 어떻게 정렬될 것인가를 나타내는 속성입니다. 다음의 [표 8-1]의 정렬방식 중 하나를 사용할 수 있습니다.

명령어	의미
LEFT	애플릿 다음에 나오는 텍스트의 왼쪽으로 정렬
RIGHT	애플릿 다음에 나오는 텍스트의 오른쪽으로 정렬
TEXTTOP	애플릿 상단을 그 줄에서 가장 큰 텍스트의 상단에 맞춰 정렬
TOP	애플릿 상단을 그 줄에서 가장 큰 아이템의 상단에 맞춰 정렬
ABSMIDDLE	애플릿 가운데를 텍스트의 기준선 가운데와 맞춰 정렬
MIDDLE	애플릿 가운데를 아이템의 가운데와 맞춰 정렬
BASELINE	애플릿 하단을 텍스트의 기준선과 맞춰 정렬
ABSBOTTOM	애플릿 하단을 그 줄에서 가장 작은 아이템의 하단에 맞춰 정렬

▲ 표 8-1 애플릿 정렬방식

❻ HSPACE

애플릿과 주위 텍스트 사이의 수평 공간을 픽셀 단위로 설정합니다. 예를 들어 50이라는 값을 주면, 애플릿 왼쪽과 오른쪽에 있는 텍스트와 애플릿 사이에 50 픽셀의 공간을 둡니다.

❼ VSPACE

애플릿과 주위 텍스트 사이의 수직 공간을 픽셀 단위로 설정합니다. 예를 들어 20이라는 값을 주면, 애플릿 위쪽과 아래쪽에 있는 텍스트와 애플릿 사이에 20 픽셀의 공간을 둡니다.

❽ WIDTH

애플릿이 실행될 영역의 폭을 지정합니다.

❾ HEIGHT

애플릿이 실행될 영역의 높이를 지정합니다.

❿ PARAM

4.3 main( ) 메서드와 인수에서 자바 애플리케이션의 외부에서 준 인수를 받아서 사용하는 방법을 배웠습니다. 마찬가지로 HTML 파일이 주는 인수를 애플릿에서 사용할 수도 있는데, HTML 문서의 〈APPLET〉 태그에서는 PARAM 속성에 값을 주면 애플릿 내부에서는 getParameter( ) 명령으로 값을 얻을 수 있습니다. 다음의 예제는 HTML 문서에서 주는 인수를 출력하는 애플릿입니다. 〈PARAM〉 태그의 VALUE 값을 바꾸면 다른 결과가 출력됩니다.

ParameterTest.java

예제

```
 1 : import java.awt.*;
 2 : import java.applet.*;
 3 :
 4 : public class ParameterTest extends Applet
 5 : {
 6 :    String args;
 7 :
 8 :    public void init()
 9 :    {
10 :       args= getParameter("APPLET_PARAMETER");
11 :       if(args==null){
12 :          args="NO APPLET_PARAMETER";
13 :       }
14 :    }
15 :
16 :    public void paint(Graphics g)
17 :    {
18 :       g.drawString(args, 50, 100);
19 :    }
20 : }
```

ParameterTest.html

예제

```
 1 : <HTML>
 2 :   <HEAD>
 3 :     <TITLE>ParameterTest</TITLE>
 4 :   </HEAD>
 5 :   <BODY>
 6 :     <APPLET CODE=ParameterTest.class WIDTH=400 HEIGHT=300>
 7 :     <PARAM NAME="APPLET_PARAMETER" VALUE="HTML에서 인수로 준 문자열">
 8 :     </APPLET>
 9 :   </BODY>
10 : </HTML>
```

결과

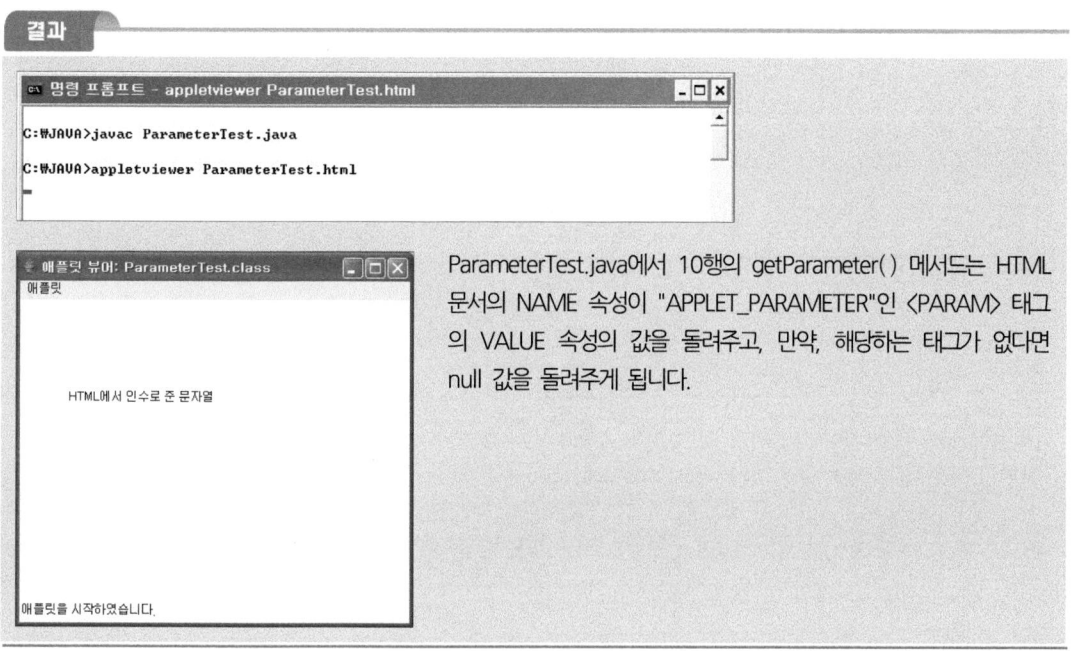

ParameterTest.java에서 10행의 getParameter( ) 메서드는 HTML 문서의 NAME 속성이 "APPLET_PARAMETER"인 <PARAM> 태그의 VALUE 속성의 값을 돌려주고, 만약, 해당하는 태그가 없다면 null 값을 돌려주게 됩니다.

우리는 지금까지 CGI 방식으로 프로그램을 실행하는 것과 자바 애플릿을 실행하는 것을 자세히 알아보고 차이점을 비교해봤습니다. 두 방식은 각각 장단점이 있습니다. CGI는 다양한 컴퓨터언어를 사용하여 만든 CGI 프로그램을 웹서버와 연동하여 사용할 수 있다는 점이 장점이고, 자바 애플릿은 사용자의 PC에 다운로드되어 자동으로 실행되기 때문에 일단 다운로드된 후에는 속도가 빠르고 다양한 작업을 할 수 있다는 점이 장점입니다. 게시판이나 자료방과 같이 어차피 네트워크 트래픽이 계속 일어나는 프로그램을 작성할 때는 자바 애플릿보다는 CGI가 더 유리할 수 있습니다. 그러나 게임이나 애니메이션 등과 같이 사용자와 상호작용하며 빠른 속도로 일을 처리하는 경우는 자바 애플릿이 더 적합합니다. 만일 여러 이유로 CGI 방식도 쓸 수 없고 애플릿 방식도 쓸 수 없는 경우에는 어떻게 해야 할까요? 요즘 인기를 얻고 있는 바람의 나라, 리니지, 한게임 등의 온라인게임에서 주로 사용하는 방법은 사용자

PC에서 작동하는 프로그램을 다운받거나 CD에서 설치하는 방식입니다. 온라인게임에서 주로 이런 방식을 사용하는 이유는 기존의 게임엔진이 주로 C언어나 C++언어로 되어 있기 때문에, 자바로 새로 작성하기 어렵기 때문입니다. 그러나 이 방식은 매번 새 버전의 프로그램이 나올 때마다 다운받거나 CD나 디스켓 등의 저장 매체를 우편으로 받아서 설치해야 합니다. 최근에는 자바로 만든 게임엔진들도 많이 개발되고 있기 때문에 이러한 분야도 점차 자바로 대체되리라 봅니다.

■ 이클립스에서 PARAM 속성 입력하는 방법

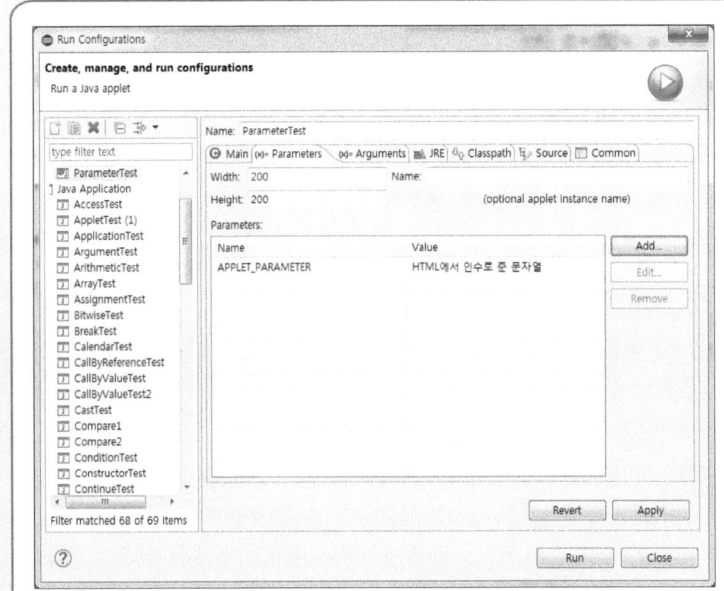

[Run]-[Run Configurations]를 선택하여 대화상자를 엽니다. Parameters 탭을 선택한 후, [Add] 버튼을 누릅니다. Name에 "APPLET_PARAMETER"를 입력하고 Value에 "HTML에서 인수로 준 문자열"을 입력합니다. [Run] 버튼을 눌러 실행하면, NAME 속성이 'APPLET_PARAMETER'인 <PARAM> 태그의 VALUE 속성의 값이 출력됩니다.

8.3 인터페이스

자바와 C++언어는 모두 객체지향 언어이지만, C++언어가 객체지향 기법을 풍부하게 지원하여 프로그래밍 편의성에 중점을 둔 것에 비해, 자바는 복잡하고 문제를 일으킬 소지가 있는 점은 과감히 제거하여 3R(가독성, 재사용성, 신뢰성)을 높이는데 중점을 주었습니다. 객체지향 기법에서 가장 중점을 두고 있는 점이 3R인 만큼 자바가 C++보다는 객체지향 개념에 더 적합하게 설계되었음을 알 수 있습니다. 자바에서 제거된 기능 중 대표적인 것이 다중상속입니다. C++언어에서는 다수의 클래스로부터 상속을 받는 것이 가능했지만, 자바에서는 오로지 하나의 부모 클래스(슈퍼클래스)만을 가질 수 있습니다.

다중상속은 여러 개의 부모 클래스들 간에 복잡하게 얽혀 교차상속 되기 때문에 프로그래머가 전혀 의

도하지 않은 결과가 발생할 수 있습니다. 완성된 프로그램을 보는 입장에서도 클래스의 멤버변수가 어느 부모로부터 상속되었는지 이해하기가 어렵습니다. 또 같은 이름의 클래스가 여러 부모에 있을 경우에는 오버라이딩 되는 메서드를 알기 힘들고 부모들 간의 생성자가 실행되는 순서도 난해해져서, 결국 재사용성이 현저히 저하되는 결과가 나타날 수 있습니다. 이 때문에 자바에서는 보다 간결하게 프로그래밍하도록 단 하나의 부모 클래스로부터만 상속받을 수 있도록 하고 있는 것입니다.

그러나 프로그래밍을 하다보면 도저히 하나의 부모 클래스만 상속받아서는 일을 처리할 수 없는 경우가 발생합니다. 예를 들어 애플릿은 이미 Applet 클래스를 상속받고 있기 때문에 다른 클래스를 상속받을 수 없는데, 스레드나 이벤트 리스너 등 다른 클래스를 상속받아야만 할 경우가 발생할 수 있습니다.(스레드와 이벤트에 대해서는 9장에서 배웁니다.) 이런 경우에 사용하는 것이 인터페이스입니다.

인터페이스가 클래스와 다른 점은 인터페이스는 오직 상수와 메서드 헤더만 선언될 수 있다는 점입니다. 다시 말해서, 인터페이스에는 멤버변수를 선언할 수 없고 메서드의 바디도 정의할 수 없습니다. 결국 이름만 선언하는 셈이 되기 때문에, 인터페이스를 클래스의 명세서라고 설명하는 사람도 있습니다. 메서드의 헤더만 선언한다면, 처리할 내용이 든 메서드 바디는 어디에서 정의해야 할까요? 부모 인터페이스의 모든 메서드는 인터페이스를 상속받는 서브클래스에서 정의해야 합니다. 클래스와 달리 다수의 인터페이스를 상속받을 수 있기 때문에, 만약 5개의 인터페이스를 상속받았다면 5개의 인터페이스에서 선언된 모든 메서드 헤더와 동일한 헤더를 갖는 메서드를 정의해야 합니다.

다중상속의 문제점이 교차상속된 여러 부모 클래스 중 어느 클래스에서 정의된 변수나 메서드 인지 명확하지 않기 때문에 발생하는 만큼, 부모 인터페이스에서는 상수나 메서드의 헤더만 선언하고 정의는 항상 자식 클래스에서 하도록 해서 문제를 해결한 것입니다. 실제로 인터페이스는 클래스에 비해서 생성자나 메서드, 변수 등이 훨씬 명확해서 알아보기 쉽습니다. 그러나 부모 인터페이스에서는 메서드 바디를 정의하지 못하기 때문에 상속이라기 보다는 주어진 명세서를 보고 구현하는 것이 가깝습니다. 그래서 인터페이스의 상속은 '구현(implements)'이라고 말합니다.

1 인터페이스의 정의

인터페이스는 다음처럼 상속받을 인터페이스를 나타내는 헤더 부분과 상수와 메서드 헤더를 정의하는 바디로 구성됩니다. 인터페이스 자체도 클래스처럼 상속받을 수 있기 때문에, 헤더에서 부모 인터페이스의 이름을 쓸 수 있습니다. 이 경우, 상속받는 인터페이스는 부모 인터페이스의 모든 상수와 메서드 헤더를 상속받고 새로운 상수나 메서드를 추가할 수 있습니다.

```
interface 인터페이스이름 [ extends 부모인터페이스이름 ]    → 인터페이스 헤더
{
    // 상수(static final 변수) 선언                      → 인터페이스 바디
    // 바디없는 메서드 선언
}
```

인터페이스에서는 오직 static final로 선언된 변수만 정의할 수 있습니다. static final로 정의된 변수는 할당된 값을 변경할 수 없기 때문에, 보통 '상수'라고 부릅니다.(static은 6장에서 배웠고, final은 7장에서 배웠습니다.)

2 인터페이스의 구현(상속)

인터페이스를 상속받는 클래스는 부모 인터페이스에서 정의된 모든 메서드를 가지고 있어야 합니다. 인터페이스에서는 메서드 헤더만 선언하기 때문에, 자식 클래스에서 같은 메서드 헤더를 갖는 메서드를 정의하지 않으면 에러가 발생합니다. 이렇게 자식 클래스에서 부모 클래스의 메서드를 실질적으로 구현하기 때문에, 인터페이스를 상속할 때는 extends를 사용하지 않고 다음처럼 implements를 사용합니다. 이때 부모 인터페이스는 여러 개가 될 수도 있습니다.

```
class 클래스이름 implements 부모인터페이스이름 [ , 부모인터페이스이름, ... ]
{
    // 멤버변수 선언
    // 메서드 구현
}
```

당연한 얘기지만, 클래스를 상속받은 경우에도 인터페이스를 함께 상속받을 수 있습니다. 다음은 클래스도 상속받고 인터페이스도 상속받은 경우입니다.

```
class 클래스이름 extends 부모클래스이름
    implements 부모인터페이스이름 [ , 부모인터페이스이름, ... ]
{
    // 멤버변수 선언
    // 메서드 구현
}
```

다음은 Height 인터페이스를 정의하고, 상속받아서 사용(구현)하는 예제입니다.

예제 **Height.java**

```
1 : interface Height
2 : {
3 :     public static final double INCH=2.54;
4 :
5 :     public double getInch();
6 :     public double getCM();
```

```
 7 :     public double getMeter();
 8 : }
```

InterfaceTest.java

```
 1 : public class InterfaceTest implements Height
 2 : {
 3 :     private double cm= 0;
 4 :
 5 :     public InterfaceTest(double cm)
 6 :     {
 7 :         this.cm= cm;
 8 :     }
 9 :
10 :     public double getInch()
11 :     {
12 :         return cm/INCH;
13 :     }
14 :
15 :     public double getCM()
16 :     {
17 :         return cm;
18 :     }
19 :
20 :     public double getMeter()
21 :     {
22 :         return cm/100;
23 :     }
24 :
25 :     public static void main(String[] args)
26 :     {
27 :         InterfaceTest myHeight= new InterfaceTest(183);
28 :
29 :         System.out.println(myHeight.getCM() +" cm");
30 :         System.out.println(myHeight.getInch() +" inch");
31 :         System.out.println(myHeight.getMeter() +" meter");
32 :     }
33 : }
```

결과

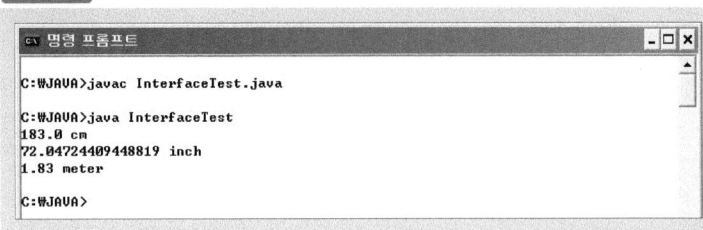

main( ) 메서드에서 호출한 getCM( ), getInch( ), getMeter( ) 메서드들은 Height 인터페이스에 정의되어 있지만, 메서드 바디는 서브클래스인 InterfaceTest 클래스에 있습니다.

8.4 AWT 컴포넌트

유닉스 셸이나 도스처럼 원하는 명령을 영어단어로 입력하는 환경을 CUI(Character User Interface)라고 하고, 윈도우즈처럼 마우스로 아이콘을 움직여서 명령을 내리는 방식을 GUI(Graphic User Interface)라고 합니다. 대부분의 PC에서 마이크로소프트 윈도우즈를 사용하고 있지만, 다른 종류의 운영체제를 사용하는 컴퓨터에도 GUI 환경이 있습니다. 유닉스 계열의 X-윈도우즈, 매킨토시 계열의 맥 OS, IBM에서 제공하는 OS/2 등의 유명한 GUI 환경과 기타 모양과 사용법이 조금씩 다른 수많은 아류들까지 포함하면 상당한 수의 GUI 환경이 존재하고 있습니다. 그런 면에서 우리가 7장까지 만든 애플리케이션들은 CUI 환경의 프로그램이고 8장부터 만드는 애플릿들은 GUI 환경의 프로그램인 셈입니다.(모든 애플리케이션이 CUI라는 뜻은 아닙니다. 애플리케이션에서도 AWT나 스윙 등을 사용해서 프로그래밍하면 GUI가 되는 것입니다.)

AWT는 Abstract Window Toolkit의 약자로 GUI 환경의 프로그램을 작성하기 위한 일종의 라이브러리입니다. 앞에서 언급한대로 현존하는 GUI 환경은 일일이 열거하기 어려울 정도로 많기 때문에, 윈도우즈에서만 작동되는 프로그램을 작성한다면 문제가 안되지만, 여러 운영체제에서 실행되는 자바는 당연히 다양한 GUI 환경을 지원해야 합니다. 각각의 GUI 환경은 서로 다른 사용법을 가지고 있기 때문에 모든 GUI 환경에서 잘 작동되는 동일한 프로그램을 작성하기란 상당히 어려운 일입니다. 이런 점을 대신 해결해주는 것이 AWT입니다. AWT에서 정한 방법대로 프로그래밍하면, 나중에 실행되는 운영체제의 GUI 환경이 어떤 형태이든지 적절히 변형되어 나타납니다.

매킨토시의 GUI 예

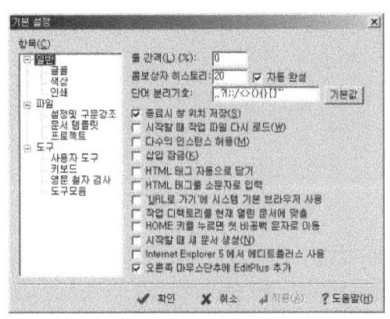
윈도우즈의 GUI 예

▲ 그림 8-5 매킨토시의 GUI와 윈도우즈의 GUI

예를 들어, AWT로 버튼을 출력하는 프로그램은 위 [그림 8-5]에서처럼 매킨토시에서 실행될 때는 매킨토시 스타일의 버튼으로 보여지고, 윈도우즈에서 실행될 때는 윈도우즈 스타일의 버튼으로 나타납니다. 프로그래머는 실행될 때의 모습이나 사용자가 어떻게 느낄지를 고려할 필요 없이 프로그래밍하면 되고, 사용자는 자신에게 익숙한 모습으로 나타나는 프로그램을 사용하면 되는 것입니다.(그러나, 만약 자바 프로그래머가 어떠한 운영체제에서든 같은 모습으로 나타나도록 하고 싶다면, 그 때는 자바 1.1부터 지원하는 스윙을 사용하면 됩니다. 스윙에 대해서는 13장에서 배웁니다.)

AWT는 매우 사용하기 쉬운 툴입니다만, 몇 가지 용어를 반드시 알고 넘어가야 합니다.
첫 번째는 '컴포넌트'입니다. 컴포넌트는 사용자 인터페이스를 구성하는 기본 요소입니다. AWT에서 컴포넌트는 버튼, 체크박스, 레이블, 텍스트필드, 리스트, 팝업 메뉴와 같은 부속품의 총칭입니다. 자바에는 Component라는 클래스가 있는데, 모든 컴포넌트들은 [그림 8-6]에서 볼 수 있듯이 이 Componet 클래스의 자손(서브클래스)입니다.

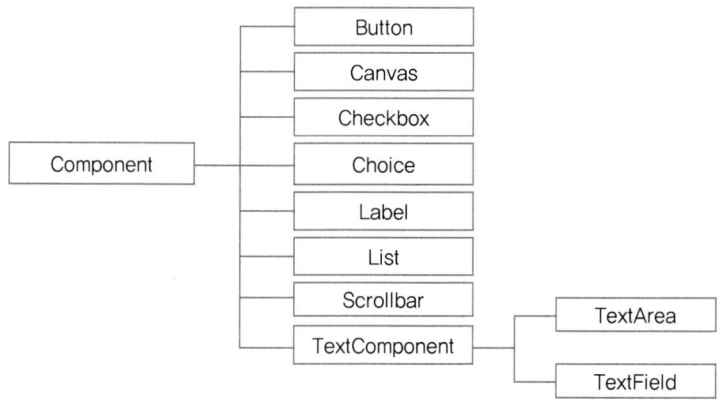

▲ 그림 8-6 컴포넌트의 상속관계

두 번째로 중요한 용어는 '컨테이너'입니다. 컨테이너는 컴포넌트들이 붙어있는 윈도우 같은 것들입니다. 자바에서 컨테이너로 불리는 것들로는 애플릿, 패널, 윈도우, 프레임, 다이얼로그 박스 등이 있습니다. 모든 컴포넌트는 독립적으로 공중에 떠 있을 수 없습니다. 반드시 컨테이너에 달라붙어 있어야 합니다. 컴포넌트와 마찬가지로 모든 컨테이너들은 Container 클래스의 자손(서브클래스)입니다.

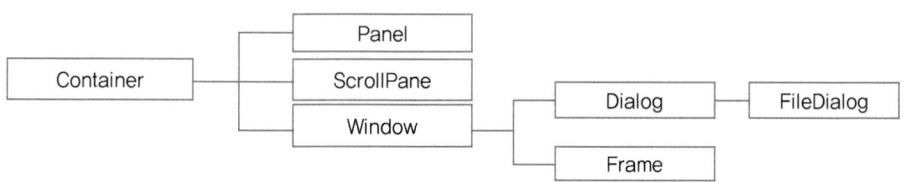

▲ 그림 8-7 컨테이너의 상속관계

세 번째는 '레이아웃'입니다. 컨테이너에 컴포넌트를 붙일 때, 어떤 식으로 배치하는가가 중요한데, 이것을 '레이아웃'이라고 합니다. 자바에서 레이아웃이 중요한 이유는 프로그램이 나중에 실행되는 환경을 미리 알 수 없기 때문입니다. 예를 들어 프로그래머는 윈도우즈 환경을 염두에 두고 만들었는데, 나중에 실행시키는 환경은 리눅스일 수도 있습니다. 그런 경우에 원래 프로그래머가 생각했던 것과는 전혀 다른 모양이 될 수도 있고, 심한 경우엔 일부 컴포넌트가 화면에서 잘려나갈 수도 있습니다. 이러한 점을 방지해주기 위해 레이아웃을 관리해주는 레이아웃 매니저가 있습니다. 레이아웃 매니저에 우리가 원하는 레이아웃 형태를 지정해주면, 레이아웃 매니저는 실행되는 자바 프로그램을 최대한 지정된 레이아웃에 가깝도록 보여줍니다.

마지막으로 중요한 용어는 '이벤트'입니다. AWT를 사용하는 프로그램들은 어떤 순서로 프로그램이 실행될지 미리 예측할 수 없습니다. 예를 들어 화면에 2개의 버튼을 출력하는 프로그램의 경우, 어느 버튼을 사용자가 누를지 미리 알 수는 없습니다. 이렇게 사용자로부터 입력이 일어나는 것을 이벤트라고 합니다. 따라서 AWT를 사용하는 프로그램에서는 프로그램의 실행과정 순으로 프로그래밍하지 않고, 발생 가능한 이벤트에 따른 처리할 내용을 나열하는 식으로 프로그래밍합니다.

자바에서는 항상 컴포넌트를 컨테이너에 붙여서 보이기 때문에, 모든 컴포넌트는 다음의 순서대로 사용됩니다.

▼ 컴포넌트를 만드는 순서

① 컴포넌트를 생성 (예) `Button myButton= new Button("내 버튼");`
② 컨테이너에 부착 (예) `add(myButton);`
③ 이벤트 처리 루틴 제작 및 이벤트 리스너 연결 (예) `myButton.addActionListener();`

다음은 자바의 AWT에서 제공하는 컴포넌트들입니다. 각 컴포넌트에 대해 알아보고, 컨테이너에 부착한 후 사용하는 방법을 배워보겠습니다. 주의할 점은 여기서 보이는 모든 컴포넌트들은 java.awt 패키지에 들어있기 때문에, 사용하려면 java.awt 패키지를 import해야 합니다.

1 레이블

레이블은 자바에서 가장 간단한 컴포넌트로, 다음의 [그림 8-8]처럼 어떤 위치에 고정되어있는 문자열을 표시하고 싶을 때 주로 사용되는 컴포넌트입니다.

▲ 그림 8-8 Label 컴포넌트

레이블을 생성하는 일반적인 방법은 다음과 같습니다만, [표 8-2]처럼 생성자에 전달하는 인수에 따라 다른 형태의 레이블을 만들 수도 있습니다.

```
Label myLabel= new Label("Java");
       ↑         ↑       ↑       ↑
     클래스      변수    생성자    인수
```

생성자	설명
Label( )	아무 문자열도 없는 빈 레이블
Label(String str)	문자열 str을 표시하는 레이블
Label(String str, int alignment)	문자열 str을 alignment 정렬방식대로 표시한 레이블

▲ 표 8-2 Label 클래스의 생성자들

위 [표 8-2]와 다음의 [표 8-3]에서 정렬방식인 alignment로 쓸 수 있는 상수는 Label.LEFT, Label.CENTER, Label.RIGHT의 세 가지로 각각 왼쪽, 가운데, 오른쪽 정렬을 의미합니다. 다음의 [표 8-3]은 Label 클래스 내의 대표적인 메서드들을 정리한 것입니다.

메서드	설명
String getText( )	레이블이 표시하고 있는 문자열 반환
void setText( )	레이블의 문자열 지정
int getAlignment( )	레이블의 정렬방식 반환
void setAlignment(int alignment)	레이블의 정렬방식 지정

▲ 표 8-3 Label 클래스의 대표적인 메서드들

레이블은 사용자의 입력이 발생해도 할 일이 없기 때문에 이벤트를 발생시키지 않습니다.(Label 클래스는 Component 클래스의 서브클래스이기 때문에, Component 클래스가 발생시키는 ComponentEvent, FocusEvent, KeyEvent, MouseEvent도 그대로 상속받지만, 여기서는 순수하게 Label 클래스가 발생시키는 이벤트만 다루고, 이벤트에 대한 자세한 사항은 **9.6 이벤트의 이해**에서 설명하겠습니다.) 다음은 레이블을 생성하여 컨테이너인 애플릿에 붙이는 예제입니다.

LabelTest.java

```
1 : import java.awt.*;
2 : import java.applet.*;
3 :
4 : public class LabelTest extends Applet
5 : {
6 :    Label myLabel1, myLabel2, myLabel3;
7 :
8 :    public void init( )
9 :    {
```

```
10 :        myLabel1= new Label();
11 :        myLabel1.setText("C언어");
12 :        myLabel1.setAlignment(Label.LEFT);
13 :        myLabel1.setBackground(Color.cyan);
14 :        add(myLabel1);
15 :
16 :        myLabel2= new Label("C++언어");
17 :        myLabel2.setAlignment(Label.CENTER);
18 :        myLabel2.setBackground(Color.green);
19 :        add(myLabel2);
20 :
21 :        myLabel3= new Label("자바", Label.RIGHT);
22 :        myLabel3.setBackground(Color.yellow);
23 :        add(myLabel3);
24 :    }
25 : }
```

LabelTest.html

예제

```
1 : <HTML>
2 :   <HEAD>
3 :     <TITLE>LabelTest</TITLE>
4 :   </HEAD>
5 :   <BODY>
6 :     <APPLET CODE=LabelTest.class WIDTH=400 HEIGHT=300>
7 :     </APPLET>
8 :   </BODY>
9 : </HTML>
```

결과

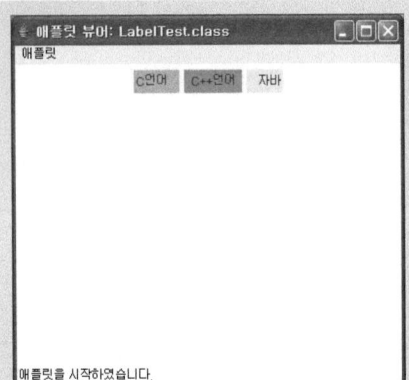

세 레이블 myLabel1, myLabel2, myLabel3은 모두 출력할 문자열, 정렬방식, 배경색을 지정한 예입니다만, 모두 다른 방식으로 했습니다. 문자열과 정렬방식을 모두 지정해야 할 경우에는 보통 myLabel3처럼 간단히 합니다.

2 버튼

버튼은 GUI 환경에서 가장 많이 사용되는 컴포넌트로, [그림 8-9]처럼 평소에는 튀어나온 형태이고 마우스로 선택하면 눌러지는 컴포넌트입니다.

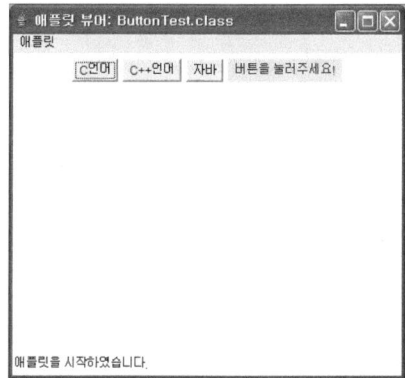

▲ 그림 8-9 Button 컴포넌트

버튼을 생성하는 일반적인 사용법은 다음과 같습니다만, [표 8-4]처럼 생성자에 전달하는 인수에 따라 다른 형태의 버튼을 만들 수도 있습니다.

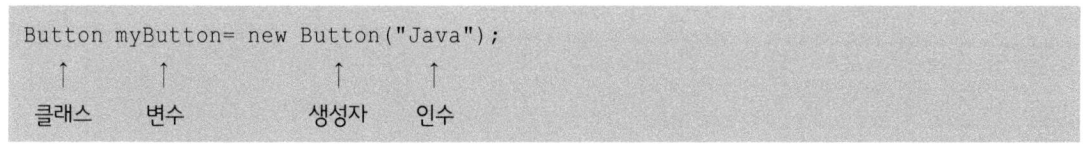

생성자	설명
Button( )	아무 레이블도 없는 버튼
Button(String str)	문자열 str을 레이블로 표시하는 버튼

▲ 표 8-4 Button 클래스의 생성자들

다음의 [표 8-5]는 Button 클래스 내의 대표적인 메서드들을 정리한 것입니다.

메서드	설명
String getLabel( )	버튼 위의 현재 레이블을 반환
void setLabel(String str)	버튼 위의 레이블을 문자열 str로 변경

▲ 표 8-5 Button 클래스의 대표적인 메서드들

버튼은 사용자의 입력이 있을 때마다 ActionEvent를 발생시킵니다. 따라서 이벤트 처리를 하는 루틴을 만들려면 actionPerform( ) 메서드를 정의해야 합니다.(Button 클래스는 Component 클래스의 서브클래스이기 때문에, Component 클래스가 발생시키는 ComponentEvent, FocusEvent, KeyEvent, MouseEvent도 그대로 상속받지만, 여기서는 순수하게 Button 클래스가 발생시키는 이벤트만 다루고,

이벤트에 대한 자세한 사항은 **9.6 이벤트의 이해**에서 설명하겠습니다.) [표 8-6]은 버튼이 발생시키는 이벤트를 정리한 것이고, 예제는 버튼을 생성하여 컨테이너인 애플릿에 붙이고 이벤트 처리를 하는 루틴을 만들어 붙인 것입니다.

이벤트	인터페이스	관련된 메서드	설명
ActionEvent	ActionListener	actionPerformed( )	버튼을 누를 때 발생

▲ 표 8-6 Button이 발생시키는 이벤트

ButtonTest.java

```
 1 : import java.applet.*;
 2 : import java.awt.*;
 3 : import java.awt.event.*;
 4 :
 5 : public class ButtonTest extends Applet
 6 :     implements ActionListener
 7 : {
 8 :    Label  myLabel;
 9 :    Button myButton1, myButton2, myButton3;
10 :
11 :    public void init()
12 :    {
13 :       myButton1= new Button();
14 :       myButton1.setLabel("C언어");
15 :       myButton1.addActionListener(this);
16 :       add(myButton1);
17 :
18 :       myButton2= new Button("C++언어");
19 :       myButton2.addActionListener(this);
20 :       add(myButton2);
21 :
22 :       myButton3= new Button("자바");
23 :       myButton3.addActionListener(this);
24 :       add(myButton3);
25 :
26 :       myLabel= new Label();
27 :       myLabel.setText("버튼을 눌러주세요!");
28 :       myLabel.setAlignment(Label.CENTER);
29 :       myLabel.setBackground(Color.yellow);
30 :       add(myLabel);
```

```
31 :     }
32 :
33 :     public void actionPerformed(ActionEvent e)
34 :     {
35 :       if(e.getSource()==myButton1){
36 :         myLabel.setText("선택: C언어");
37 :       }else if(e.getSource()==myButton2){
38 :         myLabel.setText("선택: C++언어");
39 :       }else if(e.getSource()==myButton3){
40 :         myLabel.setText("선택: 자바");
41 :       }
42 :     }
43 : }
```

ButtonTest.html

```
1 : <HTML>
2 :   <HEAD>
3 :     <TITLE>ButtonTest</TITLE>
4 :   </HEAD>
5 :   <BODY>
6 :     <APPLET CODE=ButtonTest.class WIDTH=400 HEIGHT=300>
7 :     </APPLET>
8 :   </BODY>
9 : </HTML>
```

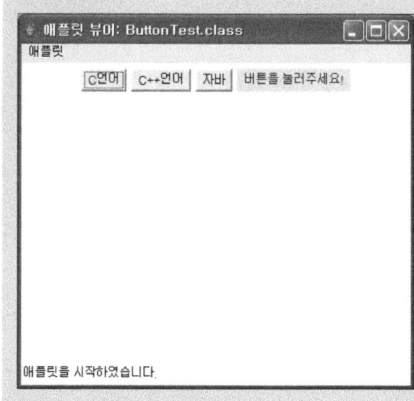

myButton1처럼 버튼을 일단 생성한 후에 레이블(버튼 위에 출력될 문자열)을 정할 수도 있고, myButton2와 myButton3처럼 버튼을 생성할 때 레이블을 함께 지정할 수도 있습니다. 일반적으로는 myButton2와 myButton3처럼 합니다.

3 체크박스

체크박스는 어떤 항목을 선택할 지를 결정할 때 사용하는 컴포넌트로 하나 또는 여러 개의 선택항목을 보여줍니다. 체크박스는 여러 선택항목 중 오직 하나의 항목만을 선택할 수 있게 하거나 복수의 항목을 선택할 수 있도록 할 수도 있습니다. 특히 하나의 항목만을 선택할 수 있는 컴포넌트를 윈도우즈는 라디오버튼이라고 하기 때문에, 알아보기 쉽도록 따로 구분하여 설명하겠습니다. 다음의 [그림 8-10]은 일반적인 체크박스 컴포넌트입니다.

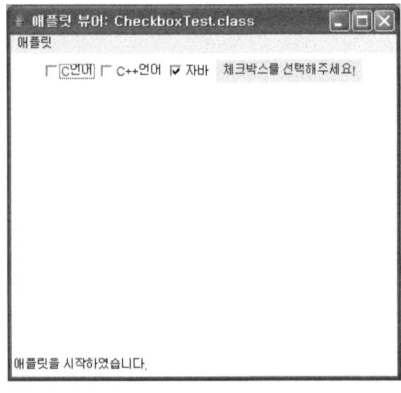

▲ 그림 8-10 Checkbox 컴포넌트

체크박스를 생성하는 일반적인 사용법은 다음과 같습니다만, [표 8-7]처럼 생성자에 전달하는 인수에 따라 다른 형태의 체크박스를 만들 수도 있습니다.

생성자	설명
Checkbox( )	아무 레이블도 없는 체크박스
Checkbox(String str)	문자열 str을 레이블로 표시하는 체크박스
Checkbox(String str, boolean state)	문자열 str을 레이블로 표시하고 state에 따라 체크 표시를 한 체크박스

▲ 표 8-7 Checkbox 클래스의 생성자들

다음의 [표 8-8]은 Checkbox 클래스 내의 대표적인 메서드들을 정리한 것입니다.

메서드	설명
String getLabel( )	체크박스의 레이블 반환
void setLabel(String str)	체크박스의 레이블을 str로 변경
boolean getState( )	체크 상태를 반환
void setState(boolean state)	state에 따라 체크 표시

▲ 표 8-8 Checkbox 클래스의 대표적인 메서드들

체크박스는 사용자의 입력이 있을 때마다 ItemEvent를 발생시킵니다. 따라서 이벤트 처리를 하는 루틴을 만들려면 itemStateChanged( ) 메서드를 정의해야 합니다.(Checkbox 클래스는 Component 클래스의 서브클래스이기 때문에, Component 클래스가 발생시키는 ComponentEvent, FocusEvent, KeyEvent, MouseEvent도 그대로 상속받지만, 여기서는 순수하게 Checkbox 클래스가 발생시키는 이벤트만 다루고, 이벤트에 대한 자세한 사항은 **9.6 이벤트의 이해**에서 설명하겠습니다.) [표 8-9]는 체크박스가 발생시키는 이벤트를 정리한 것이고, 예제는 체크박스를 생성하여 컨테이너인 애플릿에 붙이고 이벤트 처리를 하는 루틴을 만들어 붙인 것입니다.

이벤트	인터페이스	관련된 메서드	설명
ItemEvent	ItemListener	itemStateChanged( )	체크 상태를 바꿀 때 발생

▲ 표 8-9 Checkbox가 발생시키는 이벤트

예제　　　　　　　　　　　　　　　　　　　　　　　　　　　　　　　　　　`CheckboxTest.java`

```
 1 : import java.applet.*;
 2 : import java.awt.*;
 3 : import java.awt.event.*;
 4 :
 5 : public class CheckboxTest extends Applet
 6 :     implements ItemListener
 7 : {
 8 :    Label    myLabel;
 9 :    Checkbox myCheckbox1, myCheckbox2, myCheckbox3;
10 :
11 :    public void init( )
12 :    {
13 :       myCheckbox1= new Checkbox( );
14 :       myCheckbox1.setLabel("C언어");
15 :       myCheckbox1.addItemListener(this);
16 :       add(myCheckbox1);
17 :
18 :       myCheckbox2= new Checkbox("C++언어");
19 :       myCheckbox2.addItemListener(this);
20 :       add(myCheckbox2);
21 :
22 :       myCheckbox3= new Checkbox("자바", true);
23 :       myCheckbox3.addItemListener(this);
24 :       add(myCheckbox3);
25 :
26 :       myLabel= new Label( );
27 :       myLabel.setText("체크박스를 선택해주세요!");
```

```
28 :        myLabel.setAlignment(Label.CENTER);
29 :        myLabel.setBackground(Color.yellow);
30 :        add(myLabel);
31 :    }
32 :
33 :    public void itemStateChanged(ItemEvent e)
34 :    {
35 :        if(e.getSource()==myCheckbox1){
36 :            myLabel.setText("선택: C언어");
37 :        }else if(e.getSource()==myCheckbox2){
38 :            myLabel.setText("선택: C++언어");
39 :        }else if(e.getSource()==myCheckbox3){
40 :            myLabel.setText("선택: 자바");
41 :        }
42 :    }
43 : }
```

CheckboxTest.html

```
1 : <HTML>
2 :   <HEAD>
3 :     <TITLE>CheckboxTest</TITLE>
4 :   </HEAD>
5 :   <BODY>
6 :     <APPLET CODE=CheckboxTest.class WIDTH=400 HEIGHT=300>
7 :     </APPLET>
8 :   </BODY>
9 : </HTML>
```

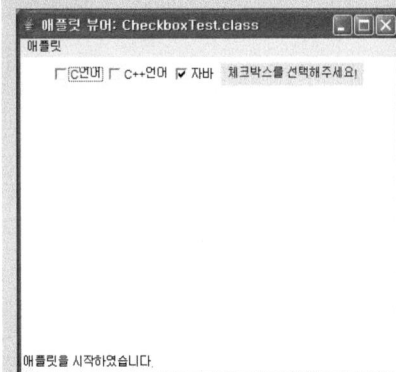

myCheckbox1처럼 먼저 체크박스를 생성한 후에 레이블을 정할 수도 있고 myCheckbox2와 myCheckbox3처럼 생성할 때 동시에 레이블을 지정할 수도 있습니다.

4 라디오형 체크박스(라디오버튼)

라디오형 체크박스는 라디오에 달려있는 방송국 선국 버튼처럼 한 시점에서 하나의 선택항목만 선택할 수 있는 체크박스입니다. 자바에서는 체크박스의 일종으로 보고 있지만, 윈도우즈에서는 라디오버튼으로 분류하기 때문에, 이해를 돕기 위해 따로 설명하는 것입니다. 다음의 [그림 8-11]은 라디오형 체크박스 컴포넌트입니다.

▲ 그림 8-11 라디오형 체크박스 컴포넌트

라디오형 체크박스에서는 아래처럼 체크박스 그룹을 먼저 생성한 후에 체크박스를 만들 때 인수로 전달합니다. 같은 그룹을 인수로 전달 받은 체크박스들은 오로지 한 체크박스만 체크될 수 있습니다. 라디오형 체크박스를 생성할 때, 인수의 순서는 [표 8-10]처럼 문자열, 논리형, 그룹 순이 될 수도 있고, 문자열, 그룹, 논리형 순이 될 수도 있습니다. 아무 쪽이나 편한 쪽을 사용하면 됩니다.

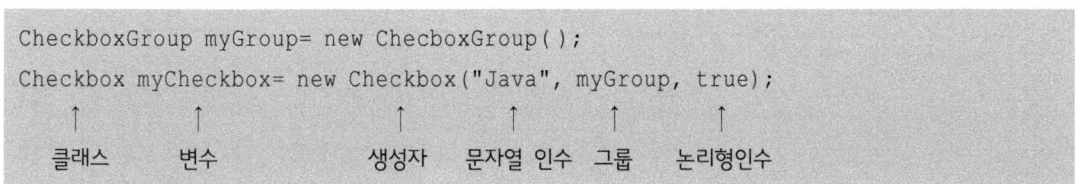

생성자	설명
Checkbox(String str, boolean state, CheckboxGroup group)	group에 속하고 문자열 str을 레이블로 표시하며 state처럼 체크된 라디오형 체크박스
Checkbox(String str, CheckboxGroup group, boolean state)	group에 속하고 문자열 str을 레이블로 표시하며 state처럼 체크된 라디오형 체크박스

▲ 표 8-10 라디오형 Checkbox 클래스의 생성자들

다음의 [표 8-11]은 Checkbox 클래스 내의 메서드들 중에서 체크박스 그룹을 처리하는 대표적인 메서드들이고 [표 8-12]는 CheckboxGroup 클래스의 대표적인 메서드들입니다.

메서드	설명
CheckboxGroup getCheckboxGroup( )	체크박스가 속한 그룹을 반환
void setCheckboxGroup(CheckboxGroup group)	체크박스에 그룹을 지정

▲ 표 8-11 CheckboxGroup 클래스의 체크박스 그룹용 메서드들

메서드	설명
Checkbox getSelectedCheckbox( )	그룹에 속한 체크박스 중 체크된 것을 반환
void setSelectedCheckbox(Checkbox c)	체크박스 그룹 중 체크박스 c에 체크 표시

▲ 표 8-12 CheckboxGroup 클래스의 대표적인 메서드들

라디오형 체크박스가 발생시키는 이벤트는 체크박스와 동일합니다. 다음의 예제는 라디오형 체크박스를 생성하여 컨테이너인 애플릿에 붙이고 이벤트 처리를 하는 루틴을 만들어 붙인 것입니다. 이벤트 처리에 대한 자세한 설명은 **9.6 이벤트의 이해**에 있습니다.

이벤트	인터페이스	관련된 메서드	설명
ItemEvent	ItemListener	itemStateChanged( )	체크 상태를 바꿀 때 발생

▲ 표 8-13 라디오형 Checkbox가 발생시키는 이벤트

예제 CheckboxGroupTest.java

```
1 : import java.applet.*;
2 : import java.awt.*;
3 : import java.awt.event.*;
4 :
5 : public class CheckboxGroupTest extends Applet
6 :     implements ItemListener
7 : {
8 :    Label    myLabel;
9 :    Checkbox myCheckbox1, myCheckbox2, myCheckbox3;
10:    CheckboxGroup group;
11:
12:    public void init()
13:    {
14:       group= new CheckboxGroup();
15:
16:       myCheckbox1= new Checkbox("C언어", false, group);
17:       myCheckbox1.addItemListener(this);
18:       add(myCheckbox1);
```

```
19 :
20 :        myCheckbox2= new Checkbox("C++언어", group, false);
21 :        myCheckbox2.addItemListener(this);
22 :        add(myCheckbox2);
23 :
24 :        myCheckbox3= new Checkbox("자바", group, true);
25 :        myCheckbox3.addItemListener(this);
26 :        add(myCheckbox3);
27 :
28 :        myLabel= new Label();
29 :        myLabel.setText("체크박스를 선택해주세요!");
30 :        myLabel.setAlignment(Label.CENTER);
31 :        myLabel.setBackground(Color.yellow);
32 :        add(myLabel);
33 :    }
34 :
35 :    public void itemStateChanged(ItemEvent e)
36 :    {
37 :        if(e.getSource()==myCheckbox1){
38 :           myLabel.setText("선택: C언어");
39 :        }else if(e.getSource()==myCheckbox2){
40 :           myLabel.setText("선택: C++언어");
41 :        }else if(e.getSource()==myCheckbox3){
42 :           myLabel.setText("선택: 자바");
43 :        }
44 :    }
45 : }
```

예제 **CheckboxGroupTest.html**

```
1 : <HTML>
2 :   <HEAD>
3 :     <TITLE>CheckboxGroupTest</TITLE>
4 :   </HEAD>
5 :   <BODY>
6 :     <APPLET CODE=CheckboxGroupTest.class WIDTH=400 HEIGHT=300>
7 :     </APPLET>
8 :   </BODY>
9 : </HTML>
```

결과

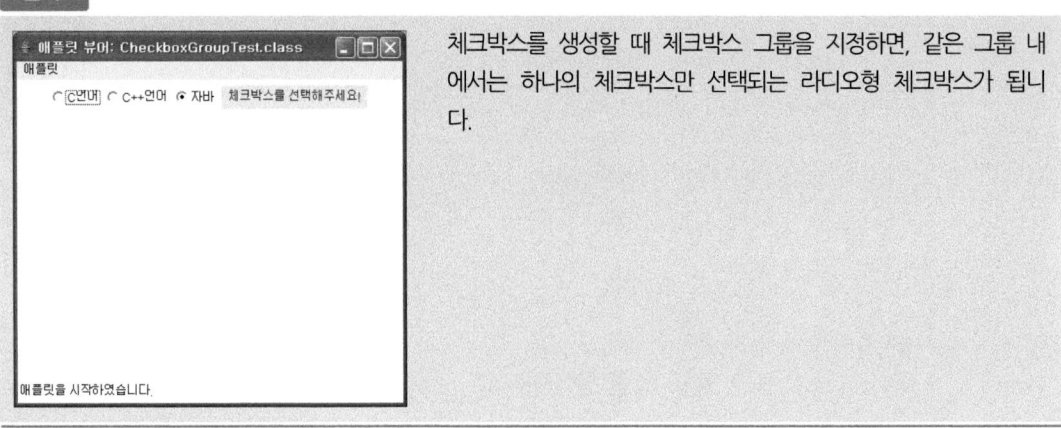

체크박스를 생성할 때 체크박스 그룹을 지정하면, 같은 그룹 내에서는 하나의 체크박스만 선택되는 라디오형 체크박스가 됩니다.

5 초이스

선택 리스트라고도 불리우는 초이스 컴포넌트는 [그림 8-12]처럼 여러 선택항목을 한꺼번에 보여주지 않고 드롭다운(drop-down) 리스트로 보여주는 컴포넌트입니다.

▲ 그림 8-12 Choice 컴포넌트

초이스는 다음처럼 인수 없이 생성한 후에 addItem( ) 메서드로 필요한 항목을 추가하면 됩니다.(생성자는 [표 8-14]처럼 하나 뿐입니다.)

```
클래스    변수        생성자
  ↓       ↓           ↓
Choice myChoice= new Choice();
myChoice.addItem("Java");
```

생성자	설명
Choice( )	항목이 없는 초이스

▲ 표 8-14 Choice 클래스의 생성자

다음의 [표 8-15]은 Choice 클래스 내의 대표적인 메서드들을 정리한 것입니다.

메서드	설명
int getItemCount( )	초이스 내의 항목의 수를 반환
String getItem(int index)	index 위치에 해당하는 항목을 반환
void addItem(String str)	str 항목을 초이스의 끝에 추가
void insert(String str, int index)	str 항목을 index 위치에 삽입
void remove(String str)	str 항목을 제거
void remove(int index)	index 위치의 항목을 제거
void removeAll( )	모든 항목을 제거
String getSelectedItem( )	선택된 항목을 반환
int getSelecedIndex( )	선택된 항목의 위치를 반환
void select(String str)	str 항목을 선택
void select(int index)	index 위치의 항목을 선택

▲ 표 8-15 Choice 클래스의 대표적인 메서드들

초이스는 사용자의 입력이 있을 때마다 ItemEvent를 발생시킵니다. 따라서 이벤트 처리를 하는 루틴을 만들려면 itemStateChanged( ) 메서드를 정의해야 합니다.(Choice 클래스는 Component 클래스의 서브클래스이기 때문에, Component 클래스가 발생시키는 ComponentEvent, FocusEvent, KeyEvent, MouseEvent도 그대로 상속받지만, 여기서는 순수하게 Choice 클래스가 발생시키는 이벤트만 다루고, 이벤트에 대한 자세한 사항은 **9.6 이벤트의 이해**에서 설명하겠습니다.) [표 8-16]은 초이스가 발생시키는 이벤트를 정리한 것이고, 예제는 초이스를 생성하여 컨테이너인 애플릿에 붙이고 이벤트 처리를 하는 루틴을 만들어 붙인 것입니다.

이벤트	인터페이스	관련된 메서드	설명
ItemEvent	ItemListener	itemStateChanged( )	항목을 선택할 때 발생

▲ 표 8-16 Choice가 발생시키는 이벤트

예제　　　　　　　　　　　　　　　　　　　　　　　　　　　　**ChoiceTest.java**

```
1 : import java.applet.*;
2 : import java.awt.*;
3 : import java.awt.event.*;
4 :
5 : public class ChoiceTest extends Applet
```

```
 6 :   implements ItemListener
 7 : {
 8 :   Label  myLabel;
 9 :   Choice myChoice;
10 :
11 :   public void init()
12 :   {
13 :     myChoice= new Choice();
14 :     myChoice.addItem("C언어");
15 :     myChoice.addItem("C++언어");
16 :     myChoice.addItem("자바");
17 :     myChoice.addItemListener(this);
18 :     add(myChoice);
19 :
20 :     myLabel= new Label();
21 :     myLabel.setText("초이스 항목을 선택해주세요!");
22 :     myLabel.setAlignment(Label.CENTER);
23 :     myLabel.setBackground(Color.yellow);
24 :     add(myLabel);
25 :   }
26 :
27 :   public void itemStateChanged(ItemEvent e)
28 :   {
29 :     if(e.getSource()==myChoice){
30 :       myLabel.setText("선택: "+ myChoice.getSelectedItem());
31 :     }
32 :   }
33 : }
```

ChoiceTest.html

예제

```
1 : <HTML>
2 :   <HEAD>
3 :     <TITLE>ChoiceTest</TITLE>
4 :   </HEAD>
5 :   <BODY>
6 :     <APPLET CODE=ChoiceTest.class WIDTH=400 HEIGHT=300>
7 :     </APPLET>
8 :   </BODY>
9 : </HTML>
```

> **결과**

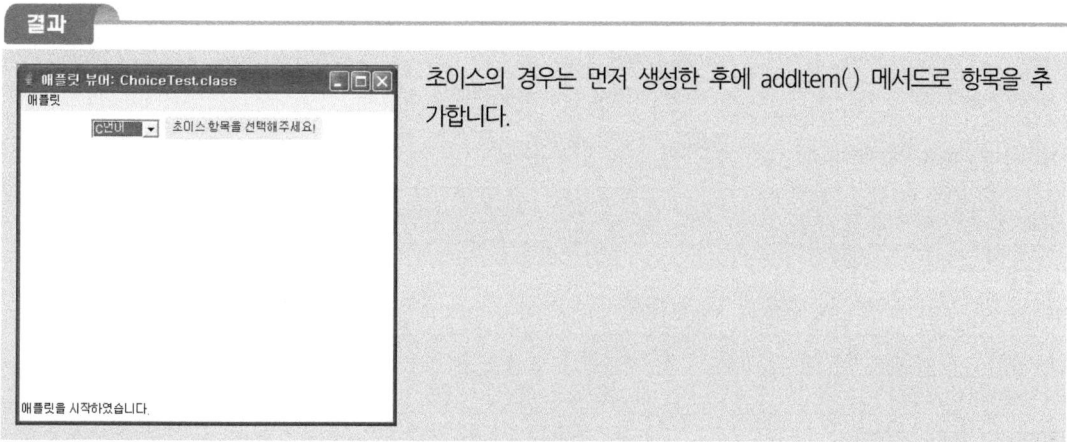

초이스의 경우는 먼저 생성한 후에 addItem() 메서드로 항목을 추가합니다.

6 리스트

리스트는 [그림 8-13]처럼 여러 개의 선택항목을 리스트로 보여주고 사용자가 하나 또는 여러 개를 선택할 수 있도록 해주는 컴포넌트입니다. 리스트의 기능은 앞에서 배운 초이스와 동일하지만, 다른 점은 초이스가 한 번에 하나의 항목만을 보여주는데 비해, 리스트는 다수의 항목을 보여준다는 점과 초이스는 하나의 항목만 선택할 수 있지만 리스트는 여러 개의 항목을 선택 가능하게 할 수도 있다는 점입니다.

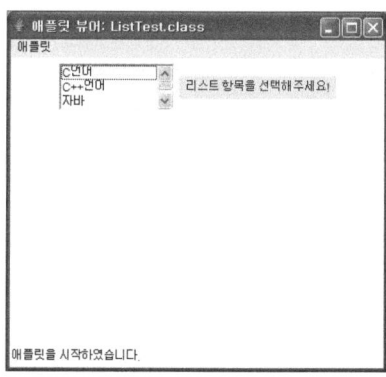

▲ 그림 8-13 List 컴포넌트

리스트도 초이스와 마찬가지로 먼저 생성한 후에 addItem() 메서드로 필요한 항목을 추가하면 됩니다. 그러나 초이스가 인수 없는 생성자 하나뿐인 것과 달리, 리스트는 [표 8-17]처럼 다양한 생성자를 가지고 있습니다.

```
클래스    변수      생성자 인수
  ↓       ↓         ↓    ↓
List  myList= new List(10);
myList.add("Java");
```

생성자	설명
List( )	스크롤이 가능한 리스트
List(int number)	number 수만큼 항목을 보여주는 리스트
List(int number, boolean m)	number 수만큼 항목을 보여주고, m이 false이면 단일선택, true이면 다중선택인 리스트

▲ 표 8-17 List 클래스의 생성자들

다음의 [표 8-18]은 List 클래스 내의 대표적인 메서드들을 정리한 것입니다.

메서드	설명
int getItemCount( )	리스트 내의 항목의 수를 반환
String getItem(int index)	index 위치의 항목을 반환
String[ ] getItems( )	리스트 내의 모든 항목을 배열로 반환
void add(String str)	str 항목을 리스트의 끝에 추가
void add(String str, int index)	str 항목을 index 위치에 삽입
void remove(String str)	str 항목을 제거
void remove(int index)	index 위치의 항목을 제거
void removeAll( )	모든 항목을 제거
String getSelectedItem( )	선택된 항목을 반환
String[ ] getSelectedItems( )	선택된 모든 항목을 배열로 반환
int getSelectedIndex( )	선택된 항목의 위치를 반환
int[ ] getSelectedIndexes( )	선택된 모든 항목의 위치를 배열로 반환
void select(int index);	index 위치의 항목을 선택
void deselect(int index)	index 위치의 항목을 선택 해제
boolean isIndexSelected(int index)	index 위치의 항목이 선택되었는지 조사

▲ 표 8-18 List 클래스의 대표적인 메서드들

리스트는 사용자의 입력이 있을 때, ActionEvent와 ItemEvent를 발생시킵니다. 리스트의 항목을 한번 클릭 할 때는 ItemEvent를 발생시키고, 항목을 더블클릭 할 때는 ActionEvent를 발생시킵니다. 따라서 이벤트 처리를 하는 루틴을 만들려면 actionPerformed( ) 메서드 또는 itemStateChanged( ) 메서드를 정의해야 합니다.(List 클래스는 Component 클래스의 서브클래스이기 때문에, Component 클래스가 발생시키는 ComponentEvent, FocusEvent, KeyEvent, MouseEvent도 그대로 상속받지만, 여기서는 순수하게 List 클래스가 발생시키는 이벤트만 다루고, 이벤트에 대한 자세한 사항은 9.6 이벤트의 이해에서 설명하겠습니다.) [표 8-19]는 리스트가 발생시키는 이벤트를 정리한 것이고, 예제는 리스트를 생성하여 컨테이너인 애플릿에 붙이고 이벤트 처리를 하는 루틴을 만들어 붙인 것입니다.

이벤트	인터페이스	관련된 메서드	설명
ActionEvent	ActionListener	actionPerformed( )	항목을 더블클릭 할 때 발생
ItemEvent	ItemListener	itemStateChanged( )	항목을 한번 클릭 할 때 발생

▲ 표 8-19 List가 발생시키는 이벤트

ListTest.java

```java
1 : import java.applet.*;
2 : import java.awt.*;
3 : import java.awt.event.*;
4 :
5 : public class ListTest extends Applet
6 :    implements ActionListener, ItemListener
7 : {
8 :    Label myLabel;
9 :    List  myList;
10 :
11 :    public void init()
12 :    {
13 :       myList= new List(3, false);
14 :       myList.add("C언어");
15 :       myList.add("C++언어");
16 :       myList.add("자바");
17 :       myList.add("파스칼");
18 :       myList.addActionListener(this);
19 :       myList.addItemListener(this);
20 :       add(myList);
21 :
22 :       myLabel= new Label();
23 :       myLabel.setText("리스트 항목을 선택해주세요!");
24 :       myLabel.setAlignment(Label.CENTER);
25 :       myLabel.setBackground(Color.yellow);
26 :       add(myLabel);
27 :    }
28 :
29 :    public void actionPerformed(ActionEvent e)
30 :    {
31 :       if(e.getSource()==myList){
32 :          myLabel.setText("더블클릭: "+ myList.getSelectedItem());
33 :       }
34 :    }
35 :
36 :    public void itemStateChanged(ItemEvent e)
37 :    {
38 :       if(e.getSource()==myList){
```

```
39 :         myLabel.setText("클릭: "+ myList.getSelectedItem());
40 :      }
41 :   }
42 : }
```

ListTest.html

예제

```
1 : <HTML>
2 :    <HEAD>
3 :       <TITLE>ListTest</TITLE>
4 :    </HEAD>
5 :    <BODY>
6 :       <APPLET CODE=ListTest.class WIDTH=400 HEIGHT=300>
7 :       </APPLET>
8 :    </BODY>
9 : </HTML>
```

결과

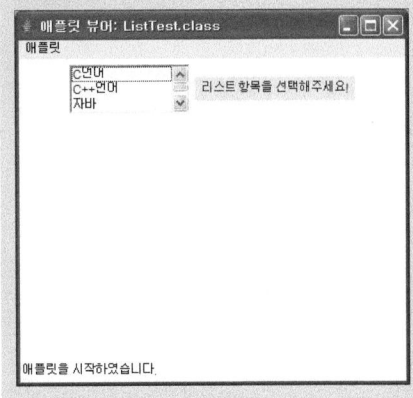

리스트의 경우도 초이스처럼 먼저 리스트를 생성하고 항목을 나중에 추가합니다. 13행에서 List(3, false)의 3은 리스트에 저장되는 항목의 수가 3개라는 뜻이 아니고 보여주는 항목의 수가 3개라는 뜻입니다. 이 리스트에 3개 이상의 항목을 저장하면 스크롤바가 사용됩니다.

7 텍스트필드

텍스트필드는 다음의 [그림 8-14]와 같은 한 줄짜리 에디터입니다. 이름이나 ID, 비밀번호 등 오직 한 행의 텍스트만을 입력하도록 하고 싶을 때 사용합니다.

▲ 그림 8-14 TextField 컴포넌트

텍스트필드를 만들 때는 보통 다음처럼 크기(칸 수)를 인수로 줍니다만, [표 8-20]처럼 생성자에 전달하는 인수에 따라 다른 형태의 텍스트필드를 만들 수도 있습니다.

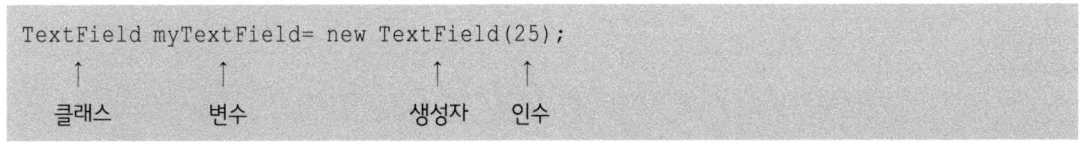

생성자	설명
TextField( )	아무 문자도 없는 임의 크기의 텍스트필드
TextField(int size)	size 크기(칸 수)의 텍스트필드
TextField(String str)	문자열 str을 디폴트로 갖는 텍스트필드
TextField(String str, int size)	문자열 str을 디폴트로 갖는 size 크기의 텍스트필드

▲ 표 8-20 TextField 클래스의 생성자들

다음의 [표 8-21]은 TextField 클래스 내의 대표적인 메서드들을 정리한 것입니다.

메서드	설명
String getText( )	사용자가 입력한 문자열을 반환
void setText(String str)	문자열 str을 텍스트필드에 출력
String getSelectedText( )	사용자가 선택한 문자열을 반환
void setEditable(boolean b)	b가 true이면 문자열을 사용자 수정가능하도록, false이면 불가능하도록 설정
boolean isEditable( )	현재의 텍스트필드가 수정가능한지 여부를 반환
char getEchoChar( )	텍스트필드에 나타나는 문자를 반환
void setEchoChar(char c)	텍스트필드에서 사용될 문자를 설정

▲ 표 8-21 TextField 클래스의 대표적인 메서드들

텍스트필드는 사용자의 입력이 있을 때 TextEvent를 발생시키고, 입력이나 수정을 완료하고 Enter 키를 누를 때 ActionEvent를 발생시킵니다. 따라서 이벤트 처리를 하는 루틴을 만들려면 textValueChanged( ) 메서드 또는 actionPerform( ) 메서드를 정의해야 합니다.(TextField 클래스는 Component 클래스의 서브클래스이기 때문에, Component 클래스가 발생시키는 ComponentEvent, FocusEvent, KeyEvent, MouseEvent도 그대로 상속받지만, 여기서는 순수하게 TextField 클래스가 발생시키는 이벤트만 다루고, 이벤트에 대한 자세한 사항은 **9.6 이벤트의 이해**에서 설명하겠습니다.) [표 8-22]는 텍스트필드가 발생시키는 이벤트를 정리한 것이고, 예제는 텍스트필드를 생성하여 컨테이너인 애플릿에 붙이고 이벤트 처리를 하는 루틴을 만들어 붙인 것입니다.

이벤트	인터페이스	관련된 메서드	설명
ActionEvent	ActionListener	actionPerformed( )	입력이 완료했을 때 발생
TextEvent	TextListener	textValueChanged( )	텍스트필드의 내용이 변경될 때 발생

▲ 표 8-22 TextField가 발생시키는 이벤트

TextFieldTest.java

```java
 1 : import java.applet.*;
 2 : import java.awt.*;
 3 : import java.awt.event.*;
 4 :
 5 : public class TextFieldTest extends Applet
 6 :     implements ActionListener, TextListener
 7 : {
 8 :    Label    myLabel;
 9 :    TextField myTextField;
10 :
11 :    public void init()
12 :    {
13 :       myTextField= new TextField(20);
14 :       myTextField.addActionListener(this);
15 :       myTextField.addTextListener(this);
16 :       add(myTextField);
17 :
18 :       myLabel= new Label();
19 :       myLabel.setText("글을 입력해주세요!");
20 :       myLabel.setAlignment(Label.CENTER);
21 :       myLabel.setBackground(Color.yellow);
22 :       add(myLabel);
23 :    }
```

```
24 :
25 :    public void actionPerformed(ActionEvent e)
26 :    {
27 :       if(e.getSource()==myTextField){
28 :          myLabel.setText("입력 완료!");
29 :       }
30 :    }
31 :
32 :    public void textValueChanged(TextEvent e)
33 :    {
34 :       if(e.getSource()==myTextField){
35 :          myLabel.setText("입력: "+ myTextField.getText());
36 :       }
37 :    }
38 : }
```

TextFieldTest.html

예제

```
1 : <HTML>
2 :    <HEAD>
3 :       <TITLE>TextFieldTest</TITLE>
4 :    </HEAD>
5 :    <BODY>
6 :       <APPLET CODE=TextFieldTest.class WIDTH=400 HEIGHT=300>
7 :       </APPLET>
8 :    </BODY>
9 : </HTML>
```

결과

텍스트필드에 글자를 입력하는 동안에는 TextEvent가 발생해서 textValueChanged() 메서드가 실행되고, Enter 키를 눌러서 입력을 완료하면 ActionEvent가 발생하여 actionPerformed() 메서드가 실행됩니다.

8 텍스트 에어리어

텍스트 에어리어는 다음의 [그림 8-15]처럼 한 줄 이상의 텍스트를 편집할 수 있는 영역을 만들고 싶을 때 사용하는 컴포넌트입니다. 텍스트 에어리어는 색상이나 글꼴 등을 자유자재로 설정할 수도 있고, 문자열이 영역을 벗어났을 때는 스크롤할 수 있는 수평, 수직 스크롤바도 가지고 있습니다. 텍스트 에어리어만 애플릿에 붙여도, 윈도우즈의 메모장이 되는 셈입니다.

▲ 그림 8-15 TextArea 컴포넌트

텍스트 에어리어를 생성할 때는 보통 다음처럼 행(줄 수)과 열(칸 수)을 지정해서 만듭니다만, [표 8-23]처럼 생성자에 전달하는 인수에 따라 다른 형태의 텍스트 에어리어를 만들 수도 있습니다.

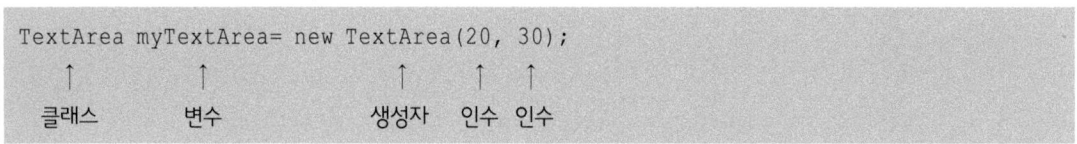

생성자	설명
TextArea( )	임의 크기의 빈 텍스트 에어리어
TextArea(String str)	문자열 str을 디폴트로 갖는 임의 크기의 텍스트 에어리어
TextArea(int rows, int cols)	rows 행과 cols 열 크기의 텍스트 에어리어
TextArea(String str, int rows, int cols)	문자열 str을 디폴트로 갖는 rows 행과 cols 열 크기의 텍스트 에어리어
TextArea(String str, int rows, int cols, int sb)	문자열 str을 디폴트로 갖고, rows 행과 cols 열 크기와 sb 스크롤바 방식의 텍스트 에어리어

▲ 표 8-23 TextArea 클래스의 생성자들

위 [표 8-23]에서 스크롤바 방식인 sb로 쓸 수 있는 상수는 다음의 [표 8-24]와 같은 4종류입니다.

스크롤바 형식	설명
SCROLLBARS_BOTH	수평, 수직 스크롤바 모두 표시
SCROLLBARS_VERTICAL_ONLY	수직 스크롤바만 표시
SCROLLBARS_HORIZONTAL_ONLY	수평 스크롤바만 표시
SCROLLBARS_NONE	스크롤바 표시 안함

▲ 표 8-24 스크롤바 방식으로 쓸 수 있는 상수

다음의 [표 8-25]는 TextArea 클래스 내의 대표적인 메서드들을 정리한 것입니다.

메서드	설명
String getText( )	사용자가 입력한 문자열을 반환
void setText(String str)	문자열 str을 텍스트 에어리어에 출력
int getRows( )	텍스트 에어리어의 행 수를 반환
void setRows(int rows)	텍스트 에어리어의 행 수를 지정
int getColumns( )	텍스트 에어리어의 열 수를 반환
void setColumns(int cols)	텍스트 에어리어의 열 수를 지정
void append(String str)	마지막에 문자열 str을 추가
void insert(String str, int index)	index 위치에 문자열 str을 삽입
void replaceRange(String str, int index, int range)	index 위치부터 range 크기의 범위를 문자열 str로 치환

▲ 표 8-25 TextArea 클래스의 대표적인 메서드들

텍스트 에어리어는 사용자의 입력이 있을 때, TextEvent를 발생시킵니다. 따라서 이벤트 처리를 하는 루틴을 만들려면 textValueChanged( ) 메서드를 정의해야 합니다.(TextArea 클래스는 Component 클래스의 서브클래스이기 때문에, Component 클래스가 발생시키는 ComponentEvent, FocusEvent, KeyEvent, MouseEvent도 그대로 상속받지만, 여기서는 순수하게 TextArea 클래스가 발생시키는 이벤트만 다루고, 이벤트에 대한 자세한 사항은 **9.6 이벤트의 이해**에서 설명하겠습니다.) [표 8-26]은 텍스트 에어리어가 발생시키는 이벤트를 정리한 것이고, 예제는 텍스트 에어리어를 생성하여 컨테이너인 애플릿에 붙이고 이벤트 처리를 하는 루틴을 만들어 붙인 것입니다.

이벤트	인터페이스	관련된 메서드	설명
TextEvent	TextListener	textValueChanged( )	텍스트 에어리어의 내용이 변경될 때 발생

▲ 표 8-26 TextArea가 발생시키는 이벤트

TextAreaTest.java

예제

```
1 : import java.applet.*;
2 : import java.awt.*;
3 : import java.awt.event.*;
4 :
5 : public class TextAreaTest extends Applet
```

```
 6 :    implements TextListener
 7 : {
 8 :    Label    myLabel;
 9 :    TextArea myTextArea;
10 :
11 :    public void init()
12 :    {
13 :       setLayout(new BorderLayout());
14 :
15 :       myTextArea= new TextArea(20,10);
16 :       myTextArea.addTextListener(this);
17 :       add("Center", myTextArea);
18 :
19 :       myLabel= new Label();
20 :       myLabel.setText("글을 입력해주세요!");
21 :       myLabel.setAlignment(Label.CENTER);
22 :       myLabel.setBackground(Color.yellow);
23 :       add("South", myLabel);
24 :    }
25 :
26 :    public void textValueChanged(TextEvent e)
27 :    {
28 :       if(e.getSource()==myTextArea){
29 :          myLabel.setText("입력: "+ myTextArea.getText());
30 :       }
31 :    }
32 : }
```

예제 **TextAreaTest.html**

```
1 : <HTML>
2 :   <HEAD>
3 :     <TITLE>TextAreaTest</TITLE>
4 :   </HEAD>
5 :   <BODY>
6 :     <APPLET CODE=TextAreaTest.class WIDTH=400 HEIGHT=300>
7 :     </APPLET>
8 :   </BODY>
9 : </HTML>
```

결과

보더 레이아웃의 Center 구역에 붙이기 때문에, 애플릿의 위쪽은 텍스트 에어리어가 됩니다. 텍스트 에어리어에 글자를 입력하는 동안은 TextEvent가 발생되어 textValueChanged( ) 메서드가 실행됩니다.

9 스크롤바

스크롤바는 [그림 8-16]처럼 연속적인 값들을 선택하거나 다른 컴포넌트와 함께 사용되어 특정 영역을 지정하는 컴포넌트입니다.

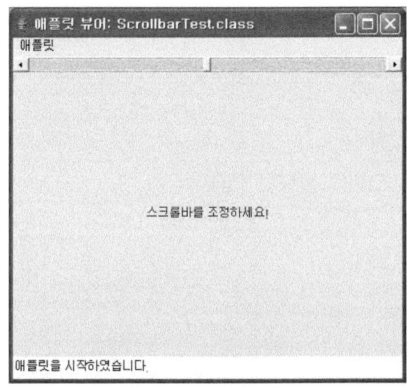

▲ 그림 8-16 Scrollbar 컴포넌트

다음처럼 쉽게 스크롤바를 생성할 수도 있지만, [표 8-27]처럼 방향, 위치, 크기, 범위, 폭 등의 자세한 값을 지정하여 만들 수도 있습니다.

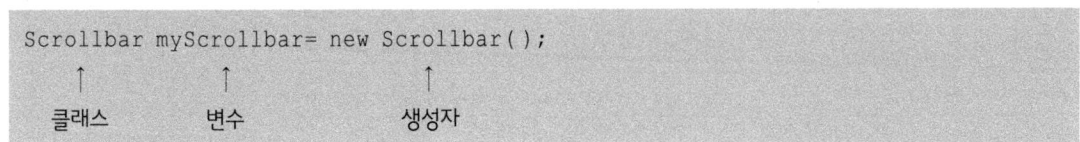

생성자	설명
Scrollbar( )	비어있는 수직 스크롤바
Scrollbar(int orientation)	orientation으로 지정한 방향의 스크롤바
Scrollbar(int orientation, int start, int visible, int minimum, int maximum)	orientation으로 지정한 방향, start로 지정한 초기값, visible로 지정한 버블 크기, minimum과 maximum으로 지정한 최소/최댓값을 속성으로 하는 스크롤바

▲ 표 8-27 Scrollbar 클래스의 생성자들

위 [표 8-27]에서 orientation으로 쓸 수 있는 상수는 Scrollbar.HORIZONTAL과 Scrollbar.VERTICAL의 두 가지로 각각 수평 스크롤바와 수직 스크롤바를 의미합니다. 스크롤바를 제대로 사용하려면 스크롤바 속성이나 용어에 대해 바르게 알고 있어야 하는데, 다음의 [표 8-28]은 스크롤바 속성과 디폴트 값이고, [표 8-29]는 이들 속성을 얻거나 설정하기 위한 Scrollbar 클래스 내의 메서드들을 정리한 것입니다. 여기서 스크롤바의 버블이란 스크롤바의 위치를 나타내는 부분으로 마우스로 끌거나 양쪽 끝의 버튼을 누르면 움직이는 사각형을 가리킵니다.

속성	설명	디폴트 값
orientation	스크롤바의 방향	Scrollbar.VERTICAL
value	스크롤바의 버블의 위치	0
minimum	스크롤바의 최솟값	0
maximum	스크롤바의 최댓값	100
unit increment	스크롤바의 양쪽 끝 방향 버튼을 눌렀을 때의 변화량	1
block increment	Page Up/Page Down 버튼이나 스크롤바의 양쪽 트랙을 클릭했을 때의 변화량(페이지 크기)	10

▲ 표 8-28 Scrollbar 속성

메서드	설명
int getOrientation( )	orientation 속성의 값을 반환
void setOrientation(int orientation)	orientation 속성의 값을 지정
int getVisibleAmount( )	버블의 크기를 반환
void setVisibleAmount(int visible)	버블의 크기를 지정
int getValue( )	value 속성의 값을 반환
void setValue(int value)	value 속성의 값을 지정
int getMinimum( )	minimum 속성의 값을 반환
void setMinimum(int minimum)	minimum 속성의 값을 지정
int getMaximum( )	maximum 속성의 값을 반환
void setMaximum(int maximum)	maximum 속성의 값을 지정
int getUnitIncrement( )	unit increment 속성의 값을 반환

void setUnitIncrement(int unit)	unit increment 속성의 값을 지정
int getBlockIncrement( )	block increment 속성의 값을 반환
void setBlockIncrement(int block)	block increment 속성의 값을 지정

▲ 표 8-29 Scrollbar 클래스의 대표적인 메서드들

스크롤바는 사용자의 입력이 있을 때마다 AdjustmentEvent를 발생시킵니다. 따라서 이벤트 처리를 하는 루틴을 만들려면 adjustmentValueChanged( ) 메서드를 정의해야 합니다.(Scrollbar 클래스는 Component 클래스의 서브클래스이기 때문에, Component 클래스가 발생시키는 ComponentEvent, FocusEvent, KeyEvent, MouseEvent도 그대로 상속받지만, 여기서는 순수하게 Scrollbar 클래스가 발생시키는 이벤트만 다루고, 이벤트에 대한 자세한 사항은 **9.6 이벤트의 이해**에서 설명하겠습니다.) [표 8-30]은 스크롤바가 발생시키는 이벤트를 정리한 것이고, 예제는 스크롤바를 생성하여 컨테이너인 애플릿에 붙이고 이벤트 처리를 하는 루틴을 만들어 붙인 것입니다.

이벤트	인터페이스	관련된 메서드	설명
AdjustmentEvent	AdjustmentListener	adjustmentValueChanged( )	스크롤바의 버블이 움직일 때 발생

▲ 표 8-30 Scrollbar가 발생시키는 이벤트

ScrollbarTest.java

```
 1 : import java.applet.*;
 2 : import java.awt.*;
 3 : import java.awt.event.*;
 4 :
 5 : public class ScrollbarTest extends Applet
 6 :     implements AdjustmentListener
 7 : {
 8 :    Label    myLabel;
 9 :    Scrollbar myScrollbar;
10 :
11 :    public void init( )
12 :    {
13 :       setLayout(new BorderLayout( ));
14 :
15 :       myScrollbar= new Scrollbar(Scrollbar.HORIZONTAL, 50, 0, 1, 100);
16 :       myScrollbar.addAdjustmentListener(this);
17 :       add("North", myScrollbar);
18 :
19 :       myLabel= new Label( );
20 :       myLabel.setText("스크롤바를 조정하세요!");
```

```
21 :        myLabel.setAlignment(Label.CENTER);
22 :        myLabel.setBackground(Color.yellow);
23 :        add("Center", myLabel);
24 :    }
25 :
26 :    public void adjustmentValueChanged(AdjustmentEvent e)
27 :    {
28 :        if(e.getSource()==myScrollbar){
29 :            myLabel.setText("위치: "+ myScrollbar.getValue());
30 :        }
31 :    }
32 : }
```

ScrollbarTest.html

```
1 : <HTML>
2 :   <HEAD>
3 :     <TITLE>GScrollbarTest</TITLE>
4 :   </HEAD>
5 :   <BODY>
6 :     <APPLET CODE=ScrollbarTest.class WIDTH=400 HEIGHT=300>
7 :     </APPLET>
8 :   </BODY>
9 : </HTML>
```

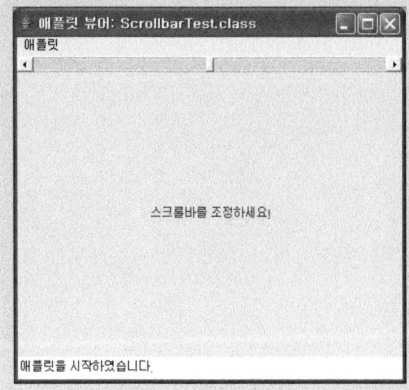

스크롤바의 버블(썸네일)을 마우스로 이동하면 위치가 레이블에 나타납니다.

10 캔버스

캔버스는 아무런 형태도 정해지지 않은 컴포넌트입니다. 아무런 형태도 없기 때문에 캔버스 컴포넌트를 그냥 사용하는 경우는 거의 없고, 상속받아서 원하는 형태의 컴포넌트를 만드는 데 주로 쓰입니다. 캔버스는 마치 도화지처럼 원하는 그림을 그려 넣을 수 있기 때문에, 자바의 AWT에서 제공하지 않는 컴포넌트를 만들고 싶을 때 매우 요긴합니다. 예를 들어, 마우스가 다가가면 움직이는 그림 컴포넌트나 동그란 모양에 토글되는 버튼 컴포넌트 등을 만들고 싶을 때는 이 캔버스 컴포넌트를 상속받은 후, paint( ) 메서드를 오버라이딩하면 됩니다.

캔버스 컴포넌트는 다음처럼 생성할 수 있고, [표 8-31]은 캔버스 컴포넌트의 생성자입니다. 하지만, 이처럼 캔버스 생성하여 사용하는 경우는 거의 없기 때문에 잘 쓰이지 않습니다. 대신 캔버스를 상속받아 만든 서브클래스를 생성해서 사용합니다.

생성자	설명
Canvas	아무 것도 정해지지 않은 캔버스

▲ 표 8-31 Canvas 클래스의 생성자

Canvas 클래스에서 우리가 알아야 할 중요한 메서드는 [표 8-32]의 paint 메서드입니다. paint( ) 메서드는 캔버스의 모양을 화면에 출력하는 메서드이기 때문에, Canvas 클래스를 상속받는 서브클래스는 이 paint( ) 메서드를 오버라이딩해서 원하는 모양을 출력하면 됩니다.

메서드	설명
void paint(Graphics g)	캔버스의 모양을 화면에 출력

▲ 표 8-32 Canvas 클래스의 대표적인 메서드들

프로그래머가 캔버스를 상속받아 어떤 형태의 컴포넌트를 만들지 알 수 없기 때문에, 캔버스는 사용자의 입력이 있을 때 특별히 발생시키는 이벤트는 없습니다. 만약 캔버스를 상속받아 만든 컴포넌트에서 이벤트 처리를 하고 싶을 때는, Canvas 클래스의 슈퍼클래스인 Component 클래스가 발생시키는 ComponentEvent, FocusEvent, KeyEvent, MouseEvent를 사용해야 합니다. 이벤트에 대한 자세한 **9.6 이벤트의 이해**에서 설명하겠습니다. 다음 예제는 Canvas 클래스를 상속받는 MyCanvas 클래스를 정의하고 생성하여 컨테이너인 애플릿에 붙인 것입니다.

MyCanvas.java

```java
1 : import java.awt.*;
2 :
3 : public class MyCanvas extends Canvas
4 : {
5 :    public MyCanvas()
6 :    {
7 :       setBackground(Color.green);
8 :       setSize(100,100);
9 :    }
10 :
11 :    public void paint(Graphics g)
12 :    {
13 :       g.drawString("내 캔버스", 10, 20);
14 :       g.drawOval(40, 40, 50, 50);
15 :       g.drawLine(30, 30, 60, 60);
16 :       g.drawRect(0, 0, 99, 99);
17 :    }
18 : }
```

CanvasTest.java

```java
1 : import java.applet.*;
2 : import java.awt.*;
3 : import java.awt.event.*;
4 :
5 : public class CanvasTest extends Applet
6 : {
7 :    MyCanvas myCanvas;
8 :
9 :    public void init()
10 :   {
11 :      myCanvas= new MyCanvas();
12 :      add(myCanvas);
13 :   }
14 : }
```

CanvasTest.html

예제

```
1 : <HTML>
2 :   <HEAD>
3 :     <TITLE>CanvasTest</TITLE>
4 :   </HEAD>
5 :   <BODY>
6 :     <APPLET CODE=CanvasTest.class WIDTH=400 HEIGHT=300>
7 :     </APPLET>
8 :   </BODY>
9 : </HTML>
```

결과

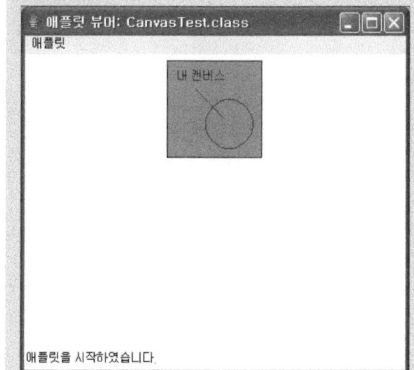

MyCanvas 클래스는 Canvas 클래스를 상속받아서 문자열, 타원, 직선, 사각형 등을 출력하는 클래스이기 때문에, MyCanvas형 객체를 add() 메서드로 붙이기만 해도 화면에 해당하는 문자열이나 도형이 출력됩니다.

8.5 레이아웃

컴포넌트가 화면에 출력되기 위해서는 반드시 컨테이너에 붙어야 합니다. AWT에는 패널, 애플릿, 윈도우, 다이얼로그 박스, 프레임 등의 컨테이너들이 있습니다. 이들 컨테이너들은 모두 Container 클래스의 서브클래스들이고, [그림 8-17]처럼 서로 상속관계를 맺고 있습니다. 재미있는 점은 Container 클래스가 모든 컴포넌트들의 슈퍼클래스인 Component 클래스의 서브클래스라는 점입니다. 따라서 컨테이너들은 그 자체도 컴포넌트가 될 수 있습니다. 다시 말해서 컨테이너가 다른 컨테이너의 컴포넌트로 포함 될 수도 있는 것입니다. 이를 이용해서, 자바에서 GUI를 만들 때는 컴포넌트들을 작은 크기의 컨테이너에 붙여 원하는 모양을 만들고, 이렇게 만든 작은 크기의 컨테이너들을 보다 큰 컨테이너에 붙이는 식으로 화면을 디자인합니다.

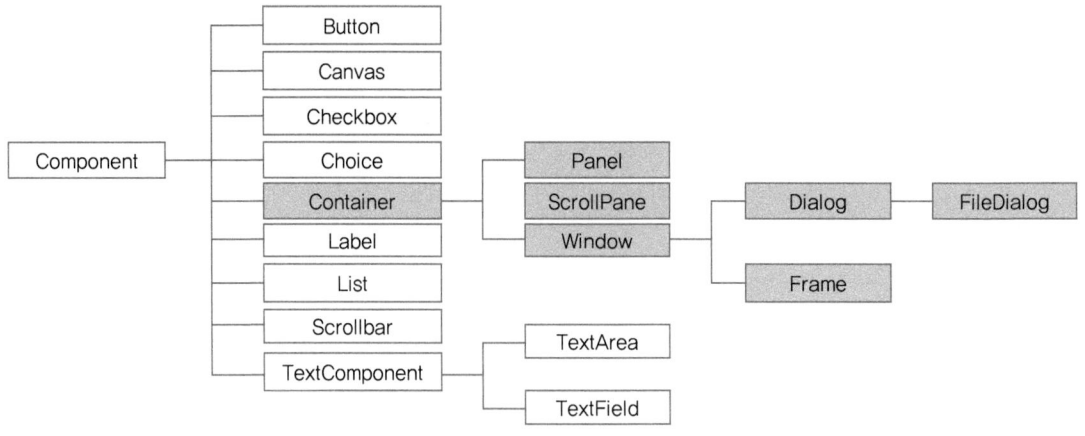

▲ 그림 8-17 컴포넌트와 컨테이너들 간의 상속관계

위 [그림 8-17]에 나오는 컨테이너들은 주로 사용되는 쓰임새가 있습니다. 예를 들어 Applet과 Frame 은 최상위 컨테이너들로 다른 컨테이너들을 포함하는 가장 큰 컨테이너로 주로 쓰입니다. Panel은 보통 다른 컨테이너에 부착되어 일부 영역을 표현하는데 사용되고, Frame은 메뉴와 테두리를 갖는 윈도우로 많이 사용됩니다.(Window는 잘 사용되지 않습니다.) Dialog와 FileDialog는 주로 대화창에서 사용됩니다. 하지만, 모든 컨테이너는 다른 컨테이너를 포함하거나 다른 컨테이너에 포함될 수 있어서, 기본적인 동작은 같다고 볼 수 있습니다. 다음은 2개의 Panel에 컴포넌트들을 붙이고 Applet에 다시 두 Panel을 붙인 형태로, Panel이 작은 컨테이너가 되고 Applet이 큰 컨테이너가 된 예제입니다.

ContainerTest.java

```
 1 : import java.awt.*;
 2 : import java.applet.*;
 3 :
 4 : public class ContainerTest extends Applet
 5 : {
 6 :     Button myButton1, myButton2;
 7 :     Label  myLabel;
 8 :     Panel  p1, p2;
 9 :
10 :     public void init()
11 :     {
12 :         p1= new Panel();
13 :         p1.setBackground(Color.cyan);
14 :         myButton1= new Button("버튼 #1");
15 :         p1.add(myButton1);
16 :         myButton2= new Button("버튼 #2");
17 :         p1.add(myButton2);
18 :         add(p1);
```

```
19 :
20 :        p2= new Panel();
21 :        p2.setBackground(Color.red);
22 :        myLabel= new Label("레이블", Label.CENTER);
23 :        myLabel.setBackground(Color.yellow);
24 :        p2.add(myLabel);
25 :        add(p2);
26 :    }
27 : }
```

ContainerTest.html

```
1 : <HTML>
2 :   <HEAD>
3 :     <TITLE>ContainerTest</TITLE>
4 :   </HEAD>
5 :   <BODY>
6 :     <APPLET CODE=ContainerTest.class WIDTH=400 HEIGHT=300>
7 :     </APPLET>
8 :   </BODY>
9 : </HTML>
```

일반적으로 패널은 눈에 보이지 않지만, 이 예제에서는 구분하기 위해 배경색을 지정하였습니다. 하늘색(Color.cyan) 부분이 패널 p1이고 빨간색(Color.red) 부분이 패널 p2입니다.

위 예제에서도 볼 수 있듯이, 컴포넌트를 컨테이너에 붙일 때는 간단히 add() 메서드를 사용합니다. 그런데, add() 메서드로 컴포넌트를 붙일 때, 컴포넌트가 컨테이너의 어느 부분에 부착될지는 알 수 없습니다. add() 메서드는 단순히 컴포넌트를 컨테이너에 추가하고, 컴포넌트의 위치는 레이아웃 매니저가 담당하기 때문입니다. 자바 AWT에서는 플로우, 그리드, 보더, 카드, 그리드백의 5종류의 레이아웃 매니저가 있는데, 각 레이아웃 매니저는 미리 정해진 규칙대로 컴포넌트들을 배치합니다. 디폴트로 패널과 애플릿은 플로우 레이아웃 매니저가 설정되어 있고, 프레임과 다이얼로그는 보더 레이아웃 매니저가 설정되어 있습니다. 디폴트로 정해져 있는 레이아웃 매니저가 아닌 다른 종류의 매니저를 사용하고 싶을 때는 다음처럼 레이아웃 매니저를 설정하여, 컨테이너의 레이아웃을 지정해야 합니다. 일단 레이아웃 매니저가 설정되면, 프로그램이 실행되는 환경이 어떻든지 지정한 레이아웃으로 컨테이너를 출력합니다.

▼ 컨테이너의 레이아웃을 지정하는 순서

```
① 레이아웃 매니저를 생성 (예) BorderLayout bm= new BorderLayout();
② 컨테이너에 레이아웃 매니저 설정 (예) setLayout(bm);
③ 컴포넌트 추가 (예) add(myButton);
```

자바에서 귀찮게 레이아웃 매니저를 사용하는 이유는 뭘까요? 비주얼 베이직이나 비주얼 C++와 같은 윈도우즈용 프로그래밍 언어에서는 레이아웃 매니저를 사용하지 않고 좌표를 직접 입력합니다. 자바에서도 컴포넌트를 출력하고 싶은 화면상의 가로, 세로 좌표를 숫자로 입력하면 안 될까요? 결론부터 말하자면, 자바에서도 화면상의 좌표를 입력하여 출력할 수 있습니다. 그러나 좌표를 입력하여 지정하는 경우에 어떤 환경에서는 문제가 발생할 가능성도 있습니다. 예를 들어, 윈도우즈 환경에서 비주얼 베이직 프로그램을 작성하는 프로그래머는 완성된 프로그램이 반드시 윈도우즈 환경에서 실행될 것을 알고 있습니다. 그러나 자바의 경우는 프로그램이 만들어진 환경과 전혀 다른 플랫폼에서도 잘 작동되기 때문에 프로그래머는 전혀 생각 못했던, 아미가 PC나 PDA에서도 실행될 수 있습니다.(아미가는 그래픽 기능이 매우 뛰어난 개인용 컴퓨터의 일종입니다.) 그런 경우에 원래 프로그래머가 의도했던 모양과 전혀 다르거나 일부 컴포넌트를 선택할 수 없는 경우가 발생할 수도 있습니다. 다음의 [그림 8-18]은 레이아웃 매니저를 사용하지 않은 애플릿을 실행시킨 후, 크기를 조절한 경우입니다. [그림 8-19]와 비교해보면, 같은 컴퓨터 환경에서도 레이아웃 매니저가 있는 쪽이 컴포넌트 배치를 훨씬 더 유연하게 한다는 것을 알 수 있습니다.

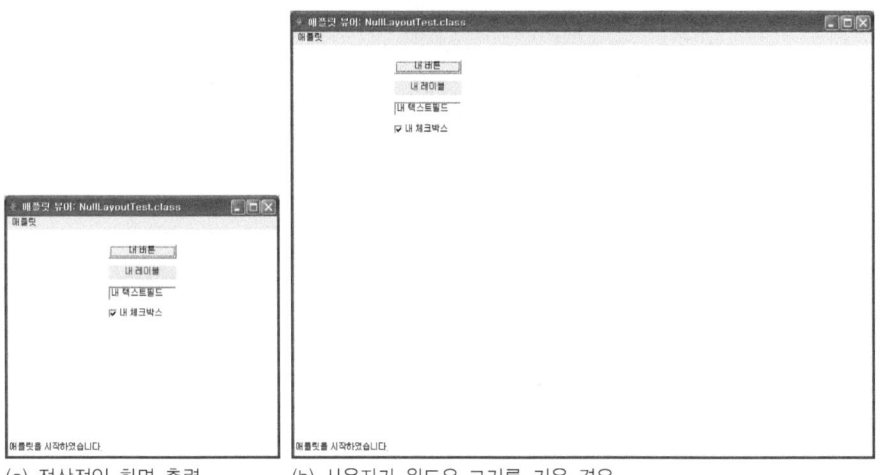

(a) 정상적인 화면 출력   (b) 사용자가 윈도우 크기를 키운 경우   c) 사용자가 윈도우 크기를 줄인 경우

▲ 그림 8-18 레이아웃 매니저를 사용하지 않은 경우(null 레이아웃)

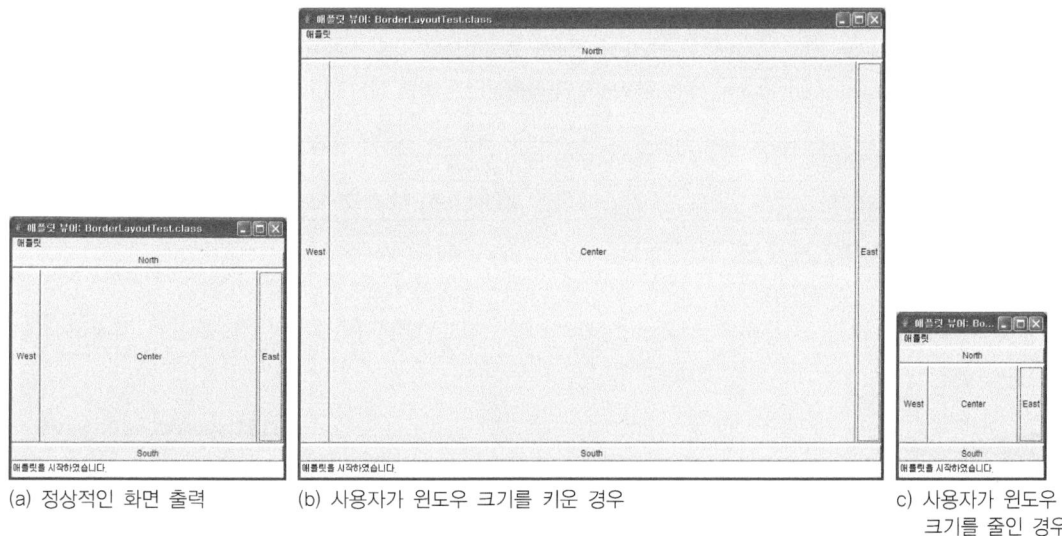

(a) 정상적인 화면 출력　　(b) 사용자가 윈도우 크기를 키운 경우　　(c) 사용자가 윈도우 크기를 줄인 경우

▲ 그림 8-19 레이아웃 매니저를 사용한 경우(보더 레이아웃)

1 null 레이아웃

당연한 얘기지만, 레이아웃 매니저를 사용하지 않으면 레이아웃을 지키지 않게 됩니다. 그러나 자바의 컨테이너들은 레이아웃 매니저를 디폴트로 가지고 있기 때문에, 자바를 처음 배우는 초보자들은 반드시 레이아웃 매니저를 사용해야만 하는 것으로 오해하는 경우가 있습니다. 이러한 오해를 막기 위해서 따로 레이아웃을 사용하지 않는 null 레이아웃에 대해 먼저 설명하겠습니다.

컨테이너의 레이아웃 매니저를 다음처럼 null로 지정해주면, 레이아웃 없는(null 레이아웃) 애플릿이 됩니다. 컴포넌트들을 컨테이너 화면 상의 좌표로 지정하여 붙이고 싶을 때 null 레이아웃을 사용하면 편리합니다.

```
setLayout(null);
```

컴포넌트가 붙을 화면 상의 좌표나 컴포넌트의 크기를 지정하려면 setBounds() 메서드나 setSize() 메서드를 사용하면 됩니다. 자바의 모든 컴포넌트는 위치와 크기, 색상 글꼴 등을 지정하거나, 화면에서 안보이게 하는 등의 유용한 메서드들을 기본적으로 가지고 있습니다. 모든 컴포넌트들이 갖고 있는 메서드들 중 대표적인 메서드들을 다음의 [표 8-33]에서 정리했습니다.

메서드	설명
Dimension getSize( )	컴포넌트의 현재 크기를 반환
void setForeground(Color c)	컴포넌트의 텍스트의 색상을 지정
void setBackground(Color c)	텍스트 외의 색상을 지정

void setFont(Font f)	컴포넌트의 텍스트 글꼴을 지정
void setEnabled(boolean b)	b가 true이면 정상적으로 작동, false이면 사용자의 입력 무시
void setBounds(int x, int y, int width, int height)	컴포넌트의 좌측상단을 화면 상의 (x, y)에 맞추고, 컴포넌트의 크기를 가로 width, 세로 height로 지정
void setSize(Dimension d)	컴포넌트의 크기를 d로 변경
void setVisible(boolean b)	b가 true이면 화면에 보이게 하고, false이면 보이지 않도록 지정

▲ 표 8-33 컴포넌트의 대표적인 메서드들

다음은 레이아웃 매니저를 사용하지 않고(null 레이아웃) 컴포넌트들을 생성한 후, 좌표를 지정하여 붙인 예제입니다.

NullLayoutTest.java

```
 1 : import java.awt.*;
 2 : import java.applet.*;
 3 :
 4 : public class NullLayoutTest extends Applet
 5 : {
 6 :    Label     myLabel;
 7 :    Button    myButton;
 8 :    TextField myTextField;
 9 :    Checkbox  myCheckbox;
10 :
11 :    public void init()
12 :    {
13 :       setLayout(null);
14 :
15 :       myButton= new Button("내 버튼");
16 :       myButton.setBounds(150, 20, 100, 20);
17 :       add(myButton);
18 :
19 :       myLabel= new Label("내 레이블", Label.CENTER);
20 :       myLabel.setBackground(Color.yellow);
21 :       myLabel.setBounds(150, 50, 100, 20);
22 :       add(myLabel);
23 :
24 :       myTextField= new TextField("내 텍스트필드");
25 :       myTextField.setBounds(150, 80, 100, 20);
26 :       add(myTextField);
27 :
28 :       myCheckbox= new Checkbox("내 체크박스", true);
```

```
29 :        myCheckbox.setBounds(150, 110, 100, 20);
30 :        add(myCheckbox);
31 :    }
32 : }
```

예제 NullLayoutTest.html

```
1 : <HTML>
2 :     <HEAD>
3 :         <TITLE>NullLayoutTest</TITLE>
4 :     </HEAD>
5 :     <BODY>
6 :         <APPLET CODE=NullLayoutTest.class WIDTH=400 HEIGHT=300>
7 :         </APPLET>
8 :     </BODY>
9 : </HTML>
```

결과

null 레이아웃은 레이아웃 매니저가 없는 경우이기 때문에, 윈도우(창)의 크기나 모양을 변경해도, 화면의 버튼, 레이블, 텍스트필드, 체크박스의 크기나 위치는 변함이 없습니다.

2 플로우 레이아웃

플로우 레이아웃은 [그림 8-20]처럼 컴포넌트들을 왼쪽에서 오른쪽으로, 위에서 아래로 순서대로 배치하는 단순한 레이아웃입니다. 만일 한 줄에 모든 컴포넌트가 다 들어가지 않으면 다음 줄에 배치합니다. 주의할 점은 플로우 레이아웃의 디폴트로 정해진 정렬방식이 컴포넌트를 컨테이너의 중앙에 정렬시키는 것이 아니라 상단, 가운데 정렬시킨다는 점입니다. 따라서 하나의 컴포넌트를 add( )시키면 가로축은 정 가운데, 세로축은 가장 윗 부분에 배치됩니다.

▲ 그림 8-20 FlowLayout

패널이나 애플릿에서는 특별히 레이아웃 매니저를 지정하지 않으면 디폴트로 플로우 레이아웃 매니저가 설정됩니다.(아무 것도 지정 안하면 null 레이아웃 매니저라고 생각해서는 안됩니다. null 레이아웃 매니저를 쓰고 싶으면 setLayout(null)을 지정해야 합니다.) 플로우 레이아웃 매니저는 컴포넌트 자체에서 지정된 크기 등을 무시하고 컴포넌트에 필요한 최소한의 높이와 위치, 컴포넌트간의 간격을 자동으로 지정하여 배치시킵니다. 기본적으로 플로우 레이아웃이 아닌 컨테이너를 플로우 레이아웃으로 하고 싶을 때는 다음처럼 하면 되고, [표 8-34]처럼 생성자에 전달하는 인수를 달리하면 다른 형태의 플로우 레이아웃 매니저를 만들 수도 있습니다.

```
FlowLayout manager= new FlowLayout();
setLayout(manager);

또는

setLayout(new FlowLayout());
```

생성자	설명
FlowLayout( )	컴포넌트를 가운데 정렬하는 플로우 레이아웃 매니저
FlowLayout(int align)	align 정렬방식에 따른 플로우 레이아웃 매니저
FlowLayout(int align, int hgap, int vgap)	컴포넌트들의 배치를 align 정렬방식으로 하고, 컴포넌트간의 수평과 수직 간격을 각각 hgap, vgap만큼 하는 플로우 레이아웃 매니저

▲ 표 8-34 FlowLayout 클래스의 생성자

위 [표 8-34]와 아래 [표 8-35]에서 align으로 사용할 수 있는 상수는 FlowLayout.LEFT, FlowLayout.CENTER, FlowLayout.RIGHT의 세가지로 각각 왼쪽, 가운데, 오른쪽 정렬을 의미합니다. 다음의 [표 8-35]는 플로우 레이아웃 매니저의 대표적인 메서드들입니다.

메서드	설명
int getAlignment( )	현재 설정된 정렬방식을 반환
void setAlignment(int align)	정렬방식을 align으로 설정
int getHgap( )	현재 설정된 수평 간격을 반환
void setHgap(int gap)	컴포넌트간의 수평 간격을 gap으로 설정
int getVgap( )	현재 설정된 수직 간격을 반환
void setVgap(int gap)	컴포넌트간의 수직 간격을 gap으로 설정

▲ 표 8-35 FlowLayout 클래스의 대표적인 메서드들

다음은 버튼 컴포넌트를 이용하여 플로우 레이아웃을 보인 예제입니다. 레이아웃을 보기 위한 예제이기 때문에 이벤트를 처리하는 루틴은 생략하였습니다.

FlowLayoutTest.java

```
 1 : import java.awt.*;
 2 : import java.applet.*;
 3 :
 4 : public class FlowLayoutTest extends Applet
 5 : {
 6 :   public void init()
 7 :   {
 8 :     setLayout(new FlowLayout());
 9 :
10 :     for(int i=1; i<10; i++){
11 :       add(new Button("버튼 #"+ i));
12 :     }
13 :   }
14 : }
```

FlowLayoutTest.html

```
1 : <HTML>
2 :   <HEAD>
3 :     <TITLE>FlowLayoutTest</TITLE>
4 :   </HEAD>
5 :   <BODY>
6 :     <APPLET CODE=FlowLayoutTest.class WIDTH=400 HEIGHT=300>
7 :     </APPLET>
8 :   </BODY>
9 : </HTML>
```

> **결과**

플로우 레이아웃은 왼쪽에서 오른쪽으로 배치시키는 단순한 레이아웃으로, 버튼 #1에서 버튼 #6까지는 첫 줄에 배치되었지만, 버튼 #7부터는 공간이 부족하여 두 번째 줄에 배치되었습니다. 윈도우(창)의 크기를 늘리거나 줄이면 재배치됩니다.

3 그리드 레이아웃

그리드 레이아웃은 [그림 8-21]처럼 컴포넌트들을 모눈종이나 표 위에 배치하는 것처럼 행과 열을 맞춰 일정하게 배치하는 레이아웃입니다. 예를 들어, 2행 5열의 그리드 레이아웃은 동일한 크기의 10개의 셀을 만들고 각 셀 마다 하나의 컴포넌트를 배치합니다. add( )되는 컴포넌트들은 왼쪽에서 오른쪽으로, 위에서 아래로 순서대로 배치됩니다.

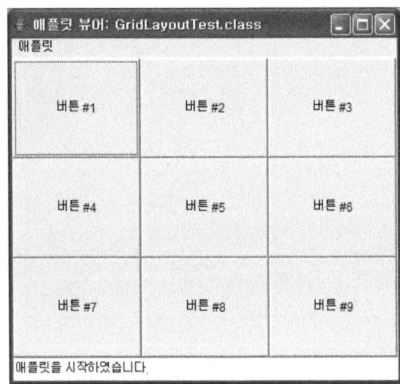

▲ 그림 8-21 GridLayout

일반적으로 그리드 레이아웃으로 설정하고 싶으면 다음처럼 하면 됩니다. 이때, 다음의 [표 8-36]처럼 생성자에 전달하는 인수를 달리하면, 다른 형태의 그리드 레이아웃 매니저를 만들 수도 있습니다.

```
GridLayout manager= new GridLayout(5,2);
setLayout(manager);

또는

setLayout(new GridLayout(5,2));
```

생성자	설명
GridLayout( )	1행, 1열을 갖는 그리드 레이아웃 매니저
GridLayout(int rows, int cols)	rows 행, clos 열을 갖는 그리드 레이아웃 매니저
GridLayout(int rows, int cols, int hgap, int vgap)	rows 행, clos 열을 갖고, 컴포넌트간의 수평과 수직 간격을 각각 hgap, vgap 만큼 하는 그리드 레이아웃 매니저

▲ 표 8-36 GridLayout 클래스의 생성자

만약, 한 행이나 한 열에 배치되는 컴포넌트의 수를 고정하고 싶을 때는 자유로운 쪽을 0으로 지정하면 됩니다. 예를 들어,

```
GridLayout manager= new GridLayout(0, 4);
```

라고 하면, 행은 몇 줄이 되든지 열의 칸수는 항상 4가 되는 그리드 레이아웃 매니저를 생성합니다. 예를 들어 5개의 버튼을 add( )하면 한 줄에 4개의 버튼이 배치되고 다음 줄에 나머지 하나의 버튼이 배치됩니다. 이와는 반대로 열을 0으로 정하면, 열은 무시되고 행을 중심으로 배치를 합니다.

다음의 [표 8-37]은 그리드 레이아웃 매니저의 대표적인 메서드들입니다.

메서드	설명
int getColumns( )	현재 설정된 열의 수를 반환
void setColumns(int cols)	열의 수를 cols로 설정
int getRows( )	현재 설정된 행의 수를 반환
void setRows(int rows)	행의 수를 rows로 설정
int getHgap( )	현재 설정된 수평 간격을 반환
void setHgap(int gap)	컴포넌트간의 수평 간격을 gap으로 설정
int getVgap( )	현재 설정된 수직 간격을 반환
void setVgap(int gap)	컴포넌트간의 수직 간격을 gap으로 설정

▲ 표 8-37 GridLayout 클래스의 대표적인 메서드들

다음은 버튼 컴포넌트를 이용하여 그리드 레이아웃을 보인 예제입니다. 레이아웃을 보기 위한 예제이기 때문에 이벤트를 처리하는 루틴은 생략하였습니다.

GridLayoutTest.java

```
1 : import java.awt.*;
2 : import java.applet.*;
3 :
4 : public class GridLayoutTest extends Applet
5 : {
6 :    public void init( )
7 :    {
```

```
 8 :        setLayout(new GridLayout(0, 3));
 9 :
10 :        for(int i=1; i<10; i++){
11 :            add(new Button("버튼 #"+ i));
12 :        }
13 :    }
14 : }
```

예제 GridLayoutTest.html

```
1 : <HTML>
2 :    <HEAD>
3 :       <TITLE>GridLayoutTest</TITLE>
4 :    </HEAD>
5 :    <BODY>
6 :       <APPLET CODE=GridLayoutTest.class WIDTH=400 HEIGHT=300>
7 :       </APPLET>
8 :    </BODY>
9 : </HTML>
```

결과

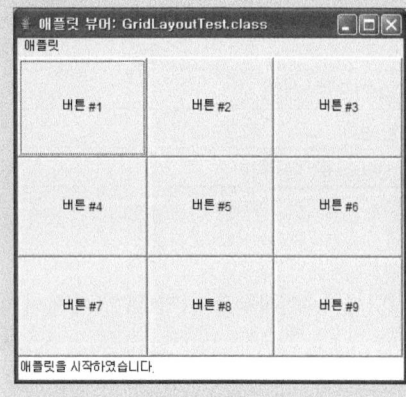

8행에서 GridLayout(0, 3)는 0행 3열이라는 뜻이 아니고, 3열을 지키고 행의 수는 상관없다는 뜻입니다. 이 예제에서는 9개의 버튼을 추가했기 때문에 3행 3열이 되었습니다. 윈도우(창)의 크기나 모양이 변경되면, 버튼의 크기나 모양도 바뀝니다.

4 보더 레이아웃

보더 레이아웃은 [그림 8-22]처럼 컨테이너를 동(East), 서(West), 남(South), 북(North), 중앙(Center)의 5개의 구역으로 나누어 컴포넌트를 배치시키는 레이아웃입니다. 각 구역은 배치되는 컴포넌트의 폭이나 높이를 조절할 때 서로 다른 성격을 가지고 있습니다. 예를 들어, South와 North 구역은 배치되는 컴포넌트의 높이는 원래대로 하지만 좌우 폭은 최대한 확대합니다. West와 East 구역은 배치되는 컴포넌트의 좌우 폭은 원래대로 하지만 높이는 최대한 확대합니다. Center 구역은 배치되는 컴포넌트의 폭과 높이를 가능한 상하좌우로 확대하려는 경향이 있습니다.

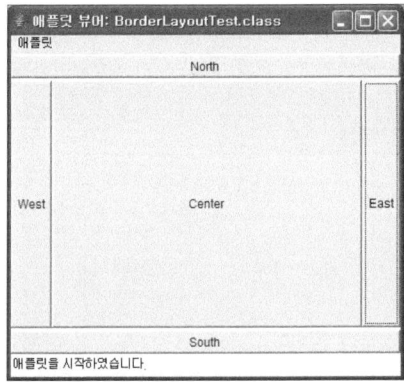

▲ 그림 8-22 BorderLayout

프레임이나 다이얼로그 박스와 같은 윈도우 컴포넌트에서에서 특별히 레이아웃 매니저를 지정하지 않으면 디폴트로 보더 레이아웃 매니저가 설정됩니다.(마찬가지로 null 레이아웃 매니저를 쓰고 싶다면 setLayout(null)을 지정해야 합니다.) 기본적으로 보더 레이아웃이 아닌 컨테이너를 보더 레이아웃으로 하고 싶으면 다음처럼 하면 됩니다. 또한, [표 8-38]처럼 생성자에 전달하는 인수를 달리하면, 다른 형태의 보더 레이아웃 매니저를 만들어 사용할 수도 있습니다.

```
BorderLayout manager= new BorderLayout();
setLayout(manager);
```

또는

```
setLayout(new BorderLayout());
```

생성자	설명
BorderLayout( )	수평 간격과 수직 간격이 0인 보더 레이아웃 매니저
BorderLayout(int hgap, int vgap)	컴포넌트간의 수평과 수직 간격을 각각 hgap, vgap만큼 하는 보더 레이아웃 매니저

▲ 표 8-38 BorderLayout 클래스의 생성자

보더 레이아웃에서는 컴포넌트를 add( )할 때, 컴포넌트를 배치할 구역을 함께 지정해줘야 합니다. 예를 들어, 보더 레이아웃 매니저가 설정된 컨테이너에 North 구역에 버튼을 추가하고 싶다면 다음처럼 하면 됩니다.

```
Button myButton= new Button("내 버튼");
add("North", myButton);
```

다음의 [표 8-39]는 보더 레이아웃 매니저의 대표적인 메서드들입니다.

메서드	설명
int getHgap( )	현재 설정된 수평 간격을 반환
void setHgap(int gap)	컴포넌트간의 수평 간격을 gap으로 설정
int getVgap( )	현재 설정된 수직 간격을 반환
void setVgap(int gap)	컴포넌트간의 수직 간격을 gap으로 설정

▲ 표 8-39 BorderLayout 클래스의 대표적인 메서드들

다음은 버튼 컴포넌트를 이용하여 보더 레이아웃을 보인 예제입니다. 레이아웃을 보기 위한 예제이기 때문에 이벤트를 처리하는 루틴은 생략하였습니다.

BorderLayoutTest.java

```
 1 : import java.awt.*;
 2 : import java.applet.*;
 3 :
 4 : public class BorderLayoutTest extends Applet
 5 : {
 6 :    String[ ] area= {"East","West","South","North","Center"};
 7 :
 8 :    public void init( )
 9 :    {
10 :       setLayout(new BorderLayout(0, 3));
11 :
12 :       for(int i=0; i<5; i++){
13 :          add(area[i], new Button(area[i]));
14 :       }
15 :    }
16 : }
```

BorderLayoutTest.html

```
 1 : <HTML>
 2 :    <HEAD>
 3 :       <TITLE>BorderLayoutTest</TITLE>
 4 :    </HEAD>
 5 :    <BODY>
 6 :       <APPLET CODE=BorderLayoutTest.class WIDTH=400 HEIGHT=300>
 7 :       </APPLET>
```

```
8 :    </BODY>
9 :    </HTML>
```

결과

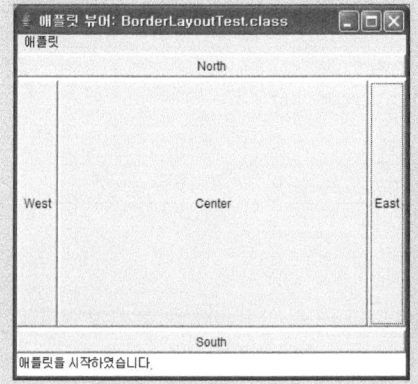

10행에서 BorderLayout(0, 3)으로 수평, 수직 간격을 각각 0, 3씩 갖는 보더 레이아웃을 지정했기 때문에 버튼들이 좌우는 붙고 상하는 3씩 떨어졌습니다.

5 카드 레이아웃

카드 레이아웃은 여러 장의 카드를 포개어 놓고 그 중 한 카드를 보여주는 방식의 레이아웃입니다. 상황에 따라 다른 모양을 보여주고 싶을 때, 여러 개의 컴포넌트나 컨테이너를 미리 만들어 놓고 이 중 하나를 선택해서 보여주고자 할 때 사용합니다. 따라서 다른 레이아웃 매니저에는 없는 여러 컴포넌트 중 하나를 선택하여 출력하는 메서드들을 제공합니다. 컨테이너를 카드 레이아웃으로 하고 싶으면 다음처럼 하면 됩니다. 이때 다음의 [표 8-40]처럼 생성자에 전달하는 인수를 달리하면, 다른 형태의 카드 레이아웃 매니저를 만들 수도 있습니다.

```
CardLayout manager= new CardLayout();
setLayout(manager);

또는

setLayout(new CardLayout());
```

생성자	설명
CardLayout( )	수평 간격과 수직 간격이 0인 카드 레이아웃 매니저
CardLayout(int hgap, int vgap)	컴포넌트간의 수평과 수직 간격을 각각 hgap, vgap만큼 하는 카드 레이아웃 매니저

▲ 표 8-40 CardLayout 클래스의 생성자

다음의 [표 8-41]은 카드 레이아웃 매니저의 대표적인 메서드들입니다.

메서드	설명
void first(Container parent)	컨테이너에 포함된 첫 번째 카드를 출력
void last(Container parent)	컨테이너에 포함된 마지막 카드를 출력
void next(Container parent)	컨테이너에 포함된 다음 카드를 출력
void previous(Container parent)	컨테이너에 포함된 이전 카드를 출력
void show(Container parent, String str)	컨테이너에 포함된 카드 중 이름이 str 문자열과 같은 카드를 출력
int getHgap( )	현재 설정된 수평 간격을 반환
void setHgap(int gap)	컴포넌트간의 수평 간격을 gap으로 설정
int getVgap( )	현재 설정된 수직 간격을 반환
void setVgap(int gap)	컴포넌트간의 수직 간격을 gap으로 설정

▲ 표 8-41 CardLayout 클래스의 대표적인 메서드들

다음은 버튼 컴포넌트를 이용하여 카드 레이아웃을 보인 예제입니다. 버튼 컴포넌트가 눌려질 때마다, next( ) 메서드가 호출되어 다음 카드를 보여주도록 하였습니다.

CardLayoutTest.java

```
 1 : import java.awt.*;
 2 : import java.awt.event.*;
 3 : import java.applet.*;
 4 :
 5 : public class CardLayoutTest extends Applet
 6 :     implements ActionListener
 7 : {
 8 :   CardLayout card= new CardLayout();
 9 :
10 :   public void init()
11 :   {
12 :     setLayout(card);
13 :
14 :     for(int i=1; i<5; i++){
15 :       Button b= new Button("버튼 #"+ i);
16 :       b.addActionListener(this);
17 :       add("BUTTON-"+i, b);
18 :     }
19 :   }
20 :
21 :   public void actionPerformed(ActionEvent e)
22 :   {
23 :     card.next(this);
```

```
24 :     }
25 : }
```

CardLayoutTest.html

```
1 : <HTML>
2 :     <HEAD>
3 :         <TITLE>CardLayoutTest</TITLE>
4 :     </HEAD>
5 :     <BODY>
6 :         <APPLET CODE=CardLayoutTest.class WIDTH=400 HEIGHT=300>
7 :         </APPLET>
8 :     </BODY>
9 : </HTML>
```

이 예제에서는 버튼을 4개 만들어서 각각 BUTTON-1 ~ BUTTON-4라는 이름의 카드로 사용합니다. 버튼을 누르면 다음 카드로 바뀌는데, 카드가 곧 버튼이기 때문에 다음 버튼이 출력되는 것입니다.

8.6 애플릿 숫자 야구 게임

애플릿 숫자 야구 게임은 5장에서 만든 숫자 야구 게임과 비교할 수 있도록 최대한 변수 이름이나 알고리즘을 동일하게 했습니다. 5장의 숫자 야구 게임 애플리케이션과 비교하면서 보면, 애플릿과 애플리케이션의 차이점을 이해하는데 도움이 될 것입니다.

자바에서 애플릿은 제일 먼저 init( ) 메서드를 실행합니다.(자바에서 메서드가 실행되는 순서는 **9.1 애플릿 라이프 사이클의 이해**의 애플릿 라이프 사이클에서 자세히 설명합니다.) init( ) 메서드가 실행되면, do-while문을 이용해서 3개의 난수를 구한 후 com 배열에 저장합니다.

```
Random r= new Random();
com[0]= Math.abs(r.nextInt() % 9) + 1;

do{
   com[1]= Math.abs(r.nextInt() % 9) + 1;
}while(com[1]==com[0]);

do{
   com[2]= Math.abs(r.nextInt() % 9) + 1;
}while((com[2]==com[0])||(com[2]==com[1]));
```

com 배열에 난수를 저장하고 변수들을 초기화하고 나면, 화면에 출력될 GUI를 구성합니다. 숫자 야구 게임 애플리케이션에서는 플레이어가 키보드로 3개의 숫자를 입력하지만, 애플릿 숫자 야구 게임에서는 화면 상의 숫자 버튼을 마우스로 눌러서 플레이어가 3개의 숫자를 입력하도록 만들었습니다. GUI는 입력한 숫자를 표시하는 display 레이블, 버튼이 모여있는 numPanel 패널, 볼카운트 기록 등을 보여주는 history 텍스트 에어리어의 3부분으로 이루어져 있고, numPanel 패널은 다시 12개의 버튼으로 구성되어 있습니다.

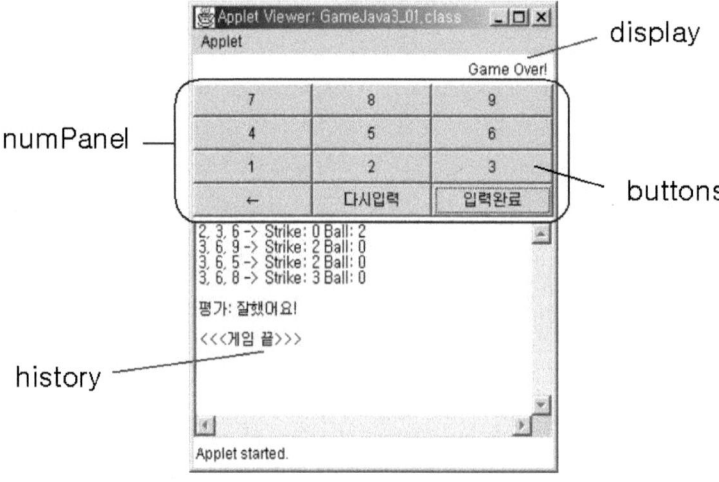

▲ 그림 8-23 애플릿 숫자 야구 게임의 GUI 구성

numPanel 패널은 일정한 크기의 버튼이 행과 열을 맞추어 붙어있어야 하기 때문에, 그리드 레이아웃으로 설정되었고, 전체 애플릿은 보더 레이아웃으로 설정되어 display 레이블은 North에 add()되고, history 텍스트 에어리어는 South에 add()되며, numPanel 패널은 Center에 add()되었습니다.

```
setLayout(new BorderLayout());   // 애플릿을 보더 레이아웃으로 설정

display= new Label();
```

```
add("North", display);

numPanel= new Panel();
numPanel.setLayout(new GridLayout(4,3));
...    // 버튼 생성 및 add()
add("Center", numPanel);

history= new TextArea(10,20);
add("South", history);
```

GUI 구성이 끝나면, 플레이어의 입력(이벤트)에 따른 처리를 하기 위해 numPanel 위의 12개의 버튼에 ActionListener를 설정하고(addActionListener() 메서드), 상속받은 ActionListener 인터페이스의 관련 메서드인 actionPerformed() 메서드를 정의합니다.(이벤트 처리에 대한 부분은 **9.6 이벤트의 이해**에서 자세히 설명합니다.)

```
for(int i=0; i<12; i++){
    buttons[i].addActionListener(this);
}
```

actionPerformed() 메서드에서는 플레이어가 마우스로 누른 버튼에 따라 처리를 해줍니다. 눌러진 버튼이 "←" 버튼이면 마지막에 입력한 숫자를 삭제하고, "다시입력" 버튼이면 입력된 모든 숫자를 삭제하며, 숫자 버튼이라면 usr 배열에 차례대로 저장합니다.

```
if(e.getSource()==buttons[0]){  // '←' 버튼인 경우
    if(key>0){
        key--;  // 입력 받은 숫자의 개수를 1 감소
        ....
    }
}else if(e.getSource()==buttons[10]){  // '다시입력' 버튼인 경우
    key= 0;  // 입력받은 숫자의 개수는 0
    usr[0]= usr[1]= usr[2]= 0;  // 입력받은 모든 숫자 삭제
    display.setText("");

}else{  // 숫자 입력인 경우
    if(key<3){
        char butVal= ((Button)e.getSource()).getLabel().charAt(0);
        usr[key] = Integer.valueOf(String.valueOf(butVal)).intValue();
```

```
            .... // 잘못된 입력에 대한 처리
}
```

플레이어가 누른 버튼이 "입력완료" 버튼이라면, usr 배열과 com 배열을 비교하여 볼카운트를 계산한 결과를 history 텍스트 에어리어에 출력하고, strike 값이 3개이거나 시도 횟수가 11이라면 시도 횟수에 따라 메시지를 history 텍스트 에어리어에 출력한 후, 게임을 종료합니다. strike 값이 3개가 아니고 시도 횟수도 11 미만이라면, 입력받은 usr 배열을 지우고 플레이어가 다시 추측할 수 있는 기회를 줍니다.

Java2_08.java

예제

```
 1 : import java.applet.*;
 2 : import java.awt.*;
 3 : import java.awt.event.*;
 4 : import java.util.*;
 5 :
 6 :
 7 : public class GameJava2_08 extends Applet
 8 :     implements ActionListener
 9 : {
10 :    int count;
11 :    int key;
12 :    int strike, ball;
13 :
14 :    int[] usr= new int[3];
15 :    int[] com= new int[3];
16 :
17 :    boolean gameover= false;
18 :
19 :    Label display;
20 :    TextArea history;
21 :
22 :    Panel numPanel;
23 :    Button[] buttons= new Button[12];
24 :
25 :    public void init()
26 :    {
27 :       Random r= new Random();
28 :       com[0]= Math.abs(r.nextInt() % 9) + 1;
29 :
```

```
30 :      do{
31 :         com[1]= Math.abs(r.nextInt() % 9) + 1;
32 :      }while(com[1]==com[0]);
33 :
34 :      do{
35 :         com[2]= Math.abs(r.nextInt() % 9) + 1;
36 :      }while((com[2]==com[0])||(com[2]==com[1]));
37 :
38 :      System.out.println(com[0] +", "+ com[1] +", "+ com[2]); /**/
39 :
40 :      count= 0;
41 :      key= 0;
42 :      usr[0]= usr[1]= usr[2]= 0;
43 :
44 :
45 :      // GUI
46 :      setLayout(new BorderLayout());
47 :
48 :      display= new Label();
49 :      display.setAlignment(Label.RIGHT);
50 :      add("North", display);
51 :
52 :      numPanel= new Panel();
53 :      numPanel.setLayout(new GridLayout(4,3));
54 :
55 :      for(int i=7; i>0; i-=3){
56 :         for(int j=0; j<3; j++){
57 :            buttons[i+j]= new Button(String.valueOf(i+j));
58 :            numPanel.add(buttons[i+j]);
59 :         }
60 :      }
61 :
62 :      buttons[0]= new Button("←");
63 :      numPanel.add(buttons[0]);
64 :
65 :      buttons[10]= new Button("다시입력");
66 :      numPanel.add(buttons[10]);
67 :
68 :      buttons[11]= new Button("입력완료");
69 :      numPanel.add(buttons[11]);
70 :
```

```
 71 :        add("Center", numPanel);
 72 :
 73 :        history= new TextArea(10,20);
 74 :        add("South", history);
 75 :
 76 :        for(int i=0; i<12; i++){
 77 :           buttons[i].addActionListener(this);
 78 :        }
 79 :    }
 80 :
 81 :    public void actionPerformed(ActionEvent e)
 82 :    {
 83 :        if(gameover) return;
 84 :
 85 :        if(e.getSource()==buttons[0]){   // '←' 버튼인 경우
 86 :           if(key>0){
 87 :              key--;
 88 :              display.setText("");
 89 :              for(int i=0; i<key; i++){
 90 :                 display.setText(display.getText() + usr[i]);
 91 :              }
 92 :           }
 93 :
 94 :        }else if(e.getSource()==buttons[10]){   // 다시입력
 95 :           key= 0;
 96 :           usr[0]= usr[1]= usr[2]= 0;
 97 :           display.setText("");
 98 :
 99 :        }else if(e.getSource()==buttons[11]){   // 입력완료
100 :           if(key==3){
101 :              strike = ball = 0;
102 :
103 :              if(usr[0]==com[0]) strike++;
104 :              if(usr[1]==com[1]) strike++;
105 :              if(usr[2]==com[2]) strike++;
106 :
107 :              if(usr[0]==com[1]) ball++;
108 :              if(usr[0]==com[2]) ball++;
109 :              if(usr[1]==com[0]) ball++;
110 :              if(usr[1]==com[2]) ball++;
111 :              if(usr[2]==com[0]) ball++;
```

```
112 :            if(usr[2]==com[1]) ball++;
113 :
114 :            history.append(usr[0] +", "+ usr[1] +", "+ usr[2] +
115 :               " -> Strike: "+ strike +" Ball: "+ ball +"\n");
116 :
117 :            count++;
118 :            key= 0;
119 :            usr[0]= usr[1]= usr[2]= 0;
120 :            display.setText("");
121 :
122 :            if((strike==3)||(count==11)){
123 :               if(count<=2){
124 :                  history.append("\n평가: 참 잘했어요!");
125 :               }else if(count<=5){
126 :                  history.append("\n평가: 잘했어요!");
127 :               }else if(count<=9){
128 :                  history.append("\n평가: 보통이네요!");
129 :               }else{
130 :                  history.append("\n평가: 분발하세요!");
131 :               }
132 :
133 :               gameover= true;
134 :               display.setText(" Game Over ! ");
135 :               history.append("\n\n<<<게임 끝>>>");
136 :            }
137 :
138 :         }else{
139 :            // 숫자가 3개 미만을 누른 경우
140 :         }
141 :      }else{  // 숫자 입력
142 :         if(key<3){
143 :            char butVal= ((Button)e.getSource()).getLabel().charAt(0);
144 :            usr[key] = Integer.valueOf(String.valueOf(butVal)).intValue();
145 :
146 :            boolean same= false;
147 :            switch(key){
148 :              case 2:
149 :                 if(usr[key]==usr[1]) same= true;
150 :              case 1:
151 :                 if(usr[key]==usr[0]) same= true;
152 :            }
```

```
153 :
154 :            if(same){
155 :                // 같은 숫자를 누른 경우
156 :            }else{
157 :                display.setText(display.getText() + butVal);
158 :                key++;
159 :            }
160 :        }else{
161 :            // 숫자를 3개 이상 누른 경우
162 :        }
163 :    }
164 :  }
165 : }
```

GameJava2_08.html

예제

```
1 : <HTML>
2 :   <HEAD>
3 :     <TITLE>GameJava2_08</TITLE>
4 :   </HEAD>
5 :   <BODY>
6 :     <APPLET CODE=GameJava2_08.class WIDTH=300 HEIGHT=300>
7 :     </APPLET>
8 :   </BODY>
9 : </HTML>
```

결과

숫자에 해당하는 버튼을 누르면, North 구역의 레이블에 값이 나타나고, [입력완료] 버튼을 누르면 South 구역의 텍스트 에어리어에 볼카운트가 표시됩니다. 답을 맞히거나 제한된 횟수 내에 못 맞힌 경우에는 적절한 메시지가 출력되고 게임이 끝납니다. 버튼을 누르면 실행되는 actionPerformed( ) 메서드를 보면, 같은 숫자를 입력하거나 3개 이상의 숫자를 입력하는 등의 플레이어가 잘못한 경우에 대한 처리를 해주고 있는 것을 알 수 있습니다.

What's up java

09

생명 게임

9.1 • 애플릿 라이프 사이클의 이해
9.2 • 자바 그래픽스
9.3 • 스레드의 이해
9.4 • Thread 클래스
9.5 • Runnable 인터페이스
9.6 • 이벤트의 이해
9.7 • 마우스 이벤트 다루기
9.8 • 생명 게임 만들기

생명 게임

Preview

생명 게임이라는 것은 우리가 일반적으로 볼 수 있는 인터랙티브한 컴퓨터 게임이 아닙니다. 일정한 규칙에 의해 생성과 소멸을 반복하면서 다양한 형태를 보여주는 월드를 영화처럼 지켜보는 프로그램입니다. 플레이어는 이 월드에 새로운 생명을 추가하거나 삭제하면서 다음 세대의 생명들을 예측할 수 있습니다. 생명 게임의 규칙을 모르고 이 게임을 본다면 화면의 점들이 나타나고 없어지는 것이 무의미해 보일지 모르지만, 일단 규칙을 알고 생명들을 나름대로 조작해보면, 이 게임이 놀랄 만큼 매력적이라는 것을 곧 알게 될 것입니다.

생명 게임은 영국의 수학자 존 콘웨이가 제시한 수학적인 이론을 1970년에 마틴 가드너라는 사람이 사이언티픽 아메리카라는 잡지에 소개해서, 한 동안 컴퓨터 상에서 이 프로그램을 만드는 것이 대유행하였습니다. 생명 게임의 기본 개념들은 세균전과 같은 고전 게임에서부터 스타크래프트와 같은 최신 게임에 이르기까지 많은 게임에서 응용되었기 때문에, 생명 게임을 잘 이해하면 새로운 게임에 대한 아이디어를 얻는데도 큰 도움이 될 수 있을 것입니다.

생명 게임에서는 [그림 9-1]처럼 바둑판과 같이 격자의 칸이 모여 있는 것을 월드라고 하고, 월드의 각 칸 하나에는 하나의 생명이 살 수 있습니다. [그림 9-1]은 가로, 세로가 3씩 인 9칸짜리 미니 월드를 보인 것입니다. 설명을 위해서 각 칸에는 1부터 9까지의 번호를 붙였습니다.

1	2	3
4	5	6
7	8	9

▲ 그림 9-1 9칸으로 된 생명 게임의 월드

생명 게임의 생명은 영원히 존재하는 것이 아니고, 일정 시간마다 다른 생명과의 관계에 따라 생성하고 소멸되는 일을 반복합니다. 이때 일정 시간을 세대라고 부릅니다. 생명 게임을 현실에 적용한다면 한 세대는 수십억 년이 될 수도 있고, 몇 십초가 될 수도 있습니다. 한 세대에서 다음 세대로 갈 때는 다음 규칙에 따라 각각의 생명은 소멸되거나, 생명이 없던 공간에 새로운 생명이 태어날 수도 있습니다.

▼ 생명 게임의 규칙

> 1. 생명이 존재하지 않는 빈 공간이 있을 때, 이 공간을 감싸고 있는 8개의 공간에 3개의 생명이 존재한다면, 다음 세대에는 이 칸에 새 생명이 탄생합니다. 위의 [그림 9-1]에서 5번 칸이 비어있고, 1, 2, 3, 4, 6, 7, 8, 9번 칸에 3개의 생명이 있다면, 다음 세대에는 5번 칸에 생명이 생깁니다.
> 2. 이미 생명이 존재하는 공간이 있다면, 이 공간을 감싸고 있는 8개의 공간에 생명이 1개 이하(2개 미만)이거나 4개 이상이면, 다음 세대에는 과소와 과밀의 이유로 생명은 소멸하게 됩니다. 위의 [그림 9-1]에서 5번 칸에 생명이 있다면, 1, 2, 3, 4, 6, 7, 8, 9번 칸에 2개의 생명이 있거나 3개의 생명이 있는 경우에만 5번 칸의 생명이 유지되고, 그렇지 않은 경우에는 소멸하게 됩니다.

생명 게임의 규칙은 매우 단순하지만, 시발점이 되는 월드의 생명의 위치에 따라 천차만별의 모습을 보여줍니다. 심지어는 월드의 가로, 세로 칸수도 많은 영향을 줍니다. 학자에 따라서는 생명 게임을 인류의 생성과 소멸에 비유하기도 하고, 날씨의 변화나 바이러스의 확산, 카오스 이론 등에 적용하기도 합니다. 너무 깊이 들어가면 어렵기 때문에, 여기서는 단순히 간단한 패턴이 세대를 지남에 따라 복잡한 형태로 변한다는 사실만 이해합시다.

다음은 생명 게임에서 가장 간단한 예입니다. 여기서 보인 월드는 [그림 9-1]과 같은 9칸짜리 월드인데, 4, 5, 6번 칸에 3개의 생명이 연이어 존재하는 경우입니다. 1세대에서는 4, 5, 6번 칸에 생명이 존재하지만, 2세대에서는 위의 규칙에 따라 4번과 6번 칸의 생명은 소멸하고, 2번과 8번 칸에는 새 생명이 탄생합니다. 따라서 2세대에는 2, 5, 8번 칸에 생명이 연이어 존재하게 됩니다. 다시 3세대에는 1세대처럼 4, 5, 6번 칸에 생명이 나타나고, 4세대에는 2세대처럼 2, 5, 8번 칸에 생명이 나타납니다. 이 예에서는 이렇게 반복해서 가로, 세로로 생명이 줄을 서기 때문에, 이러한 패턴을 깜박이(blinker)라고 부릅니다.

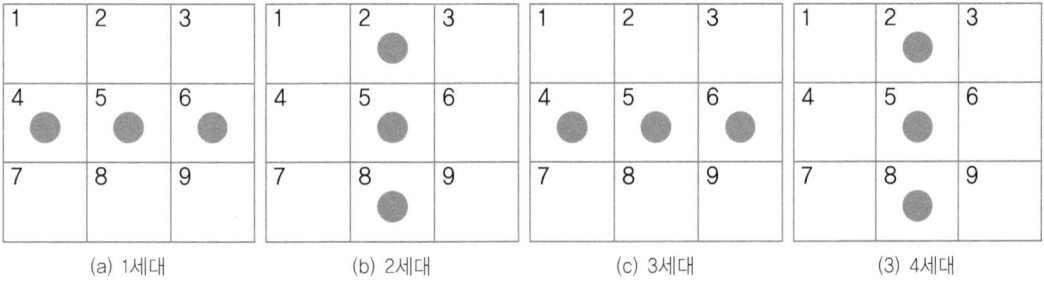

(a) 1세대　　　　(b) 2세대　　　　(c) 3세대　　　　(3) 4세대

▲ 그림 9-2 깜박이 패턴

그러나 모든 패턴이 위의 깜박이 패턴처럼 반복되는 것은 아닙니다. 생명 게임의 이론을 처음 제시한 영국의 수학자 존 콘웨이는 '결국 모든 생명은 안정할 것'이라고 예측하여 어느 세대부터는 반복될 것으로 예상했지만, 컴퓨터로 생명 게임을 만들게 되면서 그렇지 않다는 것이 증명되었습니다. 즉, 어떤 패턴은 무한히 반복되는 상태로 가서 안정되지만, 전혀 그렇지 못한 패턴도 있다는 것입니다.

이번에 우리가 만드는 생명 게임은 START 버튼을 눌러 자동으로 세대가 지나가게 하거나, STOP 버튼을 눌러 잠시 멈추게 할 수도 있는 애플릿입니다. 플레이어는 마우스로 월드의 각 칸을 선택해서 새 생명을 추가하거나 기존의 생명을 삭제할 수도 있습니다. 플레이어가 자신이 만든 패턴이 규칙에 따라 어떻게 변화하는지 바라보는 것은 매우 흥미있는 일일 것입니다. 반복해서 패턴을 만들다보면 새로운 형태의 변화를 보이는 인공 생명을 창조할 수도 있을 것입니다. 또 만들어진 패턴에 따라 다른 결과가 나타나는 생명 게임 이론은 다양한 게임에 적용될 수도 있습니다.

생명 게임을 만들면서, 우리는 8장에서 미처 배우지 못한 애플릿의 라이프 사이클을 자세히 배우게 됩니다. 애플릿의 라이프 사이클을 정확히 알고 있어야 애플릿 내의 각 메서드를 제대로 사용할 수 있습니다.(8장에서는 이유도 모르고 단순히 초기화 루틴을 init( ) 메서드에서 정의했었습니다.) 또, 자바의 막강한 그래픽 기능도 배우고, 스레드와 이벤트에 대해서도 자세히 배웁니다. 스레드는 애플릿이나 게임 등을 제작하는데 반드시 알아야 할 중요한 개념입니다. 이벤트에 대해서는 8장에서 컴포넌트를 배우면서 간단히 관련된 이벤트를 언급했지만, 여기에서는 컴포넌트뿐만 아니라 마우스나 키보드와 같은 다양한 이벤트를 다루는 법에 대해서 구체적으로 배웁니다.

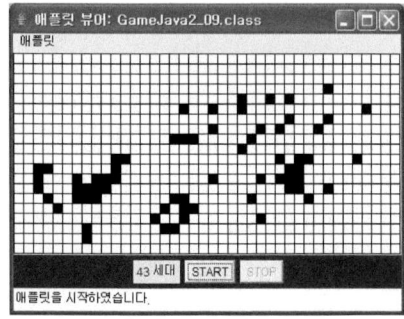

9.1 애플릿 라이프 사이클의 이해

애플릿을 만들 때는 자바의 Applet 클래스를 상속받아서 새로운 메서드를 추가하거나 기존의 메서드를 오버라이딩해서 만듭니다. 이때 Applet 클래스는 자동으로 import되는 java.lang 패키지에 있지 않기 때문에, 다음처럼 따로 java.applet 패키지의 Applet 클래스를 import하도록 선언해줘야 합니다.

```
import java.applet.Applet;
```

애플릿 프로그래밍을 할 때, 애플리케이션 프로그래밍과 가장 큰 차이점은 실행 순서를 알기 어렵다는 것입니다. 애플리케이션이 main( ) 메서드부터 시작되어 main( ) 메서드의 모든 명령을 순서대로 실행한 후 종료되지만, 애플릿은 웹 브라우저가 호출하는 메서드가 실행되기 때문에 프로그램의 순서를 알 수 없다는 점입니다. 따라서 애플릿에서는 웹 브라우저가 호출할 때를 대비해서 각 메서드들의 내용을 정의해 두어야 합니다. 가장 기본적으로 호출되는 메서드들은 다음의 init( ), start( ), stop( ), destroy( ), paint( ) 메서드입니다.

```
import java.applet.Applet;

public class 애플릿이름 extends Applet
{
   public void init()
   {
      // 초기화 루틴
   }

   public void start()
   {
      // 시작 루틴
   }

   public void stop()
   {
      // 정지 루틴
   }

   public void destroy()
   {
      // 소멸 루틴
   }

   public void paint()
   {
      // 페인팅 루틴
   }
}
```

웹 브라우저는 애플릿을 실행시킬 때, 제일 먼저 애플릿의 init() 메서드를 호출합니다. init() 메서드는 애플릿이 메모리에 로드될 때 단 한 번만 실행됩니다. init() 메서드가 끝나면 웹 브라우저는 start() 메서드를 불러서 애플릿을 시작합니다. 시작된 애플릿을 화면에 출력할 필요가 있을 때는 paint() 메서드를 실행합니다. 사용자가 웹 브라우저를 최소화한다든지 다른 웹 브라우저로 옮기면, 애플릿을 잠시 정지시키기 위해서 stop() 메서드를 호출합니다. 일단 정지된 애플릿을 다시 실행시키는 경우에는 다시 start() 루틴을 부릅니다. 사용자가 웹 브라우저를 종료하는 경우에는 웹 브라우저가 먼저 애플릿을 종료시키는데, 이때는 애플릿의 destroy() 메서드를 호출합니다. 이처럼 모든 애플릿은 init() 메서드로 시작해서 destroy()로 끝나게 됩니다. 다음의 [그림 9-3]은 이러한 애플릿의 일생(라이프 사이클)을 그린 것입니다.

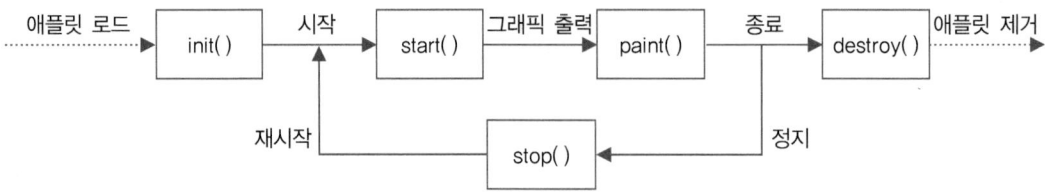

▲ 그림 9-3 애플릿의 라이프 사이클

애플릿 프로그래밍을 할 때는, 어떤 순서로 메서드가 실행될지 모르기 때문에, 라이프 사이클을 정확하게 알고 있어야 합니다. 어떤 메서드가 먼저 실행되는지, 화면에 출력할 때는 어떤 메서드에서 해야 하는지, 어떤 경우에 해당 메서드가 호출되는지를 잘 알고 있어야 합니다. 다음은 각각의 메서드들을 자세히 설명한 것입니다.

1 초기화 루틴: init( ) 메서드

init( ) 메서드는 웹 브라우저가 처음 애플릿을 메모리에 로드할 때 호출하는 메서드입니다. 따라서 단 한 번만 실행되기 때문에, HTML에서 전달받은 인수를 정리하거나 GUI, 이미지, 폰트, 변수 등을 설정하는 초기화 루틴을 보통 init( ) 메서드에 기술합니다.

2 시작 루틴: start( ) 메서드

start( ) 메서드는 init( ) 메서드가 실행된 후에 호출되는 시작 루틴입니다. init( ) 루틴이 단 한 번만 실행되는데 반해, start( ) 메서드는 몇 번 실행될 지 알 수 없습니다. 예를 들어, 사용자가 웹 브라우저를 최소화시켰다가 다시 실행시킨 경우에는 정지된 애플릿을 다시 시작시키기 위해서 start( ) 메서드가 호출됩니다. 따라서 start( ) 메서드에는 단 한 번만 실행해야 하는 초기화 루틴을 적어서는 절대 안되고, 네트워크나 데이터베이스의 연결, 또는 스레드의 시작과 같이, 매 번 다시 시작해야 하는 명령을 기술합니다.

3 정지 루틴: stop( ) 메서드

사용자가 웹 브라우저를 최소화시키거나 다른 웹 브라우저로 옮기면 애플릿은 실행을 잠시 멈추어야 합니다. 이때 웹 브라우저는 stop( ) 메서드를 부릅니다. stop( ) 메서드는 start( ) 메서드와 한 쌍입니다. stop( ) 메서드로 정지된 애플릿은 start( ) 메서드로 다시 시작될 수 있습니다. 반대로 start( ) 메서드로 시작되어 실행 중인 애플릿은 stop( ) 메서드로 정지될 수 있습니다. start( ) 메서드와 마찬가지로 stop( ) 메서드도 몇 번 실행될 지 알 수 없기 때문에, 애플릿을 종료하는 루틴을 적어서는 안되고, 잠시 중단시킬 때 필요한 사항들을 기술하면 됩니다.

4 소멸 루틴: destroy( ) 메서드

destroy( ) 루틴은 애플릿을 완전히 종료시키고 메모리에서 제거하기 직전에 단 한 번만 호출하는 메서드입니다. 자바는 가비지 컬렉션 기능이 있어서 대부분의 메모리 관리를 자동으로 해주기 때문에, 명시적으로 반환해야 할 메모리나 특별히 실행시킬 명령이 없는 경우에는 destroy( ) 메서드는 생략하는 경우가 많습니다.

5 페인팅 루틴: paint( ) 메서드

화면에 텍스트나 선, 이미지 등을 출력해야 하는 경우에는 paint( ) 메서드가 호출됩니다. paint( ) 메서드는 언제, 몇 번 호출될 지 알 수 없습니다. 다만 화면을 다시 그려야 하는 경우에는 자동으로 호출된다고 생각하면 됩니다. 예를 들어, 웹 브라우저가 처음 애플릿을 실행시킨 경우에는 start( ) 메서드가 실행되고 나서 호출됩니다. 또, 애플릿의 일부나 전체가 다른 프로그램으로 가려졌다가 나타나는 경우에도 호출됩니다. 웹 브라우저가 최소화되었다가 다시 실행되는 경우나, 웹 브라우저의 크기가 조정되어 애플릿에도 영향을 미치는 경우에는 어김없이 paint( ) 메서드가 호출됩니다.

다음은 호출되는 메서드들이 자신의 이름을 텍스트 에어리어에 추가하도록 한 애플릿입니다. 다음의 애플릿을 최소화 시키거나 이동시키면서 호출되는 메서드가 어떤 것인지 알아보는 것도 애플릿의 라이프 사이클을 이해하는데 도움이 될 것입니다.

예제　　　　　　　　　　　　　　　　　　　　　　　　　　　　　　　**LifeCycleTest.java**

```
 1 : import java.awt.*;
 2 : import java.applet.*;
 3 :
 4 : public class LifeCycleTest extends Applet
 5 : {
 6 :    TextArea myTextArea;
 7 :
 8 :    public void init()
 9 :    {
10 :       setLayout(null);
11 :
12 :       myTextArea= new TextArea(20,20);
13 :       myTextArea.setBounds(10, 30, 380, 200);
14 :       add(myTextArea);
15 :
16 :       myTextArea.append("초기화 루틴: init()\n");
17 :    }
18 :
```

```
19 :    public void start()
20 :    {
21 :       myTextArea.append("시작 루틴: start()\n");
22 :    }
23 :
24 :    public void stop()
25 :    {
26 :       myTextArea.append("정지 루틴: stop()\n");
27 :    }
28 :
29 :    public void destroy()
30 :    {
31 :       myTextArea.append("소멸 루틴: destroy()\n");
32 :    }
33 :
34 :    public void paint(Graphics g)
35 :    {
36 :       myTextArea.append("페인팅 루틴: paint()\n");
37 :
38 :       g.drawString("애플릿의 라이프 사이클", 10, 20);
39 :    }
40 : }
```

예제 LifeCycleTest.html

```
1 : <HTML>
2 :    <HEAD>
3 :       <TITLE>LifeCycleTest</TITLE>
4 :    </HEAD>
5 :    <BODY>
6 :       <APPLET CODE=LifeCycleTest.class WIDTH=402 HEIGHT=235>
7 :       </APPLET>
8 :    </BODY>
9 : </HTML>
```

결과

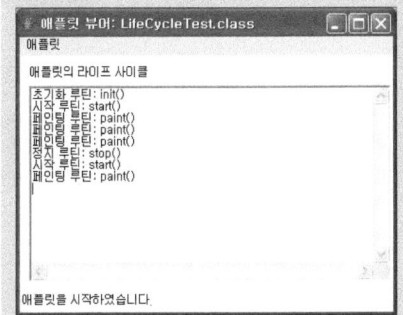

화면에 텍스트 에어리어를 붙인 후, 각 메서드에서 현재 실행되는 메서드의 이름을 텍스트 에어리어에 추가하도록 만든 예제입니다. 따라서 예제를 실행시킨 후에, 윈도우(창)의 크기를 조정하거나 다른 프로그램과 순서를 바꾸거나, 또는 최소화, 최대화 등을 시켜보면 그 때마다 실행되는 메서드를 알 수 있습니다.

9.2 자바 그래픽스

그래픽 화면에 선을 그리거나, 글씨를 그릴 때는 바탕색이나 글씨 또는 선의 색깔, 글꼴의 종류나 크기 등과 같은 부수적인 정보가 필요합니다. 이러한 정보를 매 번 지정하지 않고 따로 저장해두고 사용하는 방식이 그래픽 컨텍스트 방식입니다. 그래픽 컨텍스트 방식에서는, 필요한 정보를 한 번만 설정해두면 그 이후에 사용하는 모든 명령에 적용됩니다. 예를 들어 출력되는 색을 빨간색으로 지정하면, 그 이후에 그리는 선이나 원은 각각 빨간 선, 빨간 원이 됩니다.

자바에서는 그래픽 컨텍스트 방식을 사용하기 때문에, 눈에 보이는 모든 컴포넌트, 애플릿, 프레임, 패널 등은 각각의 그래픽 컨텍스트를 가지고 있습니다. 따라서 화면에 그래픽을 그리려면 반드시 자신의 그래픽 컨텍스트에 출력해야만 합니다. 자바에서 프로그래머가 자유자재로 그래픽을 출력할 수 있는 애플릿, 프레임, 캔버스, 패널 등은 모두 paint( ) 메서드에서 화면에 그리는데, paint( ) 메서드가 매개변수로 받는 Graphics 클래스의 객체가 바로 그래픽 컨텍스트입니다.

예를 들어, 화면의 가로 10, 세로 10인 위치의 점으로부터 가로 50, 세로 60인 위치의 점까지 선을 긋고 싶다면 다음처럼 Graphics 클래스의 객체 g의 drawLine( ) 메서드를 사용하면 됩니다.

```
...
public void paint(Graphics g)
{
   g.drawLine(10, 10, 50, 60);
}
...
```

Graphics 클래스 내에는 다음과 같이 다양한 그래픽 메서드들이 정의되어있어서, 이 메서드들을 사용하면, 그래픽 컨텍스트에 원하는 그래픽을 마음대로 출력할 수 있습니다.

1 색상 지정: setColor( ) 메서드

그래픽 컨텍스트의 색상은 setColor( ) 메서드로 지정할 수 있습니다. setColor( ) 메서드는 다음처럼 인수로 받은 Color 클래스의 객체에 해당하는 색으로 그래픽 컨텍스트의 색을 지정합니다.

```
그래픽 컨텍스트
   ↓
g.setColor(myColor);
   ↑         ↑
 메서드    Color형 인수
```

Color 클래스는 빛의 3원색인 빨강(Red), 녹색(Green), 파랑(Blue)의 RGB로 색을 표현하는 클래스입니다. RGB의 각 색은 0부터 255의 값을 갖는데, 예를 들어 빨간색은 R이 255, G와 B가 0인 값(255, 0, 0)을 갖습니다. 반드시 0 ~ 255 값을 RGB로 주어야만 하는 것은 아니고 [표 9-1]처럼 생성자에 주는 인수의 형식에 따라 다양한 컬러를 만들 수 있습니다.

생성자	설명
Color(int r, int g, int b)	0부터 255 사이의 RGB 값을 갖는 컬러
Color(float r, float g, float b)	0.0부터 1.0사이의 RGB 값을 갖는 컬러
Color(int rgb)	rgb의 각 비트에 해당하는 RGB 값을 갖는 컬러(R: 16~23비트, G: 8~15비트, B: 0~7비트)

▲ 표 9-1 Color 클래스의 생성자들

RGB의 조합으로 Color 객체를 생성하는 방식은 256*256*256(약 천6백만)개의 색을 만들 수 있기 때문에 매우 강력하지만, 반면 프로그래머가 특정한 숫자의 조합을 외워야하기 때문에 불편한 것도 사실입니다. 그래서 Color 클래스에는 기본적으로 자주 사용되는 13가지 색을 다음의 [표 9-2]와 같이 상수로도 제공합니다.

상수	의미	RGB 값
Color.black	검정색	Color(0, 0, 0)
Color.blue	파란색	Color(0, 0, 255)
Color.cyan	하늘색	Color(0, 255, 255)
Color.darkGray	어두운 회색	Color(64, 64, 64)
Color.gray	회색	Color(128, 128, 128)
Color.green	녹색	Color(0, 255, 0)
Color.lightGray	밝은 회색	Color(192, 192, 192)
Color.magenta	진홍색	Color(255, 0, 255)
Color.orange	주황색	Color(255, 200, 0)
Color.pink	분홍색	Color(255, 175, 175)

Color.red	빨간색	Color(255, 0, 0)
Color.white	흰색	Color(255, 255, 255)
Color.yellow	노란색	Color(255, 255, 0)

▲ 표 9-2 Color 클래스의 상수

[표 9-2]의 상수들은 객체를 생성할 필요없이 사용하면 됩니다. 예를 들어 다음의 두 가지 방식은 모두 그래픽 컨텍스트의 색상을 분홍색으로 설정하는 것입니다.

```
Color myColor= new Color(255, 175, 175);
g.setColor(myColor);

또는

g.setColor(Color.pink)
```

다음은 그래픽 컨텍스트의 색상을 설정하는 예제입니다. 초이스 컴포넌트의 색상을 선택하면 애플릿의 배경을 해당하는 색상으로 변경시킵니다.

예제   **ColorTest.java**

```
 1 : import java.awt.*;
 2 : import java.awt.event.*;
 3 : import java.applet.*;
 4 :
 5 : public class ColorTest extends Applet
 6 :     implements ItemListener
 7 : {
 8 :   Choice myChoice;
 9 :
10 :   public void init()
11 :   {
12 :     myChoice= new Choice();
13 :     myChoice.addItem("검정색");
14 :     myChoice.addItem("파란색");
15 :     myChoice.addItem("하늘색");
16 :     myChoice.addItem("어두운 회색");
17 :     myChoice.addItem("회색");
18 :     myChoice.addItem("녹색");
19 :     myChoice.addItem("밝은 회색");
20 :     myChoice.addItem("진홍색");
```

```
21 :        myChoice.addItem("주황색");
22 :        myChoice.addItem("분홍색");
23 :        myChoice.addItem("빨간색");
24 :        myChoice.addItem("흰색");
25 :        myChoice.addItem("노란색");
26 :        myChoice.addItemListener(this);
27 :        add(myChoice);
28 :    }
29 :
30 :    public void itemStateChanged(ItemEvent e)
31 :    {
32 :        if(e.getSource()==myChoice){
33 :            switch(myChoice.getSelectedIndex()){
34 :                case  0: setBackground(Color.black);
35 :                    break;
36 :                case  1: setBackground(Color.blue);
37 :                    break;
38 :                case  2: setBackground(Color.cyan);
39 :                    break;
40 :                case  3: setBackground(Color.darkGray);
41 :                    break;
42 :                case  4: setBackground(Color.gray);
43 :                    break;
44 :                case  5: setBackground(Color.green);
45 :                    break;
46 :                case  6: setBackground(Color.lightGray);
47 :                    break;
48 :                case  7: setBackground(Color.magenta);
49 :                    break;
50 :                case  8: setBackground(Color.orange);
51 :                    break;
52 :                case  9: setBackground(Color.pink);
53 :                    break;
54 :                case 10: setBackground(Color.red);
55 :                    break;
56 :                case 11: setBackground(Color.white);
57 :                    break;
58 :                case 12: setBackground(Color.yellow);
59 :                    break;
60 :            }
```

```
61 :        }
62 :    }
63 : }
```

ColorTest.html

예제

```
1 : <HTML>
2 :   <HEAD>
3 :     <TITLE>ColorTest</TITLE>
4 :   </HEAD>
5 :   <BODY>
6 :     <APPLET CODE=ColorTest.class WIDTH=402 HEIGHT=235>
7 :     </APPLET>
8 :   </BODY>
9 : </HTML>
```

결과

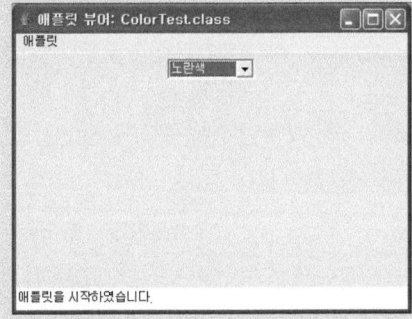

초이스에 다양한 색깔 이름을 항목으로 추가시킨 후, 마우스로 색을 선택하면 해당하는 색으로 배경색을 지정하는 예제입니다. 간편하게 Color 클래스의 상수를 사용해서 색을 지정하였습니다.

2 글꼴 지정: setFont( ) 메서드

다음처럼 setFont( ) 메서드는 주어진 Font 클래스의 객체가 의미하는 글꼴로 그래픽 컨텍스트의 글꼴을 지정합니다.

```
그래픽 컨텍스트
↓
g.setFont(myFont);
  ↑         ↑
 메서드   Font형 인수
```

Font 클래스는 다음의 [표 9-3]처럼 주어진 이름의 글꼴을 원하는 글씨체와 크기로 생성하는 클래스입니다. 이때 style로 지정 가능한 상수는 Font.PLAIN, Font.BOLD, Font.ITALIC의 세 가지로, 각각 보통 글씨체, 굵은 글씨체(볼드), 기울인 글씨체(이태릭)을 의미합니다. 이 세 가지 글씨체는 서로 섞어 쓸 수도 있습니다. 예를 들어, 굵고 기울인 글씨체를 지정하고 싶으면, style에 Font.BOLD + Font.ITALIC을 지정할 수 있습니다.

생성자	설명
Font(String name, int style, int size)	style 형태와 size 크기의 name 글꼴

▲ 표 9-3 Font 클래스의 생성자

Font 클래스는 Color 클래스의 사용법과 매우 흡사합니다만, 한가지 유의할 점이 있습니다. 자바는 인터넷을 통해서 다양한 플랫폼에서 실행되기 때문에, 프로그래머가 사용한 컴퓨터의 글꼴과 실행되는 컴퓨터의 글꼴이 다를 수 있다는 점입니다. 따라서 될 수 있으면, 공통적으로 어느 컴퓨터에나 있는 표준 글꼴을 지정하는 것이 바람직합니다. 자바에서 어느 컴퓨터에서나 있는 표준 글꼴로 지정된 것은 "Serif", "SansSerif", "Monospaced"의 3가지 글꼴입니다. 다음은 그래픽 컨텍스트의 글꼴을 굵은 SansSerif으로 정한 경우입니다.

```
Font myFont= new Font("SansSerif", Font.BOLD. 12);
g.setFont(myFont);
```

다음은 그래픽 컨텍스트의 글꼴을 설정하는 예제입니다. 자바의 표준 글꼴인 "Serif", "SansSerif", "Monospaced"의 3가지 글꼴로 각각 다른 형태와 크기의 문자열을 출력합니다.

FontTest.java

```
 1 : import java.awt.*;
 2 : import java.applet.*;
 3 :
 4 : public class FontTest extends Applet
 5 : {
 6 :    Font myFont1, myFont2, myFont3;
 7 :
 8 :    public void init()
 9 :    {
10 :       myFont1= new Font("Serif", Font.BOLD + Font.ITALIC, 12);
11 :       myFont2= new Font("SansSerif", Font.ITALIC, 16);
12 :       myFont3= new Font("Monospaced", Font.BOLD, 20);
13 :    }
14 :
15 :    public void paint(Graphics g)
```

```
16 :    {
17 :        g.setColor(Color.red);
18 :        g.setFont(myFont1);
19 :        g.drawString("Serif, Bold and Italic, 12 points", 10, 20);
20 :
21 :        g.setColor(Color.blue);
22 :        g.setFont(myFont2);
23 :        g.drawString("SansSerif, Italic, 16 points", 10, 50);
24 :
25 :        g.setColor(Color.black);
26 :        g.setFont(myFont3);
27 :        g.drawString("Monospaced, Bold, 20 points", 10, 80);
28 :    }
29 : }
```

FontTest.html

예제

```
1 : <HTML>
2 :     <HEAD>
3 :         <TITLE>FontTest</TITLE>
4 :     </HEAD>
5 :     <BODY>
6 :         <APPLET CODE=FontTest.class WIDTH=402 HEIGHT=235>
7 :         </APPLET>
8 :     </BODY>
9 : </HTML>
```

결과

myFont1, myFont2, myFont3의 3가지 글꼴을 미리 생성해둔 후, paint() 메서드에서 각각 빨간색, 파란색, 검정색으로 글꼴에 해당하는 문자열을 출력했습니다.

3 문자 출력: drawString( ), drawBytes( ), drawChars( ) 메서드

주어진 좌표에 문자열을 출력하고 싶을 때는, drawString(), drawBytes(), drawChars() 메서드 중 하나를 사용하면 됩니다. 이 중 drawString() 메서드는 이미 사용해 봤기 때문에 익숙하리라 생각됩니다. 보통은 아래처럼 drawString()을 사용하지만, 특별히 byte 배열이나 char 배열을 출력하고 싶을 때는 drawBytes(), drawChars() 메서드를 사용해도 됩니다.

```
그래픽 컨텍스트
    ↓
g.drawString("안녕하세요",   100,    150);
    ↑              ↑          ↑      ↑
  메서드          문자열    가로위치 세로위치
```

C언어나 C++언어에서는 아스키 문자인 char가 1 바이트이기 때문에, char과 byte는 차이가 없지만, 자바에서는 char는 절대 1 바이트가 아닙니다. 자바는 인터넷을 통해 전 세계 모든 컴퓨터에서 실행될 수 있도록 설계되었기 때문에, 기본 문자형인 char은 아스키 코드가 아닌 유니코드를 저장하도록 되어 있습니다. 따라서 char은 부호가 없는 16비트입니다. 이렇게 char과 byte가 다르기 때문에, drawBytes() 메서드와 drawChars() 메서드가 각각 있는 것입니다. 다음의 [표 9-4]는 문자 출력 메서드들입니다.

메서드	설명
void drawString(String str, int x, int y)	가로 x, 세로 y 위치에 문자열 str을 출력
void drawBytes(byte[ ] data, int offset, int length, int x, int y)	가로 x, 세로 y 위치에 data 배열의 offset 위치부터 length 개의 문자를 출력
void drawChars(char[ ] data, int offset, int length, int x, int y)	가로 x, 세로 y 위치에 data 배열의 offset 위치부터 length 개의 문자를 출력

▲ 표 9-4 문자 출력 메서드들

다음은 drawString( ), drawBytes( ), drawChars( ) 메서드를 사용해서 화면에 문자열을 출력하는 예제입니다.

StringTest.java

예제

```
1 : import java.awt.*;
2 : import java.applet.*;
3 :
4 : public class StringTest extends Applet
5 : {
6 :     char[] myChars= {'대', '한', '민', '국'};
7 :     byte[] myBytes= {0x4b, 0x4f, 0x52, 0x45, 0x41};
8 :
```

```
 9 :    public void paint(Graphics g)
10 :    {
11 :        g.drawChars(myChars, 0, myChars.length, 10, 20);
12 :
13 :        g.drawBytes(myBytes, 0, myBytes.length, 10, 50);
14 :
15 :        g.drawString("만세! 만세! 만만세!", 10, 80);
16 :    }
17 : }
```

예제   **StringTest.html**

```
1 : <HTML>
2 :     <HEAD>
3 :         <TITLE>StringTest</TITLE>
4 :     </HEAD>
5 :     <BODY>
6 :         <APPLET CODE=StringTest.class WIDTH=402 HEIGHT=235>
7 :         </APPLET>
8 :     </BODY>
9 : </HTML>
```

결과

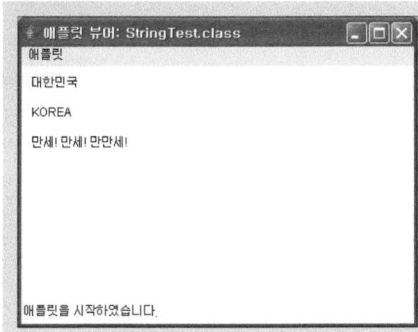

이 예제에서는 drawString( ), drawBytes( ), drawChars( ) 메서드로 문자열을 출력했지만, 보통은 drawString( ) 메서드를 주로 사용합니다.

4 선 그리기: drawLine( ) 메서드

두 점 사이에 선을 긋고 싶을 때는 drawLine( ) 메서드를 사용하면 됩니다. drawLine( ) 메서드에 다음처럼 두 점의 x, y 좌표를 인수로 주면, 두 점을 잇는 선이 그려집니다.

```
그래픽 컨텍스트
↓
g.drawLine(100, 120, 400, 450);
          ↑    ↑    ↑    ↑    ↑
         메서드  x1   y1   x2   y2
```

drawLine( ) 메서드의 형식은 다음의 [표 9-5]와 같습니다.

메서드	설명
drawLine(int x1, int y1, int x2, int y2)	좌표 (x1, y1)에서 좌표 (x2, y2)까지 선분을 출력

▲ 표 9-5 선 그리기 메서드

다음은 drawLine( ) 메서드를 사용해서 화면에 선분을 그리는 예제입니다. x1, y1, x2, y2의 4개의 텍스트필드에 각각 x1, y1, x2, y2 좌표를 입력한 후, 버튼을 누르면 해당하는 좌표의 선을 그립니다.

LineTest.java

```java
 1 : import java.applet.*;
 2 : import java.awt.*;
 3 : import java.awt.event.*;
 4 :
 5 : public class LineTest extends Applet
 6 :     implements ActionListener
 7 : {
 8 :     Label x1Label, y1Label, x2Label, y2Label;
 9 :     TextField x1TextField, y1TextField,
10 :               x2TextField, y2TextField;
11 :     Button drawButton;
12 :
13 :     public void init( )
14 :     {
15 :         x1Label= new Label("x1:");
16 :         add(x1Label);
17 :         x1TextField= new TextField("0", 3);
18 :         add(x1TextField);
19 :
20 :         y1Label= new Label("y1:");
21 :         add(y1Label);
22 :         y1TextField= new TextField("0", 3);
23 :         add(y1TextField);
```

```
24 :
25 :        x2Label= new Label("x2:");
26 :        add(x2Label);
27 :        x2TextField= new TextField("0", 3);
28 :        add(x2TextField);
29 :
30 :        y2Label= new Label("y2:");
31 :        add(y2Label);
32 :        y2TextField= new TextField("0", 3);
33 :        add(y2TextField);
34 :
35 :        drawButton= new Button("그리기");
36 :        drawButton.addActionListener(this);
37 :        add(drawButton);
38 :    }
39 :
40 :    public void paint(Graphics g)
41 :    {
42 :        int x1= Integer.valueOf(x1TextField.getText()).intValue();
43 :        int y1= Integer.valueOf(y1TextField.getText()).intValue();
44 :        int x2= Integer.valueOf(x2TextField.getText()).intValue();
45 :        int y2= Integer.valueOf(y2TextField.getText()).intValue();
46 :
47 :        g.drawLine(x1, y1, x2, y2);
48 :    }
49 :
50 :    public void actionPerformed(ActionEvent e)
51 :    {
52 :        if(e.getSource()==drawButton){
53 :            repaint();
54 :        }
55 :    }
56 : }
```

예제 **LineTest.html**

```
1 : <HTML>
2 :    <HEAD>
3 :        <TITLE>LineTest</TITLE>
4 :    </HEAD>
```

```
5 :    <BODY>
6 :        <APPLET CODE=LineTest.class WIDTH=402 HEIGHT=235>
7 :        </APPLET>
8 :    </BODY>
9 : </HTML>
```

결과

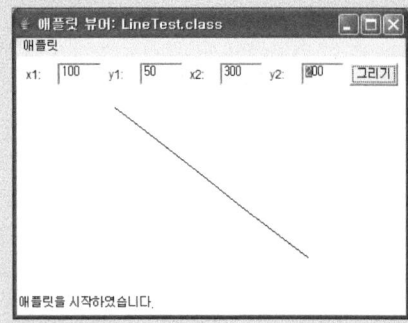

4개의 텍스트필드에 선분의 양 끝점인 (x1, y1)과 (x2, y2)의 좌표를 입력하고 그리기 버튼을 누르면, 해당하는 선을 그립니다.

5 사각형 그리기: drawRect( ), fillRect( ) 메서드

사각형을 그리고 싶을 때 사용하는 메서드는 drawRect( ) 메서드와 fillRect( ) 메서드가 있는데, 속이 빈 사각형 외곽만 그리고 싶을 때는 drawRect( ) 메서드를 사용하고, 내부를 원하는 색으로 채운 사각형을 그리고 싶을 때는 fillRect( ) 메서드를 사용하면 됩니다. 그래픽 메서드들 중 draw-로 시작되는 메서드들은 외곽선만 그리는 것이고, fill-로 시작되는 메서드들은 내부까지 채우는 메서드들입니다.

```
그래픽 컨텍스트
    ↓
g.drawRect(200, 100, 40, 50);
    ↑       ↑    ↑    ↑   ↑
  메서드  x좌표 y좌표 폭  높이
```

drawRect( ) 메서드와 fillRect( ) 메서드의 형식은 다음의 [표 9-6]과 같습니다. drawRect( ), fillRect( ) 메서드와 비슷한 메서드로 drawRoundRect( ), fillRoundRect( ) 메서드와 draw3DRect( ), fill3DRect( ) 메서드가 있습니다. drawRoundRect( )와 fillRoundRect( )는 모서리가 둥근 사각형을 그리고, draw3DRect( )와 fill3DRect( )는 3차원 입체 사각형을 그립니다.(drawRoundRect( ), fillRoundRect( ) 메서드는 321페이지에서, draw3DRect( ), fill3DRect( ) 메서드는 325페이지에서 자세히 설명합니다.)

메서드	설명
drawRect(int x, int y, int width, int height)	좌표 (x, y)를 좌측상단으로 하는 가로 width, 세로 height 크기의 속이 빈 사각형을 출력
fillRect(int x, int y, int width, int height)	좌표 (x, y)를 좌측상단으로 하는 가로 width, 세로 height 크기이고, 배경색으로 속을 채운 사각형을 출력

▲ 표 9-6 사각형 그리기 메서드

다음은 drawRect( ) 메서드와 fillRect( ) 메서드를 사용해서 화면에 사각형을 그리는 예제입니다. 초이스 컴포넌트에서 drawRect와 fillRect 중 하나를 선택하고, x, y 텍스트필드에 x, y 좌표를 입력한 후, width, height 텍스트필드에 가로, 세로 크기를 입력하고 버튼을 누르면 해당하는 사각형을 그립니다.

RectTest.java

```
1 : import java.applet.*;
2 : import java.awt.*;
3 : import java.awt.event.*;
4 :
5 : public class RectTest extends Applet
6 :     implements ActionListener
7 : {
8 :     Choice drawChoice;
9 :     Label xLabel, yLabel, widthLabel, heightLabel;
10 :    TextField xTextField, yTextField,
11 :              widthTextField, heightTextField;
12 :    Button drawButton;
13 :
14 :    public void init()
15 :    {
16 :        drawChoice= new Choice();
17 :        drawChoice.addItem("drawRect");
18 :        drawChoice.addItem("fillRect");
19 :        add(drawChoice);
20 :
21 :        xLabel= new Label("x:");
22 :        add(xLabel);
23 :        xTextField= new TextField("0", 3);
24 :        add(xTextField);
25 :
26 :        yLabel= new Label("y:");
27 :        add(yLabel);
28 :        yTextField= new TextField("0", 3);
```

```
29 :        add(yTextField);
30 :
31 :        widthLabel= new Label("width:");
32 :        add(widthLabel);
33 :        widthTextField= new TextField("0", 3);
34 :        add(widthTextField);
35 :
36 :        heightLabel= new Label("height:");
37 :        add(heightLabel);
38 :        heightTextField= new TextField("0", 3);
39 :        add(heightTextField);
40 :
41 :        drawButton= new Button("그리기");
42 :        drawButton.addActionListener(this);
43 :        add(drawButton);
44 :    }
45 :
46 :    public void paint(Graphics g)
47 :    {
48 :      int x= Integer.valueOf(xTextField.getText()).intValue();
49 :      int y= Integer.valueOf(yTextField.getText()).intValue();
50 :      int width= Integer.valueOf(widthTextField.getText()).intValue();
51 :      int height= Integer.valueOf(heightTextField.getText()).intValue();
52 :
53 :      if(drawChoice.getSelectedIndex()==0){
54 :         g.drawRect(x, y, width, height);
55 :      }else{
56 :         g.fillRect(x, y, width, height);
57 :      }
58 :    }
59 :
60 :    public void actionPerformed(ActionEvent e)
61 :    {
62 :      if(e.getSource()==drawButton){
63 :         repaint();
64 :      }
65 :    }
66 : }
```

예제

```
RectTest.html
1 : <HTML>
2 :   <HEAD>
3 :     <TITLE>RectTest</TITLE>
4 :   </HEAD>
5 :   <BODY>
6 :     <APPLET CODE=RectTest.class WIDTH=550 HEIGHT=350>
7 :     </APPLET>
8 :   </BODY>
9 : </HTML>
```

결과

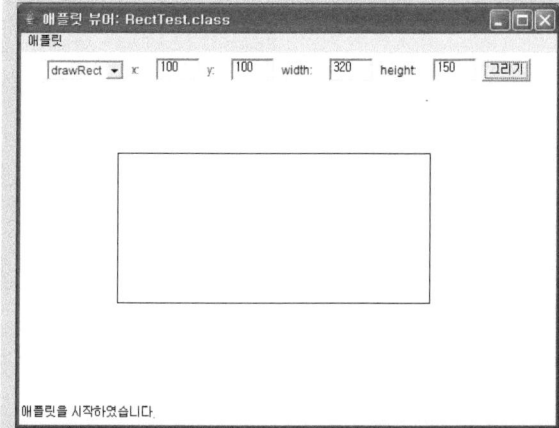

4개의 텍스트필드에 사각형의 위치 (x, y)와 가로, 세로 크기를 입력하고, 초이스에서 형태를 선택하면 해당하는 사각형을 그립니다.

6 둥근 사각형 그리기: drawRoundRect( ), fillRoundRect( ) 메서드

drawRoundRect( )와 fillRoundRect( ) 메서드는 사각형을 그리는 drawRect( ), fillRect와 유사합니다. 단지 사각형의 네 모서리를 둥글게 출력합니다.

```
그래픽 컨텍스트
↓
g.drawRoundRect(100, 100, 300, 400,    50,       50);
       ↑          ↑    ↑    ↑    ↑      ↑         ↑
      메서드     x좌표 y좌표  폭   높이  모서리폭  모서리높이
```

drawRoundRect( ) 메서드와 fillRoundRect( ) 메서드의 형식은 다음의 [표 9-7]과 같습니다. 마지막 두 개의 인수는 모서리의 둥근 부분의 폭과 넓이를 지정하는 것으로 값이 클수록 모서리가 둥글게 됩니다.

메서드	설명
drawRoundRect(int x, int y, int width, int height, int arcWidth, int arcHeight)	좌표 (x, y)를 좌측상단으로 하고, 가로 width, 세로 height 크기이며, 모서리가 가로 arcWidth, 세로 arcHeight에 들어가는 부채꼴인 속이 빈 사각형을 출력
fillRoundRect(int x, int y, int width, int height, int arcWidth, int arcHeight)	좌표 (x, y)를 좌측상단으로 하고, 가로 width, 세로 height 크기이며, 모서리가 가로 arcWidth, 세로 arcHeight에 들어가는 부채꼴이면서, 배경색으로 속을 채운 사각형을 출력

▲ 표 9-7 둥근 사각형 그리기 메서드

다음은 drawRoundRect( ) 메서드와 fillRoundRect( ) 메서드를 사용해서 화면에 둥근 사각형을 그리는 예제입니다. 초이스 컴포넌트에서 drawRoundRect와 fillRoundRect 중 하나를 선택하고, x, y 텍스트필드에 x, y 좌표를 입력한 후, width, height 텍스트필드에 가로, 세로 크기를 입력합니다. arcWidth, arcHeight 텍스트필드에 부채꼴의 가로, 세로 크기를 입력하고 버튼을 누르면 해당하는 둥근 사각형을 그립니다.

RoundRectTest.java

```
 1 : import java.applet.*;
 2 : import java.awt.*;
 3 : import java.awt.event.*;
 4 :
 5 : public class RoundRectTest extends Applet
 6 :     implements ActionListener
 7 : {
 8 :     Choice drawChoice;
 9 :     Label xLabel, yLabel, widthLabel, heightLabel,
10 :           arcWidthLabel, arcHeightLabel;
11 :     TextField xTextField, yTextField,
12 :               widthTextField, heightTextField,
13 :               arcWidthTextField, arcHeightTextField;
14 :     Button drawButton;
15 :
16 :     public void init( )
17 :     {
18 :         drawChoice= new Choice( );
19 :         drawChoice.addItem("drawRoundRect");
20 :         drawChoice.addItem("fillRoundRect");
21 :         add(drawChoice);
22 :
23 :         xLabel= new Label("x:");
24 :         add(xLabel);
```

```
25 :        xTextField= new TextField("0", 3);
26 :        add(xTextField);
27 :
28 :        yLabel= new Label("y:");
29 :        add(yLabel);
30 :        yTextField= new TextField("0", 3);
31 :        add(yTextField);
32 :
33 :        widthLabel= new Label("width:");
34 :        add(widthLabel);
35 :        widthTextField= new TextField("0", 3);
36 :        add(widthTextField);
37 :
38 :        heightLabel= new Label("height:");
39 :        add(heightLabel);
40 :        heightTextField= new TextField("0", 3);
41 :        add(heightTextField);
42 :
43 :        arcWidthLabel= new Label("arcWidth:");
44 :        add(arcWidthLabel);
45 :        arcWidthTextField= new TextField("0", 3);
46 :        add(arcWidthTextField);
47 :
48 :        arcHeightLabel= new Label("arcHeight:");
49 :        add(arcHeightLabel);
50 :        arcHeightTextField= new TextField("0", 3);
51 :        add(arcHeightTextField);
52 :
53 :        drawButton= new Button("그리기");
54 :        drawButton.addActionListener(this);
55 :        add(drawButton);
56 :     }
57 :
58 :     public void paint(Graphics g)
59 :     {
60 :        int x= Integer.valueOf(xTextField.getText()).intValue();
61 :        int y= Integer.valueOf(yTextField.getText()).intValue();
62 :        int width= Integer.valueOf(widthTextField.getText()).intValue();
63 :        int height= Integer.valueOf(heightTextField.getText()).intValue();
64 :        int arcWidth= Integer.valueOf(arcWidthTextField.getText()).intValue();
65 :        int arcHeight= Integer.valueOf(arcHeightTextField.getText()).intValue();
```

```
66 :
67 :     if(drawChoice.getSelectedIndex()==0){
68 :        g.drawRoundRect(x, y, width, height, arcWidth, arcHeight);
69 :     }else{
70 :        g.fillRoundRect(x, y, width, height, arcWidth, arcHeight);
71 :     }
72 :  }
73 :
74 :  public void actionPerformed(ActionEvent e)
75 :  {
76 :     if(e.getSource()==drawButton){
77 :        repaint();
78 :     }
79 :  }
80 : }
```

RoundRectTest.html

```
1 : <HTML>
2 :   <HEAD>
3 :     <TITLE>RoundRectTest</TITLE>
4 :   </HEAD>
5 :   <BODY>
6 :     <APPLET CODE=RoundRectTest.class WIDTH=550 HEIGHT=350>
7 :     </APPLET>
8 :   </BODY>
9 : </HTML>
```

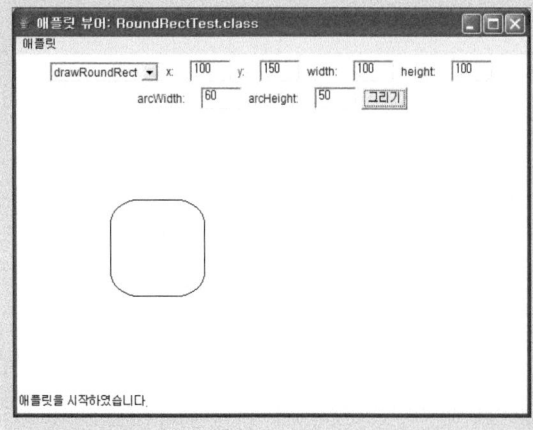

6개의 텍스트필드에 둥근 사각형의 위치 (x, y)와 가로, 세로 크기, 부채꼴이 들어갈 모서리의 가로, 세로 크기를 입력하고, 초이스에서 형태를 선택하면 해당하는 둥근 사각형을 그립니다.

7 3차원 사각형 그리기: draw3DRect( ), fill3DRect( ) 메서드

draw3DRect()와 fil3DRect() 메서드는 3차원 사각형을 그리는 메서드입니다. 3차원 사각형이란 폭과 높이 외에 깊이를 갖는 입체 사각형을 말합니다.

```
그래픽 컨텍스트
    ↓
g.draw3DRect(100, 100, 300, 400, true);
    ↑         ↑    ↑    ↑    ↑    ↑
  메서드    x좌표 y좌표  폭   높이  입체
```

draw3DRect() 메서드와 fill3DRect() 메서드의 형식은 다음의 [표 9-8]과 같습니다. 마지막의 논리형 인수 raised가 true이면 입체적으로 솟은 볼록한 사각형을 그리고, false이면 입체적으로 파인 오목한 사각형을 그립니다.

메서드	설명
draw3DRect(int x, int y, int width, int height, boolean raised)	좌표 (x, y)를 좌측상단으로 하고, 가로 width, 세로 height 크기이며, raised가 true이면 볼록하고 false이면 오목한, 속이 빈 사각형을 출력
fill3DRect(int x, int y, int width, int height, boolean raised)	좌표 (x, y)를 좌측상단으로 하고, 가로 width, 세로 height 크기이며, raised가 true이면 볼록하고 false이면 오목한, 배경색으로 속을 채운 사각형을 출력

▲ 표 9-8 3차원 사각형 그리기 메서드

다음은 draw3DRect() 메서드와 fill3DRect() 메서드를 사용해서 화면에 3차원 사각형을 그리는 예제입니다. 초이스 컴포넌트에서 draw3DRect와 fill3DRect 중 하나를 선택하고, x, y 텍스트필드에 x, y 좌표를 입력한 후, width, height 텍스트필드에 가로, 세로 크기를 입력합니다. raised 체크박스를 체크하거나 체크를 해제하고 버튼을 누르면 해당하는 주황색의 3차원 사각형을 그립니다.

ThreeDRectTest.java

예제

```
 1 : import java.applet.*;
 2 : import java.awt.*;
 3 : import java.awt.event.*;
 4 :
 5 : public class ThreeDRectTest extends Applet
 6 :     implements ActionListener
 7 : {
 8 :     Choice drawChoice;
 9 :     Label xLabel, yLabel, widthLabel, heightLabel;
10 :     TextField xTextField, yTextField,
11 :               widthTextField, heightTextField;
```

```
12 :     Checkbox raisedCheckbox;
13 :     Button drawButton;
14 :
15 :     public void init()
16 :     {
17 :         drawChoice= new Choice();
18 :         drawChoice.addItem("draw3DRect");
19 :         drawChoice.addItem("fill3DRect");
20 :         add(drawChoice);
21 :
22 :         xLabel= new Label("x:");
23 :         add(xLabel);
24 :         xTextField= new TextField("0", 3);
25 :         add(xTextField);
26 :
27 :         yLabel= new Label("y:");
28 :         add(yLabel);
29 :         yTextField= new TextField("0", 3);
30 :         add(yTextField);
31 :
32 :         widthLabel= new Label("width:");
33 :         add(widthLabel);
34 :         widthTextField= new TextField("0", 3);
35 :         add(widthTextField);
36 :
37 :         heightLabel= new Label("height:");
38 :         add(heightLabel);
39 :         heightTextField= new TextField("0", 3);
40 :         add(heightTextField);
41 :
42 :         raisedCheckbox= new Checkbox("raised", true);
43 :         add(raisedCheckbox);
44 :
45 :         drawButton= new Button("그리기");
46 :         drawButton.addActionListener(this);
47 :         add(drawButton);
48 :     }
49 :
50 :     public void paint(Graphics g)
51 :     {
```

```
52 :        int x= Integer.valueOf(xTextField.getText()).intValue();
53 :        int y= Integer.valueOf(yTextField.getText()).intValue();
54 :        int width= Integer.valueOf(widthTextField.getText()).intValue();
55 :        int height= Integer.valueOf(heightTextField.getText()).intValue();
56 :        boolean raised= raisedCheckbox.getState();
57 :
58 :        g.setColor(Color.orange);
59 :
60 :        if(drawChoice.getSelectedIndex()==0){
61 :           g.draw3DRect(x, y, width, height, raised);
62 :        }else{
63 :           g.fill3DRect(x, y, width, height, raised);
64 :        }
65 :    }
66 :
67 :    public void actionPerformed(ActionEvent e)
68 :    {
69 :       if(e.getSource()==drawButton){
70 :          repaint();
71 :       }
72 :    }
73 : }
```

예제 **ThreeDRectTest.html**

```
1 : <HTML>
2 :    <HEAD>
3 :       <TITLE>ThreeDRectTest</TITLE>
4 :    </HEAD>
5 :    <BODY>
6 :       <APPLET CODE=ThreeDRectTest.class WIDTH=550 HEIGHT=350>
7 :       </APPLET>
8 :    </BODY>
9 : </HTML>
```

결과

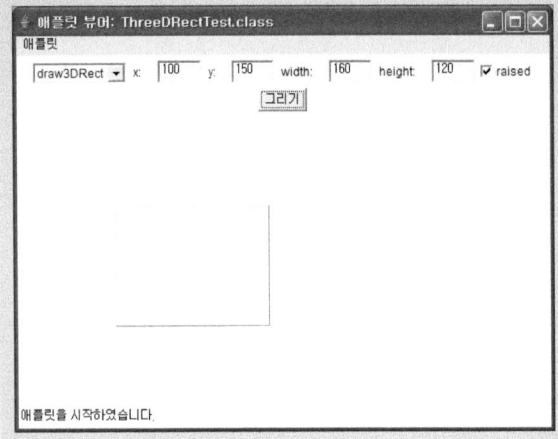

4개의 텍스트필드에 3차원 사각형의 위치 (x, y)와 가로, 세로 크기를 입력하고, 체크박스에서 입체 형태를 체크한 후, 초이스에서 형태를 선택하면 해당하는 3차원 사각형을 그립니다.

8 타원 그리기: drawOval( ), fillOval( ) 메서드

원이나 타원을 그리고 싶을 때는 drawOval( ), fillOval( ) 메서드를 사용합니다. drawOval( ), fillOval( ) 메서드의 사용법은 사각형을 그리는 drawRect( ), fillRect( ) 메서드와 완전히 똑같습니다. 다만 출력되는 모양이 사각형이 아니고 사각형에 꽉 차는 타원이라는 점 만 다릅니다.

```
그래픽 컨텍스트
↓
g.drawOval(200, 100, 40, 50);
     ↑      ↑    ↑   ↑   ↑
   메서드  x좌표 y좌표 폭  높이
```

drawOval( ) 메서드와 fillOval( ) 메서드의 형식은 다음의 [표 9-9]와 같습니다. 이때 폭과 높이를 나타내는 width 값과 height 값이 같으면 원이 됩니다.

메서드	설명
drawOval(int x, int y, int width, int height)	좌표 (x, y)를 좌측상단으로 하고, 가로 width, 세로 height 크기의 사각형에 꽉 차는 속이 빈 타원을 출력
fillOval(int x, int y, int width, int height)	좌표 (x, y)를 좌측상단으로 하고, 가로 width, 세로 height 크기의 사각형에 꽉 차는, 배경색으로 속을 채운 타원을 출력

▲ 표 9-9 타원 그리기 메서드

다음은 drawOval( ) 메서드와 fillOval( ) 메서드를 사용해서 화면에 타원을 그리는 예제입니다. 초이스 컴포넌트에서 drawOval과 fillOval 중 하나를 선택하고, x, y 텍스트필드에 x, y 좌표를 입력한 후, width, height 텍스트필드에 가로, 세로 크기를 입력하고 버튼을 누르면 해당하는 타원을 그립니다. width, height 텍스트필드에 가로, 세로 크기를 같게 입력하면 원이 됩니다.

OvalTest.java

```java
 1 : import java.applet.*;
 2 : import java.awt.*;
 3 : import java.awt.event.*;
 4 :
 5 : public class OvalTest extends Applet
 6 :     implements ActionListener
 7 : {
 8 :    Choice drawChoice;
 9 :    Label xLabel, yLabel, widthLabel, heightLabel;
10 :    TextField xTextField, yTextField,
11 :              widthTextField, heightTextField;
12 :    Button drawButton;
13 :
14 :    public void init()
15 :    {
16 :       drawChoice= new Choice();
17 :       drawChoice.addItem("drawOval");
18 :       drawChoice.addItem("fillOval");
19 :       add(drawChoice);
20 :
21 :       xLabel= new Label("x:");
22 :       add(xLabel);
23 :       xTextField= new TextField("0", 3);
24 :       add(xTextField);
25 :
26 :       yLabel= new Label("y:");
27 :       add(yLabel);
28 :       yTextField= new TextField("0", 3);
29 :       add(yTextField);
30 :
31 :       widthLabel= new Label("width:");
32 :       add(widthLabel);
33 :       widthTextField= new TextField("0", 3);
34 :       add(widthTextField);
```

```
35 :
36 :        heightLabel= new Label("height:");
37 :        add(heightLabel);
38 :        heightTextField= new TextField("0", 3);
39 :        add(heightTextField);
40 :
41 :        drawButton= new Button("그리기");
42 :        drawButton.addActionListener(this);
43 :        add(drawButton);
44 :     }
45 :
46 :     public void paint(Graphics g)
47 :     {
48 :        int x= Integer.valueOf(xTextField.getText()).intValue();
49 :        int y= Integer.valueOf(yTextField.getText()).intValue();
50 :        int width= Integer.valueOf(widthTextField.getText()).intValue();
51 :        int height= Integer.valueOf(heightTextField.getText()).intValue();
52 :
53 :        if(drawChoice.getSelectedIndex()==0){
54 :           g.drawOval(x, y, width, height);
55 :        }else{
56 :           g.fillOval(x, y, width, height);
57 :        }
58 :     }
59 :
60 :     public void actionPerformed(ActionEvent e)
61 :     {
62 :        if(e.getSource()==drawButton){
63 :           repaint();
64 :        }
65 :     }
66 : }
```

예제   **OvalTest.html**

```
1 : <HTML>
2 :    <HEAD>
3 :       <TITLE>OvalTest</TITLE>
4 :    </HEAD>
5 :    <BODY>
```

```
6 :      <APPLET CODE=OvalTest.class WIDTH=550 HEIGHT=350>
7 :      </APPLET>
8 :    </BODY>
9 : </HTML>
```

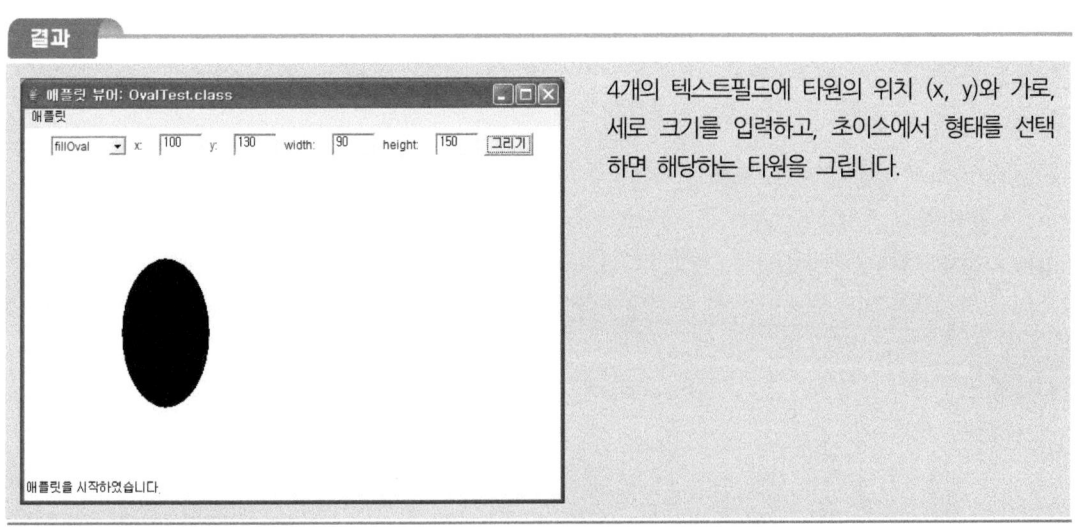

4개의 텍스트필드에 타원의 위치 (x, y)와 가로, 세로 크기를 입력하고, 초이스에서 형태를 선택하면 해당하는 타원을 그립니다.

9 부채꼴 그리기: drawArc( ), fillArc( ) 메서드

완전한 타원이 아니고, 타원의 일부만 그리고 싶을 때가 있을 것입니다. 이럴 때는 drawArc(), fillArc() 메서드를 사용합니다. drawArc(), fillArc() 메서드는 drawOval(), fillOval() 메서드에 시작각도와 회전각도를 추가한 형태입니다. 주어진 시작각도에서부터 그리기 시작하여 회전각도 만큼 그립니다.

```
그래픽 컨텍스트
↓
g.drawArc(100, 200, 80,   40,   0,      180);
          ↑    ↑   ↑    ↑     ↑        ↑
         x좌표 y좌표 폭  높이  시작 각도  회전각도
메서드
```

drawArc() 메서드와 fillArc() 메서드의 형식은 다음의 [표 9-10]과 같습니다. 이때 부채꼴이 시작되는 각도는 시계 반대 방향으로 0에서 359 이내의 값입니다. 만약 시계 방향으로 표기하고 싶다면, 0에서 -359 이내의 값이 됩니다. 따라서, 0도는 3시 방향, 90도는 12시 방향, 180도는 9시 방향, 270도는 6시 방향이 됩니다.

메서드	설명
drawArc(int x, int y, int width, int height, int startAngle, int arcAngle)	좌표 (x, y)를 좌측상단으로 하고, 가로 width, 세로 height 크기의 사각형에 꽉 차는 속이 빈 타원에서 startArc각으로부터 arcAngle 만큼만 출력(부채꼴)
fillArc(int x, int y, int width, int height, int startAngle, int arcAngle)	좌표 (x, y)를 좌측상단으로 하고, 가로 width, 세로 height 크기의 사각형에 꽉 차는, 배경색으로 속을 채운 타원에서 startArc각으로부터 arcAngle 만큼만 출력(부채꼴)

▲ 표 9-10 부채꼴 그리기 메서드

다음은 drawArc( ) 메서드와 fillArc( ) 메서드를 사용해서 화면에 부채꼴을 그리는 예제입니다. 초이스 컴포넌트에서 drawArc와 fillArc 중 하나를 선택하고, x, y 텍스트필드에 x, y 좌표를 입력한 후, width, height 텍스트필드에 가로, 세로 크기를 입력합니다. startAngle, arcAngle 텍스트필드에 시작 각도와 회전각도를 입력하고 버튼을 누르면 해당하는 부채꼴을 그립니다.

ArcTest.java

```
 1 : import java.applet.*;
 2 : import java.awt.*;
 3 : import java.awt.event.*;
 4 :
 5 : public class ArcTest extends Applet
 6 :     implements ActionListener
 7 : {
 8 :     Choice drawChoice;
 9 :     Label xLabel, yLabel, widthLabel, heightLabel,
10 :         startAngleLabel, arcAngleLabel;
11 :     TextField xTextField, yTextField,
12 :             widthTextField, heightTextField,
13 :             startAngleTextField, arcAngleTextField;
14 :     Button drawButton;
15 :
16 :     public void init()
17 :     {
18 :         drawChoice= new Choice();
19 :         drawChoice.addItem("drawArc");
20 :         drawChoice.addItem("fillArc");
21 :         add(drawChoice);
22 :
23 :         xLabel= new Label("x:");
24 :         add(xLabel);
25 :         xTextField= new TextField("0", 3);
```

```java
26 :        add(xTextField);
27 :
28 :        yLabel= new Label("y:");
29 :        add(yLabel);
30 :        yTextField= new TextField("0", 3);
31 :        add(yTextField);
32 :
33 :        widthLabel= new Label("width:");
34 :        add(widthLabel);
35 :        widthTextField= new TextField("0", 3);
36 :        add(widthTextField);
37 :
38 :        heightLabel= new Label("height:");
39 :        add(heightLabel);
40 :        heightTextField= new TextField("0", 3);
41 :        add(heightTextField);
42 :
43 :        startAngleLabel= new Label("startAngle:");
44 :        add(startAngleLabel);
45 :        startAngleTextField= new TextField("0", 3);
46 :        add(startAngleTextField);
47 :
48 :        arcAngleLabel= new Label("arcAngle:");
49 :        add(arcAngleLabel);
50 :        arcAngleTextField= new TextField("0", 3);
51 :        add(arcAngleTextField);
52 :
53 :        drawButton= new Button("그리기");
54 :        drawButton.addActionListener(this);
55 :        add(drawButton);
56 :    }
57 :
58 :    public void paint(Graphics g)
59 :    {
60 :       int x= Integer.valueOf(xTextField.getText()).intValue();
61 :       int y= Integer.valueOf(yTextField.getText()).intValue();
62 :       int width= Integer.valueOf(widthTextField.getText()).intValue();
63 :       int height= Integer.valueOf(heightTextField.getText()).intValue();
64 :       int startAngle= Integer.valueOf(startAngleTextField.getText()).intValue();
65 :       int arcAngle= Integer.valueOf(arcAngleTextField.getText()).intValue();
66 :
```

```
67 :        if(drawChoice.getSelectedIndex()==0){
68 :            g.drawArc(x, y, width, height, startAngle, arcAngle);
69 :        }else{
70 :            g.fillArc(x, y, width, height, startAngle, arcAngle);
71 :        }
72 :    }
73 :
74 :    public void actionPerformed(ActionEvent e)
75 :    {
76 :        if(e.getSource()==drawButton){
77 :            repaint();
78 :        }
79 :    }
80 : }
```

ArcTest.html

```
1 : <HTML>
2 :    <HEAD>
3 :       <TITLE>ArcTest</TITLE>
4 :    </HEAD>
5 :    <BODY>
6 :       <APPLET CODE=ArcTest.class WIDTH=500 HEIGHT=300>
7 :       </APPLET>
8 :    </BODY>
9 : </HTML>
```

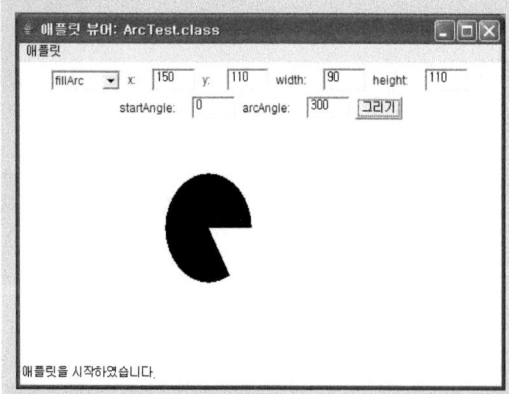

6개의 텍스트필드에 부채꼴의 위치 (x, y)와 가로, 세로 크기, 시작 각도, 회전 각도를 입력하고, 초이스에서 형태를 선택하면 해당하는 부채꼴을 그립니다.

10 다각형 그리기: drawPolyon( ), fillPolygon( ) 메서드

다각형을 그릴 때는 drawPolygon( ), fillPolygon( ) 메서드를 사용합니다. 다각형이란 여러 개의 각을 가진 도형으로 삼각형, 사각형, 오각형 등 원을 제외한 모든 도형을 그릴 수 있습니다.(앞에서 drawRect( ), fillRect( ) 메서드로 그린 사각형도 drawPolygon( ), fillPolygon( ) 메서드를 사용해서 그릴 수 있습니다.) 다각형에서는 점의 수가 여럿이기 때문에, 다각형을 그리는 drawPolygon( ), fillPolygon( ) 메서드에서는 배열을 인수로 받습니다. 예를 들어, x좌표와 y좌표의 쌍이 각각 (20, 100), (40, 50), (50, 100), (80, 20), (100, 100)인 5개의 점을 잇는 다각형을 그리고 싶다면 다음처럼 x좌표 배열과 y좌표 배열을 인수로 전달하면 됩니다.

```
int[ ] xPoints = {20, 40, 50, 80, 100};
int[ ] yPoints = {100, 50, 100, 20, 100};

그래픽 컨텍스트
↓
g.drawPolygon(xPoints, yPoints,  5);
      ↑          ↑        ↑      ↑
    메서드    x좌표배열  y좌표배열  점의 수
```

drawPolygon( )과 fillPolygon( ) 메서드는 인수로 Poygon 클래스의 객체를 줄 수도 있습니다. 따라서 위의 예는 다음처럼 할 수도 있습니다.

```
int[ ] xPoints = {20, 40, 50, 80, 100};
int[ ] yPoints = {100, 50, 100, 20, 100};

Polygon myPolygon= new Polygon(xPoints,  yPoints,   5);
                                  ↑          ↑       ↑
                              x좌표배열   y좌표배열   점의 수

그래픽 컨텍스트
↓
g.drawPolygon(myPolygon);
     ↑            ↑
   메서드     Polygon형 인수
```

Polygon 클래스를 사용하면, 점을 추가할 수 있다는 이점이 있습니다. 예를 들어 위의 myPolygon 객체에 x좌표와 y좌표의 쌍이 (100, 200)인 점을 하나 더 추가하고 싶다면, 다음처럼 하면 됩니다.

```
myPolygon.addPoint(100, 200);
```

drawPolygon( ) 메서드와 fillPolygon( ) 메서드의 형식은 다음의 [표 9-11]과 같습니다.

메서드	설명
drawPolygon(int[ ] xPoints, int[ ] yPoints, int nPoint)	xPoints 배열과 yPoints 배열을 쌍으로 하는 nPoint개의 점을 이어 만든 속이 빈 다각형을 출력
drawPolygon(Polygon p)	Polygon형 p의 점들을 이어 만든 속이 빈 다각형을 출력
fillPolygon(int[ ] xPoints, int[ ] yPoints, int nPoint)	xPoints 배열과 yPoints 배열을 쌍으로 하는 nPoint개의 점을 이어 만든 배경색으로 속을 채운 다각형을 출력
fillPolygon(Polygon p)	Polygon형 p의 점들을 이어 만든 배경색으로 속을 채운 다각형을 출력

▲ 표 9-11 다각형 그리기 메서드

다음은 drawPolygon( ) 메서드와 fillPolygon( ) 메서드를 사용해서 화면에 5각형을 그리는 예제입니다. 초이스 컴포넌트에서 drawPolygon와 fillPolygon 중 하나를 선택하고, x1, y1, x2, y2, x3, y3, x4, y4, x5, y5 텍스트필드에 다섯 점의 x, y 좌표를 입력한 후, 버튼을 누르면 해당하는 5각형을 그립니다.

예제 PolygonTest.java

```
1 : import java.applet.*;
2 : import java.awt.*;
3 : import java.awt.event.*;
4 :
5 : public class PolygonTest extends Applet
6 :     implements ActionListener
7 : {
8 :     Choice drawChoice;
9 :     Label[ ] xLabel, yLabel;
10 :    TextField[ ] xTextField, yTextField;
11 :    Button drawButton;
12 :
13 :    public void init( )
14 :    {
15 :        drawChoice= new Choice( );
16 :        drawChoice.addItem("drawPolygon");
17 :        drawChoice.addItem("fillPolygon");
18 :        add(drawChoice);
19 :
20 :        xLabel= new Label[5];
21 :        yLabel= new Label[5];
22 :        xTextField= new TextField[5];
23 :        yTextField= new TextField[5];
24 :
```

```
25 :        for(int i=0; i<5;i++){
26 :           xLabel[i]= new Label("x"+(i+1)+":");
27 :           add(xLabel[i]);
28 :           xTextField[i]= new TextField("0",3);
29 :           add(xTextField[i]);
30 :           yLabel[i]= new Label("y"+(i+1)+":");
31 :           add(yLabel[i]);
32 :           yTextField[i]= new TextField("0",3);
33 :           add(yTextField[i]);
34 :        }
35 :
36 :        drawButton= new Button("그리기");
37 :        drawButton.addActionListener(this);
38 :        add(drawButton);
39 :    }
40 :
41 :    public void paint(Graphics g)
42 :    {
43 :        int[ ] x= new int[5];
44 :        int[ ] y= new int[5];
45 :
46 :        for(int i=0; i<5; i++){
47 :           x[i]= Integer.valueOf(xTextField[i].getText()).intValue();
48 :           y[i]= Integer.valueOf(yTextField[i].getText()).intValue();
49 :        }
50 :
51 :        if(drawChoice.getSelectedIndex( )==0){
52 :           g.drawPolygon(x, y, 5);
53 :        }else{
54 :           g.fillPolygon(x, y, 5);
55 :        }
56 :    }
57 :
58 :    public void actionPerformed(ActionEvent e)
59 :    {
60 :        if(e.getSource( )==drawButton){
61 :           repaint( );
62 :        }
63 :    }
64 : }
```

예제

PolygonTest.html

```
1 : <HTML>
2 :   <HEAD>
3 :     <TITLE>PolygonTest</TITLE>
4 :   </HEAD>
5 :   <BODY>
6 :     <APPLET CODE=PolygonTest.class WIDTH=600 HEIGHT=350>
7 :     </APPLET>
8 :   </BODY>
9 : </HTML>
```

결과

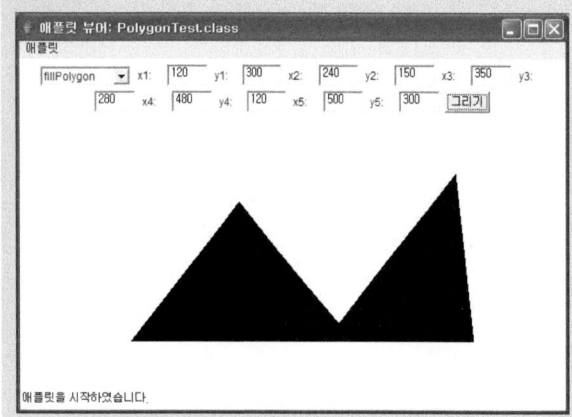

10개의 텍스트필드에 다각형을 구성하는 5개의 점 (x1, x2) ~ (x5, y5)를 입력하고, 초이스에서 형태를 선택하면 해당하는 다각형(5각형)을 그립니다.

11 연결선 그리기: drawPolyline( ) 메서드

연결선을 그리는 drawPolyline( ) 메서드는 drawPolygon( ) 메서드와 사용법이 똑같습니다. 다만, drawPoygon( ) 메서드가 끝점과 첫 점을 이어 다각형을 만드는데 비해, drawPolyline은 연결선만을 그리고 다각형을 만들지 않습니다.

```
그래픽 컨텍스트
↓
g.drawPolygon(xPoints, yPoints,  5);
      ↑           ↑        ↑      ↑
    메서드      x좌표배열  y좌표배열  점의 수
```

drawPolyline( ) 메서드의 형식은 다음의 [표 9-12]와 같습니다.

메서드	설명
drawPolyline(int[ ] xPoints, int[ ] yPoints, int nPoint)	xPoints 배열과 yPoints 배열을 쌍으로 하는 nPoint개의 점을 연결한 선을 출력

▲ 표 9-12 연결선 그리기 메서드

다음은 drawPolyline( ) 메서드를 사용해서 화면에 연결선을 그리는 예제입니다. x1, y1, x2, y2, x3, y3, x4, y4, x5, y5 텍스트필드에 다섯 점의 x, y 좌표를 입력하고 버튼을 누르면, 입력된 다섯 점을 연결한 선을 그립니다.

PolylineTest.java

```
 1 : import java.applet.*;
 2 : import java.awt.*;
 3 : import java.awt.event.*;
 4 :
 5 : public class PolylineTest extends Applet
 6 :     implements ActionListener
 7 : {
 8 :    Label[ ] xLabel, yLabel;
 9 :    TextField[ ] xTextField, yTextField;
10 :    Button drawButton;
11 :
12 :    public void init( )
13 :    {
14 :       xLabel= new Label[5];
15 :       yLabel= new Label[5];
16 :       xTextField= new TextField[5];
17 :       yTextField= new TextField[5];
18 :
19 :       for(int i=0; i<5;i++){
20 :          xLabel[i]= new Label("x"+(i+1)+":");
21 :          add(xLabel[i]);
22 :          xTextField[i]= new TextField("0",3);
23 :          add(xTextField[i]);
24 :          yLabel[i]= new Label("y"+(i+1)+":");
25 :          add(yLabel[i]);
26 :          yTextField[i]= new TextField("0",3);
27 :          add(yTextField[i]);
28 :       }
29 :
```

```
30 :        drawButton= new Button("그리기");
31 :        drawButton.addActionListener(this);
32 :        add(drawButton);
33 :    }
34 :
35 :    public void paint(Graphics g)
36 :    {
37 :       int[] x= new int[5];
38 :       int[] y= new int[5];
39 :
40 :       for(int i=0; i<5; i++){
41 :          x[i]= Integer.valueOf(xTextField[i].getText()).intValue();
42 :          y[i]= Integer.valueOf(yTextField[i].getText()).intValue();
43 :       }
44 :
45 :       g.drawPolyline(x, y, 5);
46 :    }
47 :
48 :    public void actionPerformed(ActionEvent e)
49 :    {
50 :       if(e.getSource()==drawButton){
51 :          repaint();
52 :       }
53 :    }
54 : }
```

예제 **PolylineTest.html**

```
1 : <HTML>
2 :   <HEAD>
3 :     <TITLE>PolylineTest</TITLE>
4 :   </HEAD>
5 :   <BODY>
6 :     <APPLET CODE=PolylineTest.class WIDTH=520 HEIGHT=350>
7 :     </APPLET>
8 :   </BODY>
9 : </HTML>
```

> 결과

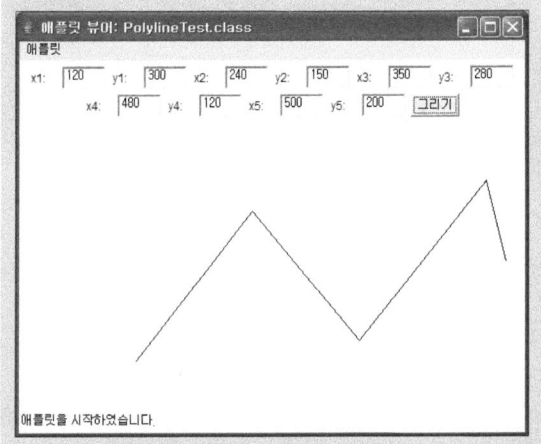

10개의 텍스트필드에 연결선 구성하는 5개의 점 (x1, x2) ~ (x5, y5)를 입력하면 해당하는 연결선을 그립니다.

9.3 스레드의 이해

C언어나 C++언어를 오래 사용해 온 사람들도 자바의 스레드를 다루지 못해서 고생하는 것을 많이 봤습니다. C언어나 C++언어에는 스레드라는 개념이 없기 때문에, 스레드라는 용어 자체를 이해하지 못해서 스레드 프로그래밍을 제대로 못하는 것입니다. 이 때문에 자바를 발표한 썬 마이크로시스템즈에서 출판한 자바 매뉴얼 중에는 스레드만 다룬 책도 있을 정도입니다. 스레드를 제대로 사용하려면, 스레드와 관련된 용어들을 분명히 아는 것이 중요합니다.

우선 프로그래머가 컴퓨터 언어를 사용해서 컴퓨터가 할 작업을 순서대로 적은 것을 프로그램이라고 한다는 점은 알고 있을 것입니다. 컴퓨터 CPU가 프로그램을 읽으면, 프로그램에 적힌 대로 메모리를 할당하고 순서대로 실행합니다. 이렇게 컴퓨터 메모리 위에서 실행되고 있는 프로그램을 프로세스라고 합니다. 초창기 컴퓨터들은 한 순간에 단 하나의 프로세스만 실행할 수 있었습니다. 하나의 프로세스만 실행되는 싱글 프로세스 시스템에서는 사용자로부터 입력을 받는다거나 인쇄를 하는 동안에는 컴퓨터 CPU가 놀고 있을 수밖에 없었습니다. 그래서 프로세스가 컴퓨터 CPU를 사용하지 않을 때는 다른 프로세스를 실행시키는 멀티 프로세스 시스템이 나왔습니다.

멀티 프로세스 시스템에서는 여러 개의 프로세스를 정해진 순서대로 돌아가면서 조금(타임 슬라이스)씩 실행합니다. 하나의 프로세스를 얼마동안 실행시킬지, 다음에 어떤 프로세스를 실행시킬 지 등을 결정하는 일을 스케줄링이라고 합니다. 스케줄링에 따라 다수의 프로세스를 실행하는 시스템은 마치 동시에 여러 작업을 하는 것처럼 보이기 때문에 멀티 태스킹 시스템이라고도 합니다.(멀티 태스킹 시스템 중에는 여러 개의 컴퓨터 CPU를 가지고 동시에 프로세스를 실행시키는 멀티 프로세서 시스템도 있습니다.) C언어나 C++언어는 멀티 프로세스 시스템이 주를 이루던 시절에 태어난 언어입니다.

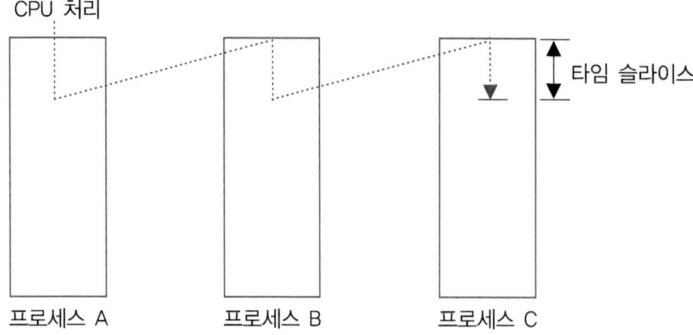

▲ 그림 9-4 멀티 프로세스 시스템

멀티 프로세스 시스템에서는 여러 개의 프로세스가 한 컴퓨터 안에서 동시에 수행되지만, 하나의 프로세스는 한 가지 일만 할 수 있었습니다. 그러나 컴퓨터가 점점 더 발달하면서, 하나의 프로세스가 여러 개의 일을 동시에 할 필요도 생겼습니다. 하나의 프로세스가 여러 개의 작업을 동시에 할 때, 각각의 작업을 스레드라고 하고 여러 스레드를 동시에 실행시킬 수 있는 시스템을 멀티 스레드 시스템이라고 합니다. 예를 들어, 웹서버 프로세스가 멀티 프로세스 시스템에서 실행된다면 접속하는 한 사용자의 작업이 끝난 후에 다음 사용자에 대한 처리를 해야 합니다. 실제 처리되는 속도를 떠나서 사용자들은 매우 오랫동안 기다린다고 생각할 수 있습니다. 그러나 멀티 스레드 시스템에서 웹서버 프로세스가 실행된다면, 하나의 스레드가 한 사용자에 대한 처리를 하는 것과 동시에, 다른 스레드는 다른 사용자를 위한 작업을 실행할 수 있습니다.

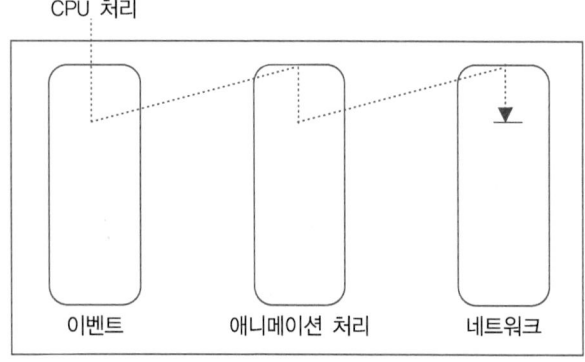

▲ 그림 9-5 멀티 스레드 시스템

또 다른 예로, 멀티 프로세스 시스템에서 게임을 실행한다면, 게임 프로세스가 게임에서 필요한 모든 데이터를 하드디스크 또는 인터넷으로부터 가져 올 때까지 플레이어는 기다려야만 합니다. 그러나 멀티 스레드 시스템에서 게임을 한다면, 하나의 게임 프로세스라 할지라도, 한 스레드는 당장 필요한 데이터만을 로드한 후 게임을 실행하고, 다른 스레드는 게임을 실행하는 스레드와는 별도로 앞으로 필요할 데이터를 계속 로드할 수 있습니다. 같은 성능의 컴퓨터에서 게임을 실행해도, 플레이어는 당연히 멀티 스레드 시스템에서 더 빠르다고 느낄 것입니다. 자바는 멀티 스레드 시스템이 주를 이루는 시대에 태어난 언어입니다. 따라서 각각의 스레드를 지정하여 실행시킬 수 있습니다.

자바에서 스레드를 다루는 방식은 다음과 같이 크게 두 가지가 있습니다. 첫 번째는 Thread 클래스를 상속받아서 고쳐 쓰는 것입니다. java.lang 패키지에 있는 Thread 클래스는 스레드를 다루는데 필요한 모든 메서드가 정의되어 있습니다. 이 Thread 클래스의 run() 메서드를 원하는 일을 하도록 오버라이딩하면 완벽한 스레드가 됩니다. 두 번째는 Runnable 인터페이스를 상속받아서 구현하는 것입니다. Thread 클래스를 상속받는 법은 매우 편리하고 간편한 방법이지만, 자바는 다중 상속을 금지하고 있기 때문에 애플릿과 같이 이미 다른 클래스를 상속받은 경우에는 사용할 수 없습니다. 이때는 Runnable 인터페이스를 상속받아서 run() 메서드를 구현하면 됩니다.

9.4 Thread 클래스

앞에서 멀티 스레드 시스템에 대해 배웠지만, 자바의 스레드는 운영체제나 시스템 레벨의 스레드가 아닙니다. 자바는 어떠한 종류의 시스템에서든지 실행되어야 하기 때문에, 운영체제나 하드웨어와는 상관없이 컴퓨터 언어 수준에서 스레드를 지원합니다. 자바 가상머신이 스레드를 지원해주기 때문에, 프로그래머는 완성될 프로그램이 실행될 시스템이 멀티 스레드를 지원하는지 여부를 알 필요가 없습니다. 자바에서 스레드를 사용할 때는 다음처럼 2단계를 거칩니다.

▼ Thread 클래스를 사용하는 단계

① Thread 클래스를 상속받은 후, run() 메서드를 원하는 작업을 하도록 오버라이딩
② 완성된 클래스를 생성한 후, start() 메서드를 실행

예를 들어, MyThread라는 이름으로 클래스를 만든다면 다음처럼 하면 됩니다.

```
public class MyThread extends Thread
{
   public void run()
   {
      // 실행할 명령들
   }
}
...
MyThread mythread= new MyThread();
mythread.start();
...
```

start() 메서드가 호출되면 자동으로 스레드가 생성되고, 생성된 스레드는 자동으로 run() 메서드를 실행합니다. 따라서 run() 메서드에는 실제 스레드가 실행할 모든 일을 정의하게 됩니다. run() 메서드가 종료되면 스레드는 자동적으로 소멸되기 때문에, while문과 같은 반복문으로 일정한 횟수만큼 반복

하게 하거나 무한루프를 만듭니다. 스레드는 무한루프에 빠지더라도 null 값을 대입하기만 하면 언제든지 제거할 수 있기 때문에, 다음처럼 무한루프로 만드는 경우가 많습니다.

```
...
public void run()
{
   while(true){   // 무한루프
      System.out.println("스레드가 실행 중입니다.");   // 화면에 계속 같은 문장을 출력
   }
}
...
```

Thread 클래스에는 스레드를 사용하는데 유용한 여러 가지 메서드들이 있습니다. 다음의 [표 9-13]은 Thread 클래스 내의 대표적인 메서드들을 정한 것입니다.

메서드	설명
void start()	스레드를 생성하고 run() 메서드를 실행시키는 메서드
void run()	스레드가 할 일을 정의한 메서드
String getName()	스레드의 이름을 반환
void setName()	스레드의 이름을 설정
void sleep(long millis)	1000분의 millis초만큼 스레드를 중지시킨 후, 재실행
boolean isAlive()	스레드가 살아있는지 확인

▲ 표 9-13 Thread 클래스의 대표적인 메서드들

다음은 Thread 클래스를 상속받아 스레드를 만들어 실행시킨 예제입니다. 이 예제에서는 1초마다 자신의 이름과 숫자를 출력하는 MyThread 클래스를 만듭니다. 2개의 MyThread형 객체를 동시에 실행시키면, 두 스레드는 자기가 작동해야 할 시간(1초)마다 화면에 자신의 이름과 숫자를 각각 출력합니다. 이것이 우리에게는 교차해서 실행되는 것처럼 보입니다.

예제　　　　　　　　　　　　　　　　　　　　　　　　　　　　　　　　**MyThread.java**

```
 1 : public class MyThread extends Thread
 2 : {
 3 :    int num= 0;
 4 :
 5 :    public MyThread(String name)
 6 :    {
 7 :       super(name);
 8 :    }
 9 :
10 :    public void run()
```

```
11 :    {
12 :        while(true){
13 :            System.out.println(this.getName() + ": "+ num);
14 :            num++;
15 :
16 :            try{
17 :                sleep(1000);
18 :            }catch(InterruptedException ie){ }
19 :        }
20 :    }
21 : }
```

ThreadTest.java

```
 1 : public class ThreadTest
 2 : {
 3 :    public static void main(String[ ] args)
 4 :    {
 5 :        MyThread mythread1, mythread2;
 6 :
 7 :        mythread1= new MyThread("Thread-1");
 8 :        mythread1.start();
 9 :
10 :        mythread2= new MyThread("Thread-2");
11 :        mythread2.start();
12 :    }
13 : }
```

```
C:\JAVA>javac ThreadTest.java

C:\JAVA>java ThreadTest
Thread-1: 0
Thread-2: 0
Thread-1: 1
Thread-2: 1
Thread-1: 2
Thread-2: 2
Thread-1: 3
Thread-2: 3
Thread-1: 4
Thread-2: 4
Thread-1: 5
Thread-2: 5
Thread-1: 6
Thread-2: 6
Thread-1: 7
Thread-2: 7
Thread-1: 8
Thread-2: 8

C:\JAVA>
```

생성할 때 받은 문자열을 이름으로 하고, 무한하게 자신의 이름을 출력하는 MyThread 클래스를 정의하였습니다. MyThread 클래스의 객체를 2개 생성한 후에 모두 시작시키면, 객체(스레드)가 백그라운드로 실행되면서 자신들의 이름을 출력합니다. 이 예제는 2개의 스레드가 무한하게 실행되기 때문에, 이 예제를 종료하려면 키보드에서 Ctrl + C 를 눌러 강제로 종료해야 합니다.

9.5 Runnable 인터페이스

스레드를 사용하는 또 다른 방법은 Runnable 인터페이스를 사용하는 것입니다. 자바에서는 여러 슈퍼 클래스로부터 상속을 받는 다중 상속이 금지되어 있습니다. 따라서 애플릿과 같이 이미 다른 클래스로부터 이미 상속을 받고 있는 서브클래스는 앞에서 배운 Thread 클래스를 상속받을 수 없습니다. 이럴 때는 Runnable 인터페이스를 상속받아서 구현하면 됩니다. Runnable 인터페이스를 사용하는 방법도, Thread 클래스와 마찬가지로 다음처럼 2단계가 있습니다.

▼ Runnable 인터페이스를 사용하는 단계

① Runnable 인터페이스를 상속받은 후, run() 메서드를 원하는 작업을 하도록 구현
② 완성된 클래스를 생성한 후, Thread 클래스의 생성자에게 인수로 전달

예를 들어, MyRun이라는 이름으로 클래스를 만든다면 다음처럼 하면 됩니다.

```
public class MyRun implements Runnable
{
   public vid run()
   {
      // 실행할 명령들
   }
}
...
MyRun myrun= new MyRun();
Thread t= new Thread(myrun);   // 생성한 mr 객체를 인수로 스레드 생성
t.start();
...
```

Thread 클래스를 상속받아 클래스를 만드는 경우에는 해당 클래스의 start() 메서드를 직접 호출했지만, Runnable 인터페이스를 상속받는 경우에는 Runnable 인터페이스로 구현한 클래스의 객체를 인수로 주어 Thread 클래스의 객체를 생성한 후, 생성된 Thread 객체의 start() 메서드를 호출해줘야 합니다. Thread 클래스의 생성자는 Runnable 인터페이스의 서브클래스를 인수로 받으면, 해당 클래스의 run() 메서드를 실행하는 스레드를 만듭니다.(다른 경우에는 자신의 run() 메서드를 실행하는 스레드를 만듭니다.)

애플릿의 경우는 보통 애플릿 자체에 스레드의 코드를 프로그래밍하기 때문에, 인수로 this를 전달합니다. 다음처럼 this를 인수로 받은 경우에는 해당 애플릿의 run() 메서드를 실행하는 스레드가 만들어집니다.

```
public class MyApplet extends Applet
   implements Runnable   // Runnable 인터페이스 상속
{
   Thread thread; // 스레드 선언

   public void start()
   {
      thread= new Thread(this);   // 자신을 인수로 전달
      thread.start();   // 스레드 실행
   }

   public void run()    // run() 메서드 구현
   {
      // 실행할 명령들
   }

   public void stop()
   {
      thread=null;   // 스레드 정지 → 삭제
   }
}
```

다음은 애플릿에서 Runnable 인터페이스를 상속받아 구현한 뒤 스레드를 만들어 실행시킨 예제로, 1초에 한번씩 갱신되는 시계를 만든 것입니다. 앞에서 이미 배운 Calendar() 클래스를 이용하여 시간을 알아내는 방법을 사용했습니다.

RunnableTest.java

예제

```
1 : import java.awt.*;
2 : import java.applet.Applet;
3 : import java.util.Calendar;
4 :
5 : public class RunnableTest extends Applet
6 :    implements Runnable
7 : {
8 :    Thread clock;
```

```java
 9 :    Font myFont;
10 :
11 :    public void init()
12 :    {
13 :       myFont= new Font("Serif", Font.BOLD, 40);
14 :       setBackground(Color.yellow);
15 :    }
16 :
17 :    public void start()
18 :    {
19 :       if(clock==null){
20 :          clock= new Thread(this);
21 :          clock.start();
22 :       }
23 :    }
24 :
25 :    public void paint(Graphics g)
26 :    {
27 :       Calendar now= Calendar.getInstance();
28 :
29 :       int year = now.get(Calendar.YEAR);
30 :       int month= now.get(Calendar.MONTH);
31 :       int date = now.get(Calendar.DATE);
32 :       int hour = now.get(Calendar.HOUR);
33 :       int min  = now.get(Calendar.MINUTE);
34 :       int sec  = now.get(Calendar.SECOND);
35 :
36 :       g.setFont(myFont);
37 :       g.drawString(year+"-"+month+"-"+date+" "+hour +":"+min+":"+sec, 10, 40);
38 :    }
39 :
40 :    public void stop()
41 :    {
42 :       if((clock!=null)&&(clock.isAlive())){
43 :          clock= null;
44 :       }
45 :    }
46 :
47 :    public void run()
48 :    {
49 :       while(true){
```

```
50 :        try{
51 :            clock.sleep(1000);
52 :        }catch(InterruptedException ie){ }
53 :
54 :        repaint();
55 :    }
56 : }
57 : }
```

예제   RunnableTest.html

```
1 : <HTML>
2 :    <HEAD>
3 :        <TITLE>RunnableTest</TITLE>
4 :    </HEAD>
5 :    <BODY>
6 :        <APPLET CODE=RunnableTest.class WIDTH=330 HEIGHT=50>
7 :        </APPLET>
8 :    </BODY>
9 : </HTML>
```

결과

이 예제의 스레드는 단순히 1초에 한 번씩 repaint( ) 명령을 실행할 뿐입니다. repaint( ) 명령이 하는 일은 paint( ) 메서드를 실행하는 것이기 때문에, 1초에 한 번씩 paint( ) 메서드가 실행되고, paint( ) 메서드에서는 현재 시간을 얻어 화면에 출력합니다. 결국 디지털 시계가 되는 것입니다.

9.6 이벤트의 이해

애플릿이나 AWT를 사용하는 애플리케이션에서는 사용자의 입력에 따라 미리 정해둔 작업을 실행하는 경우가 대부분입니다. 예를 들어, 마우스로 버튼을 누르거나 키보드에서 글씨를 입력하면, 해당하는 다음 작업이 실행되어야 합니다. 이때 마우스나 키보드 등을 이용해서 사용자로부터 입력이 일어나는 것을 이벤트라고 합니다. 자바에서는 이벤트가 발생하는 경우가 크게 3가지인데, 마우스와 키보드, 그리고 컴포넌트입니다. 사용자가 마우스로 버튼이나 초이스 등의 컴포넌트를 선택하면, 컴포넌트는 미리 정해둔 이벤트를 발생시킵니다. 이미 AWT 컴포넌트를 배울 때, 이벤트에 대해서 간단히 소개했고 각 컴포넌트들이 발생시키는 이벤트에 대해서도 살펴보았습니다. 그러나 앞에서는 컴포넌트를 설명하는데 필요한 정도만 간략히 소개한 것이고, 여기에서 자바의 이벤트를 다루는 방법에 대해서 자세히 다루겠습니다.

본격적으로 이벤트를 다루는 법을 배우기 전에, 반드시 알아야할 용어 세 가지를 먼저 살펴보겠습니다. 첫 번째는 이벤트 소스입니다. 이벤트 소스라는 것은 이벤트를 발생시킨 원인이 되는 컴포넌트입니다. 각각의 컴포넌트들은 발생시키는 이벤트가 미리 정해져 있습니다. 예를 들어 버튼은 ActionEvent를 발생시킵니다. myButton이라는 버튼이 ActionEvent를 발생시켰다면, 이 ActionEvent의 이벤트 소스는 myButton입니다.

두 번째는 이벤트 클래스입니다. 다음의 [그림 9-6]에서 볼 수 있듯이, 자바의 모든 이벤트 클래스는 AWTEvent의 서브클래스입니다. 이벤트 클래스는 자바의 가상머신에 미리 정의되어 있는 것입니다. 따라서 우리가 수정하거나 프로그래밍 할 필요는 없습니다. 다만, 우리가 원하는 일을 할 때 어떤 이벤트가 발생될 지만 알면 됩니다.

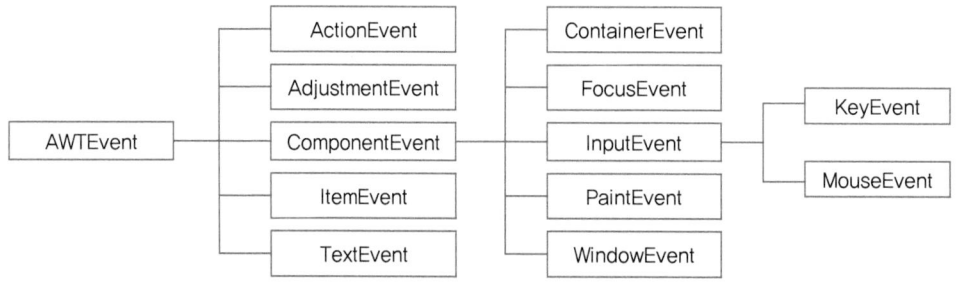

▲ 그림 9-6 이벤트 클래스의 상속관계

세 번째는 이벤트 핸들러입니다. 이벤트 핸들러는 해당하는 이벤트가 발생되었을 때 실행될 루틴입니다. 따라서 이벤트 핸들러는 프로그래머가 정의하고 이벤트 소스와 연결해야 합니다. 예를 들어, 이벤트 소스인 myButton과 이벤트 핸들러인 actionPerform() 메서드를 정의했다면, myButton에서 ActionEvent가 발생되었을 때 actionPerform() 메서드가 실행되도록 연결해줘야 합니다.

일반적으로 이벤트를 처리하는 방법은 다음과 같이 3단계로 이루어집니다.

▼ 이벤트 처리 프로그래밍의 단계

① 이벤트 소스와 이벤트 클래스 결정
② 이벤트 리스너를 상속받아 이벤트 핸들러 작성
③ 이벤트 소스와 이벤트 핸들러를 연결

각각의 단계에 대해서 자세히 알아보도록 합시다.

1 이벤트 소스와 이벤트 클래스 결정

먼저 처리할 이벤트를 발생시키는 이벤트 소스와 발생되는 이벤트 클래스를 찾습니다. 예를 들어, 버튼이 눌러졌을 때 어떤 일을 하도록 하고 싶다면, 이때 버튼은 이벤트 소스가 되고 버튼이 발생시키는 이벤트 클래스들이 어떠한 것이 있는지 찾아봐야 합니다. 자바에서는 다음의 [표 9-14]에서처럼 각 컴포넌트가 발생시키는 이벤트 클래스가 정해져 있습니다. 이 표에서 자신이 처리할 이벤트의 이벤트 소스가 되는 컴포넌트를 고른 후, 발생시키는 이벤트 클래스들이 어떤 것이 있는지 전부 찾습니다.

컴포넌트	발생시키는 이벤트 클래스
Button	ActionEvent
Checkbox	ItemEvent
CheckboxMenuItem	ItemEvent
Choice	ItemEvent
Component	ComponentEvent, FocusEvent, KeyEvent, MouseEvent
Container	ContainerEvent
List	ActionEvent, ItemEvent
MenuItem	ActionEvent
Scrollbar	AdjustmentEvent
ScrollPane	AdjustmentEvent
TextComponent	TextEvent
TextField	ActionEvent
Window	WindowEvent

▲ 표 9-14 AWT 컴포넌트가 발생시키는 이벤트 클래스

위의 [표 9-14]를 볼 때, 고려할 점은 컴포넌트간의 상속관계입니다. 서브클래스는 슈퍼클래스가 발생시키는 모든 이벤트 클래스를 함께 발생시키기 때문에 컴포넌트간의 상속관계를 알고 있어야 합니다. 예를 들어, 다음의 [그림 9-7]처럼 Button 클래스는 Component 클래스의 서브클래스이기 때문에, Button이 발생하는 ActionEvent 뿐만 아니라 Component가 발생시키는 ComponentEvent, FocusEvent, KeyEvent, MouseEvent도 함께 발생시킵니다.

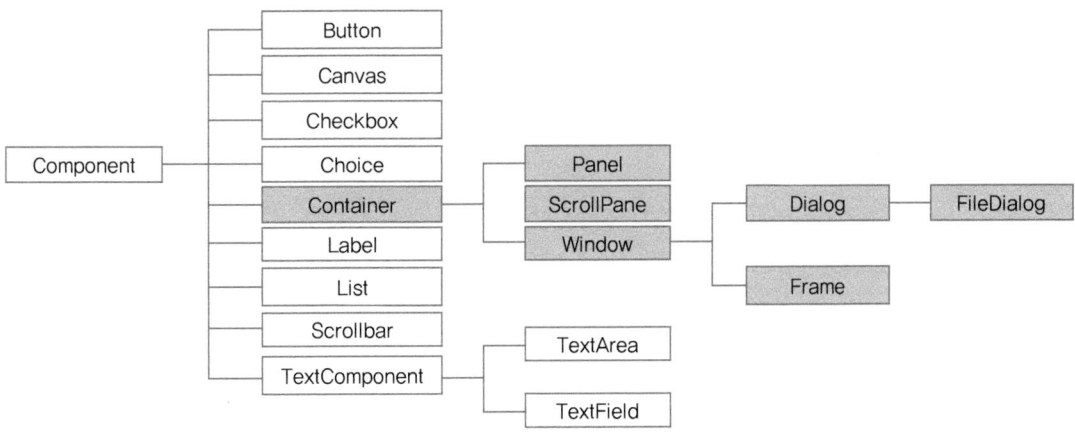

▲ 그림 9-7 컴포넌트간의 상속관계

원하는 이벤트 소스가 발생시키는 이벤트 클래스가 하나가 아니라면, 각각의 이벤트 클래스가 어떤 경우에 발생되는지 살펴보고 자신이 하고 싶은 일에 꼭 적합한 이벤트 클래스 하나를 선택합니다.(물론 필요하다면 관련된 이벤트 클래스를 모두 다 처리 할 수도 있습니다.) 다음의 [표 9-15]는 자바 가상머신에 정의되어 있는 각 이벤트 클래스들이 어떤 때 발생하는지 정리한 것입니다. 이 표를 보고 정하면 됩니다. 예를 들어, 리스트에서 발생하는 이벤트 클래스는 ActionEvent와 ItemEvent인데, [표 9-15]를 보면 항목이 더블클릭 될 때는 ActionEvent가 발생하고, 한번 클릭(선택)될 때는 ItemEvent가 발생한다는 것을 알 수 있습니다.

이벤트 클래스	설명
ActionEvent	버튼이 눌려졌거나 텍스트필드의 입력이 완료되었을 때, 메뉴의 항목이 선택되었을 때, 리스트의 항목이 더블클릭 되었을 때 발생
AdjustmentEvent	스크롤바의 버블이 움직일 때 발생
ComponentEvent	컴포넌트의 위치나 크기가 변경되었을 때, 또는 컴포넌트가 나타나거나 숨겨질 때 발생
ContainerEvent	컴포넌트가 컨테이너에 추가되거나 제거될 때 발생
FocusEvent	컴포넌트가 키보드로부터 입력을 받아들이기 위한 포커스를 획득하거나 잃었을 때 발생
ItemEvent	체크박스나 초이스, 리스트의 항목이 선택(한번 클릭)되었을 때 발생
KeyEvent	키보드로부터 입력이 있을 때 발생
MouseEvent	사용자가 마우스 버튼을 누르거나 놓을 때, 마우스가 컴포넌트 위로 들어가거나 나올 때, 또는 사용자가 마우스를 이동하거나 드래그할 때 발생
TextEvent	입력된 텍스트에 변경이 일어날 때 발생
WindowEvent	윈도우가 열리거나 닫힐 때, 최소화하거나 최대화할 때, 윈도우 메뉴가 선택될 때 발생

▲ 표 9-15 자바의 이벤트 클래스

2 이벤트 리스너를 상속받아 이벤트 핸들러 작성

이벤트 소스와 이벤트 클래스가 결정되었으면, 이벤트가 발생했을 때 처리할 이벤트 핸들러를 작성해야 합니다. 자바에서는 이벤트 핸들러를 쉽게 만들 수 있도록 이벤트 리스너 인터페이스를 제공해줍니다. 각 이벤트에 해당하는 이벤트 리스너를 상속받아서 구현하면 이벤트 핸들러가 됩니다. 다음의 [표 9-16]에는 자바의 이벤트에 해당하는 이벤트 리스너 인터페이스와 관련된 사항이 정리되어 있습니다. 이벤트 클래스의 이벤트 리스너는 하나씩이지만, MouseEvent의 경우만 MouseListener와 MouseMotionListener의 2개입니다.

이벤트 클래스	리스너 인터페이스	리스너 메서드
ActionEvent	ActionListener	actionPerformed(ActionEvent e)
AdjustmentEvent	AdjustmentListener	adjustmentValueChanged(AdjustmentEvent e)
ComponentEvent	ComponentListener	componentHidden(ComponentEvent e) componentMoved(ComponentEvent e) componentResized(ComponentEvent e) componentShown(ComponentEvent e)

ConatinerEvent	ContainerListener	componentAdded(ContainerEvent e) componentRemoved(ContainerEvent e)
FocusEvent	FocusListener	focusGained(FocusEvent e) focusLost(FocusEvent e)
ItemEvent	ItemListener	itemStateChanged(ItemEvent e)
KeyEvent	KeyListener	keyPressed(KeyEvent e) keyReleased(KeyEvent e) keyTyped(KeyEvent e)
MouseEvent	MouseListener	mouseClicked(MouseEvent e) mouseEntered(MouseEvent e) mouseExited(MouseEvent e) mousePressed(MouseEvent e) mouseReleased(MouseEvent e)
	MouseMotionListener	mouseDragged(MouseEvent e) mouseMoved(MouseEvent e)
TextEvent	TextListener	textValueChanged(TextEvent e)
WindowEvent	WindowListener	windowActivated(WindowEvent e) windowClosed(WindowEvent e) windowClosing(WindowEvent e) windowDeactivatedWindowEvent e) windowDeiconified(WindowEvent e) windowIconified(WindowEvent e) windowOpened(WindowEvent e)

▲ 표 9-16 자바의 이벤트 클래스

이벤트 리스너는 인터페이스이기 때문에 상속받은 서브클래스에서 반드시 구현해야 하는 메서드가 있습니다. 예를 들어, [표 9-16]에서 KeyListener를 상속받아 클래스를 만든다면 keyPressed( ), keyReleased( ), keyTyped( ) 메서드를 모두 구현해야 합니다.(구현할 내용이 없다면, 비어있는 바디라도 표현해야 합니다.) 다음은 ActionListener 인터페이스를 상속받아 구현한 이벤트 핸들러입니다. ActionListener 인터페이스는 버튼이 발생시키는 ActionEvent를 처리하는 리스너입니다. 이때 주의할 점은 이벤트 리스너가 java.awt.event 패키지에 있기 때문에, 반드시 java.awt.event 패키지를 import해야 한다는 점입니다.

```
import java.awt.event.*;

class MyActionListener implements ActionListener
{
   public void actionPerformed(ActionEvent e)
   {
      System.out.println("버튼이 눌러졌습니다!");
   }
}
```

3 이벤트 소스와 이벤트 핸들러를 연결

이벤트 핸들러를 만들었다고 해도, 이벤트 소스와 이벤트 핸들러를 연결하지 않으면 아무런 일도 일어나지 않습니다. 왜 이벤트 핸들러를 만들면 자동으로 처리되지 않고, 불편하게 연결하는 과정을 하도록 했을까요? 앞의 [표 9-16]을 보면 알 수 있듯이, 컴포넌트들은 수많은 이벤트를 발생시킵니다. 예를 들어, 버튼의 경우는 기본적으로 자신이 발생시키는 ActionEvent와 부모인 Component 클래스가 발생시키는 ComponentEvent, FocusEvent, KeyEvent, MouseEvent가 발생됩니다. 만약 애플릿에 버튼 서너 개만 있더라도 각 버튼이 발생시키는 수많은 이벤트와 애플릿 자체가 발생시키는 이벤트들로 컴퓨터의 처리 속도는 현저하게 떨어질 것입니다. 그래서 자바는 사용할 이벤트만 선택하여 이벤트 핸들러에 연결하도록 한 것입니다.

이벤트 핸들러를 이벤트 소스와 연결할 때는 이벤트 소스의 addXXXListener() 메서드를 사용합니다. 여기서 XXX는 이벤트의 이름입니다. 예를 들어 ActionEvent라면 addActionListener()이고, ItemEvent라면 addItemListener() 메서드입니다. 다음은 앞에서 만든 MyActionListener를 myButton에 연결한 경우입니다. MyActionListener 클래스의 객체를 만든 후, addActionListener() 메서드의 인수로 주면 됩니다. 반대로 이벤트 소스와 이벤트 핸들러의 연결을 제거할 때는 removeXXXListener() 메서드를 사용합니다. 이때도 XXX는 이벤트의 이름입니다.

```java
import java.applet.Applet;
import java.awt.*;

public class MyApplet extends Applet
{
   Button myButton;

   public void init()
   {
      myButton= new Button("내 버튼");
      MyActionListener mal= new MyActionListener(); // 이벤트 핸들러의 객체 생성
      myButton.addActionListener(mal); // 생성된 객체를 인수로 전달
      add(myButton);
   }
}
```

애플릿은 따로 이벤트 핸들러 클래스를 만들지 않고 자체에 이벤트 핸들러를 만드는 경우도 많이 있습니다. 다음은 애플릿을 만들면서 이벤트 핸들러를 내장시킨 예제입니다. 그런데, 아래 예제에서는 여러 버튼에서 ActionEvent를 발생시키기 때문에, 모두 actionPerformed() 메서드가 실행되게 됩니다. 이처럼 같은 이벤트를 발생하는 이벤트 소스가 여러 개일 때는 모든 이벤트 클래스의 슈퍼클래스인 EventObject 클래스의 getSource() 메서드를 사용하면 됩니다. getSource() 메서드는 이벤트를 발생시킨

오브젝트를 돌려주기 때문에 == 연산자로 쉽게 알 수 있습니다.

EventTest.java

예제

```java
 1 : import java.applet.*;
 2 : import java.awt.*;
 3 : import java.awt.event.*;
 4 :
 5 : public class EventTest extends Applet
 6 :     implements ActionListener
 7 : {
 8 :    Button myButton1, myButton2, myButton3;
 9 :    TextArea myTextArea;
10 :    Panel buttonPanel;
11 :
12 :    public void init()
13 :    {
14 :       setLayout(new BorderLayout());
15 :
16 :       buttonPanel= new Panel();
17 :       buttonPanel.setBackground(Color.red);
18 :
19 :       myButton1= new Button("C언어");
20 :       myButton1.addActionListener(this);
21 :       buttonPanel.add(myButton1);
22 :
23 :       myButton2= new Button("C++언어");
24 :       myButton2.addActionListener(this);
25 :       buttonPanel.add(myButton2);
26 :
27 :       myButton3= new Button("자바");
28 :       myButton3.addActionListener(this);
29 :       buttonPanel.add(myButton3);
30 :
31 :       add("North", buttonPanel);
32 :
33 :
34 :       myTextArea= new TextArea(50,20);
35 :       add("Center", myTextArea);
36 :    }
37 :
```

```
38 :    public void actionPerformed(ActionEvent e)
39 :    {
40 :        if(e.getSource()==myButton1){
41 :            myTextArea.append("C언어 버튼을 선택하였습니다.\n");
42 :        }else if(e.getSource()==myButton2){
43 :            myTextArea.append("C++언어 버튼을 선택하였습니다.\n");
44 :        }else if(e.getSource()==myButton3){
45 :            myTextArea.append("자바 버튼을 선택하였습니다.\n");
46 :        }
47 :    }
48 : }
```

EventTest.html

예제

```
1 : <HTML>
2 :    <HEAD>
3 :        <TITLE>EventTest</TITLE>
4 :    </HEAD>
5 :    <BODY>
6 :        <APPLET CODE=EventTest.class WIDTH=400 HEIGHT=300>
7 :        </APPLET>
8 :    </BODY>
9 : </HTML>
```

결과

보더 레이아웃의 North 구역에는 3개의 버튼이 붙은 패널을 만들고, Center 구역에는 텍스트 에어리어를 붙입니다. 버튼을 누르면 발생된 이벤트가 텍스트 에어리어에 출력되어 어떠한 이벤트가 발생되었는지를 쉽게 알 수 있습니다.

9.7 마우스 이벤트 다루기

마우스가 움직이거나 마우스의 버튼을 눌렀을 때 발생하는 이벤트가 MouseEvent입니다. 앞에서 우리는 이벤트와 이벤트 소스, 이벤트 클래스, 이벤트 핸들러 등에 대해 자세히 배웠고, 이벤트 핸들러를 만들어 이벤트 소스와 연결하는 법도 배웠습니다. 마우스도 자바의 이벤트이기 때문에 앞에서 배운 대로 하면 됩니다. 여기서 마우스 이벤트를 다루는 이유는 마우스 이벤트가 다른 이벤트와 달라서가 아니고, 자바에서 특히 많이 사용되는 이벤트이기 때문에 자세히 살펴보기 위해서입니다. 앞에서 배운 이벤트 처리를 좀 더 자세히 구체적으로 살펴볼 수 있는 계기가 될 것으로 생각됩니다.

버튼이나 캔버스, 리스트와 같은 컴포넌트들은 모두 Component 클래스의 서브클래스이고, MouseEvent는 Component 클래스가 발생시키기 때문에, 자바의 거의 모든 컴포넌트에서 마우스 이벤트를 사용할 수 있습니다. 다음의 [표 9-17]은 마우스 이벤트를 발생시키는 컴포넌트들로, 바꿔서 말하면 마우스 이벤트의 이벤트 소스들입니다.

Component	Label	Button	Checkbox	Choice
List	TextComponent	TextField	TextArea	Scrollbar
Canvas	Container	Panel	ScrollPane	Window
Frame	Dialog	FileDialog		

▲ 표 9-17 마우스 이벤트를 발생시키는 컴포넌트(이벤트 소스)

마우스 이벤트는 편의상 2개의 이벤트 리스너로 구분되어있습니다. 다음은 마우스 이벤트의 이벤트 핸들러를 만들 수 있는 MouseListener와 MouseMotionListener 인터페이스입니다. 두 리스너의 메서드를 보고, 필요한 메서드를 가지고 있는 리스너를 상속받아서 구현하면 됩니다. 예를 들어 마우스 버튼을 누를 때마다 어떤 일을 하도록 하고 싶으면, mousePressed() 메서드를 써야하기 때문에 MouseListener 인터페이스를 상속받아서 구현하면 됩니다.

리스너 인터페이스	리스너 메서드	설명
MouseListener	mouseClicked(MouseEvent e)	마우스 버튼을 눌렀다 놓았을 때 실행
	mouseEntered(MouseEvent e)	마우스가 컴포넌트 영역 안으로 들어 올 때 실행
	mouseExited(MouseEvent e)	마우스가 컴포넌트 영역 밖으로 나갈 때 실행
	mousePressed(MouseEvent e)	마우스 버튼을 누를 때 실행
	mouseReleased(MouseEvent e)	마우스 버튼을 놓을 때 실행
MouseMotionListener	mouseDragged(MouseEvent e)	마우스를 드래그 할 때(버튼을 누른 상태에서 움직일 때) 실행
	mouseMoved(MouseEvent e)	마우스가 움직일 때 실행

▲ 표 9-18 마우스 이벤트를 발생시키는 리스너 인터페이스

이때 각 메서드는 인수로 MouseEvent 클래스의 객체를 받는데, 이 MouseEvent 클래스의 객체에는 필요한 모든 정보가 들어 있습니다. MouseEvent 클래스의 메서드를 호출하면 이러한 정보를 알 수 있습니다. 다음의 [표 9-19]는 MouseEvent 클래스의 대표적인 메서드들입니다.

메서드	설명
int getClickCount( )	마우스가 클릭된 횟수를 반환
Point getPoint( )	마우스 이벤트가 발생한 위치의 좌표를 반환
int getX( )	마우스 이벤트가 발생한 위치의 x 좌표를 반환
int getY( )	마우스 이벤트가 발생한 위치의 y 좌표를 반환
boolean isPopupTrigger( )	팝업 메뉴를 나타나게 할 이벤트인지를 반환
void translatePoint(int x, int y)	현재 이벤트가 발생한 좌표에서 (x, y) 좌표로 위치를 이동

▲ 표 9-19 MouseEvent 클래스의 대표적인 메서드들

만약 마우스 버튼을 클릭한 위치에 원을 그리고 싶다면 다음 예제처럼 하면 됩니다. 여기서 주의할 점은 mouseClicked( ) 메서드는 그래픽 컨텍스트에 출력할 수 없기 때문에, 좌표를 변수에 저장하고 repaint( )를 호출한다는 것입니다. 애플릿에서는 repaint( ) 메서드가 호출되면, paint( ) 메서드가 실행됩니다. paint( ) 메서드에서는 변수에 저장된 값에 따라 원을 그립니다. 또, MouseListener가 인터페이스이기 때문에 mouseClicked( ) 메서드 외의 다른 메서드들도 함께 구현해야 한다는 점도 잊지 말아야 합니다.

MouseTest.java

```
1 : import java.applet.*;
2 : import java.awt.*;
3 : import java.awt.event.*;
4 :
5 : public class MouseTest extends Applet
6 :     implements MouseListener
7 : {
8 :     Label myLabel;
9 :     int[ ] x, y;
10:     int num;
11:
12:     public void init( )
13:     {
14:         setLayout(new BorderLayout( ));
15:         myLabel= new Label("마우스로 클릭하면 원을 그립니다.");
16:         myLabel.setAlignment(Label.CENTER);
17:         add("North", myLabel);
18:
19:         x= new int[100];
20:         y= new int[100];
21:         num= 0;
22:
```

```
23 :      addMouseListener(this);
24 :   }
25 :
26 :   public void paint(Graphics g)
27 :   {
28 :      g.setColor(Color.red);
29 :
30 :      for(int i=0; i<num; i++){
31 :         g.fillOval(x[i]-20, y[i]-20, 40, 40);
32 :      }
33 :   }
34 :
35 :   public void mousePressed(MouseEvent e)
36 :   {
37 :   }
38 :
39 :   public void mouseReleased(MouseEvent e)
40 :   {
41 :   }
42 :
43 :   public void mouseClicked(MouseEvent e)
44 :   {
45 :      if(num<100){
46 :         x[num]= e.getX();
47 :         y[num]= e.getY();
48 :         num++;
49 :      }
50 :      repaint();
51 :   }
52 :
53 :   public void mouseEntered(MouseEvent e)
54 :   {
55 :   }
56 :
57 :   public void mouseExited(MouseEvent e)
58 :   {
59 :   }
60 : }
```

MouseTest.html

```
1 : <HTML>
2 :   <HEAD>
3 :     <TITLE>MouseTest</TITLE>
4 :   </HEAD>
5 :   <BODY>
6 :     <APPLET CODE=MouseTest.class WIDTH=550 HEIGHT=350>
7 :     </APPLET>
8 :   </BODY>
9 : </HTML>
```

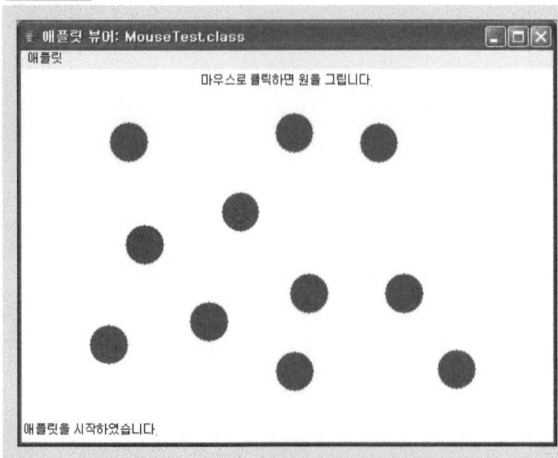

이 예제는 mouseClicked( ) 메서드에서는 x 배열과 y배열에 원이 그려질 위치 (x, y)를 저장하고, paint( ) 메서드에서는 저장된 (x, y) 좌표들에게 원을 그리는 구조입니다. 이벤트를 다루는 부분과 화면에 출력하는 부분이 분리되어 있습니다.

9.8 생명 게임 만들기

우리가 만드는 생명 게임의 월드는 가로 40칸, 세로 20칸 크기로, map 배열에 상태가 저장됩니다. map 배열에서는 생명이 존재하는 칸은 true로, 생명이 없는 칸은 false로 표시합니다. 이때 월드의 크기를 상수로 정해두면, 월드를 확장하거나 축소시킬 때 전체 코드를 수정할 필요가 없이 상수만 고치면 되기 때문에 편리합니다. mapState 배열은 한 칸을 둘러싸고 있는 8개의 칸에 생명이 몇 개 있는지를 나타내기 위한 변수입니다. 생명이 없는 칸은 주위 생명의 개수가 저장되고, 이미 생명이 존재하는 칸은 주위 생명의 개수 + 100이 저장됩니다. gen은 현재의 세대가 몇 세대인지를 나타내는 변수입니다.

```
static final int maxX= 40;
static final int maxY= 20;
boolean map[][];
int mapState[][];
int gen;
```

애플릿의 하단에는 생명 게임을 시작하는 START 버튼과 일시 정지시키는 STOP 버튼, 현재 몇 세대 째인지를 나타내는 레이블을 붙입니다. 이렇게 하기 위해서 애플릿의 레이아웃을 BorderLayout으로 한 다음, 패널에 레이블과 버튼들을 붙여서 South 구역에 붙입니다.

```
Panel controlPanel;
Label genLabel;
Button startButton, stopButton;

...

setLayout(new BorderLayout());
controlPanel= new Panel();

genLabel= new Label(gen + " 세대");
controlPanel.add(genLabel);

startButton= new Button("START");
controlPanel.add(startButton);

stopButton= new Button("STOP");
controlPanel.add(stopButton);

add("South", controlPanel);
```

START 버튼이 눌러졌을 때는 게임이 시작되고, STOP 버튼이 눌러졌을 때는 게임이 정지돼야 합니다. 이를 위해 nextGen이라는 논리형 변수를 선언했습니다. nextGen이 true이면 게임은 진행되고, false이면 정지 상태가 되도록 정했습니다. 이때 버튼이 발생시키는 이벤트는 ActionEvent이기 때문에, ActionListener를 상속받아 actionPerformed() 메서드를 구현합니다. actionPerformed() 메서드와 버튼을 연결할 때는 addActionListener() 메서드를 사용합니다.

```
import java.awt.event.*;
```

```
public class GameJava2_09 extends Applet implements ActionListener
{
   boolean nextGen;
   ...

   public void init()
   {
      ...
      startButton.addActionListener(this);
      ...
      stopButton.addActionListener(this);
      ...
   }


   public void actionPerformed(ActionEvent e)
   {
      if(e.getSource()==startButton){
          nextGen=true;
      }else if(e.getSource()==stopButton){
          nextGen=false;
      }
   }

   ...
}
```

버튼에 대한 이벤트 처리 뿐만 아니라, 마우스 이벤트에 대한 처리도 해줘야 합니다. 우리가 만드는 생명 게임에서는 플레이어가 마음대로 생명을 추가하거나 제거 할 수 있기 때문에, 마우스 버튼을 누르면 해당하는 칸의 생명 상태를 반전 시켜줍니다. 마우스 이벤트는 MouseListener를 상속받아 mousePressed(), mouseReleased(), mouseClicked(), mouseEntered(), mouseExited() 메서드를 구현하여 이벤트 핸들러를 만들고 addMouseListener() 메서드로 애플릿과 이벤트 핸들러를 연결하면 됩니다.

```
import java.awt.event.*;

public class GameJava2_09 extends Applet  implements MouseListener
{
```

```
public void init()
{
   ...
   addMouseListener(this);
}

...

public void mousePressed(MouseEvent e)
{
   int mouseX= e.getX();   // 마우스 커서의 x 좌표
   int mouseY= e.getY();   // 마우스 커서의 y 좌표
   map[mouseX/10][mouseY/10]= !map[mouseX/10][mouseY/10];
   repaint();
}

public void mouseReleased(MouseEvent e)
{
}

public void mouseClicked(MouseEvent e)
{
}

public void mouseEntered(MouseEvent e)
{
}

public void mouseExited(MouseEvent e)
{
}
}
```

생명 게임에서는 스레드를 사용합니다. 스레드는 start( ) 메서드에서 생성되어 시작된 후 stop( ) 메서드에서 삭제될 때까지 애플릿이 실행되는 동안 계속 실행됩니다. 스레드는 1초에 한 번씩 다음 세대의 월드를 만듭니다. 즉 1초에 1 세대씩 지나가게 됩니다. 만일 플레이어가 STOP 버튼을 누르면 nextGen 변수가 false가 되고, 스레드는 nextGen이 true일 때만 다음 세대의 월드를 만듭니다. 이때 nextGen이 false라고 해도, 스레드가 종료되는 것은 아닙니다.

```java
public class GameJava2_09 extends Applet implements Runnable
{
   boolean nextGen;
   Thread clock;
   ...

   public void start()
   {
      if(clock==null){
         clock= new Thread(this);
         clock.start();
      }
   }

   public void stop()
   {
      if((clock!=null)&&(clock.isAlive())){
         clock=null;   // 시계 정지(없앰)
      }
   }

   public void run()
   {
      while(true){
         try{
            clock.sleep(1000);
         }catch(InterruptedException ie){ }

         if(nextGen){
            makeNextGen();
            gen++;
            genLabel.setText(gen + " 세대");
            repaint();   // paint() 호출
         }
      }
   }
   ...
}
```

다음 세대의 월드를 만들 때는 현재의 월드 상태인 map 배열과 주변 생명의 상태를 숫자로 표현한 mapState 배열을 사용합니다. 먼저 map 배열의 상태를 보고 mapState 배열에, 생명이 없는 칸은 주위 생명의 개수를 저장하고, 이미 생명이 존재하는 칸은 주위 생명의 개수 + 100을 저장합니다. mapState 배열을 구한 후에는 반대로 mapState 배열의 상태를 보고, 값이 2이거나 102, 103인 경우만 map 배열의 해당 원소를 true로 하고 그 외의 경우는 false로 만듭니다. 완성된 map 배열이 다음 세대의 월드가 됩니다.

예제   **GameJava2_09.java**

```java
 1 : import java.applet.*;
 2 : import java.awt.*;
 3 : import java.awt.event.*;
 4 :
 5 : public class GameJava2_09 extends Applet
 6 :     implements Runnable, ActionListener, MouseListener
 7 : {
 8 :     static final int maxX= 40;
 9 :     static final int maxY= 20;
10 :     boolean map[][];
11 :     int mapState[][];
12 :     int gen;
13 :     boolean nextGen;
14 :
15 :     Panel controlPanel;
16 :     Label genLabel;
17 :     Button startButton, stopButton;
18 :
19 :     Thread clock;
20 :
21 :     public void init()
22 :     {
23 :         map= new boolean[maxX][maxY];
24 :         mapState= new int[maxX][maxY];
25 :         gen= 1;   // 1세대부터 시작
26 :         nextGen= false;
27 :
28 :         // 디폴트 상태
29 :         for(int x=15; x<25; x++){
30 :             for(int y=10; y<11; y++){
31 :                 map[x][y]= true;
```

```
32 :         }
33 :     }
34 :
35 :     // GUI
36 :     setLayout(new BorderLayout());
37 :     controlPanel= new Panel();
38 :     controlPanel.setBackground(Color.blue);
39 :     genLabel= new Label(gen + " 세대");
40 :     genLabel.setAlignment(Label.CENTER);
41 :     genLabel.setBackground(Color.yellow);
42 :     controlPanel.add(genLabel);
43 :     startButton= new Button("START");
44 :     startButton.addActionListener(this);
45 :     controlPanel.add(startButton);
46 :     stopButton= new Button("STOP");
47 :     stopButton.setEnabled(false);
48 :     stopButton.addActionListener(this);
49 :     controlPanel.add(stopButton);
50 :     add("South", controlPanel);
51 :
52 :     // 마우스 사용을 선언
53 :     addMouseListener(this);
54 : }
55 :
56 : public void start()
57 : {
58 :     if(clock==null){
59 :         clock= new Thread(this);
60 :         clock.start();
61 :     }
62 : }
63 :
64 : public void paint(Graphics g)
65 : {
66 :     for(int x=0; x<maxX; x++){
67 :         for(int y=0; y<maxY; y++){
68 :             if(map[x][y]){
69 :                 g.fillRect(x*10,y*10,10,10);
70 :             }else{
71 :                 g.drawRect(x*10,y*10,10,10);
```

```
72 :            }
73 :         }
74 :      }
75 :   }
76 :
77 :   public void stop()
78 :   {
79 :      if((clock!=null)&&(clock.isAlive())){
80 :         clock=null;   // 시계 정지(없앰)
81 :      }
82 :   }
83 :
84 :   public void destroy()
85 :   {
86 :   }
87 :
88 :   // 스레드 처리 루틴
89 :   public void run()
90 :   {
91 :      while(true){
92 :         try{
93 :            clock.sleep(1000);
94 :         }catch(InterruptedException ie){ }
95 :
96 :         if(nextGen){
97 :            makeNextGen();
98 :            gen++;
99 :            genLabel.setText(gen + " 세대");
100:            repaint();   // paint() 호출
101:         }
102:      }
103:   }
104:
105:   public void makeNextGen()
106:   {
107:      // set mapState
108:      for(int x=0; x<maxX; x++){
109:         for(int y=0; y<maxY; y++){
110:            if(map[x][y]){
111:               mapState[x][y]= 100;
```

```
112 :            }else{
113 :                mapState[x][y]= 0;
114 :            }
115 :        }
116 :    }
117 :
118 :
119 :    // countLife
120 :    for(int x=0; x<maxX; x++){
121 :        for(int y=0; y<maxY; y++){
122 :            countLife(x, y);
123 :        }
124 :    }
125 :
126 :    // next Generation
127 :    for(int x=0; x<maxX; x++){
128 :        for(int y=0; y<maxY; y++){
129 :            switch(mapState[x][y]){
130 :                case   3:
131 :                case 102:
132 :                case 103:
133 :                    map[x][y]= true;
134 :                    break;
135 :
136 :                default:
137 :                    map[x][y]= false;
138 :                    break;
139 :            }
140 :        }
141 :    }
142 : }
143 :
144 : public void countLife(int x, int y)
145 : {
146 :    for(int i=-1; i<=1; i++){
147 :        for(int j=-1; j<=1; j++){
148 :            if((i!=0)||(j!=0)){
149 :                if((x+i>=0)&&(x+i<maxX)&&(y+j>=0)&&(y+j<maxY)){
150 :                    if(map[x+i][y+j]){
151 :                        mapState[x][y]++;
```

```
152 :                    //System.out.println("("+x+","+y+"): "+(x+i)+","+(y+j)+" - "+ mapState[x][y]);
153 :                }
154 :            }
155 :        }
156 :       }
157 :    }
158 : }
159 :
160 : // 버튼처리
161 : public void actionPerformed(ActionEvent e)
162 : {
163 :     if(e.getSource()==startButton){
164 :        nextGen= true;
165 :        startButton.setEnabled(false);
166 :        stopButton.setEnabled(true);
167 :     }else if(e.getSource()==stopButton){
168 :        nextGen= false;
169 :        startButton.setEnabled(true);
170 :        stopButton.setEnabled(false);
171 :     }
172 : }
173 :
174 : // 마우스 처리 루틴
175 : public void mousePressed(MouseEvent e)
176 : {
177 :     int mouseX= e.getX();  // 마우스 커서의 x 좌표
178 :     int mouseY= e.getY();  // 마우스 커서의 y 좌표
179 :     map[mouseX/10][mouseY/10]= !map[mouseX/10][mouseY/10];
180 :     repaint();
181 : }
182 :
183 : public void mouseReleased(MouseEvent e)
184 : {
185 : }
186 :
187 : public void mouseClicked(MouseEvent e)
188 : {
189 : }
190 :
191 : public void mouseEntered(MouseEvent e)
```

```
192 :    {
193 :    }
194 :
195 :    public void mouseExited(MouseEvent e)
196 :    {
197 :    }
198 : }
```

GameJava2_09.html

```
1 : <HTML>
2 :    <HEAD>
3 :       <TITLE>GameJava2_09</TITLE>
4 :    </HEAD>
5 :    <BODY>
6 :       <APPLET CODE=GameJava2_09.class WIDTH=402 HEIGHT=235>
7 :       </APPLET>
8 :    </BODY>
9 : </HTML>
```

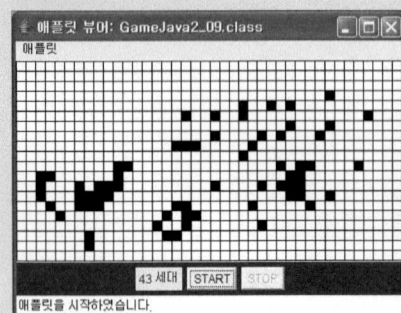

월드를 적당히 마우스로 클릭해서 생명을 만든 후, START 버튼을 누르면 1초에 한 세대씩 생명이 변화합니다. 세대가 진행하는 동안에는 STOP 버튼이 활성화되고 START 버튼이 사용 금지(비활성화)됩니다. STOP 버튼을 누르면 반대로 START 버튼이 활성화되고 STOP 버튼이 사용 금지됩니다. 화면은 43세대에서 STOP 버튼을 누른 것입니다.

What's up java

슬롯머신 게임

10.1 • 이미지 다루기
10.2 • MediaTracker 클래스
10.3 • 애니메이션
10.4 • update( ) 메서드
10.5 • 더블 버퍼링의 이해
10.6 • 스프라이트
10.7 • 이미지 프로세싱
10.8 • 슬롯머신 게임 만들기

슬롯머신 게임

Preview

라스베가스의 카지노에 가면 돈을 걸고 핸들을 당겨서 같은 그림이나 숫자가 나오면 배당금을 타는 슬롯머신이 있습니다. 이러한 슬롯머신들은 보통 여러 개의 드럼을 사용합니다. 드럼의 표면에 그림을 그리고, 모터로 돌리다가 일정시간이 지나면 모터를 멈추고, 드럼이 멈추는 지점에서 보이는 그림에 따라 배당금을 타는 것입니다. 물론 그림이 맞지 않았을 때는 돈을 잃게 됩니다.

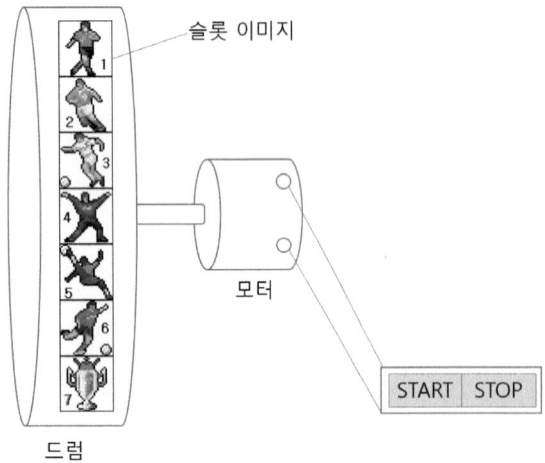

▲ 그림 10-1 슬롯머신의 원리(드럼과 모터)

우리가 이번에 만드는 슬롯머신 게임은 돈을 걸거나 배당금을 받는 기능은 생략했지만, 실제의 슬롯머신처럼 작동되는 프로그램입니다. 우리가 만드는 슬롯머신 게임에는 3개의 슬롯이 있고 각 슬롯은 위의 [그림 10-1]처럼 드럼과 모터가 있다고 생각합시다. 화면 하단에는 2개의 버튼이 있는데, START 버튼을 누르면 3개의 모터에 전원을 넣습니다. 모터는 드럼을 돌리기 때문에, 화면상의 각 슬롯에는 그림들이 돌아가는 모습이 보입니다. 이때 STOP 버튼을 누르면, 첫 번째 모터의 전원을 끕니다. 따라서 첫 번째 드럼이 정지되고 첫 번째 슬롯의 그림이 결정됩니다. 다시 STOP 버튼을 누르면 2번째 모터가 정지되고, 또 STOP 버튼을 누르면 3번째 모터가 정지되는 식입니다.

여기서 중요한 점은 STOP 버튼을 누른다고 바로 그 자리에서 드럼이 정지하는 것은 아닙니다. 좀 더 현실 세계의 슬롯머신에 가깝도록, 지금까지 돌던 가속에 따라 어느 정도 회전을 더 하고 하나의 그림이 다 보여지는 위치에서 정지합니다. 이 프로그램을 완전히 이해하면, STOP 버튼을 한 번만 누르도록 하거나 돈을 걸고 배당금을 타도록 고치는 것은 쉽게 할 수 있습니다.

슬롯머신 게임을 만들면서, 지금까지 배우지 못했던 자바의 다양한 이미지 처리 기법을 익히게 됩니다. 이미지를 읽는 방법과 인터넷 상에서 효율적으로 이미지를 다루는 방법을 자세히 배우고, 애니메이션을 효과적으로 하는 방법에 대해서도 배웁니다. 또, 게임에서 많이 사용하는 고도의 애니메이션 테크닉인 스프라이트와 이미지 프로세싱에 대해서도 배웁니다.

10.1 이미지 다루기

그림이나 사진과 같은 이미지를 화면에 출력하는 방법은 의외로 간단합니다. 고맙게도 자바는 이미지 처리에 대한 거의 모든 일을 우리를 대신해서 처리해주기 때문에, 우리는 단지 Image 클래스를 생성하고 getImage( ), drawImage( ) 메서드만 쓰면 됩니다. Image 클래스는 다음처럼 생성할 수 있습니다.

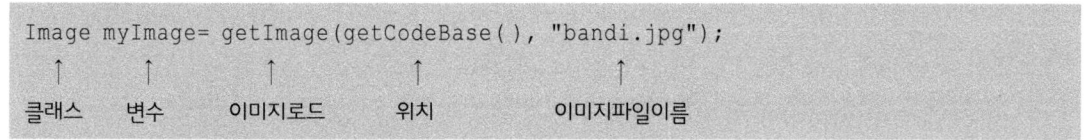

getImage( ) 메서드는 이미지를 지정한 URL로부터 읽어 들이는 메서드입니다. getImage( ) 메서드는 Image형 객체를 돌려주기 때문에, 위에서처럼 Image형 변수에 대입하면 됩니다. 이때 getImage( ) 메서드가 읽어 올 수 있는 이미지 파일의 형식은 GIF(Graphics Interchange Format)와 JPEG(Joint Photo Experts Group) 형식으로 확장자는 각각 .gif와 .jpg 입니다. 다음의 [표 10-1]은 getImage( ) 메서드의 사용 형식입니다.

메서드	설명
Image getImage(URL url)	url 위치의 이미지를 읽어서 Image형 객체로 반환
Image getImage(URL url, String name)	url 위치의 name 이름의 이미지를 읽어서 Image형 객체로 반환

▲ 표 10-1 getImage( ) 메서드

만약, http://www.digitaljapan.co.kr/이라는 웹사이트의 logo.gif라는 이미지 파일을 읽어 오려면 다음처럼 하면 됩니다.

```
Image myImage= getImage(new URL("http://www.digitaljapan.co.kr/logo.gif"));
```

또는 다음처럼 주소와 이미지 파일명을 따로 표시할 수도 있습니다.

```
Image myImage= getImage(new URL("http://www.digitaljapan.co.kr"), "logo.gif");
```

그런데, 대개의 경우는 현재의 애플릿이나 웹페이지가 있는 위치에 이미지 파일이 있습니다. 또, 위와 같이 특정한 URL 주소를 사용하면, 애플릿을 다른 사이트로 옮겼을 때는 사용할 수 없기 때문에, 다음처럼 getCodeBase()나 getDocumentBase() 메서드를 사용하는 경우가 보통입니다.

```
Image myImage= getImage(getCodeBase(), "logo.gif");
```

또는

```
Image myImage= getImage(getDocumentBase(), "logo.gif");
```

getCodeBase()와 getDocumentBase() 메서드의 차이점은 getCodeBase() 메서드가 현재의 애플릿이 있는 위치를 돌려주고, getDocumentBase()는 현재의 웹페이지, 즉 HTML 파일의 위치를 돌려준다는 데 있습니다. 애플릿의 클래스 파일과 HTML 파일이 서로 다른 위치에 있을 수 있기 때문에 두 가지 메서드를 지원하는 것입니다. 다음의 [표 10-2]는 getCodeBase()와 getDocumentBase() 메서드의 사용 형식입니다.

메서드	설명
URL getCodeBase()	현재 애플릿의 클래스 파일이 수록된 위치를 반환
URL getDocumentBase()	현재 웹페이지의 HTML 파일이 수록된 위치를 반환

▲ 표 10-2 getCodeBase()와 getDocumentBase() 메서드

getImage() 메서드로 가져온 이미지는 Graphics 클래스의 drawImage() 메서드를 써서 그래픽 컨텍스트에 출력할 수 있습니다. 다음은 위에서 getImage() 메서드로 가져온 myImage를 화면의 가로 10, 세로 10 위치에 출력하는 예입니다.

```
...
g.drawImage(myImage, 10, 10, null);
...
```

drawImage() 메서드의 마지막 인수는 이미지의 로드 상태를 감시해야 할 필요가 있을 때 사용하는 ImageObserver 인터페이스입니다. 예를 들어, 이미지의 크기가 거대하거나 네트워크의 속도나 거리등의 문제로 이미지를 로드하는데 오랜 시간이 걸리는 경우에, 로드가 끝나고 repaint() 시키고 싶을 때 사용할 수 있습니다. 보통은 this나 null을 사용하는데, this를 사용하면 이미지 로드가 완료되었을 때 애플릿에서 자동으로 repaint()를 시키고, null을 사용하면 아무 일도 하지 않습니다. 다음의 [표 10-3]은 drawImage() 메서드의 사용 형식입니다.

메서드	설명
boolean drawImage(Image img, int x, int y, ImageObserver ob)	이미지 img를 가로 x, 세로 y 위치에 출력
boolean drawImage(Image img, int x, int y, int width, int height, ImageObserver observer)	이미지 img를 가로 x, 세로 y 위치에 가로 width, 세로 height 크기로 출력
public abstract boolean drawImage(Image img, int x, int y, Color bgcolor, ImageObserver observer)	이미지 img를 가로 x, 세로 y 위치에 투명색을 bgcolor로 해서 출력
boolean drawImage(Image img, int x, int y, int width, int height, Color bgcolor, ImageObserver observer)	이미지 img를 가로 x, 세로 y 위치에 가로 width, 세로 height 크기로 투명색을 bgcolor로 해서 출력
boolean drawImage(Image img, int dx1, int dy1, int dx2, int dy2, int sx1, int sy1, int sx2, int sy2, ImageObserver observer)	이미지 img의 (sx1, sy1)부터 (sx2, sy2)까지의 영역을 화면상의 (dx1, dy1)부터 (dx2, dy2)까지의 영역에 출력

▲ 표 10-3 drawImage( ) 메서드들

다음은 boy.jpg라는 이미지를 읽어서 화면에 출력하는 예제입니다.

▲ 그림 10-2 boy.jpg 이미지

ImageTest.java

예제

```
1 : import java.applet.*;
2 : import java.awt.*;
3 :
4 : public class ImageTest extends Applet
5 : {
6 :    Image myImage;
7 :
8 :    public void init( )
9 :    {
10 :       // myImage= getImage(getCodeBase( ), "boy.jpg");
11 :       myImage= Toolkit.getDefaultToolkit( ).getImage("C:\\java\\boy.jpg");
12 :    }
13 :
```

```
14 :    public void paint(Graphics g)
15 :    {
16 :        g.drawImage(myImage, 0, 0, this);
17 :    }
18 : }
```

ImageTest.html

```
1 : <HTML>
2 :    <HEAD>
3 :        <TITLE>ImageTest</TITLE>
4 :    </HEAD>
5 :    <BODY>
6 :        <APPLET CODE=ImageTest.class WIDTH=380 HEIGHT=400>
7 :        </APPLET>
8 :    </BODY>
9 : </HTML>
```

결과

애플릿의 클래스 파일과 같은 위치에 있는 이미지 파일(boy.jpg)을 읽어서 화면에 출력하였습니다.

Q getCodeBase( )와 getDocumentBase( ) 메서드에 대해 자세히 배웠습니다. 그런데, 정작 ImageTest.java에서는 getCodeBase( ) 메서드를 주석(설명문)으로 처리하고 대신 Toolkit을 사용한 이유는 무엇인가요?

```
10 :    // myImage= getImage(getCodeBase(), "boy.jpg");
11 :    myImage= Toolkit.getDefaultToolkit().getImage("C:\\java\\boy.jpg");
```

A 웹브라우저를 사용하여 애플릿을 실행시키는 경우에, 현재 웹브라우저가 실행되는 클라이언트 PC에 이미지가 있는 것이 아니고, 해당 애플릿이 있는 서버 컴퓨터에 이미지가 존재하기 때문에, getCodeBase( ) 등을 사용하여 해당 컴퓨터(서버)의 주소를 얻도록 프로그래밍 하는 것이 당연합니다. 자바가 처음 발표된 이래로 모든 자바 개발자들은 getCodeBase( ) 등을 사용하여 프로그램을 작성하고 테스트한 후, 서버에 올렸습니다. 그런데 최근에는 무엇보다도 보안이 중요한 쟁점이 되고 있습니다. getCodeBase( ) 등을 인터넷상에서 실행시키지 않는 경우에 특정 디렉토리명(폴더명)을 돌려주는 것이 보안규칙을 위배할 가능성이 있다는 의견이 제기 되면서, 자바 최신 버전에서는 인터넷상에서 애플릿을 실행하지 않고 로컬PC에서 실행하는 경우에는 URL 주소 대신 null 값을 돌려주도록 수정되었습니다. 이 때문에, 프로그래머는 getCodeBase( ) 등을 사용하는 경우, 반드시 서버 컴퓨터에 해당 프로그램을 올리고, 웹브라우저를 통해서 테스트를 해야만 합니다. 이 점이 매우 불편하기 때문에, 이 책에서는 ImageTest.java의 11행에서처럼 Toolkit 클래스를 사용하여 현재 이미지가 있는 디렉토리(폴더)를 직접 지정했습니다. 프로그램의 작성과 테스트에서는 Toolkit을 사용하고, 완성 후에 서버에 올릴 때는 다음처럼 getCodeBase( ) 등으로 변경하면 됩니다.

```
10 :    myImage= getImage(getCodeBase( ), "boy.jpg");
11 :    // myImage= Toolkit.getDefaultToolkit( ).getImage("C:\\java\\boy.jpg");
```

이 책에 수록된 다른 프로그램에서도 getCodeBase( ) 등을 사용하는 경우는 모두 Toolkit 클래스를 사용하여, 굳이 서버에 올리지 않고도 프로그램을 로컬PC에서 실행해볼 수 있도록 하였습니다. 대신, 서버에 올릴 경우를 대비하여 주석(설명문)으로 getCodeBase( ) 등을 사용한 원래 명령어를 남겨두었습니다.

10.2 MediaTracker 클래스

자바는 인터넷 언어입니다. 다시 말하면, 인터넷을 통해서 전 세계에서 실행된다는 뜻입니다. 1장에서 배운 것처럼 웹 브라우저로 〈APPLET〉 태그가 있는 웹페이지를 읽으면, 자동으로 자바 클래스 파일이 사용자의 PC로 다운로드 되고 실행됩니다. 따라서 일단, 자바 프로그램이 실행되고 나면, 사용자의 로컬 PC에서 작동되기 때문에 인터넷 상에 작동되는 다른 언어들 보다 훨씬 빠릅니다. 하지만, 이미지와 같은 리소스는 자바가 실행되는 도중에 서버로부터 가져와야 하기 때문에 다른 언어에서처럼 인터넷을 오가야 합니다. getImage( ) 메서드로 가져오는 이미지가 모두 도착해야만 화면에 출력할 수 있기 때문에 이미지를 가져올 시간이 필요하다는 것입니다.

그런데, 웹 브라우저(인터넷 익스플로러나 크롬 등)는 이미지가 오길 기다려주지 않습니다. 이미지가 아직 오지도 않았는데, paint( ) 메서드를 실행해버립니다. 자바에서는 이미지 로딩과 같이 리소스를 읽어오는 일은 모두 스레드로 처리하기 때문에, 아직 이미지가 다운로드되지도 않았는데, 실행되는 일이 발생하는 것입니다. 374페이지에서 배운 ImageObserver를 사용하면, 이미지 로드가 완료되었을 때 repaint( ) 메서드를 호출할 수 있지만, 이미지가 로드되는 것을 일일이 감시해야 하기 때문에 매우 복잡하게 됩니다. 이를 위해 자바에서는 MediaTracker 클래스라는 매우 유용한 클래스를 제공하고 있습니다.

MediaTracker 클래스를 이용하면, 이미지를 그룹별로 나누어서 로드하는 것이 가능합니다. 예를 들어, 여러분이 슈팅 게임을 만든다고 생각해봅시다. 스테이지 1에서는 문어처럼 생긴 외계인과 싸우고, 스테이지 2에서는 고릴라처럼 생긴 로봇과 싸운다고 가정한다면, 게임을 시작하기 전에 굳이 고릴라처럼 생긴 로봇의 이미지(2번째 스테이지에서 사용할 이미지들)까지 로드할 필요는 없습니다. 게임 플레이어들은 모든 이미지가 로드될 때까지 기다리지 못하고 짜증을 내면서 게임을 종료할 수도 있습니다. 이렇게 당장 필요한 이미지와 나중에 필요한 이미지를 계획을 세워서 나누어, 나중에 필요한 이미지는 게임을 하는 도중에 백그라운드로 로드한다면, 플레이어는 이미지를 읽어오는 것을 거의 못 느끼도록 할 수도 있습니다.

MediaTracker 클래스를 사용하려면, 먼저 MediaTracker 객체를 생성한 후, addImage( ) 메서드로 읽어올 이미지를 등록해야 합니다.

```
MediaTracker myTracker= new MediaTracker(this);
Image myImage= getImage(getCodeBase(), "tong.gif");
myTracker.addImage(myImage, 0);
```

addImage( ) 메서드의 첫 번째 인수는 추적할 이미지이고, 두 번째 인수는 ID입니다. 이 ID를 통해서 프로그램이 해당하는 이미지가 로드되었는지 알 수 있습니다. ID는 각 이미지마다 고유하게 부여하는 것이 아니고, 같이 처리하고 싶은 이미지 그룹마다 부여해주면 됩니다. 예를 들어, 게임에서 타이틀에서 필요한 이미지 10개는 ID를 0으로 하고, 스테이지 1에서 필요한 이미지 25개는 1로 부여했다면, 다음처럼해서 ID가 0인 이미지들이 로드될 때까지 기다릴 수 있습니다.

```
myTracker.waitForID(0);
```

만약 ID와 상관없이 등록된 모든 이미지가 로드될 때까지 기다리고싶다면, waitForAll( ) 메서드를 사용하면 됩니다. 다음의 [표 10-4]는 MediaTracker 클래스의 대표적인 메서드들입니다.

메서드	설명
void addImage(Image img, int id)	이미지 img를 id로 등록
void addImage(Image img, int id, int w, int h)	가로 w, 세로 h 크기로 스케일한 이미지 img를 id로 등록
void waitForAll( )	등록된 모든 이미지들이 로드될 때까지 대기
void waitForID(int id)	id로 등록된 이미지들이 모두 로드될 때까지 대기

▲ 표 10-4 MediaTracker 클래스의 대표적인 메서드들

다음은 MediaTracker 클래스를 이용해서 여러 이미지의 로딩 상황을 보여주는 예제입니다. 이 예제에서는 모두 15개의 이미지를 로드하는데, 이미지가 로드되는 도중에는 drawRect( ) 메서드와 fillRect( ) 메서드로 이미지 로드 상황을 보여주고, 모든 이미지를 로드한 후에는 로드된 이미지들을 화면에 출력합니다.

MediaTrackerTest.java

```java
 1 : import java.applet.Applet;
 2 : import java.awt.*;
 3 :
 4 : public class MediaTrackerTest extends Applet
 5 :     implements Runnable
 6 : {
 7 :     int imageTotal;
 8 :     int imageLoaded;
 9 :
10 :     Image javacup[];
11 :     Thread clock;
12 :     MediaTracker myTracker;
13 :
14 :     public void init()
15 :     {
16 :        imageTotal= 15;
17 :        imageLoaded= 0;
18 :
19 :        myTracker= new MediaTracker(this);
20 :
21 :        javacup= new Image[imageTotal];
22 :
23 :        for(int i=0; i<imageTotal; i++){
24 :           // javacup[i]= getImage(getCodeBase(), "javacup"+i+".gif");
25 :           javacup[i]= Toolkit.getDefaultToolkit().getImage("C:\\java\\javacup"+i+".gif");
26 :           myTracker.addImage(javacup[i], i);
27 :        }
28 :     }
29 :
30 :     public void start()
31 :     {
32 :        if(clock==null){
33 :           clock= new Thread(this);
34 :           clock.start();
35 :        }
36 :     }
37 :
38 :     public void paint(Graphics g)
```

```
39 :    {
40 :        if(imageLoaded<imageTotal){
41 :            g.setColor(Color.blue);
42 :            g.drawRect(72, 115, 150, 40);
43 :            g.fillRect(72, 115, imageLoaded*10, 40);
44 :        }else{
45 :            for(int i=0; i<3; i++){
46 :                for(int j=0; j<5; j++){
47 :                    g.drawImage(javacup[i*5+j], j*59 ,i*90, 59, 90, this);
48 :                }
49 :            }
50 :        }
51 :    }
52 :
53 :    public void update(Graphics g)
54 :    {
55 :        paint(g);
56 :    }
57 :
58 :    public void run()
59 :    {
60 :        for(int i=0; i<imageTotal; i++){
61 :            try{
62 :                myTracker.waitForID(i);
63 :            }catch(InterruptedException ie){}
64 :
65 :            while((myTracker.statusID(i, true) & MediaTracker.COMPLETE) == 0){}
66 :
67 :            imageLoaded++;
68 :
69 :            repaint();
70 :
71 :            try{
72 :                clock.sleep(50);
73 :            }catch(InterruptedException ie){}
74 :        }
75 :    }
76 :
77 :    public void stop()
78 :    {
```

```
79 :        if((clock!=null)&&(clock.isAlive())){
80 :            clock= null;
81 :        }
82 :    }
83 : }
```

예제   **MediaTrackerTest.html**

```
1 : <HTML>
2 :    <HEAD>
3 :        <TITLE>MediaTrackerTest</TITLE>
4 :    </HEAD>
5 :    <BODY>
6 :        <APPLET CODE=MediaTrackerTest.class WIDTH=295 HEIGHT=270>
7 :        </APPLET>
8 :    </BODY>
9 : </HTML>
```

결과

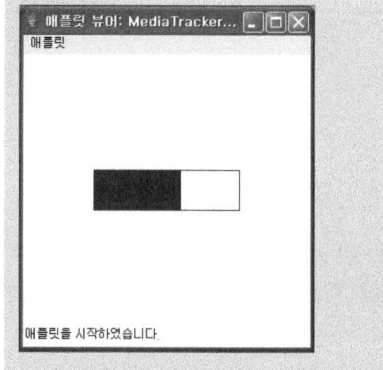 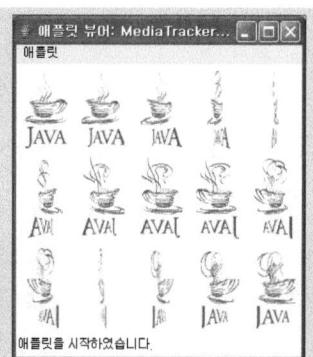

| 이미지를 읽어오는 동안에는 읽어온 이미지의 수만큼 사각형을 그려서 이미지 로딩 상태를 표시합니다. | 이미지를 모두 읽어온 후에는 읽어온 이미지를 화면에 모두 출력합니다. |

10.3 애니메이션

이미지에 따라 애니메이션을 구분하자면 다음처럼 3가지가 있을 수 있습니다.

① 이미지의 위치가 변하는 애니메이션,
② 이미지 자체가 바뀌는 애니메이션
③ 이미지가 바뀌면서 위치도 변하는 애니메이션

①은 이미지는 변화가 없지만 이미지가 출력되는 화면상의 x, y 좌표만 변하는 경우입니다. 게임을 예로 든다면, 떨어지는 폭탄이나 날아가는 총알 등이 이에 해당합니다. 일정한 시간마다 이미지가 출력될 x, y 좌표를 조금씩 변경하면 이미지가 움직이는 것처럼 보입니다. ②는 위치는 그대로인데 모양이 변하는 경우입니다. 예를 들어, 인사하는 사람이나 같은 자리에서 포탑을 돌리고 있는 대포 등이 이런 경우입니다. 이때는 다음의 [그림 10-3]과 같은 연속된 이미지들을 이미지 배열로 읽어온 후에 일정한 시간마다 배열의 첨자를 계속 바꾸면서 화면에 출력합니다. 화면에 출력되는 이미지가 계속 바뀌고, 이미지들은 서로 비슷하기 때문에 움직이는 것처럼 보이는 것입니다.

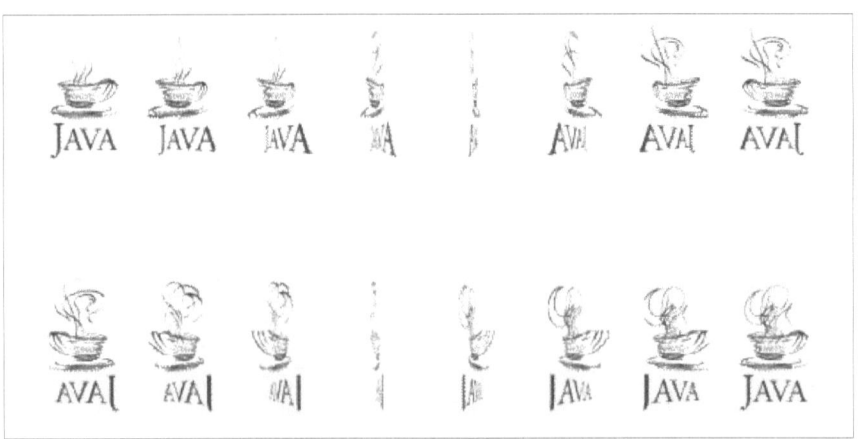

▲ 그림 10-3 연속적인 이미지들(자바컵)

③은 화면상의 x, y 좌표가 바뀌면서 이미지 자체도 변하는 경우입니다. 게임의 경우는 ①과 ②도 많이 사용되지만, 대부분 ③의 경우입니다. 예를 들어, 탱크가 움직이는 경우에 ①처럼 x, y 좌표만을 변화시키면 사실적이지 못하기 때문에, 보통은 x, y 좌표를 바꾸면서 탱크의 이미지도 반복적으로 바꿉니다. 사람이 움직이는 경우에도 x, y 좌표만을 바꿔서는 유령이 움직이는 것 같기 때문에, x, y 좌표를 바꾸면서 사람의 이미지도 바꾸기 마련입니다. 이 경우에도 ②에서처럼 연속된 이미지들을 배열로 읽어온 후에 일정한 시간마다 첨자를 계속 바꾸면서 화면에 출력합니다. ②와 다른 점은 ①에서처럼 출력되는 이미지의 x, y 좌표도 조금씩 변경하는 것입니다. 즉 ③은 ①과 ②를 합한 형태입니다.

이미지와 좌표의 변화에 따라 애니메이션을 구분한다면 위에서처럼 3가지로 나눌 수 있지만, 실제 구현하는 방법은 대동소이합니다. 3가지 경우 모두 사용할 이미지를 읽어 온 후, 스레드를 사용해서 일정한 시간마다 이미지를 출력하는 것입니다. 다만, 마지막에 이미지를 출력할 때, 이미지 배열 중 하나를 선택해서 출력하든지 아니면 좌표를 바꾸든지 하는 것만 다릅니다. 애니메이션은 눈의 착시 현상을 이용하는 것이기 때문에, 빠른 속도로 서로 다른 이미지를 연속해서 보여주면, 사람의 눈에는 움직이는 것처럼 보이는 것입니다. 따라서 기본적인 뼈대는 다음의 [그림 10-4]와 같습니다.

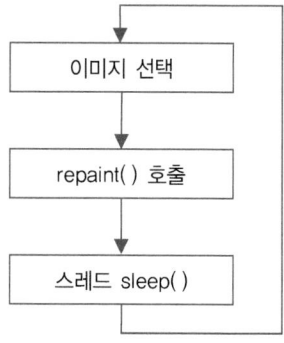

▲ 그림 10-4 애니메이션의 기본적인 과정

0.05초마다 자바컵을 돌리며 이동시키는 ③에 해당하는 애니메이션을 구현하려면, 먼저 [그림 10-3]의 16개의 이미지를 읽어서 다음처럼 이미지 배열인 javacup 변수에 저장합니다.

```
Image javacup[ ]= new Image[16];
for(int i=0;i<16;i++){
    javacup[i]= getImage(getCodeBase(), "javacup"+ i +".gif");
}
```

스레드를 선언하고 run( ) 메서드에서 0.05초마다 javacup 변수의 첨자와 x, y 좌표를 변경하고 repaint( ) 메서드를 호출하도록 합니다. 이때 x, y 좌표는 각각 0부터 400까지 변경시킵니다. repaint ( ) 메서드는 paint( ) 메서드를 실행시키고, paint( ) 메서드에서는 변경된 x, y 좌표에 해당하는 자바컵 이미지를 출력시키기 때문에, 자바컵이 돌면서 날아가는 것처럼 보이게 됩니다.

```
...
while(true){
    ...
    Thread.sleep(50);   // 0.05초간 스레드 중지시킨 후 실행
    ...
    if(x<400){   // x, y 좌표 변경 (0 ~ 400 사이)
        x++;
        y++;
    }else{
        x= y= 0;
    }
    index++;   // javacup 변수의 첨자 변경
    repaint();
}
...
```

완성된 자바컵 예제는 다음과 같습니다. 그런데, 다음 예제에서의 자바컵은 이동하면서 심하게 깜빡이는데, 그 이유와 해결책에 대해서는 10.4 update( ) 메서드의 이해에서 자세히 설명합니다.

JavaCup1.java

예제

```
 1 : import java.applet.Applet;
 2 : import java.awt.*;
 3 :
 4 : public class JavaCup1 extends Applet
 5 :     implements Runnable
 6 : {
 7 :     int imageTotal;
 8 :     int index;
 9 :     int x, y;
10 :
11 :     Image javacup[];
12 :     Thread clock;
13 :     MediaTracker myTracker;
14 :
15 :     public void init()
16 :     {
17 :         imageTotal= 16;
18 :
19 :         myTracker= new MediaTracker(this);
20 :
21 :         javacup= new Image[imageTotal];
22 :
23 :         for(int i=0; i<imageTotal; i++){
24 :             // javacup[i]= getImage(getCodeBase(), "javacup"+i+".gif");
25 :             javacup[i]= Toolkit.getDefaultToolkit().getImage("C:\\java\\javacup"+i+".gif");
26 :             myTracker.addImage(javacup[i], 0);
27 :         }
28 :
29 :         try{
30 :             myTracker.waitForAll();
31 :         }catch(InterruptedException ie){}
32 :
33 :         while((myTracker.statusAll(true) & MediaTracker.COMPLETE)==0){}
34 :
35 :         x= y= 0;
36 :     }
```

```
37 :
38 :      public void start()
39 :      {
40 :         if(clock==null){
41 :            clock= new Thread(this);
42 :            clock.start();
43 :         }
44 :      }
45 :
46 :      public void paint(Graphics g)
47 :      {
48 :         g.drawImage(javacup[index], x, y, 59, 90, this);
49 :      }
50 :
51 :      public void run()
52 :      {
53 :         while(true){
54 :            try{
55 :               clock.sleep(50);
56 :            }catch(InterruptedException ie){}
57 :
58 :            if(x<400){
59 :               x++;
60 :               y++;
61 :            }else{
62 :               x= y= 0;
63 :            }
64 :
65 :            if(index<imageTotal-1){
66 :               index++;
67 :            }else{
68 :               index= 0;
69 :            }
70 :
71 :            repaint();
72 :         }
73 :      }
74 :
75 :      public void stop()
76 :      {
```

```
77 :        if((clock!=null)&&(clock.isAlive())){
78 :            clock= null;
79 :        }
80 :    }
81 : }
```

JavaCup1.html

```
1 : <HTML>
2 :    <HEAD>
3 :        <TITLE>JavaCup1</TITLE>
4 :    </HEAD>
5 :    <BODY>
6 :        <APPLET CODE=JavaCup1.class WIDTH=400 HEIGHT=400>
7 :        </APPLET>
8 :    </BODY>
9 : </HTML>
```

결과

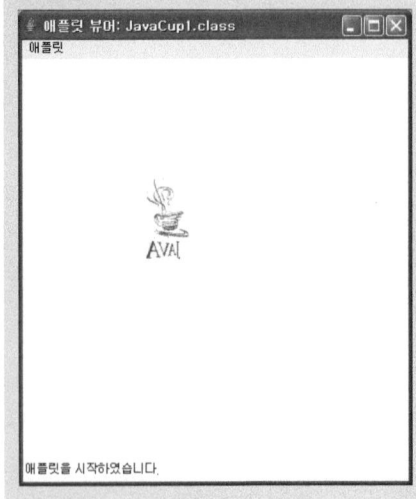

스레드가 0.05초마다 이미지의 출력 좌표와 이미지를 선택하기 때문에, 좌측 상단부터 우측 하단으로 자바컵이 돌면서 이동합니다. 그러나 이 예제는 매번 이전 이미지를 지우고 새 이미지를 출력하기 때문에 심하게 깜빡입니다.

10.4 update( ) 메서드

자바에서는 paint( ) 메서드를 직접 실행시킬 수 없습니다. 만약 paint( ) 메서드를 실행시켜야만 할 경우에는 대신 repaint( ) 메서드를 호출합니다. 자바 가상머신은 repaint( ) 메서드가 호출되면, 해당 컴포넌트의 update( ) 메서드를 실행시키고, update( ) 메서드는 다시 paint( ) 메서드를 호출하게 됩니다.

다음의 [그림 10-5]는 repaint( ) 메서드가 호출되었을 때, 자바 가상머신에서 그래픽 메서드를 호출하는 순서입니다.

▲ 그림 10-5 그래픽 메서드의 호출 순서

그렇다면 왜 자바 가상머신은 바로 paint( ) 메서드를 실행시키지 않고, update( ) 메서드를 호출하는 것일까요? 그것은 update( ) 메서드가 화면을 지워주기 때문입니다. update( ) 메서드는 그래픽 컨텍스트의 배경색으로 컴포넌트를 깨끗이 지우고, paint( ) 메서드를 부릅니다. 만일, update( ) 메서드를 호출하지 않고 바로 paint( ) 메서드를 부른다면, paint( ) 메서드는 그려진데다가 또 그리는 동작을 하게 됩니다. 다시 말해서 앞에서 그린 선분이나 그래픽이 있는 상태에서 새로운 선분이나 그래픽을 겹쳐 그리게 됩니다.

update( ) 메서드 덕분에 매번 깨끗한 화면에 그림이 그려지지만, 어떤 경우에는 불편할 수도 있습니다. 앞에서 만든 자바컵을 움직이는 예제는 잘 움직이지만, 심하게 깜빡이는데, update( ) 메서드의 영향이 큽니다. run( ) 메서드에서 repaint( )가 호출되면, update( ) 메서드가 실행되고, update( ) 메서드는 현재의 배경색으로 화면을 칠합니다. 따라서 화면의 이미지가 잠시 사라지고, paint( ) 메서드에서 새 이미지를 출력하게 됩니다. 이 과정이 반복되기 때문에 화면의 이미지는 계속 깜빡이는 것입니다.

이러한 애니메이션의 깜빡임을 해결하는 가장 손쉬운 방법은 update( ) 메서드를 오버라이딩해서 화면을 지우지 못하도록 하는 것입니다. 다음의 update( ) 메서드에서는 아무 일도 하지 않고 paint( ) 메서드를 부르기 때문에, 화면을 지우지 않습니다.

```
public void update(Graphics g)
{
   paint(g);
}
```

그러나 이렇게 하면, 다음의 [그림 10-6]처럼 이전 이미지의 잔상이 그대로 남아서 애니메이션이 되지 않습니다. 이미지의 위치는 변하지 않고 이미지 자체만 바뀌는 애니메이션의 경우는 이미지가 겹쳐서 그려지기 때문에 문제가 일어나지 않을 가능성도 있지만, 앞에서 만든 자바컵과 같이 이미지의 위치가 움직이는 애니메이션에서는 화면을 지우지 않고는 구현할 수가 없습니다.

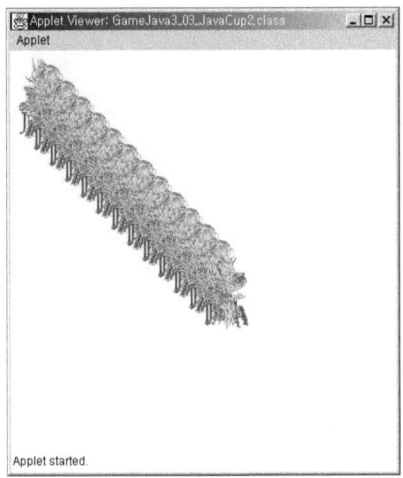

▲ 그림 10-6 update( ) 메서드에서 화면을 지우지 않기 때문에 생기는 잔상

이럴 때는 꼭 지워야할 부분만 지우면 다소 깜빡임을 줄일 수 있습니다. 예를 들어 이미지의 크기가 가로 59, 세로 90이고, 한 번에 x와 y를 1씩 증가한다면, 다음처럼 이전 이미지를 지울 수 있습니다.

```
public void update(Graphics g)
{
    Color bgColor= getBackground();
    g.setColor(bgColor);
    g.fillRect(x-1, y-1, 59, 90);

    paint(g);
}
```

다음은 앞에서 만든 자바컵 예제의 update( ) 메서드를 수정하여 깜빡임을 줄인 예제입니다. 이렇게 했는데도 깜빡인다면, 어쩔 수 없이 더블버퍼링을 이용해야만 합니다.

JavaCup2.java

```
1 : import java.applet.Applet;
2 : import java.awt.*;
3 :
4 : public class JavaCup2 extends Applet
5 :     implements Runnable
6 : {
7 :     int imageTotal;
8 :     int index;
9 :     int x, y;
```

```
10 :
11 :    Image javacup[];
12 :    Thread clock;
13 :    MediaTracker myTracker;
14 :
15 :    public void init()
16 :    {
17 :       imageTotal= 16;
18 :
19 :       myTracker= new MediaTracker(this);
20 :
21 :       javacup= new Image[imageTotal];
22 :
23 :       for(int i=0; i<imageTotal; i++){
24 :          // javacup[i]= getImage(getCodeBase( ), "javacup"+i+".gif");
25 :          javacup[i]= Toolkit.getDefaultToolkit().getImage("C:\\java\\javacup"+i+".gif");
26 :          myTracker.addImage(javacup[i], 0);
27 :       }
28 :
29 :       try{
30 :          myTracker.waitForAll();
31 :       }catch(InterruptedException ie){}
32 :
33 :       while((myTracker.statusAll(true) & MediaTracker.COMPLETE)==0){}
34 :
35 :       x= y= 0;
36 :    }
37 :
38 :    public void start()
39 :    {
40 :       if(clock==null){
41 :          clock= new Thread(this);
42 :          clock.start();
43 :       }
44 :    }
45 :
46 :    public void paint(Graphics g)
47 :    {
48 :       g.drawImage(javacup[index], x, y, 59, 90, this);
49 :    }
```

```
50 :
51 :    public void update(Graphics g)
52 :    {
53 :       Color bgColor= getBackground( );
54 :       g.setColor(bgColor);
55 :       g.fillRect(x-1, y-1, 59, 90);
56 :
57 :       paint(g);
58 :    }
59 :
60 :    public void run( )
61 :    {
62 :       while(true){
63 :          try{
64 :             clock.sleep(50);
65 :          }catch(InterruptedException ie){}
66 :
67 :          if(x<400){
68 :             x++;
69 :             y++;
70 :          }else{
71 :             x= y= 0;
72 :          }
73 :
74 :          if(index<imageTotal-1){
75 :             index++;
76 :          }else{
77 :             index= 0;
78 :          }
79 :
80 :          repaint( );
81 :       }
82 :    }
83 :
84 :    public void stop( )
85 :    {
86 :       if((clock!=null)&&(clock.isAlive( ))){
87 :          clock= null;
88 :       }
89 :    }
```

90 :   }

예제　　　　　　　　　　　　　　　　　　　　　　　　　　　　**JavaCup2.html**

```
1 : <HTML>
2 :     <HEAD>
3 :         <TITLE>JavaCup2</TITLE>
4 :     </HEAD>
5 :     <BODY>
6 :         <APPLET CODE=JavaCup2.class WIDTH=400 HEIGHT=400>
7 :         </APPLET>
8 :     </BODY>
9 : </HTML>
```

결과

update( ) 메서드에서 전체 화면을 지우지 않고 이전 이미지의 위치와 크기를 계산하여, 화면의 일부만 배경색으로 지우기 때문에 깜빡임이 줄었습니다.

10.5 더블 버퍼링의 이해

앞에서 배운 대로 update( ) 메서드를 잘 설계하면 깜빡임을 효율적으로 줄일 수 있지만, 결국에는 어느 정도의 깜빡임을 도저히 피할 수 없는 경우가 생깁니다. 아무리 화면을 효율적으로 나누어도 화면에 출력하는 부분을 줄이는데는 한계가 있기 때문에, 지우고 다시 그리는 부분이 많으면 많을수록 깜빡임이 증가하는 것입니다. 그래서 나온 기법이 더블버퍼링입니다.

더블버퍼링을 쉽게 이해하려면 화면이 2개 있다고 생각하면 됩니다. 아래 [그림 10-7]처럼 A화면과 B화면이 있고, A화면은 실제 모니터에 나타나는 화면이고, B화면은 A화면과 똑같지만 눈에는 안 보이는 가상의 화면이라고 가정합시다. 더블버퍼링에서는 고민해서 update( )를 설계할 필요 없이, B화면을 지우고 모든 이미지를 출력합니다. 모든 이미지가 B화면에 나타나면, B화면을 통째로(필요하다면 일부만) A화면에 덮어씌웁니다. 이렇게 하면, 화면에 출력하는 것이 단 1회이고, 화면을 지우는 과정이 없기 때문에 깜빡임이 없어집니다.

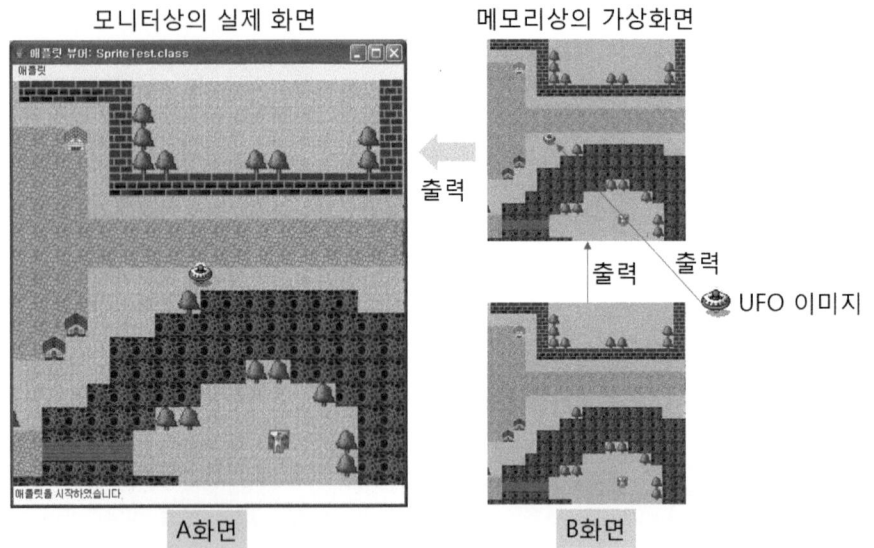

▲ 그림 10-7 더블버퍼링의 가상화면과 실제 화면의 관계

만약, 제대로 더블버퍼링을 했는데도 깜빡인다면, 하드웨어적으로 해결하는 방법 밖에는 없습니다. 즉, 더 좋은 컴퓨터를 구입해야 한다는 뜻이죠. 더블버퍼링의 유일한 단점은 화면과 동일한 가상화면을 메모리에 만들기 때문에, 그 만큼 메모리가 사용된다는 점입니다. 그러나 메모리의 양이 부족해서 프로그램을 실행시킬 수 없는 경우가 아니라면, 부드러운 애니메이션이 가능하기 때문에 더블버퍼링을 쓰는 것이 당연합니다.

실제로 더블버퍼링을 구현할 때는 다음처럼 3가지 단계를 거칩니다.

❶ 가상화면과 그래픽 컨텍스트를 생성합니다.

가상화면은 Image 클래스의 객체로 만들고, 가상화면에 출력하기 위한 그래픽 컨텍스트인 Graphics 클래스의 객체를 만듭니다. off라는 이름으로 가로 400, 세로 200 크기인 가상화면을 만든다면 다음처럼 하면 됩니다.

```
Image off= createImage(400, 400);
Graphics offG= off.getGraphics();
```

이 이후부터 offG 객체의 그래픽 메서드를 사용한 모든 결과는 off에 출력됩니다.

❷ 이미지를 가상화면에 출력합니다.

이미지를 실제 화면에 출력하지 않고 가상화면인 off에 출력합니다. off에 선분이나 그래픽을 그리거나 이미지를 출력할 때는 off의 그래픽 컨텍스트인 offG를 사용하면 됩니다. offG는 Graphics 클래스의 객체이기 때문에 앞에서 배운 자바의 모든 그래픽 명령들을 사용할 수 있습니다. 다음은 javacup 변수에 저장된 이미지를 가상화면 off에 출력하는 예입니다.

```
offG.drawImage(javacup[index], x, y, this);
```

필요하다면 drawImage() 메서드로 이미지를 출력하기 전에, 다음처럼 fillRect() 메서드로 화면을 지울 수도 있습니다. fillRect() 메서드로 가상화면을 지울 때는 깜빡임을 신경 쓸 필요가 없어서 편리합니다.

```
Color bgColor= getBackground();
offG.setColor(bgColor);
offG.fillRect(0, 0, 400, 400);
offG.drawImage(javacup[index], x, y, this);
```

❸ 가상화면을 실제 화면으로 옮깁니다.

가상화면 off는 이미지이기 때문에 drawImage() 메서드로 쉽게 옮길 수 있습니다. 이때 그래픽 컨텍스트를 가상화면의 그래픽 컨텍스트인 offG가 아닌, 실제 화면의 그래픽 컨텍스트 g를 사용해야 실제 화면에 출력됩니다. 다음은 paint() 메서드에서 가상화면을 실제 화면으로 덮어씌우는 예입니다. 아래 예처럼 더블버퍼링을 이용한 프로그램에서는 대개 paint() 메서드를 가상화면을 실제 화면으로 옮기는 용도로만 사용합니다.

```
public void paint(Graphics g)
{
    g.drawImage(off, 0, 0, this);
}
```

다음 예제는 앞에서 만든 자바컵 예제를 더블버퍼링을 이용해서 구현한 예제입니다. 훨씬 더 부드럽게 움직이는 것을 알 수 있습니다.

JavaCup3.java

예제

```
1 : import java.applet.Applet;
2 : import java.awt.*;
3 :
4 : public class JavaCup3 extends Applet
5 :     implements Runnable
```

```
 6 :   {
 7 :     int imageTotal;
 8 :     int index;
 9 :     int x, y;
10 :
11 :     Image javacup[];
12 :     Thread clock;
13 :     MediaTracker myTracker;
14 :
15 :     Image off;
16 :     Graphics offG;
17 :
18 :     public void init()
19 :     {
20 :       off= createImage(400, 400);
21 :       offG= off.getGraphics();
22 :
23 :       imageTotal= 16;
24 :
25 :       myTracker= new MediaTracker(this);
26 :
27 :       javacup= new Image[imageTotal];
28 :
29 :       for(int i=0; i<imageTotal; i++){
30 :         // javacup[i]= getImage(getCodeBase(), "javacup"+i+".gif");
31 :         javacup[i]= Toolkit.getDefaultToolkit().getImage("C:\\java\\javacup"+i+".gif");
32 :         myTracker.addImage(javacup[i], 0);
33 :       }
34 :
35 :       try{
36 :         myTracker.waitForAll();
37 :       }catch(InterruptedException ie){}
38 :
39 :       while((myTracker.statusAll(true) & MediaTracker.COMPLETE)==0){}
40 :
41 :       x= y= 0;
42 :     }
43 :
44 :     public void start()
45 :     {
```

```
46 :        if(clock==null){
47 :           clock= new Thread(this);
48 :           clock.start();
49 :        }
50 :     }
51 :
52 :     public void paint(Graphics g)
53 :     {
54 :        g.drawImage(off, 0, 0, 400, 400, this);
55 :     }
56 :
57 :     public void update(Graphics g)
58 :     {
59 :        paint(g);
60 :     }
61 :
62 :     public void run()
63 :     {
64 :        while(true){
65 :           try{
66 :              clock.sleep(50);
67 :           }catch(InterruptedException ie){}
68 :
69 :           if(x<400){
70 :              x++;
71 :              y++;
72 :           }else{
73 :              x= y= 0;
74 :           }
75 :
76 :           if(index<imageTotal-1){
77 :              index++;
78 :           }else{
79 :              index= 0;
80 :           }
81 :
82 :           Color bgColor= getBackground();
83 :           offG.setColor(bgColor);
84 :           offG.fillRect(x-1, y-1, 59, 90);
85 :           offG.drawImage(javacup[index], x, y, 59, 90, this);
```

```
86 :
87 :          repaint();
88 :        }
89 :    }
90 :
91 :    public void stop()
92 :    {
93 :        if((clock!=null)&&(clock.isAlive())){
94 :          clock= null;
95 :        }
96 :    }
97 : }
```

JavaCup3.html

```
1 : <HTML>
2 :    <HEAD>
3 :       <TITLE>JavaCup3</TITLE>
4 :    </HEAD>
5 :    <BODY>
6 :       <APPLET CODE=JavaCup3.class WIDTH=400 HEIGHT=400>
7 :       </APPLET>
8 :    </BODY>
9 : </HTML>
```

결과

화면에 출력된 이미지를 삭제하고 새 이미지를 출력하는 과정에서 깜빡임이 발생하기 때문에, 가상화면에서 이미지의 삭제와 출력 작업을 하고 실제 화면에는 한번만 출력하는 방식으로 바꾸었습니다.

10.6 스프라이트

스프라이트는 게임에서 사용하는 고급 애니메이션 테크닉입니다. 자동차, 비행기, 포탄, 총알 등 게임 상에서 움직이는 수많은 캐릭터들을 모두 관리하기가 무척 어렵기 때문에, 움직이는 캐릭터들을 하나의 스프라이트로 선언하고, 각 스프라이트를 움직여서 게임을 진행하는 것입니다. 예를 들어, 게임 화면에 사람이 나온다면, 사람 스프라이트는 상, 하, 좌, 우로 움직이는데 필요한 수많은 이미지들과 메서드의 집합이 됩니다. 만약 사람이 왼쪽으로 걸어가는데, 5장의 이미지를 반복해서 보여줘야 한다면, 5사람이 나오는 게임의 화면에서는 화면상의 모든 사람들이 왼쪽으로 움직이는데 25장의 이미지를 관리해야 합니다. 실제로는 여러 방향으로 제각기 움직이기 때문에 훨씬 더 복잡해집니다. 이때 사람 캐릭터 하나가 움직이는데 필요한 모든 이미지와 애니메이션을 스프라이트로 정해두면, 5사람을 움직이는데 5개의 스프라이트만 관리하면 되기 때문에 훨씬 간편해집니다.

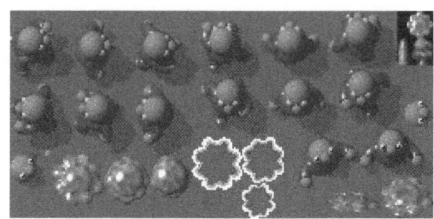

▲ 그림 10-8 게임에서 사람 스프라이트를 구성하는 이미지들의 예 (아메바 게임)

스프라이트를 사용하는 다른 이유는 충돌을 검사하기 위해서 입니다. 예를 들어, 슈팅 게임에서 상대방이 쏜 총알에 맞았는지를 감지하려면 각 이미지의 위치와 크기를 계산해서 겹치는지 조사해야 합니다. 실제 게임에서는 많은 캐릭터가 상, 하, 좌, 우로 불규칙하게 움직이고 각 캐릭터는 계속 모습이 변하기 때문에 겹치는 부분을 검사하는데 많은 시간이 걸립니다. 스프라이트를 사용하면, 각 스프라이트가 현재의 이미지와는 상관없이 다른 스프라이트와의 충돌을 검사하도록 할 수 있기 때문에 프로그래밍이 쉬워지고 처리 속도도 빨라집니다.

이 외에도 스프라이트를 사용하면 여러 이점이 있습니다만, 한 가지만 더 언급하자면 캐릭터의 3차원적인 표현이 가능하다는 점입니다. 예를 들어 A비행기와 B비행기가 화면을 가로지를 때, A비행기 스프라이트는 높이 값을 3으로 하고, B비행기 스프라이트의 높이 값을 1로 하면, 두 스프라이트는 충돌하지 않고 지나가도록 할 수 있습니다. 스프라이트를 사용하지 않고 이미지 처리만으로 높이를 계산한다는 것은 상당히 까다로운 일입니다.

원래 스프라이트는 게임기에서 하드웨어적으로 지원해주는 기능이지만, GIF89a의 투명색 효과를 사용하면 소프트웨어적으로도 쉽게 구현할 수 있습니다. 자바에서 스프라이트를 구현하는 것은 별로 어려운 일은 아닙니다. 하지만, 필요한 모든 기능을 포함하고 있고, 어떠한 경우에도 잘 사용될 수 있는 좋은 스프라이트를 만드는 것은 상당히 복잡하고 까다로운 일입니다. 여기서는 스프라이트를 만드는데 필요한 기초 지식만을 배워 보겠습니다. 다양한 게임과 자바 프로그램을 만들다보면 여러분 나름대로의 스프라이트 클래스를 정의해서 사용하게 될 것입니다.

1 투명한 이미지

스프라이트가 배경 이미지나 다른 스프라이트와 겹쳐질 때는 스프라이트의 뒷부분에 다른 이미지가 겹쳐 보여야 합니다. 이렇게 이미지 객체의 픽셀 중에서 특정한 부분을 투명하게 처리하여 뒷부분의 이미지가 보이도록 한 부분을 투명색이라고 합니다. 투명색을 사용하면, 일반적인 직사각형 이미지가 아닌 다양한 형태의 이미지를 만들 수 있습니다. 다음의 [그림 10-9]는 일반 이미지와 투명색을 사용한 투명한 이미지를 배경 이미지와 겹쳐 보인 것입니다.

▲ 그림 10-9 일반 이미지와 투명한 이미지

투명한 이미지는 이미지 파일 형식의 일종인 GIF89a에서 지원하고 있습니다. 자바는 GIF 이미지를 완벽하게 지원하기 때문에, 포토샵이나 페이트샵 프로와 같은 그래픽툴에서 GIF89a 형식으로 저장한 이미지를 자유자재로 사용할 수 있습니다. 이미지의 일부분을 투명하게 만들려면 다음처럼 하면 됩니다.

■ 포토샵에서 투명한 이미지 만드는 법

① 포토샵을 실행합니다. 이 책은 포토샵 책이 아니기 때문에 자세한 설명은 피하고, 투명한 이미지를 만드는데 필요한 부분만 설명하겠습니다. 아래의 그림에서 눈여겨볼 곳은 이미지에 적용할 여러 도구들이 들어 있는 툴박스와 레이어가 나타나는 레이어 팔레트입니다.

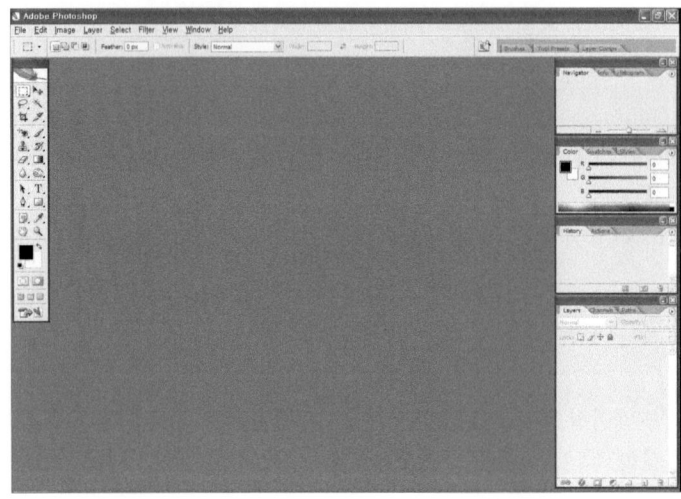

▲ 포토샵이 실행된 모습

② 변환시킬 이미지를 불러옵니다.

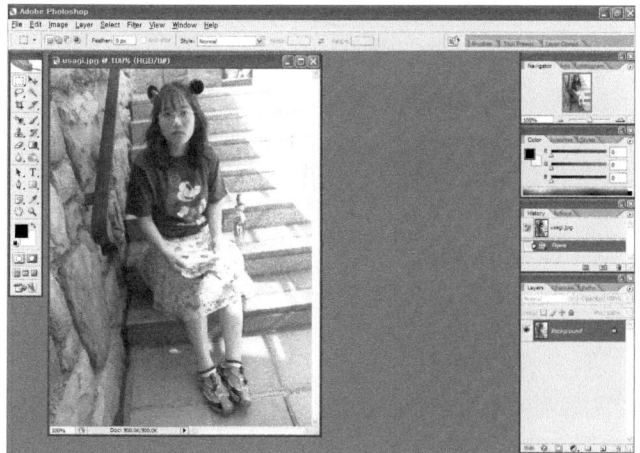

◀ usagi.jpg를 불러온 모습

③ 툴박스에서 선택 도구를 사용하여 샘플 이미지에서 투명색으로 바꾸고 싶은 부분을 선택합니다.

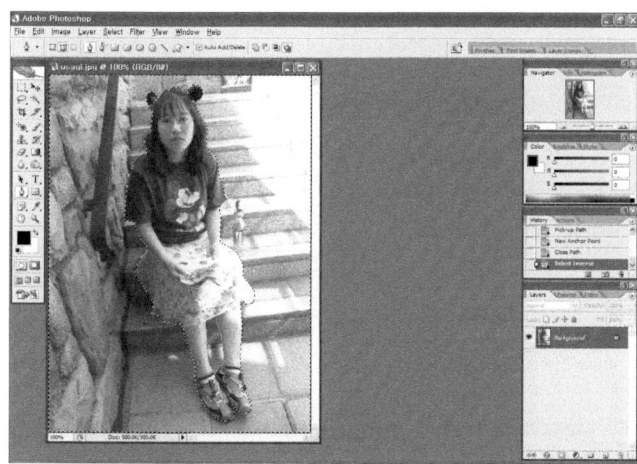

◀ 배경을 선택한 모습

④ 선택한 영역을 삭제해야만 투명색으로 만들 수 있는데, 포토샵에서 백그라운드(Background) 레이어는 삭제할 수 없기 때문에 레이어의 이름을 바꾸어야 합니다. 레이어 팔레트를 더블클릭 하면 레이어의 이름을 입력하는 다이얼로그 박스가 나타납니다. 적당한 이름을 주거나 그냥 [OK] 버튼을 눌러도 무방합니다. 다이얼로그 박스가 사라지면, 백그라운드 레이어가 다른 이름 으로 바뀝니다.

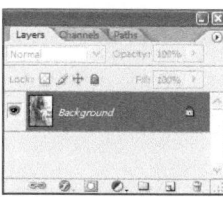 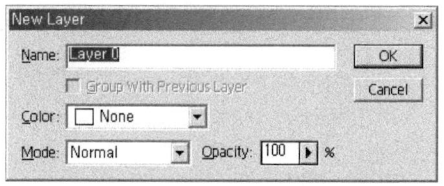

▲ 백그라운드(Background) 레이어　　▲ 레이어 팔레트를 더블클릭하면 나타나는 다이얼로그 박스

Chapter 10 슬롯머신 게임 | 399

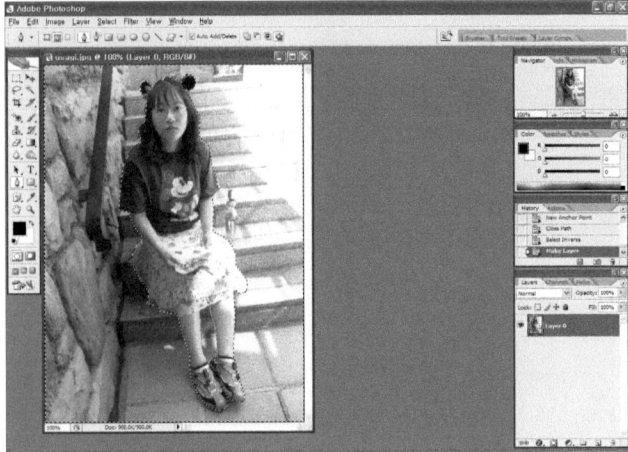

◀ 이름이 바뀐 레이어

⑤ `Delete` 를 누르면, 선택한 영역이 사라지고 회색의 격자 무늬가 나타납니다. 이 부분이 투명색으로 지정된 부분입니다.

◀ 선택한 영역을 삭제한 모습

⑥ 메뉴의 [File]-[Save For Web]을 클릭하면 그림과 같은 다이얼로그 박스가 나타납니다. 우선, 파일 형식을 GIF로 선택하고 투명(Transparency) 체크박스를 체크합니다. 투명(Transparency) 체크박스를 체크하지 않으면 투명색으로 저장되지 않으니 반드시 체크해야 합니다. [Save] 버튼을 누릅니다.

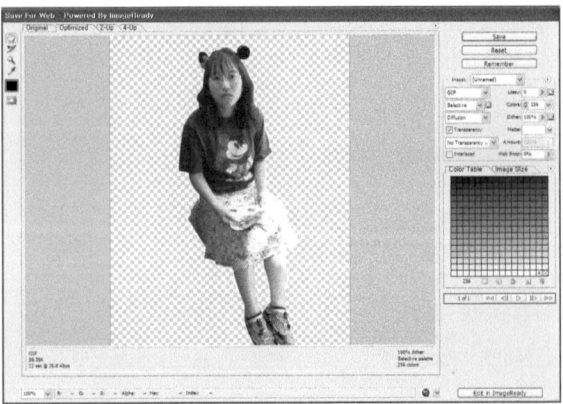

◀ Save For Web 다이얼로그 박스

⑦ 파일 이름을 입력하고 [저장] 버튼을 눌러 파일을 저장합니다.

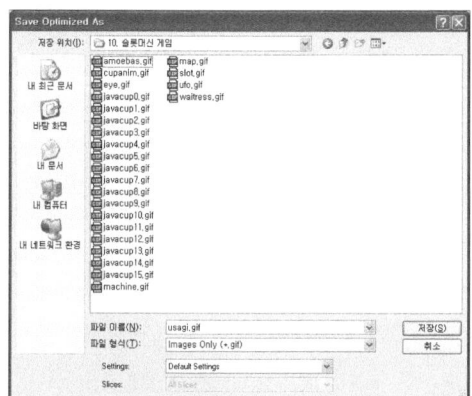

◀ 파일 다이얼로그 박스

⑧ 원본 이미지와 새로 만든 투명한 이미지를 비교해 보면 그림과 같습니다. 차이점을 보이기 위해서 배경색을 초록색으로 지정해보았습니다.

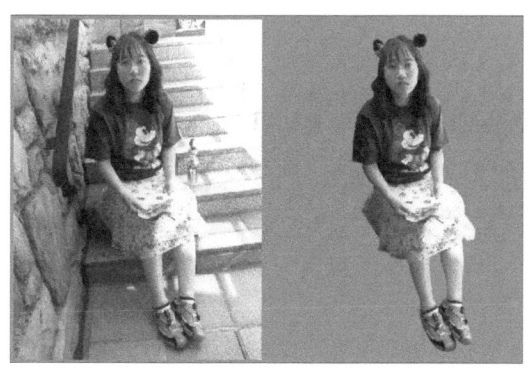

◀ 원본 이미지와 투명한 이미지

2 프레임 애니메이션

하나의 스프라이트가 하나의 이미지로 구성될 수도 있지만, 여러 개의 이미지로 구성되는 경우도 있습니다. 예를 들어 걸어가는 사람의 모습이나 날아가는 새의 날개짓은 각 동작을 나타내는 연속적인 이미지들의 집합으로 나타냅니다. 이런 연속적인 이미지들의 집합을 구성하는 각 이미지를 프레임이라고 하고, 스프라이트는 프레임을 포함하고 있다가 일정한 시간마다 자동으로 적절한 프레임을 화면에 출력하는 프레임 애니메이션을 구현해야 합니다.

프로그래머에 따라서는 프레임 애니메이션을 스프라이트 내에서 구현하지 않고, 프레임 애니메이션을 하는데 필요한 메서드들만 정의하기도 합니다. 가장 쉽게 프레임 애니메이션을 구현하는 방법은 스프라이트는 하나의 이미지만 포함하도록 하고, 그 이미지를 움직이는 GIF로 만드는 것입니다. 자바는 GIF를 완벽하게 지원하기 때문에, 움직이는 GIF 파일도 사용할 수 있습니다. 다만 움직이는 GIF의 경우는 애니메이션되는 프레임의 순서나 시작, 정지 등을 자유롭게 할 수 없다는 문제가 있습니다.

3 충돌 체크

게임에서 특히 많이 쓰는 기능은 스프라이트 간의 충돌입니다. 충돌은 게임을 어떻게 정의하느냐에 따라 달라지지만, 일반적으로 2차원 게임에서는 두 스프라이트를 감싸는 사각형의 양 끝점간의 거리와 두 스프라이트의 크기를 더한 값을 비교해서 알아낼 수 있습니다. 예를 들어, 다음의 [그림 10-10]과 같이 A자동차와 B자동차가 서로 충돌했는지 검사하려면 A자동차의 최소 x 값(x1)과 B자동차의 최대 x 값(x4)의 차이와 A자동차의 x축 길이(x2-x1) + B자동차의 x축 길이(x4-x3)를 비교해서 전자가 후자보다 작으면 충돌가능성이 있는 것으로 봅니다. 만일 y축에 대해서도 이러한 등식이 성립하면 두 자동차는 충돌한 것입니다. 2차원은 이렇게 비교적 간단하지만, 3차원의 스프라이트의 경우는 높이 값까지 고려해야 하기 때문에, 이보다 훨씬 복잡합니다.

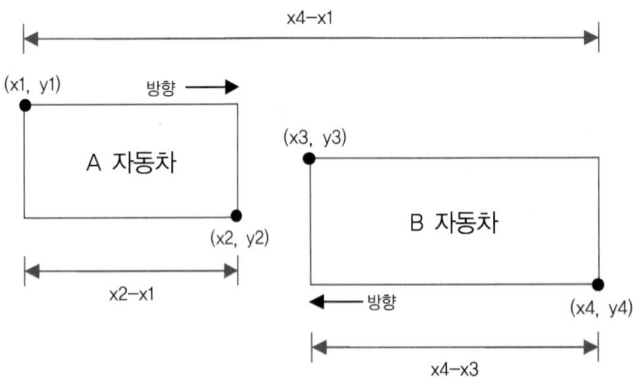

▲ 그림 10-10 두 스프라이트의 충돌 체크 (x축에 대해서)

4 높이순 정렬(z-order)

좀 더 복잡한 스프라이트의 경우는 높이 값도 가지고 있어야 합니다. 높이 값은 x축, y축과 더불어 높이 또는 깊이를 표현하는 z 값이 되는 셈입니다. 주의해야 할 점은 스프라이트 목록은 항상 이 z 값 순서대로 정렬되어 있어야 한다는 것입니다. 왜냐하면 z 값이 스프라이트가 화면에 나타나야하는 깊이이기 때문입니다. z 값이 낮은 스프라이트가 먼저 그려지고, z 값이 높은 스프라이트가 더 높은 위치에 있는 것으로 나중에 그려져야만 합니다. z 값이 있는 경우에는 스프라이트의 충돌 체크 때 같은 높이인지도 체크해야 하기 때문에 더 복잡해집니다.

다음은 잔디, 나무, 호수, 집 등이 있는 배경을 UFO가 날아다니는 예제입니다. UFO는 GIF89a를 사용해서 투명한 이미지를 만들었고, 마우스 커서를 따라 다닙니다. 이 예제에서는 특별히 스프라이트 클래스를 정의하지 않고 애플릿 상에서 스프라이트 기법을 구현하였지만, 실제로 복잡한 게임에서는 따로 스프라이트 클래스를 만들고 스프라이트 객체를 생성해서 사용합니다.

SpriteTest.java

```java
1 : import java.applet.Applet;
2 : import java.awt.*;
3 : import java.awt.event.*;
4 :
5 : public class SpriteTest extends Applet
6 :     implements Runnable, MouseMotionListener
7 : {
8 :    Thread clock;       // 기준되는 시계
9 :
10 :   Image off;          // 메모리 상의 가상화면
11 :   Graphics offG;
12 :
13 :   Image bgImage;      // 배경 이미지
14 :   Image ufo;          // ufo 이미지
15 :   int x, y;           // ufo의 x,y좌표
16 :
17 :   int mouseX, mouseY; // 마우스 커서의 위치
18 :
19 :   public void init()
20 :   {
21 :      // 메모리 상에 가상화면 만들기
22 :      off= createImage(500, 500);
23 :      offG= off.getGraphics();
24 :
25 :      // 이미지 로드
26 :      MediaTracker myTracker= new MediaTracker(this);
27 :
28 :      // bgImage= getImage(getCodeBase(), "map.gif");
29 :      bgImage= Toolkit.getDefaultToolkit().getImage("C:\\java\\map.gif");
30 :      myTracker.addImage(bgImage,0);
31 :      // ufo= getImage(getCodeBase(), "ufo.gif");
32 :      ufo= Toolkit.getDefaultToolkit().getImage("C:\\java\\ufo.gif");
33 :      myTracker.addImage(ufo,0);
34 :
35 :      try{
36 :         myTracker.waitForAll();
37 :      }catch(InterruptedException ie){}
38 :
```

```
39 :        while((myTracker.statusAll(true) & MediaTracker.COMPLETE)==0){}
40 :
41 :        x=100; y=100;            // ufo의 시작 위치
42 :        mouseX=100; mouseY=100;  // 마우스 커서 초기값
43 :
44 :        addMouseMotionListener(this); // 마우스 사용을 선언
45 :     }
46 :
47 :     public void start()
48 :     {
49 :        if(clock==null){
50 :           clock= new Thread(this);
51 :           clock.start();  // 시계 시작
52 :        }
53 :     }
54 :
55 :     public void paint(Graphics g)
56 :     {
57 :        // 가상화면을 실제화면에 출력
58 :        g.drawImage(off, 0, 0, this);
59 :     }
60 :
61 :     public void update(Graphics g)
62 :     {
63 :        paint(g);
64 :     }
65 :
66 :     public void run()
67 :     {
68 :        while(true)
69 :        {
70 :           try{
71 :              clock.sleep(50);
72 :           }catch(InterruptedException ie){}
73 :
74 :           // ufo의 위치 조정 (마우스 커서 방향으로)
75 :           if(x<mouseX){
76 :              x++;
77 :           }else if(x>mouseX){
78 :              x--;
```

```java
 79 :         }
 80 :
 81 :         if(y<mouseY){
 82 :            y++;
 83 :         }else if(y>mouseY){
 84 :            y--;
 85 :         }
 86 :
 87 :         offG.setColor(Color.white);
 88 :         offG.fillRect(0,0,500,500);
 89 :         offG.drawImage(bgImage, 0, 0, this);
 90 :         offG.drawImage(ufo, x, y, this); // 가상화면에 출력
 91 :
 92 :         repaint(); // paint() 호출
 93 :      }
 94 :   }
 95 :
 96 :   public void stop()
 97 :   {
 98 :      if((clock!=null)&&(clock.isAlive())){
 99 :         clock=null; // 시계 정지(없앰)
100 :      }
101 :   }
102 :
103 :   public void destroy()
104 :   {
105 :      // 종료 루틴
106 :   }
107 :
108 :   // 마우스 모션 처리 루틴
109 :   public void mouseMoved(MouseEvent e)
110 :   {
111 :      // 마우스를 움직일 때
112 :      mouseX= e.getX();      // 마우스 커서의 x 좌표
113 :      mouseY= e.getY();      // 마우스 커서의 y 좌표
114 :      repaint();             // 화면 새로 그리기
115 :   }
116 :   public void mouseDragged(MouseEvent e)
117 :   {
118 :      // 마우스를 드래그할때(버튼을 누르고 움직일 때)
```

```
119 :     }
120 : }
```

예제 SpriteTest.html

```
1 : <HTML>
2 :   <HEAD>
3 :     <TITLE>SpriteTest</TITLE>
4 :   </HEAD>
5 :   <BODY>
6 :     <APPLET CODE=SpriteTest.class WIDTH=500 HEIGHT=500>
7 :     </APPLET>
8 :   </BODY>
9 : </HTML>
```

결과

가상화면에 먼저 map.gif를 출력하고 GIF89a로 만든 투명이미지인 ufo.gif를 그 위에 출력하는 방식으로 스프라이트를 구현하였습니다.

10.7 이미지 프로세싱

자바에서는 이미지 객체의 일부를 그리거나 상하좌우를 뒤집는 등의 이미지 프로세싱을 쉽게 할 수 있습니다. 여기서는 기본적인 이미지 프로세싱에 대해 알아보겠습니다. 자바에는 다양한 이미지 프로세싱 명령을 준비하고 있기 때문에, 여기서 다루지 않은 더 복잡한 이미지 프로세싱이 필요한 사람은 컬러 모델, 이미지 필터, Java2D API 등을 사용하면 됩니다.

1 이미지 크기

이미지를 다루는 프로그램에서 이미지의 크기를 알아야 할 경우가 있습니다. 이런 경우, Image 클래스의 getWidth( ) 메서드와 getHeight( ) 메서드를 사용하면 됩니다. 다음의 [표 10-5]는 getWidth( ) 메서드와 getHeight( ) 메서드의 사용 형식입니다.

메서드	설명
int getWidth(ImageObserver observer)	이미지의 가로 크기를 반환
int getHeight(ImageObserver observer)	이미지의 세로 크기를 반환

▲ 표 10-5 MediaTracker 클래스의 대표적인 메서드들

getWidth( ) 메서드와 getHeight( ) 메서드는 각각 이미지의 너비와 높이를 픽셀 단위로 돌려줍니다. 이미지가 아직 로드되지 않은 등의 이유로 크기 정보를 알 수 없는 경우에는 -1일 돌려줍니다. observer는 drawImage( ) 메서드와 같은 의미이고, 보통은 this 또는 null을 주면 됩니다. 다음은 myImage에 저장된 이미지의 가로, 세로 크기를 출력하는 예제입니다.

ImageSizeTest.java

```
 1 : import java.applet.*;
 2 : import java.awt.*;
 3 :
 4 : public class ImageSizeTest extends Applet
 5 : {
 6 :    Image myImage;
 7 :
 8 :    public void init( )
 9 :    {
10 :       // myImage= getImage(getCodeBase( ), "angel.jpg");
11 :       myImage= Toolkit.getDefaultToolkit( ).getImage("C:\\java\\angel.jpg");
12 :    }
13 :
14 :    public void paint(Graphics g)
15 :    {
16 :       g.drawImage(myImage, 0, 0, this);
17 :
18 :       // 이미지 크기 출력
19 :       g.drawString("가로 크기: "+ myImage.getWidth(this), 10, 220);
20 :       g.drawString("세로 크기: "+ myImage.getHeight(this), 10, 240);
21 :    }
22 : }
```

예제

```
1 : <HTML>
2 :   <HEAD>
3 :     <TITLE>ImageSizeTest</TITLE>
4 :   </HEAD>
5 :   <BODY>
6 :     <APPLET CODE=ImageSizeTest.class WIDTH=384 HEIGHT=260>
7 :     </APPLET>
8 :   </BODY>
9 : </HTML>
```

결과

이미지를 출력하고 하단에 이미지의 가로, 세로 크기를 출력하였습니다.

2 이미지 스케일링

이미지 스케일링은 이미지의 크기를 변경(축소, 확대 등)하여 출력하는 것입니다. 포토샵이나 페인트샵 프로와 같은 그래픽툴에서 원본 이미지를 스케일링할 수 있지만, 원본 이미지는 그대로 두고 프로그램에서 출력되는 이미지만 스케일링 할 수 있습니다. 앞에서 이미 배운 drawImage( ) 메서드들 중에는 그리고 싶은 이미지의 영역과 그려질 화면의 영역을 정할 수 있는 메서드가 있습니다. 오버로딩되어 있는 drawImage( ) 메서드들 중 다음의 [표 10-6]의 drawImage( ) 메서드를 사용하면 이미지를 스케일링할 수 있습니다.

메서드	설명
boolean drawImage(Image img, int dx1, int dy1, int dx2, int dy2, int sx1, int sy1, int sx2, int sy2, ImageObserver observer)	이미지 img의 (sx1, sy1)부터 (sx2, sy2)까지의 영역을 화면 상의 (dx1, dy1)부터 (dx2, dy2)까지의 영역에 출력

▲ 표 10-6 drawImage( ) 메서드들

위의 drawImage( ) 메서드에서 (sx1, sy1)은 각각 (dx1, dy1)과 매핑되고, (sx2, sy2)은 각각 (dx2, dy2)에 매핑됩니다. 따라서 출력 영역인 (dx1, dy1)과 (dx2, dy2)의 간격을 원본 이미지의 (sx1, sy1)과 (sx2, sy2)의 간격과 다르게 지정하면 이미지가 스케일링됩니다. 예를 들어 myImage 객체를 1/2 크기로 스케일링 하고 싶으면 다음처럼 하면 됩니다.

```
g.drawImage(myImage, 0, 0, myImage.getWidth(this)/2, myImage.getHeight(this)/2,
0, 0, myImage.getWidth(this), myImage.getHeight(this), this);
```

다음은 drawImage( ) 메서드로 원본 이미지를 스케일링한 예제입니다. 초이스 컴포넌트에서 비율을 선택하면, 이미지를 해당하는 비율로 축소, 확대합니다.

ImageScalingTest.java

```
 1 : import java.applet.*;
 2 : import java.awt.*;
 3 : import java.awt.event.*;
 4 :
 5 : public class ImageScalingTest extends Applet
 6 :     implements ItemListener
 7 : {
 8 :    Choice myChoice;
 9 :    Image  myImage;
10 :
11 :    int scaleRate;
12 :
13 :    public void init()
14 :    {
15 :       // myImage= getImage(getCodeBase( ), "angel.jpg");
16 :       myImage= Toolkit.getDefaultToolkit().getImage("C:\\java\\angel.jpg");
17 :
18 :       myChoice= new Choice();
19 :       myChoice.addItem("50%");
20 :       myChoice.addItem("100%");
21 :       myChoice.addItem("200%");
22 :       myChoice.addItemListener(this);
23 :       myChoice.select(1);
24 :       add(myChoice);
25 :
26 :       scaleRate= 1;
27 :       setBackground(Color.black);
```

```
28 :      }
29 :
30 :      public void paint(Graphics g)
31 :      {
32 :        switch(scaleRate){
33 :          case 0:
34 :            g.drawImage(myImage, 0, 40, myImage.getWidth(this)/2, myImage.getHeight
35 :              (this)/2, 0, 0, myImage.getWidth(this), myImage.getHeight(this), this);
36 :          break;
37 :
38 :          case 1:
39 :            g.drawImage(myImage, 0, 40, myImage.getWidth(this), myImage.getHeight
40 :              (this), 0, 0, myImage.getWidth(this), myImage.getHeight(this), this);
41 :          break;
42 :
43 :          case 2:
44 :            g.drawImage(myImage, 0, 40, myImage.getWidth(this)*2, myImage.getHeight
45 :              (this)*2, 0, 0, myImage.getWidth(this), myImage.getHeight(this), this);
46 :          break;
47 :        }
48 :      }
49 :
50 :      public void itemStateChanged(ItemEvent e)
51 :      {
52 :        if(e.getSource()==myChoice){
53 :          scaleRate= myChoice.getSelectedIndex();
54 :          repaint();
55 :        }
56 :      }
57 : }
```

ImageScalingTest.html

예제

```
1 : <HTML>
2 :   <HEAD>
3 :     <TITLE>ImageScalingTest</TITLE>
4 :   </HEAD>
5 :   <BODY>
6 :     <APPLET CODE=ImageScalingTest.class WIDTH=384 HEIGHT=400>
7 :     </APPLET>
```

```
8 :     </BODY>
9 : </HTML>
```

결과

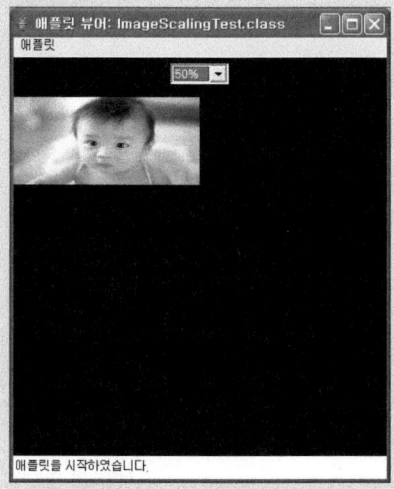

상단의 초이스를 선택하면 해당하는 퍼센트(%)대로 이미지를 스케일링하여 출력합니다.

3 이미지 뒤집기

[표 10-6]의 drawImage( ) 메서드를 사용하면 이미지를 좌우, 상하로 뒤집거나 회전시킬 수 있습니다. 이미지를 좌우로 뒤집을 때는 drawImage( ) 메서드의 dx1 좌표와 dx2 좌표를 서로 바꿔주면 됩니다. 다음은 myImage 객체를 좌우로 뒤집어서 출력하는 예입니다.

```
g.drawImage(myImage, myImage.getWidth(this), 0, 0, myImage.getHeight(this), 0,
0, myImage.getWidth(this), myImage.getHeight(this), this);
```

반대로 이미지를 상하로 뒤집을 때는 drawImage( ) 메서드의 dy1 좌표와 dy2 좌표를 서로 바꿔주면 됩니다. 다음은 myImage 객체를 상하로 뒤집어서 출력하는 예입니다.

```
g.drawImage(myImage, 0, myImage.getHeight(this), myImage.getWidth(this), 0, 0, 0,
myImage.getWidth(this), myImage.getHeight(this), this);
```

이미지를 180도 회전시키려면 상하, 좌우 모두 뒤집으면 됩니다. 즉 drawImage( ) 메서드의 dx1과 dx2을 바꾸고, dy1과 dy2도 바꾸면 됩니다. 다음은 myImage 객체를 회전시켜서 출력하는 예입니다.

```
g.drawImage(myImage, myImage.getWidth(this), myImage.getHeight(this), 0, 0, 0, 0,
myImage.getWidth(this), myImage.getHeight(this), this);
```

다음은 drawImage() 메서드로 이미지를 다양하게 뒤집어서 출력하는 예제입니다.

ImageFlipTest.java

```java
 1 : import java.applet.*;
 2 : import java.awt.*;
 3 : import java.awt.event.*;
 4 :
 5 : public class ImageFlipTest extends Applet
 6 :    implements ItemListener
 7 : {
 8 :    Choice myChoice;
 9 :    Image  myImage;
10 :
11 :    int flipSelect;
12 :
13 :    public void init()
14 :    {
15 :       // myImage= getImage(getCodeBase( ), "angel.jpg");
16 :       myImage= Toolkit.getDefaultToolkit( ).getImage("C:\\java\\angel.jpg");
17 :
18 :       myChoice= new Choice( );
19 :       myChoice.addItem("원본 이미지");
20 :       myChoice.addItem("좌우 뒤집기");
21 :       myChoice.addItem("상하 뒤집기");
22 :       myChoice.addItem("180도 회전");
23 :       myChoice.addItemListener(this);
24 :       myChoice.select(0);
25 :       add(myChoice);
26 :
27 :       flipSelect= 0;
28 :       setBackground(Color.black);
29 :    }
30 :
31 :    public void paint(Graphics g)
32 :    {
33 :       switch(flipSelect){
34 :          case 0:
35 :             g.drawImage(myImage, 0, 40, myImage.getWidth(this), myImage.getHeight
36 :                (this), 0, 0, myImage.getWidth(this), myImage.getHeight(this), this);
37 :             break;
```

```
38 :
39 :        case 1:
40 :            g.drawImage(myImage, myImage.getWidth(this), 40, 0, myImage.getHeight
41 :                (this), 0, 0, myImage.getWidth(this), myImage.getHeight(this), this);
42 :            break;
43 :
44 :        case 2:
45 :            g.drawImage(myImage, 0, myImage.getHeight(this), myImage.getWidth
46 :                (this), 40, 0, 0, myImage.getWidth(this), myImage.getHeight(this), this);
47 :            break;
48 :
49 :        case 3:
50 :            g.drawImage(myImage, myImage.getWidth(this), myImage.getHeight(this),
51 :                0, 40, 0, 0, myImage.getWidth(this), myImage.getHeight(this), this);
52 :            break;
53 :        }
54 :    }
55 :
56 :    public void itemStateChanged(ItemEvent e)
57 :    {
58 :       if(e.getSource()==myChoice){
59 :            flipSelect= myChoice.getSelectedIndex();
60 :            repaint();
61 :       }
62 :    }
63 : }
```

예제　　　　　　　　　　　　　　　　　　　　　　　　　　　　　　　　**ImageFlipTest.html**

```
1 : <HTML>
2 :    <HEAD>
3 :        <TITLE>ImageFlipTest</TITLE>
4 :    </HEAD>
5 :    <BODY>
6 :       <APPLET CODE=ImageFlipTest.class WIDTH=384 HEIGHT=200>
7 :       </APPLET>
8 :    </BODY>
9 : </HTML>
```

> **결과**

상단의 초이스를 선택하면 해당하는 항목(뒤집기, 회전)대로 이미지를 뒤집어서 출력합니다.

4 이미지 클리핑

[표 10-6]의 drawImage( ) 메서드를 사용하면 이미지의 일부만을 화면에 출력할 수도 있습니다. 원본 이미지의 좌표를 나타내는 sx1, sy1, sx2, sy2 값을 조정하면 원본 이미지 중 지정된 영역만 화면에 출력할 수 있습니다. 예를 들어, myImage 객체 중 (10, 20) 부터 (200, 100)까지의 좌표에 속하는 영역만 출력하고 싶다면 다음처럼 하면 됩니다.

```
g.drawImage(myImage, 0, 0, myImage.getWidth(this), myImage.getHeight(this),
10, 20, 200, 100, this);
```

다음은 drawImage( ) 메서드로 이미지의 일부분만 출력하는 예제입니다.

ImageClipingTest.java

> **예제**

```
 1 : import java.applet.*;
 2 : import java.awt.*;
 3 :
 4 : public class ImageClipingTest extends Applet
 5 : {
 6 :     Image myImage;
 7 :
 8 :     public void init()
 9 :     {
10 :         // myImage= getImage(getCodeBase(), "angel.jpg");
11 :         myImage= Toolkit.getDefaultToolkit().getImage("C:\\java\\angel.jpg");
12 :     }
```

```
13 :
14 :    public void paint(Graphics g)
15 :    {
16 :        g.drawImage(myImage, 0, 10, 300, 110, 0, 50, 300, 150, this);
17 :    }
18 : }
```

예제 ImageClipingTest.html

```
1 : <HTML>
2 :   <HEAD>
3 :     <TITLE>ImageClipingTest</TITLE>
4 :   </HEAD>
5 :   <BODY>
6 :     <APPLET CODE=ImageClipingTest.class WIDTH=380 HEIGHT=200>
7 :     </APPLET>
8 :   </BODY>
9 : </HTML>
```

결과

paint() 메서드에서 myImage 객체 중 (0, 50) 부터 (300, 150) 까지의 좌표에 속하는 영역을 출력합니다.

5 이미지 나누기

이미지의 일부를 출력할 수도 있지만, 이미지 자체를 여러 개의 작은 이미지로 쪼개고 싶을 경우가 있습니다. 대개의 게임 프로그램에서는 사용하는 이미지의 크기를 일정하게 정해서 하나의 큰 이미지로 만들어 저장합니다. 예를 들어, 펭귄 캐릭터가 상, 하, 좌, 우로 움직이는데 필요한 이미지가 15장이라면, 모두 이어 붙여서 penguin.gif 라는 하나의 이미지 파일로 만들어 한 번에 불러옵니다. 이렇게 가져온 파일은 사용하기 전에 작은 이미지로 쪼개어야 하는데, 다음과 같은 순서로 이미지를 나눌 수 있습니다.

▼ 이미지를 나누는 순서

① Image 객체의 getSource() 메서드로 ImageProducer 객체를 구합니다.
② CropImageFilter() 메서드로 오려낼 부분을 지정한 ImageFilter 객체를 생성합니다.
③ ImageProducer 객체와 ImageFilter 객체를 인수로 FilterImageSource 클래스의 객체를 만들어서, createImage() 메서드에게 인수로 주면 원하는 이미지를 얻을 수 있습니다.

만약 myImage 객체의 (64, 64) 부터 (128, 64)까지의 부분을 오려내어 miniImage1 객체로 만들고 싶으면 다음처럼 하면 됩니다.

```
Image myImage= getImage(getCodeBase(), "doldol.gif");    // 원본 이미지
ImageProducer myProducer= myImage.getSource();
ImageFilter myFilter= new CropImageFilter(64, 64, 128, 64);
Image mimiImage1= createImage(new FilteredImageSource(myProducer, myFilter);
```

다음은 [그림 10-11]과 같은 slot.gif 이미지를 읽어와서 가로 64, 세로 64 크기의 작은 이미지로 나누는 예제입니다.

그림 10-11 ▶
slot.gif 이미지

ImageCropTest.java

예제

```
1 : import java.applet.*;
2 : import java.awt.*;
3 : import java.awt.image.*;
4 :
5 : public class ImageCropTest extends Applet
6 : {
7 :    Image myImage;
8 :    Image imagePiece[];
9 :
```

```
10 :    public void init()
11 :    {
12 :        imagePiece= new Image[7];
13 :
14 :        // myImage= getImage(getCodeBase(), "slot.gif");
15 :        myImage= Toolkit.getDefaultToolkit().getImage("C:\\java\\slot.gif");
16 :        ImageProducer myProducer= myImage.getSource();
17 :
18 :        for(int i=0; i<7; i++){
19 :            ImageFilter myFilter= new CropImageFilter(0, i*64, 64, 64);
20 :            imagePiece[i]= createImage(new FilteredImageSource(myProducer, myFilter));
21 :        }
22 :    }
23 :
24 :    public void paint(Graphics g)
25 :    {
26 :        g.drawString("* 원본 이미지", 10, 20);
27 :        g.drawImage(myImage, 20, 30, this);
28 :
29 :        for(int i=0; i<7; i++){
30 :            g.drawString("* 이미지 조각 - "+ i, 150, 90*i+20);
31 :            g.drawImage(imagePiece[i], 160, 90*i+30, this);
32 :        }
33 :    }
34 : }
```

예제 **ImageCropTest.html**

```
1 : <HTML>
2 :    <HEAD>
3 :        <TITLE>ImageCropTest</TITLE>
4 :    </HEAD>
5 :    <BODY>
6 :        <APPLET CODE=ImageCropTest.class WIDTH=250 HEIGHT=650>
7 :        </APPLET>
8 :    </BODY>
9 : </HTML>
```

결과

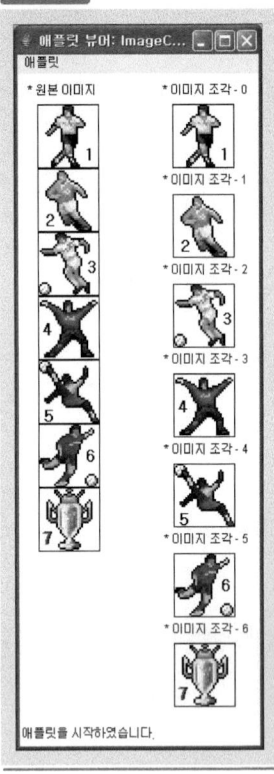

원본 이미지를 읽어서 7개의 조각으로 나누어 imagePiece 배열에 저장한 후에, 원본 이미지와 각 이미지 조각들을 출력하였습니다.

10.8 슬롯머신 게임 만들기

슬롯머신 게임은 다음의 [그림 10-12]의 슬롯 이미지와 머신 이미지를 사용합니다. 슬롯 이미지는 가로 64, 세로 64 크기의 그림이 그려진 번호판 7장이 세로로 이어진 gif 이미지이고, 머신 이미지는 가운데 부분이 투명색으로 된 투명한 이미지입니다. 따라서 슬롯 이미지를 먼저 출력하고 그 위에 머신 이미지를 출력하면, 투명색으로 된 부분은 뒤에 있는 슬롯 이미지가 보이게 됩니다.

▲ 그림 10-12 슬롯 이미지와 머신 이미지

머신 이미지의 투명색 부분은 가로 192, 세로 64 크기이기 때문에, 슬롯 이미지의 번호판 3장이 출력 가능합니다. 슬롯 이미지는 세로로 번호판이 붙은 형태이기 때문에, 슬롯 이미지 3개를 나란히 출력하고 그 위에 머신 이미지를 덮어서 슬롯머신을 만드는 것입니다.

슬롯 이미지를 위 아래로 움직이는 애니메이션을 구현해야 하기 때문에, 앞에서 배운 더블버퍼링을 사용합니다. 더블버퍼링을 사용하면 애니메이션 할 때 나타나는 깜빡임을 최소화 할 수 있습니다. 더블버퍼링에서 사용할 가상화면과 그래픽 컨텍스트를 다음처럼 만듭니다.

```
off= createImage(192, 192);
offG= off.getGraphics();
```

슬롯 이미지와 머신 이미지가 메모리에 로드되기도 전에 화면에 출력되는 것을 막기 위해 Media Tracker를 사용하여 이미지를 로드합니다.

```
MediaTracker tracker= new MediaTracker(this);
slot= getImage(getCodeBase(), "slot.gif");
tracker.addImage(slot,0);
machine= getImage(getCodeBase(), "machine.gif");
tracker.addImage(machine,0);
try{
   tracker.waitForAll();
}catch(InterruptedException ie){ }

while((tracker.statusAll(true) & MediaTracker.COMPLETE)==0){ }
```

게임 화면의 상단은 슬롯 머신을 출력하고 하단에 START 버튼과 STOP 버튼을 두기 위해서, 애플릿의 레이아웃을 보더 레이아웃으로 설정하고, 패널에 버튼을 달아서 애플릿 하단에 붙입니다.

```
setLayout(new BorderLayout());
buttonPanel= new Panel();
startButton= new Button("START");
startButton.addActionListener(this);
buttonPanel.add(startButton);
stopButton= new Button("STOP");
stopButton.addActionListener(this);
buttonPanel.add(stopButton);
add("South", buttonPanel);
```

우리가 만드는 슬롯머신에는 3개의 슬롯이 있기 때문에 각 슬롯의 상태를 나타내는 loc, 속도를 나타내는 speed, 정지될 번호판을 나타내는 hit, 슬롯의 동작 여부를 나타내는 moveSlot과 stopSlot 변수를 모두 3개의 원소를 가진 배열로 선언합니다.

```
loc= new int[3];
speed= new int[3];
hit= new int[3];
stopSlot= new boolean[3];
moveSlot= new boolean[3];
```

난수를 구해서 3개의 슬롯이 처음에 보여줄 번호판을 결정하고, STOP 버튼을 눌렀을 때 멈출 슬롯의 번호를 0번 슬롯으로 정합니다. 3개의 슬롯은 각각 0, 1, 2의 번호로 지칭됩니다.

```
for(int i=0;i<3;i++){
   loc[i]= Math.abs(r.nextInt() % 7)* 64;
   speed[i]= Math.abs(r.nextInt() % 7) * 8 + 8;
   stopSlot[i]= true;
   moveSlot[i]= false;
}

slotNum= 0;
```

이 슬롯머신 게임에서는 스레드를 사용합니다. 플레이어가 START 버튼을 누르면, moveSlot 변수가 true가 되고, 스레드의 run() 메서드에서는 drawSlot() 메서드를 호출하여 슬롯을 가상화면에 출력하고, repaint() 메서드를 호출해서 paint() 메서드를 부릅니다. paint() 메서드에서는 가상화면을 실제 화면으로 옮깁니다.

```
offG.setColor(Color.white);
offG.fillRect(0,0,192,192);
drawSlot();
offG.drawImage(machine, 0, 0, this);
repaint();
```

우리가 이번에 만드는 슬롯머신 게임에서 반드시 이해해야 할 부분은 슬롯의 번호판을 애니메이션하는 방법입니다. 슬롯 이미지의 각 번호판의 크기는 가로 64, 세로 64 크기이고, 머신 이미지의 크기는 가로 192, 세로 192 크기이기 때문에, 슬롯 이미지를 출력하고 머신 이미지를 덮어서 출력하면, 다음의 [그림 10-13]처럼 2번째 번호판만 보이기 됩니다.

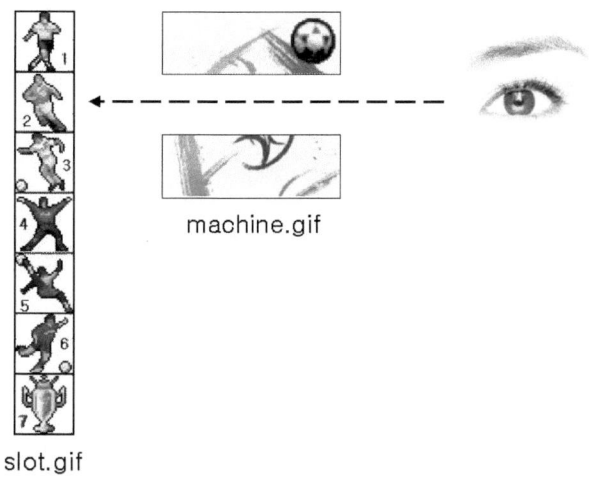

▲ 그림 10-13 슬롯 이미지와 머신 이미지의 관계

출력되는 슬롯 이미지의 y 좌표 값을 조정하고 머신 이미지를 덮어씌우면 다른 번호판이 보이도록 할 수 있습니다. drawSlot( )메서드에서는 각 슬롯 이미지의 상태를 나타내는 loc 변수의 값을 speed 변수만큼 증가시키고, 슬롯 이미지의 y 좌표를 0 - loc로 지정하여 출력합니다. speed 변수의 값이 크면 클수록 슬롯 이미지가 출력되는 y 좌표가 더 작아지게 됩니다. 만약 loc의 값이 320 보다 작은 경우에는 슬롯 이미지 전체가 숨겨져 버리기 때문에, 슬롯 이미지 하단에 연이어 슬롯 이미지를 하나 더 출력합니다. 다음의 [그림 10-14]는 3개의 슬롯이 각자 다른 y좌표에 출력될 때, 화면에는 어떻게 보이는지를 설명한 것입니다. loc의 값을 바꾸고 슬롯 이미지의 y 좌표에 반영하여 출력하는 작업을 일정시간마다 반복하면 우리 눈에는 슬롯이 돌아가는 것처럼 보입니다.

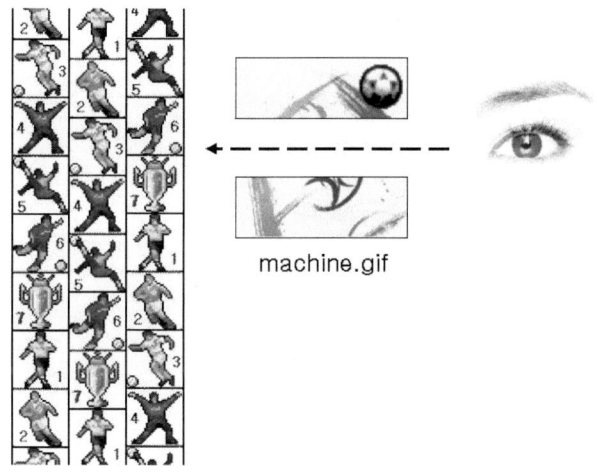

▲ 그림 10-14 슬롯 이미지의 y 좌표에 따라 나타나는 모습

슬롯을 멈출 때도 loc 변수를 사용하는 것은 마찬가지이지만, 하나의 번호판이 완전하게 나타나야하기 때문에, stopSlot 변수와 moveSlot 변수를 사용합니다. STOP 버튼이 눌러지면 해당 슬롯의 stopSlot

을 true로 만듭니다. drawSlot() 메서드에서는 현재 슬롯의 stopSlot이 true라고 해도 바로 슬롯을 멈추지 않고, loc를 64로 나누어서 정지될 번호판을 나타내는 hit와 같은 경우에 moveSlot을 false로 만듭니다. 슬롯은 각 슬롯의 moveSlot이 true일 때만 speed 변수의 값을 loc에 반영하기 때문에, moveSlot이 false가 되면 더 이상 움직이지 않게 됩니다. 이렇게 해서 슬롯이 어느 정도 더 돌아간 다음 멈추게 되는 것입니다.

```java
public void drawSlot()
{
  for(int i=0; i<3; i++){
    if(moveSlot[i]){
      if(loc[i]<432){
        loc[i]+= speed[i];
      }else{
        loc[i]= 0;
      }
    }
    if(stopSlot[i]){
      if((loc[i]/64)==hit[i]){
        loc[i]= loc[i]/64*64;
        moveSlot[i]= false;
      }
    }

    if(loc[i]<320){
      offG.drawImage(slot, i*64, 0-loc[i], this);
    }else{
      offG.drawImage(slot, i*64, 0-loc[i], this);
      offG.drawImage(slot, i*64, 448-loc[i], this);
    }
  }
}
```

STOP 버튼이 눌러지면 slotNum 변수 값에 해당하는 슬롯의 dtopSlot이 ture로 바뀌고 slotNum의 값이 1 증가하기 때문에, STOP 버튼을 누를 때마다 순서대로 슬롯이 멈추게 됩니다. STOP 버튼을 여러 번 누르는 것이 마음에 안드는 사람은 한 번만 눌러서 3개의 슬롯이 모두 멈추게 바꿀 수도 있습니다. 이 프로그램을 이해하고 나면, 쉽게 고칠 수 있습니다. 뿐만 아니라, 돈을 걸고 슬롯머신 결과에 따라 배당금을 타는 기능을 추가하는 것도 어렵지 않습니다.

GameJava2_10.java

```java
 1 : import java.applet.*;
 2 : import java.awt.*;
 3 : import java.awt.event.*;
 4 : import java.util.*;
 5 :
 6 : public class GameJava2_10 extends Applet
 7 :     implements Runnable, ActionListener
 8 : {
 9 :     Thread clock;
10 :
11 :     Image off; // 메모리 상의 가상화면
12 :     Graphics offG;
13 :
14 :     Image slot;
15 :     Image machine;
16 :
17 :     Random r;
18 :
19 :     int[] loc;        // 슬롯 위치
20 :     int[] speed;      // 슬롯 속도
21 :     int[] hit;
22 :     int slotNum;
23 :     boolean[] stopSlot;
24 :     boolean[] moveSlot;
25 :
26 :     Button startButton, stopButton;
27 :     Panel buttonPanel;
28 :
29 :     public void init()
30 :     {
31 :         // 메모리 상에 가상화면 만들기
32 :         off= createImage(192, 192);
33 :         offG= off.getGraphics();
34 :         offG.setColor(Color.white);
35 :         offG.fillRect(0,0,192,192);
36 :
37 :         // 이미지 로드
38 :         MediaTracker tracker= new MediaTracker(this);
```

```java
39 :        // slot= getImage(getCodeBase( ), "slot.gif");
40 :        slot= Toolkit.getDefaultToolkit( ).getImage("C:\\java\\slot.gif");
41 :        tracker.addImage(slot,0);
42 :        // machine= getImage(getCodeBase( ), "machine.gif");
43 :        machine= Toolkit.getDefaultToolkit( ).getImage("C:\\java\\machine.gif");
44 :        tracker.addImage(machine,0);
45 :        try{
46 :           tracker.waitForAll( );
47 :        }catch(InterruptedException ie){}
48 :
49 :        while((tracker.statusAll(true) & MediaTracker.COMPLETE)==0){}
50 :
51 :        // GUI
52 :        setLayout(new BorderLayout( ));
53 :        buttonPanel= new Panel( );
54 :        startButton= new Button("START");
55 :        startButton.addActionListener(this);
56 :        buttonPanel.add(startButton);
57 :        stopButton= new Button("STOP");
58 :        stopButton.addActionListener(this);
59 :        buttonPanel.add(stopButton);
60 :        add("South", buttonPanel);
61 :
62 :        loc= new int[3];
63 :        speed= new int[3];
64 :        hit= new int[3];
65 :        stopSlot= new boolean[3];
66 :        moveSlot= new boolean[3];
67 :
68 :        r= new Random( );
69 :
70 :        for(int i=0;i<3;i++){
71 :           loc[i]= Math.abs(r.nextInt( ) % 7)* 64;
72 :           speed[i]=  Math.abs(r.nextInt( ) % 7) * 8 + 8;
73 :           stopSlot[i]= true;
74 :           moveSlot[i]= false;
75 :        }
76 :
77 :        slotNum= 0;
78 :     }
79 :
```

```
80 :    public void start()
81 :    {
82 :        if(clock==null){
83 :            clock= new Thread(this);
84 :            clock.start();    // 시계 시작
85 :        }
86 :    }
87 :
88 :    public void paint(Graphics g)
89 :    {
90 :        // 가상화면을 실제화면에 출력
91 :        g.drawImage(off, 0, 0, this);
92 :    }
93 :
94 :    public void update(Graphics g)
95 :    {
96 :        paint(g);
97 :    }
98 :
99 :    public void run()
100 :   {
101 :       while(true)
102 :       {
103 :           try{
104 :               clock.sleep(30);
105 :           }catch(InterruptedException ie){}
106 :
107 :
108 :           offG.setColor(Color.white);
109 :           offG.fillRect(0,0,192,192);
110 :
111 :           drawSlot();
112 :
113 :           offG.drawImage(machine, 0, 0, this);
114 :
115 :
116 :           repaint(); // paint() 호출
117 :       }
118 :   }
119 :
120 :   public void drawSlot()
```

```
121 :    {
122 :        for(int i=0; i<3; i++){
123 :            if(moveSlot[i]){
124 :                if(loc[i]<432){
125 :                    loc[i]+= speed[i];
126 :                }else{
127 :                    loc[i]= 0;
128 :                }
129 :            }
130 :            if(stopSlot[i]){
131 :                if((loc[i]/64)==hit[i]){
132 :                    loc[i]= loc[i]/64*64;
133 :                    moveSlot[i]= false;
134 :                }
135 :            }
136 :
137 :            if(loc[i]<320){
138 :                offG.drawImage(slot, i*64, 0-loc[i], this);
139 :            }else{
140 :                offG.drawImage(slot, i*64, 0-loc[i], this);
141 :                offG.drawImage(slot, i*64, 448-loc[i], this);
142 :            }
143 :        }
144 :    }
145 :
146 :    public void actionPerformed(ActionEvent e)
147 :    {
148 :        if(e.getSource()==startButton){
149 :            stopSlot[0]= stopSlot[1]= stopSlot[2]= false;
150 :            moveSlot[0]= moveSlot[1]= moveSlot[2]= true;
151 :            slotNum= 0;
152 :        }else if(e.getSource()==stopButton){
153 :            hit[slotNum]= Math.abs(r.nextInt() % 7);
154 :            stopSlot[slotNum]= true;
155 :
156 :            if(slotNum<2){
157 :                slotNum++;
158 :            }else{
159 :                slotNum= 0;
160 :            }
161 :        }
```

```
162 :     }
163 :
164 :   public void stop()
165 :   {
166 :      if((clock!=null)&&(clock.isAlive())){
167 :         clock=null; // 시계 정지(없앰)
168 :      }
169 :   }
170 :
171 :   public void destroy()
172 :   {
173 :      // 종료 루틴
174 :   }
175 : }
```

예제   **GameJava2_10.html**

```
1 : <HTML>
2 :    <HEAD>
3 :       <TITLE>GameJava2_10</TITLE>
4 :    </HEAD>
5 :    <BODY>
6 :       <APPLET CODE=GameJava2_10.class WIDTH=192 HEIGHT=210>
7 :       </APPLET>
8 :    </BODY>
9 : </HTML>
```

결과

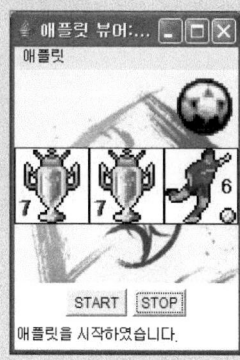

START 버튼을 누르면 슬롯의 그림이 움직이기 시작하고, STOP 버튼을 누를 때마다 슬롯을 순서대로 멈춥니다. 따라서 STOP 버튼을 3회 누르면 슬롯이 모두 멈춰지게 됩니다.

MEMO

What's up java

11

테트리스 게임

11.1 • 추상클래스
11.2 • 내부클래스
11.3 • 어댑터
11.4 • 키 이벤트 다루기
11.5 • 사운드
11.6 • 예외처리의 이해
11.7 • 테트리스 게임 만들기

테트리스 게임

Preview

테트리스 게임은 러시아에서 개발된 퍼즐 게임으로 떨어지는 블록을 맞춰서 한 줄을 다 채우는 게임입니다. 떨어지는 블록은 다음의 [그림 11-1]과 같이 7종류입니다. 플레이어는 키보드의 ← 키와 → 키로 블록을 좌, 우로 움직일 수 있고, ↑ 키로 블록을 회전시킬 수 있습니다. 또, ↓ 키를 누르면 블록을 빠르게 떨어뜨릴 수 있습니다. 플레이어는 블록을 적절히 회전시켜서 적당한 자리에 떨어뜨려 한 줄을 다 채워야 합니다. 블록이 가득찬 줄은 지워지고 그 만큼 점수가 올라갑니다. 게임이 진행되는 동안, 블록이 떨어지는 속도가 점점 빨라지기 때문에, 빠른 판단력과 키보드 조작 능력이 필요한 게임입니다.

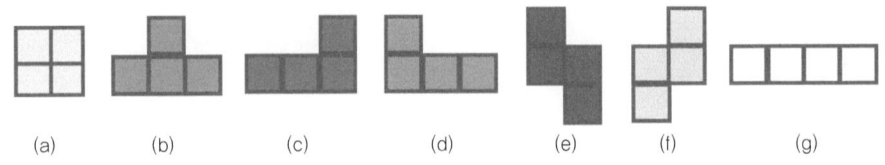

▲ 그림 11-1 테트리스 게임의 블록들

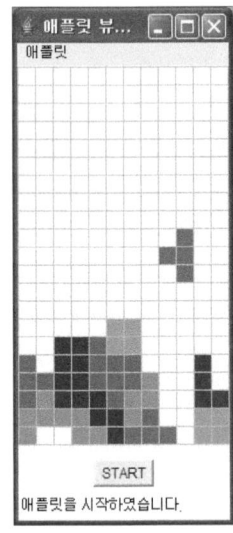

여기서 만드는 테트리스 게임은 핵심적인 기능만을 구현한 것입니다. 컴퓨터는 난수를 발생시켜서 7종의 블록 중 하나를 출력하고 일정 시간마다 블록을 한 칸씩 떨어뜨립니다. 플레이어가 누르는 키보드의 키에 따라 블록을 회전시키거나 좌, 우 또는 아래로 이동시킵니다. 블록이 가득 찬 줄은 삭제하고, 화면에 블록이 가득차면 게임을 종료하고 점수를 출력합니다. 그러나 다음에 나올 블록의 모습이나 최고 점수, 현재 점수 등을 보여주는 기능 등은 모두 생략하였습니다. 이렇게 최소한의 필요한 핵심 기능만을 구현한 이유는 이 책을 보는 독자가 이해하기 쉽도록 하기 위해서입니다. 사용된 알고리즘도 최대한 단순하고 직관적인 것만 사용하였습니다.

이 프로그램을 완벽히 이해하고 나면, 생략된 기능을 추가하거나 확장된 테트리스 게임을 만드는 것도 쉽게 할 수 있습니다. 예를 들어, 두 사람이 플레이하는 2인용 테트리스 게임으로 확장할 수 있습니다. 한 사람이 2줄 이상을 삭제할 때 상대방의 게임 화면에 블록이 차오르도록 하면 훌륭한 대전 게임이 됩니다. 또, 한 줄이 폭파되는 폭탄이나 블록을 낳는 새, 칸을 채울 수 있는 총 등의 재미있는 아이템을 추가하는 것도 가능합니다. 다음 장에서 배우는 네트워크 프로그래밍 기법을 이용하면, 인터넷을 통한 온라인 테트리스 게임을 만들 수 있습니다. 자신만의 독특한 테트리스 게임을 만들다보면, 대부분의 루틴을 더 효율적으로 줄일 수 있다는 것을 발견하게 될 것입니다. 이렇게 하는 것이 제가 생각하는 가장 좋은 프로그래밍 학습법입니다.

이 장에서 우리는 테트리스 게임을 통해서 추상클래스와 내부클래스에 대해서 배웁니다. 자바의 추상클래스가 이미 배운 클래스, 인터페이스와 어떻게 다른지, 왜 필요한지를 분명히 아는 것이 중요합니다. 또, 지금까지는 리스너 인터페이스만을 사용해서 이벤트 핸들러를 만들었지만, 여기서는 새로 배운 추상클래스와 내부클래스를 사용해서 키보드 이벤트를 다루는 점을 배웁니다. 앞에서 배운 마우스 이벤트 다루기와 비교해보면서 어느 방식이 더 편리한 지 비교해보도록 합시다. 그 외에 게임을 만드는데 꼭 필요한 사운드에 대해서도 배우고, 그 동안 미뤄두었던 예외처리에 대해서도 배웁니다.

11.1 추상클래스

자바는 객체지향 언어로 객체, 즉 클래스를 기반으로 프로그램을 작성하는 언어입니다. 우리는 이미 자바 프로그램의 구성 요소인 클래스와 인터페이스에 대해서 배웠습니다.(클래스에 대해서는 6장에서 배웠고, 인터페이스에 대해서는 8장에서 배웠습니다.) 클래스는 객체의 설계도로 멤버변수와 메서드로 구성되며, new 명령으로 객체를 생성시킬 수 있습니다. 클래스는 상속을 통해 쉽게 확장되어질 수 있는데, 상속하는 클래스를 슈퍼클래스라고 하고, 상속받는 클래스를 서브클래스라고 합니다. 서브클래스는 extends 명령을 사용해서 쉽게 슈퍼클래스의 모든 메서드와 멤버변수를 상속 받을 수 있습니다.(상속에 대해서는 7장에서 배웠습니다.)

이에 비해, 인터페이스는 오직 상수와 메서드 헤더만을 정의할 수 있고, 그 자체만을 사용해서 객체를 생성할 수는 없습니다. 반드시 상속받는 클래스에서 메서드의 바디를 모두 구현해 줘야 사용이 가능합니다. 인터페이스를 상속받을 때는 extends를 쓰지 않고 implements를 사용하여 클래스와 구분합니다. 클래스와 인터페이스가 결정적으로 다른 점은 클래스는 오직 하나만 상속받을 수 있지만, 인터페이스는 제한 없이 상속받을 수 있다는 점입니다. 인터페이스는 상속받는 클래스에서 메서드의 바디를 구현하기 때문에, 다중 상속에서 일어나는 여러 문제가 나타나지 않기 때문에, 자바에서 이를 허용한 것입니다. 이 점이 인터페이스를 사용하는 이유이기도 합니다.

인터페이스를 사용하는 대표적인 경우는 리스너 인터페이스입니다. 자바의 애플릿은 Applet 클래스를 상속받아서 만들기 때문에, 다른 클래스를 상속받을 수 없습니다. 따라서 버튼과 같은 컴포넌트의 이벤트 처리나, 마우스, 키보드 등을 다룰 때는 리스너 인터페이스를 implements해서 사용합니다. 그러나 인터페이스의 특성상, 리스너 인터페이스를 사용할 때는 사용하지 않는 모든 메서드를 구현해 줘야 합니다. 예를 들어, 마우스 이벤트를 다룰 때 MouseListener를 상속받으면, mouseClicked( ) 메서드만 사용한다고 해도 나머지 메서드인 mousePressed( ), mouseReleased( ), mouseEntered( ), mouseExited( ) 메서드들을 모두 구현해 줘야 합니다.(9장에서 만든 생명 게임을 보면 알 수 있습니다.)

추상클래스는 클래스 내의 내용이 구현되지 않은 클래스로, 인터페이스처럼 그 자체만을 사용해서 객체를 생성할 수는 없습니다. 추상클래스는 객체가 가져야할 특성만을 추상화시켜 놓은 클래스이기 때문에 세부적인 내용들은 갖지 않고 클래스의 공통적인 속성과 구조만을 정의하기 위한 목적으로 사용됩니다. 보통 객체지향 설계를 할 때, 슈퍼클래스는 서브클래스가 반드시 가지고 있어야 하는 메서드들을 가지고 있는 경우가 많습니다. 이런 메서드들 중 어떤 것들은 슈퍼클래스에서 그 내용을 알 수 없고, 서브클래스에서 메서드 오버라이딩으로 만들어줘야 하는 것들이 있습니다. 이런 경우의 메서드 앞에 abstract 명령을 붙여서 추상 메서드를 만들고, 추상 메서드를 포함하고 있는 클래스를 추상클래스라고 합니다. 만약 서브클래스에서 추상클래스 내의 추상 메서드를 구현하지 않으면, 서브클래스도 추상클래스가 됩니다. 추상클래스는 추상 메서드처럼 반드시 abstract 명령을 붙여서 다음처럼 정의해야 합니다.

```
abstract class 클래스이름                          → 추상클래스 헤더
{
    // 멤버변수                                    → 추상클래스 바디
    // 메서드
    // 생성자
    abstract 반환형메서드이름( [매개변수, ... ] ); ----> 추상 메서드 선언
}
```

일반적인 모든 클래스들은 그 클래스형의 객체를 생성하는 것이 목적입니다. 그러나 추상클래스는 객체를 생성하지 않는 클래스로 오직 다른 클래스의 부모로만 존재하게 됩니다. 추상클래스는 오로지 상속을 위해서만 존재하는 클래스입니다. 따라서 추상클래스를 사용하는 가장 주요한 목적은 서브클래스들이 특정한 메서드(추상 메서드)를 반드시 구현하도록 강제하는데 있습니다. 예를 들어, 추상클래스에서 추상 메서드를 정의할 때는 다음처럼 메서드의 이름 앞에 abstract를 붙이고, 바디는 생략한 형태를 사용합니다.

```
abstract class Employee
{
    String name;

    public abstract int income( );    → 추상 메서드

    public Employee(String n)
    {
        name= n;
    }
```

```
   public void getInformation()
   {
      System.out.println("이름:"+ name +", 연봉: "+ income());
   }
}
```

위 예에서 사용한 Employee 클래스는 월급직원, 시급직원, 주급직원 등의 여러 직원 클래스들의 부모 클래스입니다. 이 Employee 클래스에는 직원의 이름과 연봉을 출력하는 getInformation() 메서드가 있다고 합시다. getInformation() 메서드는 직원의 연봉을 계산하기 위해서 income() 메서드를 사용하는데, income() 메서드는 서브클래스(월급직원, 시급직원, 주급직원 등) 수준에서만 알 수 있습니다. 그러나 만약 income() 클래스를 Employee 클래스에서 생략해버리면, getInformation() 클래스에서 사용할 수 없을 뿐만 아니라, 서브클래스에서 정의하지 않을 수도 있습니다. 이렇게 서브클래스에서 반드시 정의하도록 하고싶거나 미리 사용해야 할 필요가 있을 때, 위 예에서와 같이 메서드 헤더에 abstract를 붙여 추상 메서드를 선언하면 됩니다.

다음은 추상클래스와 이를 상속받은 여러 서브클래스들의 예제입니다.

Employee.java

```
 1 : abstract class Employee
 2 : {
 3 :    String name;
 4 :
 5 :    public abstract int income();
 6 :
 7 :    public Employee(String n)
 8 :    {
 9 :       name= n;
10 :    }
11 :
12 :    public void getInformation()
13 :    {
14 :       System.out.println("이름:"+ name +", 연봉: "+ income());
15 :    }
16 : }
```

HourlyWorker.java

```java
 1 : public class HourlyWorker extends Employee
 2 : {
 3 :     int pay_per_hour= 2000;
 4 :     int work_hour= 8;
 5 :
 6 :     public HourlyWorker(String name)
 7 :     {
 8 :         super(name);
 9 :     }
10 :
11 :     public int income()
12 :     {
13 :         return work_hour * pay_per_hour;
14 :     }
15 : }
```

WeeklyWorker.java

```java
 1 : public class WeeklyWorker extends Employee
 2 : {
 3 :     int pay_per_hour= 2000;
 4 :     int work_hour= 8;
 5 :     int work_week= 1;
 6 :
 7 :     public WeeklyWorker(String name)
 8 :     {
 9 :         super(name);
10 :     }
11 :
12 :     public int income()
13 :     {
14 :         return (work_hour * pay_per_hour) * (work_week * 5);
15 :     }
16 : }
```

MonthlyWorker.java

```
 1 : public class MonthlyWorker extends Employee
 2 : {
 3 :    int pay_per_hour= 2000;
 4 :    int work_hour= 8;
 5 :    int work_month= 1;
 6 :
 7 :    public MonthlyWorker(String name)
 8 :    {
 9 :       super(name);
10 :    }
11 :
12 :    public int income()
13 :    {
14 :       return (work_hour * pay_per_hour) * (work_month * 25);
15 :    }
16 : }
```

AbstractTest.java

```
 1 : public class AbstractTest
 2 : {
 3 :    public static void main(String[ ] args)
 4 :    {
 5 :       HourlyWorker employee1= new HourlyWorker("김경미");
 6 :       employee1.getInformation();
 7 :
 8 :       WeeklyWorker employee2= new WeeklyWorker("유선미");
 9 :       employee2.getInformation();
10 :
11 :       MonthlyWorker employee3= new MonthlyWorker("옥정희");
12 :       employee3.getInformation();
13 :    }
14 : }
```

> **결과**
>
> ```
> C:\JAVA>javac AbstractTest.java
>
> C:\JAVA>java AbstractTest
> 이름:김경미, 연봉: 16000
> 이름:유선미, 연봉: 80000
> 이름:옥정희, 연봉: 400000
>
> C:\JAVA>
> ```
>
> 예제에서 실행되는 getInformation() 메서드는 모두 Employe 클래스에 선언된 것이므로 같은 내용이지만, 상속받는 서브클래스에서 추상 메서드인 income()을 모두 다르게 구현했기 때문에 다른 결과가 출력되었습니다.

11.2 내부클래스

지금까지 배운 클래스, 인터페이스, 추상클래스 외에 클래스의 또 다른 형태로 내부클래스라는 것이 있습니다. 자바 1.1부터 도입된 내부클래스는 이너 클래스(Inner Class)라고도 부릅니다. 내부클래스는 말 그대로 클래스의 내부에 또 하나의 클래스를 정의하는 것입니다. 이렇게 클래스의 내부에 선언된 내부클래스에서는 클래스를 포함하고 있는 외부 클래스의 멤버변수나 메서드를 마음대로 사용할 수 있기 때문에, 특히 이벤트 핸들러 등을 만들 때 사용하면 편리합니다. 내부클래스는 다음처럼 정의해주면 됩니다.

```
class 외부클래스이름
{
   ...

   class 내부클래스이름        → 클래스 헤더
   {
      // 멤버변수              → 클래스 바디
      // 메서드
      // 생성자
   }

   ...
}
```

내부클래스는 클래스 내부에 선언되었기 때문에, 일반적인 클래스와는 다른 여러 가지 특징이 있습니다. 다음은 내부클래스를 정의하여 사용할 때 알고 있어야 할 특징입니다.

❶ 내부클래스도 사용하기 전에 반드시 생성해줘야 합니다.

내부클래스도 일반 클래스와 마찬가지로 사용하기 전에 new 명령으로 생성해줘야 합니다.

❷ 내부클래스는 외부 클래스의 멤버변수와 메서드를 마음대로 사용할 수 있습니다.

내부클래스는 내부클래스를 포함하고 있는 외부 클래스의 모든 멤버변수(private, protected, public, friendly 모두)를 자신의 멤버변수처럼 사용할 수 있습니다. 마찬가지로 모든 외부 클래스의 메서드도 자신의 메서드처럼 사용할 수 있습니다.

❸ 내부클래스를 단독으로 사용하는 것은 불가능합니다.

내부클래스는 외부에서 단독으로 사용하는 것이 불가능합니다. 외부에서 사용하고 싶을 때는 반드시 내부클래스를 포함하고 있는 외부 클래스의 멤버변수처럼 사용해야 합니다.

❹ 내부클래스의 클래스 파일명은 외부클래스이름$내부클래스이름.class입니다.

내부클래스는 따로 컴파일할 필요 없이, 내부클래스를 포함하고 있는 외부 클래스를 컴파일하면 외부클래스이름$내부클래스이름.class로 클래스 파일을 만들어 줍니다. 예를 들어, MyOuter 클래스가 MyInner 클래스를 포함하고 있다면, MyOuter 클래스를 컴파일 할 때, 내부클래스인 MyInner 클래스도 자동으로 컴파일되어 MyOuter$MyInner.class라는 파일이 생성됩니다.

다음은 마우스 버튼을 클릭한 위치에 원을 그리는 예제입니다. 9.7 마우스 이벤트 다루기에서 만든 MouseTest.java를 내부클래스를 사용해서 새로 작성한 것입니다. MouseTest.java와 비교해보기 바랍니다.

InnerClassTest.java

```
 1 : import java.applet.*;
 2 : import java.awt.*;
 3 : import java.awt.event.*;
 4 :
 5 : public class InnerClassTest extends Applet
 6 : {
 7 :    Label myLabel;
 8 :    int[] x, y;
 9 :    int num;
10 :
11 :    public void init()
12 :    {
13 :       setLayout(new BorderLayout());
14 :       myLabel= new Label("마우스로 클릭하면 원을 그립니다.");
15 :       myLabel.setAlignment(Label.CENTER);
16 :       add("North", myLabel);
17 :
18 :       x= new int[100];
19 :       y= new int[100];
```

```
20 :        num= 0;
21 :
22 :        addMouseListener(new MyMouseHandler());
23 :    }
24 :
25 :    public void paint(Graphics g)
26 :    {
27 :      g.setColor(Color.red);
28 :
29 :      for(int i=0; i<num; i++){
30 :        g.fillOval(x[i]-20, y[i]-20, 40, 40);
31 :      }
32 :    }
33 :
34 :    class MyMouseHandler implements MouseListener
35 :    {
36 :      public void mousePressed(MouseEvent e)
37 :      {
38 :      }
39 :
40 :      public void mouseReleased(MouseEvent e)
41 :      {
42 :      }
43 :
44 :      public void mouseClicked(MouseEvent e)
45 :      {
46 :        if(num<100){
47 :          x[num]= e.getX();
48 :          y[num]= e.getY();
49 :          num++;
50 :        }
51 :        repaint();
52 :      }
53 :
54 :      public void mouseEntered(MouseEvent e)
55 :      {
56 :      }
57 :
58 :      public void mouseExited(MouseEvent e)
59 :      {
```

```
60 :        }
61 :    }
62 : }
```

InnerClassTest.html

```
1 : <HTML>
2 :   <HEAD>
3 :     <TITLE>InnerClassTest</TITLE>
4 :   </HEAD>
5 :   <BODY>
6 :     <APPLET CODE=InnerClassTest.class WIDTH=550 HEIGHT=350>
7 :     </APPLET>
8 :   </BODY>
9 : </HTML>
```

결과

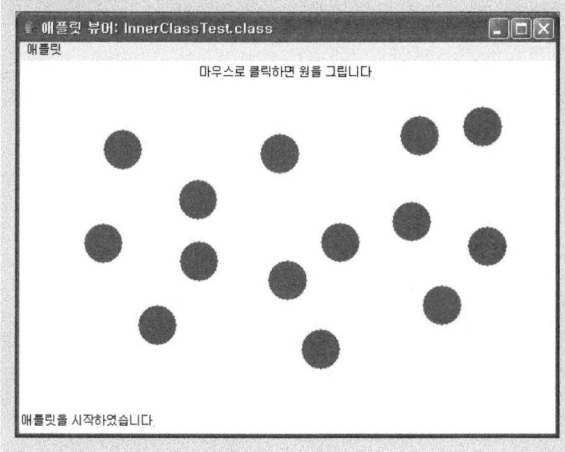

9장의 MouseTest.java와 같은 결과를 출력하는 예제지만, 애플릿이 리스너를 상속받아 구현하지 않고 내부클래스 MyMouseHandler를 만들어서 사용하였습니다.

11.3 어댑터

자바에서는 사용자의 입력이 있을 때마다 이벤트가 발생됩니다. 따라서 이벤트를 다룰 줄 알아야만, 마우스나 키보드, 또는 각 컴포넌트의 입력에 따라 반응하는 프로그램을 만들 수 있습니다. 우리는 **9.6 이벤트의 이해**에서 이벤트를 다루는 법에 대해서 자세히 배웠고, 이벤트에 따라 반응하는 여러 프로그램들을 만들어 봤습니다. 그런데, 지금까지 우리는 이벤트 처리를 위한 이벤트 핸들러를 만들 때, 이벤트 리스너 인터페이스를 상속받아서 구현했습니다. 하지만, 이벤트 리스너는 인터페이스이기 때문에 애플릿에서도 사용할 수 있지만, 관련된 메서드를 모두 구현해야 하는 불편한 점도 있습니다. 예를 들어, Window Listener를 상속받아 구현하는 경우에는 단 한 개의 메서드만 필요하더라도 무려 7개의 메서드를 모두 구현해야 합니다.

리스너 인터페이스의 이러한 문제점을 해결하기 위해서, 자바에서는 이벤트 리스너의 모든 메서드를 미리 선언해 놓은 추상클래스인 어댑터를 제공하고 있습니다. 자바에서 제공하는 어댑터는 모두 ComponentAdapter, ContainerAdapter, FocusAdapter, KeyAdapter, MouseAdapter, MouseMotionAdapter, WindowAdapter 클래스의 7개입니다. 아래 [표 11-1]을 보면 알 수 있듯이 관련된 메서드가 2개 이상인 리스너는 모두 어댑터가 준비되어 있습니다. 리스너 대신 해당하는 어댑터를 상속받아서 필요한 메서드만 오버라이딩하면 원하는 이벤트를 처리할 수 있습니다. 다음의 [표 11-1]은 자바의 이벤트와 이를 처리하기 위한 리스너/어댑터, 관련된 메서드를 보인 것입니다.

이벤트 클래스	준비된 리스너/어댑터	관련된 메서드
ActionEvent	ActionListener	actionPerformed(ActionEvent e)
AdjustmentEvent	AdjustmentListener	adjustmentValueChanged(AdjustmentEvent e)
ComponentEvent	ComponentListener	componentHidden(ComponentEvent e)
	ComponentAdapter	componentMoved(ComponentEvent e) componentResized(ComponentEvent e) componentShown(ComponentEvent e)
ConatinerEvent	ContainerListener	componentAdded(ContainerEvent e)
	ContainerAdapter	componentRemoved(ContainerEvent e)
FocusEvent	FocusListener	focusGained(FocusEvent e)
	FocusAdapter	focusLost(FocusEvent e)
ItemEvent	ItemListener	itemStateChanged(ItemEvent e)
KeyEvent	KeyListener	keyPressed(KeyEvent e)
	KeyAdapter	keyReleased(KeyEvent e) keyTyped(KeyEvent e)
MouseEvent	MouseListener	mouseClicked(MouseEvent e)
	MouseAdapter	mouseEntered(MouseEvent e) mouseExited(MouseEvent e) mousePressed(MouseEvent e) mouseReleased(MouseEvent e)
	MouseMotionListener	mouseDragged(MouseEvent e)
	MouseMotionAdapter	mouseMoved(MouseEvent e)
TextEvent	TextListener	textValueChanged(TextEvent e)
WindowEvent	WindowListener	windowActivated(WindowEvent e)
	WindowAdapter	windowClosed(WindowEvent e) windowClosing(WindowEvent e) windowDeactivatedWindowEvent e) windowDeiconified(WindowEvent e) windowIconified(WindowEvent e) windowOpened(WindowEvent e)

▲ 표 11-1 이벤트 리스너/어댑터

자바의 어댑터는 클래스이기 때문에 애플릿에서 바로 사용할 수는 없고, 앞에서 배운 내부클래스를 이용하면 됩니다. 다음은 앞에서 만든 마우스 버튼을 클릭한 위치에 원을 그리는 예제와 같은 예제입니다. 앞에서 우리는 9장에서 만든 MouseTest.java를 내부클래스를 사용해서 InnerClassTest.java를 만들었는데, 여기서는 어댑터를 사용해서 다시 만들었습니다. MouseTest.java, InnerClassTest.java와 다음의 예제를 비교해보고 어댑터를 사용하는 것과 인터페이스를 사용하는 차이점을 분명히 이해하기 바랍니다.

AdapterTest.java

```
 1 : import java.applet.*;
 2 : import java.awt.*;
 3 : import java.awt.event.*;
 4 :
 5 : public class AdapterTest extends Applet
 6 : {
 7 :    Label myLabel;
 8 :    int[ ] x, y;
 9 :    int num;
10 :
11 :    public void init( )
12 :    {
13 :       setLayout(new BorderLayout( ));
14 :       myLabel= new Label("마우스로 클릭하면 원을 그립니다.");
15 :       myLabel.setAlignment(Label.CENTER);
16 :       add("North", myLabel);
17 :
18 :       x= new int[100];
19 :       y= new int[100];
20 :       num= 0;
21 :
22 :       addMouseListener(new MyMouseHandler( ));
23 :    }
24 :
25 :    public void paint(Graphics g)
26 :    {
27 :       g.setColor(Color.red);
28 :
29 :       for(int i=0; i<num; i++){
30 :          g.fillOval(x[i]-20, y[i]-20, 40, 40);
31 :       }
32 :    }
```

```
33 :
34 :    class MyMouseHandler extends MouseAdapter
35 :    {
36 :        public void mouseClicked(MouseEvent e)
37 :        {
38 :          if(num<100){
39 :             x[num]= e.getX();
40 :             y[num]= e.getY();
41 :             num++;
42 :          }
43 :          repaint();
44 :        }
45 :    }
46 : }
```

예제

AdapterTest.html

```
1 : <HTML>
2 :   <HEAD>
3 :     <TITLE>AdapterTest</TITLE>
4 :   </HEAD>
5 :   <BODY>
6 :     <APPLET CODE=AdapterTest.class WIDTH=550 HEIGHT=350>
7 :     </APPLET>
8 :   </BODY>
9 : </HTML>
```

결과

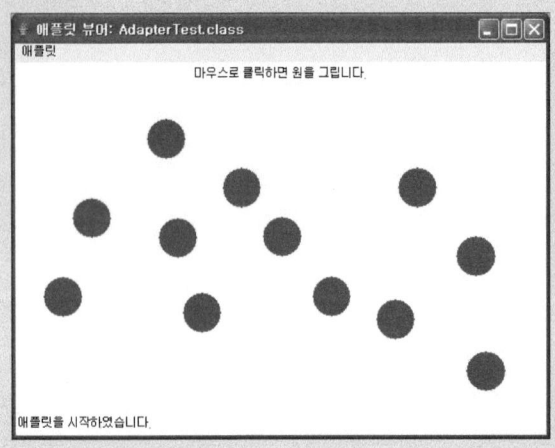

InnerClassTest.java 예제와 같은 결과를 출력하는 예제이지만, 리스너 대신 어댑터를 상속받아서 MyMouseHandler 클래스를 구현했기 때문에, 사용하지 않는 메서드는 구현할 필요가 없었습니다.

11.4 키 이벤트 다루기

키보드에서 키를 눌렀을 때 발생하는 이벤트가 KeyEvent입니다. 마우스 이벤트를 다뤘던 방법과 마찬가지 방식으로 키보드에서 입력되는 키 이벤트도 다룰 수 있습니다. 키 이벤트는 주로 텍스트 필드와 같은 컴포넌트에서 중요하게 다루지만, Component 클래스를 상속 받은 컴포넌트들은 모두 키 이벤트를 발생시킬 수 있습니다. 다음의 [표 11-2]는 키 이벤트를 발생시키는 이벤트 소스입니다.

Component	Label	Button	Checkbox	Choice
List	TextComponent	TextField	TextArea	Scrollbar
Canvas	Container	Panel	ScrollPane	Window
Frame	Dialog	FileDialog		

▲ 표 11-2 키 이벤트를 발생시키는 컴포넌트(이벤트 소스)

마우스 이벤트에서와 마찬가지로, 키 이벤트도 리스너 인터페이스를 상속받아서 구현하면 됩니다. 키 이벤트의 리스너 인터페이스는 KeyListener입니다.(물론, 3. 어댑터에서 배운 KeyAdapter 클래스를 상속받아서 메서드를 오버라이딩해도 됩니다.) KeyListener 인터페이스에는 keyPressed( ), keyReleased( ), keyTyped( ) 메서드 등 3개의 메서드가 선언되어 있는데, 각각 키가 눌러졌을 때, 키를 놓았을 때, 키를 타이핑했을 때에 해당하는 메서드입니다. 다음의 [표 11-3]은 KeyListener 인터페이스/KeyAdapter 클래스와 관련된 메서드입니다.

리스너/어댑터	관련된 메서드	설명
KeyListener	keyPressed(KeyEvent e)	키가 눌러졌을 때 실행
KeyAdapter	keyReleased(KeyEvent e)	키를 놓았을 때 실행
	keyTyped(KeyEvent e)	키를 타이핑했을 때 실행

▲ 표 11-3 키 이벤트를 발생시키는 리스너/어댑터

KeyListener 인터페이스의 각 메서드들은 KeyEvent 클래스의 객체를 인수로 받는데, 이 KeyEvent 클래스의 객체에는 우리가 필요로 하는 많은 정보들이 들어 있습니다. KeyEvent 클래스의 메서드들을 호출하면 이러한 정보들을 알 수 있습니다. 다음의 [표 11-4]는 KeyEvent 클래스의 대표적인 메서드들입니다.

메서드	설명
char getKeyChar( )	키 이벤트가 발생된 유니코드 문자를 반환
int getKeyCode( )	키 이벤트가 발생된 문자의 코드 값을 반환
String getKeyText(int keyCode)	"HOME", "F1" 또는 일반 문자와 같은 문자열을 반환

▲ 표 11-4 KeyEvent 클래스의 대표적인 메서드들

위의 [표 11-4]에서 주로 사용되는 메서드는 getKeyCode( ) 메서드입니다. 우리가 사용하는 키보드에는 문자로 표현할 수 없는 많은 키들이 있기 때문에, getKeyChar( ) 메서드는 문자키만을 상대할 때 주로 쓰이고, 일반적으로는 getKeyCode( ) 메서드를 사용합니다. getKeyCode( ) 메서드는 키보드의 각

Chapter 11 테트리스 게임 | 443

키에 해당하는 코드를 돌려줍니다. 이 코드는 실제 키의 코드가 아니고 '가상 키 코드'입니다. 자바로 작성된 프로그램이 인터넷을 통해 어떠한 컴퓨터에서 실행될지 모르기 때문에, 모든 컴퓨터의 키 코드를 포함하는 가상의 키 코드를 정한 것입니다.

KeyEvent 클래스에는 '가상 키(Virtual Key)'의 VK_로 시작되는 상수로 미리 정의되어 있기 때문에, 숫자 값을 알 필요는 없습니다. 다음의 [표 11-5]는 KeyEvent 클래스에 정의되어 있는 가상 키 코드 상수들 중 일부입니다. 자바가 다양한 컴퓨터에서 작동되기 때문에, 일반적인 PC에서 볼 수 없는 키들도 가상 키 상수로 정의되어 있습니다. (예를 들어, 매킨토시나 유닉스 워크스테이션의 키보드에만 있는 키) 여기에서는 PC용 키보드를 기준으로 대표적인 것들만 정리해 보았습니다.

가상키	설명
VK_ESCAPE	이스케이프키(Esc)
VK_F1 ~ VK_F12	기능키(F1 ~ F12)
VK_0 ~ VK_9	숫자키(0 ~ 9)
VK_A ~ VK_Z	문자키(A ~ Z)
VK_TAB	탭키(Tab)
VK_CAPS_LOCK	캡스락키(Caps Lock)
VK_ALT, VK_CONTROL, VK_SHIFT	알트키, 컨트롤키, 쉬프트키(Alt Ctrl Shift)
VK_BACK_SPACE	백스페이스키(Back Space)
VK_ENTER	엔터키(Enter)
VK_PRINTSCREEN	프린트 스크린키(Print Screen)
VK_SCROLL_LOCK	스크롤락키(Scroll Lock)
VK_PAUSE	정지키(Pause)
VK_HOME, VK_END	홈키와 엔드키(Home End)
VK_INSERT, VK_DELETE	삽입키와 삭제키(Insert Delete)
VK_PAGE_UP ~ VK_PAGE_DOWN	페이지업키와 페이지다운키(Page Up Page Down)
VK_UP, VK_DOWN, VK_LEFT, VK_RIGHT	방향키(↑ ↓ ← →)
VK_NUM_LOCK	넘버락키(Num Lock)
VK_NUMPAD0 ~ VK_NUMPAD9	숫자패드의 숫자키(0 Ins ~ 9 PgUp)

▲ 표 11-5 KeyEvent에 정의되어 있는 대표적인 가상 키 코드

KeyEvent 클래스의 메서드는 아니지만, 알아두면 요긴한 메서드들도 있습니다. 예를 들어, Shift 키를 누른 상태인지, Ctrl 키를 누른 상태인지 등을 알고 싶을 때가 많이 있습니다. 이를 위한 메서드가 InputEvent 클래스에 정의되어 있습니다. KeyEvent는 InputEvent의 서브클래스이기 때문에, 다음의 [표 11-6]에 나오는 메서드들은 모두 사용할 수 있습니다.

메서드	설명
boolean isAltDown( )	키보드의 알트키(Alt)가 눌러진 상태인지 조사
boolean isControlDown( )	키보드의 컨트롤키(Ctrl)가 눌러진 상태인지 조사

| boolean isShiftDown( ) | 키보드의 쉬프트키(Shift)가 눌러진 상태인지 조사 |

▲ 표 11-6 InputEvent 클래스의 대표적인 메서드들

예를 들어 keyPressed( ) 메서드에서 쉬프트키와 A 키가 눌러진 상태인지 알고 싶으면 다음처럼 하면 됩니다.

```
...
public void keyPressed(KeyEvent e)
{
  ...
  if(e.isShiftDown( ) && (e.getKeyCode( )==VK_A)){
     // 쉬프트키와 A키가 눌러진 상태에서 할 일
  }
}
...
```

다음은 키보드에서 입력받은 키를 화면에 출력하는 예제입니다. 이 예제에서는 KeyListener 인터페이스를 사용했지만, KeyAdapter 클래스를 내부클래스에서 상속받는 방법으로 키 이벤트를 다룰 수도 있습니다. 어느 쪽이건 프로그래머의 취향에 따라 사용하면 됩니다.

KeyTest.java

```
 1 : import java.applet.*;
 2 : import java.awt.*;
 3 : import java.awt.event.*;
 4 :
 5 : public class KeyTest extends Applet
 6 :    implements KeyListener
 7 : {
 8 :    String str= "";
 9 :
10 :    public void init( )
11 :    {
12 :       this.requestFocus( );
13 :
14 :       addKeyListener(this);
15 :    }
16 :
17 :    public void paint(Graphics g)
18 :    {
```

```
19 :        g.setColor(Color.black);
20 :        g.drawString("아무 키나 누르세요.", 20, 20);
21 :        g.setColor(Color.red);
22 :        g.drawString(str, 20, 40);
23 :    }
24 :
25 :    public void keyPressed(KeyEvent e)
26 :    {
27 :        str= e.getKeyText(e.getKeyCode());
28 :        showStatus("눌러진 키: "+ str);
29 :        repaint();
30 :    }
31 :
32 :    public void keyReleased(KeyEvent e)
33 :    {
34 :        str= e.getKeyText(e.getKeyCode());
35 :        showStatus("놓은 키: "+ str);
36 :        repaint();
37 :    }
38 :
39 :    public void keyTyped(KeyEvent e)
40 :    {
41 :        str= e.getKeyText(e.getKeyCode());
42 :        showStatus("타이핑한 키: "+ str);
43 :        repaint();
44 :    }
45 : }
```

KeyTest.html

```
1 : <HTML>
2 :   <HEAD>
3 :     <TITLE>KeyTest</TITLE>
4 :   </HEAD>
5 :   <BODY>
6 :     <APPLET CODE=KeyTest.class WIDTH=200 HEIGHT=200>
7 :     </APPLET>
8 :   </BODY>
9 : </HTML>
```

결과

KeyTest 애플릿이 실행되면 먼저 마우스로 애플릿을 한 번 클릭해서 윈도우즈가 입력받은 키 값을 KeyTest 애플릿으로 보내도록 합니다. 키보드의 키를 누르거나 놓거나 또는 타이핑하면 해당하는 키의 코드 값을 애플릿의 화면에 빨간색으로 출력합니다. 또한 showStatus( ) 메서드로 하단의 상태줄에 키 정보를 출력합니다.

11.5 사운드

자바에서 사운드를 출력하는 것은 매우 쉬운 일입니다. 단지 play( ) 메서드에 오디오 파일의 이름을 적어주기만 하면 됩니다. 문제가 되는 것은 연주할 수 있는 오디오 파일의 종류입니다. 자바 1.0에서는 연주할 수 있는 오디오 파일이 고작 AU 파일 하나였습니다. AU 파일은 썬 마이크로시스템즈가 만든 오디오 파일 포맷으로 빠르고 크기가 작은 반면, 보편적으로 쓰이지 않고 8비트의 8KHz 대역폭만을 가진다는 단점이 있습니다. 그러나 자바 1.2에서는 기존의 AU 뿐만 아니라 AIFC, AIFF, SND, WAVE, MIDI, RMF 등 다양한 오디오 파일 포맷을 지원하기 시작했습니다. 오디오 파일을 연주할 때는 다음처럼 단순히 play( ) 메서드에 인수로 오디오 파일의 이름을 인수로 주기만 하면 사운드가 출력됩니다.

```
play("gamestart.au");
```

다음의 [표 11-7]처럼 play( ) 메서드에는 2가지 오버로딩된 메서드가 존재합니다. play( ) 메서드는 오디오 파일을 로딩해서 연주까지 해주는 편리한 명령이지만, 매번 로딩한다는 문제점이 있습니다. 이미지와 마찬가지로 사운드도 리소스이기 때문에 로딩을 하는 시간이 필요합니다. 매번 로딩을 해서 1회만 연주한다는 것은 대단히 비효율적인 일입니다. 그래서 자바는 getAudioClip( ) 메서드를 지원해줍니다. getAudioClip( ) 메서드는 getImage( ) 메서드가 이미지를 로딩하여 돌려주는 것처럼, 오디오 클립을 메모리에 로딩하여 돌려줍니다.

메서드	설명
void play(URL url)	url 위치의 오디오 파일을 1회 연주
void play(URL url, String name)	url 위치의 name 파일을 1회 연주
AudioClip getAudioClip(URL url)	url 위치의 오디오 파일을 읽어서 AudioClip형 객체로 반환
AudioClip getAudioClip(URL url, String name)	url 위치의 name 파일을 읽어서 AudioClip형 객체로 반환

▲ 표 11-7 사운드 관련 메서드들

예를 들어, gamestart.au라는 파일을 읽어서 myAudio 객체에 저장하고 싶다면 다음처럼 하면 됩니다.

```
AudioClip myAudio= getAudioClip(getCodeBase(), "gamestart.au");
          ↑            ↑              ↑              ↑                ↑
        클래스        변수         오디오로드         위치          오디오파일이름
```

AudioClip 클래스에는 로딩된 오디오 클립을 연주하거나 반복 연주, 정지하는 등의 메서드가 준비되어 있습니다. 다음의 [표 11-8]은 AudioClip 클래스의 대표적인 메서드들입니다.

메서드	설명
void play( )	오디오 클립을 연주
void loop( )	오디오 클립을 반복해서 연주
void stop( )	연주를 중단하고 처음 상태로 이동

▲ 표 11-8 AudioClip 클래스의 대표적인 메서드들

다음은 버튼을 누르면 오디오 클립을 연주, 반복 연주, 정지하는 예제입니다.

SoundTest.java

예제

```
 1 : import java.applet.*;
 2 : import java.awt.*;
 3 : import java.awt.event.*;
 4 : import java.net.URL;
 5 :
 6 : public class SoundTest extends Applet
 7 :     implements ActionListener
 8 : {
 9 :    Button playButton, loopButton, stopButton;
10 :    AudioClip sound;
11 :
12 :    public void init()
13 :    {
14 :       //sound= getAudioClip(getCodeBase(), "sound.wav");
15 :       try{
16 :          URL url= new URL("file:///C:/java/sound.wav");
17 :          sound= Applet.newAudioClip(url);
18 :       }catch (Exception e){
19 :          System.out.println("URL 주소가 올바르지 않습니다.");
20 :       }
21 :
22 :       playButton= new Button("연주");
23 :       playButton.addActionListener(this);
24 :       add(playButton);
```

```
25 :
26 :     loopButton= new Button("반복 연주");
27 :     loopButton.addActionListener(this);
28 :     add(loopButton);
29 :
30 :     stopButton= new Button("정지");
31 :     stopButton.addActionListener(this);
32 :     add(stopButton);
33 :   }
34 :
35 :   public void actionPerformed(ActionEvent e)
36 :   {
37 :     if(e.getSource()==playButton){
38 :       sound.play();
39 :     }else if(e.getSource()==loopButton){
40 :       sound.loop();
41 :     }else if(e.getSource()==stopButton){
42 :       sound.stop();
43 :     }
44 :   }
45 : }
```

SoundTest.html

예제

```
1 : <HTML>
2 :   <HEAD>
3 :     <TITLE>SoundTest</TITLE>
4 :   </HEAD>
5 :   <BODY>
6 :     <APPLET CODE=SoundTest.class WIDTH=300 HEIGHT=100>
7 :     </APPLET>
8 :   </BODY>
9 : </HTML>
```

결과

예제를 실행하면 3개의 버튼이 나타납니다. 연주 버튼을 누르면 오디오클립을 1회 연주하고, 반복연주 버튼을 누르면 무한히 연주하다가 정지 버튼을 누르면 연주를 멈춥니다.

11.6 예외처리의 이해

우리가 '에러가 났다' 또는 '버그가 있다'라고 말하는 경우는 어떤 때일까요? 우선 제일 쉽게 생각할 수 있는 경우는 문법 에러가 발생한 경우입니다. 프로그래밍을 하고 컴파일을 했을 때 발생하는 에러로, 문법에 맞지 않는 구문을 사용했다든지 세미콜론이나 괄호와 같은 문자를 빼먹거나 변수, 메서드의 이름 등을 잘못 입력한 경우에 발생합니다. 자바를 처음 배우는 사람은 문법 에러를 모든 에러 중 가장 많이 만나겠지만, 문법 에러는 대부분 컴파일러가 지적해주기 때문에 에러 메시지만 잘 읽어도 고칠 수 있는 경우가 대부분이고, 자바 문법에 익숙해지면 점차 줄어들게 됩니다.

문법 에러외의 다른 에러는 실행 에러입니다. 컴파일이 잘 되었음에도 실행 중에 에러가 발생하는 것입니다. 실행 에러는 크게 세 가지로 나눌 수 있는데, 논리적으로 잘못된 프로그램에서 발생하는 논리 에러와 프로그램 실행 중의 특별한 상황 때문에 발생하는 예외, 그리고 컴퓨터 시스템에서 발생하는 시스템 에러입니다. 논리 에러는 프로그램을 완전히 잘못 작성한 경우로 해결 방법은 다시 작성하는 수밖에 없습니다. 보통은 알고리즘 작성이나 충분한 설계 과정 없이 프로그래밍을 바로 하는 경우에 논리 에러가 발생하여 재작성하는 경우가 많이 발생합니다. 정전이나 하드디스크 오류와 같은 시스템 에러는 사실 프로그래머가 어떻게 할 수 있는 성질의 것이 아닙니다. 백업 시스템을 구축하든지 듀얼 시스템 등으로 사전에 예방하는 수밖에 없습니다. 따라서 우리가 여기에서 관심을 가지는 에러는 예외(Exception)입니다.

1 예외에 대한 이해

예외라는 것은 프로그램이 정상적으로 잘 작성되었는데도, 실행하는 과정에서 여러 이유로 발생하는 에러를 말합니다. 예를 들어, 나이를 입력받아 어떤 계산을 하는 프로그램이 실행 중에 사용자가 나이가 아닌 이름을 입력한 경우를 생각해 봅시다. 정상적으로 나이가 입력되었다면 잘 실행되었을 프로그램인데, 사용자의 실수로 잘못된 결과가 출력될 것입니다. 만일 이 프로그램이 금융기관에서 사용되는 중요한 프로그램이라면 그 결과에 따른 피해는 엄청날 것입니다. 또 다른 예로 이미지나 오디오 클립을 읽어들일 때 URL 주소를 잘못 입력하여 읽어 올 수 없는 경우도 있습니다. 이 경우에도 제대로 URL 주소를 입력했더라면 정상적으로 잘 실행될 수 있는 경우입니다.

예외	설명
ArithmeticException	0으로 나누려고 할 때 발생(int i= 12 / 0;)
NullPointerException	객체를 생성하기 전에 사용하려고 할 때 발생
NegativeArraySizeException	배열의 크기를 음수로 줄 때 발생
ArrayIndexOutOfBoundsException	첨자가 배열의 크기 범위를 벗어날 때 발생
SecurityException	애플릿이 보안을 위반했을 때 발생(애플릿이 로컬 PC의 파일을 읽는 경우)

▲ 표 11-9 자주 발생하는 예외(Exception)

이처럼 프로그램이 정상적으로 잘 진행될 수 있는데 실행 중에 잘못된 입력이나 사용으로 발생하는 에러를 예외(Exception)라고 하고, 자바에서는 예외를 복구할 수 있는 방법을 제공하고 있습니다. 위의 [표 11-9]는 자바에서 자주 발생되는 예외들인데, 프로그램 실행 중에 이러한 예외를 만난다면, try-catch 구문으로 복구할 수 있습니다. 다음은 3개의 원소만을 가진 배열의 4번째 원소를 출력하려고 한 예제로 ArrayIndexOutOfBoundsException의 한 예입니다. 자바는 물론이고 C언어나 C++언어에서는 배열의 첨자를 0부터 정하기 때문에, 3개의 원소를 가진 배열은 0, 1, 2의 첨자를 갖습니다. 그러나 종종 프로그래머가 착각을 해서 아래와 같이 1, 2, 3의 첨자로 접근하는 경우가 있습니다. 이 예외를 복구하는 방법은 다음의 try-catch에서 배우겠습니다.

예제 **ArrayExceptionTest.java**

```
 1 : public class ArrayExceptionTest
 2 : {
 3 :    public static void main(String[] args)
 4 :    {
 5 :       String language[]= {"C언어", "C++언어", "자바"};
 6 :
 7 :       int i= 1;
 8 :       while(i<4){
 9 :          System.out.println(language[i]);
10 :          i++;
11 :       }
12 :    }
13 : }
```

결과

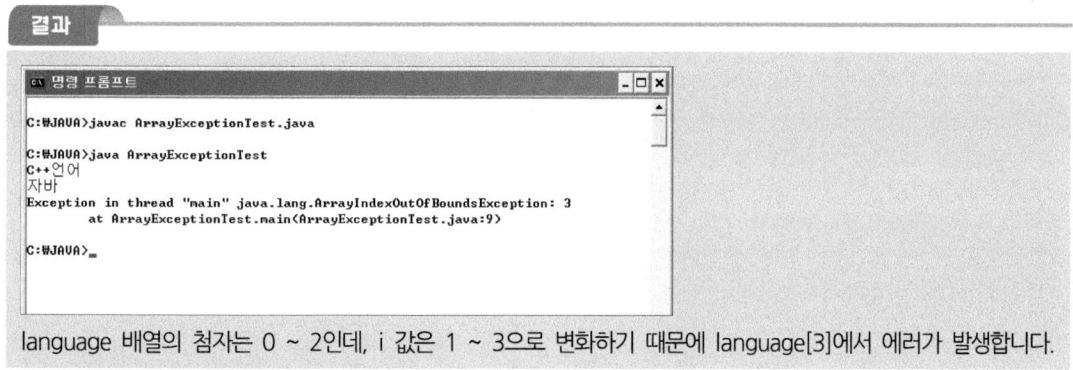

language 배열의 첨자는 0 ~ 2인데, i 값은 1 ~ 3으로 변화하기 때문에 language[3]에서 에러가 발생합니다.

2 try와 catch

자바에서는 예외가 발생했을 때, 이를 처리하기 위한 루틴으로 이동하는 것을 '던진다(throw)'라고 말합니다. 예외를 복구하는 방법은 (1) 예외가 발생할 가능성이 있는 부분을 try 명령으로 감싸고 예외가 발생한 메시지를 던진 후, (2) catch 명령으로 try가 던진 예외를 받아서 처리합니다. 다음은 try-catch

문의 구성입니다. 이때 catch문은 여러 개가 있을 수 있는데, 그럴 때는 Exception 객체에 따라 구분합니다. 예를 들어, try 명령이 MyException형 예외를 던지면 catch(MyException e)가 받고, try 명령이 ArithmeticException형 예외를 던지면 catch(ArithmeticException e)가 받습니다.

```
try{
   // 예외가 예상되는 부분
}catch(Exception형 e){
   // Exception형에 따라 예외를 처리하는 부분 1
}catch(Exception형 e){
   // Exception형에 따라 예외를 처리하는 부분 2
}
```

다음은 앞에서 만든 ArrayExceptionTest.java 예제를 try-catch 명령을 사용하여 예외처리를 한 예제입니다. ArrayExceptionTest.java 예제에서는 배열의 첨자가 범위를 벗어나서 에러가 나면서 종료되지만, 다음의 예제에서는 에러가 나는 대신 "배열의 첨자를 다시 설정합니다."라는 메시지를 출력하도록 했습니다.(이 예제는 i 값이 3이 될 때마다 -1로 재설정하기 때문에 무한루프가 됩니다.)

ArrayExceptionTest2.java

```
 1 : public class ArrayExceptionTest2
 2 : {
 3 :    public static void main(String[] args)
 4 :    {
 5 :       String language[]= {"C언어", "C++언어", "자바"};
 6 :
 7 :       int i= 1;
 8 :       while(i<4){
 9 :          try{
10 :             System.out.println(language[i]);
11 :          }catch(ArrayIndexOutOfBoundsException e){
12 :             System.out.println("배열의 첨자를 다시 설정합니다.");
13 :             i= -1;
14 :          }
15 :          i++;
16 :       }
17 :    }
18 : }
```

> **결과**

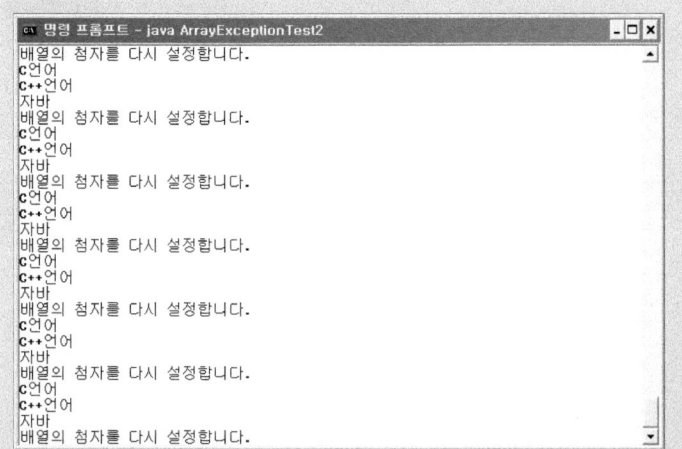

try-catch( )로 묶은 부분에서 예외가 발생하면 catch( )문으로 이동해서 i 값을 -1로 바꾸기 때문에 에러가 발생하지 않고 프로그램이 계속 진행됩니다.

3 finally

try-catch 명령을 사용할 때, 예외의 발생과는 상관없이 무조건 실행하고 싶은 명령이 있다면, finally 명령을 사용하면 됩니다. 이때 finally 명령은 try-catch 명령이 종료된 후에 처리되는 명령이기 때문에 다음처럼 catch 명령 다음에 사용해야 합니다.

```
try{
    // 예외가 예상되는 부분
}catch(Exception형 e){
    // Exception형에 따라 예외를 처리하는 부분
}finally{
    // 무조건 실행하고 싶은 부분
}
```

다음은 finally 명령을 사용해서 앞에서 만든 ArrayExceptionTest2.java 예제를 try-catch 명령이 실행된 후에 항상 "언제나 출력되는 부분"이라는 문장이 실행되도록 고친 예제입니다.(이 예제도 ArrayExceptionTest2.java 예제와 마찬가지로 i 값이 3이 될 때마다 -1로 재설정하기 때문에 무한루프가 됩니다.)

ArrayExceptionTest3.java

> **예제**

```
1 : public class ArrayExceptionTest3
2 : {
3 :     public static void main(String[ ] args)
```

```
 4 :    {
 5 :        String language[ ]= {"C언어", "C++언어", "자바"};
 6 :
 7 :        int i= 1;
 8 :        while(i<4){
 9 :          try{
10 :            System.out.println(language[i]);
11 :          }catch(ArrayIndexOutOfBoundsException e){
12 :            System.out.println("배열의 첨자를 다시 설정합니다.");
13 :            i= -1;
14 :          }finally{
15 :            System.out.println("언제나 출력되는 부분");
16 :          }
17 :          i++;
18 :        }
19 :    }
20 : }
```

결과

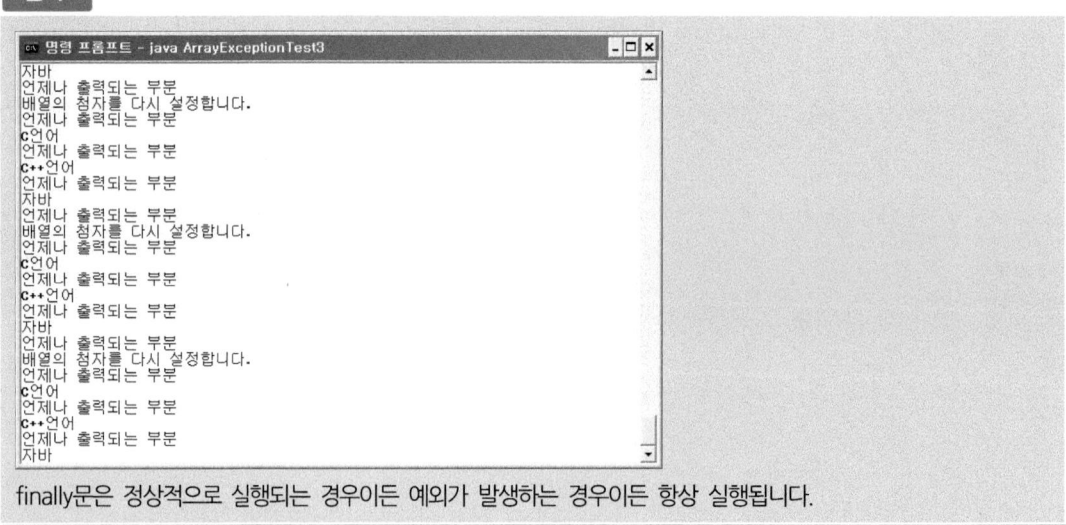

finally문은 정상적으로 실행되는 경우이든 예외가 발생하는 경우이든 항상 실행됩니다.

4 throws와 throw

신뢰성 있는 코드를 작성하도록 하기 위해서 자바에서는 '선언하거나 처리하라(Declare or Handle)'라는 규칙을 정해두었습니다. 이 규칙은 예외가 발생할 가능성이 있는 곳은 try-catch 명령으로 처리하고, 만일 처리하지 못하는 경우에는 throws 명령으로 선언해야 한다는 뜻입니다. 자바에서는 예외가 발생하면, 해당하는 명령을 감싸고 있는 try-catch 명령을 찾고, 만약 try-catch 명령이 없을 경우에는 예외가 발생한 부분을 호출한 상위 클래스로 올라가게 됩니다. 따라서 예외를 처리해주지 않으면, 연속적으로 예외가 던져지고(throw), 마지막에는 자바 가상머신이 에러 메시지를 출력하고 프로그램을 종료하게 되는 것입니다.

모든 예외에 대해 try-catch 명령으로 처리를 해주는 것이 옳지만, 예외가 발생할 가능성이 있는 모든 곳을 다 처리한다는 것은 사실상 불가능한 일입니다. 이럴 때는 throws 명령으로 발생 가능한 예외를 선언해주면, '이 부분이 예외를 발생시킬 가능성은 있지만 처리는 하지 않고, 이 부분을 호출한 곳으로 처리를 미룬다'는 뜻이 됩니다. 예를 들어, 우리가 **3.3 키보드에서 입력받기**에서 readLine( ) 메서드를 사용하여 문자열을 입력받았는데, readLine( ) 메서드는 IOException을 발생시킬 가능성이 있습니다. 원칙적으로는 try-catch 명령으로 처리를 해줘야하지만, 당시에는 예외를 배우기 전이었기 때문에 다음처럼 throws 선언을 해줬었습니다.

```
public static void main(String[ ] args) throws IOException
{
  InputStreamReader isr= new InputStreamReader(System.in);
  BufferedReader in= new BufferedReader(isr);

  String str;
  ...
  str= in.readLine( );}
  ...
}
```

어떤 상황에서는 프로그래머가 일부러 예외를 발생시키고 싶은 경우도 있을 것입니다. 이럴 때는 throw 명령을 사용하면 됩니다. 다음은 throw 명령으로 예외를 발생시키고, throws 명령으로 예외 발생이 가능하다는 것을 선언한 예제입니다.

ThrowsTest.java

예제

```
 1 : public class ThrowsTest
 2 : {
 3     public int divide(int x, int y) throws ArithmeticException
 4     {
 5        int result;
 6 :
 7        try{
 8            result= x/y;
 9        }catch(ArithmeticException e){
10            throw(e);
```

```
11          }
12 :
13          return result;
14      }
15 :
16      public static void main(String[] args)
17      {
18          ThrowsTest x= new ThrowsTest();
19
20          for(int i=5; i>=0; i--){
21              int divide_100= x.divide(100, i);
22              System.out.println("100을 "+ i +"로 나누면: "+ divide_100);
23          }
24      }
25 : }
```

결과

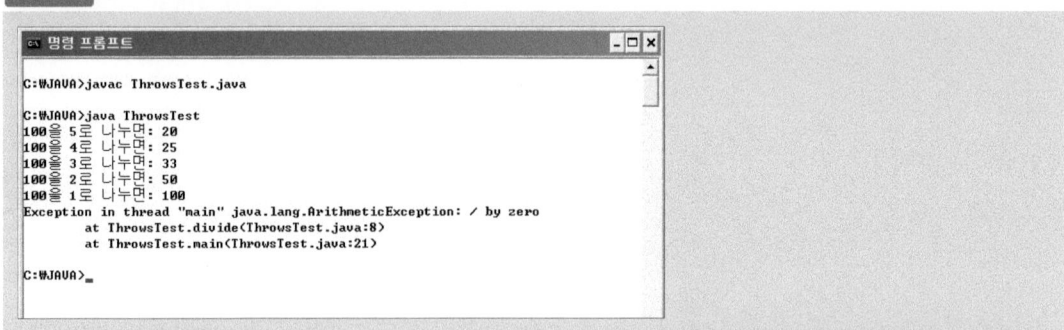

100을 5부터 0까지의 수로 차례로 나누는 예제입니다. 0으로 나누면 ArithmeticException이 발생되고, 10행의 throw() 명령으로 main() 메서드에 예외를 전달하게 됩니다. 따라서 main() 메서드에서 에러가 나게 됩니다.

5 예외 만들기

catch() 메서드는 Exception 객체에 따라 구분하기 때문에, 기존의 예외와는 다른 자신만의 예외를 만들고 싶을 때가 있을 수 있습니다. 이럴 때는 기존의 예외 클래스를 상속받아 서브클래스로 만들면 됩니다. 예를 들어, 파일의 내용 중 이상한 데이터가 있을 때 발생시키기 위한 MyException 클래스를 만든다면, IOException 클래스를 상속받으면 쉽게 만들 수 있습니다. 특별히 상속받을 예외를 정하기 힘든 경우에는 다음의 예제처럼 Exception 클래스를 상속받아서 만들면 됩니다. 다음은 새로운 예외를 만들어 사용한 예제입니다. 다음과 같은 인수를 주어 실행해 보고 예제 프로그램을 분석하여, 예외처리에 대해 분명히 이해하도록 합시다.

인수	실행 방법
one	java ExceptionTest
	java ExceptionTest one
0	java ExceptionTest 0
1	java ExceptionTest 1
99	java ExceptionTest 99
2	java ExceptionTest 2
3	java ExceptionTest 3

▲ 표 11-10 예제 실행용 인수들

MyException.java

```
 1 : public class MyException extends Exception
 2 : {
 3 :    public MyException()
 4 :    {
 5 :       super();
 6 :    }
 7 :
 8 :    public MyException(String s)
 9 :    {
10 :       super(s);
11 :    }
12 : }
```

MyOtherException.java

```
 1 : public class MyOtherException extends Exception
 2 : {
 3 :    public MyOtherException()
 4 :    {
 5 :       super();
 6 :    }
 7 :
 8 :    public MyOtherException(String s)
 9 :    {
10 :       super(s);
11 :    }
12 : }
```

MySubException.java

```
 1 : public class MySubException extends MyException
 2 : {
 3 :   public MySubException()
 4 :   {
 5 :     super();
 6 :   }
 7 :
 8 :   public MySubException(String s)
 9 :   {
10 :     super(s);
11 :   }
12 : }
```

ExceptionTest.java

```
 1 : public class ExceptionTest
 2 : {
 3 :   public static void a(int i)
 4 :   {
 5 :     try{
 6 :       b(i);
 7 :     }catch(MyException e){
 8 :       if(e instanceof MySubException){
 9 :         System.out.print("MySubException: ");
10 :       }else{
11 :         System.out.print("MyException: ");
12 :       }
13 :       System.out.println(e.getMessage());
14 :       System.out.println("위치 - 1");
15 :     }
16 :   }
17 :
18 :   public static void b(int i) throws MyException
19 :   {
20 :     int result;
21 :     try{
22 :       System.out.println("i = "+ i);
23 :       result= c(i);
```

```
24 :        System.out.println("c(i) = "+ result);
25 :      }catch(MyOtherException e){
26 :        System.out.println("MyOtherException: "+ e.getMessage());
27 :        System.out.println("위치 - 2");
28 :      }finally{
29 :        System.out.print("\n");
30 :      }
31 :    }
32 :
33 :    public static int c(int i) throws MyException, MyOtherException
34 :    {
35 :      switch(i){
36 :        case  0: throw new MyException("너무 작은 값이 입력되었습니다.");
37 :        case  1: throw new MySubException("입력된 값이 너무 작습니다.");
38 :        case 99: throw new MyOtherException("너무 큰 값이 입력되었습니다.");
39 :        default: return i*i;
40 :      }
41 :    }
42 :
43 :    public static void main(String[] args)
44 :    {
45 :      int i;
46 :
47 :      try{
48 :        i= Integer.valueOf(args[0]).intValue();
49 :      }catch(ArrayIndexOutOfBoundsException e){
50 :        System.out.println("인수가 필요합니다.");
51 :        System.out.println("(예) ExceptionTest 4");
52 :        return;
53 :      }catch(NumberFormatException e){
54 :        System.out.println("인수가 정수이어야만 합니다.");
55 :        System.out.println("(예) ExceptionTest 4");
56 :        return;
57 :      }finally{
58 :        System.out.println("언제나 출력되는 부분");
59 :      }
60 :
61 :      a(i);
62 :    }
63 : }
```

결과

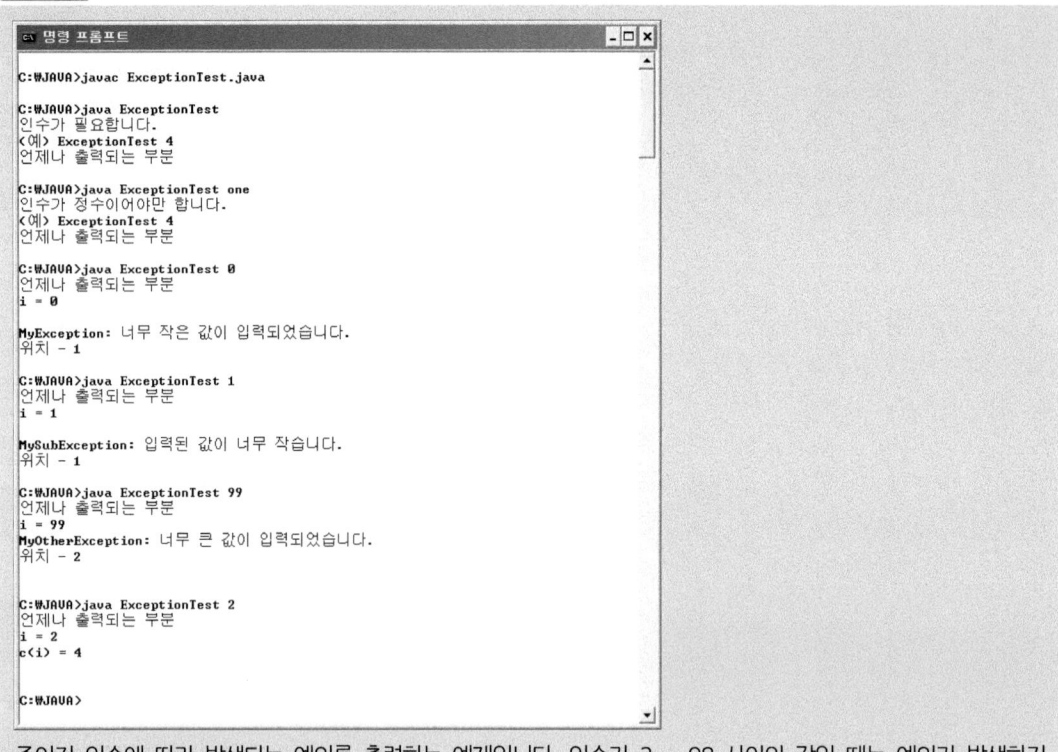

주어진 인수에 따라 발생되는 예외를 출력하는 예제입니다. 인수가 2 ~ 98 사이의 값일 때는 예외가 발생하지 않고, 그 외의 경우에는 c() 메서드에서 예외를 발생시킵니다.

11.7 테트리스 게임 만들기

우리가 이번에 만드는 테트리스 게임은 결코 어려운 프로그램은 아닙니다. 다만, 앞에서 만든 게임들에 비해 소스의 양이 많을 뿐입니다. 다음의 설명을 잘 읽으면 전체 소스를 어렵지 않게 이해할 수 있을 것입니다. 우선 깜빡임을 줄이기 위해 가상화면을 만듭니다. 모든 블록은 가상화면에 출력되고, paint( ) 메서드는 가상화면의 내용을 실제 화면으로 옮길 뿐입니다.

```
Image off= createImage(181, 316);
Graphics offG= off.getGraphics( );
```

게임 중에 사용할 오디오 클립을 로딩합니다. 여기서 만드는 테트리스 게임에서는 블록을 회전시킬 때, 블록이 가득 찬 줄을 지울 때, 게임이 끝났을 때 사운드를 출력합니다. 사운드를 더 추가하고 싶을 때는 이 부분에 원하는 오디오 클립을 로딩하도록 추가하고 사운드가 출력되어야 할 부분에서 AudioClip 클래스의 play( ) 메서드를 호출하면 됩니다.

```
AudioClip turnAudio= getAudioClip(getCodeBase(), "turn.au");
AudioClip deleteAudio= getAudioClip(getCodeBase(), "delete.au");
AudioClip gameOverAudio= getAudioClip(getCodeBase(), "gameover.au");
```

우리가 만드는 테트리스 게임은 가로 12칸, 세로 21칸의 공간에서 블록을 움직이는 게임입니다. 각 칸은 가로 15, 세로 15의 픽셀로 이루어져 있습니다. 따라서 전체 게임의 크기는 가로 180, 세로 315 픽셀로 구성됩니다. 게임을 하는 입장이 아닌 만드는 입장에서는 게임의 크기나 화면 구성 등을 분명히 알고 있어야 합니다. 각 칸에 블록이 있는지 없는지는 map 배열을 이용합니다. map은 boolean형 배열로, 블록이 있으면 true 값, 없으면 false 값을 저장합니다.

```
boolean[ ][ ] map= new boolean[12][21];
```

map 배열과 더불어 알아두어야 할 배열은 colorMap 배열입니다. 우리가 만드는 테트리스 게임에서는 게임을 좀 더 재미있게 하기 위해서, 각 블록의 색깔을 다르게 했는데, colorMap 배열은 각 칸에 저장된 블록의 색을 저장한 배열입니다. 만약 각 블록의 색을 다르게 하지 않는다면 colorMap 배열은 필요 없습니다.

```
Color[ ][ ] colorMap= new Color[12][21];
```

이 테트리스 게임에서는 다음의 [그림 11-2]처럼 7종류의 블록을 사용합니다. 각 블록은 미리 색과 모양을 정해두었고, 컴퓨터는 난수를 발생하여 이 7종류의 블록 중 하나를 화면에 출력하게 되는 것입니다. colorType 배열은 미리 정해 둔 7종류의 블록의 색이고, setColorType( ) 메서드는 colorType 배열에 미리 정해둔 색을 설정하는 메서드입니다. colorType 배열은 여기에서처럼 setColorType( ) 메서드로 초기화하지 않고, **5.7 배열**에서 배운 것처럼 미리 배열의 초기값을 저장해도 됩니다.

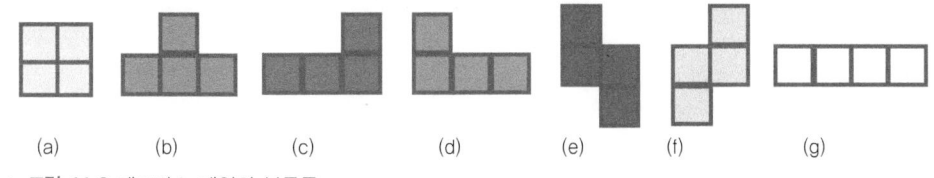

(a)　　(b)　　(c)　　(d)　　(e)　　(f)　　(g)

▲ 그림 11-2 테트리스 게임의 블록들

```
Color[ ] colorType= new Color[7];
setColorType( );
...

public void setColorType( )
```

```
{
    colorType[0]= new Color(65,228,82);
    colorType[1]= new Color(58,98,235);
    colorType[2]= new Color(128,0,64);
    colorType[3]= new Color(255,35,31);
    colorType[4]= new Color(68,17,111);
    colorType[5]= new Color(246,118,57);
    colorType[6]= new Color(224,134,4);
}
```

이제 화면에 블록을 출력할 차례입니다. 처음으로 내보낼 블록의 종류를 난수로 결정하고 setBlockXY() 메서드로 블록의 좌표를 구합니다. setBlockXY() 메서드는 인수로 주는 값에 따라 각 블록의 초기 위치를 지정하는 메서드입니다. 사용되는 7종류의 블록은 모두 4 칸으로 구성되어 있기 때문에, 각 칸의 x, y 좌표를 지정하는 것입니다. 이때 좌표는 화면 상의 픽셀이 아니고, map 배열 상의 위치(배열 첨자)입니다.

```
Random r= new Random();
int blockType= Math.abs(r.nextInt() % 7);
setBlockXY(blockType);
...

public void setBlockXY(int type)
{
    switch(type){
      case 0:
        blockX[0]= 5; blockY[0]= 0;
        blockX[1]= 6; blockY[1]= 0;
        blockX[2]= 5; blockY[2]= 1;
        blockX[3]= 6; blockY[3]= 1;
        break;
      case 1:
        blockX[0]= 6; blockY[0]= 0;
        blockX[1]= 5; blockY[1]= 1;
        blockX[2]= 6; blockY[2]= 1;
        blockX[3]= 7; blockY[3]= 1;
        break;
      case 2:
        blockX[0]= 7; blockY[0]= 0;
        blockX[1]= 5; blockY[1]= 1;
```

```
            blockX[2]= 6; blockY[2]= 1;
            blockX[3]= 7; blockY[3]= 1;
            break;
        case 3:
            blockX[0]= 5; blockY[0]= 0;
            blockX[1]= 5; blockY[1]= 1;
            blockX[2]= 6; blockY[2]= 1;
            blockX[3]= 7; blockY[3]= 1;
            break;
        case 4:
            blockX[0]= 5; blockY[0]= 0;
            blockX[1]= 5; blockY[1]= 1;
            blockX[2]= 6; blockY[2]= 1;
            blockX[3]= 6; blockY[3]= 2;
            break;
        case 5:
            blockX[0]= 6; blockY[0]= 0;
            blockX[1]= 5; blockY[1]= 1;
            blockX[2]= 6; blockY[2]= 1;
            blockX[3]= 5; blockY[3]= 2;
            break;
        case 6:
            blockX[0]= 4; blockY[0]= 0;
            blockX[1]= 5; blockY[1]= 0;
            blockX[2]= 6; blockY[2]= 0;
            blockX[3]= 7; blockY[3]= 0;
            break;
    }
}
```

블록의 좌표를 구했으면, drawBlock( ) 메서드로 map 배열 상에 블록을 그립니다. drawBlock( )은 setBlockXY( ) 메서드가 지정한 map 배열 상의 좌표에 블록을 출력하는 것이기 때문에 아직 화면에는 출력 된 것이 아닙니다. drawMap( ) 메서드가 호출되면 map 배열의 내용이 가상화면에 출력되고, drawGrid( ) 메서드는 가상화면에 격자를 그립니다. 격자가 싫은 사람은 drawGrid( ) 메서드를 생략하면 됩니다.

```
drawBlock( );
drawMap( );
drawGrid( );
```

점수를 나타내는 score 변수는 0으로 설정합니다. 이 게임에서는 한 줄을 지울 때마다 score 변수의 값이 10점씩 올라가도록 했습니다. delayTime 변수는 블록이 떨어지는 속도로 1/1000 초 값입니다. 최초 설정은 1000이기 때문에 1초에 한 칸씩 떨어집니다. 그러나 score 변수의 값이 증가될수록 delayTime 변수의 값은 감소하기 때문에 점점 더 빨리 떨어지게 됩니다. 점수와 상관없이 떨어지는 속도를 조절하고 싶으면, 소스에서 delayTime 변수가 변화되는 부분을 찾아서 적절히 수정하면 됩니다. runGame 변수는 0, 1, 2로 변화하는 변수인데, 0 일 때가 게임 시작 전의 게임 타이틀 출력시점이고, 1이 되면 스레드의 run( ) 메서드에서 게임을 진행합니다.

```
int score= 0;
int delayTime=1000;
int runGame= 0;
```

모든 설정이 끝나면, clock 스레드가 생성되고 이 후에는 스레드의 run( ) 메서드에 따라 게임이 진행됩니다. run( ) 메서드에서는 앞에서 설명한 delayTime 변수만큼 스레드를 정지시킨 후에, dropBlock( ) 메서드를 불러 블록을 1줄 떨어뜨립니다.

```
try{
  clock.sleep(delayTime);
}catch(InterruptedException ie){ }

dropBlock();
...
```

dropBlock( ) 메서드에서는 checkDrop( ) 메서드를 호출하는데, checkDrop( ) 메서드는 블록의 y + 1 좌표에 블록이 존재하는지 조사합니다. map 배열 상에서 현재 블록의 인접한 바로 아래 칸에 아무것도 없으면 블록이 떨어질 수 있기 때문에 true 값을 돌려주고, 블록 밑에 다른 블록이 존재하면 false 값을 돌려줍니다. dropBlock( ) 메서드에서는 checkBlock( )이 true 값을 돌려주면 블록을 한 칸 내리고, false 값을 돌려주면, nextBlock( ) 메서드를 부릅니다. nextBlock( ) 메서드는 난수로 다음 블록의 종류를 결정하고, delLine( ) 메서드를 불러 한 줄이 가득차서 지울 블록을 찾아 지웁니다. 물론 줄을 지울 때 score 변수의 값을 증가시킵니다. 또한 nextBlock( ) 메서드는 다음 블록을 결정한 후에, check GameOver( ) 메서드를 불러서 새 블록을 map 배열에 출력하는 것이 가능한가에 따라 게임의 종료 여부를 판단합니다. 만약 새 블록을 출력할 만한 공간이 map 배열에 없으면 runGame 변수에 2를 저장합니다. run( ) 메서드에서는 dropBlock( ) 메서드를 실행시킨 후에, runGame 변수의 값이 1이면 게임을 진행하고, 아니면 점수를 출력하고 종료합니다. runGame이 1 값일 때는 init( ) 메서드에서 했던 대로 drawBlock( ), drawMap( ), drawGrid( ) 메서드들을 차례로 불러 가상화면에 블록을 출력한 후, repaint( ) 메서드를 불러서 가상화면을 실제 화면으로 옮깁니다.

```java
public void run()
{
  while(true)
  {
    try{
      clock.sleep(delayTime);
    }catch(InterruptedException ie){ }

    dropBlock();

    switch(runGame){
    case 1:
      drawBlock();
      drawMap();
      drawGrid();
      break;
    case 2:
      drawScore();
      break;
    default:
      drawTitle();
      break;
    }

    repaint();
  }
}
```

run() 메서드는 무한 루프이기 때문에, 블록을 만들어 아래로 떨어뜨리고 떨어뜨릴 수 없으면 새 블록을 만들어 다시 떨어뜨리는 일을 반복할 뿐입니다.(새 블록을 출력할 수 없는 경우에는 종료) 그렇다면, 블록을 플레이어의 조작에 맞춰 좌, 우, 아래로 이동시키거나 회전하는 일은 어디에서 할까요? 이 일은 모두 MyKeyHandler 클래스에 합니다. init( ) 메서드의 제일 마지막 줄을 보면 다음처럼 키 리스너를 설정했습니다.

```java
addKeyListener(new MyKeyHandler());
```

우리가 앞에서 만든 게임에서는 보통 이 부분을 addXXXListener(this);라고 해서 리스너 인터페이스를 현재의 클래스 내에 정의했는데, 여기서는 새로 배운 어댑터와 내부클래스를 써보기 위해서

MyKeyHandler 클래스를 생성해서 인수로 주었습니다.(물론, 앞에서 배운 리스너 인터페이스를 상속받아 구현하는 방법으로도 똑같이 만들 수 있습니다.) MyKeyHandler 클래스는 현재 클래스의 내부클래스이고 KeyAdapter 클래스의 서브클래스입니다. MyKeyHandler 클래스를 살펴보면 keyPressed( ) 메서드만 정의되어 있고, keyReleased( ), keyTyped( ) 메서드는 생략된 것을 알 수 있습니다. 이 점이 리스너와 어댑터의 차이점입니다.

```java
public class GameJava2_11 extends Applet
   implements Runnable
{
   ...
   public void init()
   {
      ...
   }
   ...

   class MyKeyHandler extends KeyAdapter
   {
      public void keyPressed(KeyEvent e)
      {
         int keyCode= (int)e.getKeyCode();

         if(keyCode==KeyEvent.VK_LEFT){
            ...
         }
         ...
      }
   }
}
```

MyKeyHandler 클래스에는 keyPressed( ) 메서드 외에 checkMove( ), checkTurn( ), turnBlock( ) 메서드 등이 있는데, keyPressed( )만 이해하면 나머지 메서드는 쉽게 이해할 수 있습니다. keyPressed( ) 메서드에서는 먼저 플레이어가 입력한 키의 가상 키 값을 구해서 ←, →, ↑, ↓ 인지에 따라 처리합니다. 키가 ←이거나 →라면 checkMove( ) 메서드를 불러서 블록이 해당하는 방향으로 움직일 수 있는 지 조사한 후, 가능하면 옮깁니다. checkMove( ) 메서드는 checkDrop( ) 메서드와 동일한데, 다른 점은 y 좌표가 아닌 x 좌표를 대상으로 조사를 하고, 인수에 따라 -1 또는 +1 위치의 블록이 존재하는 지 검사한다는 점 뿐입니다. 키가 ↓인 경우는 dropBlock( ) 메서드와 거의 동일한 작업을 합니다. 비교해 보기 바랍니다.

약간 까다롭게 보이는 것은 키가 ↑일 때 블록을 회전시키는 부분입니다. 이때는 checkTurn( ) 메서드를 불러서 블록이 반시계방향으로 회전했을 때 다른 블록과 겹치지 않는지만 확인하면 됩니다. 문제는 블록이 7종류나 되고 회전할 때마다 모두 다른 모양이 되기 때문에, 공통적으로 처리할 루틴을 만들기 어렵다는 점입니다. 이 책은 알고리즘이나 자료구조 등을 다루는 책이 아니기 때문에, 단순하게 미리 좌표를 입력했습니다. turnBlock( ) 메서드가 블록과 위치에 따라 상대적으로 각 칸이 바뀌어야할 위치를 미리 지정해 둔 메서드입니다. turnBlock( ) 메서드를 잘 고민해보면 이렇게 미리 입력해두지 않고도 쉽게 바꿀 수 있는 방법이 있을 것입니다.(다음의 [그림 11-3]은 블록의 위치(blockPos 변수)에 따른 형태입니다. 이 그림을 함께 참고하기 바랍니다.)

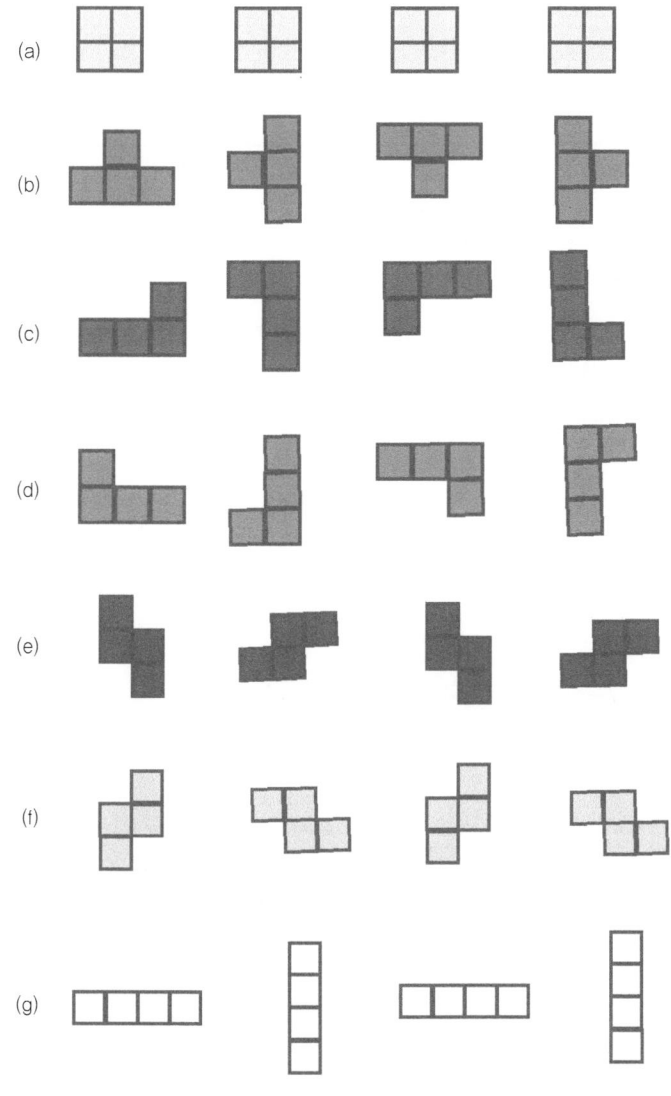

▲ 그림 11-3 각 블록의 회전

GameJava2_11.java

```
 1 : import java.applet.*;
 2 : import java.awt.*;
 3 : import java.awt.event.*;
 4 : import java.net.URL;
 5 : import java.util.*;
 6 :
 7 : public class GameJava2_11 extends Applet
 8 :     implements Runnable, ActionListener
 9 : {
10 :     Thread clock;
11 :
12 :     Image off; // 메모리 상의 가상화면
13 :     Graphics offG;
14 :
15 :     Random r;
16 :
17 :     boolean[][] map;
18 :     Color[] colorType;
19 :     Color[][] colorMap;
20 :
21 :     int blockType;
22 :     int[] blockX;
23 :     int[] blockY;
24 :     int blockPos;
25 :
26 :     int score;
27 :     int delayTime;
28 :     int runGame;
29 :
30 :     URL url;
31 :
32 :     AudioClip turnAudio;
33 :     AudioClip deleteAudio;
34 :     AudioClip gameOverAudio;
35 :
36 :     Button startButton;
37 :     Panel buttonPanel;
38 :
```

```
39 :    public void init()
40 :    {
41 :        // 메모리 상에 가상화면 만들기
42 :        off= createImage(181, 316);
43 :        offG= off.getGraphics();
44 :        offG.setColor(Color.white);
45 :        offG.fillRect(0,0,192,192);
46 :
47 :        //turnAudio= getAudioClip(getCodeBase( ), "turn.au");
48 :        //deleteAudio= getAudioClip(getCodeBase( ), "delete.au");
49 :        //gameOverAudio= getAudioClip(getCodeBase( ), "gameover.au");
50 :        try{
51 :            url= new URL("file:///C:/java/turn.au");
52 :            turnAudio= Applet.newAudioClip(url);
53 :            url= new URL("file:///C:/java/delete.au");
54 :            deleteAudio= Applet.newAudioClip(url);
55 :            url= new URL("file:///C:/java/gameover.au");
56 :            gameOverAudio= Applet.newAudioClip(url);
57 :        }catch(Exception e){
58 :            System.out.println("URL 주소가 올바르지 않습니다.");
59 :        }
60 :
61 :        // GUI
62 :        setLayout(new BorderLayout());
63 :        buttonPanel= new Panel();
64 :
65 :        startButton= new Button("START");
66 :        startButton.addActionListener(this);
67 :        buttonPanel.add(startButton);
68 :        add("South", buttonPanel);
69 :
70 :        map= new boolean[12][21];
71 :        colorMap= new Color[12][21];
72 :        colorType= new Color[7];
73 :        setColorType();
74 :
75 :        blockX= new int[4];
76 :        blockY= new int[4];
77 :        blockPos= 0;
78 :
```

```
79 :        r= new Random();
80 :        blockType= Math.abs(r.nextInt() % 7);
81 :        setBlockXY(blockType);
82 :
83 :        drawBlock();
84 :        drawMap();
85 :        drawGrid();
86 :
87 :        score= 0;
88 :        delayTime=1000;
89 :        runGame= 0;
90 :
91 :        addKeyListener(new MyKeyHandler());
92 :    }
93 :
94 :    public void setColorType()
95 :    {
96 :        colorType[0]= new Color(65,228,82);
97 :        colorType[1]= new Color(58,98,235);
98 :        colorType[2]= new Color(128,0,64);
99 :        colorType[3]= new Color(255,35,31);
100:        colorType[4]= new Color(68,17,111);
101:        colorType[5]= new Color(246,118,57);
102:        colorType[6]= new Color(224,134,4);
103:    }
104:
105:    public void setBlockXY(int type)
106:    {
107:        switch(type){
108:          case 0:
109:            blockX[0]= 5; blockY[0]= 0;
110:            blockX[1]= 6; blockY[1]= 0;
111:            blockX[2]= 5; blockY[2]= 1;
112:            blockX[3]= 6; blockY[3]= 1;
113:            break;
114:          case 1:
115:            blockX[0]= 6; blockY[0]= 0;
116:            blockX[1]= 5; blockY[1]= 1;
117:            blockX[2]= 6; blockY[2]= 1;
118:            blockX[3]= 7; blockY[3]= 1;
```

```
119 :          break;
120 :      case 2:
121 :          blockX[0]= 7; blockY[0]= 0;
122 :          blockX[1]= 5; blockY[1]= 1;
123 :          blockX[2]= 6; blockY[2]= 1;
124 :          blockX[3]= 7; blockY[3]= 1;
125 :          break;
126 :      case 3:
127 :          blockX[0]= 5; blockY[0]= 0;
128 :          blockX[1]= 5; blockY[1]= 1;
129 :          blockX[2]= 6; blockY[2]= 1;
130 :          blockX[3]= 7; blockY[3]= 1;
131 :          break;
132 :      case 4:
133 :          blockX[0]= 5; blockY[0]= 0;
134 :          blockX[1]= 5; blockY[1]= 1;
135 :          blockX[2]= 6; blockY[2]= 1;
136 :          blockX[3]= 6; blockY[3]= 2;
137 :          break;
138 :      case 5:
139 :          blockX[0]= 6; blockY[0]= 0;
140 :          blockX[1]= 5; blockY[1]= 1;
141 :          blockX[2]= 6; blockY[2]= 1;
142 :          blockX[3]= 5; blockY[3]= 2;
143 :          break;
144 :      case 6:
145 :          blockX[0]= 4; blockY[0]= 0;
146 :          blockX[1]= 5; blockY[1]= 0;
147 :          blockX[2]= 6; blockY[2]= 0;
148 :          blockX[3]= 7; blockY[3]= 0;
149 :          break;
150 :      }
151 : }
152 :
153 : public void start()
154 : {
155 :     if(clock==null){
156 :         clock= new Thread(this);
157 :         clock.start();   // 시계 시작
158 :     }
```

```
159 :     }
160 :
161 :     public void paint(Graphics g)
162 :     {
163 :         // 가상화면을 실제화면에 출력
164 :         g.drawImage(off, 0, 0, this);
165 :     }
166 :
167 :     public void update(Graphics g)
168 :     {
169 :         paint(g);
170 :     }
171 :
172 :     public void run()
173 :     {
174 :         while(true)
175 :         {
176 :             try{
177 :                 clock.sleep(delayTime);
178 :             }catch(InterruptedException ie){}
179 :
180 :             dropBlock();
181 :
182 :             switch(runGame){
183 :                 case 1:
184 :                     drawBlock();
185 :                     drawMap();
186 :                     drawGrid();
187 :                     break;
188 :                 case 2:
189 :                     drawScore();
190 :                     break;
191 :                 default:
192 :                     drawTitle();
193 :                     break;
194 :             }
195 :
196 :             repaint(); // paint() 호출
197 :         }
198 :     }
```

```
199 :
200 :   public void drawScore()
201 :   {
202 :       offG.setColor(Color.white);
203 :       offG.fillRect(35, 120, 110, 70);
204 :       offG.setColor(Color.black);
205 :       offG.drawRect(40, 125, 100, 60);
206 :       offG.setColor(Color.red);
207 :       offG.drawString("Game Over !", 56, 150);
208 :       offG.setColor(Color.blue);
209 :       offG.drawString("Score: "+score, 56, 170);
210 :   }
211 :
212 :   public void drawTitle()
213 :   {
214 :       offG.setColor(Color.white);
215 :       offG.fillRect(29, 120, 123, 70);
216 :       offG.setColor(Color.black);
217 :       offG.drawRect(31, 125, 121, 60);
218 :       offG.setColor(Color.red);
219 :       offG.drawString("TETRIS", 70, 150);
220 :       offG.setColor(Color.blue);
221 :       offG.drawString("Press START button!", 35, 170);
222 :   }
223 :
224 :   public void dropBlock()
225 :   {
226 :       removeBlock();
227 :
228 :       if(checkDrop()){
229 :          for(int i=0; i<4; i++){
230 :             blockY[i]= blockY[i]+1;
231 :          }
232 :       }else{
233 :          drawBlock();
234 :          nextBlock();
235 :       }
236 :   }
237 :
238 :   public void delLine()
```

```java
239 :    {
240 :       boolean delOk;
241 :
242 :       for(int row=20; row>=0; row--){
243 :          delOk= true;
244 :          for(int col=0; col<12; col++){
245 :             if(!map[col][row]) delOk= false;
246 :          }
247 :
248 :          if(delOk){
249 :             deleteAudio.play();
250 :             score+=10; // 점수 계산
251 :
252 :             if(score<1000){  // 속도 조절
253 :                delayTime= 1000 - score;
254 :             }else{
255 :                delayTime=0;
256 :             }
257 :
258 :             for(int delRow=row; delRow>0; delRow--){
259 :                for(int delCol=0; delCol<12; delCol++){
260 :                   map[delCol][delRow]= map[delCol][delRow-1];
261 :                   colorMap[delCol][delRow]= colorMap[delCol][delRow-1];
262 :                }
263 :             }
264 :             for(int i=0; i<12; i++){
265 :                map[0][i]= false;
266 :                colorMap[0][i]= Color.white;
267 :             }
268 :             row++;
269 :          }
270 :       }
271 :    }
272 :
273 :    public void nextBlock()
274 :    {
275 :       blockType= Math.abs(r.nextInt() % 7);
276 :       blockPos= 0;
277 :       delLine();
278 :       setBlockXY(blockType);
```

```
279 :        checkGameOver();
280 :    }
281 :
282 :    public void checkGameOver()
283 :    {
284 :        for(int i=0; i<4; i++){
285 :            if(map[blockX[i]][blockY[i]]){
286 :                if(runGame==1){
287 :                    gameOverAudio.play();
288 :
289 :                    runGame= 2;
290 :                }
291 :            }
292 :        }
293 :    }
294 :
295 :    public void removeBlock()
296 :    {
297 :        for(int i=0; i<4; i++){
298 :            map[blockX[i]][blockY[i]]= false;
299 :            colorMap[blockX[i]][blockY[i]]= Color.white;
300 :        }
301 :    }
302 :
303 :    public boolean checkDrop()
304 :    {
305 :        boolean dropOk= true;
306 :
307 :        for(int i=0; i<4; i++){
308 :            if((blockY[i]+1)!=21){
309 :                if(map[blockX[i]][blockY[i]+1]) dropOk= false;
310 :            }else{
311 :                dropOk= false;
312 :            }
313 :        }
314 :
315 :        return dropOk;
316 :    }
317 :
318 :    public void drawBlock()
```

```
319 :    {
320 :       for(int i=0; i<4; i++){
321 :         map[blockX[i]][blockY[i]]= true;
322 :         colorMap[blockX[i]][blockY[i]]= colorType[blockType];
323 :       }
324 :    }
325 :
326 :    public void drawMap()
327 :    {
328 :       for(int i=0; i<12; i++){
329 :         for(int j=0; j<21; j++){
330 :           if(map[i][j]){
331 :             offG.setColor(colorMap[i][j]);
332 :             offG.fillRect(i*15, j*15, 15, 15);
333 :           }else{
334 :             offG.setColor(Color.white);
335 :             offG.fillRect(i*15, j*15, 15, 15);
336 :           }
337 :         }
338 :       }
339 :    }
340 :
341 :    public void drawGrid()
342 :    {
343 :      offG.setColor(new Color(190,190,190));
344 :
345 :      for(int i=0; i<12; i++){
346 :        for(int j=0; j<21; j++){
347 :          offG.drawRect(i*15, j*15, 15, 15);
348 :        }
349 :      }
350 :    }
351 :
352 :    public void stop()
353 :    {
354 :      if((clock!=null)&&(clock.isAlive())){
355 :        clock=null;   // 시계 정지(없앰)
356 :      }
357 :    }
358 :
```

```java
359 :   public void actionPerformed(ActionEvent e)
360 :   {
361 :     blockPos= 0;
362 :
363 :     for(int i=0; i<12; i++){
364 :       for(int j=0; j<21; j++){
365 :         map[i][j]= false;
366 :       }
367 :     }
368 :
369 :     r= new Random();
370 :     blockType= Math.abs(r.nextInt() % 7);
371 :     setBlockXY(blockType);
372 :
373 :     drawBlock();
374 :     drawMap();
375 :     drawGrid();
376 :
377 :     score= 0;
378 :     delayTime=1000;
379 :     runGame= 1;
380 :
381 :     this.requestFocus();
382 :   }
383 :
384 :   class MyKeyHandler extends KeyAdapter
385 :   {
386 :     public void keyPressed(KeyEvent e)
387 :     {
388 :       int keyCode= (int)e.getKeyCode();
389 :
390 :       if(keyCode==KeyEvent.VK_LEFT){
391 :         if(checkMove(-1)){
392 :           for(int i=0; i<4; i++){
393 :             blockX[i]= blockX[i]-1;
394 :           }
395 :         }
396 :       }
397 :
398 :       if(keyCode==KeyEvent.VK_RIGHT){
```

```
399 :        if(checkMove(1)){
400 :           for(int i=0; i<4; i++){
401 :              blockX[i]= blockX[i]+1;
402 :           }
403 :        }
404 :     }
405 :
406 :     if(keyCode==KeyEvent.VK_DOWN){
407 :        removeBlock();
408 :
409 :        if(checkDrop()){
410 :           for(int i=0; i<4; i++){
411 :              blockY[i]= blockY[i]+1;
412 :           }
413 :        }else{
414 :           drawBlock();
415 :        }
416 :     }
417 :
418 :     if(keyCode==KeyEvent.VK_UP){
419 :        int[] tempX= new int[4];
420 :        int[] tempY= new int[4];
421 :
422 :        for(int i=0; i<4; i++){
423 :           tempX[i]= blockX[i];
424 :           tempY[i]= blockY[i];
425 :        }
426 :
427 :        removeBlock();
428 :        turnBlock();
429 :
430 :        if(checkTurn()){
431 :           turnAudio.play();
432 :
433 :           if(blockPos<4){
434 :              blockPos++;
435 :           }else{
436 :              blockPos= 0;
437 :           }
438 :        }else{
```

```
439 :            for(int i=0; i<4; i++){
440 :                blockX[i]= tempX[i];
441 :                blockY[i]= tempY[i];
442 :                map[blockX[i]][blockY[i]]= true;
443 :                colorMap[blockX[i]][blockY[i]]= colorType[blockType];
444 :            }
445 :        }
446 :    }
447 :
448 :    drawBlock();
449 :    drawMap();
450 :    drawGrid();
451 :    repaint();
452 : }
453 :
454 : public boolean checkTurn()
455 : {
456 :    boolean turnOk= true;
457 :
458 :    for(int i=0; i<4; i++){
459 :      if((blockX[i]>=0)&&(blockX[i]<12)&&(blockY[i]>=0)&&(blockY[i]<21)){
460 :         if(map[blockX[i]][blockY[i]]) turnOk= false;
461 :      }else{
462 :         turnOk= false;
463 :      }
464 :    }
465 :
466 :    return turnOk;
467 : }
468 :
469 : public boolean checkMove(int dir)
470 : {
471 :    boolean moveOk= true;
472 :
473 :    removeBlock();
474 :
475 :    for(int i=0; i<4; i++){
476 :      if(((blockX[i]+dir)>=0)&&((blockX[i]+dir)<12)){
477 :         if(map[blockX[i]+dir][blockY[i]]) moveOk= false;
478 :      }else{
```

```
479 :             moveOk= false;
480 :         }
481 :     }
482 :
483 :     if(!moveOk) drawBlock();
484 :
485 :     return moveOk;
486 : }
487 :
488 :
489 : public void turnBlock()
490 : {
491 :     switch(blockType){
492 :         case 1:
493 :             switch(blockPos){
494 :                 case 0:
495 :                     blockX[0]= blockX[0]; blockY[0]= blockY[0];
496 :                     blockX[1]= blockX[1]; blockY[1]= blockY[1];
497 :                     blockX[2]= blockX[2]; blockY[2]= blockY[2];
498 :                     blockX[3]= blockX[3]-1; blockY[3]= blockY[3]+1;
499 :                     break;
500 :                 case 1:
501 :                     blockX[0]= blockX[0]-1; blockY[0]= blockY[0];
502 :                     blockX[1]= blockX[1]+1; blockY[1]= blockY[1]-1;
503 :                     blockX[2]= blockX[2]+1; blockY[2]= blockY[2]-1;
504 :                     blockX[3]= blockX[3]; blockY[3]= blockY[3]-1;
505 :                     break;
506 :                 case 2:
507 :                     blockX[0]= blockX[0]+1; blockY[0]= blockY[0];
508 :                     blockX[1]= blockX[1]; blockY[1]= blockY[1]+1;
509 :                     blockX[2]= blockX[2]; blockY[2]= blockY[2]+1;
510 :                     blockX[3]= blockX[3]; blockY[3]= blockY[3]+1;
511 :                     break;
512 :                 case 3:
513 :                     blockX[0]= blockX[0]; blockY[0]= blockY[0];
514 :                     blockX[1]= blockX[1]-1; blockY[1]= blockY[1];
515 :                     blockX[2]= blockX[2]-1; blockY[2]= blockY[2];
516 :                     blockX[3]= blockX[3]+1; blockY[3]= blockY[3]-1;
517 :                     break;
518 :             }
```

```
519 :            break;
520 :        case 2:
521 :          switch(blockPos){
522 :            case 0:
523 :              blockX[0]= blockX[0]-2; blockY[0]= blockY[0];
524 :              blockX[1]= blockX[1]+1; blockY[1]= blockY[1]-1;
525 :              blockX[2]= blockX[2]; blockY[2]= blockY[2];
526 :              blockX[3]= blockX[3]-1; blockY[3]= blockY[3]+1;
527 :              break;
528 :            case 1:
529 :              blockX[0]= blockX[0]; blockY[0]= blockY[0];
530 :              blockX[1]= blockX[1]; blockY[1]= blockY[1];
531 :              blockX[2]= blockX[2]+1; blockY[2]= blockY[2]-1;
532 :              blockX[3]= blockX[3]-1; blockY[3]= blockY[3]-1;
533 :              break;
534 :            case 2:
535 :              blockX[0]= blockX[0]+1; blockY[0]= blockY[0];
536 :              blockX[1]= blockX[1]; blockY[1]= blockY[1]+1;
537 :              blockX[2]= blockX[2]-1; blockY[2]= blockY[2]+2;
538 :              blockX[3]= blockX[3]+2; blockY[3]= blockY[3]+1;
539 :              break;
540 :            case 3:
541 :              blockX[0]= blockX[0]+1; blockY[0]= blockY[0];
542 :              blockX[1]= blockX[1]-1; blockY[1]= blockY[1];
543 :              blockX[2]= blockX[2]; blockY[2]= blockY[2]-1;
544 :              blockX[3]= blockX[3]; blockY[3]= blockY[3]-1;
545 :              break;
546 :          }
547 :          break;
548 :        case 3:
549 :          switch(blockPos){
550 :            case 0:
551 :              blockX[0]= blockX[0]+1; blockY[0]= blockY[0];
552 :              blockX[1]= blockX[1]+1; blockY[1]= blockY[1];
553 :              blockX[2]= blockX[2]-1; blockY[2]= blockY[2]+1;
554 :              blockX[3]= blockX[3]-1; blockY[3]= blockY[3]+1;
555 :              break;
556 :            case 1:
557 :              blockX[0]= blockX[0]-2; blockY[0]= blockY[0];
558 :              blockX[1]= blockX[1]-1; blockY[1]= blockY[1]-1;
```

```
559 :                blockX[2]= blockX[2]+1; blockY[2]= blockY[2]-2;
560 :                blockX[3]= blockX[3]; blockY[3]= blockY[3]-1;
561 :                break;
562 :            case 2:
563 :                blockX[0]= blockX[0]+1; blockY[0]= blockY[0];
564 :                blockX[1]= blockX[1]+1; blockY[1]= blockY[1];
565 :                blockX[2]= blockX[2]-1; blockY[2]= blockY[2]+1;
566 :                blockX[3]= blockX[3]-1; blockY[3]= blockY[3]+1;
567 :                break;
568 :            case 3:
569 :                blockX[0]= blockX[0]; blockY[0]= blockY[0];
570 :                blockX[1]= blockX[1]-1; blockY[1]= blockY[1]+1;
571 :                blockX[2]= blockX[2]+1; blockY[2]= blockY[2];
572 :                blockX[3]= blockX[3]+2; blockY[3]= blockY[3]-1;
573 :                break;
574 :            }
575 :            break;
576 :        case 4:
577 :            switch(blockPos){
578 :            case 0:
579 :            case 2:
580 :                blockX[0]= blockX[0]+1; blockY[0]= blockY[0];
581 :                blockX[1]= blockX[1]+2; blockY[1]= blockY[1]-1;
582 :                blockX[2]= blockX[2]-1; blockY[2]= blockY[2];
583 :                blockX[3]= blockX[3]; blockY[3]= blockY[3]-1;
584 :                break;
585 :            case 1:
586 :            case 3:
587 :                blockX[0]= blockX[0]-1; blockY[0]= blockY[0];
588 :                blockX[1]= blockX[1]-2; blockY[1]= blockY[1]+1;
589 :                blockX[2]= blockX[2]+1; blockY[2]= blockY[2];
590 :                blockX[3]= blockX[3]; blockY[3]= blockY[3]+1;
591 :                break;
592 :            }
593 :            break;
594 :        case 5:
595 :            switch(blockPos){
596 :            case 0:
597 :            case 2:
598 :                blockX[0]= blockX[0]-1; blockY[0]= blockY[0];
```

```
599 :                blockX[1]= blockX[1]+1; blockY[1]= blockY[1]-1;
600 :                blockX[2]= blockX[2]; blockY[2]= blockY[2];
601 :                blockX[3]= blockX[3]+2; blockY[3]= blockY[3]-1;
602 :                break;
603 :            case 1:
604 :            case 3:
605 :                blockX[0]= blockX[0]+1; blockY[0]= blockY[0];
606 :                blockX[1]= blockX[1]-1; blockY[1]= blockY[1]+1;
607 :                blockX[2]= blockX[2]; blockY[2]= blockY[2];
608 :                blockX[3]= blockX[3]-2; blockY[3]= blockY[3]+1;
609 :                break;
610 :            }
611 :            break;
612 :        case 6:
613 :            switch(blockPos){
614 :            case 0:
615 :            case 2:
616 :                blockX[0]= blockX[0]+2; blockY[0]= blockY[0];
617 :                blockX[1]= blockX[1]+1; blockY[1]= blockY[1]+1;
618 :                blockX[2]= blockX[2]; blockY[2]= blockY[2]+2;
619 :                blockX[3]= blockX[3]-1; blockY[3]= blockY[3]+3;
620 :                break;
621 :            case 1:
622 :            case 3:
623 :                blockX[0]= blockX[0]-2; blockY[0]= blockY[0];
624 :                blockX[1]= blockX[1]-1; blockY[1]= blockY[1]-1;
625 :                blockX[2]= blockX[2]; blockY[2]= blockY[2]-2;
626 :                blockX[3]= blockX[3]+1; blockY[3]= blockY[3]-3;
627 :                break;
628 :            }
629 :            break;
630 :        }
631 :    }
632 : }
633 : }
```

GameJava2_11.html

```
1 : <HTML>
2 :   <HEAD>
3 :     <TITLE>GameJava2_11</TITLE>
4 :   </HEAD>
5 :   <BODY>
6 :     <APPLET CODE=GameJava2_11.class WIDTH=181 HEIGHT=356>
7 :     </APPLET>
8 :   </BODY>
9 : </HTML>
```

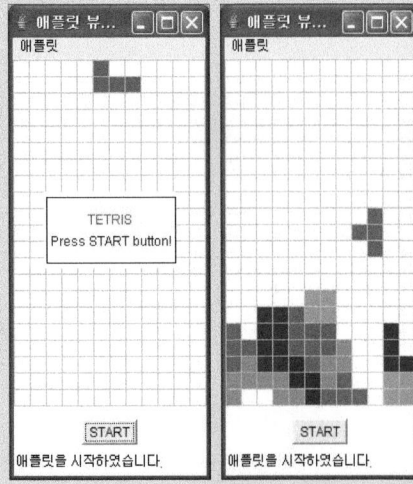

예제를 실행시키면 초기화면이 나타납니다. START 버튼을 누르면 화면 상단에 블록이 나타나고 아래쪽으로 떨어집니다. 키보드의 ←, →를 눌러서 좌, 우로 블록을 이동시킬 수 있고, ↑를 눌러서 블록을 회전시킬 수 있습니다. ↓를 누르면 블록이 빨리 떨어집니다.

12

채팅 서버와 채팅 클라이언트

- **12.1** • 스트림의 이해
- **12.2** • 입력 스트림
- **12.3** • 출력 스트림
- **12.4** • 네트워크의 이해
- **12.5** • URL 클래스
- **12.6** • 소켓
- **12.7** • Vector 클래스
- **12.8** • StringTokenizer 클래스
- **12.9** • 채팅 프로그램 만들기

채팅 서버와 채팅 클라이언트

Preview

자바는 강력하고 편리한 네트워크 기능을 가지고 있습니다. 이 네트워크 기능을 이용하면 인터넷 상에서 여러 가지 중요한 일들을 할 수 있습니다. 예를 들어, 인터넷으로 금융 거래를 한다든지 도서관의 데이터베이스를 열람하거나, 원격 강의를 보면서 질문과 답변을 하도록 할 수도 있습니다. 또한 우리가 지금까지 만든 게임들이나 앞으로 만드는 게임을 여러 사람이 인터넷을 통해 동시에 즐기도록 확장할 수도 있습니다.

자바의 네트워크 기능을 설명하기 위해, 이번 장에서는 채팅 서버와 채팅 클라이언트를 만들어 보도록 하겠습니다. 원래는 온라인 게임을 하나 작성해보려고 했습니다만, 게임과 네트워크가 복잡하게 섞여있는 온라인 게임을 만들면서 자바 네트워크 프로그래밍을 이해하기 보다는, 가장 기본적인 네트워킹 방법이 든 채팅 서버와 채팅 클라이언트를 만드는 것이 훨씬 효과적이기 때문에, 게임이 아닌 채팅 서버와 채팅 클라이언트를 선택하게 되었습니다.

일반적으로 채팅사이트에서 사용하는 채팅 프로그램들은 채팅방을 만들거나 접속자 목록을 표시하고 귓속말이나 이모티콘을 입력하는 등의 다양한 기능이 있지만, 그러한 것들은 모두 부수적인 기능이라서 소스 코드가 길어지고 복잡해지면 자바 네트워크를 이해하는데 방해가 될 것으로 생각되어 모두 생략했습니다. 자바의 네트워크 기능을 이해하는 것이 목적이기 때문에, 우리가 제작하는 채팅 서버와 채팅 클라이언트는 꼭 필요한 기능으로만 이루어져 있습니다. 그러나 여기서 만드는 채팅 서버와 채팅 클라이언트는 상용 채팅 프로그램들과 기본 구조는 완전히 같은 것이기 때문에, 잘 이해하고 새로운 기능을 덧붙이면 자신만의 훌륭한 채팅 프로그램을 만들 수 있습니다.

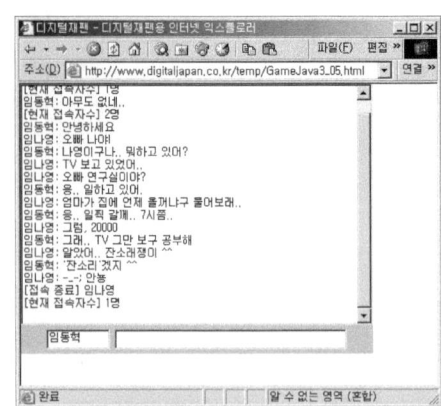

우리가 만드는 채팅 서버는 접속해오는 채팅 클라이언트를 기다리고, 관리하며, 채팅 클라이언트가 보내는 메시지를 받아서 모든 채팅 클라이언트에게 방송합니다. 또, 종료되는 채팅 클라이언트를 목록에서 제거하는 일 등을 합니다. 채팅 클라이언트는 채팅 서버와 접속하고 사용자가 입력한 글을 메시지로 보내며, 채팅 서버가 방송하는 메시지를 화면에 출력하고 종료될 때 서버에 알립니다. 이 과정에서 우리는 파일을 읽고 쓸 수 있는 파일 입출력 스트림에 대해 배우고, 자바 네트워크의 중요한 클래스인 URL 클래스와 소켓, 서버 소켓 등에 대해서도 자세히 배웁니다. 또 자바의 유용한 클래스인 Vector 클래스와 StringTokenizer 클래스에 대해서도 배웁니다.

모든 채팅 서버와 채팅 클라이언트는 웹서버 상에서 작동되기 때문에, 우리가 만드는 채팅 서버와 채팅 클라이언트도 웹서버가 필요합니다. 윈도우즈 NT나 윈도우즈 2000/7/10 시리즈를 사용하는 사람은 IIS를 실행하고, 여기서 만드는 자바 프로그램을 IIS의 홈 디렉터리에 올려놓으면 됩니다. 만약 윈도우즈 95/98/ME/XP 등을 사용하고 있다면, 마이크로소프트의 개인용 웹서버인 PWS를 사용하면 됩니다. PWS는 윈도우즈 CD에 들어 있기 때문에 설치하고 실행한 후, 마찬가지로 PWS의 홈 디렉터리에 여기서 만드는 자바 프로그램을 올려놓으면 됩니다. 그 외 리눅스나 유닉스, 매킨토시를 사용하는 사람은 각 운영체제가 제공하는 웹서버를 사용하면 됩니다.

12.1 스트림의 이해

우리는 3장에서 키보드로부터 문자열을 입력받기 위해서, 이미 스트림에 대한 개념을 간단히 배운 적이 있습니다. 여기서는 좀 더 자세히 스트림에 대해서 배우고, 키보드나 화면뿐만 아니라 파일에서 데이터를 읽고 쓰는 법에 대해서도 배웁니다. 이 방법은 다음에 나오는 소켓에서도 인터넷 상에 있는 파일의 내용을 읽고 쓰는데 그대로 사용됩니다. 사실, 자바의 스트림 개념은 매우 잘 정립되어 있기 때문에, 한 번 이해를 하고 나면 관련된 모든 클래스와 메서드가 일맥상통하지만, 처음 접하는 사람에게는 난해하고 헷갈리기 쉽습니다. 여기에서 소개하는 스트림의 개념은 일반적인 자바서적에 있는 내용은 아니고, 제가 오랫동안 대학과 기업에서 자바를 가르치고 여러 프로젝트를 하는 과정에서 깨달은 것으로 여러분의 학습에 작으나마 도움이 되길 바라는 마음에서 공개합니다.(이유는 모르겠지만, 대부분의 자바 학습서에는 이러한 개념이 생략되어 있습니다. 이미 알고 있다는 판단에서 생략했는지, 아니면 독자가 클래스를 보고 충분히 이해할 수 있어서 생략했는지는 잘 모르겠습니다.)

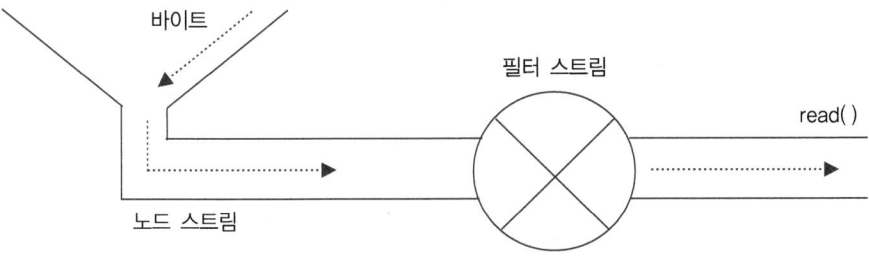

▲ 그림 12-1 노드 스트림과 필터 스트림

우선, 위의 [그림 12-1]을 천천히 보기 바랍니다. 자바에서는 모든 입출력에서 스트림이라는 개념을 사용하는데, 이는 C언어와 유닉스에서 온 개념입니다. C언어에서는 파일을 데이터(바이트)가 가득 든 저수지 같은 것으로 봤습니다. 우리가 물이 필요할 때는 저수지나 개울에서 물을 가져다가 쓸 수 있는 것처럼, 필요한 바이트 문자를 파일이라는 저수지에서 가져온다고 본 것입니다. 매번 물을 길어올 필요 없이, 파이프를 저수지에 꽂아서 물을 집까지 끌어올 수 있듯이, 파일에 스트림이라는 파이프를 연결하면 프로그램으로 데이터를 가져올 수 있습니다. 자바에서는 위의 [그림 12-1]에서처럼 스트림을, 직접 파일에 연결되는 노드 스트림과 노드 스트림에 연결하여 다른 처리를 해주는 필터 스트림으로 구분하고 있습니다.(편의상 파일이라고 했지만, 자바에서는 키보드, 모니터, 메모리, 네트워크 상의 리소스도 마찬가지로 취급하고 있습니다.)

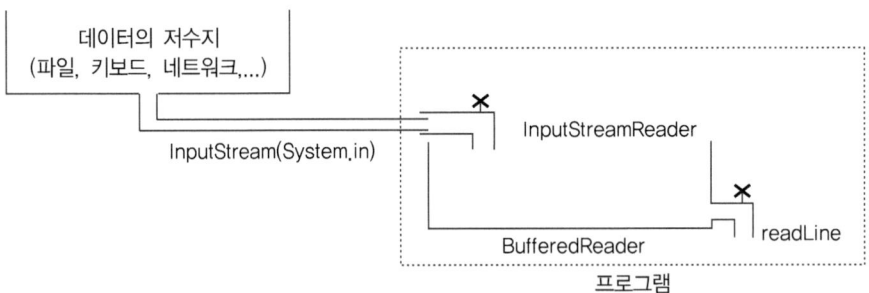

▲ 그림 12-2 스트림 개념도

이번에는 좀 더 자세한 그림을 봅시다. 위의 [그림 12-2]는 노드 스트림과 필터 스트림을 좀 더 자세히 표현한 그림입니다. 역시 바이트 데이터의 저수지(파일이나 키보드 모니터, 메모리, 인터넷 리소스 등)에 직접 연결되어 있는 부분이 노드 스트림입니다. 대표적인 입력 노드 스트림은 InputStream 클래스입니다. 키보드에서 입력을 받는 System.in도 바로 이 InputStream 클래스의 객체입니다. 대표적인 출력 노드 스트림은 OutputStream 클래스입니다. 저수지로부터 데이터를 하나 가져오면 당연히 노드 스트림을 통하게 됩니다. 이렇게 가져 온 데이터는 순수한 바이트입니다. 우리가 저수지의 물을 그냥 마실 수 없는 것처럼, 노드 스트림으로 가져온 바이트는 바로 사용하기에 다소 문제가 있습니다.

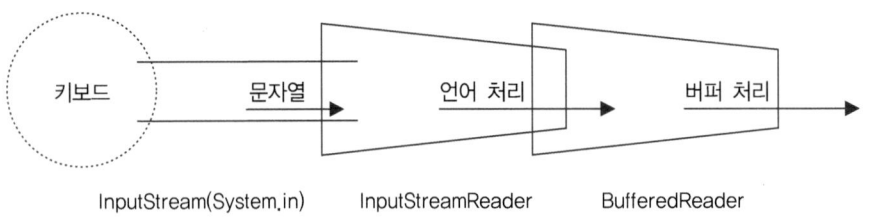

▲ 그림 12-3 노드 스트림과 필터 스트림의 연결

대표적인 문제가 한글입니다. 우리나라처럼 영어가 아닌 언어를 사용하는 나라에서는 노드 스트림에서 나온 데이터는 사용이 불가능합니다. 보통 영문 2바이트가 한글 1글자이기 때문에, 노드 스트림에서 나온 바이트를 화면에 출력하면 한글이 모두 깨어져버립니다.(유니코드에서도 이 문제는 마찬가지입니다.) 실제로 노드 스트림 만을 제공했던 자바 1.0에서는 한글이 깨져서 사용할 수 없었습니다. 그래서 [그림 12-3]에서처럼 노드 스트림에 필터 스트림을 연결하는 것입니다. 파이프와 파이프를 연결하듯 필터 스트림의 생성자에 노드 스트림의 객체를 주면, 두 개의 스트림이 연결됩니다. 영어 외의 문자(한국어, 일본어 중국어 등)를 처리하는 대표적인 입력 필터 스트림은 리더(Reader)이고 출력 필터 스트림은 라이터(Writer)입니다. 만일 노드 스트림인 InputStream 클래스에서 생성된 System.in 객체를 리더인 InputStreamReader 클래스의 객체에 연결한다면 다음처럼 하면 됩니다.(자바 최신 버전에서는 영어만 사용하는 프로그램에서도 리더와 라이터를 사용하길 권하고 있습니다. 사용자가 입력한 문자나 사용하는 운영체제가 영어가 아닐 수 있기 때문입니다.)

```
InputStreamReader isr= new InputStreamReader(System.in);
                ↑                  ↑              ↑           ↑
            노드스트림리더        변수         노드스트림리더   노드스트림객체
```

노드 스트림을 바로 사용할 때 생기는 또 다른 문제는 지연입니다. 프로그램을 읽을 때마다 노드 스트림을 통해서 파일 등에 접근하기 때문에, 당연히 기다려야하는 문제가 생길 수밖에 없습니다. 이럴 때 사용하는 필터 스트림이 버퍼입니다. 버퍼는 연결하는 스트림에 따라 여러 가지가 있습니다. 위에서 언급한 InputStreamReader 클래스와 같은 리더에 연결하는 BufferedReader 클래스도 있고, InputStream 클래스에 바로 연결하는 BufferedInputStream 클래스도 있습니다.(출력 스트림의 경우는 BufferedWriter 클래스와 BufferedOutputStream 클래스가 있습니다.) 한글을 사용하는 우리나라와 같은 환경에서는 보통 BufferedReader 클래스를 사용합니다. 버퍼를 사용하면, 프로그램에서 읽으라고 요청한 데이터보다 많은 데이터를 미리 읽어 놓습니다. 다음 번에 프로그램이 데이터를 요청하면, 파일까지 않고 메모리의 버퍼로부터 바로 읽기 때문에 성능이 더 좋아지게 됩니다. [그림 12-2]에서 볼 수 있듯이, 버퍼는 말하자면 집안에 있는 물탱크와 같은 것입니다. 다음은 BufferedReader 클래스의 객체를 위에서 만든 InputStreamReader 클래스의 객체, isr에 연결한 예입니다.

```
BufferedReader in= new BufferedReader(isr);
              ↑        ↑          ↑          ↑
           리더버퍼     변수      리더버퍼   노드스트림리더객체
```

필터 스트림에는 이외에도 여러 가지 종류가 있습니다. 또, 프로그래머가 용도에 따라 직접 만들기도 합니다. 우리가 화면에 글씨를 출력할 때 사용하는 System.out은 PrintStream 클래스의 객체인데, PrintStream 클래스는 OutputStream 클래스의 필터 스트림인 FilterOutputStream 클래스의 서브클래스입니다. 중요한 점은 노드 스트림과 필터 스트림의 차이점을 정확히 이해하고, 여러 개의 필터 스트림을 노드 스트림에 연결하는 이유를 분명히 아는 것입니다. 또, 각 노드 스트림에는 연결할 수 있는 필터 스트림이 따로 있기 때문에 관계되는 노드 스트림과 필터 스트림을 구분할 줄 아는 것도 중요합니다. 예를 들어, 출력 노드 스트림인 OutputStream 클래스이 객체에 연결될 수 있는 필터 스트림은 BufferedOutputStream 클래스의 객체입니다. 다음의 [표 12-1]은 입출력 노드 스트림과 관계되는 필터 스트림을 정리한 것입니다.

구분	노드 스트림	관련된 리더	관련된 버퍼
입력	InputStream	InputStreamReader	BufferedReader BufferedInputStream
	FileInputStream	FileReader	
	FilterInputStream	FilteredReader	
	DataInputStream		
출력	OutputStream	OutputStreamWriter	BufferedWriter BufferedOutputStream
	FileOutputStream	FileWriter	
	FilterOutputStream	FilterWriter	
	DataOutputStream		
	PrintStream	PrintWriter	

▲ 표 12-1 노드 스트림과 관련된 필터 스트림

12.2 입력 스트림

프로그램에서 필요로 하는 데이터를 외부 기억장치로부터 읽어들일 때 사용하는 스트림이 입력 스트림입니다. 자바는 용도에 따라 다양한 입력 스트림을 제공하고 있습니다. 입력 스트림에는 InputStream, FileInputStream 클래스와 같은 노드 스트림이 있고, 노드 스트림에 연결해서 사용하는 리더(Reader)나 버퍼 등과 같은 필터 스트림이 있습니다. 여기에서는 자바의 입력 스트림 중 대표적인 몇 가지 노드 스트림과 이와 관련된 필터 스트림에 대해 알아보겠습니다.

1 InputStream과 InputStreamReader

InputStream 클래스는 대표적인 입력 스트림입니다. InputStream 클래스는 바이트 단위로 읽기 때문에, 한글 등의 이유로 캐릭터 단위로 읽으려면 InputStreamReader 클래스를 연결해서 사용해야 합니다. InputStream 클래스는 추상클래스이기 때문에 바로 사용하는 것은 안되고, 반드시 상속받아서 쓰거나 InputStream 클래스의 서브클래스를 사용해야 합니다.(InputStream 클래스의 객체를 생성하는 것은 불가능하지만, 미리 자바에서 생성해 둔 System.in 객체를 사용할 수는 있습니다. System.in은 InputStream 클래스의 객체입니다.) 그러나 InputStream 클래스가 다른 모든 입력 스트림의 슈퍼클래스이기 때문에, InputStream 클래스의 메서드들 중 알고 있어야 될 것들이 있습니다. 다음의 [표 12-2]는 InputStream 클래스의 대표적인 메서드들입니다.

메서드	설명
int read(byte[ ] b)	b 배열만큼 데이터를 입력
int read(char[ ] cbuf)	cbuf 배열만큼 데이터를 입력
long skip(long n)	n개 만큼 읽어들일 데이터를 건너 뜀
void close( )	스트림을 닫음(종료)

▲ 표 12-2 InputStream 클래스의 대표적인 메서드들

다음은 InputStream 클래스의 객체인 System.in에 InputStreamReader 클래스의 객체를 연결하여 키보드로부터 문자열을 입력받는 예제입니다.

InputStreamReaderTest.java

```
 1 : import java.io.*;
 2 :
 3 : public class InputStreamReaderTest
 4 : {
 5 :   public static void main(String[ ] args)
 6 :   {
 7 :     InputStreamReader in= new InputStreamReader(System.in);
 8 :
 9 :     try{
10 :       while(true){
11 :         int i= in.read();
12 :
13 :         char myChar= (char)i;
14 :         System.out.print(myChar);
15 :       }
16 :     }catch(IOException e){
17 :       System.out.println(e.toString());
18 :     }
19 :   }
20 : }
```

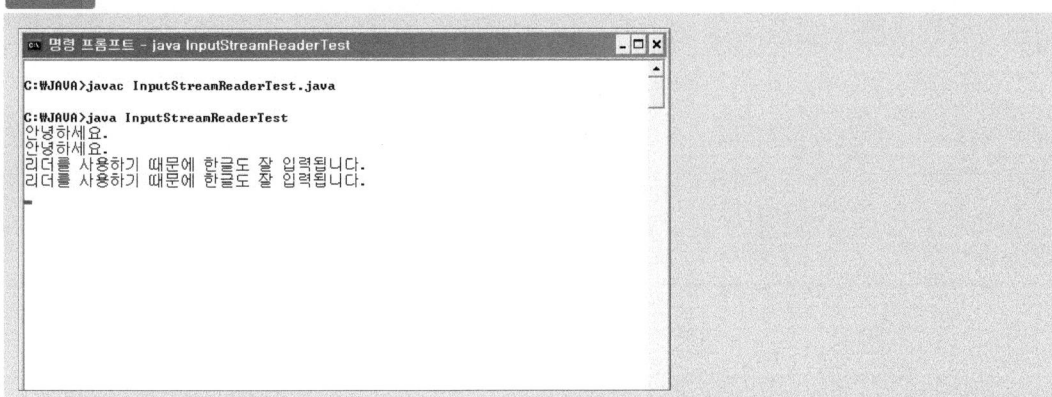

InputStream 객체인 System.in으로부터 1문자를 읽어 화면에 출력합니다. 리더를 사용하기 때문에 한글도 잘 입력되는 것을 알 수 있습니다.

2 FileInputStream과 FileReader

FileInputStream 클래스는 InputStream 클래스의 서브클래스로, 파일로부터 바이트 단위로 읽는 입력 스트림입니다. 캐릭터 단위로 읽으려면, FileReader 클래스를 사용하면 됩니다. FileInputStream 클래스는 다음의 [표 12-3]처럼 파일 이름을 바로 적거나 File 클래스를 사용해서 생성할 수 있습니다.

생성자	설명
FileInputStream(String name)	파일명이 name인 파일에서 입력받는 FileInputStream
FileInputStream(File file)	file 객체가 가리키는 파일에서 입력받는 FileInputStream

▲ 표 12-3 FileInputStream 클래스의 생성자들

주의할 점은 파일로부터 캐릭터 단위로 읽는 입력 스트림의 이름이 FileInputStreamReader가 아니고 FileReader라는 점입니다. 이름에서도 알 수 있듯이 FileReader 클래스는 FileInputStream 클래스의 객체에 연결해서 사용하는 것이 아니고, 다음의 [표 12-4]에서처럼 바로 파일 이름을 쓰거나 File 클래스의 객체에 연결하는 것입니다.

생성자	설명
FileReader(String name)	파일명이 name인 파일에 연결된 FileReader
FileReader(File file)	file 객체가 가리키는 파일에 연결된 FileReader

▲ 표 12-4 FileReader 클래스의 생성자들

다음은 FileReader 클래스로 하드 디스크에 저장된 파일의 내용을 읽어서 출력하는 예제입니다.

FileReaderTest.java

```
 1 : import java.io.*;
 2 :
 3 : public class FileReaderTest
 4 : {
 5 :    public static void main(String[] args)
 6 :    {
 7 :       int i;
 8 :
 9 :       try{
10 :          FileReader in= new FileReader("C:\\\\java\\FileReaderTest.java");
11 :
12 :          while((i=in.read())!=-1){ // 파일 끝까지 반복
13 :             char myChar= (char)i;
14 :             System.out.print(myChar);
15 :          }
16 :       }catch(IOException e){
```

```
17 :          System.out.println(e.toString());
18 :       }
19 :    }
20 : }
```

결과

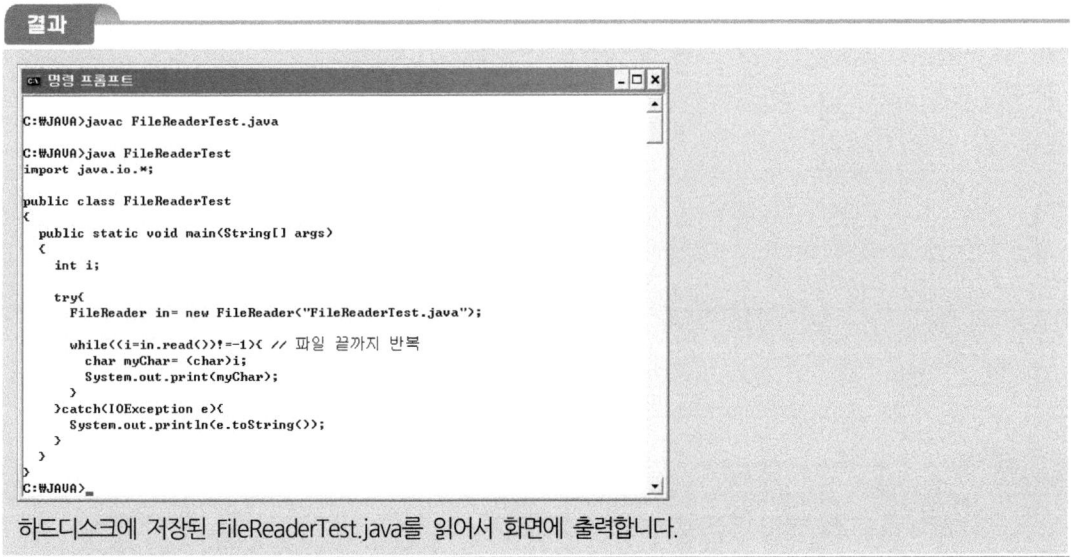

하드디스크에 저장된 FileReaderTest.java를 읽어서 화면에 출력합니다.

3 BufferedInputStream과 BufferedReader

BuffreredInputStream 클래스는 InputStream 클래스에 버퍼를 추가한 스트림입니다. Buffered InputStream 클래스를 사용하면 프로그램에서 데이터를 읽어올 때, 요청한 데이터보다 많은 양의 데이터를 미리 버퍼에 읽어 놓았다가 다음 요청 때 돌려주기 때문에 프로그램이 기다리는 시간이 줄어들어서 전체적인 수행속도가 빨라집니다. BufferedInputStream 클래스는 필터 스트림이기 때문에 그 자체로는 쓸 수 없고 InputStream 클래스의 객체를 인수로 받아서 생성해야 합니다. 이와 마찬가지로 Input StreamReader 클래스에 버퍼를 추가한 것이 BufferedReader 클래스입니다. BufferedReader 클래스를 생성할 때 InputStreamReader 클래스의 객체를 인수로 주면, 버퍼를 사용하면서 캐릭터 단위로 데이터를 읽는 스트림이 생성됩니다.

다음은 BufferedReader 클래스로 키보드로부터 문자열을 읽는 예제입니다.

BufferedReaderTest.java

```
1 : import java.io.*;
2 :
3 : public class BufferedReaderTest
4 : {
```

```
 5 :    public static void main(String[ ] args)
 6 :    {
 7 :        InputStreamReader isReader= new InputStreamReader(System.in);
 8 :        BufferedReader in= new BufferedReader(isReader);
 9 :
10 :        try{
11 :            System.out.println("글씨를 입력하시면 따라 합니다.");
12 :
13 :            String str= in.readLine();
14 :            System.out.print(str);
15 :        }catch(IOException e){
16 :            System.out.println(e.toString());
17 :        }
18 :    }
19 : }
```

결과

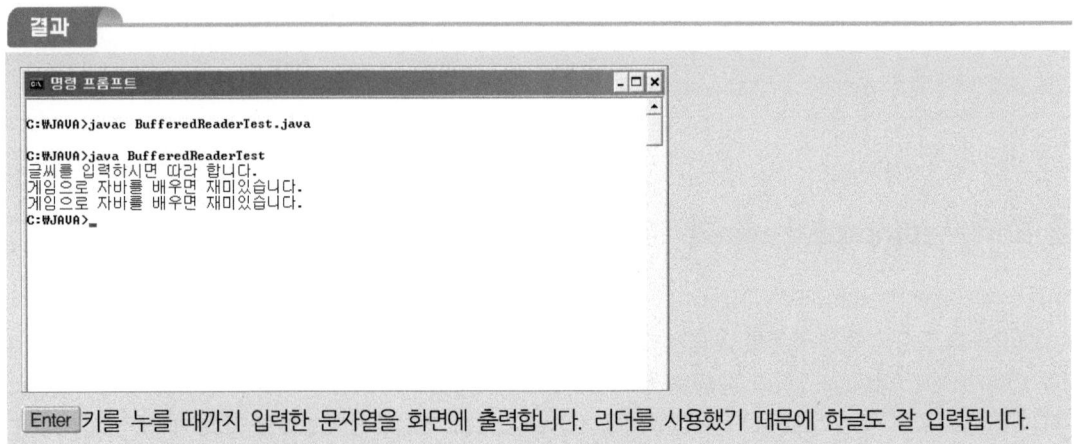

Enter 키를 누를 때까지 입력한 문자열을 화면에 출력합니다. 리더를 사용했기 때문에 한글도 잘 입력됩니다.

4 DataInputStream

자바에서 사용되는 입력 스트림은 InputStream 클래스처럼 바이트로 읽는 입력 스트림과 Input StreamReader 클래스처럼 캐릭터 단위로 읽는 입력 스트림이 있습니다. 우리나라와 같이 영어가 아닌 언어를 모국어로 하는 경우에는 특별한 이유가 아니면 캐릭터 단위로 읽거나 쓰는 스트림을 사용하는 것이 옳습니다. 그러나 어떤 경우에는 바이트나 캐릭터 단위가 아닌 자바의 기본 데이터형(double 형이나 boolean형 등)으로 읽어오고 싶을 경우도 있을 것입니다. 이럴 때 사용하는 입력 스트림이 DataInputStream 클래스입니다. DataInputStream 클래스는 필터 스트림이기 때문에 InputStream 클래스의 객체를 인수로 받아서 생성하면 됩니다. 다음의 [표 12-5]는 DataInputStream 클래스에서 다양한 데이터형을 입력받는 메서드들입니다.

메서드	설명
boolean readBoolean( )	boolean형 데이터를 읽어서 반환
byte readByte( )	byte형 데이터를 읽어서 반환
int readUnsignedByte( )	비부호 byte형 데이터를 읽어서 반환
short readShort( )	short형 데이터를 읽어서 반환
int readUnsignedShort( )	비부호 short형 데이터를 읽어서 반환
char readChar( )	char형 데이터를 읽어서 반환
int readInt( )	int형 데이터를 읽어서 반환
long readLong( )	long형 데이터를 읽어서 반환
float readFloat( )	float형 데이터를 읽어서 반환
double readDouble( )	double형 데이터를 읽어서 반환

▲ 표 12-5 DataInputStream 클래스의 대표적인 메서드들

DataInputStream 클래스는 다양한 데이터형을 읽어 올 수 있기 때문에, 특히 C언어나 C++언어 등을 먼저 배운 사람들이 선호하는 입력 스트림입니다. 그러나 저는 특별한 경우가 아니면 DataInput Stream 클래스를 사용 안 하길 권합니다. InputStreamReader 클래스와 같은 리더로 읽어온 데이터도 **4.2 형변환의 이해**에서 배운 캐스팅과 랩퍼 클래스를 이용하면 얼마든지 원하는 데이터형으로 변환할 수 있습니다. DataInputStream 클래스는 특히 한글이 깨지는 대표적인 문제점과 더불어 여러 가지 문제를 일으킵니다. 영문자만 사용하는 프로그램이라도, 프로그램이 실행되는 환경이 영문 전용 운영체제가 아닐 수 있기 때문에, 될 수 있으면 리더와 라이터를 사용하기 바랍니다. DataInputStream 클래스에 대한 예제는 500페이지의 DataInputOutputTest.java 예제를 참고하세요.

12.3 출력 스트림

프로그램에서 외부 기억장치에 데이터를 내보낼 때 사용하는 스트림이 출력 스트림입니다. 자바는 용도에 따라 다양한 출력 스트림을 제공하고 있습니다. 출력 스트림도 입력 스트림과 마찬가지로 비영어권 문자를 처리하기 위한 필터 스트림이 있는데, 이를 라이터(Writer)라고 합니다. 여기에서는 자바의 출력 스트림 중 대표적인 몇 가지 노드 스트림과 관련된 필터 스트림에 대해 알아보겠습니다.

1 OutputStream과 OutputStreamWriter

OutputStream 클래스는 대표적인 출력 스트림입니다. OutputStream 클래스는 바이트 단위로 데이터를 출력하기 때문에, 한글과 같은 비영어권 문자를 출력하려면 캐릭터 단위로 출력하는 OutputStream Writer 클래스를 연결해서 사용해야 합니다. OutputStream 클래스도 InputStream 클래스와 마찬가지로 추상클래스이기 때문에, 바로 사용할 수는 없고 서브클래스를 사용해야 합니다. OutputStream 클래스는 모든 출력 스트림의 슈퍼클래스이기 때문에 OutputStream 클래스의 모든 메서드는 서브클래스에서 사용할 수 있습니다. 다음의 [표 12-6]은 OutputStream 클래스의 메서드들입니다.

메서드	설명
void write(int b)	하나의 byte 데이터를 출력
void write(byte[ ] b)	byte형 배열 b를 출력
void write(char[ ] cbuf)	char형 배열 cbuf를 출력
void flush( )	시스템 버퍼에 남아 있는 모든 데이터를 출력
void close( )	스트림을 닫음(종료)

▲ 표 12-6 OutputStream 클래스의 메서드들

System.in이 InputStream 클래스의 객체이기 때문에 System.out도 OutputStream 클래스의 객체일 것으로 착각하는 사람이 있습니다. System.out은 OutputStream 클래스의 객체가 아니고, OutputStream 클래스의 서브클래스인 PrintStream 클래스의 객체입니다. 다음은 OutputStreamWriter 클래스를 사용하여 문자열을 출력하는 예제입니다.

OutputStreamWriterTest.java

예제

```
 1 : import java.io.*;
 2 :
 3 : public class OutputStreamWriterTest
 4 : {
 5 :    public static void main(String[ ] args)
 6 :    {
 7 :       OutputStreamWriter out= new OutputStreamWriter(System.out);
 8 :
 9 :       try{
10 :          out.write("게임으로 배우는 자바!");
11 :          out.flush();
12 :       }catch(IOException e){
13 :          System.out.println(e.toString());
14 :       }
15 :    }
16 : }
```

결과

라이터를 사용하기 때문에 한글도 잘 출력됩니다.

2 FileOutputStream과 FileWriter

FileOutputStream 클래스는 OutputStream 클래스의 서브클래스로, 파일에 바이트 단위로 출력하는 출력 스트림입니다. 캐릭터 단위로 출력하려면 FileWriter 클래스를 사용하면 됩니다. FileOutputStream 클래스는 다음의 [표 12-7]처럼 출력할 파일의 이름을 바로 적거나 File 클래스를 사용해서 생성할 수 있습니다.

생성자	설명
FileOutputStream(String name)	파일명이 name인 파일에 출력하는 FileOutputStream
FileOutputStream(File file)	file 객체가 가리키는 파일에 출력하는 FileOutputStream

▲ 표 12-7 FileOutputStream 클래스의 생성자들

FileReader 클래스와 마찬가지로 FileWriter 클래스는 FileOutputStream 클래스의 객체에 연결해서 사용하는 것이 아니고, 다음의 [표 12-8]에서처럼 바로 파일 이름을 쓰거나 File 클래스의 객체에 연결합니다.

생성자	설명
FileWriter(String name)	파일명이 name인 파일에 출력하는 FileWriter
FileWriter(String name, boolean append)	파일명이 name인 파일을 열어서 append 값에 따라 추가하거나 새로 출력하는 FileWriter
FileWriter(File file)	file 객체가 가리키는 파일에 출력하는 FileWriter

▲ 표 12-8 FileWriter 클래스의 생성자들

다음은 FileWriter 클래스와 앞에서 배운 FileReader 클래스를 사용해서 파일을 복사하는 예제입니다.

예제   **FileCopyTest.java**

```java
1 : import java.io.*;
2 :
3 : public class FileCopyTest
4 : {
5 :   public static void main(String[] args)
6 :   {
7 :     try{
8 :       FileReader in= new FileReader("C:\\\\java\\MYDATA-1.txt");
9 :       FileWriter out= new FileWriter("C:\\\\java\\MYDATA-2.txt");
10:
11:       int ch;
12:       while((ch= in.read())!=-1){
13:         out.write(ch);
14:       }
```

```
15 :
16 :        in.close();
17 :        out.close();
18 :    }catch(IOException e){
19 :        System.out.println(e.toString());
20 :    }
21 :  }
22 : }
```

결과

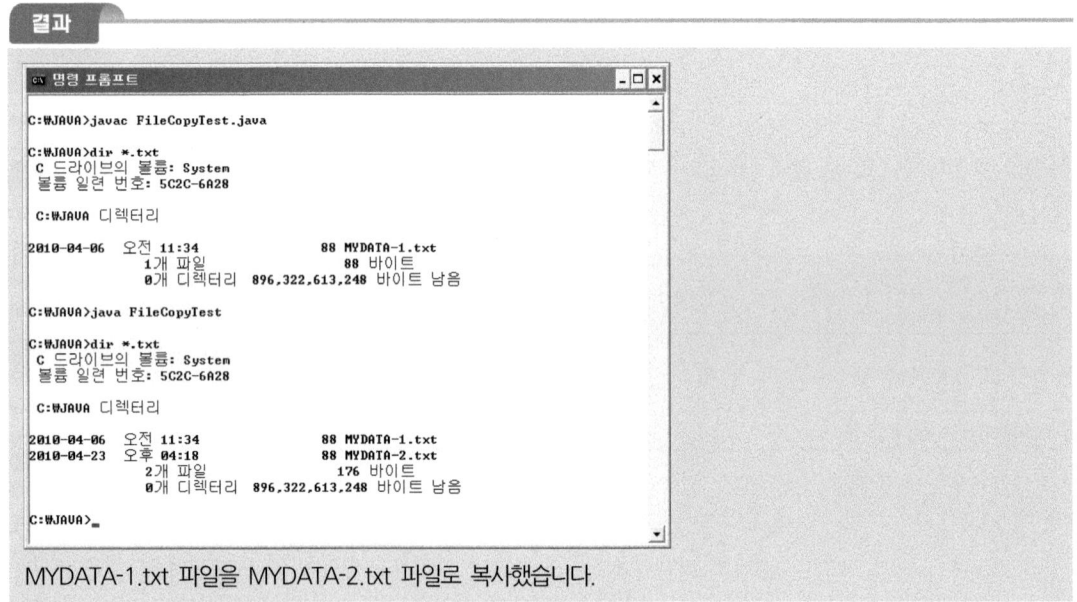

MYDATA-1.txt 파일을 MYDATA-2.txt 파일로 복사했습니다.

3 BufferedOutputStream과 BufferedWriter

BufferedOutputStream 클래스는 BufferedInputStream 클래스처럼 버퍼 처리를 하는 출력 스트림입니다. 프로그램에서 BufferedOutputStream 클래스로 만든 출력 스트림에 출력을 하면, 바로 장치(파일이나 모니터, 네트워크 소켓 등)에 출력되지 않고, 메모리의 버퍼에 출력됩니다. 버퍼가 가득 차면 자동으로 장치에 출력되기 때문에, 프로그램이 매번 저장장치에 기록되길 기다리는 OutputStream에 비해 전체적인 수행속도가 빨라집니다. BufferedOutputStream 클래스는 필터 스트림이기 때문에 그 자체로는 쓸 수 없고 OutputStream 클래스의 객체를 인수로 주어 생성해야 합니다. 이와 마찬가지로 OutputStreamWriter 클래스에 버퍼 처리를 한 것이 BufferedWriter 클래스입니다. BufferedWriter 클래스를 생성할 때 OutputStreamWriter 클래스의 객체를 인수로 주면, 버퍼를 사용하면서 캐릭터 단위로 출력하는 스트림이 생성됩니다.

다음은 BufferedWriter 클래스를 사용하여 화면에 문자열을 출력하는 예제입니다.

BufferedWriterTest.java

```
 1 : import java.io.*;
 2 :
 3 : public class BufferedWriterTest
 4 : {
 5 :   public static void main(String[] args)
 6 :   {
 7 :     BufferedWriter out= new BufferedWriter(new OutputStreamWriter(System.out));
 8 :
 9 :     try{
10 :       out.write("게임을 만들며 배우는 자바!");
11 :       out.flush();
12 :     }catch(IOException e){
13 :       System.out.println(e.toString());
14 :     }
15 :   }
16 : }
```

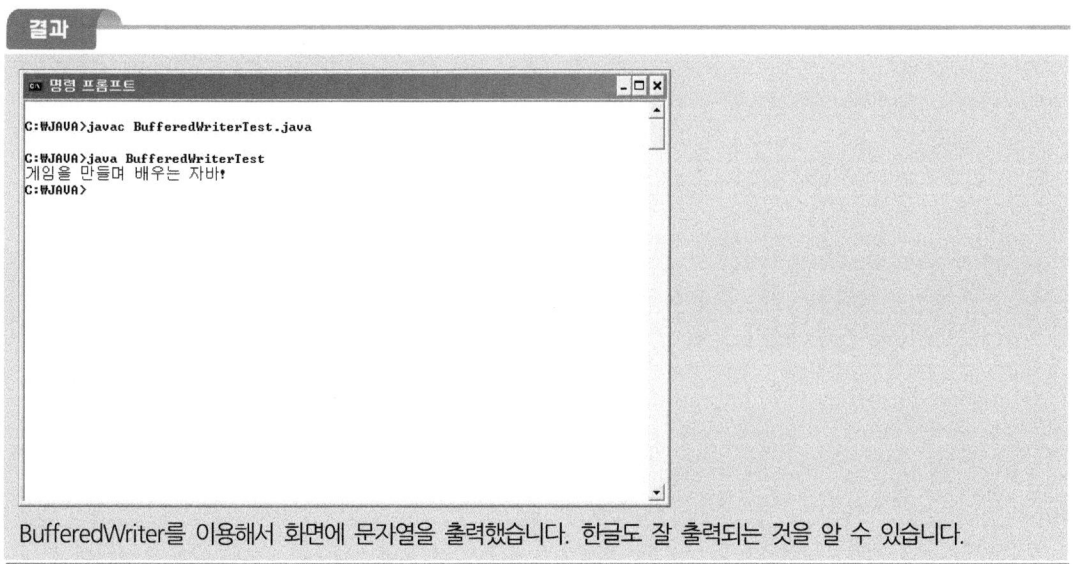

BufferedWriter를 이용해서 화면에 문자열을 출력했습니다. 한글도 잘 출력되는 것을 알 수 있습니다.

4 DataOutputStream

입력 스트림인 DataInputStream 클래스의 대응되는 출력 스트림이 DataOutputStream 클래스입니다. DataOutputStream 클래스는 자바의 기본 데이터형으로 출력할 수 있도록 해주는 출력 스트림입니다. DataInputStream 클래스처럼 DataOutputStream 클래스도 바이트 단위로 데이터를 처리하기 때문에 저는 별로 권하고 싶지 않습니다. DataInputStream 클래스보다는 PrintStream 클래스나 PrintWriter 클래스를 사용하는 편이 좋습니다. 다음의 [표 12-9]는 DataOutputStream 클래스에서 다양한 데이터 형을 출력하는 메서드들입니다.

메서드	설명
void writeBoolean(boolean v)	boolean형 데이터를 출력
void writeByte(int v)	byte형 데이터를 출력
void writeShort(int v)	short형 데이터를 출력
void writeChar(int v)	char형 데이터를 출력
void writeInt(int v)	int형 데이터를 출력
void writeFloat(float v)	float형 데이터를 출력
void writeDouble(double v)	double형 데이터를 출력
void writeBytes(String s)	String형 데이터를 출력

▲ 표 12-9 DataOutputStream 클래스의 대표적인 메서드들

다음은 DataOutputStream 클래스를 사용해서 파일에 데이터를 쓰고, DataInputStream 클래스를 사용해서 저장된 데이터를 다시 읽는 예제입니다.

DataInputOutputTest.java

```
 1 : import java.io.*;
 2 :
 3 : public class DataInputOutputTest
 4 : {
 5 :   public static void main(String[] args)
 6 :   {
 7 :     char myChar='T';
 8 :     byte myByte= 44;
 9 :     boolean myBoolean= true;
10 :
11 :     try{
12 :       DataOutputStream out= new DataOutputStream(new FileOutputStream("MYDATA"));
13 :       out.writeChar(myChar);
14 :       out.writeByte(myByte);
15 :       out.writeBoolean(myBoolean);
16 :       out.flush();
17 :       out.close();
18 :
19 :       DataInputStream in= new DataInputStream(new FileInputStream("MYDATA"));
20 :       myChar= in.readChar();
21 :       System.out.println("myChar: "+ myChar);
```

```
22 :         myByte= in.readByte();
23 :         System.out.println("myChar: "+ myByte);
24 :         myBoolean= in.readBoolean();
25 :         System.out.println("myChar: "+ myBoolean);
26 :
27 :     }catch(IOException e){
28 :         System.out.println(e.toString());
29 :     }
30 : }
31 : }
```

결과

```
C:\JAVA>javac DataInputOutputTest.java

C:\JAVA>java DataInputOutputTest
myChar: T
myChar: 44
myChar: true

C:\JAVA>type MYDATA
 T,┌
C:\JAVA>_
```

DataOutputStream으로 저장된 데이터형 값이기 때문에 MS-DOS의 type 명령으로는 읽을 수 없고 DataInputStream으로 읽어야 합니다.

5 PrintStream와 PrintWriter

PrintStream 클래스는 필터 스트림으로 OutputStream 클래스의 객체를 인수로 받아서 생성할 수 있습니다. PrintStream 클래스는 OutputStream 클래스의 모든 기능을 단 2개의 메서드인 print( ) 메서드와 println( ) 메서드로 출력할 수 있도록 해주는 강력하고 편리한 출력 스트림입니다. PrintStream 클래스를 사용해보면 기존의 C언어 등에서 사용하는 출력 명령이 얼마나 불편한지 깨달을 수 있습니다. PrintStream 클래스의 print( ) 메서드와 println( ) 메서드는 다음의 [표 12-10]처럼 메서드 오버로딩을 이용해서 주어지는 데이터형에 상관없이 출력할 수 있도록 되어 있습니다.(프로그래머는 출력할 값이 어떤 데이터형인지 상관할 필요가 없습니다.) 우리가 화면에 출력할 때 사용해 온 System.out 객체는 바로 이 PrintStream 클래스의 객체입니다.

메서드	설명
void print(String s)	String형 데이터를 출력
void print(char c)	char형 데이터를 출력
void print(int i)	int형 데이터를 출력
void print(long l)	long형 데이터를 출력
void print(float f)	float형 데이터를 출력
void print(double d)	double형 데이터를 출력
void print(boolean b)	boolean형 데이터를 출력
void println( )	줄 바꿈(개행문자 출력)
void println(String s)	String형 데이터를 출력하고 줄 바꿈(개행문자 출력)
void println(char c)	char형 데이터를 출력하고 줄 바꿈(개행문자 출력)
void println(int i)	int형 데이터를 출력하고 줄 바꿈(개행문자 출력)
void println(long l)	long형 데이터를 출력하고 줄 바꿈(개행문자 출력)
void println(float f)	float형 데이터를 출력하고 줄 바꿈(개행문자 출력)
void println(double d)	double형 데이터를 출력하고 줄 바꿈(개행문자 출력)
void println(boolean b)	boolean형 데이터를 출력하고 줄 바꿈(개행문자 출력)

▲ 표 12-10 PritnStream 클래스의 대표적인 메서드들

PrintStream 클래스가 OutputStream 클래스의 복잡한 메서드들을 print( ) 메서드와 println( ) 메서드만으로 사용할 수 있도록 정리한 필터 스트림인 것처럼, PrintWriter 클래스는 OutputStreamWriter 클래스의 메서드들을 print( ) 메서드와 println( ) 메서드만으로 사용할 수 있게 정리한 필터 스트림입니다. 다음은 앞에서 작성했던 OutputStreamWriterTest.java 예제를 PrintWriter 클래스를 사용하도록 고친 것입니다. write( ) 메서드 대신 print( ) 메서드를 사용한 것을 알 수 있습니다.

PrintWriterTest.java

```
1 : import java.io.*;
2 :
3 : public class PrintWriterTest
4 : {
5 :    public static void main(String[] args)
6 :    {
7 :       PrintWriter out= new PrintWriter(new OutputStreamWriter(System.out));
8 :
9 :       out.print("게임을 만들며 배우는 자바!");
10 :      out.flush();
11 :    }
12 : }
```

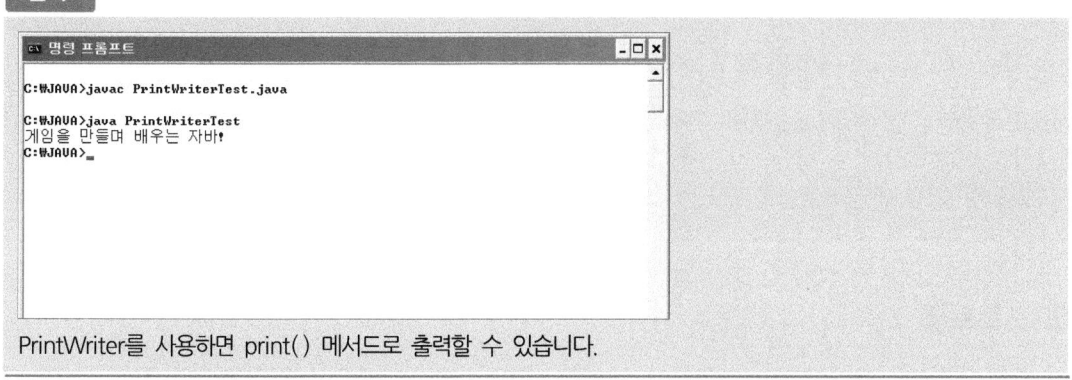

PrintWriter를 사용하면 print( ) 메서드로 출력할 수 있습니다.

12.4 네트워크의 이해

1장에서 자바가 어렵다고 생각하는 이유로 다양한 관련 기술을 꼽은 적이 있습니다. 자바의 네트워크가 바로 그런 경우입니다. 사실, C언어나 C++언어와 같은 자바 외의 언어로 네트워크 프로그래밍을 해본 사람은 자바의 네트워크 기능이 너무나 강력하고 뛰어나면서도 사용하기 편리한데 놀랍니다. 그러나 이 책을 보고 있는 사람이 자바를 처음 배울 뿐만 아니라, 네트워크 프로그래밍의 경험이 없다면 용어 자체마저 어렵게 느껴져서 자바가 어렵다고 착각할 수도 있으리라 생각됩니다. 그래서 우리는 먼저, 자바 자체는 아니지만 네트워크 프로그래밍을 공부하는데 필수적인 네트워크 용어들을 몇 가지 배우면서 관련된 개념들을 짚어 보겠습니다.

1 IP 주소와 도메인 네임

집집마다 주소가 있기 때문에 우편물이 갈 수 있는 것처럼, 인터넷에 연결된 모든 컴퓨터에는 주소가 있습니다. 이 주소를 IP 주소 또는 인터넷 주소라고 합니다. IP 주소는 컴퓨터가 이해할 수 있는 4개의 숫자가 점으로 구분된 형태입니다. 예를 들어, 210.105.222.221과 같은 형태입니다. 그러나 이러한 숫자 형태의 IP 주소는 컴퓨터의 입장에서는 편리한지 몰라도 사람은 구분하기 어렵습니다. 그래서 www.digitaljapan.co.kr 과 같이 문자 형태로 바꾸어서 사용하는데, 이를 도메인 네임이라고 합니다. 사용자가 www.digitaljapan.co.kr이라고 웹 브라우저(인터넷 익스플로러 크롬 등)에서 도메인 네임을 입력하면, 컴퓨터는 해당하는 IP 주소의 컴퓨터와 인터넷을 통해 연결합니다. 이때 도메인 네임을 IP 주소로 바꿔주는 컴퓨터를 DNS(Domain Name Server)라고 합니다. DNS에 등록된 컴퓨터들은 인터넷 상에서 도메인 네임과 IP 주소간의 상호변환이 가능합니다.

2 포트

IP 주소는 기본적으로 하나의 컴퓨터를 지칭하는 이름입니다. 그러나 하나의 컴퓨터 안에서도 인터넷을 사용하는 여러 프로세스가 동시에 실행되고 있을 수 있습니다. 만약 IP 주소로만 통신을 한다면, 한 번에 하나의 프로세스만 인터넷을 사용할 수 있습니다. 그래서 각 프로세스는 포트를 통해서 인터넷에 접근합니다. 말하자면, IP 주소는 건물의 주소이고 포트는 각 방의 호실인 셈입니다. 기본적으로 인터넷에 연결된 컴퓨터가 통신을 할 때는 두 컴퓨터의 IP 주소와 통신하는 두 프로세스가 사용하는 포트 번호가 필요합니다. 프로세스가 사용하는 포트 번호는 특별히 제한이 있는 것은 아니지만, 보통 1 ~ 1023번까지는 시스템이 주로 사용하기 때문에, 1025 ~ 65,535번 사이의 포트를 사용하는 것이 좋습니다. (이 장에서 만든 채팅 프로그램에서는 2587번 포트를 사용했습니다.)

3 프로토콜

프로토콜은 통신할 때 사용하는 약속입니다. 예를 들어, 무전기를 사용하여 두 사람이 대화를 한다면, 무전기의 특성상 동시에 두 사람이 얘기를 할 수 없기 때문에, 한 사람이 할말을 다하고 나면 '오버'라고 얘기를 해서 상대방이 얘기할 수 있는 기회를 줍니다. 이런 약속이 없다면 언제 말을 해야 할지 몰라서 대화가 원활하게 이루어지지 않을 것입니다. 이와 같이 사용하는 통신기기와 통신환경의 특성에 따라 대화자 간에 약속을 정한 것이 프로토콜입니다. 인터넷에 연결된 컴퓨터 간에는 TCP/IP라는 프로토콜이 쓰입니다. TCP/IP는 단일 프로토콜이 아니고, 여러 프로토콜의 모임입니다. TCP/IP 프로토콜 중 유명한 것으로 http, ftp, telnet 등이 있습니다. 우리가 웹사이트를 표시할 때, http://www.digitaljapan.co.kr/의 http는 프로토콜 이름입니다.

12.5 URL 클래스

URL은 Uniform Resource Locator의 약자로 인터넷 상에 존재하는 리소스(파일이나 이미지, 오디오 클립 등)의 위치를 나타내는 표기 방법입니다. URL에는 리소스가 있는 컴퓨터의 IP 주소나 도메인 네임, 디렉터리, 자원 이름은 물론이고, 사용해야 할 프로토콜까지 들어 있습니다. 다음은 URL의 형식입니다.

▼ URL 형식

```
프로토콜://호스트:포트//경로/리소스이름
```

이때 호스트는 리소스가 있는 컴퓨터의 IP 주소 또는 도메인 네임이고, 포트 번호를 생략하면 [표 12-11]처럼 사용하는 프로토콜의 기본 포트 번호가 사용됩니다.

프로토콜	기본 포트 번호
http	80
ftp	21
telnet	23
SMTP	25
finger	79

▲ 표 12-11 프로토콜의 기본 포트 번호

예를 들어, www.digitaljapan.co.kr 컴퓨터의 temp 디렉터리에 있는 kiki.jpg라는 이미지를 나타내고 싶으면 다음처럼 하면 됩니다.

```
http://www.digitaljapan.co.kr/temp/kiki.jpg
```

자바에서는 URL을 처리하기 위한 URL 클래스를 제공하고 있습니다. 만약, 위의 이미지의 URL을 나타내는 URL 클래스의 객체를 생성하고 싶다면 다음처럼 하면 됩니다.

```
URL   myURL= new URL("http://www.digitaljapan.co.kr/temp/kiki.jpg");
 ↑      ↑       ↑                        ↑
클래스이름  변수   클래스이름                 리소스URL
```

위에서처럼 리소스의 URL을 인수로 주어 URL 클래스의 객체를 만드는 것이 일반적인 방법이지만, 다음의 [표 12-12]처럼 다양한 인수로 URL 객체를 생성할 수도 있습니다.

생성자	설명
URL(String url)	url 문자열에 해당하는 URL 객체
URL(String protocol, String host, int port, String file)	protocol 프로토콜, host 호스트, port 포트 번호, file 파일 이름에 해당하는 URL 객체
URL(String protocol, String host, String file)	protocol 프로토콜, host 호스트, file 파일 이름에 해당하는 URL 객체
URL(URL context, String url)	url 문자열과 context 객체로 만든 URL 객체

▲ 표 12-12 URL 클래스의 생성자들

URL 객체를 생성한 후에는 URL 클래스 내의 메서드들을 사용해서 필요한 각종 정보를 얻을 수 있습니다. 다음의 [표 12-13]은 URL 클래스의 대표적인 메서드들입니다.

메서드	설명
String getProtocol()	지정된 URL의 프로토콜을 반환
String getHost()	지정된 URL의 호스트 이름을 반환
String getPort()	지정된 URL의 포트 번호를 반환
String getFile()	지정된 URL의 파일 이름을 반환
String getContent()	지정된 URL의 내용을 반환
InputStream openStream()	지정된 URL과 연결한 InputStream을 반환
String toString()	지정된 URL의 문자열을 반환
boolean sameFile(URL other)	두 개의 URL을 비교

▲ 표 12-13 URL 클래스의 대표적인 메서드들

특히, URL 클래스의 메서드들 중 openStream() 메서드를 사용하면 인터넷을 통해 리소스를 읽거나 쓸 수 있습니다. 다음은 openStream() 메서드를 이용해서 URL로부터 직접 정보를 읽어오는 예제입니다다. openStream( ) 메서드는 InputStream형 객체를 돌려주는데, 이를 다음 예제처럼 BufferedReader
( ) 메서드의 인수로 넘겨주면 됩니다.

URLTest.java

예제

```
 1 : import java.io.*;
 2 : import java.net.*;
 3 :
 4 : public class URLTest
 5 : {
 6 :    public static void main(String[ ] args)
 7 :    {
 8 :       String str;
 9 :
10 :       try{
11 :          URL myURL= new URL("http://www.digitaljapan.co.kr");
12 :
13 :          BufferedReader in= new BufferedReader(new InputStreamReader
                           (myURL.openStream( )));
14 :
15 :          while((str= in.readLine( ))!=null){
16 :             System.out.println(str);
17 :          }
18 :       }catch(MalformedURLException e){
19 :          System.out.println(e.toString( ));
20 :       }catch(IOException e){
21 :          System.out.println(e.toString( ));
22 :       }
23 :    }
24 : }
```

결과

```
C:\JAVA>javac URLTest.java

C:\JAVA>java URLTest
<HTML>
<HEAD>
<TITLE>임동혁의 디지털재팬</TITLE>
</HEAD>
<FRAMESET ROWS="100%,*" border=0>
<FRAME src=http://tong.bc.ac.kr></FRAMESET>
</HTML>

C:\JAVA>_
```

URL로부터 HTML 문서를 읽어왔습니다.

12.6 소켓

소켓은 통신 케이블에 접속하기 위한 것으로 마치 콘센트와 같은 역할을 합니다. 소켓을 연결하기만 하면, 하위의 복잡한 프로토콜이나 네트워크 상태를 알 필요없이 연결된 소켓을 통해서 데이터를 주고받을 수 있습니다. 원래 소켓은 BSD 유닉스에서 통신 프로그램용 라이브러리로 개발되었지만, 지금은 많은 시스템에서 전용으로 소켓 라이브러리가 개발되어 사용되고 있습니다. 윈도우즈의 경우도 winsock이라는 소켓을 지원하고 있습니다. 소켓은 통신을 서비스하는 서버 측에서 사용하는 서버 소켓과 통신을 요구하는 클라이언트 측에서 사용하는 (클라이언트) 소켓의 두 종류가 있습니다. 서버 소켓은 클라이언트가 접속하길 기다리는 역할을 하고, 클라이언트의 소켓은 통신을 시작하는 역할을 합니다.

1 서버 소켓

서버 소켓은 네트워크 상에서 요청이 올 때까지 기다리는 소켓입니다. 클라이언트측에서 소켓을 생성하면 호스트 이름과 포트 번호에 해당하는 서버 소켓에 접속이 요청되고 서버 소켓은 접속을 허가해줍니다. 다음은 서버 소켓의 형식입니다.

```
ServerSocket myServerSocket= new ServerSocket(2587);
     ↑              ↑              ↑            ↑
  클래스이름         변수         클래스이름      포트번호
```

서버 소켓에서 클라이언트가 접속해 올 때까지 기다릴 때는 accept( ) 메서드를 사용합니다. accept( ) 메서드는 접속해 온 클라이언트의 Socket 객체를 돌려줍니다. 따라서 위의 myServer에 접속하는 클라이언트의 소켓을 얻고 싶을 때는 다음처럼 하면 됩니다.

```
Socket mySocket= myServerSocket.accept();
```

다음은 클라이언트의 접속을 기다리는 서버 소켓의 예제입니다. 다음 예제를 웹서버가 실행되고 있는 상태에서 웹서버의 홈디렉터리에 옮기고 실행하면 됩니다. 접속되는 결과를 보려면 510페이지의 SocketTest.java 예제를 클라이언트 컴퓨터에서 실행하여야 합니다.

예제   **ServerSocketTest.java**

```
1 : import java.io.*;
2 : import java.net.*;
3 :
4 : public class ServerSocketTest
5 : {
6 :     public static void main(String[ ] args)
7 :     {
```

```
 8 :        try{
 9 :           ServerSocket myServerSocket= new ServerSocket(8080);
10 :           System.out.println("클라이언트가 접속하길 기다리고 있습니다.");
11 :
12 :           Socket mySocket= myServerSocket.accept();
13 :           System.out.println("클라이언트가 접속했습니다.");
14 :
15 :           BufferedReader in= new BufferedReader(new InputStreamReader
                                 (mySocket.getInputStream()));
16 :           PrintWriter out= new PrintWriter(new OutputStreamWriter
                                 (mySocket.getOutputStream()));
17 :
18 :           System.out.println("클라이언트로부터 받은 메시지: "+ in.readLine());
19 :           String msg="### 접속을 허락합니다.";
20 :           out.println(msg);
21 :           out.flush();
22 :           System.out.println("클라이언트에게 보낸 메시지: "+ msg);
23 :
24 :           mySocket.close();
25 :        }catch(MalformedURLException e){
26 :           System.out.println(e.toString());
27 :        }catch(IOException e){
28 :           System.out.println(e.toString());
29 :        }
30 :     }
31 : }
```

결과

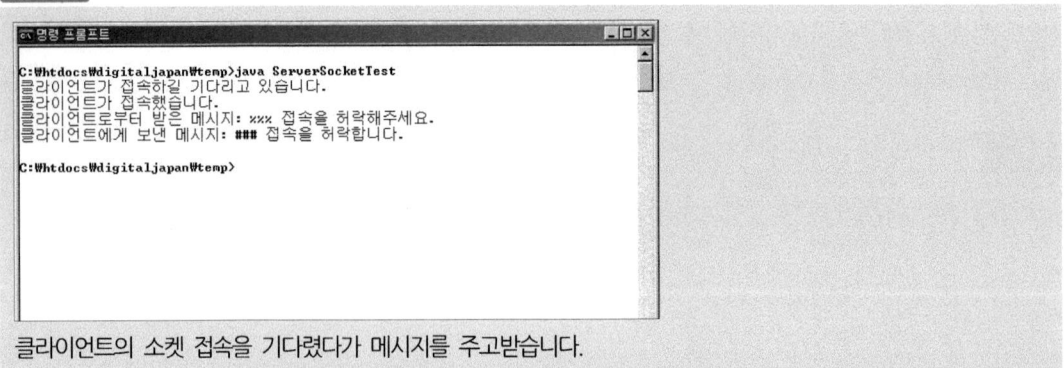

클라이언트의 소켓 접속을 기다렸다가 메시지를 주고받습니다.

2 소켓

소켓은 클라이언트 측에서 서버에 접속하여 통신을 시작하는 역할을 합니다. 소켓은 클라이언트에서 서버 소켓에 접속할 때 주로 사용하지만, 서버에서도 접속된 클라이언트를 다루기 위해 사용하므로 클라이언트 소켓이라고 하지 않고, 그냥 소켓이라고 합니다. 다음은 소켓의 형식입니다.

```
Socket  mySocket= new Socket("http://www.digitaljapan.co.kr/temp/", 2587);
   ↑        ↑              ↑                    ↑                      ↑
클래스이름  변수        클래스이름                URL                  포트번호
```

클라이언트 측에서 호스트 이름과 포트 번호를 인수로 줘서 소켓을 생성하면, 해당 서버와 TCP를 기반으로 데이터 전달이 가능한 입출력 스트림을 만들 수 있습니다. 입력 스트림을 만들 때는 getInputStream() 메서드를 사용해서 InputStream을 얻습니다. 이 InputStream을 통해 서버로부터 오는 데이터를 받을 수 있습니다. 위의 mySocket이 접속된 서버로부터 오는 한 라인의 데이터를 얻고 싶을 때는 다음처럼 하면 됩니다.

```
InputStream is= mySocket.getInputStream();
InputStreamReader isReader= new InputStreamReader(is);
BufferedReader in= new BufferedReader(isReader);
String str= in.readLine();
```

반대로 클라이언트에서 서버로 데이터를 보낼 때는 getOutputStream() 메서드로 얻는 OutputStream에 출력하면 됩니다. 위의 mySocket이 접속된 서버에 "안녕하세요!"라는 문자열을 보내고 싶으면 다음처럼 하면 됩니다.

```
OutputStream os= mySocket.getOutputStream();
OutputStreamWriter osWriter= new OutputStreamWriter(os);
PrintWriter out= new PrintWriter(osWriter);
out.println("안녕하세요!");
```

데이터의 입출력이 끝나고 더 이상 주고받을 데이터가 없을 때는 다음처럼 close() 메서드를 사용해서 원격 호스트와의 접속을 단절해야 합니다.

```
mySocket.close();
```

다음은 서버 소켓과 접속하여 데이터를 주고받는 예제입니다. 다음 예제를 실행하기 위해서는 접속되는 서버에 앞의 ServerSockerTest.java 예제가 실행되고 있어야 합니다.

SocketTest.java

```
 1 : import java.io.*;
 2 : import java.net.*;
 3 :
 4 : public class SocketTest
 5 : {
 6 :    public static void main(String[] args)
 7 :    {
 8 :      try{
 9 :        Socket mySocket= new Socket("127.0.0.1", 8080);
10 :        System.out.println("서버에 접속했습니다.");
11 :
12 :        BufferedReader in= new BufferedReader(new InputStreamReader
                              (mySocket.getInputStream()));
13 :        PrintWriter out= new PrintWriter(new OutputStreamWriter
                              (mySocket.getOutputStream()));
14 :
15 :        String msg="%%% 접속을 허락해주세요.";
16 :        System.out.println("서버에게 보낸 메시지: "+ msg);
17 :        out.println(msg);
18 :        out.flush();
19 :        System.out.println("서버로부터 받은 메시지: "+ in.readLine());
20 :
21 :        mySocket.close();
22 :      }catch(MalformedURLException e){
23 :        System.out.println(e.toString());
24 :      }catch(IOException e){
25 :        System.out.println(e.toString());
26 :      }
27 :    }
28 : }
```

결과

```
C:\JAVA>java SocketTest
서버에 접속했습니다.
서버에게 보낸 메시지: xxx 접속을 허락해주세요.
서버로부터 받은 메시지: ### 접속을 허락합니다.

C:\JAVA>
```

서버소켓에 접속한 후 메시지를 주고받습니다.

12.7 Vector 클래스

우리는 5.7 배열에서 배열에 대해 배웠습니다. 배열은 매우 편리한 데이터구조이기 때문에, 지금까지 만든 게임 프로그램 대부분에서 사용하였습니다. 특히 자바는 배열의 첨자 범위를 잘 처리해주기 때문에, 포인터 연산으로 돌이킬 수 없는 결과를 나타내는 C언어나 C++언어에 비해 안전하게 사용할 수 있어서 배열의 효용가치는 더욱 뛰어납니다. 그런데 자바에서 가장 많이 사용하는 데이터 구조 중 하나인 배열은 몇 가지 약점이 있습니다. 첫째는 배열이 생성된 후에는 크기를 변경할 수 없고, 둘째는 처음에 정한 데이터형만을 저장할 수 있다는 점입니다. 예를 들어 다음과 같이 선언된 배열에는 int형 데이터를 5개만 저장할 수 있습니다.

```
int[] myArray= new int[5];
```

배열의 이러한 약점을 해결하기 위해서 자바는 Vector 클래스를 제공하고 있습니다. 벡터는 동적으로 크기가 변하는 일종의 배열로, 사용 중에 크기를 바꿀 수도 있고, 다양한 객체를 저장할 수 있어서 편리합니다. 벡터를 사용할 때 한가지 문제점은 벡터가 객체의 레퍼런스형을 저장하기 때문에 자바의 기본 데이터형은 저장할 수 없다는 점입니다. 따라서 기본 데이터형을 저장할 때는 **4.2 형변환의 이해**에서 배운 랩퍼 클래스를 사용해야 합니다. 일반적으로 벡터를 만들 때는 다음처럼 하면 됩니다.

```
Vector  myVector= new Vector();
   ↑         ↑              ↑
클래스이름   변수         클래스이름
```

보통 벡터를 사용할 때는 크기를 자유롭게 쓰고 싶기 때문에 위와 같이 빈 벡터를 생성하지만, 원한다면 다음의 [표 12-14]처럼 초기 크기와 저장 공간이 다 차게 되었을 때 증가되는 단위를 정할 수도 있습니다.

생성자	설명
Vector()	아무 객체도 없는 빈 벡터
Vector(int initialCapacity)	초기 크기가 initialCapacity인 벡터
Vector(int initialCapacity, int capacityIncrement)	초기 크기가 initialCapacity이고, 저장공간이 부족할 때마다 capacityIncrement만큼씩 크기를 증가하는 벡터

▲ 표 12-14 Vector 클래스의 생성자들

벡터에 객체를 저장하고 꺼낼 때는 Vector 클래스에 저장된 메서드를 사용합니다. addElement() 메서드를 사용하면 벡터에 객체를 추가할 수 있습니다. elementAt() 메서드로 해당하는 위치의 객체를 읽을 수 있고, 만약 저장된 객체가 더 이상 필요 없어서 제거할 때는 removeElement() 메서드를 사용하면 됩니다. 다음의 [표 12-15]는 Vector 클래스의 대표적인 메서드들입니다.

메서드	설명
void addElement(Object obj)	obj 객체를 벡터의 마지막에 추가
void insertElementAt(Object obj, int index)	obj 객체를 index 위치에 추가
void setElementAt(Object obj, int index)	index 위치에 있는 객체를 obj로 변경
Object elementAt(int index)	index 위치에 저장된 객체를 반환
Object firstElement( )	저장된 첫 번째 객체를 반환
Object lastElement( )	저장된 마지막 객체를 반환
int indexOf(Object obj)	저장된 첫 번째 obj 객체의 위치를 반환
int lastIndexOf(Object obj)	저장된 마지막 obj 객체의 위치를 반환
void removeAll( )	저장된 모든 객체를 제거
void removeElement(int index)	index 위치에 저장된 객체를 제거
boolean removeElement(Object obj)	저장된 obj 객체를 모두 제거
int size( )	벡터의 크기를 저장

▲ 표 12-15 Vector 클래스의 대표적인 메서드들

다음은 벡터에 다양한 객체를 저장하고 제거하는 예제입니다. 특히 벡터에 저장할 수 없는 기본 데이터 형 값을 랩퍼 클래스를 이용해서 저장하는 것을 눈여겨보세요.

VectorTest.java

```
 1 : import java.util.*;
 2 :
 3 : public class VectorTest
 4 : {
 5 :    public static void main(String[ ] args)
 6 :    {
 7 :       Vector myVector= new Vector();
 8 :
 9 :       // 벡터에 저장
10 :       myVector.addElement("하나");
11 :       myVector.addElement("둘");
12 :       myVector.addElement(new Integer(3));
13 :       myVector.addElement(new Boolean(true));
14 :       myVector.addElement(new Double(5.5));
15 :
16 :       // 벡터 출력
17 :       for(int i=0; i<myVector.size();i++){
18 :          System.out.println("myVector의 "+ (i+1) +"번째 원소: "+ myVector.elementAt(i));
19 :       }
20 :       System.out.println();
```

```
21 :
22 :        System.out.println("myVector의 2번째 원소 제거");
23 :        myVector.removeElementAt(1);
24 :        System.out.println();
25 :
26 :        System.out.println("myVector의 2번째 위치에 two 삽입");
27 :        myVector.insertElementAt("two", 1);
28 :        System.out.println();
29 :
30 :        // 벡터 출력
31 :        for(int i=0; i<myVector.size();i++){
32 :            System.out.println("myVector의 "+ (i+1) +"번째 원소: "+ myVector.elementAt(i));
33 :        }
34 :    }
35 : }
```

결과

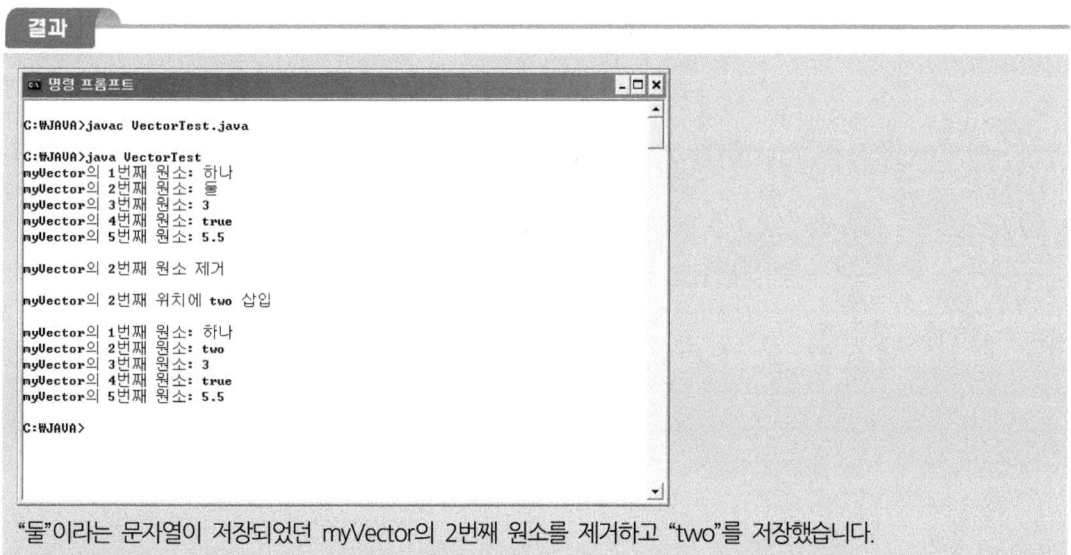

"둘"이라는 문자열이 저장되었던 myVector의 2번째 원소를 제거하고 "two"를 저장했습니다.

12.8 StringTokenizer 클래스

프로그램을 작성하다보면 문자열을 다룰 일이 많은데, StringTokenizer 클래스는 앞에서 이미 배운 String 클래스, StringBuffer 클래스와 더불어 매우 유용한 문자열 처리 클래스입니다. String Tokenizer 클래스가 하는 일은 문자열을 파싱해서 토큰으로 만드는 것입니다. 토큰이라는 것은 전체 문자열을 구분되는 문자(또는 문자열)를 기준으로 쪼갠 단위이고, 이때 구분되는 문자(또는 문자열)를 구분자라고 합니다. 이렇게 구분자에 따라 문자열을 나누는 작업을 파싱이라고 합니다. 예를 들어, "07/15/2002"라는 문자열을 "07", "15", "2002"의 문자열 3개로 나눈다면, 구분자는 "/"이고 "07", "15",

"2002"는 토큰입니다. 이와 같은 일을 하는 StringTokenizer 클래스는 다음처럼 만들 수 있습니다.

```
StringTokenizer mySt= new StringTokenizer("07/15/2002", "/");
```
　　　↑　　　　　↑　　　　　　↑　　　　　　　↑　　　　　↑
　클래스이름　　변수　　　클래스이름　　　　문자열　　　구분자

StringTokenizer 클래스는 다음의 [표 12-16]과 같은 생성자들을 가지고 있습니다. 이중 return Delims 값은 구분자를 돌려주는 토큰에 포함시킬지 여부입니다. returnDelims가 true이면 돌려주는 토큰에 구분자를 포함시키고, false의 경우는 포함시키지 않습니다. returnDelims 값을 받지 않는 다른 생성자들은 구분자를 토큰으로 취급하지 않습니다.

생성자	설명
StringTokenizer(String str)	문자열 str을 기본 구분자인 \t, \n, \r로 구분하는 StringTokenizer
StringTokenizer(String str, String delim)	문자열 str을 delim 구분자로 구분하는 StringTokenizer
StringTokenizer(String str, String delim, boolean returnDelims)	문자열 str을 delim 구분자로 구분하고, returnDelims에 따라 구분자를 토큰에 포함시키는 StringTokenizer

▲ 표 12-16 StringTokenizer 클래스의 생성자들

StringTokenizer 객체를 만든 후에는 다음의 [표 12-17]에 있는 메서드들을 사용해서 토큰을 만들 수 있습니다.

메서드	설명
boolean hasMoreTokens( )	아직 넘겨주지 않은 토큰이 있는지 여부를 반환
String nextToken( )	파싱해서 구한 다음 토큰을 반환
String nextToken(String delim)	새로운 구분자인 delim을 써서 구한 다음 토큰을 반환
int countTokens( )	파싱한 결과로 구한 토큰이 모두 몇 개인지 반환

▲ 표 12-17 StringTokenizer 클래스의 대표적인 메서드들

hasMoreTokens( ) 메서드는 토큰이 남아 있는지 알려주는 메서드이고 nextToken( ) 메서드는 파싱해서 구한 토큰을 차례대로 넘겨주기 때문에, 예를 들어, 앞의 mySt에서 토큰을 모두 출력하려면 다음처럼 하면 됩니다.

```
while(mySt.hasMoreTokens()){
    System.out.println(mySt.nextToken());
}
```

다음은 StringTokenizer 클래스를 사용하여 입력되는 문자열을 토큰으로 구분하여 출력하는 예제입니다.

StringTokenizerTest.java

```java
 1 : import java.io.*;
 2 : import java.util.*;
 3 :
 4 : public class StringTokenizerTest
 5 : {
 6 :   public static void main(String[] args)
 7 :   {
 8 :     InputStreamReader isReader= new InputStreamReader(System.in);
 9 :     BufferedReader in= new BufferedReader(isReader);
10 :
11 :     int myTokens= 0;
12 :     do{
13 :       System.out.print("문자열 입력: ");
14 :
15 :       try{
16 :         String str= in.readLine();
17 :         StringTokenizer myST= new StringTokenizer(str);
18 :
19 :         myTokens= myST.countTokens();
20 :         System.out.println("토큰수: "+ myTokens);
21 :
22 :         while(myST.hasMoreTokens()){
23 :           System.out.println("    "+ myST.nextToken());
24 :         }
25 :       }catch(IOException e){
26 :         System.out.println(e.toString());
27 :       }
28 :       System.out.println();
29 :     }while(myTokens!=0);
30 :   }
31 : }
```

결과

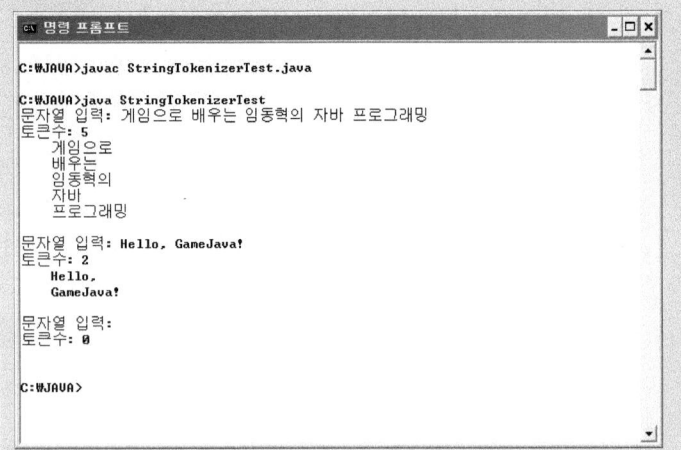

StringTokenizer 클래스의 객체를 생성할 때 따로 구분자를 인수로 주지 않았기 때문에 기본 구분자인 빈칸으로 토큰을 나눴습니다.

12.9 채팅 프로그램 만들기

지금까지 우리가 만든 게임들은 하나나 두 개의 파일로 구성되어 있거나 여러 파일인 경우에도 클래스를 사용하는 파일은 하나뿐이었기 때문에 이해하기 어렵지 않았습니다. 그러나 이번에 만드는 채팅 프로그램의 경우는 서버와 클라이언트로 나뉘어지고 파일도 여러 개이기 때문에, 먼저 각 파일과 사용법에 대해 설명하겠습니다. 우리가 만들 채팅 프로그램은 다음의 [표 12-18]과 같은 파일들로 구성되어 있습니다.

파일 이름	설명
ChatServer.java	서버에서 실행되는 채팅 서버 메인
ChatThread.java	채팅 서버에서 사용하는 스레드
GameJava2_12.java	사용자 PC에서 작동되는 채팅 클라이언트 애플릿
GameJava2_12.html	채팅 클라이언트 애플릿이 정의된 HTML 파일

▲ 표 12-18 채팅 서버와 채팅 클라이언트 파일들

앞에서 만든 게임들은 애플릿이라 할지라도 보통 PC의 하드디스크에 저장하고 웹 브라우저로 로컬 디스크를 열거나 appletviewer로 HTML 파일을 실행하면 잘 작동되었습니다. 그러나 이번에 만드는 채팅 프로그램은 웹서버를 통해서 데이터를 주고받기 때문에 반드시 서버 환경에서 실행되어야합니다. 다음에 열거한 내용 중 여러분의 PC에 해당하는 것을 선택해서 설명대로 하면 됩니다.

❶ 윈도우즈 서버 계열인 경우

만약 사용하고 있는 운영체제가 윈도우즈 서버 계열(윈도우즈 NT/2000/XP 프로페셔널/7/10 등)이라면

IIS를 설치하고, 홈디렉터리인 C:₩Inetpub₩wwwroot₩ 디렉터리에 위의 [표 12-18]에 있는 파일들(컴파일한 실행 파일들)을 모두 올려놓아야 합니다.(홈디렉터리의 위치는 윈도우즈의 인터넷 서비스 관리자에서 변경할 수 있습니다.) 윈도우즈의 명령 프롬프트 창을 열고, java ChatServer 명령으로 채팅 서버를 실행시킵니다. 웹 브라우저를 열어서 http://localhost/GameJava2_12.html에 접속하면 채팅 애플릿이 실행됩니다. 다른 컴퓨터에서 접속하고 싶으면, 서버의 IP주소 또는 도메인 이름을 사용하면 됩니다. 예를 들어 프로그램이 설치된 위치가 www.digitaljapan.co.kr 서버의 temp 디렉터리라면, http://www.digitaljapan.co.kr/temp/GameJava2_12.html로 접속하면 됩니다.

❷ 윈도우즈 95/98/ME/XP인 경우

만약 사용하고 있는 운영체제가 윈도우즈 95/98/ME/XP 홈에디션 등이라면 PWS를 설치하고, 홈디렉터리인 C:₩Inetpub₩wwwroot₩ 디렉터리에 위의 [표 12-18]에 있는 파일들(컴파일한 실행 파일들)을 모두 올려놓아야 합니다.(홈디렉터리의 위치는 윈도우즈의 퍼스널 웹서버에서 변경할 수 있습니다.) 윈도우즈의 MS-DOS 창을 열고, java ChatServer 명령으로 채팅 서버를 실행시킵니다. 웹 브라우저를 열어서 http://localhost/GameJava2_12.html에 접속하면 채팅 애플릿이 실행됩니다. 다른 컴퓨터에서 접속하고 싶으면, 설치한 컴퓨터의 IP주소 또는 도메인 이름을 사용하면 됩니다. 예를 들어 프로그램이 설치된 위치가 210.105.222.221 컴퓨터의 chat 디렉터리라면, http://210.105.222.221/chat/GameJava2_12.html로 접속하면 됩니다.

❸ 잘 모르겠는 경우

만약 사용하고 있는 운영체제가 윈도우즈가 아닌 리눅스, 유닉스, IBM 등의 다른 운영체제이거나, 윈도우즈라도 IIS나 PWS를 사용하지 못할 환경이라면 아파치 웹서버를 사용하면 됩니다.(리눅스나 유닉스 계열 사용자는 해당 기종용 아파치를 사용하세요.) 아파치 디렉터리(윈도우즈라면 C:₩Apach₩)의 htdocs 디렉터리에 위의 [표 12-18]에 있는 파일들(컴파일한 실행 파일들)을 모두 올려놓습니다. 셸 창(윈도우즈라면 MS-DOS창)을 열고 java ChatServer 명령으로 채팅 서버를 실행시킵니다. 웹 브라우저를 열어서 http://localhost/Game Java2_12.html에 접속하면 채팅 애플릿이 실행됩니다. 다른 컴퓨터에서 접속하고 싶으면, 설치한 컴퓨터의 IP주소 또는 도메인 이름을 사용하면 됩니다. 예를 들어 프로그램이 설치된 위치가 210.105. 222.221 컴퓨터의 chat 디렉터리라면, http://210.105.222.221/chat/GameJava2_12.html로 접속하면 됩니다.

사실, 사용법은 프로그램에 대한 설명이 끝난 후에 나와야 하지만, 프로그램을 만드는 중에도 채팅 서버와 채팅 클라이언트가 어떻게 실행되는지 아는 것이 좋기 때문에 먼저 설명했습니다. 앞에서 배운 대로 채팅 서버와 채팅 클라이언트는 모두 서버에 위치하지만, 실행은 다릅니다. 채팅 서버는 java ChatServer 명령으로 서버에서 실행됩니다만, 채팅 클라이언트는 애플릿이기 때문에 사용자가 Game Java2_12.html 파일을 열면 자동으로 다운로드되어 사용자의 컴퓨터에서 실행되는 것입니다. 따라서 채팅 서버와 채팅 클라이언트는 인터넷을 통해 서로 데이터를 주고받는데, 이때 사용하는 것이 소켓과 서버 소켓입니다.

1 채팅 서버

우리가 만드는 채팅 프로그램은 방을 만들거나 귓속말을 하는 등의 부가 기능은 전혀 없지만 채팅 프로그램이 가져야할 뼈대는 완벽히 갖추고 있습니다. 상용 채팅 사이트에서 사용하는 채팅 프로그램도 기본적인 구조는 우리가 만드는 프로그램과 같습니다. 프로그램의 기능을 최소화한 이유는 코드가 복잡해지고 길어지면 이해하기가 어렵기 때문입니다. 따라서 일단 이 소스코드를 분명히 이해하면, 쉽게 나머지 부가 기능들을 덧 붙여 '나만의 채팅 서버/클라이언트'로 확장할 수 있을 것입니다.

우리가 만드는 채팅 서버는 멀티 스레드 서버로, 채팅 서버는 ChatServer 클래스와 ChatThread 클래스의 두 개로 구성되어 있습니다. 멀티 스레드란 스레드를 여러 개 사용한다는 뜻입니다. ChatServer 클래스는 한 번만 생성되지만, ChatThread 클래스는 접속되는 클라이언트의 수만큼 만듭니다. 즉, 모든 채팅 클라이언트마다 대응하는 ChatThread 클래스의 객체가 있는 것입니다. 먼저 java ChatServer 명령을 실행하면, 서버 소켓과 ChatServer 클래스의 객체를 만듭니다. 이때 사용하는 포트 번호는 임의로 붙인 것입니다.

```
ServerSocket myServerSocket= null;

ChatServer myServer= new ChatServer();

try{
   myServerSocket= new ServerSocket(2587);
}catch(IOException e){
   System.out.println(e.toString());
   System.exit(-1);
}
```

서버 소켓과 ChatServer 객체가 만들어지면 화면에 '서버 대기 상태'라는 메시지를 출력하고 채팅 클라이언트가 접속하길 기다립니다. 채팅 클라이언트가 접속할 때까지 기다리는 명령은 서버 소켓의 accept() 메서드입니다. accept() 메서드는 (클라이언트) 소켓이 접속할 때까지 기다렸다가, 접속을 하면 (클라이언트) 소켓을 돌려줍니다. 이 소켓을 ChatThread 클래스의 생성자에게 인수로 넘겨줘서 ChatThread 객체를 만듭니다. 설명은 복잡했지만, 이 모든 과정은 다음과 같이 한 줄로 나타낼 수 있습니다.

```
ChatThread client= new ChatThread(myServer, myServerSocket.accept());
```

채팅 클라이언트가 접속해서 위의 명령이 실행되면 ChatThread 객체가 생성됩니다. 생성된 ChatThread 객체를 실행하고, 전체 클라이언트에게 메시지를 방송하는 경우 등을 위해 생성된 ChatThread 객체를 벡터에 저장해둡니다. 이렇게 하면 ChatServer가 하는 일은 모두 끝났습니다.

```
client.start();
myServer.addClient(client);
```

채팅 클라이언트가 접속하면 ChatThread 객체를 만들어 실행하는 일은 생각보다 간단합니다. 주의할 점은 위에서처럼 하면 단 1명의 채팅 클라이언트만 접속되기 때문에, ChatThread 객체를 만들어 실행하는 일이 끝나면 다시 접속을 기다리는 상태로 가야 한다는 점입니다. 따라서 이 부분은 다음처럼 무한루프로 만듭니다.

```
while(true){
   ChatThread client= new ChatThread(myServer, myServerSocket.accept());
   client.start();
   myServer.addClient(client);
}
```

이제 각 채팅 클라이언트에 대한 처리는 ChatThread 객체에서 합니다. ChatThread 클래스의 객체가 생성되면, 인수로 전달받은 서버 소켓과 소켓을 저장해둡니다.

```
myServer= server;
mySocket= socket;
```

ChatThread 클래스는 Thread 클래스의 서브클래스로 스레드입니다. 따라서 일단 ChatThread 객체가 생성되면 run() 메서드의 내용이 실행됩니다.(스레드에 대해서는 **9.3 스레드의 이해**에서 자세히 배웠습니다.) run() 메서드에서는 먼저 입출력으로 사용할 스트림을 만듭니다. 이때 스트림에서 배운 대로 한글 입출력을 위해서 필터 스트림인 리더와 라이터를 사용합니다.(리더와 라이터를 사용하지 않으면 한글이 모두 깨집니다.)

```
out= new PrintWriter(new OutputStreamWriter(mySocket.getOutputStream(),
    "KSC5601"), true);
in= new BufferedReader(new InputStreamReader(mySocket.getInputStream(),
    "KSC5601"), 1024);
```

이제 in.readLine() 메서드와 out.print() 메서드를 통해서 채팅 클라이언트로부터 데이터를 받거나 보낼 수 있게 되었습니다. 그 다음에 하는 일은 간단합니다. 채팅 클라이언트가 데이터를 보낼 때까지 무작정 기다리다가 데이터가 오면 해당하는 처리를 해주면 됩니다.

```
while(true){
   String inLine= in.readLine();
```

```
    if(!inLine.equals("") && !inLine.equals(null)){
       messageProcess(inLine);
    }
}
```

messageProcess( ) 메서드는 인수로 주는 문자열에 따라 적절한 일을 해주는 메서드입니다. 우리가 만드는 채팅 프로그램에서는 채팅 서버와 채팅 클라이언트가 문자열을 한 줄 단위로 주고받기 때문에, 클라이언트가 보낸 문장이 보통 대화인지 아니면 특별한 처리를 요구하는지 알 수가 없습니다. 그래서 다음의 [그림 12-4]처럼 문장을 2부분으로 나누고 '|'로 구분하기로 했습니다.

| 명령 | 구분자(|) | 내용 |

▲ 그림 12-4 데이터의 구조

우리가 만든 채팅 프로그램은 최소한의 기능만을 구현한 것이기 때문에, 사용하는 명령은 LOGIN, LOGOUT, TALK의 3가지로 정했습니다. 만약 이 채팅 서버를 확장시켜서 다른 기능을 추가하고 싶다면, messageProcess( ) 메서드에서 명령을 처리하는 부분을 추가하면 됩니다. 예를 들어, 모든 사용자의 이름을 알 수 있는 기능을 추가하고 싶다면, USER라는 명령을 추가하고 그에 대한 처리를 해주면 됩니다.

LOGIN 명령일 때는 화면에 접속되었음을 알리는 메시지를 출력합니다. LOGOUT 명령일 때는 서버의 clientVector에 저장되어있는 해당 ChatThread 객체를 제거하고, ChatThread 객체를 종료시킵니다. TALK 명령일 때는 서버의 broadcast( ) 메서드를 호출해서 연결된 모든 채팅 클라이언트에게 데이터의 내용을 방송합니다.

2 채팅 클라이언트

채팅 클라이언트가 실행되면 먼저 소켓을 만듭니다. 소켓이 만들어졌다는 얘기는 채팅 서버의 서버 소켓과 연결되었다는 뜻입니다. 따라서, 서버 소켓에게 데이터를 보내거나 받을 수 있는 스트림도 만들 수 있습니다. 채팅 서버에서와 마찬가지로 스트림을 만들 때는 리더와 라이터를 사용해야만 한글이 깨지지 않습니다.

```
mySocket= new Socket(getCodeBase().getHost(),2587);
out= new PrintWriter(new OutputStreamWriter(mySocket.getOutputStream(),
     "KSC5601"), true);
in= new BufferedReader(new InputStreamReader(mySocket.getInputStream(),
     "KSC5601"), 1024);
```

채팅 클라이언트는 지속적으로 채팅 서버에서 보내오는 데이터를 받아야하기 때문에, 서버의 데이터를 화면에 출력하는 스레드를 만들어서 실행시킵니다.

```
clock= new Thread(this);
clock.start();
```

스레드의 run() 메서드에서는 서버로부터 받은 데이터가 null이 아니라면(빈 문자열이 아니라면) 화면에 출력하는 동작을 반복해서 실행합니다.

```
while(true){
   String msg= in.readLine();
   if(!msg.equals("") && !msg.equals(null)){
      memo.append(msg +"\n");
   }
}
```

사용자가 입력한 문장을 서버에게 보낼 때는 이벤트를 사용합니다. 텍스트필드에 이벤트 리스너를 주고, 텍스트필드에서 입력이 일어나면 out 스트림을 통해 서버에 데이터를 보내는 것입니다. 이때 사용자의 입력 앞에 "TALK|"를 붙여서 TALK 명령임을 알려야 ChatThread 클래스의 messageProcess() 에서 바르게 처리할 수 있습니다.(서버에게 보내는 모든 메시지는 [그림 12-4]의 데이터 형식을 지켜야 합니다.)

```
...
input= new TextField(40);
input.addActionListener(this);
...
...
if(e.getSource()==input){
   String data= input.getText();
   input.setText("");
   out.println("TALK|"+ name.getText() +": "+ data);
   out.flush();
}
```

ChatServer.java

예제

```
1 : import java.net.*;
2 : import java.io.*;
3 : import java.util.*;
```

```
 4:
 5: public class ChatServer
 6: {
 7:     Vector clientVector= new Vector();
 8:     int clientNum= 0;
 9:
10:     public void broadcast(String msg) throws IOException
11:     {
12:         synchronized(clientVector){
13:             for(int i=0; i<clientVector.size(); i++){
14:                 ChatThread client= (ChatThread) clientVector.elementAt(i);
15:                 synchronized(client){
16:                     client.sendMessage(msg);
17:                 }
18:             }
19:         }
20:     }
21:
22:     public void removeClient(ChatThread client)
23:     {
24:         synchronized(clientVector){
25:             clientVector.removeElement(client);
26:             client= null;
27:             System.gc();
28:         }
29:     }
30:
31:     public void addClient(ChatThread client)
32:     {
33:         synchronized(clientVector){
34:             clientVector.addElement(client);
35:         }
36:     }
37:
38:     public static void main(String[] args)
39:     {
40:         ServerSocket myServerSocket= null;
41:
42:         ChatServer myServer= new ChatServer();
43:
```

```
44 :       try{
45 :          myServerSocket= new ServerSocket(2587);
46 :       }catch(IOException e){
47 :          System.out.println(e.toString());
48 :          System.exit(-1);
49 :       }
50 :
51 :       System.out.println("[서버 대기 상태] "+ myServerSocket);
52 :
53 :       try{
54 :          while(true){
55 :             ChatThread client= new ChatThread(myServer, myServerSocket.accept());
56 :             client.start();
57 :             myServer.addClient(client);
58 :
59 :             myServer.clientNum++;
60 :             System.out.println("[현재 접속자수] "+ myServer.clientNum +"명");
61 :          }
62 :       }catch(IOException e){
63 :          System.out.println(e.toString());
64 :       }
65 :    }
66 : }
```

ChatThread.java

```
 1 : import java.net.*;
 2 : import java.io.*;
 3 : import java.util.*;
 4 :
 5 : public class ChatThread extends Thread
 6 : {
 7 :    ChatServer myServer;
 8 :    Socket mySocket;
 9 :
10 :    PrintWriter out;
11 :    BufferedReader in;
12 :
13 :    public ChatThread(ChatServer server, Socket socket)
14 :    {
```

```
15 :        super("ChatThread");
16 :
17 :        myServer= server;
18 :        mySocket= socket;
19 :
20 :        out= null;
21 :        in= null;
22 :    }
23 :
24 :    public void sendMessage(String msg) throws IOException
25 :    {
26 :       out.println(msg);
27 :       out.flush();
28 :    }
29 :
30 :    public void disconnect()
31 :    {
32 :       try{
33 :          out.flush();
34 :          in.close();
35 :          out.close();
36 :          mySocket.close();
37 :          myServer.removeClient(this);
38 :       }catch(IOException e){
39 :          System.out.println(e.toString());
40 :       }
41 :    }
42 :
43 :    public void run()
44 :    {
45 :       try{
46 :          out= new PrintWriter(new OutputStreamWriter(mySocket.getOutputStream(),
                 "KSC5601"), true);
47 :          in= new BufferedReader(new InputStreamReader(mySocket.getInputStream(),
                 "KSC5601"), 1024);
48 :
49 :          while(true){
50 :             String inLine= in.readLine();
51 :             if(!inLine.equals("") && !inLine.equals(null)){
52 :                messageProcess(inLine);
53 :             }
```

```
54 :         }
55 :      }catch(Exception e){
56 :         disconnect();
57 :      }
58 :   }
59 :
60 :   public void messageProcess(String msg)
61 :   {
62 :      System.out.println(msg);
63 :
64 :      StringTokenizer st= new StringTokenizer(msg, "|");
65 :      String command= st.nextToken();
66 :      String talk= st.nextToken();
67 :
68 :      if(command.equals("LOGIN")){
69 :         System.out.println("[접속] "+ mySocket);
70 :         try{
71 :            myServer.broadcast("[현재 접속자수] "+ myServer.clientNum +"명");
72 :         }catch(IOException e){
73 :            System.out.println(e.toString());
74 :         }
75 :      }else if(command.equals("LOGOUT")){
76 :         try{
77 :            myServer.clientNum--;
78 :            myServer.broadcast("[접속 종료] "+ talk);
79 :            myServer.broadcast("[현재 접속자수] "+ myServer.clientNum +"명");
80 :         }catch(IOException e){
81 :            System.out.println(e.toString());
82 :         }
83 :         disconnect();
84 :      }else{
85 :         try{
86 :            myServer.broadcast(talk);
87 :         }catch(IOException e){
88 :            System.out.println(e.toString());
89 :         }
90 :      }
91 :   }
92 : }
```

GameJava2_12.java

```java
 1 : import java.net.*;
 2 : import java.io.*;
 3 : import java.applet.*;
 4 : import java.awt.*;
 5 : import java.awt.event.*;
 6 :
 7 : public class GameJava2_12 extends Applet
 8 :     implements ActionListener, Runnable
 9 : {
10 :    Socket mySocket= null;
11 :    PrintWriter out= null;
12 :    BufferedReader in= null;
13 :
14 :    Thread clock;
15 :    TextArea memo;
16 :    TextField name;
17 :    TextField input;
18 :    Panel myPanel;
19 :
20 :    public void init()
21 :    {
22 :       try{
23 :          mySocket= new Socket(getCodeBase().getHost(),2587);
24 :          out= new PrintWriter(new OutputStreamWriter(mySocket.getOutputStream(),
                "KSC5601"), true);
25 :          in= new BufferedReader(new InputStreamReader(mySocket.getInputStream(),
                "KSC5601"), 1024);
26 :       }catch(UnknownHostException e){
27 :          System.out.println(e.toString());
28 :       }catch(IOException e){
29 :          System.out.println(e.toString());
30 :       }
31 :
32 :       // GUI
33 :       setLayout(new BorderLayout());
34 :       memo= new TextArea(10, 55);
35 :       add("Center", memo);
36 :
```

```
37 :        myPanel= new Panel();
38 :        name= new TextField(8);
39 :        name.setText("대화명");
40 :        myPanel.add(name);
41 :        input= new TextField(40);
42 :        input.addActionListener(this);
43 :        myPanel.add(input);
44 :        add("South", myPanel);
45 :     }
46 :
47 :     public void start()
48 :     {
49 :        if(clock==null){
50 :           clock= new Thread(this);
51 :           clock.start();
52 :        }
53 :     }
54 :
55 :     public void run()
56 :     {
57 :        out.println("LOGIN|"+ mySocket);
58 :        memo.append("[접속] "+ getCodeBase().toString() +"\n");
59 :
60 :        try{
61 :           while(true){
62 :              String msg= in.readLine();
63 :              if(!msg.equals("") && !msg.equals(null)){
64 :                 memo.append(msg +"\n");
65 :              }
66 :           }
67 :        }catch(IOException e){
68 :           memo.append(e.toString() +"\n");
69 :        }
70 :     }
71 :
72 :     public void actionPerformed(ActionEvent e)
73 :     {
74 :        if(e.getSource()==input){
75 :           String data= input.getText();
76 :           input.setText("");
```

```
77 :        out.println("TALK|"+ name.getText() +": "+ data);
78 :        out.flush();
79 :     }
80 :  }
81 :
82 :  public void stop()
83 :  {
84 :     if((clock!=null)&&(clock.isAlive())){
85 :        clock= null;
86 :     }
87 :
88 :     out.println("LOGOUT|"+ name.getText());
89 :     out.flush();
90 :
91 :     try{
92 :        out.close();
93 :        in.close();
94 :        mySocket.close();
95 :     }catch(IOException e){
96 :        memo.append(e.toString() +"\n");
97 :     }
98 :  }
99 : }
```

GameJava2_12.html

예제

```
1 : <HTML>
2 :   <HEAD>
3 :     <TITLE>GameJava2_12</TITLE>
4 :   </HEAD>
5 :   <BODY>
6 :     <APPLET CODE=GameJava2_12.class WIDTH=400 HEIGHT=300>
7 :     </APPLET>
8 :   </BODY>
9 : </HTML>
```

결과

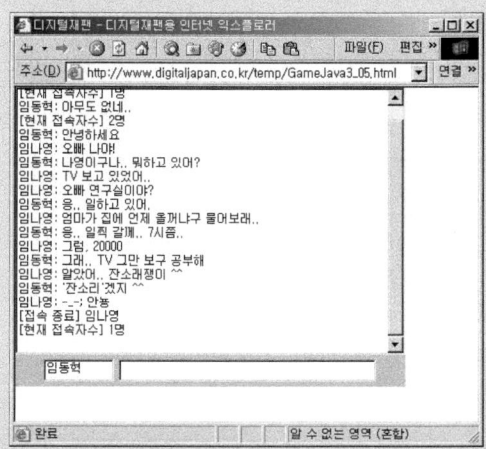

서버 측 화면입니다. 채팅 서버의 상태와 접속하는 소켓의 정보를 화면에 출력합니다. 테스트를 위해서 클라이언트들과 주고받는 모든 메시지를 출력하도록 했습니다.

클라이언트 측 화면입니다. 채팅 클라이언트 애플릿의 텍스트 에어리어에 다른 클라이언트가 보낸 메시지가 출력되는 것을 알 수 있습니다.

MEMO

What's up java

13 네모네모로직 게임

13.1 • 스윙의 이해
13.2 • 스윙 컴포넌트
13.3 • 스윙 레이아웃
13.4 • 스윙 메뉴 만들기
13.5 • 애플릿 마이그레이션
13.6 • 네모네모로직 게임 만들기

Chapter 13 네모네모로직 게임

Preview

우리는 지금까지 자바의 기본 문법과 애플릿 프로그래밍을 하는데 필요한 여러 가지 기능들에 대해서 배웠습니다. 지금까지 배운 모든 내용을 잘 이해한다면 노련한 자바 전문가가 되기에는 부족함이 있을지 몰라도 성공적으로 자바에 입문했다고 할 수 있겠습니다. 이번 장에서는 애플릿이 아닌 애플리케이션을 만들어 보겠습니다. 인터넷 상에서 작동하는 애플릿 게임을 만드는 것은 앞에서 충분히 연습했으므로, 이번에는 실제로 사용할만한 완성도가 있는 애플리케이션 게임을 만듭니다. 애플릿과 애플리케이션은 각각의 쓰임새가 있으므로, 두 가지 형태의 프로그램을 모두 개발할 수 있는 능력을 갖추어야 합니다.

우리가 이번에 만드는 게임은 네모네모로직 게임입니다. 네모네모로직은 로직퍼즐, 노노그램, 오에카키로직, 일러스트로직, 로직챔프, 피크로스 등 다양한 이름으로 불리우는 만큼 그 기원에 대해서도 여러 가지 이견이 있습니다만, 가장 대표적인 것은 1988년에 일본의 니시오 데츠야라는 분이 만들었다는 것입니다. 가로축과 세로축의 숫자를 복합적으로 보며 숨은 그림을 찾는 네모로직은 발표 후 폭발적인 인기를 끌어 1992년에는 일본로직협회가 생겼고, 그 이후에 한국에서도 여러 출판사에서 관련된 서적을 출판하기 시작했습니다. 현재는 20여권의 단행본이 출판되었고, 신문, 잡지, 학습지 등에 연재되고 있으며, 매달 발행되는 네모네모로직 전문지까지 나와 있는 상황입니다. 인터넷상에서는 1999년에 디지털재팬에서 자바 애플릿 게임으로 서비스한 것을 시작으로, 한게임, 넷마블 등과 같은 인터넷 게임 사이트에서 서비스를 하고 있고, 심지어는 로직헌터닷컴이라는 네모네모로직 전문사이트까지 태어났습니다.

▲ 그림 13-1 1000여개의 네모네모로직이 자바 애플릿 게임으로 서비스되는 디지털재팬

우리가 만드는 네모네모로직 게임은 종이 위에 그려진 퍼즐을 연필과 지우개를 사용해서 풀던 것을 자바 애플리케이션으로 옮겨 마우스로 풀 수 있도록 만든 것입니다. 혼자서 연필로 색칠하고 틀린 부분을 지우개로 지우며 풀던 퍼즐 게임을 마우스로 클릭하면서 풀 수 있다는 것은 대단히 매력적인 일입니다. 우리가 여기서 만드는 네모네모로직 게임은 철저하게 종이와 연필로 푸는 아날로그 네모네모로직 만을 보고 만들겠습니다. 즉, 종이에 연필로 색을 칠하고 지우개로 지우면서 완성하는 네모네모로직을 가능한 한 원형 그대로 컴퓨터 화면에 옮기는데 중점을 두고 프로그래밍 하겠습니다.

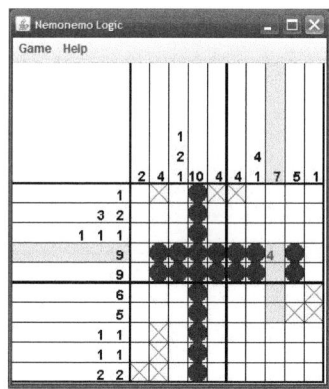

8장에서 우리는 AWT에 대해서 배웠습니다. 이 장에서는 AWT와 대조되는 또 다른 그래픽 라이브러리인 스윙(Swing)에 대해 배웁니다. 또한 스윙 컴포넌트를 배치하는 스윙 레이아웃에 대해서도 배우고, 프로그램에 메뉴를 추가하는 방법에 대해서도 배울 것입니다. 네모네모로직 게임제작에 있어서는, 실제로 게임을 기획하고 설계하여 코딩하는 과정을 스텝 바이 스텝으로 따라해 볼 것입니다. 이런 식으로 기존의 놀이를 컴퓨터 게임으로 바꾸는 작업을 순서대로 따라가면서 답습하게 되면, 자바 프로그래밍 실력을 늘릴 수 있는 것은 물론이고, 현실 세계의 일이나 업무를 컴퓨터 프로그램화하는 능력도 키울 수 있습니다. 무엇보다도 컴퓨터 프로그램화하려는 대상을 철저하게 분석하고, 그래픽 유저 인터페이스(GUI)와 데이터구조를 구성하고 객체지향개념에 맞춰 각 클래스를 설계하고 실제로 프로그램을 코딩하는 종합적인 능력을 기르는데 도움이 됩니다. 따라서 여기에서 배우는 내용을 잘 습득하면, 아직 컴퓨터 프로그램화되지 않은 다양한 놀이나 업무 등을 프로그램으로 구현할 수 있을 것입니다.

13.1 스윙의 이해

8장에서는 자바 AWT 라이브러리를 사용해서 그래픽 유저 인터페이스(Graphic User Interface, GUI)를 구현하였습니다. AWT는 Abstract Window Toolkit의 약자로 '추상 윈도우 개발도구'라는 이름처럼 운영체제에 따라 각기 다른 겉모습을 제공하는 추상적인 윈도우 라이브러리입니다. AWT는 자바의 가장 기본이 되는 GUI 라이브러리로 안정적이고 편리하지만 운영체제의 자원을 이용하여 컴포넌트 등의 외형을 구현한다는 특징이 있습니다. 따라서 AWT를 이용하여 프로그래밍을 하면, 나중에 실행되는 운영체제의 GUI 환경에 따라 적절한 형태로 나타나기 때문에 프로그래머가 실행될 때의 모습이나 사용자가 어떻게 느낄지를 고려할 필요 없이 프로그래밍 할 수 있습니다. 예를 들어, AWT로 버튼을 출력하는 프로그램은 아래 [그림 13-2]처럼 맥킨토시에서 실행될 때는 맥킨토시 스타일의 버튼으로 보여지고, 윈도우즈에서 실행될 때는 윈도우즈 스타일의 버튼으로 나타납니다.

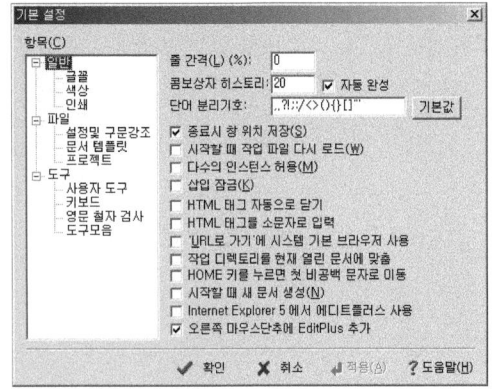

윈도우즈의 GUI   매킨토시의 GUI

▲ 그림 13-2 윈도우즈와 맥킨토시의 GUI

자바 1.0에서는 AWT만을 제공하였고, 자바의 개발자들도 AWT와 같은 추상적인 윈도우 개발도구를 사용하는 것이 자바 프로그래머들에게 이득이 된다고 생각하였습니다. 그런데, 일부 자바 프로그래머들은 자신이 만든 프로그램이 어떠한 운영체제에서든 같은 모습으로 나타나도록 하고 싶어 했습니다. 게다가 AWT는 운영체제와 상관없이 사용할 수 있도록 하기 위해서 기능이 복잡하거나 특정한 운영체제에서만 제공되는 컴포넌트들은 사용할 수 없었는데, 일부 자바 프로그래머들은 테이블, 트리와 같은 좀 더 복잡하고 특정 운영체제에서만 제공되는 컴포넌트들도 사용하고 싶어 했습니다. 이에 따라 자바 1.1부터는 AWT와 더불어 스윙(Swing)을 지원하게 되었습니다.

▲ 그림 13-3 스윙으로 구현된 자바 애플리케이션

스윙은 AWT의 단점을 보완하고 좀 더 화려하고 편리한 GUI를 개발할 수 있도록 지원해주는 개발도구입니다. 스윙은 JFC(Java Foundation Classes)라고도 하는데, 실제 프로그래밍 환경에서 필요한 다양한 컴포넌트들을 제공해주고 있습니다. 또한 스윙은 운영체제의 영향을 받지 않고 동일한 모양의 GUI

를 만들 수 있도록 도와줍니다. 자바 교재에 따라서는 AWT와 스윙 중 하나만을 선택해서 가르치고 있습니다. 그러나 AWT와 스윙은 각각 장단점이 있어서 가능한 두 가지 라이브러리를 모두 사용할 수 있는 것이 좋습니다.(이 책에서는 8장에서 애플릿 게임을 만들면서 AWT를 사용했고 13장에서 애플리케이션 게임을 만들면서 스윙을 사용합니다만, AWT와 스윙은 애플릿, 애플리케이션 상관없이 모두에서 사용가능한 그래픽 라이브러리입니다.)

스윙은 AWT와 마찬가지로 사용하기 쉬운 툴입니다만, 몇 가지 용어를 반드시 알고 넘어가야 합니다. 첫 번째는 '컴포넌트'입니다. 컴포넌트는 사용자 인터페이스를 구성하는 기본 요소입니다. 스윙에서 컴포넌트는 버튼, 체크박스, 레이블, 텍스트필드, 리스트, 팝업 메뉴와 같은 부속품의 총칭입니다. AWT와의 차이점은 AWT에서는 Button, Checkbox, Label, TextField, List, Menu와 같은 AWT 클래스를 사용하는 반면, 스윙에서는 JButton, JCheckBox, JLabel, JTextField, JList, JMenu와 같은 JFC를 사용한다는 점입니다. 스윙의 클래스들은 J로 시작된다는 점과 JCheckBox, JComboBox, JScrollBar처럼 Box, Bar 등에서 대문자로 구분한다는 점에 주의합시다. 또 스윙에는 JComponent라는 클래스가 있는데, 모든 컴포넌트들은 아래 [그림 13-4]에서 볼 수 있듯이 이 JComponent 클래스의 자손(서브클래스)입니다.

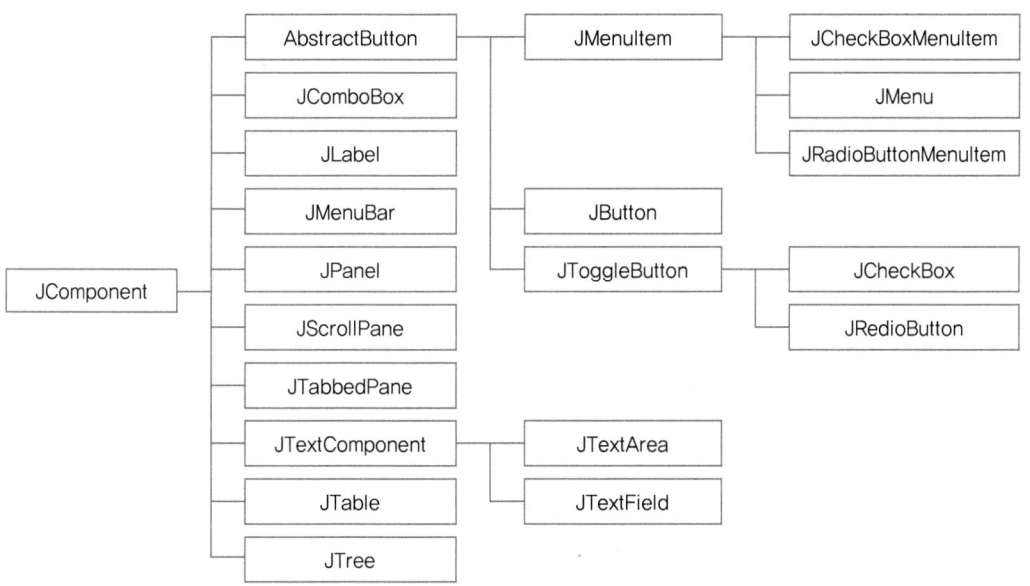

▲ 그림 13-4 컴포넌트의 상속관계

두 번째로 중요한 용어는 '컨테이너'입니다. 컨테이너는 컴포넌트들이 붙어있는 윈도우 같은 것들입니다. 자바에서 컨테이너로 불리는 것들로는 애플릿, 패널, 윈도우, 프레임, 다이얼로그 박스 등이 있습니다. 스윙에서는 컨테이너도 컴포넌트와 마찬가지로 JApplet, JPanel, JWindow, JFrame, JDialog처럼 J로 시작되는 이름의 클래스로 제공됩니다. 모든 컴포넌트는 독립적으로 공중에 떠 있을 수 없습니다. 반드시 컨테이너에 달라붙어 있어야 합니다. 스윙의 컨테이너들은 모두 AWT의 컨테이너의 자손(서브클래스)입니다.

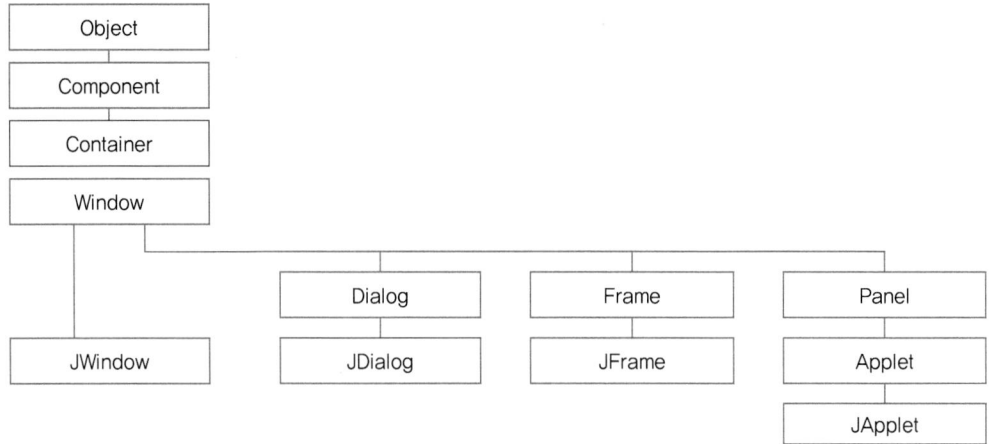

▲ 그림 13-5 컨테이너의 상속관계

세 번째는 '레이아웃'입니다. 컨테이너에 컴포넌트를 붙일 때, 어떤 식으로 배치하는가가 중요한데, 이것을 '레이아웃'이라고 합니다. 자바에서 레이아웃이 중요한 이유는 프로그램이 나중에 실행되는 환경을 미리 알 수 없기 때문입니다. 예를 들어 프로그래머는 윈도우즈 환경을 염두에 두고 만들었는데, 나중에 실행시키는 환경은 리눅스일 수도 있습니다. 그런 경우에 원래 프로그래머가 생각했던 것과는 전혀 다른 모양이 될 수도 있고, 심한 경우엔 일부 컴포넌트가 화면에서 잘려나갈 수도 있습니다. 이러한 점을 방지해주기 위해 레이아웃을 관리해주는 레이아웃 매니저가 있습니다. 레이아웃 매니저에 우리가 원하는 레이아웃 형태를 지정해주면, 레이아웃 매니저는 실행되는 자바 프로그램을 최대한 지정된 레이아웃에 가깝도록 보여줍니다.(스윙의 레이아웃 매니저는 AWT와 동일한 것도 있고, 추가된 것도 있습니다. 이 장에서는 8장과 같은 레이아웃 매니저라도 스윙 컴포넌트들을 사용해서 다시 구현합니다.)

마지막으로 중요한 용어는 '이벤트'입니다. AWT와 마찬가지로 스윙을 사용하는 프로그램에서는 어떤 순서로 프로그램이 실행될지 미리 예측할 수 없습니다. 예를 들어 화면에 2개의 버튼을 출력하는 프로그램의 경우, 어느 버튼을 사용자가 누를지 미리 알 수는 없습니다. 이렇게 사용자로부터 입력이 일어나는 것을 이벤트라고 합니다. 따라서 스윙을 사용하는 프로그램에서는 프로그램의 실행과정 순으로 프로그래밍하지 않고, 발생 가능한 이벤트에 따른 처리할 내용을 나열하는 식으로 프로그래밍합니다.

자바에서는 항상 컴포넌트를 컨테이너에 붙여서 보이기 때문에, 모든 컴포넌트는 다음의 순서대로 사용됩니다.

▼ 컴포넌트를 만드는 순서

① 컴포넌트를 생성 (예) `JButton myJButton= new JButton("내 버튼");`
② 컨테이너에 부착 (예) `add(myJButton);`
③ 이벤트 처리 루틴 제작 및 이벤트 리스너 연결 (예) `myJButton.addActionListener();`

스윙과 관련된 컴포넌트들은 javax.swing 패키지에 들어있기 때문에, 사용하려면 javax.swing 패키지를 import해야 합니다.(AWT의 경우에는 java.awt 패키지를 import해야 했습니다.) 또한 스윙 컴포넌트에서 발생하는 이벤트를 처리하는 경우에는 javax.swing.event 패키지를 import해야 합니다.(AWT의 경우에는 java.awt.event 패키지를 import 해야 했습니다.) 다음의 [표 13-1]은 스윙을 사용할 때 자주 import 되는 스윙 패키지들입니다.

스윙 패키지	설명
javax.swing	대부분의 스윙 컴포넌트들이 포함된 가장 기본적인 스윙 패키지
javax.swing.event	스윙 컴포넌트에서 발생하는 이벤트 처리를 위한 스윙 패키지
javax.swing.border	다양한 테두리선을 제공하는 스윙 패키지
javax.colorchooser	JColorChooser 컴포넌트의 색을 선택하기 위한 패키지
javax.swing.filechooser	JFileChooser 컴포넌트의 파일을 선택하기 위한 스윙 패키지
javax.swing.table	JTable 컴포넌트를 제공하는 스윙 패키지
javax.swing.tree	JTree 컴포넌트를 제공하는 스윙 패키지

▲ 표 13-1 자주 사용하는 스윙 패키지들

다음의 [표 13-2]는 자바의 스윙에서 제공하는 컴포넌트들과 컨테이너들입니다. 먼저 각 컴포넌트에 대해 알아본 후, 컨테이너에 부착하여 사용하는 방법에 대해 배워보겠습니다.

스윙 컴포넌트	설명
ButtonGroup	버튼을 그룹화하기 위한 스윙 클래스
ImageIcon	이미지 아이콘의 스윙 클래스
JApplet	AWT의 Applet에 대응하는 스윙 클래스
JButton	버튼의 스윙 클래스
JCheckBox	체크박스의 스윙 클래스
JCheckBoxMenuItem	체크박스 형태의 메뉴 아이템의 스윙 클래스
JColorChooser	컬러 선택 다이얼로그의 스윙 클래스
JComboBox	콤보박스의 스윙 클래스
JComponent	모든 스윙 컴포넌트의 슈퍼클래스
JDialog	AWT의 Dialog에 대응하는 스윙 클래스
JFrame	AWT의 Frame에 대응하는 스윙 클래스
JLabel	레이블의 스윙 클래스
JList	리스트의 스윙 클래스
JMenu	메뉴의 스윙 클래스
JMenuBar	메뉴를 달기 위한 메뉴바의 스윙 클래스
JMenuItem	메뉴 아이템의 스윙 클래스
JPanel	패널의 스윙 클래스
JPasswordField	패스워드를 입력받기 위한 텍스트필드의 스윙 클래스
JPopupMenu	팝업 메뉴의 스윙 클래스
JProgressBar	진행 상태를 보여주는 바의 스윙 클래스
JRadioButton	라디오버튼의 스윙 클래스

JRadioButtonMenuItem	라디오버튼 형태의 메뉴 아이템의 스윙 클래스
JScrollBar	스크롤바의 스윙 클래스
JScrollPane	스크롤되는 화면을 만들어 주는 스윙 클래스
JSeperator	분리자의 스윙 클래스
JSlider	슬라이더의 스윙 클래스
JTabbedPane	탭폴더 형태로 보여주는 윈도우의 스윙 클래스
JTable	테이블의 스윙 클래스
JTableHeader	테이블 헤더의 스윙 클래스
JTextArea	텍스트 에어리어의 스윙 클래스
JTextComponent	텍스트 관련 클래스의 슈퍼클래스
JTextField	텍스트필드의 스윙 클래스
JToggleButton	토글 버튼의 스윙 클래스
JToolBar	툴바의 스윙 클래스
JToolTip	풍선 도움말의 스윙 클래스
JTree	트리의 스윙 클래스
JWindow	AWT의 Window에 대응하는 스윙 클래스

▲ 표 13-2 스윙의 주요 컴포넌트 클래스와 컨테이너 클래스

■ 이클립스에서 스윙 프로그램 실행 방법

① 먼저 [File]-[New]-[Project...] 메뉴를 선택하여 마법사를 실행시킵니다.

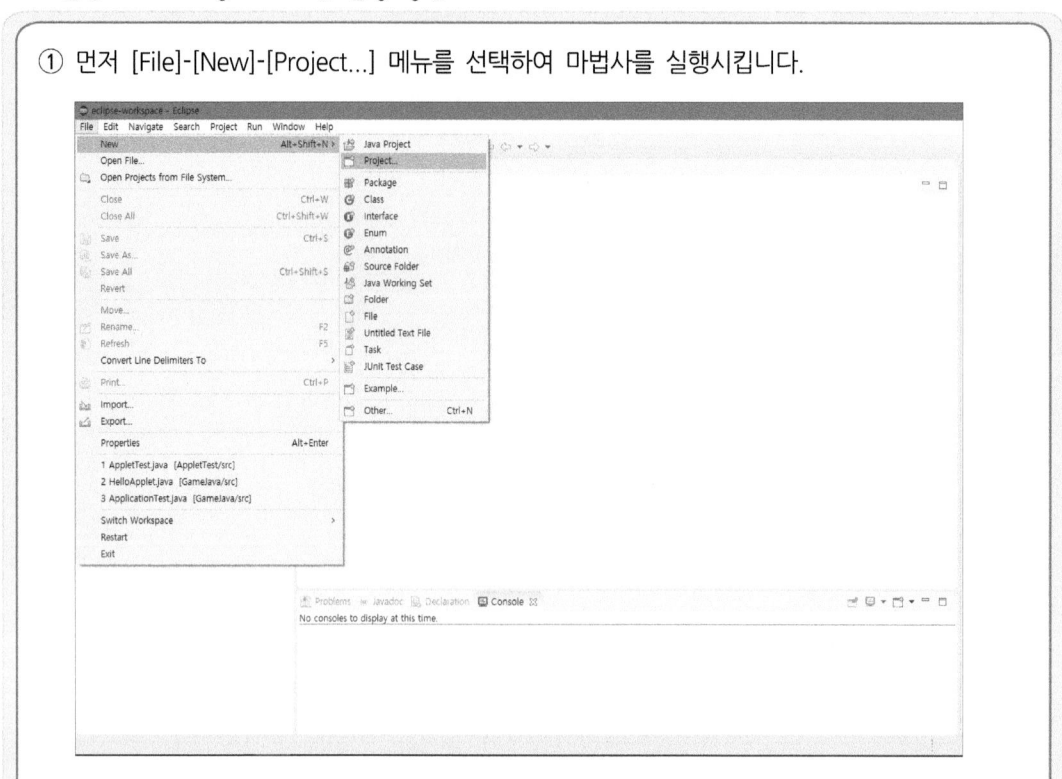

② 마법사의 선택 대화상자에서 Java 밑의 Java Project를 선택하고 [Next] 버튼을 누르면 새 프로젝트를 만드는 대화상자가 나타납니다.

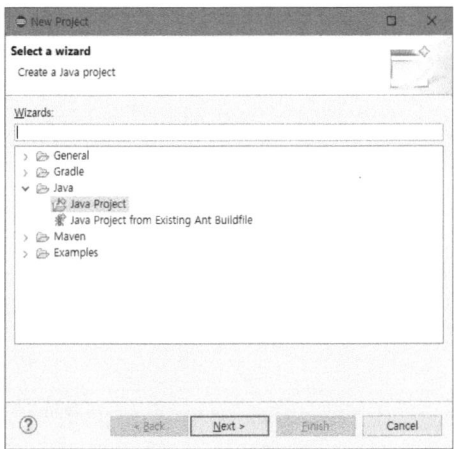

③ Project name에 "JAppletTest"라고 입력하고, [Finish] 버튼을 눌러 빈 프로젝트를 생성합니다. 사용 중인 이클립스의 버전에 따라 자바 프로젝트를 Java 퍼스펙티브를 연결하겠냐고 물어볼 수 있는데, [Yes] 버튼을 눌러 이동합니다. 퍼스펙티브(Perspective)란 화면에 나타나는 여러 창과 뷰의 모음을 미리 정해놓은 것으로 사용자가 직접 만들 수도 있지만, 일반적으로 자바 프로그래머들이 사용하는 모음으로 정해둔 것이 Java 퍼스펙티브입니다. 특별히 바꿀 필요가 없다면 [Yes]를 클릭하여 기존의 Java 퍼스펙티브를 그냥 사용하면 됩니다.

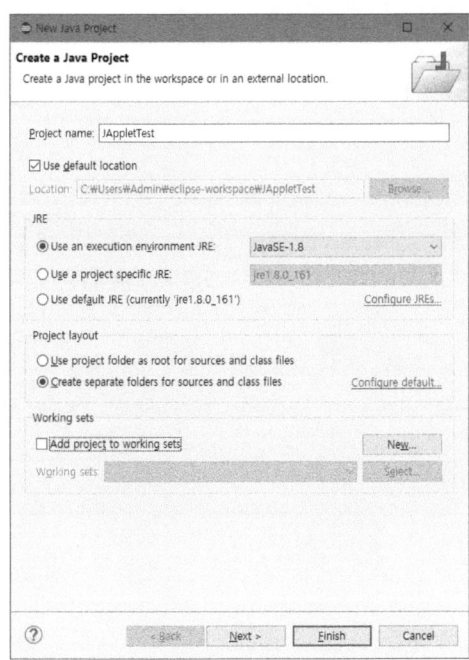

④ [File]-[New]-[Class] 메뉴를 선택하고 Name란에 "JAppletTest"를 입력하고, Superclass 항목에 javax.swing.JApplet을 지정합니다. 메서드 스터프 선택(Which method stubs would you like to create?)에서 main( )은 제외한 후, [Finish] 버튼을 누르면 클래스가 생성됩니다.

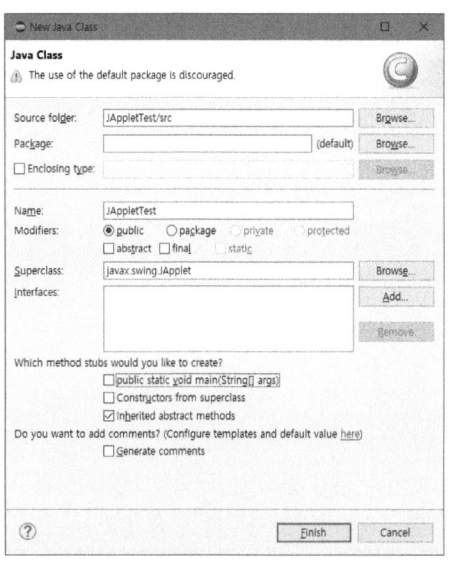

⑤ 중앙의 에디터에 JAppletTest.java의 기본 뼈대가 되는 소스 코드가 나타나는데, 이 코드를 원하는 대로 고쳐서 프로그램을 완성시킵니다. 다음의 JAppletTest.java 소스를 입력해 봅시다.

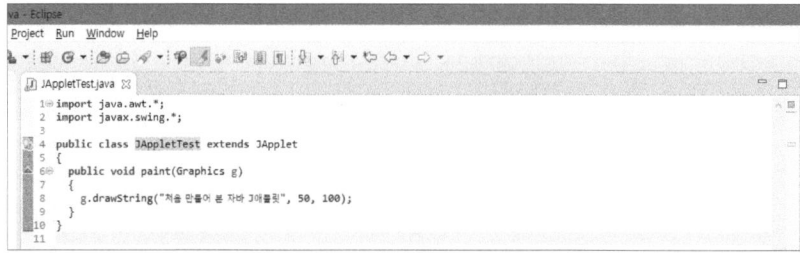

JAppletTest.java

예제

```
 1 : import java.awt.*;
 2 : import javax.swing.*;
 3 :
 4 : public class JAppletTest extends JApplet
 5 : {
 6 :    public void paint(Graphics g)
 7 :    {
 8 :       g.drawString("처음 만들어 본 자바 J애플릿", 50, 100);
 9 :    }
10 : }
```

⑥ [File]-[Save] 메뉴를 선택하면 작성한 프로그램이 저장되면서 자동으로 컴파일됩니다. 이클립스의 디폴트 옵션이 '저장시 컴파일'이기 때문에 저장만 하면 컴파일됩니다. 소스에 오타가 있는 경우에는, 아래쪽에 Problems 창에 에러가 발생한 곳과 에러 원인이 출력됩니다. 이 경우에는 수정 후 다시 저장하면 됩니다. 에러가 없는 경우에는 Problems 창에 '0 items'가 나타납니다. [Run]-[Run] 메뉴를 선택하면 실행결과를 볼 수 있습니다. 원칙적으로 HTML 파일을 작성하는 것이 맞지만, 간단한 실행은 HTML 파일이 필요 없이 실행이 가능합니다.

13.2 스윙 컴포넌트

1 JLabel

JLabel은 스윙에서 가장 간단한 컴포넌트로, 다음의 [그림 13-6]처럼 어떤 위치에 고정되어있는 문자열을 표시하고 싶을 때 주로 사용되는 컴포넌트입니다.

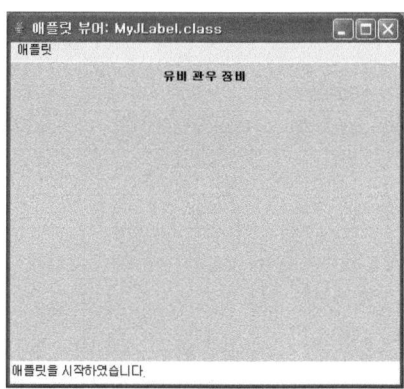

▲ 그림 13-6 JLabel 컴포넌트

JLabel을 생성하는 일반적인 방법은 다음과 같습니다만,

```
JLabel myJLabel= new JLabel("Java");
   ↑         ↑         ↑       ↑
  클래스      변수      생성자    인수
```

다음의 [표 13-3]처럼 생성자에 전달하는 인수에 따라 다른 형태의 JLabel을 만들 수도 있습니다.

생성자	설명
JLabel( )	아무 문자열도 없는 빈 JLabel
JLabel(Icon image)	image를 아이콘으로 사용하는 JLabel
JLabel(Icon image, int horizontalAlignment)	image를 아이콘으로 사용하고, horizontalAlignment 정렬방식대로 표시한 JLabel
JLabel(String str)	문자열 str을 표시하는 JLabel
JLabel(String str, Icon icon, int horizontalAlignment)	문자열 str과 icon을 사용하고, horizontalAlignment의 값에 따라 정렬하는 JLabel
JLabel(String str, int horizontalAlignment)	문자열 str을 horizontalAlignment 정렬방식대로 표시한 JLabel

▲ 표 13-3 JLabel 클래스의 생성자들

위의 표와 다음의 표에서 정렬방식인 horizontalAlignment로 쓸 수 있는 상수는 JLabel.LEFT, JLabel.CENTER, JLabel.RIGHT의 세 가지로 각각 왼쪽, 가운데, 오른쪽 정렬을 의미합니다. 다음의 [표 13-4]는 JLabel 클래스 내의 대표적인 메서드들을 정리한 것입니다.

메서드	설명
Icon getIcon( )	JLabel이 표시하고 있는 아이콘을 반환
int getHorizontalAlignment( )	JLabel의 정렬방식 반환
String getText( )	JLabel이 표시하고 있는 문자열을 반환
void setIcon(Icon icon)	JLabel에 표시할 아이콘을 지정
void setText(String str)	JLabel에 문자열을 지정
void setHorizontalAlignment(int alignment)	JLabel의 정렬방식을 지정

▲ 표 13-4 JLabel 클래스의 대표적인 메서드들

JLabel은 사용자의 입력이 발생해도 할 일이 없기 때문에 이벤트를 발생시키지 않습니다. 다음은 레이블을 생성하여 컨테이너인 JApplet에 붙이는 예제입니다. 6행의 myJLabel1, myJLabel2, myJLabel3은 모두 출력할 문자열, 정렬방식을 지정한 예입니다만, 모두 다른 방식으로 했습니다. 문자열과 정렬방식을 모두 지정해야 할 경우에는 보통 22행의 myJLabel3처럼 간단히 합니다. AWT에서 Applet에 컴포넌트를 추가할 때는 바로 add( ) 메서드를 사용했습니다만, 스윙에서는 10행처럼 JApplet 클래스의 getContentPane( ) 메서드를 호출하여 추가할 JApplet의 패널을 얻은 후, 16행처럼 그 패널의 add( ) 메서드를 이용하여 추가해야 합니다.

MyJLabel.java

```java
 1 : import java.awt.*;
 2 : import javax.swing.*;
 3 :
 4 : public class MyJLabel extends JApplet
 5 : {
 6 :    JLabel myJLabel1, myJLabel2, myJLabel3;
 7 :
 8 :    public void init()
 9 :    {
10 :       Container c= this.getContentPane();
11 :       c.setLayout(new FlowLayout());
12 :
13 :       myJLabel1= new JLabel();
14 :       myJLabel1.setText("유비");
15 :       myJLabel1.setHorizontalAlignment(JLabel.LEFT);    // 왼쪽 정렬
16 :       c.add(myJLabel1);
17 :
18 :       myJLabel2= new JLabel("관우");
19 :       myJLabel2.setHorizontalAlignment(JLabel.CENTER); // 가운데 정렬
20 :       c.add(myJLabel2);
21 :
22 :       myJLabel3= new JLabel("장비", JLabel.RIGHT);      // 오른쪽 정렬
23 :       c.add(myJLabel3);
24 :    }
25 : }
```

MyJLabel.html

```html
1 : <HTML>
2 :    <HEAD>
3 :       <TITLE>MyJLabel</TITLE>
4 :    </HEAD>
5 :    <BODY>
6 :       <APPLET CODE=MyJLabel.class WIDTH=400 HEIGHT=300>
7 :       </APPLET>
8 :    </BODY>
9 : </HTML>
```

결과

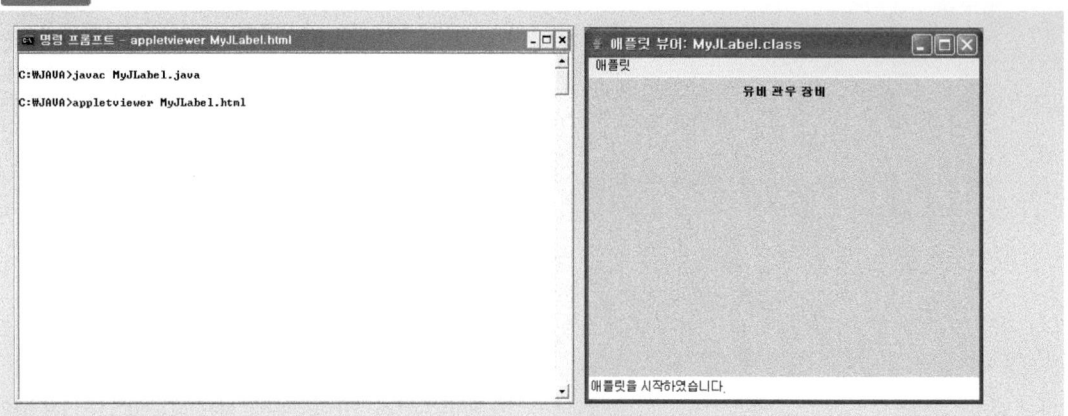

▼ JApplet에 스윙 컴포넌트를 추가하는 방법

① JApplet의 getContentPane() 메서드를 호출 (예) `Container c= this.getContentPane();`
② 패널의 레이아웃 매니저를 설정 (예) `c.setLayout(new FlowLayout());`
③ 스윙 컴포넌트를 생성 (예) `myJButton= new JButton();`
④ 패널에 스윙 컴포넌트를 추가 (예) `c.add(myJButton);`

2 JButton과 JToggleButton

❶ JButton

JButton은 GUI 환경에서 가장 많이 사용되는 컴포넌트로, 다음의 [그림 13-7]처럼 평소에는 튀어나온 형태이고 마우스로 선택하면 눌러지는 컴포넌트입니다.

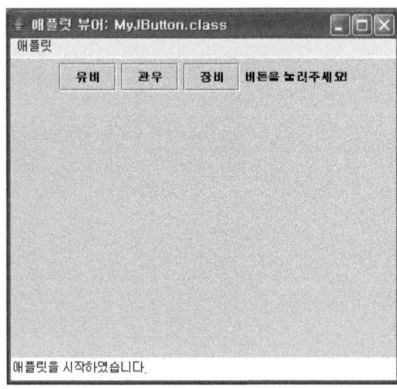

▲ 그림 13-7 JButton 컴포넌트

JButton을 생성하는 일반적인 사용법은 다음과 같습니다.

```
JButton myJButton= new JButton("Java");
         ↑              ↑            ↑       ↑
       클래스          변수        생성자    인수
```

다음의 [표 13-5]는 JButton 클래스의 생성자로, 전달하는 인수에 따라 다른 형태의 버튼을 만들 수도 있습니다.

생성자	설명
JButton( )	아무 레이블도 없는 JButton
JButton(Icon icon)	아이콘을 가진 JButton
JButton(String str)	문자열 str을 레이블로 표시하는 JButton
JButton(String str, Icon icon)	문자열 str와 아이콘을 표시하는 JButton

▲ 표 13-5 JButton 클래스의 생성자들

다음의 [표 13-6]은 JButton 클래스 내의 대표적인 메서드들을 정리한 것입니다.

메서드	설명
Icon getDisabledIcon( )	JButton이 비활성화되었을 때 사용되는 아이콘을 반환
Icon getIcon( )	JButton이 표시하고 있는 아이콘을 반환
Icon getPressedIcon( )	JButton이 눌렸을 때 사용되는 아이콘을 반환
Icon getSelectedIcon( )	JButton이 선택되었을 때 사용되는 아이콘을 반환
String getText( )	JButton이 표시하고 있는 문자열을 반환
void setDisabledIcon(Icon icon)	JButton이 비활성화되었을 때 사용되는 아이콘을 지정
void setIcon(Icon icon)	JButton에 표시할 아이콘을 지정
void setPressedIcon(Icon icon)	JButton이 눌렸을 때 사용되는 아이콘을 지정
void setSelectedIcon(Icon icon)	JButton이 선택되었을 때 사용되는 아이콘을 지정
void setText(String str)	JButton에 문자열을 지정

▲ 표 13-6 JButton 클래스의 대표적인 메서드들

JButton은 사용자의 입력이 있을 때마다 ActionEvent를 발생시킵니다. 따라서 이벤트 처리를 하는 루틴을 만들려면 actionPerform( ) 메서드를 정의해야 합니다.

이벤트	인터페이스	관련된 메서드	설명
ActionEvent	ActionListener	actionPerformed( )	버튼을 누를 때 발생

▲ 표 13-7 JButton이 발생시키는 이벤트

위의 [표 13-7]은 JButton이 발생시키는 이벤트를 정리한 것이고, 다음의 예제는 JButton을 생성하여 컨테이너인 JApplet에 붙이고 이벤트 처리를 하는 루틴을 만들어 붙인 것입니다. 16행의 myButton1처럼 버튼을 일단 생성한 후에 레이블(버튼 위에 출력될 문자열)을 정할 수도 있고, 21행의

myButton2와 25행의 myButton3처럼 버튼을 생성할 때 레이블을 함께 지정할 수도 있습니다. 일반적으로는 myButton2와 myButton3처럼 합니다.

MyJButton.java

```java
1 : import java.awt.*;
2 : import java.awt.event.*;
3 : import javax.swing.*;
4 :
5 : public class MyJButton extends JApplet
6 :     implements ActionListener
7 : {
8 :     JLabel myJLabel;
9 :     JButton myJButton1, myJButton2, myJButton3;
10 :
11 :    public void init()
12 :    {
13 :        Container c= this.getContentPane();
14 :        c.setLayout(new FlowLayout());
15 :
16 :        myJButton1= new JButton();
17 :        myJButton1.setText("유비");
18 :        myJButton1.addActionListener(this);
19 :        c.add(myJButton1);
20 :
21 :        myJButton2= new JButton("관우");
22 :        myJButton2.addActionListener(this);
23 :        c.add(myJButton2);
24 :
25 :        myJButton3= new JButton("장비");
26 :        myJButton3.addActionListener(this);
27 :        c.add(myJButton3);
28 :
29 :        myJLabel= new JLabel();
30 :        myJLabel.setText("버튼을 눌러주세요!");
31 :        myJLabel.setHorizontalAlignment(JLabel.CENTER);
32 :        c.add(myJLabel);
33 :    }
34 :
35 :    public void actionPerformed(ActionEvent e)
36 :    {
```

```
37 :        if(e.getSource()==myJButton1){    // 어느 버튼을 눌렀는지 getSource() 메서드로 조사
38 :          myJLabel.setText("유비를 선택했습니다.");
39 :        }else if(e.getSource()==myJButton2){
40 :          myJLabel.setText("관우를 선택했습니다.");
41 :        }else if(e.getSource()==myJButton3){
42 :          myJLabel.setText("장비를 선택했습니다.");
43 :        }
44 :      }
45 : }
```

예제   **MyJButton.html**

```
1 : <HTML>
2 :   <HEAD>
3 :     <TITLE>MyJButton</TITLE>
4 :   </HEAD>
5 :   <BODY>
6 :     <APPLET CODE=MyJButton.class WIDTH=400 HEIGHT=300>
7 :     </APPLET>
8 :   </BODY>
9 : </HTML>
```

결과

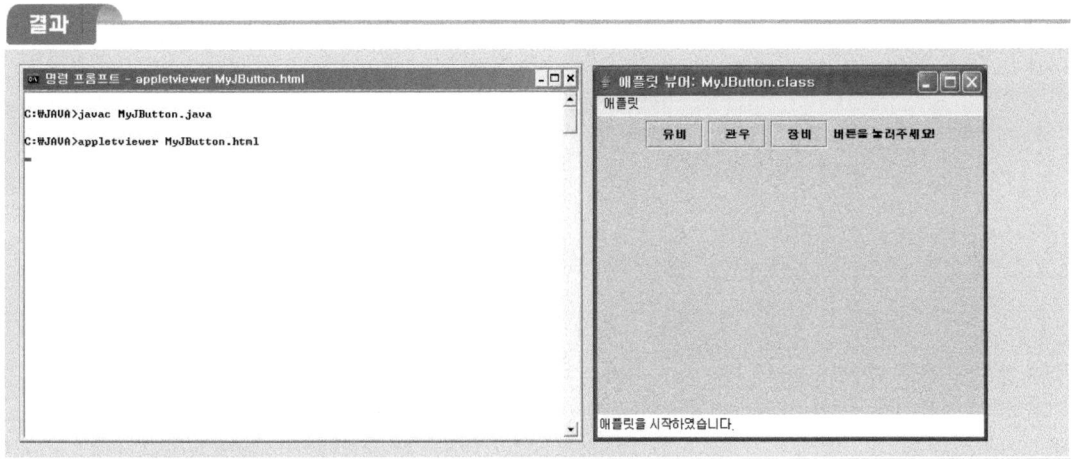

❷ JToggleButton

JToggleButton은 다음의 [그림 13-8]처럼 마우스로 선택하면 눌러지고 다시 선택하면 튀어나오는 컴포넌트입니다. 마우스로 선택할 때마다 상태가 변화(토글)한다는 점이 JButton과 다른 점입니다.

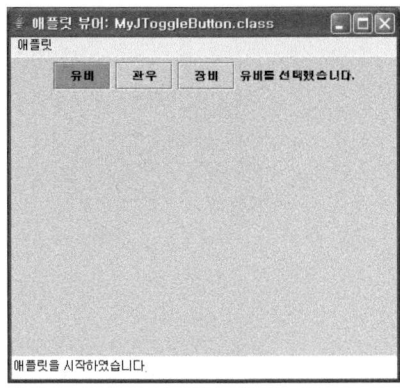

▲ 그림 13-8 JToggleButton 컴포넌트

JToggleButton을 생성하는 일반적인 사용법은 다음과 같습니다.

다음의 [표 13-8]은 JToggleButton 클래스의 생성자로, 전달하는 인수에 따라 다른 형태의 버튼을 만들 수도 있습니다.

생성자	설명
JToggleButton( )	아무 레이블도 없는 JToggleButton
JToggleButton(Icon icon)	아이콘을 가진 JToggleButton
JToggleButton(String str)	문자열 str을 레이블로 표시하는 JToggleButton
JToggleButton(String str, Icon icon)	문자열 str와 아이콘을 표시하는 JToggleButton

▲ 표 13-8 JToggleButton 클래스의 생성자들

다음의 [표 13-9]는 JToggleButton 클래스 내의 대표적인 메서드들을 정리한 것입니다.

메서드	설명
Icon getDisabledIcon( )	JToggleButton이 비활성화되었을 때 사용되는 아이콘을 반환
Icon getIcon( )	JToggleButton이 표시하고 있는 아이콘을 반환
Icon getPressedIcon( )	JToggleButton이 눌렸을 때 사용되는 아이콘을 반환
Icon getSelectedIcon( )	JToggleButton이 선택되었을 때 사용되는 아이콘을 반환
String getText( )	JToggleButton이 표시하고 있는 문자열을 반환
void setDisabledIcon(Icon icon)	JToggleButton이 비활성화되었을 때 사용되는 아이콘을 지정
void setIcon(Icon icon)	JToggleButton에 표시할 아이콘을 지정
void setPressedIcon(Icon icon)	JToggleButton이 눌렸을 때 사용되는 아이콘을 지정

void setSelectedIcon(Icon icon)	JToggleButton이 선택되었을 때 사용되는 아이콘을 지정
void setText(String str)	JToggleButton에 문자열을 지정

▲ 표 13-9 JToggleButton 클래스의 대표적인 메서드들

JToggleButton은 사용자의 입력이 있을 때마다 ActionEvent를 발생시킵니다. 따라서 이벤트 처리를 하는 루틴을 만들려면 actionPerform( ) 메서드를 정의해야 합니다.

이벤트	인터페이스	관련된 메서드	설명
ActionEvent	ActionListener	actionPerformed( )	버튼을 누를 때 발생

▲ 표 13-10 JToggleButton이 발생시키는 이벤트

위의 [표 13-10]은 JToggleButton이 발생시키는 이벤트를 정리한 것이고, 다음의 예제는 JToggle Button을 생성하여 컨테이너인 JApplet에 붙이고 이벤트 처리를 하는 루틴을 만들어 붙인 것입니다. 16행의 myJToggleButton1처럼 버튼을 일단 생성한 후에 레이블(버튼 위에 출력될 문자열)을 정할 수도 있고, 21행의 myJToggleButton2와 25행의 myJToggleButton3처럼 버튼을 생성할 때 레이블을 함께 지정할 수도 있습니다. 일반적으로는 myJToggleButton2와 myJToggleButton3처럼 합니다.

MyJToggleButton.java

```
 1 : import java.awt.*;
 2 : import java.awt.event.*;
 3 : import javax.swing.*;
 4 :
 5 : public class MyJToggleButton extends JApplet
 6 :     implements ActionListener
 7 : {
 8 :     JLabel myJLabel;
 9 :     JToggleButton myJToggleButton1, myJToggleButton2, myJToggleButton3;
10 :
11 :     public void init( )
12 :     {
13 :         Container c= this.getContentPane( );
14 :         c.setLayout(new FlowLayout( ));
15 :
16 :         myJToggleButton1= new JToggleButton( );
17 :         myJToggleButton1.setText("유비");
18 :         myJToggleButton1.addActionListener(this);
19 :         c.add(myJToggleButton1);
20 :
21 :         myJToggleButton2= new JToggleButton("관우");
```

```
22 :        myJToggleButton2.addActionListener(this);
23 :        c.add(myJToggleButton2);
24 :
25 :        myJToggleButton3= new JToggleButton("장비");
26 :        myJToggleButton3.addActionListener(this);
27 :        c.add(myJToggleButton3);
28 :
29 :        myJLabel= new JLabel();
30 :        myJLabel.setText("버튼을 눌러주세요!");
31 :        myJLabel.setHorizontalAlignment(JLabel.CENTER);
32 :        c.add(myJLabel);
33 :    }
34 :
35 :    public void actionPerformed(ActionEvent e)
36 :    {
37 :        if(e.getSource()==myJToggleButton1){
            // 어느 버튼을 눌렀는지 getSource() 메서드로 조사
38 :            myJLabel.setText("유비를 선택했습니다.");
39 :        }else if(e.getSource()==myJToggleButton2){
40 :            myJLabel.setText("관우를 선택했습니다.");
41 :        }else if(e.getSource()==myJToggleButton3){
42 :            myJLabel.setText("장비를 선택했습니다.");
43 :        }
44 :    }
45 : }
```

예제 — MyJToggleButton.html

```
1 : <HTML>
2 :   <HEAD>
3 :     <TITLE>MyJToggleButton</TITLE>
4 :   </HEAD>
5 :   <BODY>
6 :     <APPLET CODE=MyJToggleButton.class WIDTH=400 HEIGHT=300>
7 :     </APPLET>
8 :   </BODY>
9 : </HTML>
```

결과

3 JCheckBox

JCheckBox는 어떤 항목을 선택할 지를 결정할 때 사용하는 컴포넌트로 하나 또는 여러 개의 선택항목을 보여줍니다. 다음의 [그림 13-9]는 일반적인 JCheckBox 컴포넌트입니다.

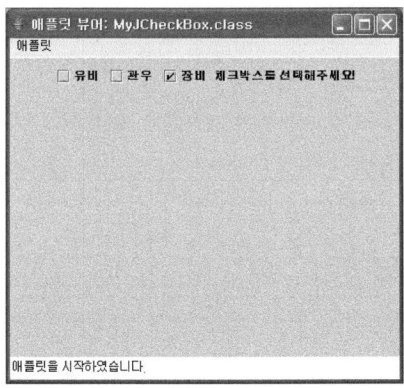

▲ 그림 13-9 JCheckBox 컴포넌트

JCheckBox를 생성하는 일반적인 사용법은 다음과 같습니다.

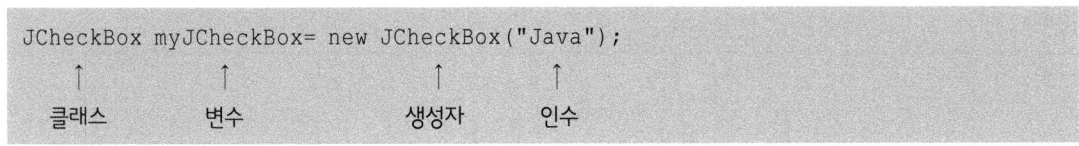

```
JCheckBox myJCheckBox= new JCheckBox("Java");
           ↑              ↑           ↑         ↑
          클래스          변수        생성자      인수
```

다음의 [표 13-11]은 JCheckBox 클래스의 생성자로, 전달하는 인수에 따라 다른 형태의 JCheckBox를 만들 수도 있습니다.

생성자	설명
JCheckBox( )	아무 레이블도 없는 없고 선택되지 않은 상태의 JCheckBox
JCheckBox(Icon icon)	아이콘을 사용하고, 선택되지 않은 상태의 JCheckBox
JCheckBox(Icon icon, boolean selected)	아이콘을 사용하고, selected가 true이면 선택된 상태, false이면 선택되지 않은 상태의 JCheckBox
JCheckBox(String str)	문자열 str을 레이블로 표시하는 JCheckBox
JCheckBox(String str, boolean selected)	문자열 str을 레이블로 표시하고, selected가 true이면 선택된 상태, false이면 선택되지 않은 상태의 JCheckBox
JCheckBox(String str, Icon icon)	문자열과 아이콘을 사용하고, 선택되지 않은 상태의 JCheckBox
JCheckBox(String str, Icon icon, boolean selected)	문자열과 아이콘을 사용하고, selected가 true이면 선택된 상태, false이면 선택되지 않은 상태의 JCheckBox

▲ 표 13-11 JCheckBox 클래스의 생성자들

다음의 [표 13-12]는 JCheckBox 클래스 내의 대표적인 메서드들을 정리한 것입니다.

메서드	설명
Icon getDisabledIcon( )	JCheckBox가 비활성화되었을 때 사용되는 아이콘을 반환
Icon getIcon( )	JCheckBox가 표시하고 있는 아이콘을 반환
Icon getPressedIcon( )	JCheckBox가 눌렸을 때 사용되는 아이콘을 반환
Icon getSelectedIcon( )	JCheckBox가 선택되었을 때 사용되는 아이콘을 반환
String getText( )	JCheckBox가 표시하고 있는 문자열을 반환
void setDisabledIcon(Icon icon)	JCheckBox가 비활성화되었을 때 사용되는 아이콘을 지정
void setIcon(Icon icon)	JCheckBox에 표시할 아이콘을 지정
void setPressedIcon(Icon icon)	JCheckBox가 눌렸을 때 사용되는 아이콘을 지정
void setSelectedIcon(Icon icon)	JCheckBox가 선택되었을 때 사용되는 아이콘을 지정
void setText(String str)	JCheckBox에 문자열을 지정

▲ 표 13-12 JCheckBox 클래스의 대표적인 메서드들

JCheckBox는 사용자의 입력이 있을 때마다 ItemEvent를 발생시킵니다. 따라서 이벤트 처리를 하는 루틴을 만들려면 itemStateChanged( ) 메서드를 정의해야 합니다.

이벤트	인터페이스	관련된 메서드	설명
ItemEvent	ItemListener	itemStateChanged( )	체크 상태를 바꿀 때 발생

▲ 표 13-13 체크박스가 발생시키는 이벤트

위의 [표 13-13]은 JCheckBox가 발생시키는 이벤트를 정리한 것이고, 다음의 예제는 JCheckBox를 생성하여 컨테이너인 JApplet에 붙이고 이벤트 처리를 하는 루틴을 만들어 붙인 것입니다. 16행의 myJCheck Box1처럼 먼저 JCheckBox를 생성한 후에 레이블을 정할 수도 있고 21행의 myJCheck Box2와 25행의 myJCheckBox3처럼 생성할 때 동시에 레이블을 지정할 수도 있습니다.

MyJCheckBox.java

```java
 1 : import java.awt.*;
 2 : import java.awt.event.*;
 3 : import javax.swing.*;
 4 :
 5 : public class MyJCheckBox extends JApplet
 6 :     implements ItemListener
 7 : {
 8 :     JLabel myJLabel;
 9 :     JCheckBox myJCheckBox1, myJCheckBox2, myJCheckBox3;
10 :
11 :     public void init()
12 :     {
13 :         Container c= this.getContentPane();
14 :         c.setLayout(new FlowLayout());
15 :
16 :         myJCheckBox1= new JCheckBox();
17 :         myJCheckBox1.setText("유비");
18 :         myJCheckBox1.addItemListener(this);
19 :         c.add(myJCheckBox1);
20 :
21 :         myJCheckBox2= new JCheckBox("관우");
22 :         myJCheckBox2.addItemListener(this);
23 :         c.add(myJCheckBox2);
24 :
25 :         myJCheckBox3= new JCheckBox("장비", true);
26 :         myJCheckBox3.addItemListener(this);
27 :         c.add(myJCheckBox3);
28 :
29 :         myJLabel= new JLabel();
30 :         myJLabel.setText("체크박스를 선택해주세요!");
31 :         myJLabel.setHorizontalAlignment(JLabel.CENTER);
32 :         c.add(myJLabel);
33 :     }
34 :
35 :     public void itemStateChanged(ItemEvent e)
36 :     {
37 :         if(e.getSource()==myJCheckBox1){
           // 어느 체크박스를 선택했는지 getSource() 메서드로 조사
```

```
38 :        myJLabel.setText("유비를 선택했습니다.");
39 :    }else if(e.getSource()==myJCheckBox2){
40 :        myJLabel.setText("관우를 선택했습니다.");
41 :    }else if(e.getSource()==myJCheckBox3){
42 :        myJLabel.setText("장비를 선택했습니다.");
43 :    }
44 :  }
45 : }
```

예제   MyJCheckBox.html

```
1 : <HTML>
2 :   <HEAD>
3 :     <TITLE>MyJCheckBox</TITLE>
4 :   </HEAD>
5 :   <BODY>
6 :     <APPLET CODE=MyJCheckBox.class WIDTH=400 HEIGHT=300>
7 :     </APPLET>
8 :   </BODY>
9 : </HTML>
```

결과

4 JRadioButton

JRadioButton은 라디오에 달려있는 방송 주파수 선택 버튼처럼 한 시점에서 하나의 항목만 선택할 수 있는 일종의 체크박스입니다. AWT에서는 체크박스의 일종으로 보고 있지만, 스윙에서는 라디오버튼으로 분류하고 있습니다. 다음의 [그림 13-10]은 JRadioButton 컴포넌트입니다.

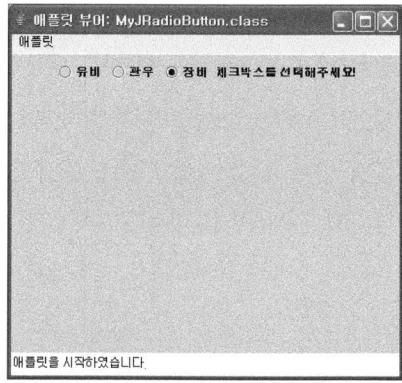

▲ 그림 13-10 JRadioButton 컴포넌트

JRadioButton를 생성하는 일반적인 사용법은 다음과 같습니다.

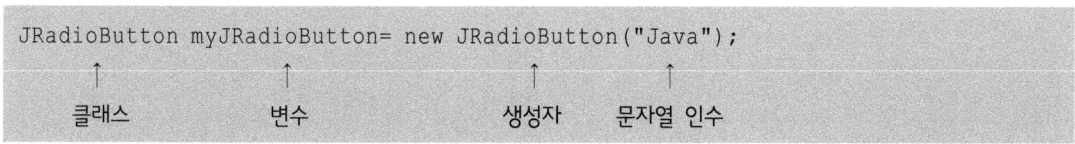

JRadioButton에서는 아래처럼 ButtonGroup을 생성한 후에 add( ) 메서드로 하나의 (논리적) 그룹으로 묶을 수 있습니다. 같은 그룹에 add( )된 JRadioButton들은 오로지 한 JRadioButton만 체크될 수 있습니다.

```
myJRadioButton1= new JRadioButton("C", false);
myJRadioButton2= new JRadioButton("C++", false);
myJRadioButton3= new JRadioButton("Java", true);

ButtonGroup group= new ButtonGroup();
group.add(myJRadioButton1);
group.add(myJRadioButton2);
group.add(myJRadioButton3);
```

다음의 [표 13-14]는 JRadioButton 클래스의 생성자로, 전달하는 인수에 따라 다른 형태의 JRadioButton을 만들 수도 있습니다.

생성자	설명
JRadioButton( )	아무 레이블도 없는 없고 선택되지 않은 상태의 JRadioButton
JRadioButton(Icon icon)	아이콘을 사용하고 선택되지 않은 상태의 JRadioButton
JRadioButton(Icon icon, boolean selected)	아이콘을 사용하고, selected가 true이면 선택된 상태, false이면 선택되지 않은 상태의 JRadioButton

JRadioButton(String str)	문자열 str을 레이블로 표시하는 JRadioButton
JRadioButton(String str, boolean selected)	문자열 str을 레이블로 표시하고, selected가 true이면 선택된 상태, false이면 선택되지 않은 상태의 JRadioButton
JRadioButton(String str, Icon icon)	문자열과 아이콘을 사용하고, 선택되지 않은 상태의 JRadioButton
JRadioButton(String str, Icon icon, boolean selected)	문자열과 아이콘을 사용하고, selected가 true이면 선택된 상태, false이면 선택되지 않은 상태의 JRadioButton

▲ 표 13-14 JRadioButton 클래스의 생성자들

다음의 [표 13-15]는 JRadioButton 클래스 내의 메서드들 중에서 대표적인 메서드들을 정리한 것입니다.

메서드	설명
Icon getDisabledIcon( )	JRadioButton이 비활성화되었을 때 사용되는 아이콘을 반환
Icon getIcon( )	JRadioButton이 표시하고 있는 아이콘을 반환
Icon getPressedIcon( )	JRadioButton이 눌렸을 때 사용되는 아이콘을 반환
Icon getSelectedIcon( )	JRadioButton이 선택되었을 때 사용되는 아이콘을 반환
String getText( )	JRadioButton이 표시하고 있는 문자열을 반환
void setDisabledIcon(Icon icon)	JRadioButton이 비활성화되었을 때 사용되는 아이콘을 지정
void setIcon(Icon icon)	JRadioButton에 표시할 아이콘을 지정
void setPressedIcon(Icon icon)	JRadioButton이 눌렸을 때 사용되는 아이콘을 지정
void setSelectedIcon(Icon icon)	JRadioButton이 선택되었을 때 사용되는 아이콘을 지정
void setText(String str)	JRadioButton에 문자열을 지정

▲ 표 13-15 JRadioButton 클래스의 대표적인 메서드들

다음의 [표 13-16]은 ButtonGroup 클래스의 대표적인 메서드들입니다.

메서드	설명
void add(AbstractButton ab)	컴포넌트를 같은 그룹에 추가
void remove(AbstractButton ab)	그룹에서 컴포넌트를 제거

▲ 표 13-16 ButtonGroup 클래스의 대표적인 메서드들

JRadioButton이 발생시키는 이벤트는 다음의 [표 13-17]과 같이 JCheckBox와 동일합니다.

이벤트	인터페이스	관련된 메서드	설명
ItemEvent	ItemListener	itemStateChanged( )	체크 상태를 바꿀 때 발생

▲ 표 13-17 JRadioButton이 발생시키는 이벤트

다음의 예제는 JRadioButton을 생성하여 컨테이너인 JApplet에 붙이고 이벤트 처리를 하는 루틴을 만들어 붙인 것입니다. 예제에서처럼 JRadioButton을 생성할 때 ButtonGroup을 지정하면, 같은 그룹 내에서는 하나의 JRadioButton만 선택됩니다.

MyJRadioButton.java

```java
1 : import java.awt.*;
2 : import java.awt.event.*;
3 : import javax.swing.*;
4 :
5 : public class MyJRadioButton extends JApplet
6 :     implements ItemListener
7 : {
8 :     JLabel myJLabel;
9 :     JRadioButton myJRadioButton1, myJRadioButton2, myJRadioButton3;
10:     ButtonGroup group;   // 함께 동작될 라디오버튼들의 그룹
11:
12:     public void init()
13:     {
14:         Container c= this.getContentPane();
15:         c.setLayout(new FlowLayout());
16:
17:         myJRadioButton1= new JRadioButton("유비", false);
18:         myJRadioButton1.addItemListener(this);
19:         c.add(myJRadioButton1);
20:
21:         myJRadioButton2= new JRadioButton("관우", false);
22:         myJRadioButton2.addItemListener(this);
23:         c.add(myJRadioButton2);
24:
25:         myJRadioButton3= new JRadioButton("장비", true);
26:         myJRadioButton3.addItemListener(this);
27:         c.add(myJRadioButton3);
28:
29:         group= new ButtonGroup();
30:         group.add(myJRadioButton1);
31:         group.add(myJRadioButton2);
32:         group.add(myJRadioButton3);
33:
34:         myJLabel= new JLabel();
35:         myJLabel.setText("체크박스를 선택해주세요!");
36:         myJLabel.setHorizontalAlignment(JLabel.CENTER);
37:         c.add(myJLabel);
38:     }
39:
```

```
40 :    public void itemStateChanged(ItemEvent e)
41 :    {
42 :       if(e.getSource()==myJRadioButton1){
43 :          myJLabel.setText("유비를 선택했습니다.");
44 :       }else if(e.getSource()==myJRadioButton2){
45 :          myJLabel.setText("관우를 선택했습니다.");
46 :       }else if(e.getSource()==myJRadioButton3){
47 :          myJLabel.setText("장비를 선택했습니다.");
48 :       }
49 :    }
50 : }
```

MyJRadioButton.html

```
1 : <HTML>
2 :   <HEAD>
3 :     <TITLE>MyJRadioButton</TITLE>
4 :   </HEAD>
5 :   <BODY>
6 :     <APPLET CODE=MyJRadioButton.class WIDTH=400 HEIGHT=300>
7 :     </APPLET>
8 :   </BODY>
9 : </HTML>
```

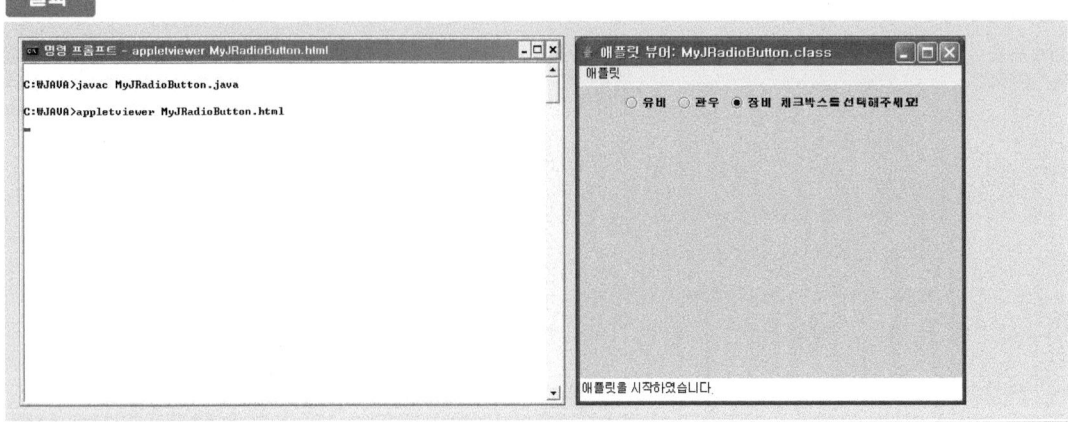

5 JComboBox

선택 리스트라고도 불리우는 JComboBox 컴포넌트는 다음의 [그림 13-11]처럼 여러 선택항목을 한꺼번에 보여주지 않고 드롭다운(drop-down) 리스트로 보여주는 컴포넌트입니다.

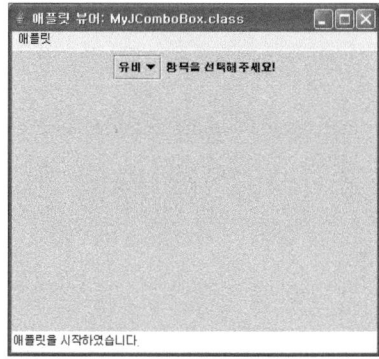

▲ 그림 13-11 JComboBox 컴포넌트

JComboBox는 다음처럼 인수 없이 생성한 후에 addItem( ) 메서드로 필요한 항목을 추가하면 됩니다.

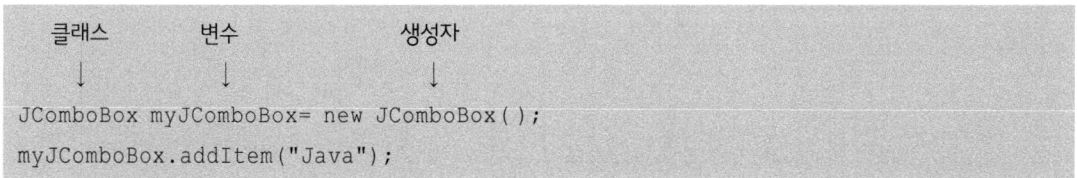

```
JComboBox myJComboBox= new JComboBox();
myJComboBox.addItem("Java");
```

다음의 [표 13-18]은 JComboBox 클래스의 생성자로, 전달하는 인수에 따라 다른 형태의 JComboBox 을 만들 수도 있습니다.

생성자	설명
JComboBox( )	항목이 없는 JComboBox
JComboBox(Vector items)	특정한 Vector로부터 항목을 생성하는 JComboBox
JComboBox(ComboBoxModel aModel)	이미 존재하는 ComboBoxModel로부터 항목을 생성하는 JComboBox
JComboBox(Object[ ] items)	배열로부터 항목을 생성하는 JComboBox

▲ 표 13-18 JComboBox 클래스의 생성자

다음의 [표 13-19]는 JComboBox 클래스 내의 대표적인 메서드들을 정리한 것입니다.

메서드	설명
void setSelectedItem(Object object)	object가 있으면 해당 항목을 선택하고, 없으면 첫 번째 항목을 선택
void getSelectedItem( )	선택된 항목을 반환
void setSelectedIndex(int index)	index 위치의 항목을 선택
void getSelectedIndex( )	선택된 항목의 위치를 반환
void addItem(Object object)	object를 항목의 끝에 추가
void insertItemAt(Object object, int index)	index 위치에 object 항목을 추가
void removeItem(Object object)	object 항목을 제거
void removeItemAt(int index)	index 위치의 항목을 제거
void removeAllItems( )	모든 항목을 제거

▲ 표 13-19 JComboBox 클래스의 대표적인 메서드들

JComboBox는 사용자의 입력이 있을 때마다 ItemEvent를 발생시킵니다. 따라서 이벤트 처리를 하는 루틴을 만들려면 itemStateChanged( ) 메서드를 정의해야 합니다.

이벤트	인터페이스	관련된 메서드	설명
ItemEvent	ItemListener	itemStateChanged( )	항목을 선택할 때 발생

▲ 표 13-20 초이스가 발생시키는 이벤트

위의 [표 13-20]은 JComboBox가 발생시키는 이벤트를 정리한 것이고, 다음의 예제는 JComboBox를 생성하여 컨테이너인 JApplet에 붙이고 이벤트 처리를 하는 루틴을 만들어 붙인 것입니다. JComboBox의 경우는 다른 컴포넌트들과는 달리, 먼저 생성한 후에 addItem( ) 메서드로 항목을 추가합니다.

MyJComboBox.java

```
 1 : import java.awt.*;
 2 : import java.awt.event.*;
 3 : import javax.swing.*;
 4 :
 5 : public class MyJComboBox extends JApplet
 6 :     implements ItemListener
 7 : {
 8 :     JLabel myJLabel;
 9 :     JComboBox myJComboBox;
10 :
11 :     public void init( )
12 :     {
13 :         Container c= this.getContentPane( );
14 :         c.setLayout(new FlowLayout( ));
15 :
16 :         myJComboBox= new JComboBox( );    // 초이스 생성
17 :         myJComboBox.addItem("유비");      // 항목 추가
18 :         myJComboBox.addItem("관우");
19 :         myJComboBox.addItem("장비");
20 :         myJComboBox.addItemListener(this);
21 :         c.add(myJComboBox);
22 :
23 :         myJLabel= new JLabel( );
24 :         myJLabel.setText("항목을 선택해주세요!");
25 :         myJLabel.setHorizontalAlignment(JLabel.CENTER);
26 :         c.add(myJLabel);
27 :     }
28 :
29 :     public void itemStateChanged(ItemEvent e)
```

```
30 :     {
31 :         if(e.getSource()==myJComboBox){
32 :             myJLabel.setText(myJComboBox.getSelectedItem()+"를 선택했습니다.");
33 :         }
34 :     }
35 : }
```

예제   MyJComboBox.html

```
1 : <HTML>
2 :   <HEAD>
3 :     <TITLE>MyJComboBox</TITLE>
4 :   </HEAD>
5 :   <BODY>
6 :     <APPLET CODE=MyJComboBox.class WIDTH=400 HEIGHT=300>
7 :     </APPLET>
8 :   </BODY>
9 : </HTML>
```

결과

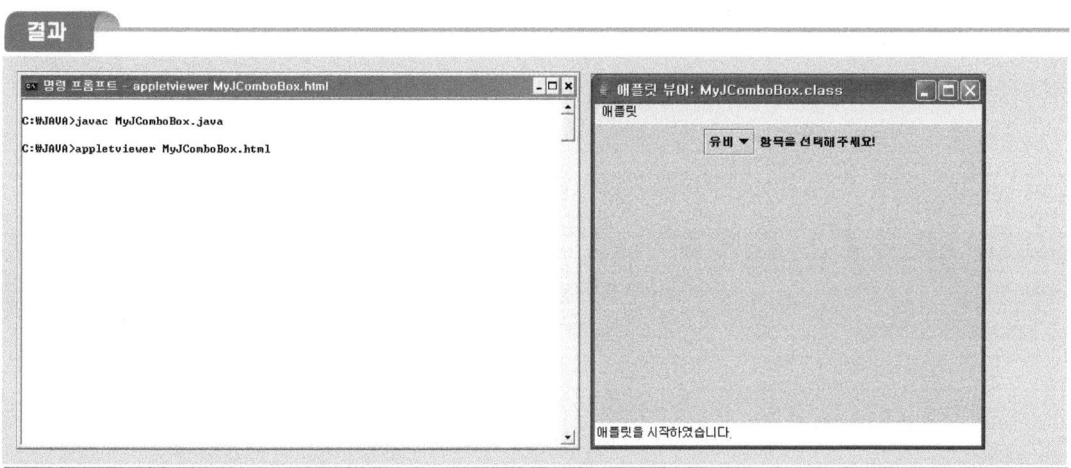

6 JList

JList는 다음의 [그림 13-12]처럼 여러 개의 선택항목을 리스트로 보여주고 사용자가 하나 또는 여러 개를 선택할 수 있도록 해주는 컴포넌트입니다. JList의 기능은 앞에서 배운 JComboBox와 동일하지만, 다른 점은 JComboBox가 한 번에 하나의 항목만을 보여주는데 비해. JList는 다수의 항목을 보여준다는 점과 JComboBox는 하나의 항목만 선택할 수 있지만 JList는 여러 개의 항목을 선택 가능하게 할 수도 있다는 점입니다.

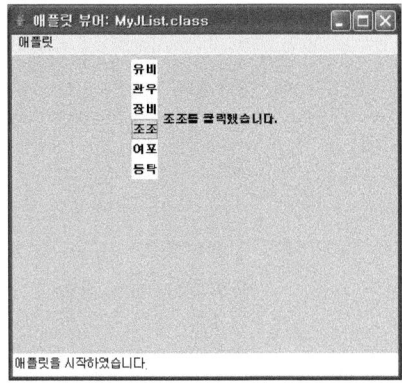

▲ 그림 13-12 JList 컴포넌트

JList는 생성자에 인수로 항목(아이템)의 목록을 넘겨주어 생성할 수 있는데, 다음처럼 객체 배열을 생성자의 인수로 넘겨주거나 모델을 생성하여 모델에 데이터를 추가하고 생성자의 인수로 넘겨주는 방법이 있습니다. 물론 JList도 JComboBox와 마찬가지로 먼저 생성한 후에 add( ) 메서드로 필요한 항목을 추가할 수도 있습니다.

```
String items= {"C", "C++", "Java"};
JList myJList= new JList(items);
   ↑         ↑         ↑         ↑
 클래스      변수      생성자      인수
```

JList 클래스는 다음의 [표 13-21]처럼 다양한 생성자를 가지고 있습니다.

생성자	설명
JList( )	항목이 없는 JList
JList(ListModel aModel)	이미 존재하는 ListModel로부터 항목을 생성하는 JList
JList(Object[ ] items)	배열로부터 항목을 생성하는 JList
JList(Vector items)	특정한 Vector로부터 항목을 생성하는 JList

▲ 표 13-21 JList 클래스의 생성자들

다음의 [표 13-22]는 JList 클래스 내의 대표적인 메서드들을 정리한 것입니다.

메서드	설명
void add(int index, Object obj)	index 위치에 항목을 추가
void addElement(Object obj)	항목을 추가
Object getElementAt(int index)	index 위치의 항목을 반환
int getSize( )	항목의 수를 반환
int getSelectedIndex( )	첫 번째 선택된 항목의 위치를 반환
int[ ] getSelectedIndices( )	선택된 항목의 위치를 배열로 반환

Object getSelectedValue( )	선택된 항목을 반환
Object[ ] getSelectedValues( )	선택된 모든 항목을 배열로 반환
void remove(int index)	index 위치의 항목을 제거

▲ 표 13-22 JList 클래스의 대표적인 메서드들

JList는 사용자의 입력이 있을 때, ListSelectionEvent를 발생시킵니다. 따라서 이벤트 처리를 하는 루틴을 만들려면 valueChanged( ) 메서드를 정의해야 합니다.

이벤트	인터페이스	관련된 메서드	설명
ListSelectionEvent	ListSelectionListener	valueChanged( )	항목을 선택할 때 발생

▲ 표 13-23 JList가 발생시키는 이벤트

위의 [표 13-23]은 JList가 발생시키는 이벤트를 정리한 것이고, 다음의 예제는 JList를 생성하여 컨테이너인 JApplet에 붙이고 이벤트 처리를 하는 루틴을 만들어 붙인 것입니다. 17행에서 항목이 든 배열을 만들고, 18행에서 항목이 든 JList를 생성하였습니다. 28행에서 만든 valueChanged( ) 메서드는 JList의 항목을 선택할 때 호출됩니다.

MyJList.java

```
1 : import java.awt.*;
2 : import java.awt.event.*;
3 : import javax.swing.*;
4 : import javax.swing.event.*;
5 :
6 : public class MyJList extends JApplet
7 :     implements ListSelectionListener
8 : {
9 :     JLabel myJLabel;
10 :    JList  myJList;
11 :
12 :    public void init( )
13 :    {
14 :        Container c= this.getContentPane( );
15 :        c.setLayout(new FlowLayout( ));
16 :
17 :        String[] item= {"유비", "관우", "장비", "조조", "여포", "동탁"};
18 :        myJList= new JList(item);
19 :        myJList.addListSelectionListener(this);
20 :        c.add(myJList);
21 :
```

```
22 :        myJLabel= new JLabel();
23 :        myJLabel.setText("리스트 항목을 선택해주세요!");
24 :        myJLabel.setHorizontalAlignment(JLabel.CENTER);
25 :        c.add(myJLabel);
26 :    }
27 :
28 :    public void valueChanged(ListSelectionEvent e)
29 :    {
30 :        if(e.getSource()==myJList){
31 :           myJLabel.setText((String) myJList.getSelectedValue()+"를 클릭했습니다.");
32 :        }
33 :    }
34 : }
```

MyJList.html

```
1 : <HTML>
2 :   <HEAD>
3 :     <TITLE>MyJList</TITLE>
4 :   </HEAD>
5 :   <BODY>
6 :     <APPLET CODE=MyJList.class WIDTH=400 HEIGHT=300>
7 :     </APPLET>
8 :   </BODY>
9 : </HTML>
```

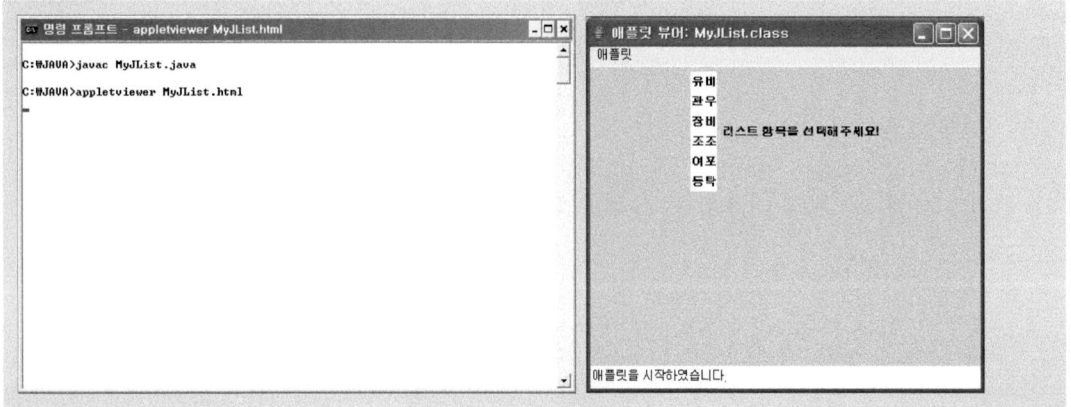

7 JTextField와 JPasswordField

❶ JTextField

JTextField는 다음의 [그림 13-13]과 같은 한 줄짜리 에디터입니다. 이름이나 ID, 비밀번호 등 오직 한 행의 텍스트만을 입력하도록 하고 싶을 때 사용합니다.

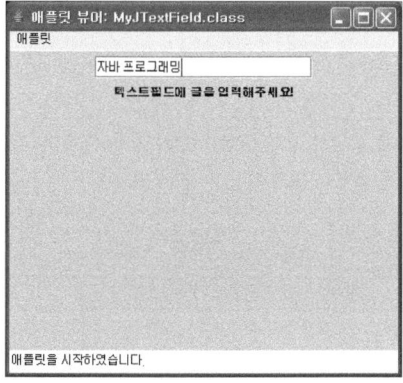

▲ 그림 13-13 JTextField 컴포넌트

JTextField를 만들 때는 보통 다음처럼 크기(칸 수)를 인수로 줍니다.

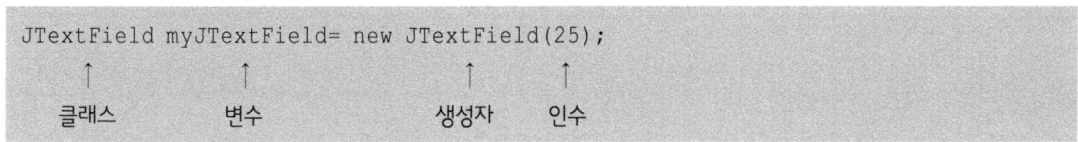

다음의 [표 13-24]는 JTextField 클래스의 생성자로, 전달하는 인수에 따라 다른 형태의 JTextField를 만들 수도 있습니다.

생성자	설명
JTextField( )	아무 문자도 없는 임의 크기의 JTextField
JTextField(int size)	size 크기(칸 수)의 JTextField
JTextField(String str)	문자열 str을 디폴트로 갖는 JTextField
JTextField(String str, int size)	문자열 str을 디폴트로 갖는 size 크기의 JTextField
JTextField(Document doc, String str, int size)	doc 모델을 사용하고, 문자열 str을 디폴트로 갖는 size 크기의 JTextField

▲ 표 13-24 JTextField 클래스의 생성자들

다음의 [표 13-25]는 JTextField 클래스 내의 대표적인 메서드들을 정리한 것입니다.

메서드	설명
String getText( )	사용자가 입력한 문자열을 반환
String getText(int offs, int len)	offs 위치의 len 개수의 문자열을 반환

void setText(String str)	문자열 str을 JTextField에 출력
String getSelectedText( )	사용자가 선택한 문자열을 반환
void select(int start, int end)	start와 end 사이의 문자열을 선택
void copy( )	선택된 문자열을 복사하기
void cut( )	선택된 문자열을 오려두기
void paste( )	복사하거나 오려둔 문자열을 붙이기

▲ 표 13-25 JTextField 클래스의 대표적인 메서드들

JTextField는 사용자가 입력이나 수정을 완료하고 Enter 키를 누를 때 ActionEvent를 발생시킵니다. 따라서 이벤트 처리를 하는 루틴을 만들려면 actionPerform( ) 메서드를 정의해야 합니다.

이벤트	인터페이스	관련된 메서드	설명
ActionEvent	ActionListener	actionPerformed( )	입력이 완료했을 때 발생

▲ 표 13-26 TextField가 발생시키는 이벤트

위의 [표 13-26]은 JTextField가 발생시키는 이벤트를 정리한 것이고, 다음의 예제는 JTextField를 생성하여 컨테이너인 JApplet에 붙이고 이벤트 처리를 하는 루틴을 만들어 붙인 것입니다. JTextField에 글자를 입력하고 Enter 키를 눌러서 입력을 완료하면 ActionEvent가 발생하여 26행의 actionPerformed( ) 메서드가 실행됩니다.

MyJTextField.java

```
1 : import java.awt.*;
2 : import java.awt.event.*;
3 : import javax.swing.*;
4 :
5 : public class MyJTextField extends JApplet
6 :     implements ActionListener
7 : {
8 :     JLabel myJLabel;
9 :     JTextField myJTextField;
10 :
11 :    public void init( )
12 :    {
13 :        Container c= this.getContentPane( );
14 :        c.setLayout(new FlowLayout( ));
15 :
16 :        myJTextField= new JTextField(20);   // 텍스트필드 생성
17 :        myJTextField.addActionListener(this);
18 :        c.add(myJTextField);
```

```
19 :
20 :        myJLabel= new JLabel();
21 :        myJLabel.setText("텍스트필드에 글을 입력해주세요!");
22 :        myJLabel.setHorizontalAlignment(JLabel.CENTER);
23 :        c.add(myJLabel);
24 :    }
25 :
26 :    public void actionPerformed(ActionEvent e)   // 텍스트필드에 입력이 완료되었을 때
27 :    {
28 :        if(e.getSource()==myJTextField){
29 :            myJLabel.setText(new String(myJTextField.getText()) +"가 입력되었습니다!");
30 :        }
31 :    }
32 : }
```

MyJTextField.html

예제

```
1 : <HTML>
2 :    <HEAD>
3 :       <TITLE>MyJTextField</TITLE>
4 :    </HEAD>
5 :    <BODY>
6 :       <APPLET CODE=MyJTextField.class WIDTH=400 HEIGHT=300>
7 :       </APPLET>
8 :    </BODY>
9 : </HTML>
```

결과

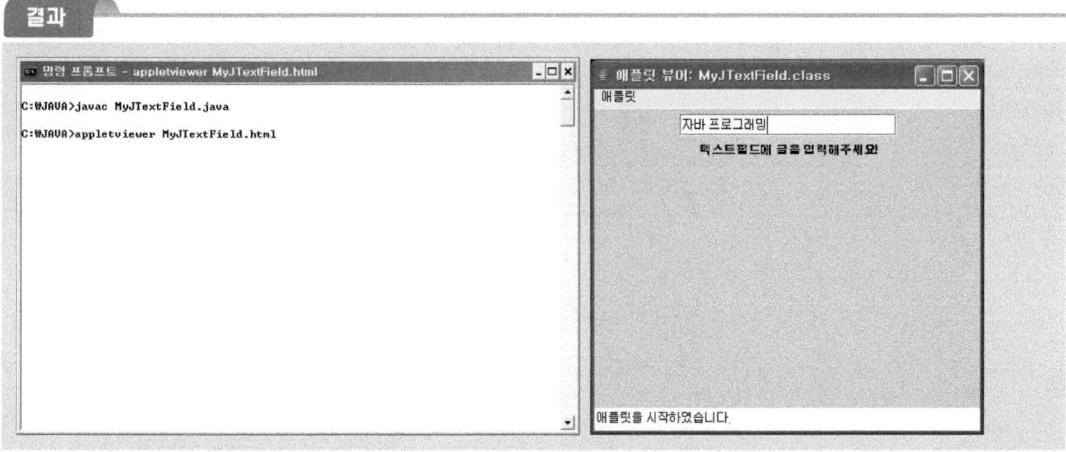

❷ JPasswordField

JTextField는 일반적인 에디터처럼 작동하지만, 비밀번호와 같이 입력된 문자를 보이지 않도록 하고 싶을 때는 JPasswordField를 사용할 수 있습니다. 예를 들어, 입력한 문자를 '*'로 표시하고 싶다면, JPasswordField를 생성하고 setEchoChar( ) 메서드를 써서 다음처럼 하면 됩니다.

다음의 [표 13-27]은 JPasswordField 클래스의 생성자로, 전달하는 인수에 따라 다른 형태의 JPasswordField를 만들 수도 있습니다.

생성자	설명
JPasswordField( )	아무 문자도 없는 임의 크기의 JPasswordField
JPasswordField(int size)	size 크기(칸 수)의 JPasswordField
JPasswordField(String str)	문자열 str을 디폴트로 갖는 JPasswordField
JPasswordField(String str, int size)	문자열 str을 디폴트로 갖는 size 크기의 JPasswordField
JPasswordField(Document doc, String str, int size)	doc 모델을 사용하고, 문자열 str을 디폴트로 갖는 size 크기의 JPasswordField

▲ 표 13-27 JPasswordField 클래스의 생성자들

다음의 [표 13-28]은 JPasswordField 클래스 내의 대표적인 메서드들을 정리한 것입니다.

메서드	설명
String getText( )	사용자가 입력한 문자열을 반환
String getText(int offs, int len)	offs 위치의 len 개수의 문자열을 반환
void setText(String str)	문자열 str을 JPasswordField에 출력
String getSelectedText( )	사용자가 선택한 문자열을 반환
void select(int start, int end)	start와 end 사이의 문자열을 선택
void copy( )	선택된 문자열을 복사하기
void cut( )	선택된 문자열을 오려두기
void paste( )	복사하거나 오려둔 문자열을 붙이기

▲ 표 13-28 JPasswordField 클래스의 대표적인 메서드들

JPasswordField는 사용자가 입력이나 수정을 완료하고 Enter 키를 누를 때 ActionEvent를 발생시킵니다. 따라서 이벤트 처리를 하는 루틴을 만들려면 actionPerform( ) 메서드를 정의해야 합니다.

이벤트	인터페이스	관련된 메서드	설명
ActionEvent	ActionListener	actionPerformed( )	입력이 완료했을 때 발생

▲ 표 13-29 JPasswordField가 발생시키는 이벤트

위의 [표 13-29]는 JPasswordField가 발생시키는 이벤트를 정리한 것이고, 다음의 예제는 JPasswordField를 생성하여 컨테이너인 JApplet에 붙이고 이벤트 처리를 하는 루틴을 만들어 붙인 것입니다. 17행에서 setEchoChar( ) 메서드로 *를 지정했기 때문에, 사용자의가 입력한 문자는 *로 나타납니다. JPassword Field에 글자를 입력하고 Enter 키를 눌러서 입력을 완료하면 ActionEvent가 발생하여 27행의 actionPerformed( ) 메서드가 실행됩니다.

MyJPasswordField.java

```java
 1 : import java.awt.*;
 2 : import java.awt.event.*;
 3 : import javax.swing.*;
 4 :
 5 : public class MyJPasswordField extends JApplet
 6      implements ActionListener
 7 : {
 8      JLabel myJLabel;
 9      JPasswordField myJPasswordField;
10 :
11      public void init( )
12      {
13          Container c= this.getContentPane( );
14 :        c.setLayout(new FlowLayout( ));
15 :
16          myJPasswordField= new JPasswordField(20);    // 패스워드필드 생성
17          myJPasswordField.setEchoChar('*');           // 입력 문자가 *로 표시
18          myJPasswordField.addActionListener(this);
19          c.add(myJPasswordField);
20 :
21          myJLabel= new JLabel( );
22          myJLabel.setText("패스워드필드에 글을 입력해주세요!");
23          myJLabel.setHorizontalAlignment(JLabel.CENTER);
24          c.add(myJLabel);
25      }
26 :
27      public void actionPerformed(ActionEvent e)   // 텍스트필드에 입력이 완료되었을 때
28      {
```

```
29 :        if(e.getSource()==myJPasswordField){
30 :            myJLabel.setText(new String(myJPasswordField.getPassword()) +
                       "가 입력되었습니다!");
31 :        }
32 :    }
33 : }
```

예제　　　　　　　　　　　　　　　　　　　　　　　　　　　　　　　　**MyJPasswordField.html**

```
1 : <HTML>
2 :   <HEAD>
3 :     <TITLE>MyJPasswordField</TITLE>
4 :   </HEAD>
5 :   <BODY>
6 :     <APPLET CODE=MyJPasswordField.class WIDTH=400 HEIGHT=300>
7 :     </APPLET>
8 :   </BODY>
9 : </HTML>
```

결과

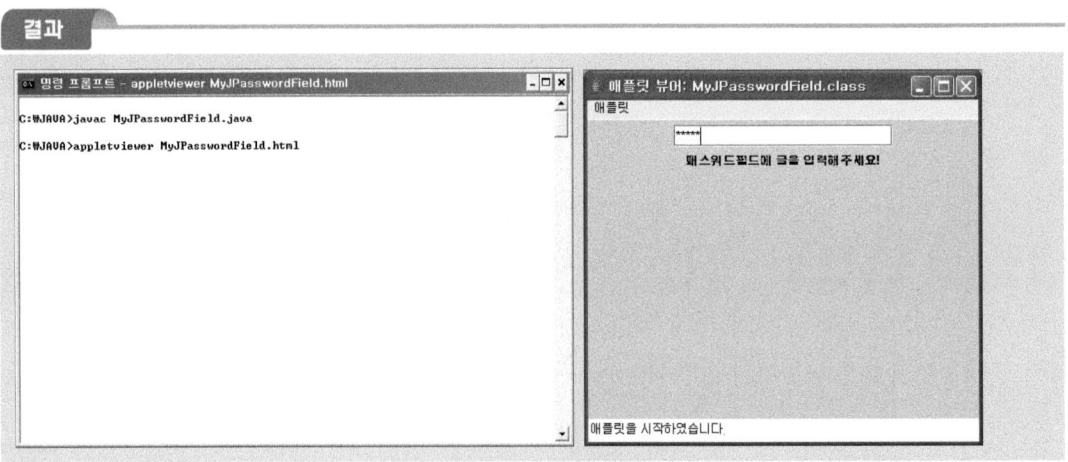

8 JTextArea

JTextArea는 다음의 [그림 13-14]처럼 한 줄 이상의 텍스트를 편집할 수 있는 영역을 만들고 싶을 때 사용하는 컴포넌트입니다. JTextArea는 색상이나 글꼴 등을 자유자재로 설정할 수도 있고, 문자열이 영역을 벗어났을 때는 스크롤할 수 있는 수평, 수직 스크롤바도 가지고 있습니다. JTextArea만 애플릿에 붙여도, 윈도우즈의 메모장이 되는 셈입니다.

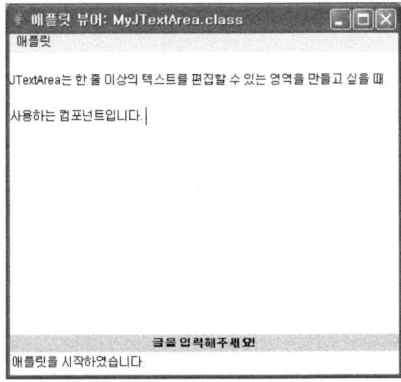

▲ 그림 13-14 JTextArea 컴포넌트

JTextArea를 생성할 때는 보통 다음처럼 행(줄 수)과 열(칸 수)을 지정해서 만듭니다.

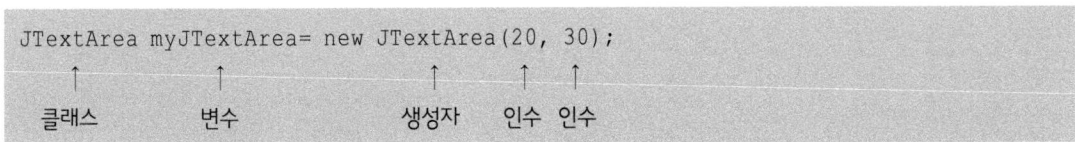

다음의 [표 13-30]은 JTextArea 클래스의 생성자로, 전달하는 인수에 따라 다른 형태의 JTextArea를 만들 수도 있습니다.

생성자	설명
JTextArea( )	임의 크기의 빈 JTextArea
JTextArea(String str)	문자열 str을 디폴트로 갖는 임의 크기의 JTextArea
JTextArea(int rows, int cols)	rows 행과 cols 열 크기의 JTextArea
JTextArea(String str, int rows, int cols)	문자열 str을 디폴트로 갖는 rows 행과 cols 열 크기의 JTextArea
JTextArea(Document doc)	doc 모델을 사용하고, 임의 크기의 빈 JTextArea
JTextArea(Document doc, String str, int rows, int cols)	doc 모델을 사용하고, 문자열 str을 디폴트로 갖는 rows 행과 cols 열 크기의 JTextArea

▲ 표 13-30 JTextArea 클래스의 생성자들

다음의 [표 13-31]은 JTextArea 클래스 내의 대표적인 메서드들을 정리한 것입니다.

메서드	설명
String getText( )	사용자가 입력한 문자열을 반환
String getText(int offs, int len)	offs 위치의 len 개수의 문자열을 반환
void setText(String str)	문자열 str을 JTextArea에 출력
String getSelectedText( )	사용자가 선택한 문자열을 반환
void select(int start, int end)	start와 end 사이의 문자열을 선택

void copy( )	선택된 문자열을 복사하기
void cut( )	선택된 문자열을 오려두기
void paste( )	복사하거나 오려둔 문자열을 붙이기

▲ 표 13-31 JTextArea 클래스의 대표적인 메서드들

다음의 예제는 JTextArea를 생성하여 컨테이너인 JApplet에 붙이고 이벤트 처리를 하는 루틴을 만들어 붙인 것입니다. 이 예제에서는 보더 레이아웃을 사용하는데, 레이아웃에 대해서는 **13.3 스윙 레이아웃**에서 자세히 배웁니다.

MyJTextArea.java

```
1 : import java.awt.*;
2 : import java.awt.event.*;
3 : import javax.swing.*;
4 :
5 : public class MyJTextArea extends JApplet
6 : {
7 :    JLabel myJLabel;
8 :    JTextArea myJTextArea;
9 :
10 :    public void init()
11 :    {
12 :       Container c= this.getContentPane();
13 :       c.setLayout(new BorderLayout());  // 보더 레이아웃 사용
14 :
15 :       myJTextArea= new JTextArea(20,10);
16 :       c.add("Center", myJTextArea);
17 :
18 :       myJLabel= new JLabel();
19 :       myJLabel.setText("글을 입력해주세요!");
20 :       myJLabel.setHorizontalAlignment(JLabel.CENTER);
21 :       c.add("South", myJLabel);
22 :    }
23 : }
```

MyJTextArea.html

```
1 : <HTML>
2 :    <HEAD>
3 :       <TITLE>MyJTextArea</TITLE>
```

```
4 :    </HEAD>
5 :    <BODY>
6 :       <APPLET CODE=MyJTextArea.class WIDTH=400 HEIGHT=300>
7 :       </APPLET>
8 :    </BODY>
9 : </HTML>
```

결과

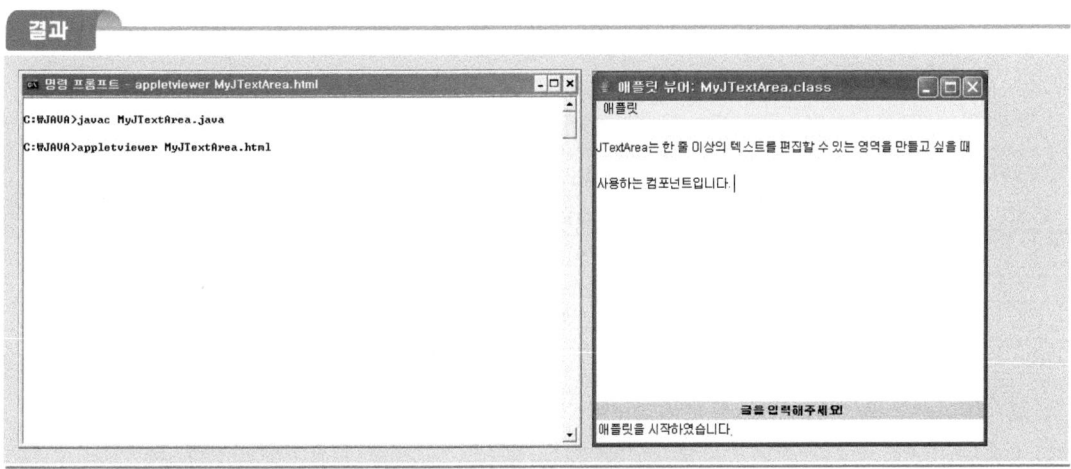

9 JScrollBar와 JSlider

❶ JScrollBar

JScrollBar는 다음의 [그림 13-15]처럼 연속적인 값들을 선택하거나 다른 컴포넌트와 함께 사용되어 특정 영역을 지정하는 컴포넌트입니다.

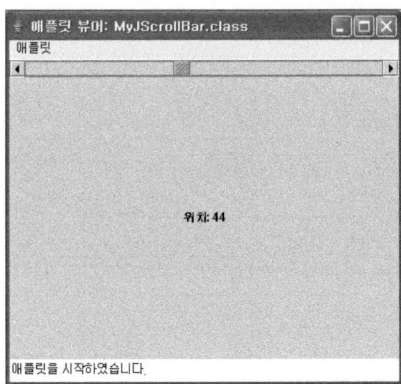

▲ 그림 13-15 JScrollBar 컴포넌트

일반적으로 JScrollBar를 생성할 때는 JScrollBar의 방향, 최솟값, 최댓값, 초기값 등을 인수로 지정하지만, 다음처럼 쉽게 JScrollBar를 생성할 수도 있습니다.

```
JScrollBar myJScrollBar= new JScrollBar();
    ↑              ↑            ↑
   클래스           변수         생성자
```

다음의 [표 13-32]는 JScrollBar 클래스의 생성자로, 방향, 위치, 크기, 범위, 폭 등의 자세한 값을 지정하여 만들 수도 있습니다.

생성자	설명
JScrollBar( )	비어있는 수직 JScrollBar
JScrollBar(int orientation)	orientation으로 지정한 방향의 JScrollBar
JScrollBar(int orientation, int value, int extent, int min, int max)	orientation으로 지정한 방향, value로 지정한 초기값, extent로 지정한 버블 크기, min과 max로 지정한 최소/최댓값을 속성으로 하는 JScrollBar

▲ 표 13-32 JScrollBar 클래스의 생성자들

위의 [표 13-32]에서 orientation으로 쓸 수 있는 상수는 JScrollBar.HORIZONTAL과 JScrollBar.VERTICAL의 두 가지로 각각 수평 JScrollBar와 수직 JScrollBar를 의미합니다. 다음의 [표 13-33]은 이들 속성을 얻거나 설정하기 위한 JScrollBar 클래스 내의 메서드들을 정리한 것입니다. 여기서 JScrollBar의 버블이란 JScrollBar의 위치를 나타내는 부분으로 마우스로 끌거나 양쪽 끝의 버튼을 누르면 움직이는 사각형을 가리킵니다.

메서드	설명
int getOrientation( )	orientation 속성의 값을 반환
void setOrientation(int orientation)	orientation 속성의 값을 지정
int getVisibleAmount( )	버블의 크기를 반환
void setVisibleAmount(int visible)	버블의 크기를 지정
int getValue( )	value 속성의 값을 반환
void setValue(int value)	value 속성의 값을 지정
int getMinimum( )	minimum 속성의 값을 반환
void setMinimum(int minimum)	minimum 속성의 값을 지정
int getMaximum( )	maximum 속성의 값을 반환
void setMaximum(int maximum)	maximum 속성의 값을 지정
int getUnitIncrement( )	unit increment 속성의 값을 반환
void setUnitIncrement(int unit)	unit increment 속성의 값을 지정
int getBlockIncrement( )	block increment 속성의 값을 반환
void setBlockIncrement(int block)	block increment 속성의 값을 지정

▲ 표 13-33 JScrollBar 클래스의 대표적인 메서드들

JScrollBar는 사용자의 입력이 있을 때마다 AdjustmentEvent를 발생시킵니다. 따라서 이벤트 처리를 하는 루틴을 만들려면 adjustmentValueChanged( ) 메서드를 정의해야 합니다.

이벤트	인터페이스	관련된 메서드	설명
AdjustmentEvent	AdjustmentListener	adjustmentValueChanged( )	JScrollBar의 버블이 움직일 때 발생

▲ 표 13-34 JScrollBar가 발생시키는 이벤트

위의 [표 13-34]는 JScrollBar가 발생시키는 이벤트를 정리한 것이고, 예제는 JScrollBar를 생성하여 컨테이너인 JApplet에 붙이고 이벤트 처리를 하는 루틴을 만들어 붙인 것입니다. 이 예제에서는 보더 레이아웃을 사용하는데, 레이아웃에 대해서는 **13.3 스윙 레이아웃**에서 자세히 배웁니다. 이 예제를 실행하고 JScrollBar의 버블(썸네일)을 마우스로 이동하면 위치가 JLabel에 나타납니다.

MyJScrollBar.java

예제

```java
 1 : import java.awt.*;
 2 : import java.awt.event.*;
 3 : import javax.swing.*;
 4 :
 5 : public class MyJScrollBar extends JApplet
 6 :    implements AdjustmentListener
 7 : {
 8 :   JLabel myJLabel;
 9 :   JScrollBar myJScrollBar;
10 :
11 :   public void init( )
12 :   {
13 :     Container c= this.getContentPane( );
14 :     c.setLayout(new BorderLayout( ));   // 보더 레이아웃으로 지정
15 :
16 :     myJScrollBar= new JScrollBar(JScrollBar.HORIZONTAL, 50, 0, 1, 100);
        // 스크롤바 생성
17 :     myJScrollBar.addAdjustmentListener(this);
18 :     c.add("North", myJScrollBar);   // 스크롤바를 추가
19 :
20 :     myJLabel= new JLabel( );
21 :     myJLabel.setText("스크롤바를 조정하세요!");
22 :     myJLabel.setHorizontalAlignment(JLabel.CENTER);
23 :     c.add("Center", myJLabel);      // 레이블을 추가
24 :   }
25 :
26 :   public void adjustmentValueChanged(AdjustmentEvent e)   // 버블을 움직일 때
```

```
27 :    {
28 :        if(e.getSource()==myJScrollBar){
29 :            myJLabel.setText("위치: "+ myJScrollBar.getValue());
30 :        }
31 :    }
32 : }
```

MyJScrollBar.html

예제

```
1 : <HTML>
2 :   <HEAD>
3 :     <TITLE>MyJScrollBar</TITLE>
4 :   </HEAD>
5 :   <BODY>
6 :     <APPLET CODE=MyJScrollBar.class WIDTH=400 HEIGHT=300>
7 :     </APPLET>
8 :   </BODY>
9 : </HTML>
```

결과

❷ JSlider

JSlider는 [다음 13-16]의 그림처럼 최댓값과 최솟값 사이에서 현재 값을 슬라이드바를 이용하여 입력받을 때 사용하는 컴포넌트입니다.

▲ 그림 13-16 JSlider 컴포넌트

일반적으로 JSlider를 생성할 때는 JSlider의 방향, 최솟값, 최댓값, 초기값 등을 인수로 지정하지만, 다음처럼 쉽게 JSlider를 생성할 수도 있습니다.

다음의 [표 13-35]는 JSlider 클래스의 생성자로, 방향, 위치, 크기, 범위, 폭 등의 자세한 값을 지정하여 만들 수도 있습니다.

생성자	설명
JSlider( )	최솟값은 0, 최댓값은 100, 초기값은 50으로 하는 JSlider
JSlider(int orientation)	최솟값은 0, 최댓값은 100, 초기값은 50으로 하고, orientation으로 지정한 방향의 JSlider
JSlider(BoundedRangeModel aModel)	이미 존재하는 BoundedRangeModel로부터 생성하는 JSlider
JSlider(int min, int max)	min을 최솟값, max를 최댓값, min과 max의 중간값을 초기값으로 하는 JSlider
JSlider(int min, int max, int value)	min을 최솟값, max를 최댓값, value를 초기값으로 하는 JSlider
JSlider(int orientation, int min, int max, int value)	orientation으로 지정한 방향, min로 지정한 최솟값, max로 지정한 최댓값, value로 지정한 초기값을 속성으로 하는 JSlider

▲ 표 13-35 JSlider 클래스의 생성자들

위의 [표 13-35]에서 orientation으로 쓸 수 있는 상수는 JSlider.HORIZONTAL과 JSlider.VERTICAL의 두 가지로 각각 수평 JSlider와 수직 JSlider를 의미합니다. 다음의 [표 13-36]은 이들 속성을 얻거나 설정하기 위한 JSlider 클래스 내의 메서드들을 정리한 것입니다. 여기서 JSlider의 슬라이드바란 JSlider의 위치를 나타내는 부분으로 마우스로 끌거나 양쪽 끝의 버튼을 누르면 움직이는 사각형을 가리킵니다.

메서드	설명
int getOrientation( )	orientation 속성의 값을 반환
void setOrientation(int orientation)	orientation 속성의 값을 지정
int getExtent( )	슬라이드바의 크기를 반환
void setExtent(int extent)	슬라이드바의 크기를 지정
int getValue( )	value 속성의 값을 반환
void setValue(int value)	value 속성의 값을 지정
int getMinimum( )	minimum 속성의 값을 반환
void setMinimum(int minimum)	minimum 속성의 값을 지정
int getMaximum( )	maximum 속성의 값을 반환
void setMaximum(int maximum)	maximum 속성의 값을 지정

▲ 표 13-36 JSlider 클래스의 대표적인 메서드들

JSlider는 사용자의 입력이 있을 때, ChangeEvent를 발생시킵니다. 따라서 이벤트 처리를 하는 루틴을 만들려면 stateChanged( ) 메서드를 정의해야 합니다.

이벤트	인터페이스	관련된 메서드	설명
ChangeEvent	ChangeListener	stateChanged( )	JSlider의 슬라이드바가 움직일 때 발생

▲ 표 13-37 JSlider가 발생시키는 이벤트

위의 [표 13-37]은 JSlider가 발생시키는 이벤트를 정리한 것이고, 예제는 JSlider를 생성하여 컨테이너인 JApplet에 붙이고 이벤트 처리를 하는 루틴을 만들어 붙인 것입니다. 이 예제에서는 보더 레이아웃을 사용하는데, 레이아웃에 대해서는 13.3 스윙 레이아웃에서 자세히 배웁니다. 이 예제를 실행하고 JSlider의 슬라이드바를 마우스로 이동하면 위치가 JLabel에 나타납니다.

MyJSlider.java

```
1 : import java.awt.*;
2 : import java.awt.event.*;
3 : import javax.swing.*;
4 : import javax.swing.event.*;
5 :
6 : public class MyJSlider extends JApplet
7 :       implements ChangeListener
8 : {
9 :    JLabel myJLabel;
10 :   JSlider myJSlider;
11 :
12 :   public void init()
13 :   {
```

```
14 :        Container c= this.getContentPane();
15 :        c.setLayout(new BorderLayout());   // 보더 레이아웃으로 지정
16 :
17 :        myJSlider= new JSlider(JSlider.HORIZONTAL, 1, 100, 50); // 슬라이더 생성
18 :        myJSlider.addChangeListener(this);
19 :        c.add("North", myJSlider);   // 슬라이더를 추가
20 :
21 :        myJLabel= new JLabel();
22 :        myJLabel.setText("슬라이더를 조정하세요!");
23 :        myJLabel.setHorizontalAlignment(JLabel.CENTER);
24 :        c.add("Center", myJLabel);   // 레이블을 추가
25 :     }
26 :
27 :     public void stateChanged(ChangeEvent e)
28 :     {
29 :        if(e.getSource()==myJSlider){
30 :           myJLabel.setText("위치: "+ myJSlider.getValue());
31 :        }
32 :     }
33 : }
```

MyJSlider.html

예제

```
1 : <HTML>
2 :   <HEAD>
3 :     <TITLE>MyJSlider</TITLE>
4 :   </HEAD>
5 :   <BODY>
6 :     <APPLET CODE=MyJSlider.class WIDTH=400 HEIGHT=300>
7 :     </APPLET>
8 :   </BODY>
9 : </HTML>
```

결과

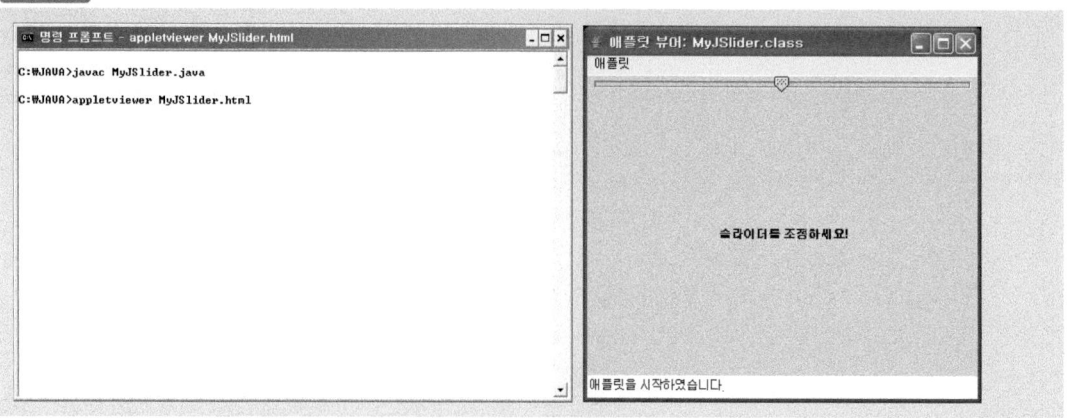

10 JFrame

지금까지 우리는 AWT의 Applet에 해당하는 스윙의 JApplet만을 사용해서 애플릿 예제 프로그램만을 작성하였습니다. 스윙의 JApplet을 사용하면, 웹 브라우저 상에서 작동하는 자바 애플릿을 만들 수 있습니다. 그러나 스윙은 애플릿뿐만 아니라 자바 애플리케이션을 만드는데도 역시 사용할 수 있습니다. 스윙으로 자바 애플리케이션을 만들 때는 JFrame을 사용하면 됩니다. JFrame은 javax.swing 패키지를 import하여 사용하면 됩니다. JFrame은 컨테이너의 일종으로 컴포넌트를 담을 수 있는 그릇 역할을 합니다.

```
JFrames myJFrame= new JFrame( );
   ↑           ↑            ↑
  클래스        변수         생성자
```

JFrame은 위와 같이 생성할 수 있지만, 대개는 다음처럼 상속받아서 만든 서브클래스를 작성하고 main( ) 메서드에서 생성합니다.

```
...
public class JFrameTest extends JFrame   // JFrame 상속
{
...
   public static void main(String[ ] args)
   {
      new JFrameTest( );   // JFrame을 상속받은 JFrameTest 클래스를 생성
   }
}
```

다음의 [표 13-38]은 JFrame 클래스의 생성자입니다. JFrame을 처음 생성하면 기본적으로 '보이지 않는 Frame'이 생성되기 때문에, setVisible(true) 메서드 또는 show( ) 메서드를 사용해서 보이도록 해야 합니다.(setVisible(true) 메서드와 show( ) 메서드의 결과는 같지만, show( ) 메서드를 사용하는 경우에는 deprecation 경고 메시지가 발생하기 때문에 가능한 한 setVisible(true) 메서드를 사용하길 권장합니다.)

생성자	설명
JFrame( )	보이지 않는 JFrame
JFrame(String str)	str을 타이틀(상단의 제목줄의 레이블)로 지정한 보이지 않는 JFrame

▲ 표 13-38 JFrame 클래스의 생성자

다음 예제는 JFrame 클래스를 상속받는 JFrameTest 클래스를 정의하고 생성한 것입니다. 6행에서 JFrame을 상속받아 JFrameTest 클래스를 만들었고, 18행에서 JFrameTest( ) 생성하였습니다. 생성자인 JFrameTest( ) 메서드 내에서 setSize( ) 메서드로 크기를 정하고 setVisible(true) 메서드로 화면에 보이도록 하였습니다.

예제　　　　　　　　　　　　　　　　　　　　　　　　　　　　　　　　　　　　　　　**JFrameTest.java**

```
 1 : import java.awt.*;
 2 : import java.awt.event.*;
 3 : import javax.swing.*;
 4 : import javax.swing.event.*;
 5 :
 6 : public class JFrameTest extends JFrame
 7 : {
 8 :     public JFrameTest()
 9 :     {
10 :         super("Hello, Swing");
11 :         setSize(640, 480);
12 :         setLocation(100,100);
13 :         setVisible(true);
14 :     }
15 :
16 :     public static void main(String[] args)
17 :     {
18 :         new JFrameTest();
19 :     }
20 : }
```

결과

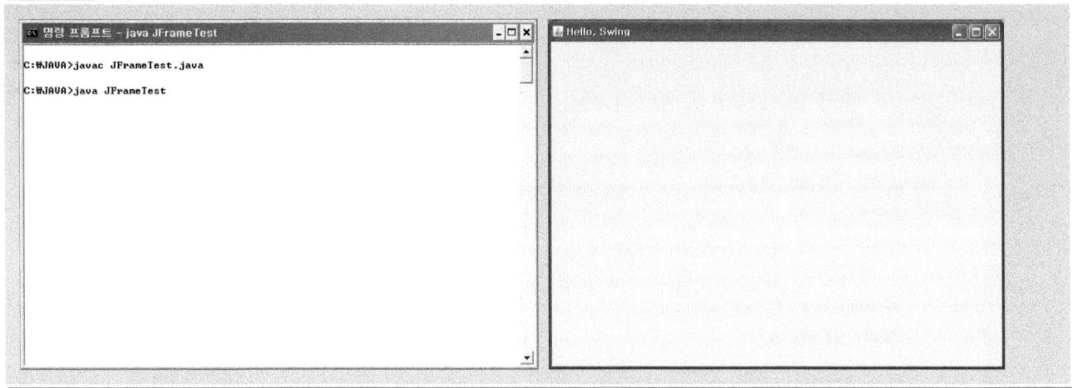

■ **끝낼 수 있는 JFrame 만들기**

스윙의 JFrame은 닫기 버튼(Close Button)이 활성화되어 있지 않기 때문에, (윈도우즈의 경우) 화면 상단의 X버튼을 눌러도 JFrame이 닫히지 않습니다. 그래서 닫기 버튼을 활성화시켜야 하는데, JFrame의 닫기 버튼을 활성화시키는 데는 두 가지 방법이 있습니다. 첫 번째는 WindowListener를 사용해서 닫기 버튼을 누를 때 호출되는 windowClosing() 메서드 내에서 직접 dispose() 시키는 것입니다. 다음 예제에서 CloseableFrame.java의 12행에서는 addWindowListener() 메서드로 WindowListener를 추가하였고, 16행의 windowClosing() 메서드 내에서 dispose() 시켰습니다. CloseableFrameTest.java에서 CloseableFrameTest 클래스에서는 6행에서 CloseableFrame 클래스를 상속받았기 때문에, 닫기 버튼이 활성화된 JFrame이 생성됩니다.

CloseableFrame.java

```java
1 : import java.awt.*;
2 : import java.awt.event.*;
3 : import javax.swing.*;
4 : import javax.swing.event.*;
5 :
6 : public class CloseableFrame extends JFrame implements WindowListener
7 : {
8 :   public CloseableFrame(){ this.addWindowListener(this); }
9 :   public CloseableFrame(String title)
10 :   {
11 :     super(title);
12 :     this.addWindowListener(this);
13 :   }
14 :
15 :   // the methods of the WindowListener object
16 :   public void windowClosing(WindowEvent e){ this.dispose(); }
17 :   public void windowOpened(WindowEvent e){ }
18 :   public void windowClosed(WindowEvent e){ }
```

```
19 :     public void windowIconified(WindowEvent e){}
20 :     public void windowDeiconified(WindowEvent e){}
21 :     public void windowActivated(WindowEvent e){}
22 :     public void windowDeactivated(WindowEvent e){}
23 : }
```

CloseableFrameTest.java

예제

```
 1 : import java.awt.*;
 2 : import java.awt.event.*;
 3 : import javax.swing.*;
 4 : import javax.swing.event.*;
 5 :
 6 : public class CloseableFrameTest extends CloseableFrame
 7 : {
 8 :     public CloseableFrameTest()
 9 :     {
10 :         super("Hello, Swing");
11 :         setSize(800, 600);
12 :         setLocation(100,100);
13 :         setVisible(true);
14 :     }
15 :
16 :     public static void main(String[] args)
17 :     {
18 :         new CloseableFrameTest();
19 :     }
20 : }
```

결과

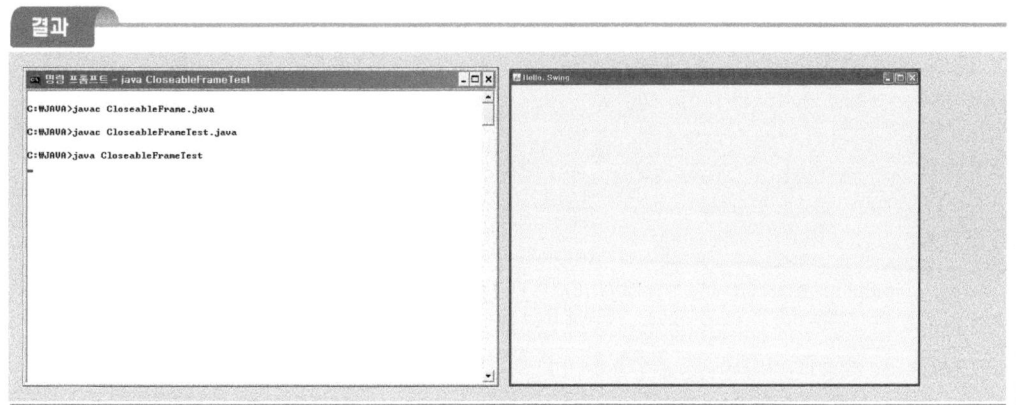

두 번째는 JFrame 클래스 내의 setDefaultCloseOperation() 메서드를 사용하는 것입니다. 다음은 JFrame 클래스의 닫기 관련 메서드들입니다.

메서드	설명
void setDefaultCloseOperation(int opr)	JFrame을 닫을 때 할 작업을 지정
int getDefaultCloseOperation( )	JFrame을 닫을 때 할 작업이 무엇인지 반환

▲ 표 13-39 JFrame 클래스의 닫기 관련 메서드들

JFrame의 닫기 관련 메서드들을 사용할 때 쓸 수 있는 상수는 다음과 같은 4종류입니다.

닫기 방식	설명
EXIT_ON_CLOSE	System exit( ) 메서드를 사용해서 종료한다. 애플리케이션에서만 사용할 수 있다.
DO_NOTHING_ON_CLOSE	닫기 버튼을 비활성화시켜서 닫을 수 없도록 한다.
HIDE_ON_CLOSE	등록된 WindowListener를 호출하면 JFrame을 화면에서 숨긴다.
DISPOSE_ON_CLOSE	등록된 WindowListener를 호출하면 자동적으로 JFrame을 화면에서 숨기고 제거한다.

▲ 표 13-40 JFrame 클래스의 닫기 관련 메서드들에서 쓸 수 있는 상수

따라서 앞의 CloseableFrameTest.java 예제를 JFrame의 닫기 관련 메서드를 사용해서 수정하면 다음처럼 고칠 수 있다. 따로 CloseableFrame을 만들어 상속받을 필요없이, 6행에서 바로 JFrame을 상속받고 14행에서 setDefaultCloseOperation( ) 메서드를 사용하였다.

CloseableFrameTest.java

```
 1 : import java.awt.*;
 2 : import java.awt.event.*;
 3 : import javax.swing.*;
 4 : import javax.swing.event.*;
 5 :
 6 : public class CloseableFrameTest extends JFrame   // JFrame 상속
 7 : {
 8 :    public CloseableFrameTest()
 9 :    {
10 :       super("Hello, Swing");
11 :       setSize(800, 600);
12 :       setLocation(100,100);
13 :       setVisible(true);
14 :       setDefaultCloseOperation(EXIT_ON_CLOSE);
15 :    }
16 :
17 :    public static void main(String[ ] args)
18 :    {
19 :       new CloseableFrameTest();
20 :    }
21 : }
```

13.3 스윙 레이아웃

컴포넌트가 화면에 출력되기 위해서는 반드시 컨테이너에 붙여야 합니다. 스윙에는 JPanel, JApplet, JWindow, JDialog, JFrame 등의 컨테이너들이 있습니다. 이들 컨테이너들은 모두 Container 클래스의 서브클래스들이고, 다음의 [그림 13-17]처럼 서로 상속관계를 맺고 있습니다. 재미있는 점은 Container 클래스가 모든 컴포넌트들의 슈퍼클래스인 Component 클래스의 서브클래스라는 점입니다. 따라서 컨테이너들은 그 자체도 컴포넌트가 될 수 있습니다. 다시 말해서 컨테이너가 다른 컨테이너의 컴포넌트로 포함 될 수도 있는 것입니다. 이를 이용해서, 자바에서 GUI를 만들 때는 컴포넌트들을 작은 크기의 컨테이너에 붙여 원하는 모양을 만들고, 이렇게 만든 작은 크기의 컨테이너들을 보다 큰 컨테이너에 붙이는 식으로 화면을 디자인합니다.

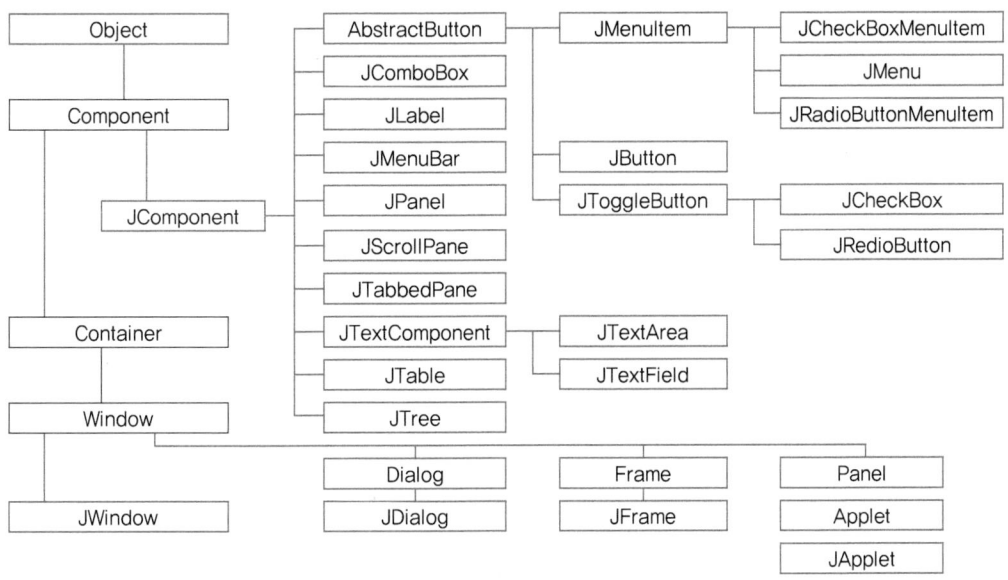

▲ 그림 13-17 컴포넌트와 컨테이너들 간의 상속관계

위 [그림 13-17]에 나오는 컨테이너들은 주로 사용되는 쓰임새가 있습니다. 예를 들어 JApplet과 JFrame은 최상위 컨테이너들로 다른 컨테이너들을 포함하는 가장 큰 컨테이너로 주로 쓰입니다. JPanel은 보통 다른 컨테이너에 부착되어 일부 영역을 표현하는데 사용되고, JFrame은 메뉴와 테두리를 갖는 윈도우로 많이 사용됩니다. JDialog는 주로 대화창(다이얼로그 박스)에서 사용됩니다. 하지만, 모든 컨테이너는 다른 컨테이너를 포함하거나 다른 컨테이너에 포함될 수 있어서, 기본적인 동작은 같다고 볼 수 있습니다.

컴포넌트를 컨테이너에 붙일 때는 간단히 add( ) 메서드를 사용합니다. 그런데, add( ) 메서드로 컴포넌트를 붙일 때, 컴포넌트가 컨테이너의 어느 부분에 부착될지는 알 수 없습니다. add( ) 메서드는 단순히 컴포넌트를 컨테이너에 추가하고, 컴포넌트의 위치는 레이아웃 매니저가 담당하기 때문입니다.

자바의 레이아웃 매니저는 AWT에서도 사용할 수 있는 플로우, 그리드, 보더, 카드, 그리드백의 5종류의 레이아웃 매니저와 스윙에서 추가적으로 사용할 수 있는 ScrollPaneLayout, ViewportLayout,

BoxLayout, OverlayLayout, SpringLayout 등이 있습니다. 각 레이아웃 매니저는 미리 정해진 규칙대로 컴포넌트들을 배치합니다. ScrollPaneLayout과 ViewportLayout은 실제로 사용하지 않고 컴포넌트 내부에서만 사용되며, 그 외의 레이아웃 매니저들은 AWT의 레이아웃 매니저들과 동일한 방법으로 사용할 수 있습니다.

레이아웃 매니저를 사용하고 싶을 때는 다음처럼 레이아웃 매니저를 설정하여, 컨테이너의 레이아웃을 지정해야 합니다. 일단 레이아웃 매니저가 설정되면, 프로그램이 실행되는 환경이 어떻든지 지정한 레이아웃으로 컨테이너를 출력합니다.

▼ 컨테이너의 레이아웃을 지정하는 순서

① 레이아웃 매니저를 생성 (예) `BorderLayout bm= new BorderLayout();`
② 컨테이너에 레이아웃 매니저 설정 (예) `setLayout(bm);`
③ 컴포넌트 추가 (예) `add(myButton);`

자바에서 레이아웃 매니저를 사용하는 이유는 다양한 컴퓨터 환경에서도 잘 작동할 수 있도록 하기 위해서입니다. 비주얼 베이직이나 비주얼 C++와 같은 윈도우즈용 프로그래밍 언어에서는 레이아웃 매니저를 사용하지 않고 좌표를 직접 입력하는데, 자바에서도 컴포넌트를 출력하고 싶은 화면 상의 가로, 세로 좌표를 입력하여 출력할 수 있습니다. 그러나 좌표를 입력하여 지정하는 경우에 어떤 환경에서는 문제가 발생할 가능성도 있습니다.

예를 들어, 윈도우즈 환경에서 비주얼 베이직 프로그램을 작성하는 프로그래머는 완성된 프로그램이 반드시 윈도우즈 환경에서 실행될 것을 알고 있습니다. 그러나 자바의 경우는 프로그램이 만들어진 환경과 전혀 다른 플랫폼에서도 잘 작동되기 때문에 프로그래머는 전혀 생각 못했던, 아미가 PC나 스마트폰, PDA, 심지어는 PMP나 MP3P에서도 실행될 수 있습니다.(아미가는 그래픽 기능이 매우 뛰어난 개인용 컴퓨터의 일종입니다.) 그런 경우에 원래 프로그래머가 의도했던 모양과 전혀 다르거나 일부 컴포넌트를 선택할 수 없는 경우가 발생할 수도 있습니다.

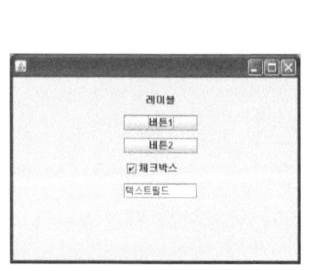
(a) 정상적인 화면 출력

(b) 사용자가 윈도우 크기를 줄인 경우

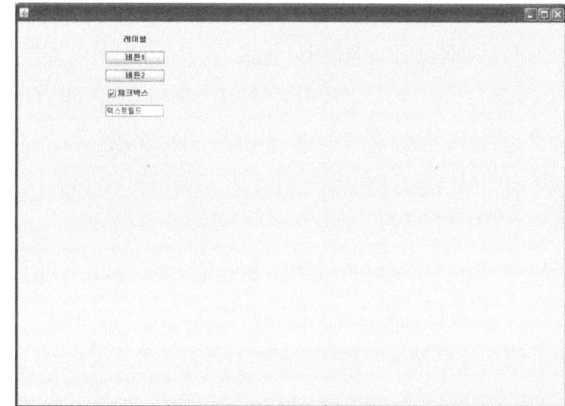
(c) 사용자가 윈도우 크기를 키운 경우

▲ 그림 13-18 레이아웃 매니저를 사용하지 않은 경우(null 레이아웃)

위의 [그림 13-18]은 레이아웃 매니저를 사용하지 않은 경우이고, 아래의 [그림 13-19]는 레이아웃 매니저를 사용한 경우입니다. 두 그림을 서로 비교해보면, 같은 컴퓨터 환경에서도 레이아웃 매니저가 있는 쪽이 컴포넌트 배치를 훨씬 더 유연하게 한다는 것을 알 수 있습니다.

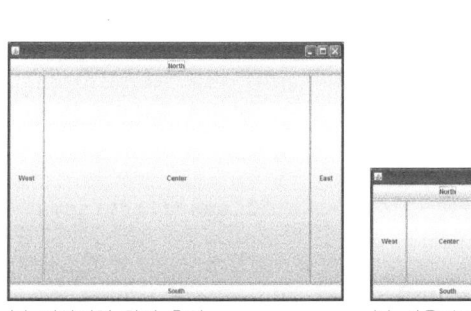

(a) 정상적인 화면 출력   (b) 사용자가 윈도우 크기를 줄인 경우   (c) 사용자가 윈도우 크기를 키운 경우

▲ 그림 13-19 레이아웃 매니저를 사용한 경우(보더 레이아웃)

1 null 레이아웃

당연한 얘기지만, 레이아웃 매니저를 사용하지 않으면 레이아웃을 지키지 않게 됩니다. 그러나 자바의 컨테이너들은 레이아웃 매니저를 디폴트로 가지고 있기 때문에, 자바를 처음 배우는 초보자들은 반드시 레이아웃 매니저를 사용해야 하는 것으로 오해하는 경우가 있습니다. 이러한 오해를 막기 위해서 따로 레이아웃을 사용하지 않는 null 레이아웃에 대해 먼저 설명하겠습니다.

컨테이너의 레이아웃 매니저를 다음처럼 null로 지정해주면, 레이아웃 없는(null 레이아웃) 애플릿이 됩니다. 컴포넌트들을 컨테이너 화면상의 좌표로 지정하여 붙이고 싶을 때 null 레이아웃을 사용하면 편리합니다.

```
setLayout(null);
```

컴포넌트가 붙을 화면상의 좌표나 컴포넌트의 크기를 지정하려면 setBounds( ) 메서드나 setSize( ) 메서드를 사용하면 됩니다. 자바의 모든 컴포넌트는 위치와 크기, 색상 글꼴 등을 지정하거나, 화면에서 안보이게 하는 등의 유용한 메서드들을 기본적으로 가지고 있습니다. 모든 컴포넌트들이 갖고 있는 메서드들 중 대표적인 메서드들을 다음의 [표 13-41]에서 정리했습니다.

메서드	설명
Dimension getSize( )	컴포넌트의 현재 크기를 반환
void setForeground(Color c)	컴포넌트의 텍스트의 색상을 지정
void setBackground(Color c)	텍스트 외의 색상을 지정
void setFont(Font f)	컴포넌트의 텍스트 글꼴을 지정

void setEnabled(boolean b)	b가 true이면 정상적으로 작동, false이면 사용자의 입력 무시
void setBounds(int x, int y, int width, int height)	컴포넌트의 좌측상단을 화면 상의 (x, y)에 맞추고, 컴포넌트의 크기를 가로 width, 세로 height로 지정
void setSize(Dimension d)	컴포넌트의 크기를 d로 변경
void setVisible(boolean b)	b가 true이면 화면에 보이게 하고, false이면 보이지 않도록 지정

▲ 표 13-41 컴포넌트의 대표적인 메서드들

다음은 레이아웃 매니저를 사용하지 않고(null 레이아웃) 스윙 컴포넌트들을 생성한 후, 좌표를 지정하여 붙인 예제입니다.

NullLayoutTest.java

```
1 : import java.awt.*;
2 : import java.awt.event.*;
3 : import javax.swing.*;
4 : import javax.swing.event.*;
5 :
6 : public class NullLayoutTest extends JFrame
7 : {
8 :    JLabel     myJLabel;
9 :    JButton    myJButton1, myJButton2;
10:    JTextField myJTextField;
11:    JCheckBox  myJCheckBox;
12:
13:    public NullLayoutTest()
14:    {
15:       setLayout(null);     // 플로우 레이아웃으로 지정
16:
17:       myJLabel= new JLabel("레이블", JLabel.CENTER);
18:       myJLabel.setBounds(150, 20, 100, 20);
          // 레이블을 (150, 20) 위치에 가로 100, 세로 20 크기로 지정
19:       add(myJLabel);
20:
21:       myJButton1= new JButton("버튼1");
22:       myJButton1.setBounds(150, 50, 100, 20);
          // 버튼을 (150, 50) 위치에 가로 100, 세로 20 크기로 지정
23:       add(myJButton1);
24:
25:       myJButton2= new JButton("버튼2");
26:       myJButton2.setBounds(150, 80, 100, 20);
          // 버튼을 (150, 80) 위치에 가로 100, 세로 20 크기로 지정
```

```
27 :        add(myJButton2);
28 :
29 :        myJCheckBox= new JCheckBox("체크박스", true);
30 :        myJCheckBox.setBounds(150, 110, 100, 20);
            // 체크박스를 (150, 110) 위치에 가로 100, 세로 20 크기로 지정
31 :        add(myJCheckBox);
32 :
33 :        myJTextField= new JTextField("텍스트필드");
34 :        myJTextField.setBounds(150, 140, 100, 20);
            // 텍스트필드를 (150, 140) 위치에 가로 100, 세로 20 크기로 지정
35 :        add(myJTextField);
36 :
37 :        setSize(640, 480);
38 :        setLocation(100,100);
39 :        setVisible(true);
40 :        setDefaultCloseOperation(EXIT_ON_CLOSE);
41 :    }
42 :
43 :    public static void main(String[] args)
44 :    {
45 :        new NullLayoutTest();
46 :    }
47 : }
```

결과

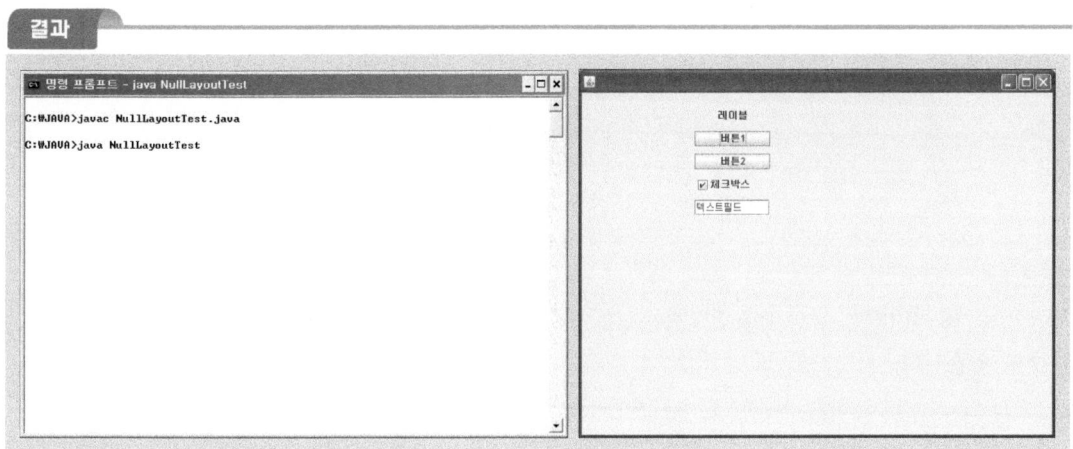

2 플로우 레이아웃

플로우 레이아웃은 다음의 [그림 13-20]처럼 컴포넌트들을 왼쪽에서 오른쪽으로, 위에서 아래로 순서

대로 배치하는 단순한 레이아웃입니다. 만일 한 줄에 모든 컴포넌트가 다 들어가지 않으면 다음 줄에 배치합니다. 주의할 점은 플로우 레이아웃의 디폴트로 정해진 정렬방식이 컴포넌트를 컨테이너의 중앙에 정렬시키는 것이 아니라 상단, 가운데 정렬시킨다는 점입니다. 따라서 하나의 컴포넌트를 add( )시키면 가로축은 정 가운데, 세로축은 가장 윗부분에 배치됩니다.

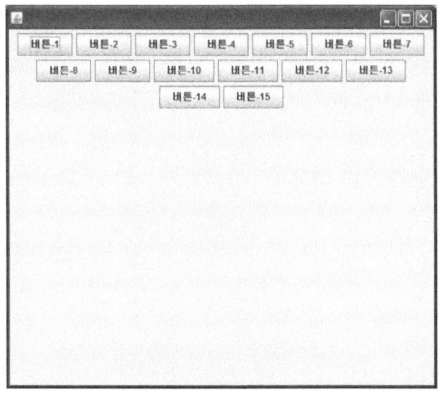

▲ 그림 13-20 플로우 레이아웃

패널이나 애플릿에서는 특별히 레이아웃 매니저를 지정하지 않으면 디폴트로 플로우 레이아웃 매니저가 설정됩니다.(아무 것도 지정 안하면 null 레이아웃 매니저라고 생각해서는 안됩니다. null 레이아웃 매니저를 쓰고 싶으면 반드시 setLayout(null)을 지정해야 합니다.) 플로우 레이아웃 매니저는 컴포넌트 자체에서 지정된 크기 등을 무시하고 컴포넌트에 필요한 최소한의 높이와 위치, 컴포넌트간의 간격을 자동으로 지정하여 배치시킵니다. 기본적으로 플로우 레이아웃이 아닌 컨테이너를 플로우 레이아웃으로 하고 싶을 때는 다음처럼 하면 됩니다.

```
FlowLayout manager= new FlowLayout( );
setLayout(manager);
```

또는

```
setLayout(new FlowLayout( ));
```

다음의 [표 13-42]처럼 생성자에 전달하는 인수를 달리하면 다른 형태의 플로우 레이아웃 매니저를 만들 수도 있습니다.

생성자	설명
FlowLayout( )	컴포넌트를 가운데 정렬하는 플로우 레이아웃 매니저
FlowLayout(int align)	align 정렬방식에 따른 플로우 레이아웃 매니저
FlowLayout(int align, int hgap, int vgap)	컴포넌트들의 배치를 align 정렬방식으로 하고, 컴포넌트간의 수평과 수직 간격을 각각 hgap, vgap만큼 하는 플로우 레이아웃 매니저

▲ 표 13-42 FlowLayout 클래스의 생성자

다음의 [표 13-43]은 플로우 레이아웃 매니저의 대표적인 메서드들입니다. 위의 표와 다음의 표에서 align으로 사용할 수 있는 상수는 FlowLayout.LEFT, FlowLayout.CENTER, FlowLayout.RIGHT의 세 가지로 각각 왼쪽, 가운데, 오른쪽 정렬을 의미합니다.

메서드	설명
int getAlignment( )	현재 설정된 정렬방식을 반환
void setAlignment(int align)	정렬방식을 align으로 설정
int getHgap( )	현재 설정된 수평 간격을 반환
void setHgap(int gap)	컴포넌트간의 수평 간격을 gap으로 설정
int getVgap( )	현재 설정된 수직 간격을 반환
void setVgap(int gap)	컴포넌트간의 수직 간격을 gap으로 설정

▲ 표 13-43 FlowLayout 클래스의 대표적인 메서드들

다음은 JButton 컴포넌트를 이용하여 플로우 레이아웃을 보인 예제입니다. 이 예제를 실행시킨 후에 윈도우의 크기를 변경하면, JButton의 배치도 바뀌는 것을 알 수 있습니다.

FlowLayoutTest.java

```
 1 : import java.awt.*;
 2 : import java.awt.event.*;
 3 : import javax.swing.*;
 4 : import javax.swing.event.*;
 5 :
 6 : public class FlowLayoutTest extends JFrame
 7 : {
 8 :   public FlowLayoutTest()
 9 :   {
10 :     setLayout(new FlowLayout());    // 플로우 레이아웃으로 지정
11 :
12 :     for(int i=1; i<=15; i++){
13 :       add(new JButton("버튼-"+ i));  // 10개의 버튼을 추가
14 :     }
15 :
16 :     setSize(640, 480);
17 :     setLocation(100,100);
18 :     setVisible(true);
19 :     setDefaultCloseOperation(EXIT_ON_CLOSE);
20 :   }
21 :
22 :   public static void main(String[] args)
23 :   {
```

```
24 :        new FlowLayoutTest();
25 :    }
26 : }
```

결과

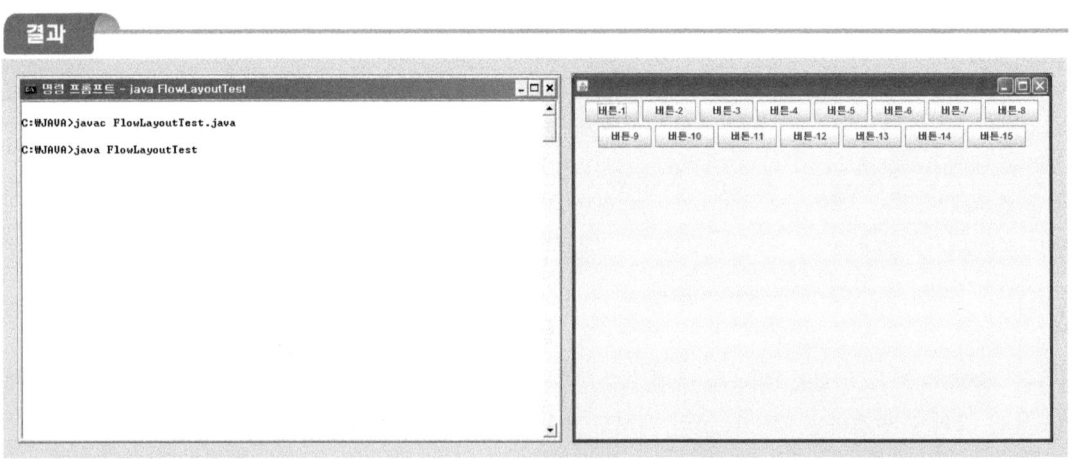

3 그리드 레이아웃

그리드 레이아웃은 다음의 [그림 13-21]처럼 컴포넌트들을 모눈종이나 표 위에 배치하는 것처럼 행과 열을 맞춰 일정하게 배치하는 레이아웃입니다. 예를 들어, 2행 5열의 그리드 레이아웃은 동일한 크기의 10개의 셀을 만들고 각 셀 마다 하나의 컴포넌트를 배치합니다. add( )되는 컴포넌트들은 왼쪽에서 오른 쪽으로, 위에서 아래로 순서대로 배치됩니다.

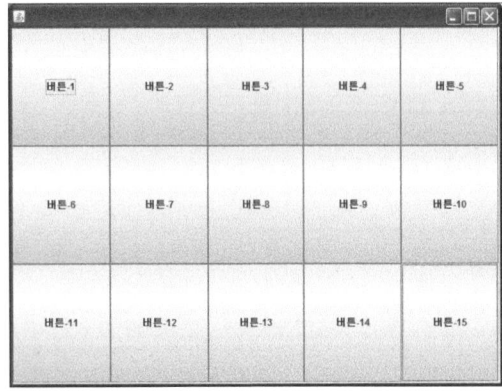

▲ 그림 13-21 그리드 레이아웃

일반적으로 그리드 레이아웃으로 설정하고 싶으면 다음처럼 하면 됩니다.

```
GridLayout manager= new GridLayout(5,2);
setLayout(manager);
```

또는

```
setLayout(new GridLayout(5,2));
```

다음의 [표 13-44]처럼 생성자에 전달하는 인수를 달리하면, 다른 형태의 그리드 레이아웃 매니저를 만들 수도 있습니다.

생성자	설명
GridLayout( )	1행, 1열을 갖는 그리드 레이아웃 매니저
GridLayout(int rows, int cols)	rows 행, clos 열을 갖는 그리드 레이아웃 매니저
GridLayout(int rows, int cols, int hgap, int vgap)	rows 행, clos 열을 갖고, 컴포넌트간의 수평과 수직 간격을 각각 hgap, vgap만큼 하는 그리드 레이아웃 매니저

▲ 표 13-44 GridLayout 클래스의 생성자

만약, 한 행이나 한 열에 배치되는 컴포넌트의 수를 고정하고 싶을 때는 자유로운 쪽을 0으로 지정하면 됩니다. 예를 들어,

```
GridLayout manager= new GridLayout(0, 4);
```

라고 하면, 행은 몇 줄이 되든지 열의 칸수는 항상 4가 되는 그리드 레이아웃 매니저를 생성합니다. 이 때 5개의 버튼을 add( )하면 한 줄에 4개의 버튼이 배치되고 다음 줄에 나머지 하나의 버튼이 배치됩니다. 이와는 반대로 열을 0으로 정하면, 열은 무시되고 행을 중심으로 배치를 합니다.

다음의 [표 13-45]는 그리드 레이아웃 매니저의 대표적인 메서드들입니다.

메서드	설명
int getColumns( )	현재 설정된 열의 수를 반환
void setColumns(int cols)	열의 수를 cols로 설정
int getRows( )	현재 설정된 행의 수를 반환
void setRows(int rows)	행의 수를 rows로 설정
int getHgap( )	현재 설정된 수평 간격을 반환
void setHgap(int gap)	컴포넌트간의 수평 간격을 gap으로 설정
int getVgap( )	현재 설정된 수직 간격을 반환
void setVgap(int gap)	컴포넌트간의 수직 간격을 gap으로 설정

▲ 표 13-45 GridLayout 클래스의 대표적인 메서드들

다음은 JButton 컴포넌트를 이용하여 그리드 레이아웃을 보인 예제입니다.

GridLayoutTest.java

```java
1 : import java.awt.*;
2 : import java.awt.event.*;
3 : import javax.swing.*;
4 : import javax.swing.event.*;
5 :
6 : public class GridLayoutTest extends JFrame
7 : {
8 :     public GridLayoutTest()
9 :     {
10:         setLayout(new GridLayout(0, 5));    // 그리드 레이아웃으로 지정
11:
12:         for(int i=1; i<=15; i++){
13:             add(new JButton("버튼-"+ i));   // 15개의 버튼을 추가
14:         }
15:
16:         setSize(640, 480);
17:         setLocation(100,100);
18:         setVisible(true);
19:         setDefaultCloseOperation(EXIT_ON_CLOSE);
20:     }
21:
22:     public static void main(String[] args)
23:     {
24:         new GridLayoutTest();
25:     }
26: }
```

결과

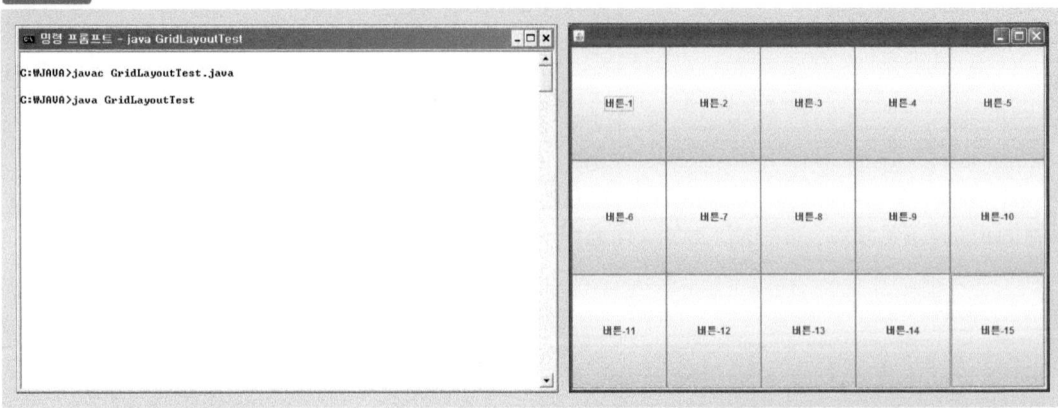

4 보더 레이아웃

보더 레이아웃은 다음의 [그림 13-22]처럼 컨테이너를 동(East), 서(West), 남(South), 북(North), 중앙(Center)의 5개의 구역으로 나누어 컴포넌트를 배치시키는 레이아웃입니다. 각 구역은 배치되는 컴포넌트의 폭이나 높이를 조절할 때 서로 다른 성격을 가지고 있습니다. 예를 들어, South와 North 구역은 배치되는 컴포넌트의 높이는 원래대로 하지만 좌우 폭은 최대한 확대합니다. West와 East 구역은 배치되는 컴포넌트의 좌우 폭은 원래대로 하지만 높이는 최대한 확대합니다. Center 구역은 배치되는 컴포넌트의 폭과 높이를 가능한 한 상하좌우로 확대하려는 경향이 있습니다.

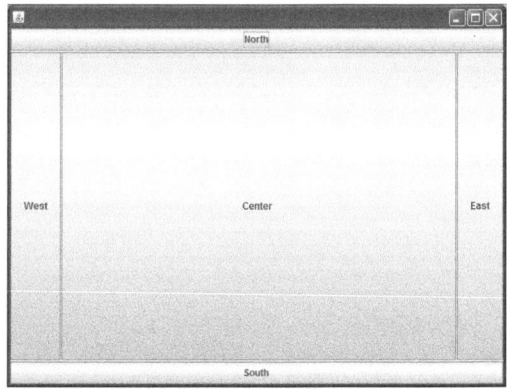

▲ 그림 13-22 보더 레이아웃

프레임이나 다이얼로그 박스와 같은 윈도우 컴포넌트에서에서 특별히 레이아웃 매니저를 지정하지 않으면 디폴트로 보더 레이아웃 매니저가 설정됩니다.(null 레이아웃 매니저를 쓰고 싶다면 setLayout(null)을 지정해야 합니다.) 기본적으로 보더 레이아웃이 아닌 컨테이너를 보더 레이아웃으로 하고 싶으면 다음처럼 하면 됩니다.

```
BorderLayout manager= new BorderLayout();
setLayout(manager);

또는

setLayout(new BorderLayout());
```

다음의 [표 13-46]처럼 생성자에 전달하는 인수를 달리하면, 다른 형태의 보더 레이아웃 매니저를 만들어 사용할 수도 있습니다.

생성자	설명
BorderLayout()	수평 간격과 수직 간격이 0인 보더 레이아웃 매니저
BorderLayout(int hgap, int vgap)	컴포넌트간의 수평과 수직 간격을 각각 hgap, vgap만큼 하는 보더 레이아웃 매니저

▲ 표 13-46 BorderLayout 클래스의 생성자

보더 레이아웃에서는 컴포넌트를 add( )할 때, 컴포넌트를 배치할 구역을 함께 지정해줘야 합니다. 예를 들어, 보더 레이아웃 매니저가 설정된 컨테이너에 북(North) 구역에 버튼을 추가하고 싶다면 다음처럼 하면 됩니다.

```
JButton myJButton= new JButton("내 버튼");
add("North", myJButton);
```

다음의 [표 13-47]은 보더 레이아웃 매니저의 대표적인 메서드들입니다.

메서드	설명
int getHgap( )	현재 설정된 수평 간격을 반환
void setHgap(int gap)	컴포넌트간의 수평 간격을 gap으로 설정
int getVgap( )	현재 설정된 수직 간격을 반환
void setVgap(int gap)	컴포넌트간의 수직 간격을 gap으로 설정

▲ 표 13-47 BorderLayout 클래스의 대표적인 메서드들

다음은 JButton 컴포넌트를 이용하여 보더 레이아웃을 보인 예제입니다.

예제　　　　　　　　　　　　　　　　　　　　　　　　　　**BorderLayoutTest.java**

```
 1 : import java.awt.*;
 2 : import java.awt.event.*;
 3 : import javax.swing.*;
 4 : import javax.swing.event.*;
 5 :
 6 : public class BorderLayoutTest extends JFrame
 7 : {
 8 :    String[] area= {"East","West","South","North","Center"}; // 보더 레이아웃의 구역
 9 :
10 :    public BorderLayoutTest()
11 :    {
12 :       setLayout(new BorderLayout(1, 2));
          // 수평, 수직 간격을 각각 1, 2씩 갖는 보더 레이아웃으로 지정
13 :
14 :       for(int i=0; i<5; i++){
15 :          add(area[i], new JButton(area[i]));  // 5개의 버튼을 각 구역에 추가
16 :       }
17 :
18 :       setSize(640, 480);
19 :       setLocation(100,100);
```

```
20 :        setVisible(true);
21 :        setDefaultCloseOperation(EXIT_ON_CLOSE);
22 :    }
23 :
24 :    public static void main(String[] args)
25 :    {
26 :        new BorderLayoutTest();
27 :    }
28 : }
```

결과

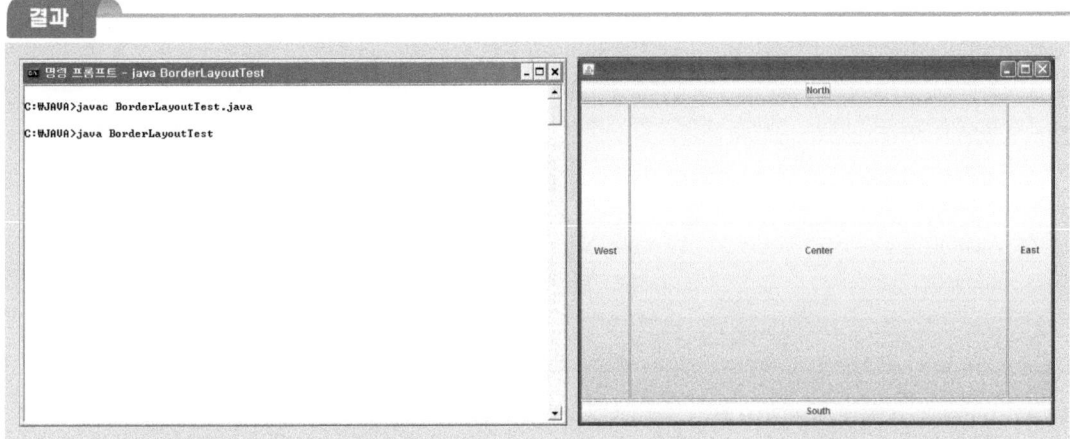

5 카드 레이아웃

카드 레이아웃은 여러 장의 카드를 포개어 놓고 그 중 한 카드를 보여주는 방식의 레이아웃입니다. 상황에 따라 다른 모양을 보여주고 싶을 때, 여러 개의 컴포넌트나 컨테이너를 미리 만들어 놓고 이 중 하나를 선택해서 보여주고자 할 때 사용합니다. 따라서 다른 레이아웃 매니저에는 없는 여러 컴포넌트중 하나를 선택하여 출력하는 메서드들을 제공합니다. 컨테이너를 카드 레이아웃으로 하고 싶으면 다음처럼 하면 됩니다.

```
CardLayout manager= new CardLayout();
setLayout(manager);

또는

setLayout(new CardLayout());
```

다음의 [표 13-48]처럼 생성자에 전달하는 인수를 달리하면, 다른 형태의 카드 레이아웃 매니저를 만들 수도 있습니다.

생성자	설명
CardLayout( )	수평 간격과 수직 간격이 0인 카드 레이아웃 매니저
CardLayout(int hgap, int vgap)	컴포넌트간의 수평과 수직 간격을 각각 hgap, vgap만큼 하는 카드 레이아웃 매니저

▲ 표 13-48 CardLayout 클래스의 생성자

다음의 [표 13-49]는 카드 레이아웃 매니저의 대표적인 메서드들입니다.

메서드	설명
void first(Container parent)	컨테이너에 포함된 첫 번째 카드를 출력
void last(Container parent)	컨테이너에 포함된 마지막 카드를 출력
void next(Container parent)	컨테이너에 포함된 다음 카드를 출력
void previous(Container parent)	컨테이너에 포함된 이전 카드를 출력
void show(Container parent, String str)	컨테이너에 포함된 카드 중 이름이 str 문자열과 같은 카드를 출력
int getHgap( )	현재 설정된 수평 간격을 반환
void setHgap(int gap)	컴포넌트간의 수평 간격을 gap으로 설정
int getVgap( )	현재 설정된 수직 간격을 반환
void setVgap(int gap)	컴포넌트간의 수직 간격을 gap으로 설정

▲ 표 13-49 CardLayout 클래스의 대표적인 메서드들

다음은 JButton 컴포넌트를 이용하여 카드 레이아웃을 보인 예제입니다. JButton 컴포넌트가 눌려질 때마다, next( ) 메서드가 호출되어 다음 카드를 보여주도록 하였습니다.

CardLayoutTest.java

예제

```
 1 : import java.awt.*;
 2 : import java.awt.event.*;
 3 : import javax.swing.*;
 4 : import javax.swing.event.*;
 5 :
 6 : public class CardLayoutTest extends JFrame
 7 :     implements ActionListener
 8 : {
 9 :   CardLayout card= new CardLayout( ); // 카드 레이아웃으로 지정
10 :
11 :   public CardLayoutTest( )
12 :   {
13 :     setLayout(card);
14 :
15 :     for(int i=1; i<=5; i++){
```

```
16 :         JButton b= new JButton("버튼-"+ i);
17 :         b.addActionListener(this);
18 :         add("BUTTON-"+i, b);   // 5개의 버튼을 각 카드마다 하나씩 추가
19 :      }
20 :
21 :      setSize(640, 480);
22 :      setLocation(100,100);
23 :      setVisible(true);
24 :      setDefaultCloseOperation(EXIT_ON_CLOSE);
25 :   }
26 :
27 :   public void actionPerformed(ActionEvent e)  // 버튼이 눌러지면 실행
28 :   {
29 :      card.next(this.getContentPane());        // 다음 카드를 출력
30 :   }
31 :
32 :   public static void main(String[] args)
33 :   {
34 :      new CardLayoutTest();
35 :   }
36 : }
```

결과

13.4 스윙 메뉴 만들기

1 JMenu

메뉴를 사용하면 완성된 프로그램의 각 기능을 직관적으로 선택할 수 있기 때문에, 대부분의 컴퓨터 프

로그램에서 지원하고 있습니다. 스윙에서도 프로그래머가 애플릿이나 애플리케이션에 쉽게 메뉴를 만들어서 붙일 수 있도록, JMenuBar, JMenu, JMenuItem 등의 클래스를 제공하고 있습니다. 다음의 [그림 13-23]은 메뉴를 구성하는 각 부분의 명칭을 알려줍니다.

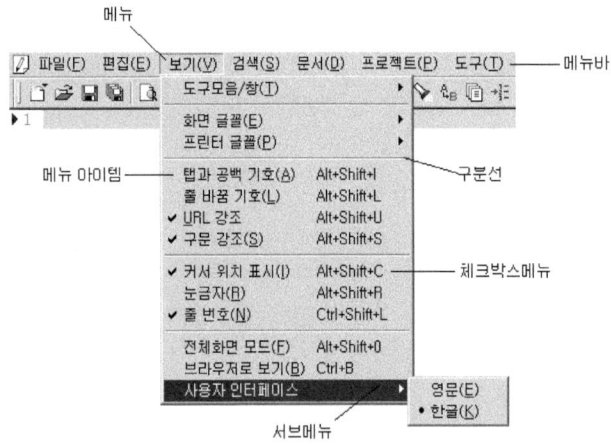

▲ 그림 13-23 메뉴의 구성

자바에서 메뉴를 만드는 방법은 매우 편리합니다. 다음 순서대로 메뉴를 만들어서 애플릿 또는 애플리케이션에 붙이면 됩니다.

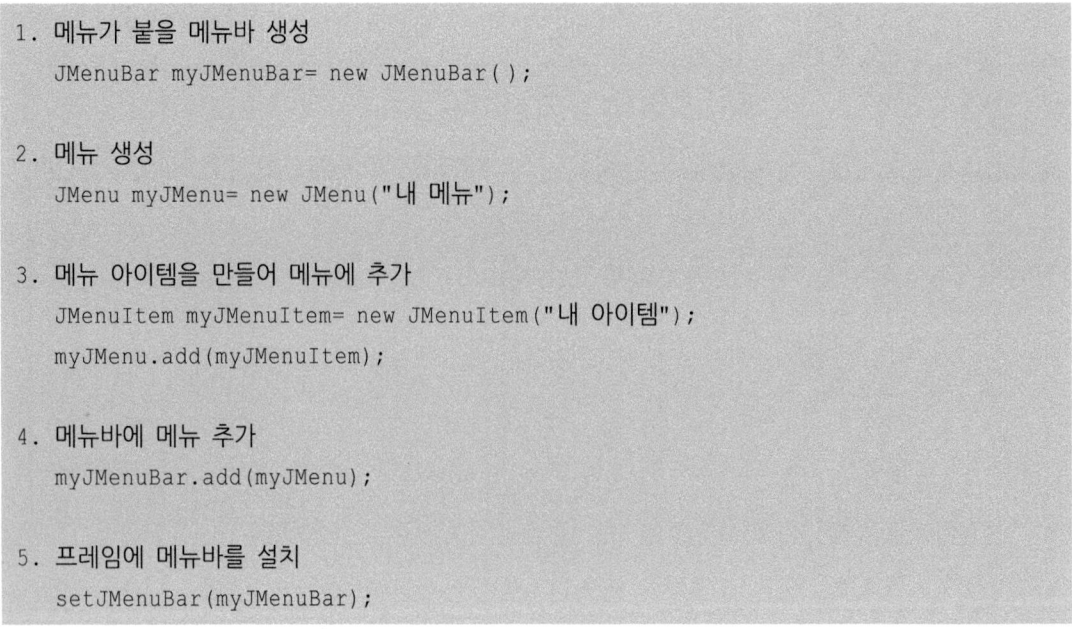

앞에서 배운 JFrame 클래스 내에는 JMenuBar를 사용하는데 필요한 메서드들이 준비되어 있습니다. 다음의 [표 13-50]은 JFrame 내의 JMenuBar 관련 메서드들입니다. 이 중 setMenuBar( ) 메서드를 사용해서 메뉴바를 설치할 수 있습니다.

메서드	설명
void setJMenuBar(JMenuBar menubar)	JMenuBar를 지정
JMenuBar getMenuBar( )	지정된 JMenuBar를 반환

▲ 표 13-50 JFrame 클래스의 JMenuBar 관련 메서드들

다음의 [표 13-51]은 JMenu 클래스의 생성자입니다.

생성자	설명
JMenu( )	레이블이 없는 JMenu
JMenu(String str)	레이블로 문자열 str을 사용하는 JMenu
JMenu(String str, boolean b)	레이블로 문자열 str을 사용하고, b의 값이 true인 경우 분리할 수 있는 JMenu

▲ 표 13-51 JMenu 클래스의 생성자들

JMenuItem 클래스의 생성자는 다음의 [표 13-52]와 같습니다.

생성자	설명
JMenuItem( )	메뉴 레이블이 없는 JMenuItem
JMenuItem(Icon icon)	메뉴 레이블로 아이콘을 사용하는 JMenuItem
JMenuItem(String str)	메뉴 레이블로 문자열을 사용하는 JMenuItem
JMenuItem(String str, Icon icon)	메뉴 레이블로 문자열과 아이콘을 사용하는 JMenuItem
JMenuItem(String str, int mnemonic)	메뉴 레이블로 문자열을 사용하고 키보드 단축키(Mnemonic)를 갖는 JMenuItem

▲ 표 13-52 JMenuItem 클래스의 생성자들

다음 예제는 파일 메뉴와 편집 메뉴를 포함하고 있는 JFrame입니다. 위의 순서대로 JMenuBar, JMenu, JMenuItem를 만들어 붙였음을 알 수 있습니다. 이 예제를 잘 살펴보면, 각 메뉴 아이템에 대한 이벤트 처리를 하기 위해 어떻게 리스너를 연결해야 하는지 알 수 있습니다.

예제   JMenuTest.java

```
 1 : import java.awt.*;
 2 : import java.awt.event.*;
 3 : import javax.swing.*;
 4 : import javax.swing.event.*;
 5 :
 6 : public class JMenuTest extends JFrame
 7 : {
 8 :    JLabel myJLabel= new JLabel();
 9 :
10 :    public JMenuTest()
11 :    {
```

```
12 :        super("메뉴 테스트");
13 :        add("Center", myJLabel);
14 :
15 :        // 1. 메뉴가 붙을 메뉴바 생성
16 :        JMenuBar myJMenuBar= new JMenuBar();
17 :
18 :        // 2. 메뉴 생성
19 :        JMenu myJMenu= new JMenu("내 메뉴");
20 :
21 :        // 3. 메뉴 아이템을 만들어 메뉴에 추가
22 :        JMenuItem myJMenuItem1= new JMenuItem("내 아이템");
23 :        myJMenuItem1.addActionListener(new MyJMenuHandler());
24 :        myJMenu.add(myJMenuItem1);
25 :
26 :        // 4. 메뉴바에 메뉴 추가
27 :        myJMenuBar.add(myJMenu);
28 :
29 :        // 5. 프레임에 메뉴바를 설치
30 :        setJMenuBar(myJMenuBar);
31 :
32 :        setSize(640, 480);
33 :        setLocation(100,100);
34 :        setVisible(true);
35 :        setDefaultCloseOperation(EXIT_ON_CLOSE);
36 :    }
37 :
38 :    public static void main(String[] args)
39 :    {
40 :       new JMenuTest();
41 :    }
42 :
43 :  class MyJMenuHandler implements ActionListener
44 :  {
45 :     public void actionPerformed(ActionEvent e)
46 :     {
47 :        myJLabel.setText("["+ e.getActionCommand() +"] 메뉴를 선택하셨습니다.");
48 :     }
49 :  }
50 : }
```

> 결과

■ JCheckBoxMenuItem과 서브메뉴

메뉴 중에는 다음 그림처럼 독특한 모양의 메뉴도 있습니다. 체크박스메뉴는 8장에서 배운 체크박스처럼 항목의 선택여부를 보여주는 메뉴이고, 서브메뉴는 메뉴 아래 메뉴가 또 있는 형태의 메뉴입니다.

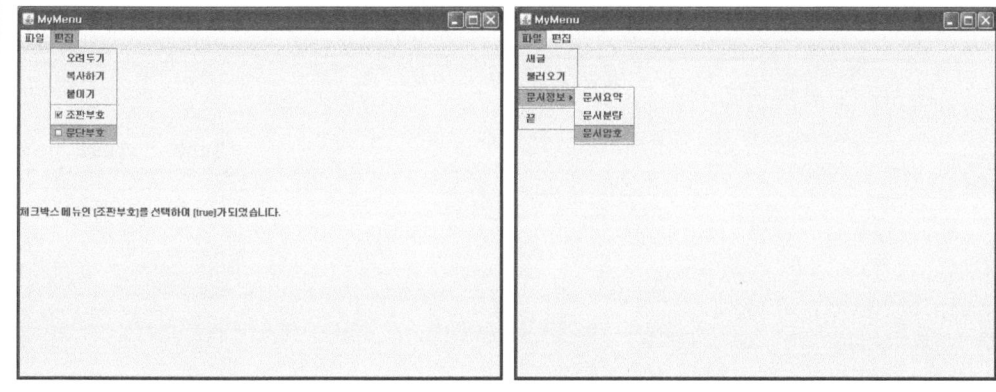

▲ 그림 13-24 체크박스메뉴   ▲ 그림 13-25 서브메뉴

체크박스메뉴는 다음처럼 JMenuItem 클래스 대신 JCheckBoxMenuItem 클래스를 사용하면 됩니다.

```
...
JMenu myJMenu= new JMenu("내 메뉴");
JCheckBoxMenuItem myJCheckBoxMenuItem= new JCheckBoxMenuItem("내 체크박스 메뉴");
myJMenu.add(myJCheckBoxMenuItem);
...
```

Chapter 13 네모네모로직 게임 | 603

다음의 [표 13-53]은 JCheckBoxMenuItem의 대표적인 메서드들입니다.

메서드	설명
boolean getState( )	JCheckBoxMenuItem의 상태를 반환
void setState(boolean flag)	JCheckBoxMenuItem의 상태를 flag로 지정

▲ 표 13-53 JCheckBoxMenuItem의 대표적인 메서드들

서브메뉴의 경우는 다음처럼 JMenuItem 클래스 대신 JMenu 클래스를 사용하면 됩니다. JMenuItem 클래스 대신 JMenu 클래스를 쓰는 만큼, 새로운 아이템을 추가할 수 있습니다.

```
...
JMenu myJMenu= new JMenu("내 메뉴");
JMenu mySubMenu= new JMenu("내 서브메뉴");
JMenuItem mySubMenuItem= new JMenuItem("내 서브메뉴 아이템");
mySubMenu.add(mySubMenuItem);
myJMenu.add(mySubMenu);
...
```

다음 예제는 JCheckBoxMenuItem과 서브메뉴를 포함하는 JFrame입니다. 31행의 addSeparator( ) 메서드는 메뉴에 구분자를 추가하는 메서드입니다. 98행의 dispose( ) 메서드는 끝 메뉴를 선택했을 때, 프레임을 종료시키기 위한 것입니다.

예제 SubMenuTest.java

```
 1 : import java.awt.*;
 2 : import java.awt.event.*;
 3 : import javax.swing.*;
 4 : import javax.swing.event.*;
 5 :
 6 : public class SubMenuTest extends JFrame
 7 : {
 8 :    JLabel myJLabel= new JLabel();
 9 :
10 :    public SubMenuTest()
11 :    {
12 :       super("MyMenu");
13 :       add("Center", myJLabel);
14 :
15 :       // 1. 메뉴가 붙을 메뉴바 생성
16 :       JMenuBar myJMenuBar= new JMenuBar();
17 :
```

```java
18 :        // 2. 메뉴 생성
19 :        JMenu fileMenu= new JMenu("파일");   // 파일 메뉴
20 :        JMenu editMenu= new JMenu("편집");   // 편집 메뉴
21 :
22 :        // 3. 메뉴 아이템을 만들어 메뉴에 추가
23 :        JMenuItem fileMenuItem1= new JMenuItem("새글");
24 :        fileMenuItem1.addActionListener(new MyJMenuHandler());
25 :        fileMenu.add(fileMenuItem1);
26 :
27 :        JMenuItem fileMenuItem2= new JMenuItem("불러오기");
28 :        fileMenuItem2.addActionListener(new MyJMenuHandler());
29 :        fileMenu.add(fileMenuItem2);
30 :
31 :        fileMenu.addSeparator();
32 :
33 :        // 서브메뉴
34 :        JMenu subMenu= new JMenu("문서정보");
35 :        JMenuItem subMenuItem1= new JMenuItem("문서요약");
36 :        subMenuItem1.addActionListener(new MyJMenuHandler());
37 :        subMenu.add(subMenuItem1);
38 :        JMenuItem subMenuItem2= new JMenuItem("문서분량");
39 :        subMenuItem2.addActionListener(new MyJMenuHandler());
40 :        subMenu.add(subMenuItem2);
41 :        JMenuItem subMenuItem3= new JMenuItem("문서암호");
42 :        subMenuItem3.addActionListener(new MyJMenuHandler());
43 :        subMenu.add(subMenuItem3);
44 :        fileMenu.add(subMenu);
45 :
46 :        fileMenu.addSeparator();
47 :
48 :        JMenuItem fileMenuItem3= new JMenuItem("끝");
49 :        fileMenuItem3.addActionListener(new MyJMenuHandler());
50 :        fileMenu.add(fileMenuItem3);
51 :
52 :        JMenuItem editMenuItem1= new JMenuItem("오려두기");
53 :        editMenuItem1.addActionListener(new MyJMenuHandler());
54 :        editMenu.add(editMenuItem1);
55 :
56 :        JMenuItem editMenuItem2= new JMenuItem("복사하기");
57 :        editMenuItem2.addActionListener(new MyJMenuHandler());
58 :        editMenu.add(editMenuItem2);
```

```
59 :
60 :        JMenuItem editMenuItem3= new JMenuItem("붙이기");
61 :        editMenuItem3.addActionListener(new MyJMenuHandler());
62 :        editMenu.add(editMenuItem3);
63 :
64 :        editMenu.addSeparator();
65 :
66 :        // 체크박스메뉴
67 :        JCheckBoxMenuItem checkboxMenuItem1= new JCheckBoxMenuItem("조판부호");
68 :        checkboxMenuItem1.addActionListener(new MyJCheckBoxMenuHandler());
69 :        editMenu.add(checkboxMenuItem1);
70 :        JCheckBoxMenuItem checkboxMenuItem2= new JCheckBoxMenuItem("문단부호");
71 :        checkboxMenuItem2.addActionListener(new MyJCheckBoxMenuHandler());
72 :        editMenu.add(checkboxMenuItem2);
73 :
74 :
75 :        // 4. 메뉴바에 메뉴 추가
76 :        myJMenuBar.add(fileMenu);
77 :        myJMenuBar.add(editMenu);
78 :
79 :        // 5. 프레임에 메뉴바를 설치
80 :        setJMenuBar(myJMenuBar);
81 :
82 :        setSize(640, 480);
83 :        setLocation(100,100);
84 :        setVisible(true);
85 :        setDefaultCloseOperation(EXIT_ON_CLOSE);
86 :    }
87 :
88 :    public static void main(String[] args)
89 :    {
90 :        new SubMenuTest();
91 :    }
92 :
93 :    class MyJMenuHandler implements ActionListener
94 :    {
95 :        public void actionPerformed(ActionEvent e)
96 :        {
97 :            if(e.getActionCommand()=="끝"){
98 :                dispose();
99 :            }else{
```

```
100 :            myJLabel.setText("["+ e.getActionCommand() +"] 메뉴를 선택하셨습니다.");
101 :        }
102 :    }
103 : }
104 :
105 : class MyJCheckBoxMenuHandler implements ActionListener
106 : {
107 :    public void actionPerformed(ActionEvent e)
108 :    {
109 :        JCheckBoxMenuItem item = (JCheckBoxMenuItem)e.getSource();
110 :        myJLabel.setText("체크박스 메뉴인 ["+ item.getText() +"]를 선택하여
                             ["+ item.getState() +"]가 되었습니다.");
111 :    }
112 : }
113 : }
```

결과

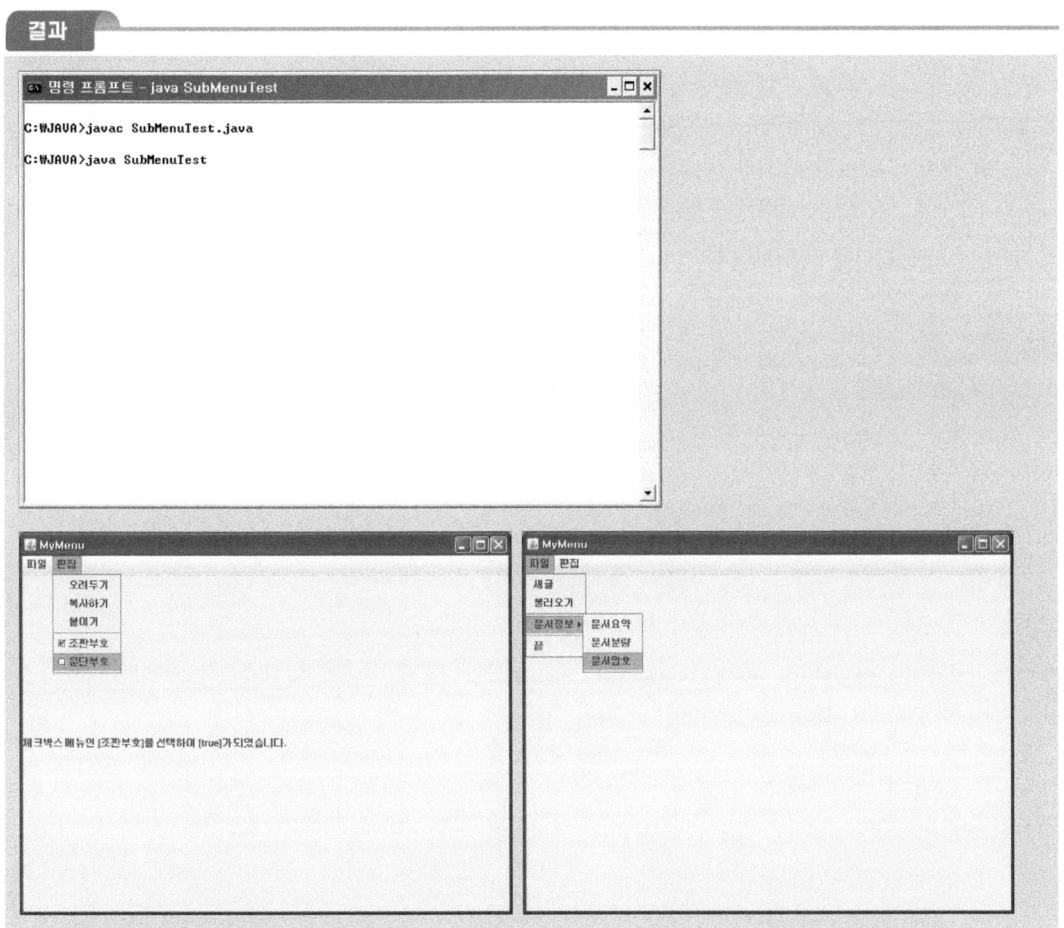

2 JPopupMenu

메뉴 중에는 프로그램 상단에 붙어있는 메뉴 외에 마우스나 특정한 키를 누르면 나타나는 메뉴도 있습니다. 이런 메뉴를 팝업메뉴라고 합니다. 윈도우즈의 경우는 대개 마우스 오른쪽 버튼을 누르면, 자주 사용하는 메뉴 아이템으로 구성된 팝업메뉴가 나타납니다.

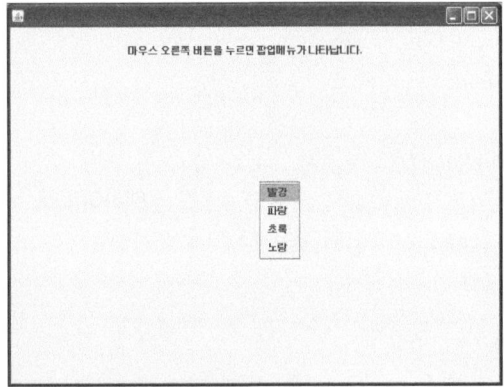

▲ 그림 13-26 윈도우즈의 팝업 메뉴

팝업메뉴를 만드는 방법은 메뉴와 동일합니다. 다만, 메뉴바에 붙일 필요가 없기 때문에 메뉴바를 만들지 않고, add()로 JFrame에 바로 붙인다는 점이 다를 뿐입니다. 다음 예제는 마우스 오른쪽 버튼을 누르면 팝업 메뉴가 나타나도록 한 예제입니다. 19행에서 JMenu 클래스 대신 JPopupMenu 클래스를 사용했습니다. 마우스 버튼을 누르면 MouseEvent가 발생되어 54행의 mouseClicked() 메서드가 호출되고, 58행의 show() 메서드가 실행되어 JPopupMenu가 화면에 나타나게 됩니다.

JPopupMenuTest.java

```
1 : import java.awt.*;
2 : import java.awt.event.*;
3 : import javax.swing.*;
4 : import javax.swing.event.*;
5 :
6 : public class JPopupMenuTest extends JFrame
7 : {
8 :    JLabel myJLabel= new JLabel("마우스 오른쪽 버튼을 누르면 팝업메뉴가 나타납니다.");
9 :    JPopupMenu myJPopupMenu;
10 :
11 :    public JPopupMenuTest()
12 :    {
13 :       setLayout(null);
14 :       myJLabel.setBounds(150, 20, 400, 20);
15 :       add("Center", myJLabel);
```

```
16 :
17 :
18 :        // 팝업 메뉴 생성
19 :        myJPopupMenu= new JPopupMenu();
20 :
21 :        // 메뉴 아이템을 만들어 메뉴에 추가
22 :        JMenuItem myJMenuItem1= new JMenuItem("빨강");
23 :        myJMenuItem1.addActionListener(new MyJMenuHandler());
24 :        myJPopupMenu.add(myJMenuItem1);
25 :
26 :        JMenuItem myJMenuItem2= new JMenuItem("파랑");
27 :        myJMenuItem2.addActionListener(new MyJMenuHandler());
28 :        myJPopupMenu.add(myJMenuItem2);
29 :
30 :        JMenuItem myJMenuItem3= new JMenuItem("초록");
31 :        myJMenuItem3.addActionListener(new MyJMenuHandler());
32 :        myJPopupMenu.add(myJMenuItem3);
33 :
34 :        JMenuItem myJMenuItem4= new JMenuItem("노랑");
35 :        myJMenuItem4.addActionListener(new MyJMenuHandler());
36 :        myJPopupMenu.add(myJMenuItem4);
37 :
38 :        add(myJPopupMenu);                          // 프레임에 팝업메뉴를 설치
39 :        addMouseListener(new MyMouseHandler());  // 마우스 사용을 선언
40 :
41 :        setSize(640, 480);
42 :        setLocation(100,100);
43 :        setVisible(true);
44 :        setDefaultCloseOperation(EXIT_ON_CLOSE);
45 :    }
46 :
47 :    public static void main(String[] args)
48 :    {
49 :        new JPopupMenuTest();
50 :    }
51 :
52 :    class MyMouseHandler extends MouseAdapter
53 :    {
54 :        public void mouseClicked(MouseEvent e)
55 :        {
```

```
56 :            // 마우스 오른쪽 버튼을 누르면 팝업메뉴를 실행
57 :            if((e.getModifiers() & InputEvent.BUTTON3_MASK)!=0){
58 :                myJPopupMenu.show(e.getComponent(), e.getX(), e.getY());
59 :            }
60 :        }
61 :    }
62 :
63 :    class MyJMenuHandler implements ActionListener
64 :    {
65 :        public void actionPerformed(ActionEvent e)
66 :        {
67 :            myJLabel.setText("["+ e.getActionCommand() +"] 메뉴를 선택하셨습니다.");
68 :        }
69 :    }
70 : }
```

결과

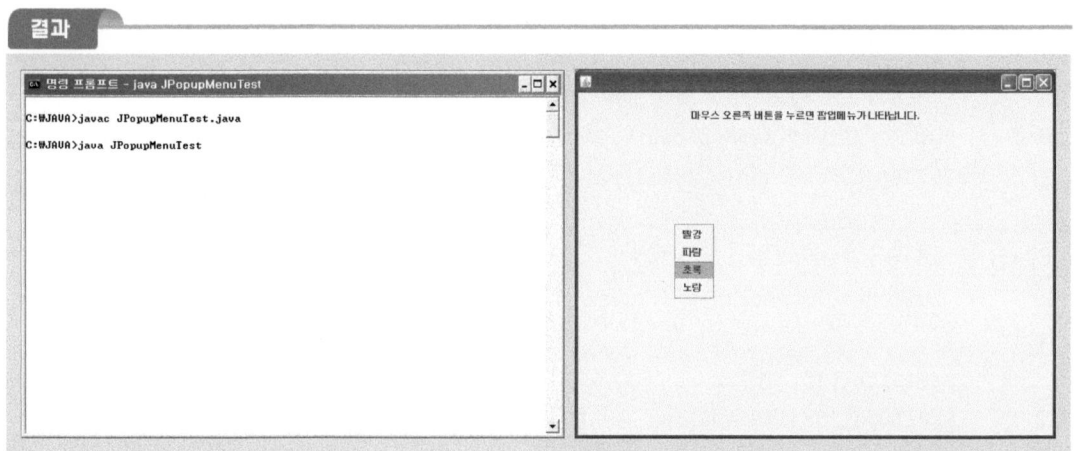

13.5 애플릿 마이그레이션

자바가 컴퓨터 역사를 통틀어 가장 단기간에 가장 많은 주목을 받았으며, 가장 빠른 속도로 성장한 언어라는 것은 누구나 인정하는 사실입니다. 현재 자바와 필적할 만한 언어는 C언어를 변형한 몇몇 언어들(C++, 오브젝티브-C 등)과 스크립트 언어들이 있긴 하지만, 자바만큼 모든 분야에서 폭넓게 사용되는 언어는 전무하다고 할 수 있습니다. 이렇게 유래 없는 대성공을 거둔 자바의 경우에도 최근 몇 가지 고민거리가 생겼습니다.

그 중 가장 큰 고민거리이자 쟁점은 컴퓨터 환경의 변화입니다. 앞에서 언급했던 인터넷의 보급, 컴퓨터 하드웨어의 성능향상, 메모리(RAM) 가격의 하락, 운영체제의 발전 등도 중요한 환경변화입니다만,

가장 큰 변화는 모바일 환경의 보급이라고 할 수 있습니다. 인터넷의 보급으로 웹브라우저가 대중화되었고, 이에 어떠한 컴퓨터 하드웨어에서건 자바 인터프리터만 있으면 실행할 수 있는 자바가 각광받았던 것처럼, 현재의 모바일 환경은 새로운 요구가 나타나고 있습니다. 다행히 자바는 안드로이드 운영체제의 앱 개발 언어로 선정되어, 그 영향력을 잃지 않고 있습니다.

현재 자바가 가장 많이 사용되는 분야는 단연 안드로이드 프로그래밍입니다. 자바 문법과 명령을 사용하여 작성한 안드로이드 앱은 구글 안드로이드 운영체제를 사용하는 모든 스마트기기(스마트폰, 태블릿PC, 웨어러블기기 등)에서 작동되고 있습니다. 구글의 안드로이드와 크롬은 현재에도 세계 1위의 점유율을 나타내고 있으며, 향후에도 계속 성장할 것으로 예측되고 있습니다. 안드로이드 앱 외에는 자바 애플리케이션 형태로 SI 등에 많이 사용되고 있는 것 같습니다. 특히 자바는 데이터베이스, 네트워크, 미디어 등 기업의 빅데이터 환경에 적합한 다양한 명령체계를 구비하고 있기 때문에, 이 분야에서 주된 언어로 사용되고 있습니다.

그런데, 자바의 여러 분야 중 의외로 그 사용범위가 감소한 분야도 있습니다. 자바 초창기에는 많은 사람들에게 자바를 알리고, 열렬한 호응을 얻었던 자바 애플릿이 바로 그 것입니다. 안타깝게도 자바 애플릿은 많은 사람들로부터 잊혀져 가는 듯합니다. 자바 애플릿이 점점 덜 사용되어가게 된 가장 큰 원인은 강력한 경쟁자가 있기 때문입니다. 바로 어도비(Adobe)의 플래시(Flash)입니다. 플래시는 원래 매크로미디어의 제품이었는데, 그 잠재력을 인정한 어도비가 인수하여 발전시켰습니다.

플래시는 자바와 마찬가지로 하드웨어나 운영체제와 상관없이 웹브라우저만 있으면 실행시킬 수 있습니다. 게다가 플래시는 자바보다 훨씬 직관적이고 쉽습니다. 자바가 컴퓨터 언어에서 출발하였기 때문에 애플릿을 작성하기 위해서는 자바 문법과 명령어를 공부하여 직접 입력해야만 한 것과 달리, 플래시는 특별한 언어 없이 어도비 플래시 개발툴에서 동영상을 편집하듯이 쉽게 만들 수 있습니다. 플래시 초창기에는 개발툴로만 제작할 수 있었기 때문에 세밀하고 복잡한 작업은 여전히 자바 애플릿으로 만들어야 했는데, 어도비는 이를 보완하여 자바와 거의 흡사한 액션 스크립트라는 언어를 추가하였습니다. 이제 플래시는 개발툴에서 마우스로 쉽게 만들 수도 있고, 액션 스크립트를 사용하여 세밀하고 복잡한 작업도 가능하게 되었습니다.

플래시는 거의 천하무적이 되었습니다. 국내외의 중요 웹사이트들에 애플릿 대신 플래시가 올라왔고, 중요 메뉴나 특수효과를 플래시로 꾸미는 것이 대세가 되었습니다. 특히 어도비의 주된 고객이 디자이너들이었기 때문에, 자연스럽게 디자이너들은 포토샵, 일러스트레이터, 플래시를 사용하여 일련의 웹개발을 하였습니다. 국내에서도 플래시를 사용하여 제작된 졸라맨, 마시마로, 오인용 등의 플래시 무비와 게임, 웹페이지 등이 큰 인기를 얻었습니다. 플래시는 자바와 마찬가지로 컴퓨터계의 주된 기술로 자리 잡은 것처럼 보였습니다.

하지만, 모든 이의 예상과는 달리 플래시는 하루아침에 몰락하게 됩니다. 바로 컴퓨터 환경이 인터넷에서 모바일로 변화하면서 생긴 일입니다. 플래시는 자바 애플릿과 마찬가지로, 하드웨어에 상관없이 웹 브라우저에서 지원하기만 하면 어디에서건 실행이 가능합니다. 따라서 윈도우즈 운영체제를 사용하는 PC에서 플래시로 작성된 프로그램은 안드로이드 운영체제를 사용하는 삼성 갤럭시폰에서도 잘 작동될 수 있습니다. 그런데 이 점에 이의를 제기한 사람이 나타났습니다. 바로 애플의 창업자인 스티브 잡스입니다.

스티브 잡스는 플래시가 아이폰의 리소스를 지나치게 많이 사용한다는 이유로 아이폰의 사파리 웹브라우저 등에서 지원을 거절하였습니다. 자바 애플릿과 마찬가지로, 플래시도 실행을 위해서는 플래시를 해석하고 실행시키는 가상머신이 웹브라우저 상에 있어야만 하는데, 스티브 잡스는 이러한 가상머신의 설치를 금지시킨 것입니다. 스티브 잡스의 이러한 결정에도 불구하고, 스마트폰 운영체제의 양대 산맥인 안드로이드에서는 플래시가 잘 작동되었기 때문에, 플래시에 대한 컴퓨터업계의 예측은 낙관적이었습니다. 비록 플래시가 스마트폰의 리소스(CPU, 램 등)를 많이 사용해도 향후 스마트기기의 성능이 높아지면 자연스럽게 문제가 해결될 것으로 보았습니다.

그러나 모바일이 급격히 성장하면서, 성능이 아닌 보안이 더 큰 쟁점이 되었습니다. 개인정보 등의 유출이 심각한 사회문제가 되면서, 웹브라우저 업체들은 더 이상 플래시 가상머신과 같은 플러그인(Plugin)의 탑재를 거절하기 시작했습니다. 아무리 좋은 가상머신을 제공해도 웹브라우저 업체는 자신들이 만들지 않은 소프트웨어를 믿을 수 없다며 설치를 거절 한 것입니다. 결국 플래시를 만든 어도비는 향후 플래시의 개발을 중단한다며 항복을 선언했습니다. 다행히 아직까지 대다수의 웹브라우저는 자바 가상머신을 플러그인으로 설치해주고 있습니다. 그러나 자바 애플릿의 경우도 비슷한 순서를 밟게 될 것입니다(플러스인 형태의 가상머신은 애플릿에 국한된 문제입니다. 자바 애플리케이션이나 안드로이드 앱과는 상관없습니다).

세계 제일의 데이터베이스 개발사인 오라클(Oracle)은 천문학적인 금액을 투자하여 썬 마이크로시스템즈를 인수하였습니다. 컴퓨터업계에서는 오라클이 거액을 투자한 주된 이유는 바로 자바 때문이라고 보고 있습니다. 이제 자바의 주된 개발사는 오라클이 되었고, 자연스럽게 자바는 오라클 데이터베이스의 주언어가 되었습니다. 자바는 데이터베이스를 사용하는 기업환경에서 더욱 중요한 언어가 된 것입니다. 이러한 오라클이 최근 '자바 애플릿을 플러그인 없는 자바 기술로 마이그레이션 하기(Migrating from Java Applets to plugin-free Java technologies)'라는 문서를 발표하였습니다. 오라클은 이 문서에서, 플래시, 실버라이트 등 플러그인들의 몰락을 언급하면서 자바 애플릿 등이 향후 지원되지 않을 것이라고 했습니다. 다음은 오라클이 향후 지원하지 않을 클래스들입니다.

```
java.applet.AppletStub
java.applet.Applet
java.applet.AudioClip
java.applet.AppletContext
javax.swing.JApplet
```

이 때문에 최신 자바 JDK를 사용하여 Applet 또는 JApplet을 컴파일하거나 실행하면 다음과 같은 메시지가 출력될 수 있습니다(구버전 JDK에서는 나타나지 않습니다).

```
Note: AppletTest.java uses or overrides a deprecated API.
Note: Recompile with -Xlint:deprecation for details.
```

또는

```
경고: 애플릿API 및 AppletViewer가 사용되지 않습니다.
```

예를 들어, 8장에서 만들어본 AppletTest.java를 다시 한 번 컴파일해보겠습니다(JApplet의 경우도 동일한 메시지가 출력됩니다. 여기에서는 Applet만 테스트해보겠습니다).

AppletTest.java

```
 1 : import java.awt.*;
 2 : import java.applet.*;
 3 :
 4 : public class AppletTest extends Applet
 5 : {
 6 :     public void paint(Graphics g)
 7 :     {
 8 :         g.drawString("처음 만들어 본 자바 애플릿", 50, 100);
 9 :     }
10 : }
```

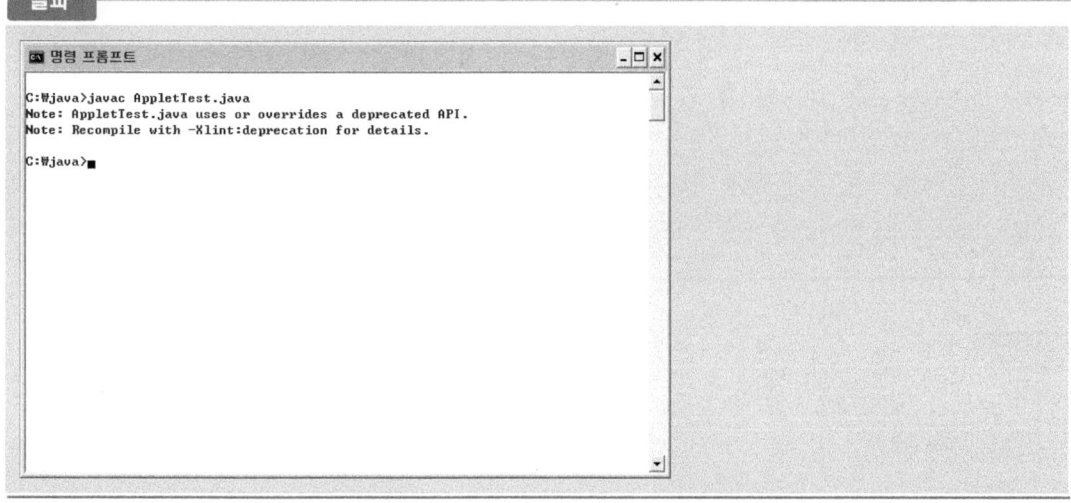

AppletTest.java를 도스창(명령 프롬프트)에서 javac AppletTest.java로 컴파일한 경우입니다. 이클립스를 사용한다면, 자동으로 컴파일되어 실행할 때 다음과 같은 경고문이 나옵니다. 심지어 이클립스에서는 Applet에 취소선(중간선)을 그어 사용하지 않도록 유도하고 있습니다.

```
 1  import java.awt.*;
 2  import java.applet.*;
 3
 4  public class AppletTest extends Applet
 5  {
 6      public void paint(Graphics g)
 7      {
 8          g.drawString("처음 만들어 본 자바 애플릿", 50, 100);
 9      }
10  }
11
```

<terminated> AppletTest [Java Applet] C:\Program Files\Java\jre-10.0.1\bin\javaw.exe (2018. 6. 4. 오전 1:05:33)
경고: 애플릿 API 및 AppletViewer가 사용되지 않습니다.

이 문제를 해결하려면 어떻게 해야 할까요? 우리는 이미 **2.4 Date 클래스**에서 금지된(deprecated) Date 클래스를 SimpleDateFormat 클래스로 바꾸어서 문제를 해결한 적이 있습니다. 이러한 문제를 해결하는 가장 좋은 방법은 해당하는 명령어를 사용하지 않고 새로 제공하는 명령어를 사용하는 것입니다. 그런데, 여기에서는 문제가 된 Applet 또는 JApplet을 대체할 새로운 명령어가 없습니다. 결국 다음 중 한 가지 방법으로 문제를 해결하는 수밖에 없습니다. 이 중 ❸의 방법은 이 책의 범위를 벗어난 것이어서, 여기서는 ❶과 ❷의 방법만을 살펴보도록 하겠습니다.

> ❶ 애플릿(Applet 또는 JApplet)을 포기하고 애플리케이션으로 만든다(마이그레이션).
> ❷ 경고문이 나오지만 무시하고, Applet 또는 JApplet을 그대로 사용한다.
> ❸ 플러그인 형태의 자바 가상머신에서 작동되는 애플릿을 플러그인을 사용하지 않는 Java Web Start 애플리케이션으로 바꾼다.

❶ 애플릿(Applet 또는 JApplet)을 포기하고 애플리케이션으로 만든다(마이그레이션).

이 책에 수록된 예제 중 Applet 또는 JApplet을 사용한 예제는 모두 애플리케이션으로 바꿀 수 있습니다. 이때는 Applet 또는 JApplet 대신 Frame, JFrame을 사용합니다(13장에서 배운 CloseableFrame 클래스를 사용해도 됩니다). 다음은 앞의 AppletTest.java를 JFrame을 사용해서 바꾼 예제입니다.

AppletTest.java

예제

```
1 : import javax.swing.*;   //JFrame을 위한 import
2 : import java.awt.*;
3 :
4 : public class AppletTest extends JFrame
5 : {
```

```
 6 :   public void paint(Graphics g)
 7 :   {
 8 :     g.drawString("처음 만들어 본 자바 애플릿", 50, 100);
 9 :   }
10 :
11 :   public AppletTest()    // Constructor 선언
12 :   {
13 :     setSize(300, 200);
14 :     setVisible(true);
15 :   }
16 :
17 :   public static void main(String[] args)   // main 선언
18 :   {
19 :     new AppletTest();
20 :   }
21 : }}
```

Applet 대신 JFrame을 상속 받았고, 생성자(Constructor)와 main( ) 메서드를 만들어주었습니다. 애플릿의 경우는 9.1 애플릿 라이프 사이클의 이해에서 배운대로 init( ) 메서드부터 시작되지만, 애플리케이션은 반드시 main( ) 메서드가 있어야하고, 클래스를 생성하는 과정이 필요합니다. 만일, init( ) 메서드가 있는 애플릿을 애플리케이션으로 바꾸는 경우에는 init( )를 생성자 내에서 호출하거나, init( ) 메서드의 내용을 생성자 안으로 옮겨주면 됩니다. 바꾼 AppletTest를 컴파일하거나 실행하면 경고 메시지가 나타나지 않습니다.

결과

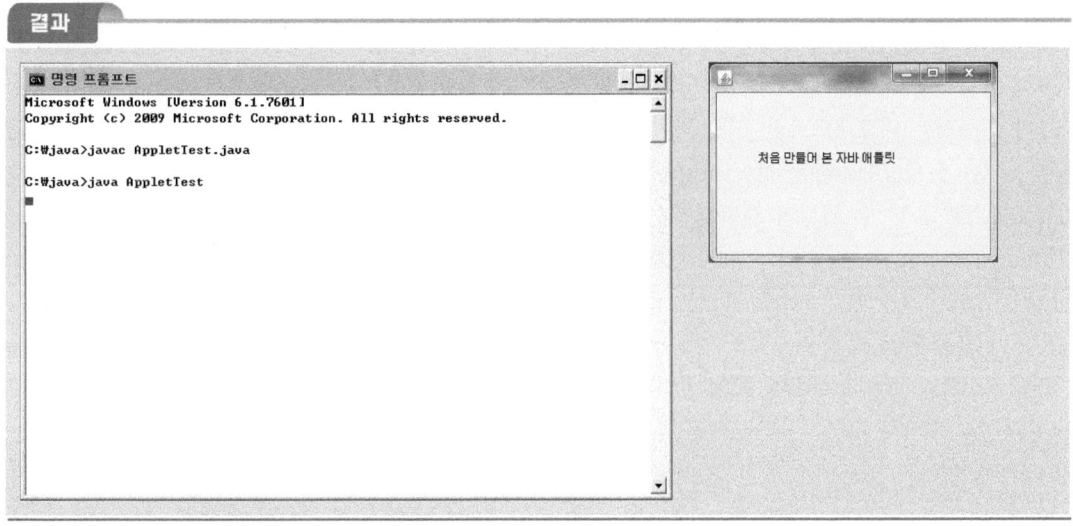

❷ 경고문이 나오지만 무시하고 Applet 또는 JApplet을 그대로 사용한다.

조금 무책임한 것 같지만, 메시지는 무시하고 Applet 또는 JApplet을 그대로 사용하는 것도 한 가지 방법입니다. 현재 Applet 또는 JApplet과 관련된 메시지는 에러가 아니고 경고문이기 때문에 프로그램의 컴파일, 실행에는 전혀 영향이 없습니다. 완성된 프로그램도 애플릿을 지원하지 않는 웹브라우저에서는 작동되지 않겠지만, 현재의 대다수 웹브라우저와 애플릿뷰어(appletviewer)에서는 잘 작동합니다.

금지된(deprecated) 명령어도 Applet과 JApplet 등이고, 그 외의 명령어는 향후에도 잘 작동될 것입니다. 어디까지나 예측이지만, 오라클의 입장에서도 굳이 애플릿을 작동 못하게 막을 이유는 없습니다. 향후에 자바 가상머신 플러그인을 지원하지 않는 웹브라우저가 사용된다면, 굳이 애플릿을 작동 못하게 막지 않더라도 자연스럽게 사용하지 않게 될 것이기 때문입니다.

애플릿은 자바를 공부하기에 매우 훌륭한 예제입니다. 애플릿 라이프 사이클 등 애플릿에 국한된 부분도 있지만, 그 외의 대부분은 자바 그래픽, 미디어, 컴포넌트, 레이아웃, 이벤트 등을 공부하는데 매우 좋은 예제입니다. 제작된 애플릿도 인터넷을 통해 서버-웹브라우저에서 작동하는 경우라면 웹브라우저의 눈치를 봐야하지만, 애플릿뷰어를 사용한다면 얼마든지 훌륭하게 실행시킬 수 있습니다. 애플릿을 만들면서 충분히 자바 프로그래밍 실력을 향상시키고, 향후에 Java Web Start, JavaEE, JavaME, JavaFX, JavaMF, JDBC 등으로 지식을 넓힌다면, 애플릿을 원하는 형태로 마이그레이션 시키는 것은 그리 어려운 일은 아닐 것입니다.

13.6 네모네모로직 게임 만들기

1 기획 및 분석

훌륭한 프로그램을 작성하기 위해서는 대상을 철저히 분석해서 분명히 알고 있어야 합니다. 잘 알지 못하는 문제를 풀어서 훌륭한 답안을 작성한다는 것은 불가능한 일입니다. 따라서 네모네모로직 게임을 만들기 위해서는 네모네모로직이라는 것이 어떤 퍼즐인지, 어떻게 푸는 것인지를 좀 더 철저하게 이해하지 않고는 프로그램화하는 것이 불가능합니다. 따라서 먼저 네모네모로직을 철저히 분석하고 어떻게 프로그램으로 옮길 수 있는지 생각해봅시다.

네모네모로직은 2개의 간단한 규칙으로 이루어져 있습니다. ① 가로, 세로 각 행과 열에 있는 숫자의 수만큼 연속해서 칸을 채우면 됩니다. ② 한 줄에 숫자가 2개 이상인 경우에는 쓰여 있는 숫자대로 칸을 칠하고, 첫 번째 숫자에 속해서 칠해진 부분과 그 다음 숫자에 속해서 칠해진 부분 사이에는 한 칸 이상을 공란으로 두어야 합니다. 이 2개의 규칙을 지키는 모든 칸을 칠하면 퍼즐이 풀리게 되는 것입니다. 다음의 [그림 13-27]은 가로가 10칸, 세로가 10칸인 네모네모로직 샘플입니다. 이 샘플 네모네모로직을 함께 풀면서 2개의 규칙을 만족하는 모든 칸을 어떻게 찾을 수 있는지 알아봅시다.

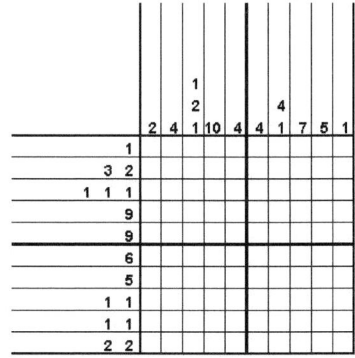

▲ 그림 13-27 가로 10칸, 세로 10칸인 샘플 네모네모로직

위의 [그림 13-27]을 보면 우측 하단의 네모난 부분을 중심으로 오른쪽과 위쪽에 숫자들이 있는 것을 알 수 있습니다. 설명을 쉽게 하기 위해서 우선 각 부분의 명칭을 정합시다. 우측 하단의 네모들이 가득 든 격자 부분을 편의상 '보드'라고 합시다. 보드를 중심으로 위쪽의 숫자들을 '컬럼(열)'이라고 하고, 좌측의 숫자들을 '로우(행)'라고 합시다. 컬럼과 로우의 숫자들은 연속해서 색이 칠해진 칸의 수를 의미합니다. 따라서 위의 [그림 13-27]에서 컬럼의 10인 부분은 다음의 [그림 13-28]처럼 칠할 수 있습니다.

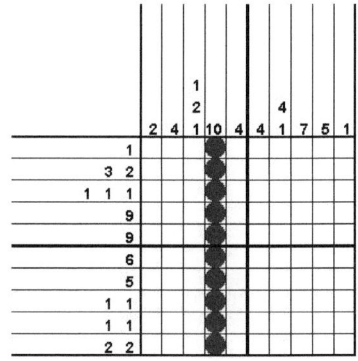

▲ 그림 13-28 샘플 네모네모로직에서 10인 부분을 칠한 경우

10뿐만 아니라 큰 수들은 대개 어느 정도 칠할 수 있습니다. 예를 들어, 로우의 9와 같은 경우는 어디에서 시작하더라도 가운데 8칸은 다음의 [그림 13-29]처럼 반드시 칠해집니다.

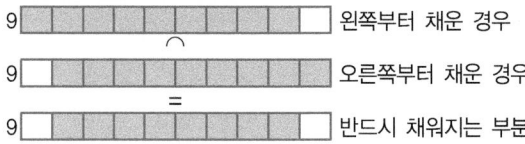

▲ 그림 13-29 9인 경우에 반드시 칠해지는 부분

6이나 7과 같은 숫자도 다음의 [그림 13-30]처럼 어느 칸부터 시작되더라도 반드시 칠해지는 부분이 있습니다.

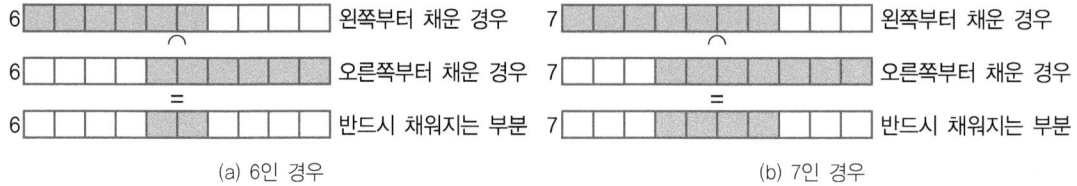

▲ 그림 13-30 6이나 7인 경우에 반드시 칠해지는 부분

즉 한 쪽 끝에서부터 칠하는 경우와 반대 쪽 끝에서부터 칠하는 경우 모두에 속하는(교집합인) 칸들은 반드시 칠해지는 칸입니다. 샘플 네모네모로직에서 이와 같이 반드시 칠해지는 경우를 모두 칠하면 다음의 [그림 13-31]처럼 됩니다.

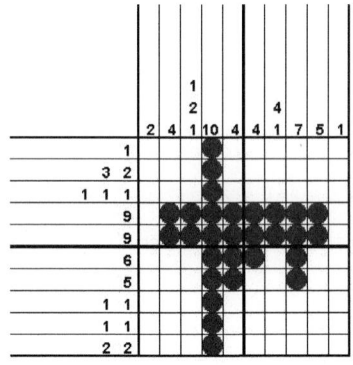

▲ 그림 13-31 반드시 칠해지는 부분을 모두 표시한 샘플 네모네모로직

한 줄에 숫자가 2개 이상인 경우는 숫자만큼 칸을 칠하고, 첫 번째 숫자에 속해서 칠해진 부분과 그 다음 숫자에 속해서 칠해진 부분 사이에 적어도 한 칸 이상의 공란이 있다는 것이 2번째 규칙이었습니다. 따라서 컬럼의 4, 1은 일단 어디서부턴가 4칸이 칠해지고, 한 칸 이상이 떨어진 후 1칸이 칠해진다는 뜻입니다. 이러한 두 숫자 사이에 몇 칸이 비어있을 지는 알 수 없습니다만, 전체 칸의 수가 10칸이기 때문에, 최소 1칸, 최대 5칸인 것은 알 수 있습니다. 이와는 반대로 숫자가 하나라면, 떨어진 두 개 이상의 칠해진 부분은 하나로 합쳐져야 합니다. 다음의 [그림 13-32]는 직관적으로 규칙을 만족시키는 부분을 모두 표시한 것입니다.

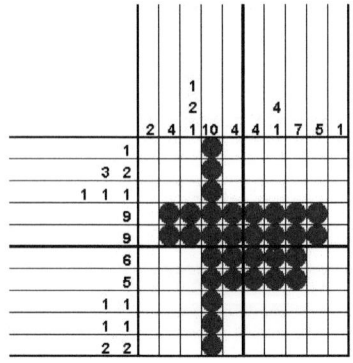

▲ 그림 13-32 샘플 네모네모로직에서 규칙을 만족시키는 부분을 표시한 경우

그런데, 검게 칠할 부분을 찾는 것도 중요하지만 검게 칠하지 않아도 될 부분이나 칠해지지 않을 것으로 확신이 가는 부분을 먼저 계산하여 × 표시를 해두는 것이 중요합니다. × 표시를 하다보면 자연스럽게 규칙을 만족하는 칸들이 보이게 됩니다. 다음의 [그림 13-33]은 칠해지지 않을 것으로 확신이 가는 부분에 × 표시를 한 것입니다.

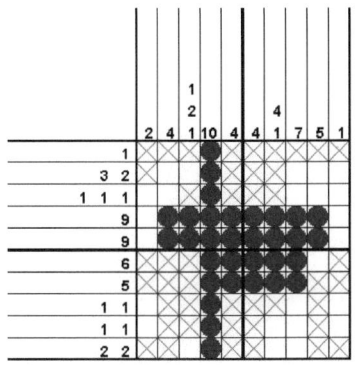

▲ 그림 13-33 칠해지지 않을 것으로 확신이 가는 부분

× 표시를 하고 보면, 규칙에 따라 반드시 칠해져야하는 칸들이 나타납니다. 이런 칸들을 채우고 나면 다시 × 표시를 할 수 있는 칸들이 나타납니다. 칸을 채우는 일과 × 표시를 하는 일을 반복해서 하다보면 정답을 알 수 있습니다. 처음에는 해당하는 칸을 찾는 것이 쉽지 않은 일이지만, 여러 문제를 풀다보면 매우 빠른 속도로 칸에 표시할 수 있게 됩니다. 다음의 [그림 13-34]는 연속해서 칸을 칠하고 × 표시를 해서 규칙을 만족하는 모든 칸을 찾은 경우입니다.

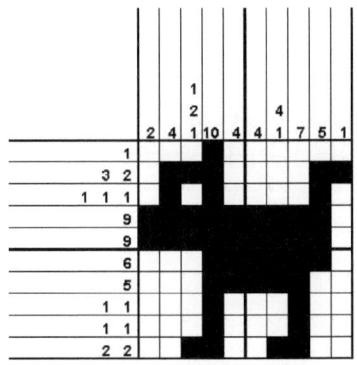

▲ 그림 13-34 규칙에 맞는 모든 칸을 표시한 샘플 네모네모로직

다음은 네모네모로직 전문지에 나와 있는 네모네모로직 '완벽해법가이드' 부분입니다. 잘 읽어보고 네모네모로직을 하는 법을 명확하게 알고 프로그램 제작에 들어가도록 합시다.

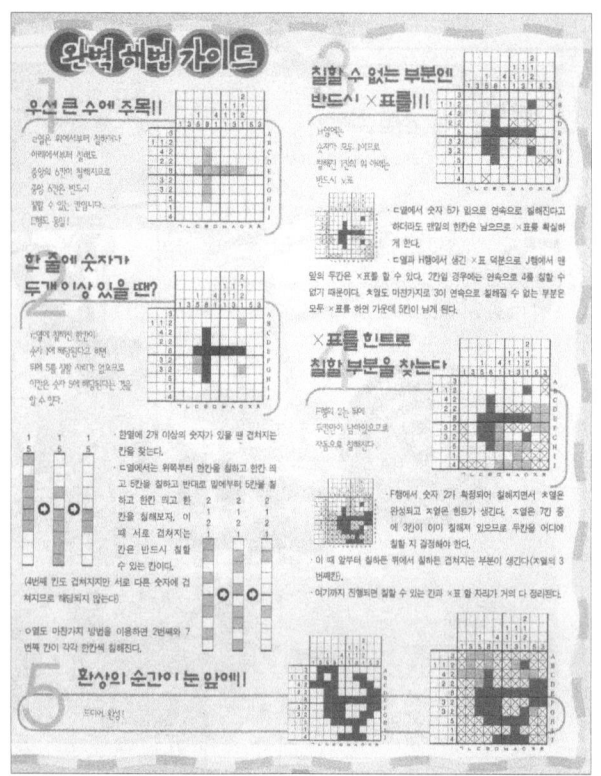

▲ 그림 13-35 로또네모네모의 완벽해법가이드 부분

네모네모로직을 어떻게 하는지 분명히 알았다면, 어떤 식으로 프로그램을 구현할 지 생각해봅시다. 현재 네모네모로직을 자바 애플릿 형태로 제공하는 웹사이트가 몇 곳 있지만, 우리는 기존의 자바 애플릿은 생각하지 말고 최초로 네모네모로직을 컴퓨터 속으로 옮긴다고 가정합니다.(디지털재팬이나 로직헌터닷컴과 같은 사이트에서 제공하는 다양한 기능은 아직 생각하지 않습니다. 이러한 부수적인 기능들은 프로그램이 완성된 후 추가해도 늦지 않습니다.)

① 최대한 종이와 연필, 그리고 지우개로 푸는 네모네모로직에 가깝게 만듭니다.
② 스윙을 사용하여 자바 애플리케이션으로 제작합니다.
③ 게임 프로그램과 네모네모로직 데이터를 분리해서, 데이터를 바꾸기만 하면 같은 게임 프로그램으로 여러 가지 퍼즐을 풀 수 있도록 합니다.
④ 마우스만으로 퍼즐을 풀 수 있도록 합니다. 왼쪽 마우스 버튼으로는 색칠을 하고, 오른쪽 마우스 버튼으로는 × 표시를 합니다. 한 번 클릭한 칸을 다시 클릭하면 지워집니다.
⑤ 어느 칸을 마우스 커서로 가리키고 있는지 분명하도록, 컬럼과 로우에서 마우스 커서의 위치를 표시합니다.
⑥ 문제를 푸는 동안에는 파란색 원과 빨간색 × 표시로 나타내고, 문제를 푼 경우(정답을 맞춘 경우)에는 검정색으로 원이 그려진 칸을 까맣게 칠하고 × 표시는 제거합니다.
⑦ 정답을 모를 때 포기하거나 테스트용으로 정답을 알고 싶을 때 사용할 명령을 정합니다. (메뉴의 Answer를 선택하면 답을 보여주도록 했습니다.)

위의 내용은 생각나는 것들을 대충 정리한 것입니다. 게임을 만드는 사람은 이외에도 다양한 기능을 추가하고 싶을지 모르겠습니다. 그런데 중요한 점은 가장 핵심이 되는 기능을 먼저 설계하는 것입니다. 예를 들어 어떤 칸을 누르면 폭발이 일어난다거나, 2인 이상이 채팅을 하면서 먼저 푼 사람이 이기도록 한다거나 하는 것들은 일단 1인용의 순수한 네모네모로직 게임이 완성된 후에 추가하거나 확장할 수 있습니다.

2 화면 디자인

화면 디자인이나 그래픽 유저 인터페이스(GUI)를 설계하는 일은 대단히 중요한 일입니다. 화면 디자인이 어려워서라기보다는 화면 디자인이 전체 프로그래밍의 방향이나 설계에 큰 영향을 끼치기 때문입니다. 화면을 어떻게 배치하느냐에 따라 데이터구조나 알고리즘, 클래스들을 어떻게 설계할 지가 달라질 수 있습니다. 또한 게임이 완성된 후에도 게임의 수준을 가늠하는 중요한 역할을 하기도 합니다.

우리가 만드는 네모네모로직 게임은 최대한 종이와 연필, 그리고 지우개로 푸는 기존의 네모네모로직에 가깝게 만들기로 했기 때문에, 다음의 그림처럼 컬럼과 로우, 그리고 보드의 세 부분으로 이루어지도록 합니다. 화면 디자인 단계에서 결정할 일은 아니지만, 어차피 우리가 프로그래밍을 할 것이기 때문에, 미리 레이아웃을 생각해본다면 먼저 보더 레이아웃을 생각할 수 있습니다. 그런데, 보더 레이아웃은 동(East), 서(West), 남(South), 북(North), 중앙(Center)의 구역으로 나누어 배치하고, 레이아웃 매니저가 각 구역의 컴포넌트의 크기를 마음대로 조절하기 때문에 적절하지 않습니다.

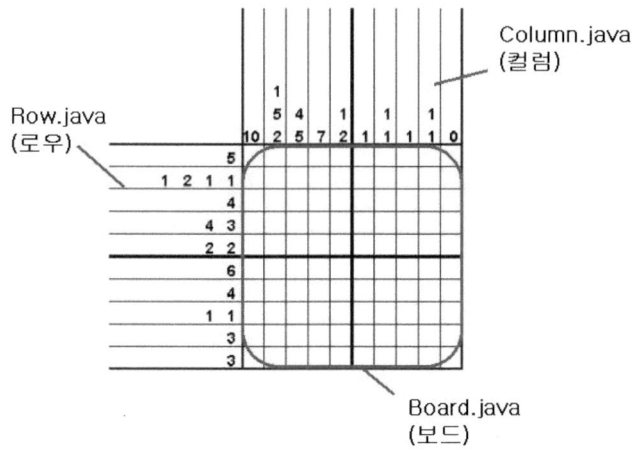

▲ 그림 13-36 네모네모로직 게임의 화면 디자인

보더 레이아웃이 적절하지 않다면, 2행 2열의 그리드 레이아웃으로 하고, 1행 1열은 아무 것도 표시 않는 캔버스로 채워 넣는 방법이 있습니다. 1행 2열에는 컬럼, 2행 1열에는 로우, 2행 2열에는 보드를 그리면 됩니다. 하지만 프로그래머에 따라서는 아무 일도 안하는 빈 컴포넌트(캔버스)를 1행 1열에 채우는 것이 마음에 안들 것입니다. 이런 경우에는 null 레이아웃을 사용해서 컬럼, 로우, 보드의 좌표를 직접 지정해도 됩니다. 우리는 두 번째 방식인 null 레이아웃을 사용하도록 하겠습니다.

종이에 그려진 퍼즐을 연필과 지우개로 푸는 동안에는 보통 칠해져야할 칸에 ○ 표시를 하고, 칠해지지 않을 것으로 확신이 가는 칸에는 × 표시를 합니다. 이렇게 연필로 풀 때 칠해져야할 것으로 예상되는 칸을 완전히 색칠하지 않는 이유는 실수로 잘못 칠했을 때 지우개로 지우기 어렵기 때문입니다. 우리가 만드는 네모네모로직 게임에서는 프로그램 상에서 쉽게 칸을 지울 수 있기 때문에 굳이 ○ 표시를 할 필요 없이 바로 칠할 수 있습니다. 그러나 만약 바로 검게 칠하면 퍼즐이 완전히 풀렸는지 여부를 알 수 없기 때문에, 이를 구분하기 위해서 로직을 푸는 동안에는 파란색으로 ● 표시를 하고 × 표시는 빨간색으로 합니다. 완전히 퍼즐이 풀린 경우에는 아래의 [그림 13-37]처럼 × 표시를 모두 없애고 ● 표시를 ■ 표시로 바꿔서 칸을 모두 채우도록 합니다.

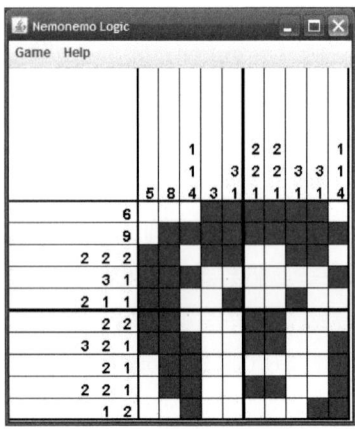

▲ 그림 13-37 퍼즐이 모두 풀린 경우

우리가 만드는 네모네모로직 게임이 최대한 종이와 연필을 사용하는 네모네모로직에 가깝게 디자인되었지만, 컴퓨터로 푸는 이득이 한두 개쯤은 있는 것도 좋을 것 같군요. 그래서 몇 가지 편리한 기능을 추가했습니다. 그 중 하나는 현재의 마우스의 위치를 분명하게 알도록 컬럼과 로우에 관련된 숫자들을 다른 색으로 표시하는 것입니다. 마우스 커서가 보드 위에 위치하면 해당하는 칸과 관련있는 컬럼과 로우의 숫자들이 다음의 [그림 13-38]처럼 노란색 바탕의 검정 글씨로 표시되어 알아보기 쉽게 됩니다.

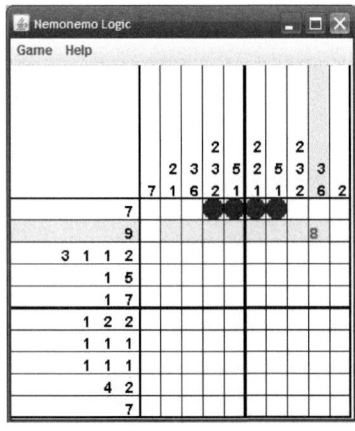

▲ 그림 13-38 마우스 커서가 있는 위치를 컬럼과 로우에서 표시하는 기능

또 다른 기능은 답을 모를 때 정답을 알아내는 방법입니다. 정답을 모를 때 포기하거나 테스트용으로 정답을 알고 싶을 때 사용할 명령을 정합니다. 우리는 메뉴의 Answer 명령을 선택하면 답을 보여주도록 했습니다.

3 데이터구조와 알고리즘

우리가 만드는 네모네모로직 게임은 하나의 프로그램에서 데이터를 읽어 다양한 퍼즐을 풀 수 있도록 할 예정입니다. 데이터를 읽는 방법은 여러 가지가 있지만, 여기서는 *.nemo 파일을 읽어서 데이터를 전달받는 방식을 사용하겠습니다. nemo 파일은 파일의 확장자가 nemo인 단순한 텍스트 파일로, 1과 0으로 표시된 네모네모로직 데이터가 저장되어 있습니다. 따라서 nemo 파일을 선택하기만 하면, 서로 다른 퍼즐을 풀 수 있게 됩니다. 예를 들어 앞에서 언급한 샘플 네모네모로직의 nemo 파일(강아지.nemo)은 다음과 같습니다.

```
0001000000011100001101010000101111111101111111110000111110000111110000011000100001000100001000011001100
```

이 데이터 파일을 읽어서 플레이어가 입력한 답(마우스로 클릭하여 채운 칸들)과 같은지 비교하게 됩니다. 따라서 2개의 중요한 변수가 필요하게 되는데, 하나는 정답인 데이터 값을 읽어서 저장해둔 data 변수이고, 다른 하나는 플레이어의 입력을 저장한 temp 변수입니다.

```
String data;    → 문제의 정답
int temp[ ];    → 플레이어가 입력한 답
```

data의 경우는 String형으로 선언하고, temp는 int형 배열로 선언했습니다. 물론 둘 다 String형으로 하거나 또는 int형 배열로 하여 통일시킬 수도 있지만, data의 경우는 프로그램 실행 중에 바뀔 일이 없기 때문에 String형 값을 그대로 둔 것입니다. temp의 경우는 플레이어가 클릭을 할 때마다 계속 변경되어야하기 때문에 String형으로는 좀 불편해서 int형의 배열로 선언했습니다.

data에 저장되는 문자열(파일에서 읽어온 데이터)을 보면 '1' 또는 '0' 문자가 100개입니다. 이는 우리가 만든 네모네모로직 게임의 칸 수가 가로 10행, 세로 10열이기 때문입니다. 따라서 각 문자는 해당 위치의 칸의 상태로, 칠해진 칸은 '1', 비어있는 칸은 '0'이 됩니다. 플레이어의 입력을 나타내는 temp에 저장되는 값에는 0과 1, 그리고 2가 있습니다. temp의 경우는 플레이어가 아무런 표시도 안한 칸은 0이고(초기치), ● 표시를 하면 1, × 표시를 하면 2가 됩니다. 따라서 data의 모든 '1'인 칸에 해당하는 temp의 값이 1이고, data의 모든 '0'인 칸에 해당하는 temp의 값이 1이 아니면 퍼즐이 풀린 것입니다. 바꿔 말하면, data의 모든 '1'인 칸에 해당하는 temp의 값이 1이 아니고, data의 모든 '0'인 칸에 해당하는 temp의 값이 1이면 퍼즐은 안 풀린 것이 됩니다. 이 점은 다음처럼 체크할 수 있습니다.

▼ 게임의 종료 여부(퍼즐이 풀렸는지)를 체크하는 루틴

```
boolean endFlag= true;
for(int j=0; (j<10)&&endFlag; j++){
   for(int i=0; (i<10)&&endFlag; i++){
      if((data.charAt(j*10+i)=='1')&&(temp[j*10+i]!=1)) endFlag=false;
      else if((data.charAt(j*10+i)!='1')&&(temp[j*10+i]==1)) endFlag=false;
   }
}
```

위 루틴을 실행하고 endFlag의 값이 true이면 퍼즐이 풀린 것입니다. 따라서 매 번 플레이어가 마우스로 클릭하고 난 후에는 위의 루틴을 실행해서 퍼즐이 풀렸는지를 검사해야 합니다. 이렇게 게임을 초기화하고(정답을 저장하고) 종료를 체크하는 과정은 비교적 쉽게 해결되었습니다. 그런데, 문제는 컬럼과 로우에 숫자를 출력하는 일입니다. 이 부분은 상당히 까다로운 부분입니다. 우리가 데이터 파일로부터 받는 것은 '1'과 '0'으로만 표시된 String형 문자열이기 때문에, '1'이 가로 또는 세로로 몇 개씩 연속되었는지, 또 '0'으로 구분된 연속된 '1'의 개수가 몇 개인지 등을 직접 계산해야 합니다.

먼저 컬럼에 숫자들을 출력하는 과정을 살펴보겠습니다. 컬럼은 모두 10개의 칸이지만 각 칸이 몇 개의 숫자인지는 알 수 없습니다. 만일, data의 0, 10, 20, 30, 40, 50, 60, 70, 80, 90번째 값이 모두 '1'이라면 1번째 컬럼의 수는 10입니다. 그런데 만일 0, 10, 20번째 값은 '1'이고 40, 50번째 값은 '0'이며, 60, 70, 80, 90번째 값이 '1'이라면, 1번째 컬럼의 수는 3, 4가 됩니다. 결국 같은 세로 줄(열)에 위치한 data의 값들 중 연속한 '1'의 개수를 구해야 합니다.

```
int columnNums[ ][ ];    → 해당 열에 연속한 '1'의 개수를 표시
int numOfColumn[ ];      → '0'으로 끊어진 연속한 '1'의 개수가 몇 개인가를 표시
```

연속한 '1'의 개수를 계산하기 위해서 우선, columnNums라는 int형 2차원 배열 변수를 선언했습니다. 2차원인 이유는 숫자가 여러 개일 수 있기 때문입니다. 예를 들어 3열의 연속한 '1'의 개수가 2, 4, 1이라면 columnNumbs[3][0]은 2, columnNumbs[3][1]은 4, columnNumbs[3][2]는 1이 됩니다. 그런데, 컬럼의 각 열을 나타내는 수는, 1열은 10, 2열은 5, 2, 3열은 1, 1, 1, 1하는 식으로 모두 다를 수 있습니다. 따라서 각 열이 몇 개의 연속한 '1'의 개수를 나타내는 수로 되어 있는지를 numOfColumn이라는 int형 배열에 저장해둡니다. columnNums와 numOfColumn의 값을 구하는 루틴은 다음과 같습니다.

▼ 컬럼에서 각 열의 연속된 '1'의 개수를 구하는 루틴

```
for(int x=0; x<10; x++){
   int count= 0;    → 연속된 '1'의 개수
   int pos= 0;     → 몇 번째 연속된 '1'의 개수를 나타내는 수인지를 표시
```

```
    for(int i=x; i<100; i+=10){             → 같은 열에 속한 data의 값을 비교
        if(data.charAt(i)=='0' && count>0){  → 연속하지 않은 경우('0'인 경우)
            columnNums[x][pos++]= count;
            count= 0;
        }else if(data.charAt(i)=='1' && count>=0){ → 연속한 경우('1'인 경우)
            count++;
        }
    }

    if(count>0) columnNums[x][pos++]= count;
    if(pos==0)  columnNums[x][pos++]= 0;

    numOfColumn[x]= pos;
}
```

로우의 경우는 컬럼과 마찬가지지만 오히려 더 쉽게 이해될 수도 있습니다. 컬럼의 경우는 1, 11, 21, 31, 41, 51, 61, 71, 81, 91하는 식으로 10씩 떨어진 위치의 값들이 같은 열에 해당하는 값이기 때문에, 같은 열에 속한 data의 값을 찾기 위해 10씩 건너뛰었지만, 로우는 건너 뛸 필요가 없습니다. 예를 들어 3행에 속하는 데이터의 값들은 20, 21, 22, 23, 24, 25, 26, 27, 28, 29번째 값들입니다. 로우의 경우는 rowNums와 numOfRow 배열에 계산한 값을 저장하는데, 각각 컬럼의 columnNums와 numOfColumn에 해당합니다.

```
int rowNums[ ][ ];   → 해당 행에 연속한 '1'의 개수를 표시
int numOfRow[ ];     → '0'으로 끊어진 연속한 '1'의 개수가 몇 개인가를 표시
```

행이기 때문에 i가 10씩 건너뛰지 않고 1씩 증가한다는 점만 주의하면 로우도 컬럼과 같습니다.

```
for(int x=0; x<10; x++){
    int count= 0    → 연속된 '1'의 개수
    int pos= 0 ;    → 몇 번째 연속된 '1'의 개수를 나타내는 수인지를 표시

    for(int i=x*10; i<(x+1)*10; i++){         → 같은 행에 속한 data의 값을 비교
        if(data.charAt(i)=='0' && count>0){   → 연속하지 않은 경우('0'인 경우)
            rowNums[x][pos++]= count;
            count= 0;
        }else if(data.charAt(i)=='1' && count>=0){ → 연속한 경우('1'인 경우)
            count++;
        }
    }
```

```
    if(count>0) rowNums[x][pos++]= count;
    if(pos==0)  rowNums[x][pos++]= 0;

    numOfRow[x]= pos;
}
```

컬럼과 로우에서 연속된 '1'의 개수를 구하는 루틴은 약간 까다롭기는 하지만, 꼼꼼히 살펴보고 변수 값의 변화를 추적하면 쉽게 이해할 수 있는 수준입니다. 그런데, 이러한 루틴은 어떻게 만드는 것일까요? 이렇게 루틴을 만드는 일이 프로그래밍에서 가장 중요하다는 알고리즘 작성입니다. 우리는 지금까지 자바의 문법과 여러 기능들을 배웠지만, 일단 자바 문법과 기능에 익숙해지고 나면 그 다음부터는 알고리즘을 만들 수 있어야합니다. 알고리즘을 작성하는 능력은 단기간에 이루기는 어렵고, 여러 프로그램을 분석하고 수정하거나 새로운 프로그램을 만드는 일을 꾸준히 하다보면 얻어지게 됩니다. 마치 영어 문법과 단어를 알아도 영작을 자유롭게 하기 위해서는 많은 연습이 필요한 것과 같습니다.

4 클래스 설계

객체 지향 프로그래밍에서는 화면 디자인과 데이터구조, 알고리즘 등이 클래스(객체)와 연관되는 것이 일반적입니다. 우리가 만드는 네모네모로직 게임에서도 화면 디자인에서 구분한대로 컬럼, 로우, 보드를 나타내는 3개의 클래스(Column, Row, Board)를 만들어 전체 게임을 나타내는 Nemonemo 클래스의 해당하는 자리에 붙이도록 합시다. 따라서 총 4개의 클래스는 다음의 [그림 13-39]와 같은 구조가 됩니다.

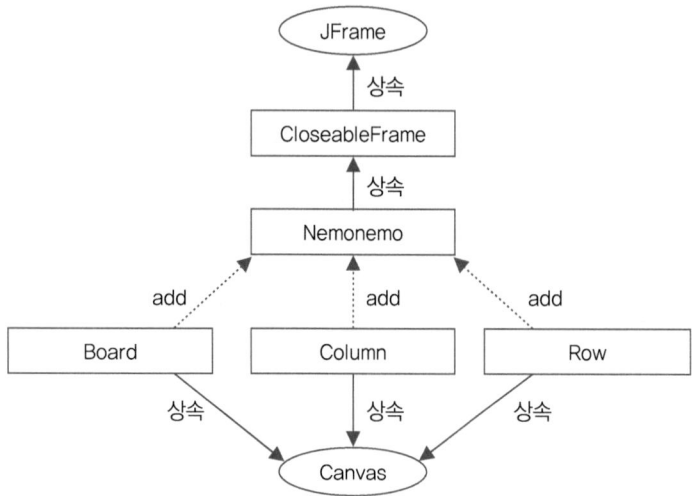

▲ 그림 13-39 네모네모로직 게임의 클래스 구조

전체 게임을 관리하는 Nemonemo 클래스는 Applet 클래스를 상속받아서 만든 메인 클래스로, HTML 문서가 전달하는 퍼즐 데이터를 data 변수에 저장하고 나머지 3개의 클래스로 만든 컴포넌트를 화면의 적절한 위치에 배치시킵니다. 또한 게임이 종료되었는지(퍼즐이 모두 풀렸는지)를 검사하고, 나머지 3개의 클래스들이 서로 데이터를 전달하고자 할 때 매개 역할을 하기도 합니다.

```
public class Nemonemo extends CloseableFrame  → Closeable 클래스 상속
{
    Board board;   → 부착(add)할 클래스의 선언
    Column col;
    Row row;

    int mouseX=-1;   → 마우스 커서의 좌표
    int mouseY=-1 ;

    String data;   → 문제의 정답
    int temp[ ];   → 플레이어가 입력한 답

    int columnNums[ ][ ];   → 해당 열에 연속한 '1'의 개수를 표시
    int numOfColumn[ ];     → '0'으로 끊어진 연속한 '1'의 개수가 몇 개인가를 표시

    int rowNums[ ][ ];      → 해당 행에 연속한 '1'의 개수를 표시
    int numOfRow[ ];        → '0'으로 끊어진 연속한 '1'의 개수가 몇 개인가를 표시

    public static void main(String[] args);   → Nemonemo 애플리케이션의 시작점
    public void showLocation(int mouseX, int mouseY);   → 마우스 커서의 위치를 표시
    public void display();   → 퍼즐이 풀렸는지 여부를 검사
    ...
}
```

플레이어와 상호 작용하는 Board 클래스는 Canvas 화면에 격자 모양의 네모 칸을 그리고 마우스 이벤트를 처리하여 적절한 행동을 합니다. 예를 들어 플레이어가 마우스 왼쪽 버튼으로 칸을 선택하면 temp 배열의 해당하는 위치에 1을 저장하고 화면에 ● 표시를 표시한 후, Nemonemo 클래스에 있는 퍼즐이 모두 풀렸는지를 체크하는 루틴을 불러 검사합니다. 플레이가 오른쪽 버튼으로 칸을 선택하는 경우에는 temp 배열의 해당하는 위치에 2를 저장하고 화면에 × 표시를 출력한 후, 역시 Nemonemo 클래스의 퍼즐이 모두 풀렸는지 검사합니다.

Board 클래스가 하는 또 하나의 중요한 일은 마우스 커서의 위치를 표시하는 것입니다. 마우스가 움직이는 이벤트(MouseMoved)가 발생하면 Column 클래스와 Row 클래스에게 현재의 마우스 커서 위치를 전달합니다. 이때 Board 클래스는 Column 클래스와 Row 클래스를 바로 호출할 수 없기 때문에, Board

클래스가 부착(add)되어 있는 Nemonemo 클래스를 통해서 값을 전달합니다. 이 값은 마우스 커서의 좌표 값이 아니고, 각 칸의 위치입니다. 예를 들어, 마우스 커서가 가로 150, 세로 80위치에 있다면, 각 칸의 크기가 가로 20, 세로 20이기 때문에 가리키는 칸은 7행, 4열이 되어, Row 클래스에게 7이 전달되고 Column 클래스에게 4가 전달됩니다.

```
public class Board extends Canvas      → Canvas 클래스 상속
    implements MouseListener, MouseMotionListener
{
    Nemonemo parent;    → Nemonemo 클래스의 객체를 저장

    Image offScr;       → 더블버퍼링을 위한 가상 화면
    Graphics offG;

    public Board(Nemonemo parent);   → Nemonemo 클래스의 객체를 보관하고 리스너를 선언
    public void paint(Graphics g);   → 화면에 보드의 상태를 출력

    public void mousePressed(MouseEvent e);    → 플레이어가 마우스 버튼을 누른 경우
    public void mouseReleased(MouseEvent e);   → 플레이어가 마우스 버튼을 놓은 경우
    public void mouseMoved(MouseEvent e);      → 마우스가 움직인 경우로 컬럼과 로우에 마우스
                                                  커서의 위치를 표시
    public void mouseExited(MouseEvent e);     → 마우스가 보드를 벗어난 경우
    public void mouseClicked(MouseEvent e);
    public void mouseEntered(MouseEvent e);
    public void mouseDragged(MouseEvent e);    → 마우스 버튼을 누르고 끈 경우

    public void setTemp(int x, int y, int value);  → 플레이어의 입력을 temp 배열에 저장
}
```

Column 클래스는 data 변수에 저장된 값을 보고 연속된 '1'의 숫자들을 구한 후 화면에 출력하는 일을 합니다. 이때 Board 클래스가 전달한 값에 해당하는 열은 노란색 바탕의 검정 글씨로 출력하고, 그 외의 열은 흰색 바탕의 검정 글씨로 출력합니다.

```
public class Column extends Canvas   → Canvas 클래스를 상속
{
    Nemonemo parent;    → Nemonemo 클래스의 객체를 저장

    Image offScr;       → 더블버퍼링을 위한 가상 화면
    Graphics offG;
```

```
    public Column(Nemonemo parent);  → Nemonemo 클래스의 객체를 보관하고 모든 열의 연속한
                                        '1'의 개수를 계산
    int getNumber(int start);        → 해당하는 열의 연속한 '1'의 개수를 계산

    public void paint(Graphics g);   → 화면에 컬럼을 출력
}
```

마찬가지로 Row 클래스도 data 변수에 저장된 값을 보고 연속된 '1'의 숫자들을 구한 후, Board 클래스가 전달한 값에 해당하는 행은 노란색 바탕의 검정 글씨로 출력하고, 그 외의 행은 흰색 바탕의 검정 글씨로 출력합니다.

```
public class Row extends Canvas   → Canvas 클래스를 상속
{
    Nemonemo parent;  → Nemonemo 클래스의 객체를 저장

    Image offScr;  → 더블버퍼링을 위한 가상 화면
    Graphics offG;

    public Row(Nemonemo parent);     → Nemonemo 클래스의 객체를 보관하고 모든 행의 연속한 '1'의
                                        개수를 계산
    int getNumber(int start);        → 해당하는 행의 연속한 '1'의 개수를 계산

    public void paint(Graphics g);   → 화면에 로우를 출력
}
```

5 게임 만들기

앞에서 정의한 대로 data 변수와 temp 변수를 정의해서 운영하는 Nemonemo, Board, Column, Row 클래스의 4개 클래스는 다음과 같습니다. 만약 새로운 네모네모로직 데이터를 만들고 싶다면, 가로 10칸, 세로 10칸인 모눈종이나 표에 원하는 이미지를 그리고, 좌측 상단부터 채운 칸은 1, 비어있는 칸은 0으로 바꾼 100개의 문자들을 텍스트 파일로 저장하면 됩니다.

Nemonemo.java

```
1 : import javax.swing.*;  // 스윙 패키지 선언
2 : import javax.swing.event.*;
3 : import java.awt.*;     // Font 상수 등을 위한 awt 패키지 선언
4 : import java.awt.event.*;
5 : import java.io.*;
```

```
 6 :
 7 :
 8 : public class Nemonemo extends CloseableFrame
         // JFrame으로부터 상속받은 CloseableFrame 상속
 9 :     implements ActionListener
10 : {
11 :     JPanel contentPane;
12 :
13 :     // 메뉴
14 :     JMenuBar menuBar= new JMenuBar();
15 :     JMenu gameMenu= new JMenu("Game");   // Game 메뉴
16 :     JMenu helpMenu= new JMenu("Help");   // Help 메뉴
17 :
18 :     // 부착(add)할 클래스의 선언
19 :     Board board;
20 :     Column col;
21 :     Row row;
22 :
23 :     // 마우스 커서의 좌표
24 :     int mouseX=-1;
25 :     int mouseY=-1 ;
26 :
27 :     String data= "000100000011100001101010000101111111101111111110000111111000
                     011111000001000100000100010000110011000";
         // 문제의 정답(초기값은 강아지)
28 :     int[] temp;  // 플레이어가 입력한 답
29 :
30 :     int columnNums[][], rowNums[][];
31 :     int numOfColumn[], numOfRow[];
32 :
33 :     boolean endFlag= false;              // 퍼즐이 풀렸는지 여부
34 :
35 :     public static void main(String[] args)
36 :     {
37 :         Nemonemo nemo= new Nemonemo();   // 네모네모로직 게임 생성
38 :
39 :         nemo.addWindowListener(new WindowAdapter(){
40 :             public void windowCloses(WindowEvent e)
41 :             { System.exit(0); }
42 :         });
43 :
```

```
44 :        nemo.setVisible(true);
45 :        nemo.toFront();
46 :    }
47 :
48 :    public Nemonemo()
49 :    {
50 :        this.setTitle("Nemonemo Logic");        // 애플리케이션 창의 타이틀(제목) 설정
51 :        this.setSize(331, 381);                 // 애플리케이션의 크기 설정
52 :
53 :        // 변수 초기화
54 :        temp= new int[100];                     // 가로 10칸, 세로 10칸으로 총 100칸 선언
55 :        for(int i=0; i<100; i++) temp[i]= 0;    // 플레이어가 입력하기 전에 0으로 초기화
56 :        columnNums= new int[10][10];
57 :        numOfColumn= new int[10];
58 :        rowNums= new int[10][10];
59 :        numOfRow= new int[10];
60 :
61 :        contentPane= (JPanel) getContentPane();
62 :        contentPane.setBackground(Color.white);
63 :        contentPane.setLayout(null);  // null 레이아웃으로 설정
64 :
65 :        createMenus();  // 메뉴 생성
66 :
67 :        // 컬럼 생성
68 :        col= new Column(this);
69 :        contentPane.add(col);
70 :        col.setFont(new Font("SansSerif", Font.BOLD, 14));
71 :        col.setBounds(120, 0, 201, 120);
72 :        col.repaint();
73 :
74 :        // 로우 생성
75 :        row= new Row(this);
76 :        contentPane.add(row);
77 :        row.setFont(new Font("SansSerif", Font.BOLD, 14));
78 :        row.setBounds(0, 120, 120, 201);
79 :
80 :        // 보드 생성
81 :        board= new Board(this);
82 :        contentPane.add(board);
83 :        board.setFont(new Font("SansSerif", Font.BOLD, 14));
84 :        board.setBounds(120, 120, 201, 201);
```

```
85 :    }
86 :
87 :    public void createMenus()
88 :    {
89 :       this.setJMenuBar(menuBar);
90 :       menuBar.add(gameMenu);
91 :       menuBar.add(helpMenu);
92 :
93 :       // Game 메뉴의 서브메뉴 생성
94 :       JMenuItem newGame= new JMenuItem("New Game ...");
95 :       newGame.addActionListener(this);
96 :       newGame.setActionCommand("newGame");
97 :       gameMenu.add(newGame);
98 :
99 :       JMenuItem answerGame= new JMenuItem("Answer");
100:       answerGame.addActionListener(this);
101:       answerGame.setActionCommand("answerGame");
102:       gameMenu.add(answerGame);
103:
104:       JMenuItem exitGame= new JMenuItem("Exit");
105:       exitGame.addActionListener(this);
106:       exitGame.setActionCommand("exitGame");
107:       gameMenu.add(exitGame);
108:
109:       // Help 메뉴의 서브메뉴 생성
110:       JMenuItem aboutGame= new JMenuItem("About Game ...");
111:       aboutGame.addActionListener(this);
112:       aboutGame.setActionCommand("aboutGame");
113:       helpMenu.add(aboutGame);
114:    }
115:
116:    public void showLocation(int mouseX, int mouseY)   // 마우스 커서의 위치를 표시
117:    {
118:       if(mouseX!=this.mouseX){   // 마우스 커서가 위치한 열이 변한 경우
119:          this.mouseX= mouseX;
120:          col.repaint();
121:       }
122:       if(mouseY!=this.mouseY){   // 마우스 커서가 위치한 행이 변한 경우
123:          this.mouseY= mouseY;
124:          row.repaint();
125:       }
```

```
126 :    }
127 :
128 :    public void display()   // 퍼즐이 풀렸는지 여부를 검사
129 :    {
130 :       boolean endFlag= true;
131 :       for(int j=0; (j<10)&&endFlag; j++)
132 :          for(int i=0; (i<10)&&endFlag; i++)
133 :          {
134 :             if((data.charAt(j*10+i)=='1')&&(temp[j*10+i]!=1)) endFlag=false;
                  // 채워야할 칸을 모두 채웠는지 검사
135 :             else if((data.charAt(j*10+i)!='1')&&(temp[j*10+i]==1)) endFlag=false;
                  // 채우지 않아야 할 칸을 채웠는지 검사
136 :          }
137 :
138 :       if(endFlag)
139 :       {
140 :          this.endFlag= endFlag;
141 :          board.repaint();   // 퍼즐이 다 풀렸으면 보드의 칸을 채움
142 :       }
143 :    }
144 :
145 :    public void actionPerformed(ActionEvent e)   // 선택한 메뉴에 따라 실행할 루틴을 호출
146 :    {
147 :       String cmd= e.getActionCommand();
148 :
149 :       if(cmd.equals("newGame")){   // 네모네모로직 데이터를 불러와서 새 게임을 시작
150 :          showOpenDialog();
151 :       }else if(cmd.equals("answerGame")){   // Answer를 선택하면 정답을 출력
152 :          this.endFlag= true;
153 :          board.repaint();
154 :       }else if(cmd.equals("exitGame")){   // 게임 종료
155 :          this.dispose();
156 :       }else if(cmd.equals("aboutGame")){   // 애플리케이션 정보를 출력
157 :          showAboutDialog();
158 :       }
159 :    }
160 :
161 :    // 메뉴에서 New Game 선택 시 퍼즐 데이터를 불러오는 메서드
162 :    public void showOpenDialog()
163 :    {
164 :       FileDialog fd=
```

```
165 :            new FileDialog(this, "Open a File", FileDialog.LOAD);
166 :
167 :        fd.setFile("*.nemo;*.NEMO");  // 데이터 파일의 확장자는 nemo 또는 NEMO
168 :        fd.setVisible(true);
169 :
170 :        if(fd.getFile()!=null)
171 :        {
172 :          String filename= fd.getFile();
173 :          String logicDir= fd.getDirectory();
174 :          if(filename.indexOf('.')!=-1){
175 :             filename= (filename.substring(0, filename.indexOf('.'))).toLowerCase();
176 :          }else{
177 :             filename= filename.toLowerCase();
178 :          }
179 :          String logicName= filename;
180 :
181 :          File f;
182 :          FileInputStream from= null;
183 :          BufferedReader d= null;
184 :
185 :          try{
186 :             f= new File(logicDir + logicName + ".nemo");
187 :             from= new FileInputStream(f);
188 :             d = new BufferedReader(new InputStreamReader(from));
189 :
190 :             data= d.readLine();
191 :             data.trim();
192 :
193 :             d.close();
194 :          }catch(IOException e){
195 :             System.out.println("I/O ERROR: "+ e);
196 :          }
197 :
198 :          // 변수 초기화
199 :          for(int i=0; i<100; i++) temp[i]= 0;
200 :          this.endFlag= false;
201 :
202 :          // 불러온 데이터에 맞춰 컬럼, 로우의 숫자를 재생성하고 깨끗한 보드를 다시 출력
203 :          col.getColumn();
204 :          row.getRow();
205 :          board.repaint();
```

```
206 :     }
207 :   }
208 :
209 :   public void showAboutDialog() // 메뉴에서 About Game 선택 시 출력하는 애플리케이션 정보
210 :   {
211 :     AboutDialog ad= new AboutDialog(this);
212 :     ad.setVisible(true);
213 :   }
214 :
215 : }
```

CloseableFrame.java

```
1 : import javax.swing.*;       // 스윙 패키지 선언
2 : import javax.swing.event.*;
3 : import java.awt.event.*;    // WindowEvent 클래스 사용을 위한 awt 패키지 선언
4 :
5 : public class CloseableFrame extends JFrame   // 스윙의 JFrame 상속
6 :     implements WindowListener
7 : {
8 :   public CloseableFrame(){ this.addWindowListener(this); }
9 :   public CloseableFrame(String title)
10 :  {
11 :     super(title);
12 :     this.addWindowListener(this);
13 :  }
14 :
15 :  // the methods of the WindowListener object
16 :  public void windowClosing(WindowEvent e){ this.dispose(); }
17 :  public void windowOpened(WindowEvent e){ }
18 :  public void windowClosed(WindowEvent e){ }
19 :  public void windowIconified(WindowEvent e){ }
20 :  public void windowDeiconified(WindowEvent e){ }
21 :  public void windowActivated(WindowEvent e){ }
22 :  public void windowDeactivated(WindowEvent e){ }
23 : }
```

AboutDialog.java

```java
 1 : import javax.swing.*;    // 스윙 패키지 선언
 2 : import javax.swing.event.*;
 3 : import java.awt.*;
 4 : import java.awt.event.*;
 5 :
 6 : public class AboutDialog extends JDialog    // 스윙의 JDialog 상속
 7 :     implements ActionListener, WindowListener
 8 : {
 9 :     // 스윙 컴포넌트 선언
10 :     JPanel aboutPanel;
11 :     JButton ok;
12 :     JLabel titleLabel, nameLabel;
13 :
14 :     public AboutDialog(Nemonemo parent)
15 :     {
16 :         super(parent, "Nemonemo Logic", true);    // 다이얼로그(대화상자)의 타이틀(제목) 설정
17 :         this.setSize(240,190);    // 다이얼로그의 크기 설정
18 :         this.addWindowListener(this);
19 :         this.setLayout(new BorderLayout(15,15));
20 :         this.setFont(new Font("SansSerif", Font.BOLD, 14));
21 :
22 :         createAboutPanel();
23 :     }
24 :
25 :     public void actionPerformed(ActionEvent e)
26 :     {
27 :         if(e.getSource()==ok){
28 :             this.dispose();
29 :         }
30 :     }
31 :
32 :     public void createAboutPanel()
33 :     {
34 :         aboutPanel= new JPanel();
35 :         aboutPanel.setLayout(null);
36 :
37 :         // About Game 정보 출력
38 :         titleLabel= new JLabel("Nemonemo Logic 2011/06");
```

```
39 :        aboutPanel.add(titleLabel);
40 :        titleLabel.setBounds(40,30,200,25);
41 :
42 :        nameLabel= new JLabel(" by Tong h. Lim (tong@bc.ac.kr)");
43 :        aboutPanel.add(nameLabel);
44 :        nameLabel.setBounds(25,60,200,25);
45 :
46 :        // 다이얼로그 종료 버튼
47 :        ok= new JButton("Okay");
48 :        ok.addActionListener(this);
49 :        aboutPanel.add(ok);
50 :        ok.setBounds(80,110,80,25);
51 :
52 :        this.add("Center", aboutPanel);
53 :    }
54 :
55 :    // the methods of the WindowListener object
56 :    public void windowClosing(WindowEvent e){ this.dispose(); }
57 :    public void windowOpened(WindowEvent e){ }
58 :    public void windowClosed(WindowEvent e){ }
59 :    public void windowIconified(WindowEvent e){ }
60 :    public void windowDeiconified(WindowEvent e){ }
61 :    public void windowActivated(WindowEvent e){ }
62 :    public void windowDeactivated(WindowEvent e){ }
63 : }
64 :
```

Board.java

```
 1 : import java.awt.*;   // Color 상수 등을 위한 awt 패키지 선언
 2 : import java.awt.event.*;
 3 :
 4 : public class Board extends Canvas  // Canvas 클래스를 상속
 5 :     implements MouseListener, MouseMotionListener
 6 : {
 7 :     Nemonemo parent;        // Nemonemo 클래스의 객체를 저장
 8 :     boolean drag= false;    // 마우스 드래그(끌기) 상태인지 여부
 9 :     int startX, startY;     // 마우스 드래그를 시작한 좌표
10 :     int endX, endY;         // 마우스 드래그를 끝마친 좌표
11 :
```

```
12 :    Image offScr;      // 더블버퍼링을 위한 가상 화면
13 :    Graphics offG;
14 :
15 :    public Board(Nemonemo parent)
16 :    {
17 :      this.parent= parent;           // Nemonemo 클래스의 객체를 보관
18 :      this.addMouseListener(this);   // 마우스 사용을 위한 리스너 선언
19 :      this.addMouseMotionListener(this);
20 :    }
21 :
22 :    public void paint(Graphics g)
23 :    {
24 :      offScr= createImage(201, 201); // 가상 화면 생성
25 :      offG  = offScr.getGraphics();
26 :
27 :      for(int j=0; j<10; j++)
28 :        for(int i=0; i<10; i++)
29 :        {
30 :          if(parent.endFlag){  // 게임이 끝난 경우
31 :            if(parent.data.charAt(j*10+i)=='1'){
32 :              offG.fillRect(i*20, j*20, 20, 20); // 칸을 채워서 문제가 풀렸음을 표시
33 :            }
34 :          }else{
35 :            if(parent.temp[j*10+i]==1){
36 :              offG.setColor(Color.blue);   // 게임 진행중일 때는 O 표시
37 :              offG.fillOval(i*20, j*20, 20, 20);
38 :            }else if(parent.temp[j*10+i]==2){
39 :              offG.setColor(Color.red);    // 게임 진행중일 때는 X 표시
40 :              offG.drawLine(i*20, j*20, i*20+20, j*20+20);
41 :              offG.drawLine(i*20, j*20+20, i*20+20, j*20);
42 :            }
43 :          }
44 :        }
45 :
46 :      if(drag){  // 마우스를 드래그한 경우
47 :        offG.setColor(Color.yellow);
48 :        if(startX==endX){
49 :          if(startY<endY){
50 :            offG.fillRect(20*startX,20*startY,20,20*(endY-startY+1));
51 :            offG.setColor(Color.red);
```

```
52 :            offG.drawString(String.valueOf(endY-startY+1),endX*20+2,
                            (endY+1)*20-2);
53 :          }else{
54 :            offG.fillRect(20*endX,20*endY,20,20*(startY-endY+1));
55 :            offG.setColor(Color.red);
56 :            offG.drawString(String.valueOf(startY-endY+1),endX*20+2,
                            (endY+1)*20-2);
57 :          }
58 :        }else if(startY==endY){
59 :          if(startX<endX){
60 :            offG.fillRect(20*startX,20*startY,20*(endX-startX+1),20);
61 :            offG.setColor(Color.red);
62 :            offG.drawString(String.valueOf(endX-startX+1),endX*20+2,
                            (endY+1)*20-2);
63 :          }else{
64 :            offG.fillRect(20*endX,20*endY,20*(startX-endX+1),20);
65 :            offG.setColor(Color.red);
66 :            offG.drawString(String.valueOf(startX-endX+1),endX*20+2,
                            (endY+1)*20-2);
67 :          }
68 :        }
69 :      }
70 :
71 :      for(int j=0; j<10; j++)   // 격자 출력
72 :        for(int i=0; i<10; i++)
73 :        {
74 :          offG.setColor(Color.black);
75 :          offG.drawRect(i*20, j*20, 20, 20);
76 :        }
77 :
78 :      offG.setColor(Color.black);
79 :
80 :      for(int i=0; i<=200; i+=20*5)
81 :      {
82 :        offG.drawLine(i-1, 0, i-1, 200);
83 :        offG.drawLine(i+1, 0, i+1, 200);
84 :      }
85 :
86 :      for(int i=0; i<=200; i+=20*5)
87 :      {
88 :        offG.drawLine(0, i-1, 200, i-1);
```

```
 89 :            offG.drawLine(0, i+1, 200, i+1);
 90 :          }
 91 :
 92 :       g.drawImage(offScr, 0, 0, this);      // 가상 화면을 실제 화면으로 복사
 93 :    }
 94 :
 95 :    public void update(Graphics g)
 96 :    {
 97 :       paint(g);
 98 :    }
 99 :
100 :    public void mousePressed(MouseEvent e)   // 플레이어가 마우스 버튼을 누른 경우
101 :    {
102 :       int x= e.getX();
103 :       int y= e.getY();
104 :
105 :       if((x/20)>=10) return;
106 :       if((y/20)>=10) return;
107 :       if(parent.endFlag) return;
108 :
109 :       startX= x/20;
110 :       startY= y/20;
111 :    }
112 :
113 :    public void mouseReleased(MouseEvent e)   // 플레이어가 마우스 버튼을 놓은 경우
114 :    {
115 :       int x= e.getX();
116 :       int y= e.getY();
117 :
118 :       if((x/20)>=10) return;
119 :       if((y/20)>=10) return;
120 :       if(parent.endFlag) return;
121 :
122 :       if((e.getModifiers() & InputEvent.BUTTON3_MASK)!=0){   // Right Button
123 :          setTemp(x,y,2);
124 :       }else{                  // Left Button
125 :          setTemp(x,y,1);
126 :       }
127 :
128 :       parent.display();   // 퍼즐이 풀렸는지 검사
129 :       this.drag= false;
```

```
130 :       repaint();
131 :    }
132 :
133 :    public void mouseMoved(MouseEvent e)    // 마우스가 움직인 경우
134 :    {
135 :       int x= e.getX();
136 :       int y= e.getY();
137 :
138 :       if((x/20)>=10) return;
139 :       if((y/20)>=10) return;
140 :
141 :       parent.showLocation(x/20,y/20);     // 컬럼과 로우에 마우스 커서의 위치를 표시
142 :       repaint();
143 :    }
144 :
145 :    public void mouseExited(MouseEvent e)    // 마우스가 보드를 벗어난 경우
146 :    {
147 :       int x= e.getX();
148 :       int y= e.getY();
149 :
150 :       parent.showLocation(-1,-1);         // 컬럼과 로우에 마우스 커서의 위치를 표시
151 :       this.drag= false;
152 :       repaint();
153 :    }
154 :
155 :    public void mouseClicked(MouseEvent e){ }
156 :    public void mouseEntered(MouseEvent e){ }
157 :
158 :    public void mouseDragged(MouseEvent e)   // 마우스를 드래그한 경우
159 :    {
160 :       int x= e.getX();
161 :       int y= e.getY();
162 :
163 :       if((x/20)>=10) return;
164 :       if((y/20)>=10) return;
165 :
166 :       parent.showLocation(x/20,y/20);     // 컬럼과 로우에 마우스 커서의 위치를 표시
167 :
168 :       this.drag= true;
169 :       endX= x/20;
170 :       endY= y/20;
```

```
171 :      repaint();
172 :    }
173 :
174 :    public void setTemp(int x, int y, int value) // 플레이어의 입력을 temp 배열에 저장
175 :    {
176 :      int i;
177 :
178 :      if(drag){
179 :        if(startX==endX){
180 :          if(startY<endY){
181 :            for(i=startY; i<=endY; i++) parent.temp[startX+i*10]= value;
182 :          }else if(startY>endY){
183 :            for(i=endY; i<=startY; i++) parent.temp[startX+i*10]= value;
184 :          }else{
185 :            if(parent.temp[startX+startY*10]!=0)
186 :              parent.temp[startX+startY*10]= 0;
187 :            else
188 :              parent.temp[startX+startY*10]= value;
189 :          }
190 :        }else if(startY==endY){
191 :          if(startX<endX){
192 :            for(i=startX; i<=endX; i++) parent.temp[i+startY*10]= value;
193 :          }else if(startX>endX){
194 :            for(i=endX; i<=startX; i++) parent.temp[i+startY*10]= value;
195 :          }else{
196 :            if(parent.temp[startX+startY*10]!=0)
197 :              parent.temp[startX+startY*10]= 0;
198 :            else
199 :              parent.temp[startX+startY*10]= value;
200 :          }
201 :        }
202 :      }else{
203 :        if(parent.temp[x/20+y/20*10]!=0)
204 :          parent.temp[x/20+y/20*10]= 0;
205 :        else
206 :          parent.temp[x/20+y/20*10]= value;
207 :      }
208 :    }
209 :  }
210 :
```

Column.java

```java
 1 : import java.awt.*;   // Color 상수 등을 위한 awt 패키지 선언
 2 :
 3 : public class Column extends Canvas   // Canvas 클래스를 상속
 4 : {
 5 :   Nemonemo parent;   // Nemonemo 클래스의 객체를 저장
 6 :
 7 :   Image offScr;      // 더블버퍼링을 위한 가상 화면
 8 :   Graphics offG;
 9 :
10 :   public Column(Nemonemo parent)
11 :   {
12 :     this.parent= parent;   // Nemonemo 클래스의 객체를 보관
13 :     getColumn();
14 :   }
15 :
16 :   public void getColumn()   // 데이터에 맞춰 컬럼의 숫자를 생성
17 :   {
18 :     for(int i=0; i<10; i++)   // 모든 열에 연속한 '1'의 개수를 계산
19 :       parent.numOfColumn[i]= getNumber(i);
20 :   }
21 :
22 :   int getNumber(int start)   // 해당하는 열의 연속한 '1'의 개수를 계산
23 :   {
24 :     int count= 0;   // 연속된 '1'의 개수
25 :     int pos= 0;     // 몇 번째 연속된 '1'의 개수를 나타내는 수인지를 표시
26 :
27 :     for(int i=start; i<100; i+=10)   // 같은 열에 속한 data의 값을 비교
28 :     {
29 :       if(parent.data.charAt(i)=='0' && count>0){   // 연속하지 않은 경우('0'인 경우)
30 :         parent.columnNums[start][pos++]= count;
31 :         count= 0;
32 :       }else if(parent.data.charAt(i)=='1' && count>=0){   // 연속한 경우('1'인 경우)
33 :         count++;
34 :       }
35 :     }
36 :
37 :     if(count>0) parent.columnNums[start][pos++]= count;
38 :     if(pos==0)  parent.columnNums[start][pos++]= 0;
```

```
39 :
40 :        return pos;
41 :    }
42 :
43 :    public void paint(Graphics g)
44 :    {
45 :       offScr= createImage(201, 121);   // 가상 화면 생성
46 :       offG  = offScr.getGraphics();
47 :       if(parent.mouseX!=-1){
48 :          offG.setColor(Color.yellow);
49 :          offG.fillRect(20*parent.mouseX,0,19,120);   // 마우스 커서가 있는 열의 경우
50 :       }
51 :       offG.setColor(Color.black);
52 :
53 :       for(int i=0; i<10; i++)
54 :       {
55 :          offG.drawLine(i*20, 0, i*20, 220);
56 :          for(int j=0; j<parent.numOfColumn[i]; j++)   // 숫자 출력
57 :             if(String.valueOf(parent.columnNums[i][j]).length()<2){
58 :                offG.drawString(String.valueOf(parent.columnNums[i][j]), i*20+9,
                              (100 - parent.numOfColumn[i]*20 + j*20)+39);
59 :             }else{
60 :                offG.drawString(String.valueOf(parent.columnNums[i][j]), i*20+1,
                              (100 - parent.numOfColumn[i]*20 + j*20)+39);
61 :             }
62 :       }
63 :
64 :       for(int i=0; i<=200; i+=100)
65 :       {
66 :          offG.drawLine(i-1, 0, i-1, 120);
67 :          offG.drawLine(i+1, 0, i+1, 120);
68 :       }
69 :
70 :       offG.drawLine(200, 0, 200, 120);
71 :       offG.drawLine(0, 120, 20*10, 120);
72 :
73 :       g.drawImage(offScr, 0, 0, this);
74 :    }
75 :
76 :    public void update(Graphics g)
77 :    {
```

```
78 :       paint(g);
79 :    }
80 : }
81 :
```

Row.java

```
 1 : import java.awt.*;    // Color 상수 등을 위한 awt 패키지 선언
 2 :
 3 : public class Row extends Canvas  // Canvas 클래스를 상속
 4 : {
 5 :    Nemonemo parent;     // Nemonemo 클래스의 객체를 저장
 6 :
 7 :    Image offScr;        // 더블버퍼링을 위한 가상 화면
 8 :    Graphics offG;
 9 :
10 :    public Row(Nemonemo parent)
11 :    {
12 :       this.parent= parent;    // Nemonemo 클래스의 객체를 보관
13 :       getRow();
14 :    }
15 :
16 :    public void getRow()     // 데이터에 맞춰 로우의 숫자를 생성
17 :    {
18 :       for(int i=0; i<10; i++)  // 모든 행에 연속한 '1'의 개수를 계산
19 :          parent.numOfRow[i]= getNumber(i);
20 :    }
21 :
22 :    int getNumber(int start)  // 해당하는 행의 연속한 '1'의 개수를 계산
23 :    {
24 :       int count= 0;   // 연속된 '1'의 개수
25 :       int pos= 0;     // 몇 번째 연속된 '1'의 개수를 나타내는 수인지를 표시
26 :
27 :       for(int i=start*10; i<(start+1)*10; i++)    // 같은 행에 속한 data의 값을 비교
28 :       {
29 :          if(parent.data.charAt(i)=='0' && count>0){  // 연속하지 않은 경우('0'인 경우)
30 :             parent.rowNums[start][pos++]= count;
31 :             count= 0;
32 :          }else if(parent.data.charAt(i)=='1' && count>=0){  // 연속한 경우('1'인 경우)
33 :             count++;
```

```
34 :            }
35 :        }
36 :
37 :        if(count>0) parent.rowNums[start][pos++]= count;
38 :        if(pos==0)  parent.rowNums[start][pos++]= 0;
39 :
40 :        return pos;
41 :    }
42 :
43 :    public void paint(Graphics g)
44 :    {
45 :      offScr= createImage(121, 201); // 가상 화면 생성
46 :      offG  = offScr.getGraphics();
47 :      if(parent.mouseY!=-1){
48 :        offG.setColor(Color.yellow);
49 :        offG.fillRect(0, 20*parent.mouseY, 120, 19); // 마우스 커서가 있는 열의 경우
50 :      }
51 :
52 :      offG.setColor(Color.black);
53 :
54 :      for(int i=0; i<10; i++)
55 :      {
56 :        offG.drawLine(0, i*20, 120, i*20);
57 :        for(int j=0; j<parent.numOfRow[i]; j++)   // 숫자 출력
58 :          if(String.valueOf(parent.rowNums[i][j]).length()<2){
59 :            offG.drawString(String.valueOf(parent.rowNums[i][j]),
                      (100 - parent.numOfRow[i]*20) + j*20+27, i*20+18);
60 :          }else{
61 :            offG.drawString(String.valueOf(parent.rowNums[i][j]),
                      (100 - parent.numOfRow[i]*20) + j*20+21, i*20+18);
62 :          }
63 :      }
64 :
65 :      for(int i=0; i<=20*10; i+=20*5)
66 :      {
67 :        offG.drawLine(0, i-1, 120, i-1);
68 :        offG.drawLine(0, i+1, 120, i+1);
69 :      }
70 :
71 :      offG.drawLine(0, 200, 120, 200);
72 :      offG.drawLine(120, 0, 120, 200);
```

```
73 :
74 :       g.drawImage(offScr, 0, 0, this);
75 :    }
76 :
77 :    public void update(Graphics g)
78 :    {
79 :       paint(g);
80 :    }
81 : }
82 :
```

결과

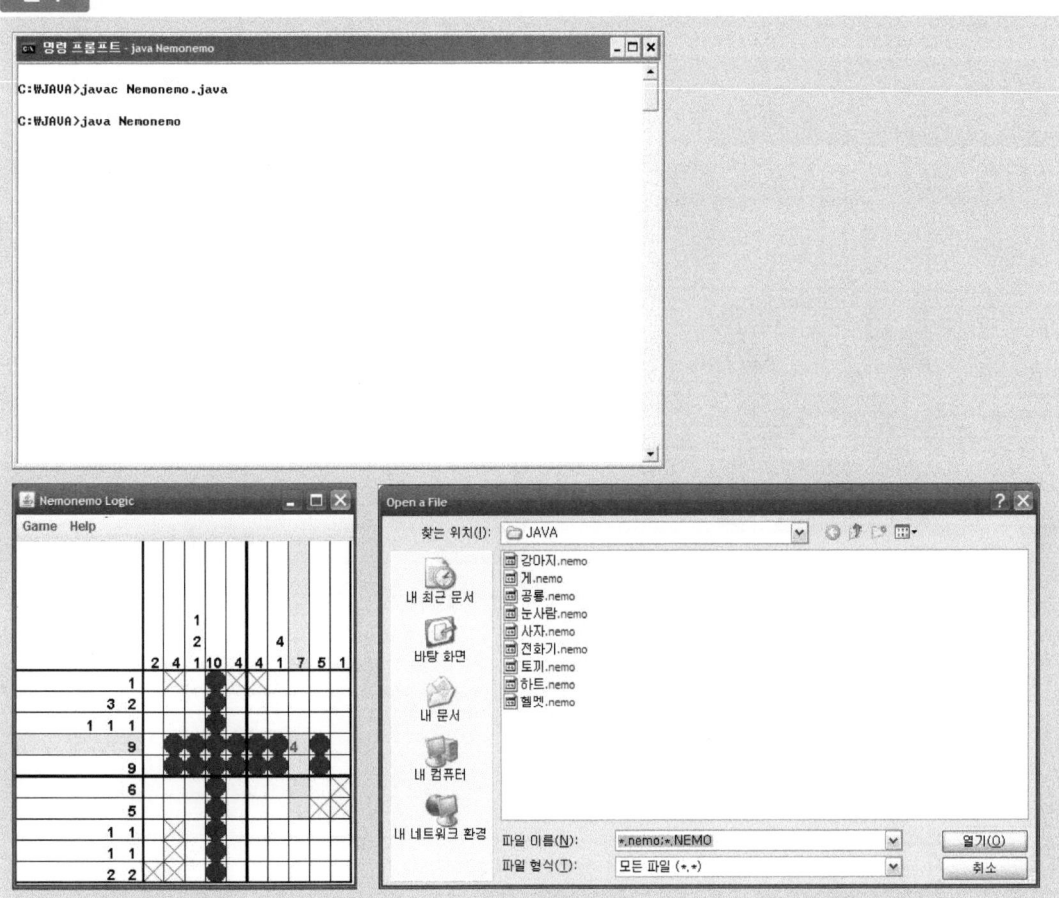

우리가 만든 네모네모로직 게임은 자바 애플리케이션입니다. 따라서 도스창(명령 프롬프트)에서 java 명령으로 실행합니다. 처음 실행되면, 강아지 퍼즐이 자동으로 실행됩니다. 메뉴의 New Game 명령으로 다른 퍼즐을 풀거나 Answer 명령으로 해답을 볼 수 있습니다. 다음은 다른 퍼즐 데이터를 불러와 Answer 명령으로 정답을 확인한 것입니다. 이들 데이터 외에도 기존의 네모네모로직을 메모장에서 1과 0으로 입력하여 *.nemo로 저장하면 쉽게 게임 데이터를 추가할 수 있습니다.

■ 강아지.nemo

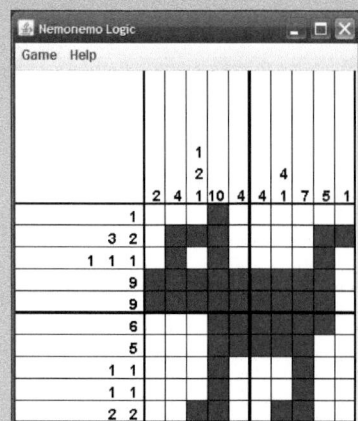

0001000000011100001101010001011111111011111111
1000011111000011110000100010000100010000100001100
1100

■ 게.nemo

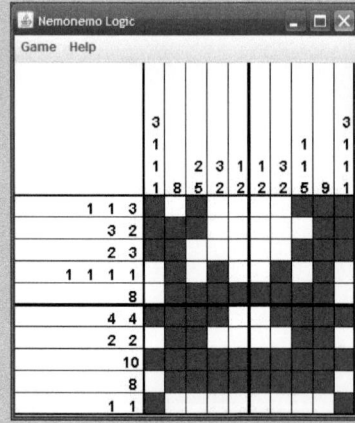

1010000111110000011110000011010100101001111111
1011110011101100001101111111110111111110100000
0001

■ 공룡.nemo

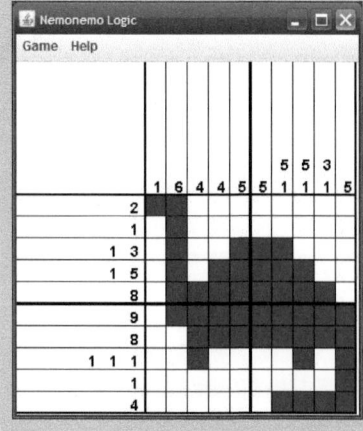

1100000000010000000001001110000101111100011111111
10011111111001111111100100001010000000001000000
1111

■ 눈사람.nemo

1111100000101100101011100000011110011011011000
0011111100001110000001010000001110000000111000
0000

■ 사자.nemo

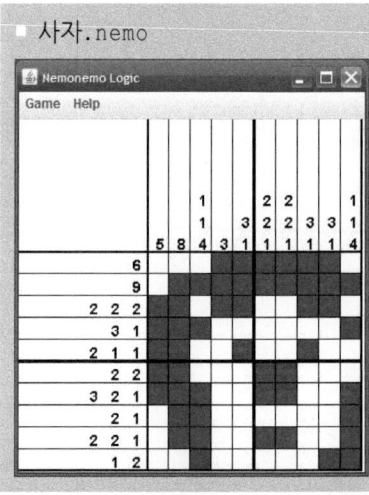

0001111100111111111101100110111000000111001001
0011000110001110011001011000001011001100100100
0011

■ 전화기.nemo

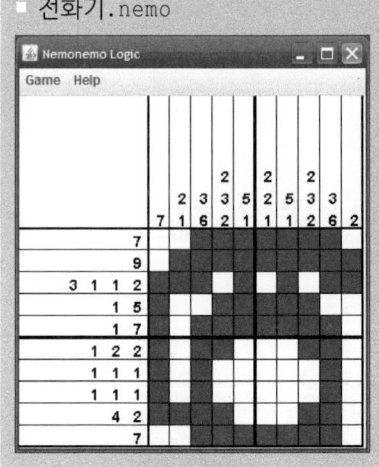

0011111100111111111110101011001111100101111111
1010110001101010000010101000001011110001100011111
1110

Chapter 13 네모네모로직 게임 | 649

■ 토끼.nemo

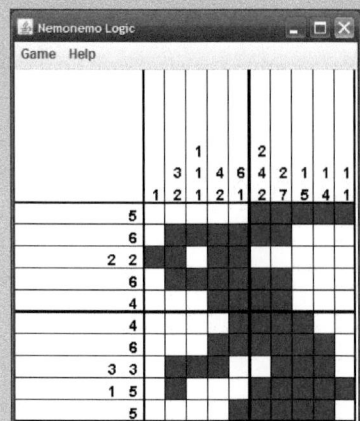

0000011111011111100011011000000111111000000011110000000111100000111110011100111001000111110000111110

■ 하트.nemo

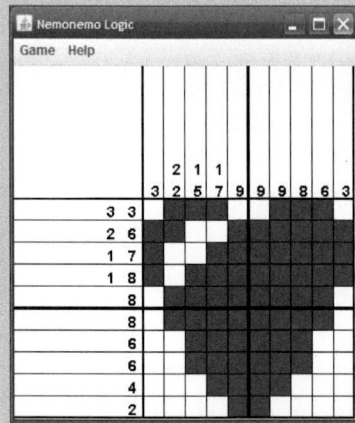

0111001101100111111100111111110111111101111111100111111110001111110000111110000011110000000110000

■ 헬멧.nemo

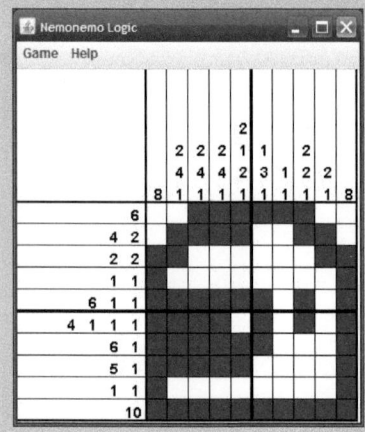

00111111000111100110110000001110000000011111110101111101010111111100011111000011000000001111111111

INDEX

숫자
3R 163

A ~ B
AWT 242
break 144
BufferedInputStream 493
BufferedOutputStream 498
BufferedReader 493
BufferedWriter 498

C
Calendar 72
Call by Reference 131
Call by Value 129
catch 451
class 164
continue 146

D
DataInputStream 494
DataOutputStream 499
Date 68
destroy( ) 305
do-while 141
draw3DRect( ) 325
drawArc( ) 331
drawBytes( ) 314
drawChars( ) 314
drawLine( ) 315
drawOval( ) 328
drawPolyline( ) 338
drawPolyon( ) 335
drawRect( ) 318
drawRoundRect( ) 321
drawString( ) 314

E ~ F
encapsulation 164
FileInputStream 492
FileOutputStream 497
FileReader 492
FileWriter 497
fill3DRect( ) 325
fillArc( ) 331
fillOval( ) 328
fillPolygon( ) 335
fillRect( ) 318
fillRoundRect( ) 321
final 213
finally 453
for 143
friendly 197

I
if 88
init( ) 304
InputStream 490
InputStreamReader 490
instance 163
interface 239

J
JAR 27
JButton 544
JCheckBox 551
JComboBox 558
JDK 20
JFrame 580
JLabel 541
JList 561
JMenu 599
JPasswordField 568
JPopupMenu 608
JRadioButton 554
JScrollBar 573
JSlider 576
JTextArea 570
JTextField 565
JToggleButton 547

K ~ M
KeyEvent 443
main( ) 119
MediaTracker 377
method overloading 135
MouseEvent 357

O

Object-Oriented Programming 161
OutputStream 495
OutputStreamWriter 495

P

package 170
paint( ) 305
PrintStream 501
PrintWriter 501
private 196
promotion 111
protected 196
public 195

R

Random 74
Runnable 346

S

setColor( ) 308
setFont( ) 311
SimpleDateForm 70
start( ) 304
static 174
stop( ) 304
String 78
StringBuffer 176
StringTokenizer 513
super 204
switch 91

T

this 204
Thread 343
throw 454
throws 454
try 451

U ~ W

update( ) 386
URL 504
Vector 511
while 139

ㄱ

가비지 컬렉션 168
가상머신 19
객체지향 프로그래밍 161
그래픽 컨텍스트 307
기본 데이터형 55

ㄴ

난수 74
내부클래스 436
노드 스트림 487

ㄷ

다중 상속 343
닭-달걀 문제 119
더블 버퍼링 391
도스 명령어 27
디폴트 33

ㄹ

라디오형 체크박스 253
라이터 489
랩퍼(wrapper) 클래스 113
레이블 244
레이아웃 275
레퍼런스 데이터형 80
리더 489
리스트 259

ㅁ

마우스 이벤트 357
메서드 127
메서드 오버라이딩 200
메서드 오버로딩 135
멤버변수 163

ㅂ

바이트코드 19
배열 147
버튼 247
버퍼 85
벡터 511
변수 64

ㅅ

사운드　447
상속　189
상수　65
생성자　165
서버 소켓　507
서브클래스　190
설명문　54
소켓　509
슈퍼클래스　190
스레드　341
스윙　533
스윙 레이아웃　585
스윙 메뉴　599
스윙 컴포넌트　541
스크롤바　269
스트림　487
스프라이트　397
실행문　54

ㅇ

애니메이션　381
애플리케이션　225
애플릿　227
애플릿 라이프 사이클　302
애플릿뷰어　26
어댑터　439
연산자　96
예외　450
예외처리　450
이미지　373
이미지 프로세싱　406
이벤트　349
이벤트 리스너　352
이벤트 소스　350
이벤트 클래스　350
이벤트 핸들러　352
인스턴스　163
인터페이스　238

ㅈ ~ ㅊ

접근제어　194
채팅 서버　518
채팅 클라이언트　520
체크박스　250
초이스　256
추상클래스　431

ㅋ

캐스팅　111
캔버스　273
캡슐화　164
컨테이너　243
컴포넌트　243
클래스　164
키 이벤트　443

ㅌ

텍스트 에어리어　266
텍스트필드　262
토큰　513
투명한 이미지　398

ㅍ ~ ㅎ

파싱　513
패키지　169
프레임 애니메이션　401
프로모션　111
형변환　110